tudo de novo

Dos bailes para a história
da música brasileira

VANESSA OLIVEIRA

tudo de novo
Dos bailes para a história da música brasileira

Rio de Janeiro | 2013

CIP-BRASIL. CATALOGAÇÃO NA FONTE
SINDICATO NACIONAL DOS EDITORES DE LIVROS, RJ.

Costa, Vanessa Oliveira Antunes da

C876t Tudo de novo: dos bailes para a história da música brasileira / Vanessa Oliveira Antunes da Costa. – 1. ed. – Rio de Janeiro: BestSeller, 2013.
il.

ISBN 978-85-7684-759-5

1. Grupo Roupa Nova – (Conjunto musical). 2. Grupos de rock – Brasil – Biografia. I. Título.

13-00757

CDD: 927.8166
CDU: 929:78.067.26

Texto revisado segundo o novo Acordo Ortográfico da Língua Portuguesa.

Título original
TUDO DE NOVO: DOS BAILES PARA A HISTÓRIA DA MÚSICA BRASILEIRA
Copyright © 2013 by Vanessa Oliveira

Capa· Gabinete de Artes
Editoração eletrônica: Ilustrarte Design e Produção Editorial
Design e diagramação de encarte: Sense Design
Agradecimento aos acervos de: Clever Pereira, Everson Dias, Ique Esteves, Jandira Feghali, Juca Muller, Kitty Paranaguá, Patrícia Smith, Roupa Nova, Sandra Vieira e Valéria Machado Colela

Todos os direitos reservados. Proibida a reprodução,
no todo ou em parte, sem autorização prévia por escrito da editora,
sejam quais forem os meios empregados.

Direitos exclusivos de publicação em língua portuguesa para o Brasil
adquiridos pela
EDITORA BEST SELLER LTDA.
Rua Argentina, 171, parte, São Cristóvão
Rio de Janeiro, RJ – 20921-380
que se reserva a propriedade literária desta tradução

Impresso no Brasil

ISBN 978-85-7684-759-5

Seja um leitor preferencial Record.
Cadastre-se e receba informações sobre nossos lançamentos e nossas promoções.

Atendimento e venda direta ao leitor:
mdireto@record.com.br ou (21) 2585-2002

Todos os esforços foram feitos no sentido de identificar os responsáveis pelas autorizações das imagens reproduzidas do caderno de fotos. Pedimos a gentileza de entrar em contato pelo telefone (21)2585-2090 para eventuais acertos jurídicos.

TUDO DE NOVO

Por Ricardo Feghali e Nando

Hum… Tudo de novo
Tão depressa que não sei se tem fim
Ou começa outra vez
Hum… **Caras e tipos**
Uma certa semelhança
No jeito e na maneira de ser
E no ar (que onda)
A nova jovem guarda
Num delírio total
Romântico geral
Eu também (Não tem jeito)
Na febre do sucesso, num delírio total
Romântico geral
Hum… Rádios e vídeos
Acompanham o movimento das ondas
Em qualquer direção
Hum… **Roupas e cores**
Louras frígidas e ruivas geladas
Querem seu coração
E no ar…
Hum… rádios e vídeos
Uma certa semelhança
No jeito e na maneira de ser
Tudo de novo
Tão depressa que não sei se tem fim
Ou começa outra vez
Hum roupas e cores
Acompanham o movimento
Das ondas em qualquer direção
E olha que ainda vinha chegando gente

SUMÁRIO

PARTE 1: Caras e tipos
  Capítulo 1: Em nome do pai   21
  Capítulo 2: Um lugar no mundo   41
  Capítulo 3: O homem do exército   63
  Capítulo 4: Fazemos qualquer negócio   76
  Capítulo 5: Um bibelô de menino   91
  Capítulo 6: Sonho de ouro   109

PARTE 2: A nova jovem guarda   129
  Capítulo 7: Nos bailes da vida   131
  Capítulo 8: Maestro Lincoln e sua nova banda   153
  Capítulo 9: El adiós de Los Panchos   168
  Capítulo 10: Na garupa dos Motokas   175
  Capítulo 11: Young, Richard Young   186
  Capítulo 12: A serviço da música   194
  Capítulo 13: O estouro da bolha   203
  Capítulo 14: Mariozinho botou a rocha no nome   211

PARTE 3: Roupas e cores   223
  Capítulo 15: Sorriso aberto e Roupa Nova   225
  Capítulo 16: É como um sol de verão   233
  Capítulo 17: Pelo menos um pouco de sol   246
  Capítulo 18: No clube da esquina tem um padrinho   253
  Capítulo 19: Os vinte por cento   262
  Capítulo 20: O sucesso da cidade   275
  Capítulo 21: Ratos de estúdio   284
  Capítulo 22: O sonho não volta atrás   294

PARTE 4: Na febre do sucesso   307
  Capítulo 23: O caminho do sucesso é fatal   309
  Capítulo 24: A gente ficou com a chuva e a Gal com a prata   316
  Capítulo 25: Foi numa festa, gelo e cuba libre   325
  Capítulo 26: Os escoteiros do rock   334

Capítulo 27: Soy latino-americano 343
Capítulo 28: O coração e a máquina de calcular 352
Capítulo 29: Um verso meu pra você dizer 361
Capítulo 30: Todo artista tem de ir aonde o povo está 370
Capítulo 31: Só de olhar você tô me vendo outra vez 385
Capítulo 32: Todos serão ou ninguém será 390
Capítulo 33: Mais que a luz das estrelas 404

PARTE 5: Tudo de novo 417
Capítulo 34: E eu ligo o rádio sem querer 419
Capítulo 35: Novela hits 430
Capítulo 36: De volta ao começo 438
Capítulo 37: Através dos tempos 451
Capítulo 38: Se apronta pra recomeçar 465
Capítulo 39: Os corações não são iguais 481
Capítulo 40: Now I long for yesterday 506
Capítulo 41: O som de uma geração 523

Epílogo 537

Para meu pai, Odenir Antunes,
pelo amor à música.

Para minha dindinha, Patrícia Smith,
pelos discos do Roupa Nova.

E para Bruno Pereira,
pela vida que é nossa,
assim como cada palavra deste livro.

AGRADECIMENTOS

"Eu pensei em te dizer tanta coisa, mas para quê
se eu tenho a música..."

(Bem simples)

Nesta viagem musical contei com pessoas generosas, que dedicaram algumas (e muitas) horas do seu tempo para compartilhar suas lembranças comigo. Fontes ricas de "causos", fotos, contatos e conselhos — essenciais para a realização deste trabalho. Por isso, quero agradecer, primeiramente, a todos os entrevistados deste livro, em especial a Marcelo Pitta, fundamental para a existência deste trabalho; a Maurício Alves, por acreditar nesta obra antes mesmo do Roupa Nova; a Clever Pereira, por resgatar os bastidores da Rádio Cidade sempre que necessário; a Valéria Machado Colela, que abriu sua casa e arquivos com lindas recordações; e a Juca Muller, por um café demorado ao som do Acústico. Passei pelos bailes do subúrbio carioca com Carlos Lincoln; toquei com Os Motokas de Marcio Antonucci; fui no embalo da Jovem Guarda com Erasmo Carlos; ouvi o Clube da Esquina com Bituca, Fernando Brant e Ronaldo Bastos; revisitei a MPB com Zizi Possi, Fagner e Claudia Telles; e entrei no clima das gravadoras com Mariozinho Rocha, Max Pierre, Moogie Canazio, Ricardo Moreira, Everson Dias e tantos outros citados no final deste livro. Muito obrigada!

Aos meus pais, Odenir e Silva Rita, pelos ensinamentos e canções, e à família mais coruja que eu poderia ter: tios Eduardo e Maina, que vibraram a cada conquista minha; Dindo Júnior, Tia Lúcia e Luísa pelo apoio incondicional apesar da distância; Dé, o "músico de baile" que desde criança eu acompanho e admiro de perto; ao carinho da família de Cataguases e a minha saudosa vó, Yolanda, que adorava dizer para o mundo inteiro que tinha uma neta escritora.

A Jackie, Martinha e Joana, que, juntas a minha madrinha, me carregaram para muitos shows do Roupa Nova, e a Leilane Cozzi, pelo carinho e apoio beatlemaníaco.

Aos amigos revisores: Fernanda Martins, Flávia Lopes, Ricardo Corrêa, Katja Aquino e Luciana Hervoso. A Isabela Alves, pela música que existe em nossa amizade. A João Marcos Pereira, responsável pelos primeiros contatos deste livro. A André Pereira, pelas conversas intermináveis sobre livros e redes sociais, e a Ana Luiza, pela bela tarde em busca de autorizações. A Marcela Alves e Alysson Auad, que, assim como eu, cantaram com o Roupa Nova, e a todos os meus amigos por respeitarem as minhas escolhas (e ausências durante a produção deste livro).

Aos meus leitores preferidos: Aline Oliveira, Bia Smith e Vinícius de Oliveira — que devoraram o original, com cerca de 800 páginas, e me ajudaram a deixar esta versão muito melhor!

Aos escritores Marco Eduardo Neves e Carlos Didier pelos toques preciosos. A Sérgio França, da Record, pela atenção e interesse quando o trabalho ainda estava no início, a Raissa Castro por apostar neste livro, a Alice Mello pelo respeito e cuidado na edição, e a toda equipe da Best*Seller*.

A Cora, pela mente quieta, a Rômulo Martins, pela espinha ereta (ou quase) depois de horas escrevendo, e a duas figuras em especial, que não só foram os primeiros a incentivar esse livro, como também aguentaram meus altos e baixos e me inspiraram durante todo processo: Patrícia Smith e Bruno Pereira. Vocês foram (e são) fundamentais para manter meu coração tranquilo. Obrigada.

A todos os fãs do Roupa Nova, que nunca deixarão de ser os principais escritores desta história.

APRESENTAÇÃO

"Ao fundo do fim, de volta ao começo"

(De volta ao começo)

— Você consegue chegar aqui em uma hora?

Não, eu não conseguiria. Não tenho carro, moro longe, sou lenta para me arrumar e tinha acabado de acordar por ter virado a noite escrevendo. Mas aquela era a típica situação em que eu nunca poderia dizer "não". Há oito meses eu havia, enfim, decidido parar com aquela coisa de emprego confortável, salário estável e zero de paixão. E não seria naquele momento que eu iria arregar, não mesmo.

— Imprime sete cópias desse capítulo pra mim?

Qualquer outro escritor iria dizer que eu estava maluca! Como assim levar um capítulo que você mal havia acabado de escrever para ser lido pelos próprios biografados? Pessoas que você não havia nem conversado! Eu sei... Não é algo aconselhável. Mas eu precisava mostrar, pelo menos, um pedacinho do trabalho que eu estava fazendo até então: mais de 30 pessoas entrevistadas, pesquisas em jornais, revistas e livros. E tá, não era nem para eu já ter escrito um capítulo! E como eu ia saber? Eu só queria fazer e, antes de qualquer coisa, mostrar para eles que eu tinha plenas condições de contar aquela história.

Isso foi em maio de 2010, quando o empresário Marcelo Pitta, após várias perguntas, trocas de e-mails e reuniões, conseguiu marcar meu primeiro encontro com o Roupa Nova. Nessa época, eu também já havia entrado em contato com as principais editoras do país, embora não tivesse representante literário ou conhecido no mercado. "Oi, tudo bem? Estou escrevendo um livro do Roupa Nova. Posso te mandar o material?". O que eles não sabiam é que a banda ainda não havia aceitado fazer parte do trabalho. E mesmo assim eu fui colhendo dicas e abrindo possíveis portas.

Cleberson foi o primeiro a aparecer no escritório. "Oi, tudo bem?", disse ele, enquanto o pessoal da produção me oferecia água e uma cadeira para sentar. Nando foi o segundo. E de olhar desconfiado, sério, sentou-se do meu lado, como quem não quer nada, e do seu jeitinho passou a me encher de perguntas. "Você se formou onde?", "Soube que você falou com o Mariozinho, né?" — e eu acho que no lugar dele teria feito a mesma coisa. Serginho e Kiko chegaram juntos, Feghali veio depois, seguido de Paulinho — e quando me dei conta estava sentada, exatamente, no meio dos seis músicos, calados, olhando para mim a espera que eu falasse.

— Então...

Bom, eu não sei de onde vieram a coragem, a voz e as palavras, mas eu estava tão segura do que queria que eu não pestanejei, não gaguejei e segui o meu discurso determinada a convencê-los daquele projeto. E cada um foi reagindo a seu modo, diante do papo daquela estranha que havia cismado em escrever sobre eles. Paulinho, mudo, apenas me olhava como se estivesse prestando atenção em cada letra. Serginho fazia anotações em um papel, enquanto Kiko com um sorrisão parecia curtir a ideia. Feghali e Nando falaram sobre o projeto deles próprios escreverem um livro, ao passo que Cleberson, sentado no chão, parecia interessado em entender mais sobre o assunto. E essas foram as minhas impressões sobre a cena — que poderiam estar todas erradas!

— Gente, o que ela tá dizendo é que ela VAI escrever o livro sobre a gente! Cabe a nós decidir se vamos ou não participar!

Avisou Nando para os outros cinco em um tom mais exaltado, e eu já não sabia se aquilo era um bom ou mau sinal. Percebendo que alguns deles haviam acabado de descobrir, naquele exato instante, o motivo da tal reunião.

— E se a gente não topar? Outros já falaram que iriam escrever sobre a gente e não fizeram.

— Eu vou fazer do mesmo jeito.

"Eu vou fazer...". Vai saber de onde veio aquela resposta abusada! Talvez porque fosse verdade... Eu já tinha me entregado àquele trabalho; com fotos, discos e recortes espalhados por todos os cantos dos meus dias. Estava sem salário fixo há sete meses, em paz por ter voltado a fazer o que eu mais amava: escrever — e, desta forma, eu iria até o fim! Nem que tivesse de colocar o livro de graça na internet para que outros pudessem ler. Eles não sabiam, mas ali era o meu desejo que estava à prova.

— Aqui ninguém foi pra cadeia, é drogado ou gay! Sobre o que você vai escrever?

— Pô, eu acho legal registrar a nossa carreira...

— E eu não quero que minha vida seja exposta assim.

Eles discutiam entre eles, comigo, com o empresário, entre reações controversas e indecisões — tudo ao mesmo tempo. Dinâmica única e peculiar do Roupa Nova para se achar a resposta sobre o melhor caminho para a banda. Para ser sincera, eu entendia, de certa forma, aquela reação confusa de quem já tomou muita bordoada da imprensa, e, no fundo, eu sabia que apenas um encontro não seria o suficiente para ganhar a confiança deles. No entanto, eu não poderia deixar de tentar, e ainda dei o capítulo escrito na mão de cada um deles! Uma atitude que tinha tudo para dar errado. Longos e apreensivos minutos de silêncio, até ouvir Nando dizer: "Você falou também com o Clever Pereira e o pessoal da Rádio Cidade?" "Sim, eu falei."

Naquele dia, eu fui para casa, sem saber o que o Roupa Nova iria fazer. Sem ter a menor ideia se eles iriam participar do livro e um pouco triste por não ter essa certeza. Porém, apegada ao respeito que eu sempre tive por eles, e por confiar nos meus passos, eu segui adiante. Mergulhada em mais de quarenta livros, cem horas de áudio de entrevistas, tapes antigos, LPs, CDs e DVDs; passando dias nas bibliotecas e nos acervos dos jornais; com a estrutura do livro colada nos chãos e nas paredes.

Conversei com figuras como Milton Nascimento, Zizi Possi, Fernando Brant, Ronaldo Bastos, Erasmo Carlos, Fagner, Eduardo Souto Neto, Jane Duboc, Cláudia Telles; empresários e produtores como Juca Muller, Valéria Machado Colela e Anelisa Cesário Alvim, Miguel Plopschi, Max Pierre, Moogie Canazio, Ricardo Moreira, Michael Sullivan, Flavio Senna, Marcio Antonucci, Carlos Lincoln, Guto Graça Mello, Everson Dias, e tantos outros conhecidos da banda sem esconder a situação. "O Roupa Nova? Ainda não se decidiu, sabe como é... Mas eu tô fazendo". E eu vi que, assim como eu, existiam outras pessoas que os admiravam, e que, por isso mesmo, também queriam falar. "Mostra o livro só quando estiver pronto!" "Vou ligar para eles para incentivar!" "Posso mandar para eles mais textos seus!" Até chegar a Maurício Alves, amigo dos músicos e outro defensor dessa história.

— O Paulinho quer falar com você.

O primeiro Roupa a me abrir sua casa, fotos e lembranças, em novembro de 2010. Depois dele veio o Kiko, Feghali e aos poucos cada um foi entrando neste trabalho, no seu tempo e à sua maneira. E eu só tenho a agradecê-los por me permitir.

— Estou falando por mim. Não sei a opinião do grupo!

Eu pude então ver, de perto, os homens, personagens das histórias, que mais de cinquenta pessoas haviam me contado anteriormente. Horas e horas de entrevistas, memórias, emoções, risadas e choros, que nunca mais serão esquecidas por mim. Seis caras de personalidade forte e que tinham tudo para acabar separados, como acontece com a maioria das bandas — se eles não fossem tão determinados a brigar pela música. Donos de uma história nem tão bonita, nem tão feia quanto se pensa, mas real — com mais de 40 anos de luta e de estrada.

Escrever o livro do Roupa Nova foi me reencontrar, foi rever aquela garota que, nos anos 1980, passava as tardes na sala, com a vitrola tocando o baixo do Nando, a guitarra do Kiko, os teclados do Feghali e do Cleberson, a batera do Serginho e a voz do Paulinho. Com o disco na mão, decorando as letras, os rostos dos músicos e os nomes dos compositores daquelas canções. Tempos que me trazem saudade e que fazem parte do que eu sou hoje.

Eu fiz este trabalho por mim, pelas coisas que eu acredito e amo. E, depois de ter vivido uma banda tão destemida como o Roupa Nova por três anos intensos, a única certeza que tenho é que eu não vou mais parar.

INTRODUÇÃO

"...E NÃO ME CANSO DE VIVER, NEM DE CANTAR."

("Nos bailes da vida")

A minha única escola de canto e música foi a noite — a maior experiência de vida que eu tive. Foi o que aconteceu comigo e com muita gente. Você tem que tocar todo tipo de música que agrada o público! E no final, esse é o pessoal que mais sabe de interpretação, arranjos, afinação e vocais. Porém, no início da década de 1980, eu percebi que existia um preconceito das pessoas em relação aos músicos de baile. Não comigo! Talvez porque eu tenha aparecido em um festival de canção, sem ninguém saber de onde eu tinha vindo. Mas com os outros? Era o tempo inteiro, principalmente no Rio de Janeiro e em São Paulo. Eu fiquei bastante chateado pela falta de respeito com o músico da noite. E isso foi me enchendo o saco até o dia que virou canção. Eu fiz a melodia, o meu parceiro, Fernando Brant, fez a letra, e saiu "Nos bailes da vida".

Dias depois da música pronta foi quando eu conheci o Roupa Nova. Eu viajei para Três Pontas, minha cidade no Sul de Minas, e um amigo meu veio com uma fitinha e disse: "Escuta isso aqui!" Eu fiquei doido com a banda! Só que ele não sabia nada sobre eles. E eu passei a tocar, então, a tal fita K7 toda vez que estava com amigos, na esperança de alguém reconhecer aquele pessoal. Foi quando eu ouvi "Sapato velho" em uma loja de discos e descobri, finalmente, a banda que tinha o mesmo nome de uma das minhas composições. Um grupo que, assim como eu, havia vindo dos bailes.

No período, eu estava fazendo o disco *Caçador de mim*, com todas as coisas que eu gostaria de dizer como artista. E entre elas, estava a canção feita com o Fernando. Não dava para ser diferente. Cada vez que eu ouvia a banda eu ficava mais fascinado. Eu ia gravar "Nos bailes da vida" e não teria sentido se não fosse com eles. Parece que foi tudo calculado.

É um pessoal que me deixa bem feliz, e eu gosto de tudo que eles fazem. A partir daí ficamos muito amigos, e assim estamos até hoje.

Milton Nascimento

PARTE I

CARAS E TIPOS

Uma certa semelhança no jeito
e na maneira de ser

1953-1977

CAPÍTULO 1

EM NOME DO PAI

Cleberson Horsth Vieira de Gouvea

Acontece "aos montes" pelos cartórios deste Brasil: o bebê nasce, e os tios, as visitas e os amigos dos pais o chamam de Eustáquio, Odenir, Aylton... Um pequeno ser, frágil e mirrado, com nomes tão pomposos e fortes que alguma coisa parece estar fora de lugar. Soa inadequado, como se o nome fosse de outra pessoa! E, às vezes, é. Nomes herdados de pais, avós, bisavós, trisavós e que só farão sentido depois que a criança cresce. "Nome de velho", "coisa de roça", "tradição de família", alguns vão dizer. Não é à toa que Francisco acaba virando Chico, Chiquinho. Antônio? Tonico, Toninho... Artifícios provisórios para tornar tais "títulos" propícios para minúsculas pernas.

O que não era o caso de Boanerges Vieira, estudante do Gymnásio Evangélico de Alto Jequitibá, respeitoso internato da Zona da Mata mineira só para meninos, na década de 1940. Pelo menos, o garoto não parecia ter esse tipo de problema por volta dos seus 16 anos, já com seus quase noventa quilos de músculos e um metro e noventa, tão imponentes quanto seu nome. Um menino bravo, turrão e que, apesar de católico, transitava bem no colégio presbiteriano no distrito de Presidente Soares, conhecido atualmente por Alto Jequitibá, com seus oito mil habitantes. Ali, pertinho de Manhumirim, Manhuaçu, sabe? A oeste do pico da Bandeira. Para onde muitos fazendeiros mandavam seus filhos ao chegar à idade ginasial — e onde Boanerges faria os quatro anos do ginásio e o curso de contabilidade, antes de voltar para a pequena Durandé, a 39 quilômetros de Presidente Soares.

Ele era um garoto mais reservado e que não gostava de falar em público — embora engrossasse a voz e estufasse o peito quando alguém lhe perguntava sua graça:

— Boanerges Vieira, pois não?

Deixando claro que ele, filho de seu Gumercindo Vieira e dona Elvira Cristina Vieira — também de grandes alcunhas —, era, desde cedo, "dono de seu nome".

— —

Foi em meados do século XIX que o desbravador francês Durand, em busca de riquezas, seguiu os rumos do rio José até chegar à região de Manhuaçu (MG), como fizeram outros colonos suíços, alemães e espanhóis a partir da decadência das minas de Ouro Preto e Mariana. Lá os estrangeiros encontraram terras férteis, açudes e boas pastagens, se fixaram, criaram laços e transferiram seus nomes aos locais. De onde veio, então, o aportuguesado Durandé, que de povoado se tornaria distrito, alcançando o registro de cidade apenas em 1992.

Nos anos 1920, Durandé devia ter por volta de cinco mil habitantes, com praticamente duas ruas em sua composição: a rua de cima, onde ficava a cadeia, e a de baixo, com a pracinha e a igreja. Onde se casaria Gumercindo, um mineiro baixo de um metro e sessenta, com Elvira, uma mineira alta e esbelta, como manda suas origens alemãs. Com ela, ele teria dez filhos (seis meninas e quatro meninos), e depois, ao se casar com outra mulher, mais outra "penca" deles.

Boanerges foi o quarto filho do casal, e teve a mesma educação que os demais: rígida. Se ele não andasse na linha, apanhava com bainha de faca ou cabresto de cavalo — o que tivesse mais à mão, sem dó nem piedade. Um regime familiar em que a ação prevalecia sobre o diálogo — comportamento que Boanerges também incorporou em seu jeito de ser.

E foi assim, sem muitas palavras, que ele chegou em casa de mala e cuia, após terminar o curso de contabilidade em Presidente Soares — diferente da maioria dos meninos, que depois de formados iam para capitais.

— Vou ficar.

Tudo por causa da fazenda, com muito verde, cachoeiras e pedaços a serem descobertos. Chão para se perder de vista! Boanerges queria ajudar seus pais a aproveitar melhor aquele terreno enorme e, por isso, consertaria a cerca da propriedade, pintaria o muro, construiria o alambique, a estrada e o que mais fosse preciso. Depois até abriria uma lojinha na cidade, onde venderia enxada, ração, arroz e outros produtos relacionados. Para ele, apaixonado por mato, a prosperidade estava na terra, como fora para os imigrantes em outros tempos.

— ◦ —

No mercadinho, duas mulheres em pé, encostadas no balcãozinho de madeira, conversam enquanto descascam as cabeças de alho para levar para casa.

— Cê soube? O filho do seu Gumercindo tá enrabichado com a menina do Ezequiel...

— Mentira... Qual delas? A Juracy?

— Não, a Jandyra, lembra? De cabelo escuro, liso, cheião... Eu passei e tava ela pendurada no braço do Boanerges! Porque ela fica pendurada, né? Igualzinho mulé de bolso. Ele todo grandão e ela pequenininha...

— Ué... Mas ele não tava noivo daquela loruda, bonitona, lá da igreja?

— Tava! Cê disse bem! Não tá mais! Parece que ela queria converter ele...

— Ele é católico?

— Dizem que é! Eu não vejo ele na missa, não, mas...

— Uma coisa é não ir à missa, outra é virar evangélico, né?

— É, menina... Dizem que ele ficou brabo com essa história!

— Mas tá sério memo o negócio com a Jandyra?

— Nem te conto! Tão falando até em casamento! Ouvi uma conversa da Antônia, mãe dela, sabe? O Ezequiel não vai deixar ela ficar só de namorico, não! Pelo menos essa é católica.

— Nu! O dente de alho té escorregou da minha mão! Mas esse povo é rápido, hein?

— Cê que é lenta pra descascar esse troço! Vambora, anda!

E a vida segue em Durandé.

— Cicy, minha menstruação tá atrasada, tô enjoando com um monte de cheiro, gosto...

— Será, Jandyra?

O sorriso da irmã como resposta mostrava uma certeza tão natural e espontânea para Juracy que nenhum teste de gravidez poderia ter sido mais exato. Seria um menino, que nasceria meses depois do casamento de Jandyra com Boanerges, no dia 1º de fevereiro de 1950, no hospital de Manhumirim, a uns 31 quilômetros de Durandé, onde só existiam as parteiras!

— Jandyra, cê viu o nome do menino do tio Samuel? Cê podia colocar no seu filho também!

— Hum... Será? Não vai ficar estranho os dois primos com o mesmo nome, Cicy?

— Nada! É tão bonito... — e fazendo um gesto imaginário, como se tivesse passando a mão em um letreiro, ela continua — CLE-BER-SON. Pensa só!

— É verdade... Bonito mesmo! Vou falar com Boanerges pra registrar.

Assim ficou Cleberson Horsth Vieira de Gouvea na certidão de nascimento da criança, branquinha e de cabelos escuros como os dos pais. Um nome pomposo, como deveria ter o filho de Boanerges — no futuro estampado em letreiros, pôsteres, revistas e, acima de tudo, discos.

Seu Gumercindo adorava ouvir uma viola caipira nas noites de Durandé, com aquelas canções de versos tão singelos contando o amor, o sofrer e a dor do homem da terra. Músicas que falavam do ranchinho que beirava o chão, da lua fazendo clarão e o barulhão da passarada no meio do mato.[*]

Já seu filho, Boanerges, era curioso. Gostava de tentar, de experimentar cada instrumento. Precisava trabalhar e não tinha muito tempo para aprender, mas, mesmo sem professor, sozinho ia tateando por acordes, ritmos e harmonias, se deliciando com as quase canções que conseguia. Era completamente apaixonado por música e, apesar de seu jeito mais grosseirão e sério, mostrava seu romantismo e poesia ao se interessar por músicas de Carlos Galhardo ou pelos boleros de Gregorio Barrios. Comprou um cavaquinho, um pandeiro, um violão e aprendeu

---

[*] Referência à "Tristeza do Jeca", composição de Angelino de Oliveira.

tudo sozinho! E tinha o acordeom como seu instrumento favorito. Ah, era tão bonito ouvir o mineiro Antenógenes Silva levando a valsa "Saudades de Matão" ou "Saudades de Ouro Preto", que qualquer coisa que ele conseguisse chegar perto disso estaria valendo.

Lá no céu, junto a Deus
Em silêncio minha alma descansa
E na terra, todos cantam
Eu lamento minha desventura desta pobre dor

Soava o acordeom de Boanerges pela casa no início das noites, ao voltar de um dia cansativo de roça. Ele, em seu quarto, sentado na cama, com as janelas fechadas, sem intromissões da mulher, de Cleberson ou da filha, a mais recente integrante da família, Celeste Aída — loirinha de olhos verdes, de pele tão clara quanto a de sua vó Elvira. Reservado em seu mundo musical, pessoal e interior, ele ficava horas. E Jandyra de vez em quando cantarolava baixinho seus versos, enquanto passava um café na cozinha, deixando as crianças deitadas na cama, como se as canções caipiras fossem verdadeiras canções de ninar.

— Pai, eu quero.

— Tocar?

— Aham… — disse Cleberson, aos 3 anos de idade, balançando a cabeça, antes de Boanerges passar a mão em sua cintura trazendo o filho para mais perto.

O acordeom do pai era quase um objeto encantado aos olhos da criança, que o abria e fechava mexendo o fole, com botões pretinhos na mão esquerda e teclados branquinhos na direita e que ainda fazia barulho! Incrível para o menino… Um verdadeiro brinquedo e nada mais.

Depois que Celeste nasceu, Boanerges resolveu se afastar de Durandé com a família:

— Jandyra, vamos pra São João do Manhuaçu. Não tá dando para crescer mais nessa terra.

Embora ele fosse apaixonado pela roça, ela já não dava o sustento necessário para os seus. Era preciso sair, levando apenas a saudade daquela "terra querida, com todo seu ser e sua vaidade".* Porém, apesar de maior, São João do Manhuaçu também não deu certo, e em 1954 ele se rende ao que havia negado desde a sua saída do internato: atuar como contador na cidade grande — cimentada, sem tanto verde ou cachoeiras, mas de outras riquezas. Assim, Boanerges, ciente de que essa mudança não seria fácil, parte com sua família para o Rio de Janeiro.

---

* Referência à "Saudade de Ouro Preto", composição de Antenógenes Silva.

— Puta que o pariu!

E a porta sendo batida com toda força no pequeno apartamento do Centro do Rio de Janeiro indicava que Boanerges havia chegado.

— Que é que foi? — saiu em sua direção Jandyra, agoniada, ao que Boanerges muito nervoso e em tom mais alto continuava:

— Eles me aceitaram na companhia de aviação, mas como assistente de contador! Auxiliar, cê acredita? Vou ganhar bem menos do que eu imaginava. Falaram que eu precisava do diploma registrado em cartório. E eu ia saber?

— Mas não dá pra fazer isso agora?

— Não, não, o prazo acabou pra isso. O problema é meu!

— E cê vai fazer o quê?

— Ficar lá, ué! Tem outro jeito, Jandyra?

Realmente não tinha, e essa seria a mágoa eterna de Boanerges ao sair de Durandé. Por mais que ele soubesse tudo e fosse excelente em sua profissão, nunca poderia ter em sua carteira de trabalho o carimbo de contador. Muito menos ter um escritório próprio, como imaginara. Não como auxiliar.

— ◆ —

Boanerges carregava Cleberson desde pequeno para onde fosse. Era seu fiel pequeno escudeiro, que ia junto para ver os bichos, as peças dos equipamentos e as plantações quando estava na roça. Mas quando foram para o Rio de Janeiro, o principal programa dos dois passou a ser outro: assistir aos jogos do Fluminense. Boanerges não perguntava. Simplesmente pegava a criança pela mão e avisava, já da porta:

— Jandyra, tâmo saindo!

Já com Cleberson todo paramentado, de bandeira em punho, com a blusa tricolor e o calção branco, como se fosse um dos jogadores. A partida podia ser lá no alto do morro do caixa-prego, onde o Judas perdeu as botas, que lá estariam os dois. Pegavam ônibus, trem e iam até para os jogos vazios, debaixo de chuva. Maracanã, Campo Grande, Moça Bonita tanto fazia! O amor pelo Fluzão era maior que isso, por mais que o menino não enxergasse a bola lá da arquibancada.

— Pai, cadê a bola?

— Ali!

— Hum... Onde pai?

— Ô, que saco. Ali, Cleberson. Vê o jogo!

— Mas cadê a bola?

— Cleberson...

— Ô pai, eu não tô...

— Goooooooooooool!!!!!

Boanerges abraçava o menino e o jogava para o alto, como se tivesse conquistado a Copa do Mundo. Era sempre assim quando o Fluminense marcava. E Cleberson ria nos braços do pai, já nem se lembrando mais da bola. Aquele objeto redondo, na época, era da cor de tijolo e sumia aos olhos da criança, com 5 anos de idade e precoces sinais de miopia. De modo que aos 7 anos, apesar de contrariado, Cleberson passaria a usar os óculos para corrigir os altos graus. E ficaria com eles até depois de adulto, assim como continuaria partidário de Juscelino Kubitschek, como seu pai, antiflamenguista e tricolor. Na verdade, nunca existiu outra opção.

— Toma aqui, Cleberson.

— Hein?

— Segura, filho. Pro cê estudar!

O menino ainda tinha 5 anos de idade quando seu pai jogou em cima dele, pela primeira vez, aquele "trambolho". Um acordeom pequeno e bonito, feito para o seu tamanho, mas ainda assim um "trambolho". Típico de Boanerges, que não perguntava, não avisava, fazia.

— Conversei com uma dona perto daqui de casa e cê vai ter aula. Começa na segunda, viu? Segura esse troço direito! — disse Boanerges arrumando o acordeom nos ombros do filho, olhando satisfeito como se estivesse vendo uma bela pintura.

Sorriu de um canto a outro da orelha ao colocar o instrumento na posição correta, e saiu da sala deixando o garoto parado, abraçando o acordeom, um pouco assustado ao receber aquela "missão". Sem a menor vontade de estudar música, em pé, rodeado por aventuras e belas histórias espalhadas pelo chão.

— Mas... — disse ele baixinho, antes de dar um suspiro profundo, ao se perceber sozinho. Olhando com pesar para os desenhos do Mickey, Super-Homem, Cavaleiro Negro e Capitão Marvel, para depois, lentamente, seguir para o seu quarto com a nova aquisição.

O acordeom foi inventado, de acordo com alguns historiadores, pelo alemão Friedrich Buschmann em 1822, chegando ao Brasil apenas em 1836, com os imigrantes alemães no Rio Grande do Sul. Um instrumento de vento, fole e botões, tendo, às vezes, registros como o de um teclado de dois ou três oitavas de extensão, praticamente, vestindo o músico que o executa. Tem alças para colocar os braços e, para tocá-lo, pode-se dizer que é preciso envolver o instrumento com seu corpo, tornando-se também um pouco parte dele.

O primeiro ano de aprendizado de acordeom de Cleberson poderia ter sido o último, não fosse a insistência de Boanerges com as aulas. A "negligência involuntária" do menino em decorar as músicas em vez de ler partituras era demais para a paciência da professora.

— Esconde o acordeom, Boanerges! Ele tá decorando as canções em casa. Eu crente que ele tá lendo as notas e ele tá tocando de ouvido!

O pai, na tentativa de manter o ensino, passou a esconder o acordeom em cima do guarda-roupa. E o menino só poderia tocar o instrumento durante as aulas, o que era muito ruim para o seu desenvolvimento como acordeonista.

Onde já se viu um bom músico que não treina? E assim se passariam dois anos sem muitos avanços musicais, até Boanerges encontrar uma nova professora: dona Glória. Uma mulher com a firmeza necessária aos olhos do mineiro para ensinar seu filho a ler partitura, tocar e, quem sabe, compor? Diferente dele, o menino teria condições adequadas para aprender acordeom, conhecendo primeiro as escalas, depois os arpejos, para aos 9 e 10 anos ter habilidade para os clássicos. Um encontro que seria promovido por Boanerges por causa do acordeom, mas que serviria no futuro como base fundamental para outro instrumento.

— —

Cleberson era caladão. Tímido desde novinho, não costumava compartilhar suas impressões ou sentimentos sobre as coisas e vivia fechado em seu mundinho, seja brincando, lendo, vendo televisão, ou tentando tocar o tal do acordeom. Treinava em seu quarto, fechado, assim como seu pai fazia em Durandé, sem aceitar qualquer tipo de interferência. Não gostava de ser interrompido, muito menos julgado pelos erros que poderia cometer durante seu aprendizado. E, se pudesse, lacrava o cômodo para ninguém ouvir seus estudos. Só ele sabia o quão irritante era ouvir alguém na rua assobiando o que havia acabado de tocar. Ainda mais assobiando o trecho que ele havia errado! Era como se estivesse sendo vigiado, assistido o tempo inteiro.

— Vai assobiar na casa do caramba! Vai encarnar na sua avó! — gritava ele pela janela, tentando expulsar qualquer intruso ou mero observador dos seus avanços ou dificuldades com o acordeom.

Em um desses dias, até experimentou deixar a janela aberta por causa do calor, mas não teve muita sorte com um de seus tios.

— Ô, Cleberson! Você sabia que o bom músico toca baixinho? Toca pra si mesmo? Não fica aí tocando alto para as pessoas ouvirem.

BAM! Janela fechada.

Exigente consigo mesmo, o menino nunca foi de se perdoar por seus erros. E até depois de mais velho iria se penalizar por tocar um acorde errado, por mais que ninguém percebesse. Só que ali, em seu quarto com o acordeom, a situação era um pouco mais delicada. Ninguém poderia zombar ou se meter naquela relação que já era difícil.

— —

Nas aulas da 4ª série, os estudantes apresentavam os desenhos que haviam feito em casa. E Glória, uma coleguinha de classe de Cleberson, apesar dos 13 anos, vinha com uns desenhos maravilhosos para a professora. Como isso poderia ser possível?

— É meu pai que faz esses desenhos, Cleberson. Ele trabalha com isso.

— Seu pai?

— É, ué. Ele é desenhista.

— Sério? Pô, Glória, eu tenho que estudar com seu pai! Ele tem que me dar aula!

— Mas ele não dá aula, não!

— Ah, mas vai ter que dar... Fala com ele, vai. Falá!

— Depois, Cleberson. — disse a menina, se afastando do garoto, já achando que tinha falado demais.

Glória não comentaria nada com o pai, não. Imagina se seu pai ia parar para dar aula a seu colega de classe? Mas Cleberson, que sonhava em ser desenhista profissional de história em quadrinhos quando crescesse, não se esqueceu do fato. E todo dia antes de começar as aulas perguntava, debruçado em sua carteira, ansioso:

— E aí? Falou? Falou? O que ele disse?

Até vencê-la finalmente, pelo cansaço, e alcançar sua meta: seu Alarico!

— Copia de fotografia e não do desenho de alguém — dizia o pai de Glória, em uma das aulas para Cleberson.

Ele não costumava ensinar desenho, mas depois de conversar com a filha decidiu passar algumas dicas para o menino, que transbordava vontade de aprender.

— Mas é mais fácil começar copiando alguém, não?

— Certamente esse alguém já cometeu um erro. O ser humano não é perfeito. Se você copia o quadrinho de um desenhista que cometeu um errinho, você aprimora aquele erro, entendeu? É melhor pegar o natural, o real. Se o nariz do cara é torto, é porque é torto mesmo.

Cleberson não respirava enquanto ouvia seu Alarico. Apenas imaginando o que ele poderia desenhar, treinar, sem usar suas revistinhas queridas e desgastadas, cheias de heróis.

——

Lá pelos 14 anos, Cleberson já pegava com facilidade as partituras "mais brabas", como diria ele. Afinal, os estudos se mantiveram constantes, assim como as cobranças de seu pai.

Ele sabia tocar tudo quanto é tipo de música, inclusive as eruditas, impostas por sua professora. E acabava decorando muitas delas, como prelúdios de Chopin ou a famosa "Rapsódia Húngara número 2", de Franz Liszt, com suas mais de dez páginas. No entanto, o que seu pai pedia mesmo era para ele tocar as canções mais populares nas rodas de violão que fazia em casa, nos domingos — com ele no pandeiro, seu Paranhos no violão, e outros amigos tocando.

Dentro daquele machismo mineiro e tradicional, Boanerges era um romântico inveterado e gostava de puxar os sambas-canção da época cantados por Ângela Maria, Cauby Peixoto e Nelson Gonçalves.

Paranhos ligava seu violão de sete cordas à sua caixinha de som e intrigava o menino por tocar tão bem, apesar de não ter o polegar. A cerveja rolava entre os adultos, embora seu pai misturasse cerveja com guaraná para diminuir o amargo da bebida. Uma prática que Cleberson, proibido de encostar a boca em qualquer copo com álcool, adotaria apenas aos 19, 20 anos. E o papo mais a música corriam soltos, com o garoto tocando e ainda dando cola para os marmanjos:

— Ré maior! Primeira de fá, segunda de dó...

Deixando Boanerges inchado de orgulho ao ver o menino tão desenvolto com a música e seu acordeom. Não tinha alegria maior para ele do que estar com seus amigos, acompanhado de seu filho, tocando canções que lhe enchiam a alma. E toda semana era a mesma coisa.

Nas primeiras rodas, Cleberson até tentou fugir, pensando em aproveitar o final de semana jogando bola, desenhando ou soltando pipa. E combinava com Jandyra antes de começar:

— Mãe, quando der uns quinze minutos, a senhora entra e diz bem alto, pra todo mundo ouvir, que os meus amigos estão me esperando pro cinema. Aí eu tenho um álibi pra cair fora.

Ela entendia o lado do menino e cumpria o combinado:

— Filho, seus amigos...

— Pode deixar, mãe! Fala que eu não vou mais, não. Fica pra domingo que vem!

Deixando Jandyra com a cara de tacho, sem entender nada, parada na porta da sala.

Nunca foi intenção de Cleberson ficar, porém era divertido demais ouvir as besteiras ditas pelos mais velhos. Uma galhofa contagiante! Por isso, não adiantava combinar todo domingo com a sua mãe o mesmo esquema, na esperança de que conseguiria se safar. Toda vez que ela entrava com o falso recado, ele já estava curtindo a farra. Fazer o quê?

Essa novela continuou por alguns domingos, com vários cinemas perdidos. Até o dia em que Jandyra caiu na real e parou de acreditar no menino.

— — —

— Meu filho, eu sei que seu pai é apaixonado pelo acordeom. E acho que você deve continuar. Mas instrumento completo é o piano! Você deveria tentar.

— Dona Glória, eu odeio piano! Não gosto desse negócio. Pode tirar o cavalinho da chuva!

Glória era professora de piano, e ensinava acordeom por uma questão de sobrevivência — já que o piano era considerado instrumento para rico. Mas ela via potencial em Cleberson como pianista e insistia com o menino, apesar das frases curtas e grossas de resposta.

— Bom, tô indo, viu? — dizia ele levantando da cadeira, indo diretamente para a porta, já girando a chave na fechadura quando ouvia a palavra "piano".

Ela ainda tentava segurar o menino:

— Mas Cleberson, eu quis dizer...

— Depois a gente conversa, professora. Tchau!

Batendo a porta e seguindo a passos largos pela calçada, balbuciando baixinho: "Que coisa chata! Vê se me deixa, caramba." Chutando pedrinhas no caminho para bem longe dali.

— — —

Jandyra esperou Boanerges acabar de comer para fazer seu anúncio enquanto tirava a mesa, como se dissesse "Acabou o feijão", e assim, quem sabe, não provocar tanto rebuliço:

— Estou frequentando os cultos evangélicos.

No entanto, a fúria do mineiro quanto à decisão da mulher atropelou qualquer calmaria.

— Hein? Você está de sacanagem com a minha cara, né?

— Não, Boanerges. Aconteceu.

— Aconteceu? Jandyra, cê sabe que foi por causa disso que eu terminei um noivado, né? — disse ele, muito bravo, levantando da cadeira com as mãos na cintura.

Só que Jandyra estava decidida e não teria volta. Nem sua mente, nem sua fé, aceitavam mais a religião católica. Motivo de brigas entre os dois pela vida inteira. No início, ele argumentaria com a esperança de convencê-la a deixar o evangelismo. Depois seus gritos seriam ouvidos apenas como defesa da prole:

— Só não vai levar meus filhos! Nem trazer ninguém aqui em casa pra fazer culto!

Enraizado em suas crenças, Boanerges abusaria de sua autoridade masculina para impedir a conversão da prole. Discursou, proibiu e obrigou as crianças a fazerem comunhão, sem nunca desconfiar que os dois eram levados escondidos pela avó, desde novos, aos cultos evangélicos. Ele tentou, não se pode negar. Porém o tempo, ah, o famigerado tempo... Traria aos filhos os amigos, outras vivências, outras cabeças e conhecimentos. E nem ele, por mais que fosse o pai, poderia impedir no futuro que Cleberson e Celeste, já adultos, também se convertessem.

— —

O riff marcante da guitarra em mi tomou a sala da casa de Cleberson naquele dia de 1966. O rádio estéreo de madeira da Philips que Boanerges conseguira comprar vivia ligado, e o garoto, impressionado com a qualidade do som, não saía do meio dos dois alto-falantes. A introdução da música era um rock dançante, com os 12 compassos típicos do blues, e tomava as percepções do menino, embora ele não entendesse bulhufas das palavras que vieram em seguida.

A canção, lançada no lado B do compacto com "We Can Work It Out", era de um grupo que Cleberson nunca ouvira falar. Um tal de Beatles, que dizia mais ou menos assim:

> Got a good reason
> For taking the easy way out
> Got a good reason
> For taking the easy way out now
> She was a day tripper

O acordeom lhe apresentou a música, mas o rádio lhe trazia sons antes nunca experimentados nas aulas de dona Glória. Aquilo sim era demais! Tão bom quanto passar a tarde inteira desenhando ou com seus quadrinhos. Ele só tinha 16 anos quando fez aquela descoberta solitária, livre e pessoal de sentidos. Sem seu pai, sua professora, sem ninguém. E ali petrificado, focado, tentando absorver todas as pausas do instrumento, a batida e as retomadas do rock pulsante, decidiu o que queria fazer da vida: ser guitarrista!

Comprar uma guitarra estava fora do alcance financeiro de Cleberson, mas isso não seria um problema. Elegeu o violão como opção para arriscar seus primeiros acordes e pediu o instrumento do tio Ivanhoé emprestado. Não iria trocar o acordeom pelo violão logo de cara, mas se sentia adulto o suficiente para não cumprir as quase duas horas por dia de aprendizado impostas por seu pai. Iria equilibrar os dois estudos de acordo com seu tempo e, ademais, o pai também adorava o som de violão e poderia curtir essa sua nova fase musical.

O menino não tinha a menor ideia por onde começar sua relação com o violão, mas queria tanto aprender o instrumento que, mesmo sem professor, deu um jeito. Observava outras pessoas tocando, se concentrava ao ouvir canções de que gostava e depois partia para cima das cordas tentando traduzir aqueles sons em acordes. Dessa vez, o fazia sem tanto isolamento como acontecia com o acordeom ou qualquer tipo de exigência externa. Chegava a sentar na porta de casa para brincar com o violão e tirar algumas músicas de ouvido. Talvez porque, nesse caso, ele era o maior interessado em aprender o instrumento! Mais tarde, até tentaria entrar na escola de música Villa Lobos para estudar violão clássico, só deixando esse plano de lado por causa de pré-requisitos como tocar uma "ária"* de Villa Lobos. Algo que ele não tinha a menor ideia sobre o que se tratava.

Levando então a música, aos poucos, para dentro de casa, foi amadurecendo despretensiosamente seu interesse por aquela arte — deixando cada vez mais o acordeom e se apegando ao violão. Tudo isso sem aborrecimentos com Boanerges, que nem percebia o que estava ocorrendo debaixo de seu teto. Se em alguns momentos Cleberson arranhava uma canção dos Beatles ou outro rock que escutara no rádio, em outros se aventurava por uma valsa dessas de Dilermando Reis — violonista brasileiro, professor da filha de Juscelino Kubitschek e compositor de "belezuras" como "Saudade de um dia" ou o choro "Magoado". Só para deixar seu pai feliz.

Paulo Rollo morava na Vila da Penha, tinha cabelo comprido, trabalhava sério e, nas horas vagas, tocava guitarra base. Não se sabe como o encontro se deu, mas de alguma maneira Paulo conheceu Cleberson, que morava no Centro, ainda não

---

* Peça musical composta para um solista.

trabalhava e, apesar de se virar no violão, por ora queria ser desenhista. Ouviu de um conhecido, que ouviu de um amigo, que o menino mandava bem nas harmonias e achou esse fato relevante o suficiente para conhecê-lo.

— Vem cá, não quer tirar umas músicas para mim, não?

E passou a primeira tarefa para o garoto de 17 anos, que não sabia os nomes dos acordes, não conhecia a música e, acima de tudo, não queria passar vergonha. A canção era "Superbacana", lançada naquele ano de 1967, no segundo disco de Caetano Veloso. Um desafio que Cleberson deu seu jeito para tocar em poucos dias no violão. Paulo gostou, viu no menino tino para a coisa e achou essa intuição forte o bastante para pedir outras músicas, se aproximar e dar início a uma amizade.

Até que, um dia, Cleberson conheceu a Supersonic de Paulo, uma guitarra da Giannini que era o sonho de qualquer esboço de músico. E se apaixonou, ficou louco com a possibilidade de tocá-la, partindo para cima do instrumento com tudo!

Segurou, passou a mão como se fizesse carinho, admirando suas formas e cor. E quase caiu para trás ao ouvir o amigo, generosamente, dizer:

— Fica aí com você.

Paulo Rollo: o músico que apresentou, oficialmente, a guitarra para Cleberson, facilitou o contato, e torceu por essa relação. Um grande incentivador da entrada desse "pré-guitarrista" na rotina de bandas. O único amigo, dos que quiseram namorar Celeste Aída, que o menino não botaria para correr.

— Pô, você tem uma guitarra? Eu tenho uma bateria. Vamos fazer uma banda?

Fernando Português, como era conhecido pelos meninos no Centro, tinha uma caixa, que se juntou com o bumbo e o tambor de Marcio, outro amigo, formando o que ele chamava de bateria. Marcio assumiria a guitarra base; Cleberson, os solos na sua Supersonic; Pedro, o baixo; e Mafra, que não tinha instrumento algum, os vocais. Essa era a formação de Os UFOS, que se apresentaram, no máximo, no Clube Dom Orione, nos fundos de uma escola em Santa Teresa.

O conjunto era uma brincadeira, mas nem por isso Cleberson fazia por menos. Queria tocar, principalmente, todas as músicas dos Beatles e dos Rolling Stones de maneira precisa. Treinava todos os dias com sua guitarra e pedia o mesmo comprometimento musical dos outros componentes. Vamos dizer que ele era o "cri-cri" da banda, que implicava se uma nota estivesse fora do lugar embora seu objetivo não fosse fazer show ou ganhar dinheiro. O barato do filho de seu Boanerges era: se vai tocar, que toque então direito!

— Marcio, não tem essa dissonante! Isso não é bossa nova, caramba! — insistia o menino irritado, sem paciência para qualquer canção que não fosse rock 'n' roll.

Algumas músicas como a abertura da série de TV do Batman, passavam pelo crivo de Cleberson. Agora, aquela coisinha baixinha, miudinha, cantada ao pé de orelha?

"Bus stop, wet day, she's there, I say/ Please share my umbrella",* tocava na rádio a música do The Hollies, enquanto os integrante dos UFOS compravam um sanduíche na lanchonete. Era intervalo do ensaio da banda e estava todo mundo morrendo de fome.

— Ih, que engraçado! Essa música é em lá menor e a gente toca em si bemol! — disse Cleberson para Pedro, pagando o lanche, sem dar qualquer importância para isso.

— Aham... Tá querendo aparecer, né? Não tá nem com o instrumento na mão pra saber!

— Bicho, eu não sei te explicar como sei isso, não. Mas é lá menor.

Pedro engoliu quieto aquele "momento de sabedoria" do guitarrista e esperou voltar para o ensaio para ir à desforra. Foi direto para o baixo conferir o tom da música já pronto para retrucar. O problema é que a música estava, realmente, em lá menor.

— —

Cleberson adorava ir para a rua com o violão a tiracolo, como todos os meninos daquela época que sonhavam em ser astros do rock, famosos e rodeados por garotas. Bastava saber dar um "ré maior" vagabundo com a palheta para se chamar de músico e, por que não, fazer rodinhas de violão. Às vezes, sem guardar nomes ou pegar contatos dos participantes, eles se encontravam, tocavam, riam e seguiam para a casa no final do dia. Cleberson passava horas, por exemplo, perto da portaria de seu prédio se enturmando com todo mundo que gostasse de música. Tinha inclusive um menino, do Catumbi, que volta e meia passava por lá. Sempre muito arrumadinho, cheio de pose e presença e que tinha o apelido de "Paulinho Bibelô", mas com um vozeirão que os pretensos músicos adoravam!

Um tal de Paulo César que, para Cleberson, era apenas mais um garoto que, como ele, amava os Beatles e os Rolling Stones.

— —

— Esse menino vai ficar doente, Jandyra! Não tá vendo?

Boanerges não tinha nem coragem de insistir com o acordeom tamanha era a fome de seu filho pela guitarra. Ele passava quatro horas do seu dia com o instrumento, e as outras quatro desenhando, sobrando pouca coisa para a escola, a comida e o sono. Qualquer pai já estaria preocupado com aquela rotina maluca e incessante do menino, principalmente depois da tal banda Os UFOS. Imagine então a reação de Boanerges ao abrir a porta de casa e encontrar os pais de Marcio, que fazia a guitarra base da banda, querendo conversar.

---

* "Tarde fria chuva fina, e ela a esperar..." — Golden Boys gravariam uma versão em 1967 com o nome "Pensando nela".

— Seu filho pediu para sair dos UFOS, soube? Parece que ele se irritou com os meninos. Algo assim! Não deixa ele sair, não... Ele toca tão bem! Já conversamos com os garotos e...

— Olha aqui: ninguém veio me pedir pro meu filho entrar no conjunto! Agora ninguém venha me pedir pra ele não sair!

— Mas Boanerges...

— Mas nada. O problema é de vocês. Vou dormir porque acordo cedo amanhã. Boa noite!

E dizendo isso fechou a porta e se recolheu. Sem mais palavras.

— —

Cleberson, depois de sair dos UFOS e resoluto em ser desenhista, passou a copiar as coisas que via pela frente. Tentaria, inclusive, buscar uma orientação em escolas especializadas, embora não tivesse muitas opções na época. Bateu até na Escola Superior de Desenho Industrial, só que eles não tinham professor de desenho artístico. Pensou também em fazer Pintura ou Arquitetura por conta das formas e cores, mas no final resolveu continuar apenas com suas tentativas isoladas de desenhista, considerando as dicas de Alarico.

Numa dessas, pegou um copo na cozinha de casa e colocou em cima da mesa, decidido a tentar desenhar o mesmo objeto várias vezes. Fez um traço, apagou, refez, olhou de novo para o copo, desenhou uma pequena curva e fechou o primeiro desenho. Depois partiu para o segundo, terceiro e quarto copos, cada um em uma folha. Apenas olhando para o copo e o desenho anterior que acabara de fazer, tentando deixá-lo exatamente igual, com a mesma altura e tamanho. Como se pudesse virar um desenho animado com o folhear das páginas.

Tentou várias vezes. Passou, praticamente, a tarde inteira desenhando e se avaliando. Mas por fim, frustrado e cheio de inseguranças, apenas levantou da cadeira, impaciente.

— Saco! Não tem jeito. Desenhista nasce pronto.

Quebrou o lápis, jogou a borracha fora e preferiu não se decepcionar mais.

— —

O acordeom ficou de lado e não houve qualquer comunicado em casa sobre isso. Cleberson apenas agiu, como faria seu pai: avisou dona Glória e parou de ir às aulas. Não deu justificativas para Boanerges, que tinha perdido as esperanças quanto ao interesse do filho pelo instrumento e até pela música, já que Cleberson parecia não procurar mais bandas para fazer parte.

Só que Guaracy e Toninho, amigos do menino, precisaram de um guitarrista para a banda deles. E Cleberson, aos 18 anos, sem mais expectativas de ser desenhista, topou participar do The Watts, que fazia muitos bailes no Centro da cidade: com o repertório de rock internacional e algumas pinceladas de Jovem Guarda, grana curta e rotina pesada.

Sem carro e dinheiro no bolso, ele passava na casa de um dos integrantes para desmontar o equipamento, colocar na kombi e levar para o clube. Ao chegar lá, junto com o resto da banda, montava tudo, acertava a luz negra, ensaiava e voltava para casa. Tomava banho, retornava de ônibus para o lugar, fazia o baile, esperava o público ir embora, desmontava o equipamento e colocava na kombi. Pegava o ônibus, ia para a casa de um dos garotos e montava o equipamento para o ensaio do dia seguinte. E, ainda estudante, chegava toda segunda-feira na aula e se direcionava para o fundo da sala onde, na cara dura, apagava, solenemente.

— —

O grupo The Watts estava na rádio Tupi para gravar algumas coisas quando Cleberson encontrou Célio, maestro de São Gonçalo. E enquanto os detalhes da gravação estavam sendo decididos, ficou conversando com ele e ouvindo as músicas que estavam no ar.

— O fagote dessa música...

— Péra, Cleberson. Como é que você sabe disso?

— Ué, maestro, tô ouvindo!

— Mas você estudou?

— Não!

— Então devia! Por que não tenta ser maestro? Você tá conseguindo diferenciar os timbres, sabe o nome de tudo e...

— Não, não... De jeito nenhum! Desculpa maestro, mas eu quero é ser guitarrista — disse o menino, voltando a falar sobre o fagote daquela canção, o oboé, a trompa...

— —

Guaracy assumia o baixo da banda; Toninho, a bateria; César, a guitarra base; e Cleberson, a solo. No entanto, nenhum deles tinha carteira de músico para tocar nos bailes — assim como a maioria dos outros integrantes de conjuntos da época. Só que vai dizer isso para o fiscal da Ordem dos Músicos?

— Multa de Cr$ 110!

O homem, com bloquinho e caneta na mão, apareceu na hora do intervalo para confirmar se eles tinham o tal documento que permitia as apresentações em público. E desesperou os garotos que não sabiam onde arrumar aquele dinheiro.

— Mas a gente recebe Cr$ 100 pelo baile. É mais alto que o nosso preço!

O fiscal devia ouvir isso com frequência e poderia ter agido como qualquer outro fiscal, sustentando sua decisão. Porém, naquele dia, estava de bom humor e, um pouco comovido pelo apelo da garotada ao seu redor, resolveu "arregar":

— Tudo bem, vou liberar. Com uma condição: todos têm que fazer a prova da Ordem!

Não precisou nem falar duas vezes! Manda quem pode, obedece quem precisa tocar. Cleberson, que era o único dos quatro que havia estudado música por causa do acordeom, deu umas aulinhas para os outros e foi todo mundo fazer a prova. O teste não era nada aprofundado e, sim, apenas um atestado de que o músico tinha noção de clave de sol, clave de fá, notas musicais, essas coisas. E cada um dos integrantes do The Watts se preparou em seu instrumento. No entanto, Cleberson, para ter o mínimo de problema, levaria também o acordeom — que era o seu porto seguro, instrumento em que ele tocava qualquer canção com segurança. "Começo com violão. Depois troco e toco 'Brasileirinho', 'Tico-tico no fubá' e 'Granada', meu carro-chefe. Não tem erro!", arquitetava em sua mente em silêncio, na sala de espera da sede da Ordem.

— Cleberson Horsth!

O menino tinha treinado uma música difícil do The Pop's para já impressionar na abertura de sua apresentação. Mas, na hora de tocar, a cravelha deu um estalo e quebrou. Ele rodava, rodava a peça do violão, só que nada acontecia. E o instrumento não estava tão afinado assim. Desesperado com o imprevisto, ele saiu correndo da sala e pegou o violão emprestado de um dos garotos que também estavam lá — sem saber que o instrumento estava afinado meio tom abaixo. Voltou com o violão novo, sentou, deu uma respirada para acalmar e meteu brasa. No entanto...

— Meu filho, o que é isso?

— Hein? Não, péra...

— Você toca mal demais, meu filho! O que você tá tentando fazer?

E o menino muito nervoso tentava fazer a introdução da música, novamente. Mas a única coisa que se ouviam eram ruídos estranhos e sem harmonia. Tocou uma, duas, três vezes, e quanto mais tentava pior ficava.

— Eu não sei o que tá acontecendo, juro!

— Desiste, Cleberson.

— Calma! O fá estava aqui e sumiu! Eu já vou achar...

— Chega. Isso não vai levar a lugar nenhum. Zero!

Aquilo foi um balde de água fria para Cleberson, que só pensava "Putz... Nunca vou ser guitarrista na minha vida". Ele não sabia nem explicar o que tinha acontecido. Cadê a música que tinha ensaiado tanto? E já estava quase se esquecendo da prova, cabisbaixo, quando percebeu o acordeom perto de sua cadeira. Seus olhos brilharam, e ele rapidamente se abaixou para pegar o instrumento. Aquela seria a última chance de ainda salvar alguma coisa. A avaliadora ainda estava fazendo suas anotações no papel, pensando no que aquele garoto estava fazendo ali, quando Cleberson colocou o acordeom no colo, prestes a começar "Granada". Ele nem ia dar tempo dela mandá-lo embora da sala, mas ao tocar a primeira nota da canção ouviu sua voz, seca, pausada e direta:

— Quem mandou pegar essa geringonça? Eu mandei pegar alguma coisa?

— ● —

"Putz grila... Geringonça, é mole?", pensava Cleberson ao pegar a guitarra para ensaiar no dia seguinte. Ele havia sido aprovado no teste, apesar de tudo, mas aquele preconceito com o acordeom era um negócio que incomodava. Estava tão longe com seus sentimentos e reflexões, na sala com os outros integrantes, que nem reparou na notícia que Sérgio trouxe. Precisou ser cutucado para acordar:

— Pô, rapá! Consegui vender um baile bem caro! Legal pra caramba!

José Sérgio da Cruz Carqueja, ou Sérgio Bruxa, Sérgio Nariz ou qualquer outra alcunha. Ele era o entendedor de música, aquele que não sabia tocar nada, mas bom para dizer se faltava um grave no som deles, se estava legal a presença de palco e que vendia os shows do The Watts. Em outras palavras, Sérgio era o empresário.

— Ih, que legal, cara. Vendeu por quanto? — perguntou Cleberson, já entrando no clima da banda.

— Duzentos!

— Pô, tu dobrou o show! Muito bom!

— Lógico! Nesse baile vai rolar teclado…

— É? Poxa, tu mandou bem. Quem vai tocar?

— Você!

— Eu?! Bicho, tu tá maluco? Não sei nem ligar esse troço!

— Eu ligo! Tenho um teclado em casa. Você toca acordeom, não toca? É a mesma coisa!

Os óculos de Cleberson eram mais grossos por causa da miopia, mas naquela ocasião deu para enxergar perfeitamente seus olhos arregalados com a resposta de Sérgio.

— Tá, beleza. E eu enfio a mão esquerda onde? Não tem botãozinho no teclado que nem o acordeom, não, tá?

— Mas ninguém vai olhar sua mão esquerda! Tu finge que tá tocando!

— Finge? Eu não sou assim, não, cara!

— Ah, mas você vai fingir! Porque eu já vendi o baile!

— ▪ ▬

Cleberson ainda não tinha acreditado que havia topado a loucura do Sérgio em bancar o tecladista quando o baile começou. E assim, lá estava ele, em frente ao teclado, com a palheta na boca e a guitarra pendurada para poder tocar os dois instrumentos no decorrer das músicas — com aquele sorriso amarelo no rosto, olhando para o público como se estivesse enganando todo mundo! Os outros integrantes sabiam que ele estava apreensivo e tentavam acompanhar o que iria acontecer para dar uma força para o amigo, sem a menor ideia se aquilo iria "colar".

Mas, na hora da deixa para o teclado, Cleberson entrou. Com a mão direita firme, sabendo o que devia fazer, e com a esquerda completamente sem direção. Persistiu, foi se achando, sentindo as teclas e buscando a nota certa com a intuição. Tocou errado vários trechos, porém, a plateia parecia não notar nada e dançava animada enquanto o rock preenchia o salão. E ele foi seguindo, gostando, se encontrando, aliando ali a técnica que foi obrigado a aprender com o acordeom à paixão que tinha pela música, que conhecera livremente com a guitarra.

No dia seguinte, estava tudo muito claro em sua cabeça e ele não podia mais esperar. Saiu correndo de casa depois do café da manhã, atravessou quarteirões e chegou ofegante para bater naquela conhecida e confiável porta de sempre, com a decisão pulando de sua garganta:

— Oi, dona Gloria, tudo bem? Vim estudar piano.

— ● —

Depois do baile improvisado, Cleberson passou a tocar teclado e guitarra nas apresentações do The Watts, e tentou, inclusive, substituir o órgão pelo acordeom em alguns trechos. No entanto, era complicado microfonar o instrumento, além de parecer estranho na visão de Cleberson.

— Pô, sou magrinho, cabeludo e barbudo. Tocando acordeom vou parecer forrozeiro!

Assim, ele focou no piano e nas aulas de dona Glória, principalmente para desenvolver a habilidade com a mão esquerda — revezando seus estudos com músicas clássicas, entre Beatles e Rolling Stones —, apesar dos erros excessivos na execução das partituras. Erros que não soavam como relapso para Glória, considerando que seu piano era afinado meio tom abaixo.

— Cleberson, qual é o tom dessa música?

Perguntou ela, colocando um disco na vitrola, desconfiada de que Cleberson poderia ter o ouvido mais apurado que o normal.

— Mi bemol!

— Hum... Não! Você errou.

— Ah, mas não errei mesmo.

— Deixa pra lá, vamos voltar pro piano.

Ele voltou, mas "encafifado" por não ser mi bemol. Para Cleberson, aquilo era muito óbvio. Não podia ser outra nota! Já Glória continuou cismada e guardou para si as suspeitas sobre o aluno — sem entender por que ele havia errado. "Será que sou eu que estou enganada?" Por isso, quando o menino foi embora, ela colocou o disco para rodar outra vez e, sentada de frente para a vitrola, ficou olhando para a agulha que deslizava pelo vinil, como se tivesse de decifrar algum enigma — pensando e sentindo a música, que continuava em ré. Refletiu, analisou e, por fim, como última tentativa, foi olhar o aparelho de perto e encontrou um botão atrás da vitrola no lugar errado. A vitrola estava mais acelerada, o que fez com que o tom da música subisse: de ré para mi bemol.

"Ah, agora sim...", disse para si mesma após a solução do caso, balançando um pouco a cabeça de cima para baixo, com um sorriso discreto nos lábios, para no dia seguinte contar e explicar com calma para Cleberson que ele tinha um negócio chamado "ouvido absoluto".

— Absoluto? Nunca ouvi falar nisso!

— É, meu filho. Poucas pessoas têm. É uma capacidade de perceber e dar nome a cada uma das notas que você escuta. Acho que você nasceu com isso.

— É uma doença?

— Não, não. É só um dom que pode te ajudar a tocar melhor, ou pior, dependendo da afinação do instrumento.

Na verdade, até hoje os especialistas não sabem dizer com certeza como isso surge no ser humano. O que se sabe é que uma pessoa com ouvido absoluto é capaz de receber e interpretar, com rapidez e precisão, estímulos do lado esquerdo do cérebro — local onde os sons são processados. E, de acordo com seu padrão de afinação aprendida, consegue dizer as notas e reproduzi-las. Por isso, uma nota fora do lugar incomoda a percepção dessas pessoas, assim como um instrumento afinado em outro tom a que não estejam acostumadas.

Glória não tinha respostas para todas as perguntas do garoto sobre "ouvido absoluto", mas adiantou o que sabia e, com o decorrer da vida, Cleberson descobriria mais detalhes sobre o fato. No entanto, só saber que existia uma razão científica por trás daqueles episódios estranhos, tipo o da Ordem dos Músicos, acalmava um pouco seus anseios. Era incômoda a constatação de que ele não conhecia inteiramente suas fraquezas e aptidões, mas, pelo menos, ter noção de que o fá não tinha sumido era melhor do que nada. "Vou ficar mais esperto em relação a essas coisas", prometia em seus pensamentos, ao voltar andando para casa — como um super-herói de história em quadrinhos que acabara de descobrir seus poderes.

— —

O menino que não era mais acordeonista, desenhista, guitarrista ou engenheiro. Tinha se resolvido pela música através do piano, e queria levar o The Watts a sério, como uma banda que poderia se tornar mais profissional do que era. Ele desejava que o seu conjunto fosse um grande sucesso, só que os sonhos dos outros integrantes iam para direções diferentes. Um almejava ser engenheiro; o outro, economista; e com isso os ensaios foram definhando, se esvaindo em agendas tumultuadas de outros afazeres. Mas nenhum deles saía da banda! Apenas empurravam com a barriga os bailes, caindo de qualidade a cada apresentação. Tragédia que seria anunciada no baile do Clube Orfeão Portugal, na Tijuca, em 1970.

Naquele dia, eles ensaiaram "Soul Sacrifice", do Santana — música nova no repertório —, na própria passagem de som, o que já deixou Cleberson extremamente desmotivado. Antes ele tivesse ouvido seus instintos e ficado em casa porque dali para frente era ladeira abaixo. "See Me, Feel Me", do The Who, foi uma das primeiras da noite, e o público já reagiu com desconfiança. Ninguém dançava ou parecia estar curtindo. As pessoas ficaram naquela posição estática, de cerveja na mão, e alguns com os olhos apertados, como se estivessem tentando entender o que estava rolando no palco. Aquela poderia ter sido a segunda deixa para Cleberson "vazar" de lá, mas ele insistiu e continuou nos teclados e na guitarra. Só que na hora da música do Santana, ele não teve mais opção. Toninho errou a mão na bateria e transformou a batida em um samba! O público não perdoou e caiu em cima da banda: vaias e copos para o alto tomaram o Orfeão. Entre os presentes, estava um menino de 15 anos chamado Ricardo Feghali, dos Los Panchos, que não se esqueceria daquele episódio por muitos anos: a única vaia do filho de seu Boanerges.

— Galera, não dá. Chega! Vocês não querem tocar. E outra: vou fazer vestibular para engenharia eletrônica. Não quero mais saber de música, acabou!

— —

Cleberson prestou vestibular para engenharia eletrônica em um dia, e para música no outro. Desiludido com a banda, só faria a outra faculdade como segunda opção para tirar o diploma, pois já sabia a teoria das aulas de dona Glória. Mas a Mãe Geometria foi maior nessa história e barrou sua entrada na faculdade de exatas, ao contrário da Escola Nacional de Música, que o recebeu de portas abertas. O plano, então, passou a ser outro: tudo bem, estudar música, no entanto, se preparando nas horas vagas para tentar engenharia de novo, no ano seguinte. Largou a rotina de bandas e começou a malhar quase todos os dias, adquirindo um físico bem definido! Estava tranquilo com suas escolhas naquele início de 1971 e fazendo barra paralela com Mafra, ex-cantor dos UFOS, quando deu de cara com Sérgio, ex-empresário do The Watts.

— Olha, eu sei que tu não quer mais, mas tem uma banda...

— Sérgio, nem vem! Vou fazer engenharia. Entende isso — disse Cleberson, dando as costas para tomar uma água.

Ele sabia que Sérgio era insistente e era melhor cortar o papo. Queria sair de mansinho, só que ele continuou a falar. Contou que o conjunto era de uma família Cataldo, e que o tecladista estava saindo da banda.

— Eles tocam muito lá na Tijuca, nunca viu?

— Não, Sérgio. Esquece! Além do mais, tenho que ajudar meu pai. Ele largou a contabilidade. Tá ralando como caminhoneiro! Mal de coluna e tudo por causa do peso que carrega.

— Então, cara! Pensa direito! Você não precisa parar de estudar. Vai ganhar uma grana legal com essa banda! Ela é meio famosinha naquela região e paga direito os integrantes. Você pega o dinheiro dos bailes e ainda paga sua faculdade de engenharia! E ajuda seu velho, pô!

Cleberson não sabia mais nem o que pensar. E sentado num banquinho, pensativo, deixava reverberar as palavras de Sérgio, do mesmo modo que deixou quando ele vendeu um baile com teclado. Seria possível colocar todas essas peças em harmonia? A música, o interesse pela engenharia, pelos desenhos, seu pai, sua família? O super-herói com seu dom de ver as notas musicais não conseguira manter suas esperanças quanto aos desafios do dia a dia. O desenhista quebrara copos no decorrer do caminho e não manteve seu traço firme. O engenheiro não terminara nem a construção do som que tanto idealizara. E o acordeonista, ah, o acordeonista! Esse continuava dormindo de janelas fechadas dentro daquele mineiro, entre sentimentos não tão firmes naquele momento. Mas também... Quando seria?

— Tá bom, Sérgio, você ganhou. Vou lá ver qual é. Qual é nome deles, mesmo?

— OS FAMKS.

CAPÍTULO 2

UM LUGAR NO MUNDO

Luiz Fernando Oliveira da Silva

Mandi é um peixe com pele de couro e de porte médio, com manchas negras, esporões farpados e muco tóxico nas nadadeiras. Um animal tinhoso, que luta até o fim quando é pescado e só sai da água depois de morto. Peixe também encontrado no rio Paraíba do Sul, na altura da cidadezinha de São João da Barra, no estado do Rio de Janeiro, e apelido de seu Bernardino Senna Silva, "coroné" das redondezas, metido na política e dono de uma serralheria. Bicho bravo, assim como o mandi das águas — respeitado naquele território e temido pelos menores.

— Anda, Nando! — chamava Nilson, filho de seu Bernardino, já na porta do casarão em São João, em 1961.

Um casarão daqueles imponentes, que guardava o clima das fazendas de senhor de engenho, com uma escadaria enorme na frente e uma coruja de pedra, medonha, na quina. Pelo menos era o que o menino de 8 anos sentia ao ver aqueles olhos petrificados e grandes da ave: medo.

— Tô indo, pai, tô indo.

Subia ele os degraus, pé por pé, com o olhar focado na coruja, vigiando, como se ela pudesse se mexer a qualquer momento. Nando, ou melhor, Luiz Fernando, era o quarto dos seis filhos do casal Nilson e Neusa. O "varão" entre cinco meninas, todas Maria: as gêmeas Maria Inês e Maria de Lourdes, além de Maria Helena, Maria Alice e a mais nova, Maria Cristina. Moreno, magrinho, baixinho e de cabelos escuros, o menino não era de se misturar com as irmãs e passava a maior parte do tempo sozinho, isolado em seu mundo de brincadeiras e histórias, embora tivesse olhos tão atentos e perspicazes quanto os daquela coruja.

— Nando, você vai ficar pra trás — dizia seu pai impaciente e de braços cruzados, enquanto ele terminava de subir as escadas.

Um nervosismo que não tinha nada a ver com a demora do filho, mas sim com a ansiedade e a expectativa de rever seu pai. Há anos eles não se falavam! Desde o dia em que Nilson, a contragosto de Bernardino, decidira partir de São João da Barra para estudar no Rio de Janeiro. Ajudado por um tio, ele se formaria no Instituto de Educação e daria aula como professor primário para pagar a faculdade de direito. Uma punhalada no peito do "coroné", que não aceitou de jeito nenhum ver seu filho longe dele e de seus negócios. E aquela seria a primeira vez que Bernardino, já mais velho e doente, iria conhecer os netos.

Estava bem quente naquele dia, e era mais ou menos a hora do almoço quando eles adentraram o casarão, acompanhados por um dos empregados. Primeiro, Nando encontrou sua avó Antônia, uma senhora de aparência leve e fala suave — irmã de Arthur, tão tranquilo quanto ela —, para depois avistar seu avô, de posição ereta, sentado em uma cadeira, com as pernas levemente abertas e uma bengala no meio, apoiada pelas mãos. Sua bengala era toda trabalhada em jacarandá e seu paletó era de risquinha, tendo por dentro um colete, nos pulsos um relojão dourado e na cabeça um chapéu reto. Um homem de pele clara, mas ardida de sol, e de poucas palavras de boas-vindas. Para ele, era difícil ver Nilson em sua frente, casado com uma professora, com filhos e uma profissão tipicamente feminina. O clima tenso não iria mudar nem na hora do almoço — tendo Bernardino na cabeceira e sua mulher, Antônia, sentada à direita, com Nilson, Neusa e os netos espalhados naquele mesão comprido.

— Vai botar uma camisa, menino! Não vai sentar à mesa comigo assim, não. Vai se compor! — disse ele em tom forte para Nando, como se já estivesse falando com um homem crescido.

Uma das poucas frases que o menino ouviria do avô, que depois continuaria comendo em silêncio assim como Nilson, enquanto a avó Antônia puxava assunto com a nora, Neusa.

— E o Rio de Janeiro? Lá é mais quente que aqui, não?

— Ah, um pouco. Você precisa ver no verão!

E a conversa seguia.

Nilson, sem graça, não olhava para o pai, como se naquela situação ele fosse tão pequeno quanto seus filhos! E Bernardino, por sua vez, mantinha os olhos fixos no prato, com uma garfada após a outra, sem tecer qualquer comentário. Pairavam no ar as discussões, a distância, o ressentimento; e nenhum dos dois parecia estar disposto a "arregar". Antônia ainda tentou:

— E suas aulas, meu filho?

Mas Bernardino rangeu a garganta, bateu o punho na mesa e Nilson, sério, apenas conseguiu responder.

— Tá tudo bem, mãe.

Essa visita ao casarão seria a primeira e a última de Nando. O menino ainda retornaria com seus pais inúmeras vezes para São João da Barra, mas apenas para curtir o lado da família de sua avó — e, principalmente, velejar na canoa com seu querido tio Arthur, irmão da vó Antônia — um daqueles pescadores que dava vontade de ficar o dia inteiro só ouvindo os "causos", as piadas e os ensinamentos. O avô que Nando escolheria para sua vida.

Porém, no casarão não existia ambiente, nem recepção que justificasse um regresso para seu pai. Para lá, o garoto, então, não mais voltaria. Embora não tivesse esquecido, nem mesmo depois de adulto, do relojão, da bengala, do paletó, do colete, do chapéu e da coruja.

A casa de Nilson e Neusa ficava na rua do antigo zoológico, no Rio de Janeiro, na última casa no alto da rua Visconde de Santa Isabel, no Grajaú — bairro famoso na cidade por ser extremamente arborizado. E a residência seguia os costumes da família materna de Nilson, mantendo o estilo da região, grande, com muitas plantas e com áreas onde as crianças pudessem brincar à vontade. Ter cachorro também fazia parte dos hábitos da casa, onde não se matava gambá, aranha, cobra ou lagartixa, sendo estimulado o convívio com a natureza desde cedo. Uma maneira de trazer um pouco de São João da Barra, cidade natal de Nilson, para o Rio de Janeiro.

Hábito de Nilson, mas que Neusa, de família carioca e tijucana, também incorporara. O problema é que, com o marido fora trabalhando como advogado, ela se atrapalhava na hora de dar conta dos seis filhos, afazeres domésticos e jardim. Até porque sua rotina antes de casar era completamente diferente. Seu pai, José Valentim, um homem negro, de estatura mediana e dono de uma gráfica, morreu muito cedo, deixando os negócios nas mãos de seus filhos e sua mulher, Alice. E Neusa, caçula e temporã, acabou sendo poupada pela mãe e pelos irmãos na fase financeira mais crítica que viveram. Canuta, ou "madrinhesa", como era chamada por Neusa, foi a irmã mais velha que praticamente a criou, com mimos e proteção para que ela não sofresse.

Sem pegar no pesado e pajeada por outras irmãs como Jandira e Iara, Neusa pôde frequentar lugares bacanas como a Confeitaria Colombo, no Centro do Rio de Janeiro, passeando por aí toda "coquete", como se dizia naquela época. E, em 1940, se formaria no Instituto de Educação, onde conheceria e se apaixonaria por Nilson — quatro anos mais novo que ela —, com quem iria viver até ficar velhinha e com quem teria que, pela primeira vez, saber se virar sozinha, com a limpeza e organização de uma casa enorme e a criação de seis filhos levados.

— —

Choveu muito no verão do Rio de Janeiro, no início dos anos 1960, alagando as ruas da Tijuca, do Andaraí, de Vila Isabel e do Grajaú, deixando os moradores sem eletricidade e sem comunicação. Custou para que os cariocas retomassem suas rotinas. Até que num daqueles dias o sol voltou para ficar, quente e poderoso, secando e abrindo passagem para as pessoas. Iluminando todos os vestígios das enchentes, como buracos na rua, barro nas paredes e, inclusive, um belo tronco, solto no asfalto, parado em frente à casa de Nando.

"Legal!", pensou ele ao correr em direção à tora para empurrá-la para dentro do jardim. Enquanto suas cinco irmãs, sentadas na varanda, brincavam entre si, entretidas com suas bonecas e panelinhas.

Estavam isoladas em seu mundo feminino e não perceberam a euforia do irmão ao encontrar aquela tora: futura nave espacial, ônibus, cavalo de batalha, carro de Fórmula 1, carruagem e tantas outras coisas que só ele entendia!

— Vrruuuummmmm!!! Vrruuuummmmm!! — fazia ele com a boca enquanto, sentado em cima do tronco, inclinava o corpo ora para direita, ora para esquerda, como se estivesse fazendo uma curva.

— Esse garoto é maluco! — dizia Neusa para Nilson ao flagrar o filho, aos 9 anos de idade, em ação.

— Não é maluco, não, Neusa. Deixa o menino.

— Aham… Depois não reclama!

Os livros eram sua fonte de inspiração, e Nilson, seu principal incentivador e fornecedor de histórias. O pai adorava ler, tinha uma das maiores bibliotecas do Brasil sobre a Segunda Guerra Mundial e não economizava em repassar cultura para o filho. Comprava livros de todos os tipos para ele, alimentando sua criatividade e instigando outras descobertas.

Monteiro Lobato apresentou a Nando aventuras como "Os doze trabalhos de Hércules" e "As caçadas de Pedrinho". A Enciclopédia Trópico, em quadrinhos, ensinou a cultura da Grécia, do Egito, as batalhas de Napoleão Bonaparte e outros acontecimentos do mundo. Histórias notáveis, fantásticas e mitológicas, como os livros que continuaria lendo depois de mais velho, tais como o *Anel dos nibelungos*, *Senhor dos anéis*, e autores de ficção científica como Arthur C. Clarke e Isaac Asimov. Inesgotáveis fontes de sabedoria e imaginação.

— E aí o general falou com o soldado: "Essa é a hora da guerra! Atacar!" — berrava Nando, no jardim, se jogando no chão e se divertindo da melhor maneira que aprendera: sozinho.

— —

Arizona, 1926: um garoto de 12 anos junto com um vaqueiro mais velho checavam o funcionamento de um moinho de vento antes de a tempestade chegar. As nuvens pretas já se armavam no céu e a chuva prometia ser pesada quando o cowboy alertou:

— Se olhar de pertinho, você vai ver o rebanho do Diabo, com seus olhos vermelhos e cascos de raio, à frente dos cavaleiros fantasmas. E, se você não se cuidar, vai parar lá com eles, perseguindo os bois por toda a eternidade.

O menino se assustou com a lenda e foi correndo para casa. Mas ficou tão impressionado com a história que, aos 34 anos, o não mais garoto Stan Jones, compôs a canção "(Ghost) Riders in the Sky: A Cowboy Legend", uma música country que ganhou várias regravações, como as de Burl Ives, Johnny Cash, Bing Crosby, ou a versão brasileira de Haroldo Barbosa, "Cavaleiros do Céu", cantada por nomes das décadas de 1940/1950 como Carlos Gonzaga.

E foi um compacto gravado pela RCA, de Carlos Gonzaga, com "Cavaleiros do Céu", que Nando ganhou de presente de seu pai.

Vaqueiro do Arizona desordeiro e beberrão
Seguia em seu cavalo pela noite do sertão
No céu porém a noite ficou rubra num clarão
E viu passar um fogaréu, um rebanho no céu

Uma música linda, que ele ouvia em sua vitrolinha aos 9 anos. E que o deixava arrepiado só de imaginar aquele rebanho seguido por vaqueiros, vermelhos a queimar, galopando para o além.

— —

Quando estou nos braços teus
Sinto o mundo bocejar
Quando estás nos braços meus
Sinto a vida descansar

No calor do teu carinho
Sou menino passarinho
Com vontade de voar

Cantava Nilson, batendo levemente no ombro de Nando, de 10 anos, que ainda brigava com o sono, em uma daquelas noite no final de 1963. Ano em que seu time, Fluminense, havia perdido o Campeonato Carioca para o Flamengo em um empate de 0 a 0, em um Maracanã lotado! "E olha que o rubro-negro estava ruim na competição. Deixa estar... O próximo é nosso", pensava Nilson enquanto murmurava a canção para o filho, que já parecia ressonar na cama.

O mundo continuava agitado do lado de fora do quarto em que Nilson ninava o menino, e ele nem sentia. Os Estados Unidos ainda sofriam as consequências do assassinato de John Kennedy em um desfile público. A Alemanha se preparava para julgar os 22 guardas do antigo campo de concentração nazista, Auschwitz. E no Brasil, o PSD repudiava os rumos do governo Goulart, assumindo posição de "vigília cívica" em reunião das bancadas. Fatos e notícias que, para aquele pai, sumiam perante o sono majestoso da criança.

E, assim, ele continuava cantando, afinado, a canção de Luiz Vieira, distraído com os traços do seu menino passarinho, que descansava em seus braços. Era bom vê-lo cochilar ao som daqueles versos. Diversão de pai, que mais ninguém entenderia. Seu quarto filho, único garoto entre tantas meninas, dormindo, tranquilo, parecendo estar feliz naquele lugar. Embora Nilson soubesse e sentisse, bem lá no fundo, o quanto Nando desejava voar.

— —

Era tarde da noite quando Nando levantou da cama para pegar um copo d'água na cozinha e viu seus pais conversando baixinho na sala. Manteve-se distante, fora do campo de visão dos dois, mas de olhos e ouvidos aguçados para entender o que estava acontecendo.

— Você acha que consegue?

Foi o que Nando entendeu da boca de sua mãe, de olhar apreensivo e direto para Nilson.

— Neusa, de hoje pra amanhã não dá. Mas eu vou tirar!

Respondeu incisivamente seu pai, nervoso, e em tom mais alto, sem deixar dúvidas quanto às palavras pronunciadas — enquanto Neusa passava a mão levemente sobre o rosto de Nilson, para depois lhe dar um beijo terno. Dias tensos de 1964, início da Ditadura Militar no Brasil.

Nos bastidores do governo já se falava de perseguições políticas, tortura e morte para aqueles que agissem contra suas imposições. Mas nada era feito de forma aberta! Tais ameaças eram veladas, não declaradas contra o "perigo vermelho", que continuava sua luta por liberdade na surdina. E, por isso, muitos esquerdistas foram presos naquele período. Algumas prisões eram explícitas e noticiadas para os familiares, outras até hoje não foram esclarecidas.

Seu Bernardino, PCdoB ferrenho e avô de Nando, usava o terceiro andar do casarão em São João da Barra para esconder refugiados políticos e, depois, despachá-los para outros lugares. E, por intermediar essa operação, acabou sendo delatado e preso pelos "milicos". Desespero para os parentes próximos. Tristeza maior para Nilson, que ainda não falava direito com o pai.

Nando não entendia muito bem aqueles termos políticos, mas percebeu que o avô estava preso. E, quietinho, falava com seus botões, torcendo para que seu pai conseguisse tirá-lo de lá. "Nossa, ele conhece tanta gente...", pensava o menino ao ver Nilson, de olheiras, determinado, fazendo um milhão de ligações em casa, com um papel e uma caneta nas mãos.

Dias intensos para Nilson, que entrou em contato com todas as pessoas que conhecera em seu trabalho como advogado no governo de Carlos Lacerda,[*] no Rio de Janeiro, na esperança de que alguém pudesse ajudá-lo. Até que, de repente, uma voz feminina lhe deu razão.

— Oi, Nilson. Meu marido é general, lembra? Vou ver com ele se dá pra intervir.

Alívio sobre o peito de Nilson, que aguardaria, ansiosamente, por outra ligação dela. Dias intermináveis de espera e de mais imagens criadas em sua mente de seu pai na prisão, tossindo, largado, com seus primeiros sinais de um câncer no intestino, esquecido junto com tantos outros homens. Até que a boa notícia veio, no mesmo dia em que seu pai foi solto.

— Bernardino Senna Silva! — gritou o carcereiro em direção à cela.

E ele, abatido, apenas levantou a mão.

— Tá liberado — continuou o carcereiro.

— Mas quem...

— Ninguém.

E se em casa Nando já entendia os sorrisos discretos do pai, na prisão Bernardino andava rápido, sem olhar para trás. Só ficando mais calmo ao chegar à rua, na calçada, à luz do dia, embora não tivesse ninguém para buscá-lo ou lhe dar um abraço. E dali ele seguiria para Campos, sem nunca imaginar durante seus últimos dias de vida que fora Nilson o responsável por sua liberdade. Um segredo que seu filho decidira guardar a sete chaves.

---

[*] Lacerda foi governador do antigo estado da Guanabara entre 1960 e 1965.

Um telefonema certeiro, a libertação de Bernardino: a alforria de um homem que iria brigar contra a Ditadura, o câncer, seu filho e com todos até o fim. Como um mandi.

— —

Nando estava no meio do 3º ano do primário, quando notou que seu nome estava sendo mencionado, constantemente, nos papos dos adultos, sem estar relacionado a qualquer zorra que havia feito. Tinha algo a ver com escola e não cheirava nada bem para o seu olfato infantil. Seus pais queriam que ele fizesse o exame admissional do ginásio, apesar dele ainda ser novo para isso.

O sistema educacional brasileiro considerava, nos anos 1960, que o estudante deveria fazer cinco anos de primário para depois prestar seu "1º vestibular", chamado na época de exame admissional ao ginásio. Um exame temido, como o vestibular para chegar a uma faculdade nos dias de hoje, e que poderia ser feito antes dos cinco do primário, como no caso de Nando.

— Filho, chegou o resultado do exame! Você passou!

Comemorou Neusa, em casa, abraçando o menino ao receber a carta do instituto, com notas tão azuis que ela poderia, inclusive, inscrevê-lo no Colégio de Aplicação da UERJ, na Tijuca, escola conceituadíssima no Rio de Janeiro onde já estudavam outras de suas três filhas: Maria Inês, Maria de Lourdes e Maria Helena. Felicidade para a família, que via Nando avançando nos estudos, e com louvor, ao entrar em um dos melhores colégios cariocas! Mas desafio para o garoto de quase 11 anos que iria encarar o ginásio e seus experientes alunos com dois a três anos a mais que ele, que já namoravam, tomavam cuba libre e experimentavam as primeiras tragadas de cigarro. O suficiente para Nando sentar lá no fundo, nos dois primeiros anos, encolhido, se sentindo distante e pequeno no meio de "gigantes".

— —

Carlos Abreu estudaria no Colégio de Aplicação, na turma de Nando, e se tornaria otorrino quando adulto. Porém, no início de 1966, na sala do 3º ano ginasial, em uma terça-feira, com seus vastos 15 anos, como a maioria dos garotos da época, ele quis ser músico.

— Vou fazer um conjunto de rock! Eu na guitarra e meu irmão Cláudio na bateria — anunciou ele, em pé, para a turma em um dos intervalos.

— Pô, vou tocar a outra guitarra! — animou-se Celso Mamede, que seria engenheiro quando crescesse.

Futuro que também seria o de Antônio André, ou melhor, Andrezinho:

— Eu quero cantar!

— Ótimo, André! Só falta um baixista! — continuou Abreu, olhando para as pessoas ao redor, esperando alguém se pronunciar.

— Porra, ninguém toca baixo nesta sala, não?

Até que, escondido entre as carteiras, meio sem jeito, Nando decidiu levantar o braço.

— VOCÊ?

— É.

— E você toca baixo, por acaso?

— Toco.

Abreu, desconfiado, olhou para os amigos, para o resto da sala e, por fim, voltou o olhar para aquele menino magrelo, baixinho e mirrado, com a mão levantada.

— Então tá, né? Não tem outro, vai você mesmo — disse ele, falando em seguida para o grupo, antes da professora iniciar a próxima aula. — Ensaio lá em casa no sábado, falô?

Nando mal tinha 12 anos no dia em que resolveu tentar se comunicar com os grandes. Não se ligava em música, em rock, e muito menos sabia o que era "baixo".

— —

— Tenho que tocar baixo em quatro dias!

— Calma, Nando, calma! Fala devagar. Que história é essa? — perguntou no telefone o primo Marco Antônio, filho da tia Iara, sete anos mais velho que Nando e vocalista da banda de baile Os Dallans, de vocal poderoso e conhecido na região.

— É pra entrar numa banda lá da sala. Eu preciso entrar!

— Banda? E desde quando você é ligado nessas coisas, Nando?

— Anda, que dia você pode? O ensaio é sábado agora!

— Tá, tá... Vou pedir pro Jorge Cláudio te dar uma força. Aguenta aí! — disse ele antes de desligar o telefone, se referindo ao baixista dos Dallans, que prontamente apareceu, à tardinha, na casa de Nando.

— Dá para treinar no violão? — perguntou o menino, ansioso, já com o violão de seus pais nos braços, assim que Jorge Cláudio passou pela porta da sala.

— Pro básico funciona, Nando. As cordas do baixo são mais grossas e rígidas, e a distância entre elas é maior, assim como nos trastes. A maioria dos baixos tem quatro cordas e o violão tem seis, né? São instrumentos diferentes! Mas você é esperto, vai pegar fácil.

— Eu tenho que tocar no sábado, Jorge! Eles já sabem tudo e eu não!

— Péra... Você vai tocar... Vou te passar uns exercícios e você treina nas quatro cordas superiores, OK? Vai fazer bonito, vai ver. Senta aqui e vamos treinar!

Animado ao ver o interesse do garoto, Jorge Cláudio rapidamente mostrou como segurar o instrumento, a posição adequada da mão, explicou o que significavam aqueles filetes de metal (os trastes) separando as casas, as cordas e partiu para a prática! Foi passando, devagar, uma sequência após a outra para que Nando pudesse repetir depois.

— Faz força com o mindinho, Nando! Senão o som não sai direito — dizia ele para o menino, mais do que concentrado, determinado a não fazer vergonha no sábado!

Afinal, aquela era a sua chance de se enturmar com os meninos da sala. Quando o professor mostrava como deveria fazer com os dedos, seus olhos pulavam entre as casas do violão e sua boca reforçava baixinho o que era preciso memorizar. Para, em seguida, ele próprio pegar o instrumento, disposto a vencer sua insegurança de iniciante — repetindo, incansavelmente, os exercícios que Jorge passara — até conseguir tocar sua primeira música: a famosa "We Can Work It Out" dos Beatles, lançada no final de 1965 em um compacto com "Day Tripper", repertório dos Dallans e sucesso nos bailes do Rio de Janeiro em 1966.

Foram dias incessantes de exercícios no violão. Nando começou, inclusive, a ficar confiante ao identificar canções saindo de seus dedos com bolhas, por mais que não cantasse nenhuma delas. "Com o tempo vou melhorando", pensou ele ao guardar o violão na capa, depois de repassar algumas músicas, no sábado, antes do ensaio. O que continuou fazendo, só que mentalmente, no caminho para a Usina, bairro onde o Abreu morava. "Dedo 2, na casa 2, primeira corda…"

A primeira música do repertório foi a nova dos Stones, "The Last Time". "Well, I told you once and I told you twice" dizia a música, com Nando se empenhando em dar seu melhor. Depois veio o refrão, "Well, this could be the last time/ this could be the last time", com a banda já aos tropeços. E prosseguiu com "But here's a chance to change your mind", em um desencontro completo entre os instrumentos, acordes faltando, e alguns desistindo da canção.

— Ué, o que aconteceu? Por que vocês pararam? — indagou Nando.

— Eu preciso treinar mais — respondeu Abreu.

— É, eu também — falou seu irmão.

— Não é melhor pegar uma mais fácil? — tentou o Celso.

— Pode ser. Depois a gente volta nessa — concluiu Abreu.

"Mas essa era a mais fácil!", pensou Nando, pequeno entre os "gigantes".

— —

— Pingo, você vai com a gente?

— Acho que não, Andrezinho… Meu pai ainda tá me brecando — respondeu Nando, cabisbaixo, por ficar de fora mais uma vez das viagens para Rio das Ostras do grupo The Kilroys, ou "the Kilzinho", como ficou conhecida a banda do Colégio de Aplicação.

A família de André tinha uma casa lá, para a qual ele levava os amigos, para fazer "zorras", como beber gim, fumar ou ir ao bordel da cidade. Coisas de menino. Só que Nando, ou Pingo, como Abreu o apelidara, não tinha o consentimento do seu pai para esta "façanha".

— Os garotos são mais velhos. Você só tem 12 anos, Nando!

— Pai, você que me botou lá! Não fui eu que escolhi estar entre os mais velhos!

— Não interessa, Luiz Fernando. Você não vai!

Nando fazia questão de, todas as vezes, gritar sua revolta para o pai, para depois se isolar no quarto — enfurecido e impotente diante das regras adultas. Diversos convites negados para Rio das Ostras que incomodavam a liberdade do menino, que iria lutar até o fim, como um Bernardino.

— —

— Pai, a banda foi chamada para tocar no Alto da Boa Vista.

— De noite, né? Tudo bem. Eu te levo lá!

Ninguém do The Kilroys precisava de "escolta de pai" e, consequentemente, essa não era a resposta que Nando gostaria de ouvir. Porém, era melhor do que nada. Aos 13 anos, sabia que, se quisesse tocar, teria que aguentar o "mico" de chegar acompanhado por Nilson.

A festa tinha sido convite de um amigo que soube da banda por outro amigo, que indicou para um conhecido.

— Estamos ficando famosos — brincou Abreu.

E ver a casa lotada aumentava ainda mais a ansiedade dos meninos. Não que a banda estivesse maravilhosa, mas os atropelos eram menos frequentes. E os erros? Imperceptíveis para ouvidos leigos.

The Kilroys tocou, deu bis e as pessoas empolgadas continuaram elogiando a banda após o término da apresentação. A filha do dono da festa gostou tanto que apareceu, no final da noite, com um bolinho de notas nas mãos para cada um dos cinco integrantes. Algo ainda inédito para o conjunto! Uma prática que os adultos chamavam de "pagamento".

— Caraca, gente! Cr$125! — comemorou Nando, com os olhinhos brilhando, ao perceber que, além de amigos, a música também poderia lhe dar dinheiro e, quem sabe, a liberdade.

— E aí, Pingo? Rio das Ostras na sexta?

— Fechado! — disse o menino na semana seguinte à festa no Alto da Boa Vista, sem titubear, já contando os minutos para o final de semana.

Não falou em casa sobre o assunto, decidido a viajar, dessa vez, sem pedir permissão para Nilson. Assim, na sexta-feira, ao chegar da aula, fez a mochila, pegou o saco de viagens e o dinheiro da banda. Saiu do quarto, encontrou a mãe na cozinha e avisou que estava indo para Rio das Ostras.

E Neusa, surpresa com a atitude do filho, ficou em silêncio. "Até que foi fácil", pensou o menino indo direito para sala, já que seu pai ainda não voltara do trabalho. "Ele deve estar por perto. Será que eu espero? Ah, quer saber? Já deixei avisado. Minha mãe que passe o recado. Vai ser melhor e...", considerava ele, quando ouviu o barulho da chave na porta. "Já era", foi o último pensamento de Nando antes de Nilson surgir da rua, com a gravata meio aberta no pescoço, vestindo camisa branca e calça social, com um paletó azul-marinho jogado nos ombros.

— Aonde o senhor pensa que vai? — perguntou o pai, com um olhar desconfiado, enquanto deixava a maleta em cima da mesa.

— Rio das Ostras — respondeu Nando, sem gaguejar, encarando o pai.

— Com que dinheiro o senhor pensa que vai? — duvidou Nilson, com tom irônico, ainda em frente à porta, com os braços cruzados, olhando de cima para o menino, que não hesitou à afronta.

Sem tirar os olhos de Nilson, o filho colocou as mãos nos bolsos, juntou os Cr$125 que tinha e mostrou dizendo com firmeza:

— Com esse.

Nilson respirou fundo, tentando pensar rapidamente no que fazer, na postura correta que deveria adotar como pai, afinal, Nando só tinha 13 anos! Por isso, olhou para o dinheiro na mão do filho e lembrou-se de seu trabalho como músico. Voltou para os olhos de Nando, imóveis, e, respeitando sua coragem, saiu, enfim, de sua frente.

— Então pode ir.

Vera estava no 2º ano do ginásio, em 1967. Estudava no Colégio de Aplicação, era inteligente, madura, tinha cabelo castanho curto, e usava pó de maquiagem e batom — para ficar mais bonita, mais mulher, apesar dos seus 12 anos. A primeira namoradinha de Nando, a primeira paixão, que fazia com que ele passasse horas dos seus dias sonhando.

Naquele ano, o menino, com seus recentes 14 anos, tocava no The Kilroys, namorava a Vera e continuava rodeado por pessoas como André, Abreu, Zé Carlos, Helô, Regina, Suzana Ângela, Alberto e tantos outros do Colégio de Aplicação que o notaram a partir do Kilroys. Amigos que, mais velhos, formariam uma proteção ao redor de Pingo, ou Mínimo, como seria conhecido na escola. Aquele era um belo ano para Nando que, muito mais enturmado, torcia para que aquela sensação de felicidade jamais fosse embora.

Empolgação juvenil que deixava tudo mais bonito! Encontrar com ela no recreio, passear pelas ruas do Rio de Janeiro, beijos no portão da escola, bilhete na porta da sala... Era inspiração para não acabar mais! "Vou me casar com a Vera, ter muitos filhos, um cantinho cheio de verde pra gente morar", imaginava o menino em 1967. Sem poder prever que, naquele mesmo ano, sem aviso na agenda, telefonema, ou mensagem via telegrama, tudo iria desmoronar.

A primeira tragédia foi ver Vera em um ponto de ônibus, em frenéticos beijos com um conhecido dele do Colégio de Aplicação. Cara mais velho, de outra turma e que parecia, praticamente, engolir a menina, toda borrada de batom. Assim, do nada! Sem ela dizer "acabou", "a gente precisa parar de se ver" ou até "cai fora". Nada! Nando não soube nem o que fazer ao assistir àquela cena. Seu coração parou, sua voz sumiu e, por um segundo, ele se sentiu muito, mas muito menor do que realmente já era.

Para depois disso, ainda fechar o ano de 1967 com a pergunta da professora:

— Pra que turma você vai?

— Hein? Turma?

— É, Luiz Fernando. Sua sala vai ser dividida. Você tem que escolher entre ciências humanas, engenharia ou medicina. O próximo ano é do científico, oras!

— E os meus amigos?

— Vão escolher também, ué! Vai cada um para o seu lado.

— Como assim? Você quer dizer que eu vou ficar sozinho?

Vera: a primeira paixão de Nando. A primeira decepção. E a primeira vez em que ele pensou em não tocar nunca mais.

"Ame-o ou deixe-o", dizia um dos motes do governo brasileiro, em 1969 — referente à assinatura do AI-5 por Costa e Silva, no ano anterior. Artistas como Gilberto Gil e Caetano Veloso, intelectuais e líderes políticos eram exilados naquele período. O jornal *O Pasquim*, opositor à Ditadura Militar, era lançado, e o embaixador norte-americano Charles Burke seria sequestrado em troca de presos políticos. Tudo em 1969.

A música transitava entre a Jovem Guarda e a Tropicália, e os jovens continuavam ferozes em suas guitarras, de olho nas tendências do resto do mundo. Aqui, surgiam nomes como Jards Macalé, Os Novos Baianos, Sá-Rodrix & Guarabyra, O Terço e Som Imaginário. Enquanto lá fora acontecia o Woodstock, com 32 dos principais nomes da música, além do lançamento de álbuns históricos do rock'n'roll, de conjuntos como The Who, Beatles e Led Zeppelin.

— Mínimo, chega mais! — chamou Ivan Simas, de outra turma do Colégio de Aplicação, durante o recreio. — Cara, tô pra te falar isso tem um tempo. Tô vendo você meio desanimado com a música e tal... Não faz isso, não!

— Ah, Ivan... Não tô com saco pra nada, muito menos pra música!

— Pode até ser, mas deixa eu te falar uma coisa?

E Nando, encostado na parede, os braços cruzados, levanta os ombros como se dissesse "tudo bem".

— Todo mundo toca aqui, né? Eu toco violão clássico, o Abreu tá na banda de vocês, tem o Kiko* dos Famks, irmão do Alceu, e por aí vai. Mas você tem uma mão diferente, cara.

— Tá viajando, Ivan...

— Não tô, não, bicho! E eu vou te ajudar!

— Como assim me ajudar? Ivan, não tem nada que você pos...

— Você tá ouvindo as coisas erradas.

E o silêncio de Nando deu a "deixa" para Ivan continuar, com ênfase e certeza:

— Vou te emprestar três discos que vão mudar a sua vida.

Naquele dia, Nando voltou para casa com três LPs debaixo do braço: Goodbye, do Cream; Axis: Bold as Love, do Jimi Hendrix Experience; e Crosby, Stills & Nash, disco homônimo e primeiro trabalho de uma banda formada por David Crosby, Stephen Stills e Graham Nash (ex-The Hollies). O LP do Jimi Hendrix era de 1967, mas os outros dois haviam acabado de sair do forno, lançados naquele fatídico e musical ano de 1969.

— •—

"O que o Ivan quer tanto que eu escute?", desdenhava Nando enquanto colocava a banda de folk rock, Crosby, Stills & Nash, na vitrola de seu pai. Estava tão distraído, que nem percebeu ter colocado o disco com o lado B para cima. Apenas posicionou a agulha na primeira faixa do LP, sentou no chão e esperou.

---

* Este Kiko não é o integrante do Roupa Nova.

O compasso sendo marcado nas cordas presas do instrumento abriu a primeira canção, para que as três guitarras soassem juntas em seguida, em perfeita harmonia. Entrando depois a voz de Stephen Stills, ex-guitarrista da banda Buffalo Springfield, com o verso:

If you smile at me, I will understand
Cause that is something everybody everywhere does
in the same language

Respondido por David Crosby, ex-guitarrista do Byrds:

I can see by your coat, my friend,
You're from the other side
There's just one thing I got to know
Can you tell me please, who won?

Dois músicos simulando, em plena Guerra Fria na década de 1960, o encontro entre duas pessoas de lados diferentes. Época em que o muro de Berlim, após uma severa Segunda Guerra, separava a Alemanha e o mundo entre capitalistas e comunistas, um período tenso entre as nações já desgastadas — estrangeiras de território, mas iguais de alma, como lembrava aquela canção do LP, "Wooden Ships". Tudo se encaixava e o significado daquela letra mostrava que uma canção poderia ser muito mais do que harmonia e melodia.

— Caralho! Esses caras estão falando pra mim! — disse ele baixinho enquanto o disco rodava na vitrola.

No refrão, se lembrou de Ivan destacando "Olha os vocais dessa banda!", com a voz de Graham Nash, ex-guitarrista do The Hollies fechando o som do trio. E Nando chorou ao sentir "Wooden Ships" chegando ao final. O menino bebeu daquele lado B do disco e depois descobriu maravilhas no lado A, como "Marrakesh Express" e "Guinnevere". Quanto mais ele ouvia, mais queria. Um LP que até poderia falar de amor, como os outros, mas que ia além! Trazia poesia, política, pensamentos profundos e humanos sobre a vida. Os músicos, naquele trabalho, eram artistas que contavam histórias, deixavam reflexões e questões universais em seus acordes. E aquilo sim fazia sentido para o seu coração.

— —

Os outros dois discos que Ivan emprestou para Nando tinham o mesmo propósito:

— Você tem que ouvir o baixo dessas bandas!

E Jack Bruce era "o cara" do trio britânico de rock psicodélico Cream, formado também por Eric Clapton na guitarra e Ginger Baker na bateria. "Caramba, como ele faz isso com o baixo?", perguntava-se Nando ao ouvir variações sutis no som do instrumento de Bruce. Era como se a pegada do baixista fosse pausada, como se a mão respirasse antes do acorde.

Jack Bruce cantava em cima de linhas marcantes e melodiosas do baixo a música "Politician", letra de Pete Brown, seu grande parceiro em composições. E o riff de Bruce era de arrepiar. "Não tô tocando direito. Isso é que é tocar baixo!", falava Nando consigo mesmo, com gestos e em alto volume, como se estivesse indignado com outra pessoa. A personalidade daquele instrumento fazia com que o menino se sentisse um robô tocando — sem sentimentos, originalidade e energia.

Depois Nando passou para Axis: Bold as Love, LP em que conheceria Noel Redding, o guitarrista selecionado pelo agente Chas Chandler para ser o baixista da banda liderada por Jimi Hendrix. Afinal, nessa "categoria" não dava para competir com Hendrix. Mitch Mitchell fechava o trio, popularizando o mesmo tipo de formação do Cream, com baixo, guitarra e bateria.

"O baixo dele é intencionado", prestava atenção o menino, que buscou mais discos do Jimi Hendrix Experience para ouvir Noel, e não só conheceu canções como "Bold as Love", como também "Are You Experienced?" e "Hey Joe", de outros LPs. Essa última lhe serviria anos mais tarde como inspiração para o desenho de seu próprio baixo, em uma música chamada "Volta pra mim".*

Aqueles três discos de Ivan realmente viraram a cabeça de Nando, então com 16 anos, que passou a estudar baixo com uma empolgação jamais vista. Os amigos o ajudavam com outros discos, como André que, por ter morado fora, tinha acesso a LPs internacionais. E, assim, o menino ia devorando suas novas referências musicais e aprendendo a tocar com grandes mestres.

— Ahá, safado! Agora eu entendi!

Comemorou Nando ao ver que conseguia imprimir nas cordas a batida de Jack Bruce — o "baixista taquicardíaco", como ele gostava de brincar. O músico em que o menino se espelhava, enquanto outros tinham como professor Sir Paul McCartney.

Do mesmo modo, ele seguiu suas "aulas" com os riffs de Noel, ouviu e pesquisou sobre as bandas antigas dos integrantes de Crosby, Stills & Nash e se encantou com Neil Young, recente integrante do trio — além de descobrir que todos eles haviam se reunido nesse conjunto em busca de liberdade de criação e autonomia. "Então é por isso que o nome da banda tem o sobrenome de todos eles!", refletia o garoto sobre seus ídolos. Um conjunto em que todos apareciam igualmente, sem destaques ou líderes. No qual prevalecia somente ela, a música. A mesma que traria Nando mais uma vez para a realidade, longe de receios e frustrações pelo rompimento com a namorada.

— —

A família de Nando tinha uma casa bonita, de esquina, no distrito de Muriqui, em Mangaratiba — cidade vizinha do Rio de Janeiro —, para a qual Nilson e Neusa levaram os seis filhos durante muitas férias. Para eles, um lugar de praia, amigos, romances e, consequentemente, problemas.

---

* A inspiração de "Hey Joe" se encontra no trecho: "Essa paixão é meu mundo / Um sentimento profundo"

— Inês! Sua vagabunda! Você não vale nada, piranha! Vai ver só! — gritava pela rua afora um rapaz bêbado, por ter sido dispensado por Inês, irmã mais velha de Nando.

Revoltado, com uma garrafa de vodca na mão, ele xingava a menina, Neusa, as irmãs, o pai, e todo mundo. Um moleque, acompanhado por sua turma, que não só passou pela porta da casa de Inês, como seguiu tropeçando pelas pernas, até se perder no meio da noite.

— Meninas, vão dormir. É só um doido gritando — aconselhou Neusa, que, sem Nilson no momento, ao ver sua filha nervosa e chorando, preferiu botar panos quentes na história.

Não percebeu que Nando, o único homem da casa, guardara calado a raiva que sentira. Ainda mais por ser Maria Inês, sua irmã mais próxima. Ao acordar no dia seguinte, o menino mal tomou café da manhã. Apenas se levantou, se vestiu e avisou à irmã querida que resolveria aquilo.

Ele sabia o que fazer e aonde ir: mureta do Muriqui Praia Clube, onde o pessoal costumava ficar. Seu sangue fervia, seu olhar estava decidido e seus passos eram firmes e rápidos. "Meu pai não tá aí, mas isso não vai ficar assim!", dizia irritado entre os dentes enquanto andava. E só parou ao perceber o dito-cujo sentado no pequeno muro, no meio de uns quarenta meninos, conversando, bebendo e pegando sol.

— Ei, você aí! Levanta! — disparou o neto de Seu Bernardino para o garoto, apontando e se aproximando do grupo, sem medo de apanhar. Apesar de sozinho, falava grosso, como se não tivesse apenas 16 anos. — Olha só, não faz de novo, não! Você ofendeu minha mãe, minha irmã, a família toda! Se fizer isso de novo, vou ter que me embolar contigo, tá ouvindo? Eu sou um só. Vocês são uns quarenta! Mas pode ter certeza que pra defender minha família eu pego uma arma se for preciso! — E falando com frieza, mas mantendo o tom de voz, continuou: — Se você fizer de novo, você vai ter que me matar! Porque senão eu vou matar você! Tá entendendo? Toma cuidado! Eu posso ser pequeno, mas você não imagina com quem tá lidando! Estamos conversados?

E dizendo isso virou as costas e foi embora.

Lógico que o feito correu à boca pequena de Muriqui, e Nando, mais tranquilo, foi para o Rio de Janeiro no final de semana, porque tinha baile. Pegou o trem, desceu para tocar, voltou de madrugada e só retornou de manhãzinha, às 8 horas. Porém, ao abrir a porta de casa, teve vontade de voltar na hora para o Rio de Janeiro. Lá estava o ex-namorado de sua irmã, na cozinha, tomando café com ela, como se nada tivesse acontecido.

— Hã? O que é isso aqui? — perguntou ele, achando aquela cena a mais surreal possível.

— Fizemos as pazes — respondeu Inês, meio sem graça, enquanto o rapaz nem olhava para Nando, pasmo.

— Tá certo… — respondeu ele, desanimado, seguindo para o quarto.

Não dava para ficar naquela cozinha. Justo ela fazendo uma daquela? Era demais para o menino, que pensou muito, antes de chamar todas as irmãs para uma conversa. A primeira e a última sobre aquele assunto.

— Quer saber de uma coisa? Inês e todas vocês: não contem mais comigo! Vocês que se virem pra lá com seus namorados! Bandido, padre, mulher, não importa! Foda-se.

— Nando, não é assim...

— É sim, Inês! Porra, se você queria voltar com ele custava vir falar comigo antes? Não esperou nem eu voltar, caramba! Eu dei uma de babaca lá na praia, né?

— Não, irmão, não é isso... Mas também, você queria que eu te falasse o quê?

— Que tal: "Irmão, eu amo esse cara, vou tentar, me ajuda? Ele pediu desculpa." E eu ia falar pra deixar pra lá! Pô, eu sou pequeno, mas fui o homem da casa naquela hora! Fui homem pra caralho! E você passou por cima da minha valentia...

— Acho que você tá exagerando...

— Ah, na boa, Inês, eu não quero mais saber! E isso vale pra todas. Não vou me meter mais na vida de nenhuma de vocês — disse ele para Maria Inês, Maria de Lourdes, Maria Helena, Maria Alice e até para a mais nova, Maria Cristina, a Tininha. A caçula que ainda era criança na época e que nem tinha começado a namorar. Mas que lembraria desse papo anos depois, mais velha, ao se interessar por um músico da mesma banda de Nando, chamado Ricardo Feghali, e se casar com ele.

— —

Depois do 2º ano científico, era chegada a vez do cursinho, e Nando saiu do Colégio de Aplicação para o curso Hélio Alonso, no Centro da cidade, para tentar a faculdade de direito. Assim como Abreu, André e os outros meninos da banda, que seguiram para outros cursos preparatórios, selando de vez o fim do The Kilroys.

— Mínimo, vou te apresentar um pessoal! Tem banda pra caramba por aí! — chamou Carlinhos, guitarrista que conhecera na festa do Alto da Boa Vista.

No final dos anos 1960, havia muitos grupos no Rio de Janeiro fazendo bailes nos clubes, como Os Canibais, Analfabitles, Super Bacana, The Bubbles, The Red Snakes, The Sunshines, The Pop's e Os Joias. E, como músico esbarra em músico, era só continuar tocando até achar uma banda que fosse profissional, lhe desse experiência e vontade de ficar.

Assim vieram Os Beatos, banda da Tijuca com a qual Nando tocaria algumas vezes a convite do guitarrista Luís Carlos. Um conjunto formado originalmente por Jorge Mauro na bateria, Reinaldo na guitarra e Mauro Salgado nos teclados. Músicos que esbarrariam em músicos e em outros grupos da região, como um tal de "Famks".

— —

Uma nova namoradinha, que conhecera no curso preparatório trouxe novas esperanças para o menino, que se via mais uma vez pleno, ao se sentir amado, acolhido e respeitado por aquela garota. Ele só queria saber dela: Margareth. Ou melhor, Meg. E até a música ficou de lado para o garoto, que assumia o baixo apenas quando era necessário.

— Fernando, quebra um galho? Amanhã o cara não vai! O que a gente faz? — perguntou Paulo Pinto, amigo de seu pai, sobre a domingueira infantojuvenil que rolava no Sport Club Mackenzie, no Méier, das 15 às 19 horas.

— Putz, o conjunto furou pra amanhã? Péra aí que eu vou tentar te ajudar — disse Nando, ligando em seguida para Luís Carlos, guitarrista que conhecera nos Beatos.

— Luís, vamos fazer?

— Beleza. Vou chamar o Mauro. Ele agora tá nos Famks, mas se não tiver baile ele faz.

— O Mauro é organista, né?

— Dos Beatos, lembra? Só vai ficar faltando um batera — avisou Luís antes de desligar, deixando a pergunta para o menino do outro lado da linha.

— Bateria, bateria... Quem pode tocar no Mackenzie com a gente?

Repetia Nando sozinho pela casa, pensando em possíveis nomes — antes de ouvir a sugestão de sua irmã Maria de Lourdes, que estudava na mesa da sala:

— Vai ao Grajaú Tênis! O Fefê, baterista do Die Panzers, Os motorizados, tá sempre lá.

Fernando, vulgo Fefê ou Fefeu, tinha mais ou a menos a idade do primo de Nando, Marco Antônio, e tocava Beatles, Steppenwolf e outros rocks nos bailes das redondezas. Poderia servir.

— Oi, eu queria falar com o Fefê! Não sou sócio, não, mas...

— Entra aí! Ele tá jogando bola na quadra — disse o atendente do clube, na portaria.

E o menino, mais que depressa, se posicionou do lado da quadra à espera do intervalo.

— Pô, eu queria falar com você — se antecipou ele ao ver Fefê saindo. — Você não me conhece, não, mas...

— Claro que conheço, garoto! Você é o irmão das gêmeas, não é? Pô, já fui a várias festas na tua casa. Você mora no Grajaú, lá em cima! Manda aí. O que que você quer, guri?

E Nando, animado, prosseguiu:

— É o seguinte: vai ter uma gig amanhã no Mackenzie. Tenho que quebrar esse galho e...

— Tô dentro. Quando é o ensaio?

— Amanhã de manhã, às 8h30, pode ser? Você leva a tua bateria, a gente passa umas músicas e depois vai pro clube. É só pra quebrar um galho mesmo.

— Xá comigo — respondeu Fefê, voltando para o jogo, ao ver um lindo lançamento feito pelo seu time.

No dia seguinte, foi tudo muito rápido. Mauro chegou com o órgão, Luís Carlos, com a guitarra e Fefê, com a bateria. Nando tinha os amplificadores e os quatro mandaram ver no repertório improvisado. Tocando baixinho em casa, dando preferência para as canções que eles mais conheciam. E conseguiram acertar umas trinta, antes de ir para o clube e montar a aparelhagem.

— Pô, tá vazio, né? — indagou Nando, pronto para tocar, ao olhar para o salão deserto do Mackenzie. Se tivesse 15 pessoas, era muita coisa.

— Ah, foda-se, Nando. Vambora! — disse Luís Carlos, rindo, já pegando a guitarra para dar início à domingueira, e com o aval dos outros integrantes, que também pouco se importavam com o público.

A prévia, de manhã, na casa de Nando, tinha sido "do cacete", como diria um deles. E qual era o problema se ninguém quisesse ver o show daquela "fantástica" banda, recém-criada na vizinhança?

O grupo não tinha nome, durou um dia, quase ninguém dançou, e ainda surgiu um dinheirinho para os quatro brindarem, com uma garrafa de cerveja quente, no final. Um episódio que poderia ser trágico na visão de alguns músicos. Mas que, para Nando, seria uma doce lembrança, de um dos dias em que ele mais se divertiria tocando em sua vida.

— —

Mauro também não se esqueceria daquela gig às moscas no Mackenzie. Principalmente ao saber, nos Famks, da saída do baterista Marcelo e do contrabaixista Túlio.

— Pô, Alceu, há um tempo eu quebrei o galho em um clube do Méier com dois Fernandos. São do Grajaú. Os caras tocam muito! A gente podia chamar os dois, o que acha? Eu não tenho o telefone deles, não, mas o Luís Carlos com certeza tem.

— Ué, Mauro, se você tá dizendo. Liga pro Luís Carlos! — concordou o vocalista Alceu, irmão do guitarrista Kiko, líderes dos Famks,* em 1970.

— Véi, cadê os telefones dos caras?

— Pô, Mauro, não chama o Nando, não...

— Ué, por que, Luís?

— Ah, cara. Ele é filhinho de papai, tem tudo que precisa. E eu não! Tô precisando de grana... Deixa que eu vou de baixo?

— Hum... Você acha que segura?

— Tranquilo!

— Beleza, então. Vou falar com o pessoal da banda.

Dias depois, Nando, passeando com Carlinhos pela festa junina de rua, viu Os Famks se apresentando na quermesse.

— Ih! Os Famks! Aquele garoto foi lá do meu colégio! — disse Nando, apontando para Kiko na guitarra, passando depois os olhos pela bateria— Pô, o Fefê tá tocando com eles! — e, enfim, pelo baixo. — O Luís Carlos no baixo? Mas ele toca guitarra! Que porra é essa?

A resposta ele só saberia anos mais tarde.

— —

— Você toca baixo, não toca? — perguntou um dos meninos ao se aproximar de Nando, que assistia ao futebol de salão em um dos clubes perto de sua casa.

---

* Este Kiko não é o integrante do Roupa Nova.

Ao lado dele, outro rapaz também esperava ansioso pela resposta, e nenhum dos dois parecia estar interessado no jogo.

— Toco, por quê? — respondeu Nando, sendo apresentado em seguida a Oliveiro, Juares e ao "blues de 12 barras".

— Excitation é o nome do nosso conjunto! Tá afim?

— Blues com rock ou qualquer outra coisa que quiser! — disse rindo um dos garotos, já sentindo ganhar a simpatia e adesão de Nando.

E, a partir daquele dia, a banda seria formada por Juarez na bateria, Oliveiro na guitarra solo, Júnior na guitarra base e Nando no baixo — tendo depois Carlinhos na guitarra após a saída de Oliveiro, o mineiro que convidara Nando para a banda. Um quarteto que levaria no repertório bandas como MC5, Pacific Gas & Eletric e Canned Heat. De postura relaxada e irreverente no palco, diferente de todos os grupos em que Nando havia tocado!

— Tô indo mijar! — dizia Júnior, no meio da música, no microfone, quando dava vontade de ir ao banheiro. Fazendo rir o público e os outros músicos do Excitation.

Fora o álcool, a maconha, a cocaína, o LSD e todo o tipo de droga que eles usavam antes das apresentações e nos ensaios. Todos "chapados" nos shows, no meio da fumaça, tendo como principal regra o improviso musical. Segundos, minutos, horas de solos improvisados, como toda banda de blues doze barras que se preze. Uma transgressão maravilhosa para um adolescente como Nando.

Por mais que ele não entrasse na onda das drogas dos outros integrantes, era muito bom estar "no meio dos caras", tocando blues, rock, sem qualquer compromisso com o baixo original das canções. Sem precisar tocar exatamente como estava na versão, se permitindo aloprar, inventar e tirar novos sons do instrumento. Apenas deixando o "baixo falar", desenhando livremente a melodia que lhe fizesse sentido.

— ◼ ◼

— Vou pra Muriqui, Meg. Tô esgotado do vestibular. Vou descansar... Uma semaninha só! — disse Nando, após passar para a Faculdade Nacional de Direito (FND), integrada à UFRJ.

— Tudo bem, Nando. Vou pra Campo Grande ficar com a minha família.

— Te amo muito, viu?

— Dá um beijo aqui, anda — disse a menina, que também tinha passado na prova, despedindo-se de Nando.

Sete dias de distância e repouso para os futuros advogados. Poucos quilômetros que fariam a diferença.

Ao terminar as férias, Nando pegou o trem e seguiu para o bairro Campo Grande. Não ligou avisando que ia, apenas correu para a casa dela, tomado de saudade. E ao chegar ao local, afoito, tocou a campainha e não esperou nem a mãe dela abrir a porta direito para perguntar:

— Cadê a Meg?

Mas estranhou o olhar surpreso da mulher.

— Ué, meu filho... Ela foi embora pra Suécia.

— Como assim?

— Ai, Nando, você não sabia? — indagou ela, já sem graça diante do menino.

Seu corpo gelou, seu coração, mais uma vez, parou, e ele teve medo de prosseguir. Mas seus pés não se mexiam, como se tivessem grudado no chão aguardando a notícia, fosse ela boa ou ruim. Seu instinto pressentiu e seu ouvido quis ficar surdo para não ter que escutar:

— Ela se casou, meu filho. Com o Marconi... Ele era seu amigo, não?

Enquanto seus olhos ficaram vazios.

— —

Nando se fechou completamente depois da notícia sobre Margareth. Voltou para Muriqui, onde ficou dias isolado, remoendo o que poderia ter acontecido para ela fazer isso. Onde havia errado? E por que tão rápido? Por qual instante ele passou despercebido? E só no mês seguinte retornou para o Rio de Janeiro, sem força para ir para a faculdade. Sua sala inteira havia sido aprovada e era para Meg estar na mesma turma, na FND. O casalzinho do vestibular havia se rompido e ninguém sabia! Como encarar os colegas?

O menino, com seus 17 anos, não queria ver as pessoas, não tinha ânimo para fazer nada, muito menos para tocar! E tanto Nilson quanto Neusa não sabiam mais como agir ao ver o filho definhando, sozinho, sem pedir ajuda. Nando tinha ido para o fundo do poço e não queria dividir esse espaço pequeno, silencioso e frio de sua alma. E enquanto o sofrimento não passava, ele preferia abraçá-lo, sem faculdade ou amigos que o lembrassem dela.

Margareth: a segunda paixão de Nando. A segunda decepção amorosa que o fez pensar em parar de tocar.

— —

— Nando, você tá tocando ainda? — perguntou o empresário dos Famks, Aécio Javan, ao encontrar o garoto na casa de sua tia Jandira, com o cabelo ainda raspado do trote.

— Não, cara, chega. Passei no vestibular e pendurei o contrabaixo. Tô com a cabeça ruim...

— Tem certeza? Os Famks estão querendo falar com você! O Luís Carlos tá pra sair e o baterista falou que você toca direitinho! Aparece lá, bicho! Dá uma ensaiada!

— Sei não, Aécio.

— Já tá melhor do que um não! — disse o empresário com um leve sorriso, vendo uma pontinha de dúvida no garoto.

— Um ensaio só, pode ser? Sem compromisso! — disse o garoto, como se estivesse negociando.

— Unzinho, Nando.

E lá foi ele ao encontro de Alceu no vocal, Kiko na guitarra, Fefê na bateria e Cleberson nos teclados.

— Ué, cadê o Mauro? — perguntou ele ao topar com um rapaz magro, branquinho, de cabelos escuros e óculos.

Um mineiro, que tinha entrado na banda há umas duas semanas, e não estava de bom humor ao saber da troca de baixista. Ele tinha acabado de aprender o repertório dos Famks quando Luís Carlos saiu: "Pô, vamos ter que ensaiar tudo de novo?" Temperamento quente, que sobrou, lógico, para o questionamento sem propósito de Nando.

— Pô, qual é o teu problema, hein? Quer tocar com o Mauro ou com Os Famks?

— Ih, desculpa, cara. Eu conhecia o Mauro, perguntei por perguntar. Aliás, meu nome é Nando e o seu?

— Cleberson, prazer. Agora assume sua posição pra gente tocar — respondeu o mineiro, no início de 1971, apontando para o instrumento encostado na parede. O baixo de Nando, velho de guerra, que ao contrário das mulheres, não queria deixá-lo.

— —

— Para, para, para... Rapidinho, gente — pediu Alceu para o grupo, fazendo sinais com a mão, na primeira música de Nando.

— Nando, o baixo não é esse, não — avisou Cleberson, quando todos pararam.

— Mas eu vejo assim!

— Nando, mas tem que tirar igualizando.

— Porra, vocês são muito arrumadinhos!

E um clima estranho pairou naquele instante entre os integrantes. De um lado, Nando, firme em não copiar os baixistas, apenas pegando a intenção musical deles. Assim como fazia no Excitation. E, de outro, músicos que queriam tocar as canções de forma idêntica às originais.

— Pô, gente, deixa o cara tocar do jeito dele! — interveio Fefê, já sem paciência com aquele "climão".

— Mas isso não tá certo!

— E por que não, Cleberson? Ele sabe tocar melhor do que vocês pensam! Deixa o garoto... — insistiu o baterista, já pegando as baquetas para recomeçar o ensaio, sem nem perceber os resmungos baixinhos de alguns músicos ou o sorriso tímido que Nando deu de lado.

— —

— Neusa, eu não posso deixar! A música não vai levar esse menino a lugar nenhum! — dizia Nilson para a mulher, quando Nando não estava em casa.

Ele apoiava a música, e não a vida em função dela. Só que era o que estava acontecendo com seu filho desde o dia em que ele conhecera Os Famks — cada vez mais perto dos bailes e longe da faculdade de direito. Por isso, ele decidira pedir ajuda para os colegas do Hélio Alonso, também aprovados no vestibular:

Pedro Lemos, Maria de Fátima, João Luís e Vera Lúcia. Trabalhando em off durante um ano e meio, na tentativa de manter o Nando na advocacia.

Mas não adiantava, ele não ia às aulas! Com Os Famks, ele estava começando a vocalizar, Alceu era caprichoso, os bailes eram bons, e o pagamento vinha todo mês. Muito melhor do que a faculdade e o fantasma de Margareth. Pelo menos, tocar lhe dava calma.

E, assim, sem perceber, Nando foi dando espaço para a música — a única talvez capaz de aceitá-lo por completo. Aquela que lhe daria liberdade, lhe deixando confortável com seus sentimentos. Harmonias e melodias que voltariam inúmeras vezes para a sua vida como um porto seguro.

Tanto que, no decorrer dos anos, Nando assumiria um ritual que manteria ainda como adulto, de ouvir, sozinho em seu canto, três discos antes da festa de réveillon: o LP do festival de Woodstock, de 1969; Crosby, Stills & Nash, com "Wooden Ships"; e o Melhor de Luiz Vieira. Três discos que carregam sons, imagens, perfumes, gostos e registros de quem ele é. O Luiz Fernando que se impõe, destemido. O Nando sonhador, introspectivo e sensível. O Mínimo, dos amigos, tricolor, instável e baixinho. E o Pingo: um ser não tão plenamente percebido pelos outros, mas que guarda dentro de si um dos lugares mais incríveis e especiais.

CAPÍTULO 3

O HOMEM DO EXÉRCITO

Sérgio Herval Holanda de Lima

Plantações de laranjas se espalharam das zonas de morro às baixas colinas e planícies de Nova Iguaçu, no final do século XIX, alcançando as terras de seus oito distritos, no estado do Rio de Janeiro: Queimados, Cava, São João de Meriti, Bonfim, Xerém, Duque de Caixas, Estrela e Nilópolis. O que gerou desenvolvimento econômico para a região, conhecida, posteriormente, como Baixada Fluminense.

As laranjas eram transportadas pelos trens entre os distritos, para depois serem levadas aos portos da capital para exportação. E as flores brancas dos laranjais, além de formosas, borrifavam o caminho com um cheiro delicioso, entre doce e cítrico. Algo que os trabalhadores não deixariam de notar em sua paisagem, sobretudo no período de 1920 a 1940 — auge da produção. Tanto que Nova Iguaçu passou a ser chamada de "Cidade Perfume".

Um cenário que se transformaria por completo após o final da Segunda Guerra Mundial, em 1945, aliado à explosão demográfica na área e às disputas políticas locais. Primeiro, devido à crise econômica que resultou no fim do cultivo e exportação da laranja; e, segundo, pelas emancipações dos territórios adjacentes, como o da pequena Nilópolis em 1947 — vizinha do Rio de Janeiro, que sofria diretamente as influências da metrópole.

A Baixada Fluminense, então, foi se tornando mais industrial e comercial nas décadas de 1950 e 1960, recebendo grande fluxo de migrantes — muitos deles nordestinos. E de seu passado frutífero e perfumado restariam poucos resquícios, como o nome de um dos distritos de Nilópolis: Olinda, que em latim significa "cheirosa". Um lugar completamente diferente da Olinda lá de Pernambuco — dos frevos e das ladeiras —, mas que seria perfeito aos olhos do pernambucano José Pedro para chamar de lar, após sua estadia no subúrbio do Rio de Janeiro. Principalmente aquele apartamento do quinto andar, do único edifício da avenida Getúlio de Moura. O grandioso prédio de dez andares Walter Casemiro, que talvez fosse, em 1967, o mais alto de toda a cidade. A construção mais nova de Nilópolis, que em vez do perfume recebia seus ares de modernidade.

José Pedro veio do Nordeste para o Rio de Janeiro com sua mulher Teresinha, em busca de melhores condições de vida na década de 1950. Ele era do Exército desde o final dos anos 1940 e tinha a patente de sargento músico por tocar trompete; ela era cearense, atriz com belas passagens pelas radionovelas da Ceará Rádio Clube. Era uma época em que as famílias se reuniam à noite, depois do jantar, ao redor do rádio para escutar bonitas histórias e música. Ambos tinham o som como um dos elementos fundamentais de suas vidas.

Primeiro, foi o sino da igreja após oficializarem o casamento; depois, os barulhos do Rio de Janeiro; para então os dois serem tomados pelo choro de Silvia Helena — a primeira filha do casal, em meados dos anos 1950. Até chegar o caçula, Sérgio Herval, em 3 de fevereiro de 1958, carinhosamente chamado de Serginho. Um garoto branquinho, magro, de cabelos lisos e escuros, que desde novo impressionaria o pai ao tentar criar também os seus próprios sons.

— Já viu como ele fica com os tambores? — perguntou certa vez José para Teresinha.

Se referia ao presente que o menino ganhara aos 5 anos: dois tambores de plástico com peles de couro, daquelas que esticam no calor e ficam mais graves quando o tempo esfria. Um brinquedo que Serginho arrastava pela casa, fazendo "minishows" para a família.

— É... Não sei, não. Vai ver ele vai ser músico! — brincou Teresinha, sem imaginar que isso daria uma ideia para o marido.

José Pedro era um homem criativo, quase um "Professor Pardal", daqueles habilidosos que consertam tudo em casa, não necessariamente da maneira convencional. Quebrou o suporte do ventilador? Por que não pegar uma haste de metal do varal para substituir a peça? Após alguns ajustes, ninguém ficaria sentindo calor. Assim era José... O tipo de homem que não esperava por uma solução. Ele a inventava. Por isso, rapidamente, pegou duas latas de leite em pó e, aproveitando as tampas dos potes, fez os pratos, como se fossem de uma bateria. Juntou os potes aos tambores de plástico e deu para o menino um microinstrumento de percussão, para que ele testasse suas habilidades.

Tambores acoplados com latas que seriam, então, eleitos por Serginho como o melhor brinquedo do universo! E nem adiantava tentar tirá-lo do chão, sentado no meio daquela estrutura mirabolante. Na verdade, o melhor a fazer, neste caso, seria ligar a vitrola.

O pai estava sempre atento à evolução musical do menino, que tentava tocar em sua bateria no mesmo volume das caixas e, sobretudo, no mesmo tempo das canções. Sem nunca ter ouvido falar no tal de metrônomo. Aprimorando cada vez mais as batidas e as viradas no tempo certo, tomando gosto pelo instrumento e deixando o pai para lá de orgulhoso. Ao ponto de José Pedro decidir presentear o filho de 8 anos, em 1966, com uma bateria miniprofissional. Ainda mais depois de ler a cartinha que Sérgio escreveu para o Papai Noel, pedindo o instrumento como presente de Natal.

— Pai, você bota nos Correios pra mim?

A mesma bateria que Serginho depois carregaria, cheio de cuidado, ao passar pela portaria do prédio em Olinda, ao fazer a mudança de casa, em 1967.

— Pai, onde eu coloco a bateria?

Uma Gope com bumbo de 18, de metal, e com peles de couro de animal, que mudava toda hora de som por causa do clima. Bateria em que Serginho mal conseguia alcançar os pedais. Mas que o fazia se sentir grande e imponente como aquele edifício Walter Casemiro.

— —

José Pedro começou a comprar discos que seu filho pudesse gostar, para continuar o incentivando com a bateria — procurando bandas mais modernas e de canções dançantes, tocadas pelos jovens nos bailes. E foi assim que os Beatles entraram na vida do menino, de vocais maravilhosos com os quais ele se identificara de imediato, embora nunca tivesse pensado em cantar.

Serginho passava horas tentando tocar as canções em sua Gope do mesmo jeito que estavam na gravação. Quebrando a cabeça para entender as novidades musicais que percebia em Ringo Starr, como a flanela abafando a caixa mudando os timbres da bateria e o uso de batidas invertidas. Sem dúvida, ele era seu baterista predileto, um ídolo para imitar até chegar à perfeição.

— —

Mug veio ao mundo em 1966: um boneco de pano preto roupa xadrez de cabelo e nariz vermelho. Originalmente, seria apenas o mascote de uma marca de roupa do mesmo nome. No entanto, devido a uma forte campanha publicitária, essa bolinha meio desengonçada ganhou a fama de ser um amuleto da sorte e se tornou peça fundamental na vida de muita gente.

Chico Buarque, por exemplo, eleito pela revista Fatos e Fotos em 1966 como Jovem do Ano, após vencer o II Festival da Música Popular Brasileira, posou para a capa da magazine ao lado de Mug e atribuiu ao boneco seu ano de sucesso. O cantor Wilson Simonal, por sua vez, batizou sua turnê, naquele mesmo ano, de Mugnífico Simonal e compôs com José Guimarães a música "Samba do Mug". Até o cartunista Maurício de Sousa criou uma série de tiras sobre as peripécias do boneco para o jornal Folha de São Paulo.

Símbolo de sorte e bonança, Mug teria sido inspiração da filosofia zoroastriana, no mar Morto; além de figura importante na construção do império de Ramsés III, nas vitórias de Napoleão, na descoberta da pólvora pelos chineses e nas conquistas sexuais de Cleópatra. Uma presença quase divina que também estaria na apresentação da banda Mugnatas, no edifício Walter Casemiro, em 1968. Ocasião em que Maurício Alves conheceu Serginho.

— —

O conjunto Mugnatas foi convidado para tocar, em 1968, no aniversário de Maurinho, um dos meninos que moravam no edifício Walter Casemiro. E, por isso, os integrantes da banda chegaram mais cedo no play para armar o equipamento e passar o som.

— Vamos mais uma vez? — Disse o baixista Maurício para o baterista, Valmir, sobre repetir "Sgt. Pepper's", dos Beatles, que estava no repertório, no mesmo instante em que se aproximava José Pedro, ao lado de Serginho, ambos visivelmente interessados naquele miniensaio.

"Hum... acho que a gente tá agradando...", pensou Maurício após cantar o refrão, já imaginando que o homem mais velho devia ser o pai do menino. Um pirralho magrinho, de cabelos escuros tão lisos que parecia o Romeu, do filme Romeu e Julieta dos cinemas — e que batia os pés no ritmo da canção.

— Agora foi, hein? — disse Maurício, satisfeito, após cantar o último verso, já tirando o baixo de seu corpo para colocar no suporte, enquanto os outros componentes também se preparavam para ir embora.

Todos tinham entre 15 e 17 anos e moravam naquela região, ou seja, dava para ir rapidinho em casa para tomar um banho e comer alguma coisa antes da festa. E era o que Maurício pretendia fazer ao ir em direção à porta do play quando José Pedro encostou a mão em seu ombro e perguntou se seu filho poderia dar uma canja no show deles.

— Tá brincando, né?

— Não, ele é muito bom!

— Desculpe, mas não vai dar, não. Isso aqui é um conjunto sério. — respondeu ele, se despedindo de José Pedro, fazendo um gesto com a cabeça — crente de que aquele "não" iria bastar para o tal homem — antes de sair correndo para casa, pensando "Eu hein... Só me faltava essa! Aquele moleque deve ter uns 10 anos!"

Maurício voltou para a festa uma hora depois, e o som pôde então começar. Influenciado pelos discos dos Beatles e Rolling Stones, e pela Jovem Guarda no Brasil, o grupo só queria saber de rock'n'roll — o que agradava em cheio os jovens que iam chegando ao salão. Todos conhecidos de Maurício, que se divertia junto à banda tocando aquelas canções, no clima de meia-luz do play. "A festa tá ficando legal...", pensava ele, sorrindo para a plateia, cada vez mais animada. "Pô, o som tá redondinho...", confiando piamente no ensaio, sem nem olhar para trás no final das músicas. Até tomar um susto, de repente, em uma das execuções. "Uau! A bateria cresceu!" Principalmente ao se deparar com Serginho, sentado no banco da bateria, no lugar de Valmir — que, diferente dele, deixou que o menino desse a canja.

— Isso não existe... — disse Maurício, baixinho, embasbacado, olhando a bateria, sem acreditar que um garoto mirrado e novo pudesse tocar tanto!

Era impressionante. E, por alguns segundos, ele até esqueceu o baixo mudo.

— — —

Depois do show dos Mugnatas no Walter Casemiro, o nome de Serginho passou a circular pelas bocas do bairro e chegou ao conhecimento de um tecladista de 13 anos chamado Lincoln Olivetti. Um garoto que tocava piano desde os 4 anos, com exaustivos treinos em sua casa, e estava recrutando integrantes para formar a sua primeira banda.

Lincoln estudava no colégio Nilopolitano, no Centro de Nilópolis — na série anterior a de Maurício. E era vizinho de Serginho, em Olinda, o que facilitou a aproximação entre os dois, e a entrada do baterista na banda, com a aprovação de José Pedro. Quer dizer, "seu Zé", como o pai de Serginho seria chamado no bairro. Fechando a formação do conjunto com Sérgio na guitarra, Renato no baixo, Ramilson na outra guitarra, Lincoln no teclado e Serginho na bateria — sob o nome de: The Sun's Five, uma banda que se apresentaria poucas vezes no bairro e iria durar apenas seis meses. A experiência necessária para um verdadeiro músico querer mais.

— • —

Nas décadas de 1950 e 1960, tornou-se moda destacar o nome do principal músico da banda no título dos discos e do próprio grupo. Entre eles estavam Ed Lincoln e seu Conjunto, Lafayette e seu Conjunto, Eumir Deodato e Os Catedráticos, Walter Wanderley e seu Conjunto, Waldir Calmon e seu Conjunto, Donato e seu Conjunto — no geral, nomes de tecladistas e pianistas, responsáveis pelos arranjos das canções.

Assim, não seria de se estranhar que em 1968, depois do término de The Sun's Five, Milton, pai de Lincoln, o incentivaria a criar Lincoln Olivetti e seu Conjunto. Com Maurício no baixo, após sair dos Mugnatas, Mazinho na guitarra e Serginho na bateria — outra vez o mais novo da formação e o único que não fazia a voz principal das músicas. Nome de profissional para os quatro garotos se apresentarem nas festas de igreja, aniversários e casamentos da região. Determinados, inclusive, a ganhar um trocado para isso, como gente grande.

— • —

Seu Zé acordou mais cedo que o normal naquele dia de 1968, e não foi para o Exército como sempre fazia. Colocou uma roupa bonita, ajeitou a gola da camisa, tomou um café, comeu um pão com manteiga e pegou os documentos que havia separado em cima da mesa.

Deu um beijo nos filhos que dormiam, despediu-se de Teresinha e foi para a rua pegar um ônibus que o levasse até o Juizado de Menores. Onde teria que prestar contas de que ele, José Pedro Rodrigues de Lima, autorizava seu filho a trabalhar como músico antes dos 14 anos.

— Quantos anos ele tem? — perguntou o atendente do Juizado, enquanto conferia os documentos de Serginho.

— 10.

— 10???

A que seu Zé respondeu cheio de orgulho:

— Isso! E toca bateria que é uma maravilha!

— Hum... Esses pedidos são mais difíceis... — falou o atendente, jogando o corpo para trás, encostando as costas na cadeira, enquanto lia os documentos que estavam em sua mão.

— Eu sei que ele é muito novo. Mas esse menino tem muito talento! Eu me comprometo a ir a todas as apresentações dele!

A que o atendente fez uma cara de desconfiado.

— O senhor tá me garantindo que irá a todos os bailes de seu filho?

— Todos. Sem exceção.

— Hum... Tá, por favor, escreva isso aqui também — disse ele entregando o papel e a caneta para que seu Zé escrevesse tal promessa de próprio punho. O compromisso de estar, integralmente, ao lado de seu filho, perante a lei.

— Mas se o senhor não for...

— Eu sei, eu sei. E isso não vai acontecer — disse ele com tanta tranquilidade, que não restou dúvida para o atendente.

— Por favor, José Pedro, assine aqui.

Carimbando e autenticando um papel enorme, que mais parecia um jornal, com todas as condições estabelecidas para que Sérgio Herval pudesse tocar nas festas, sob os olhares envaidecidos de seu pai. Músico "profissional" com apenas 10 anos de idade.

— ■ ■

— Essa bateria tá andando, não? — perguntou seu Zé para o filho, após assistir a um dos ensaios do Lincoln Olivetti e seu Conjunto, no edifício Walter Casemiro.

— Acho que um pouco, pai... Às vezes eu pego pesado.

Respondeu, rindo, Serginho, que era "meio cavalinho" para tocar, como diziam seus amigos, apesar de ser magrelo e pequeno.

Assim, seu Zé passou a tarde inteira de um final de semana pensando em como poderia deixar a bateria firme para que Serginho pudesse tocar. E, no final, inventou um minipalco, como se fosse um praticável das bandas profissionais, onde ele poderia prender a bateria com conexões de cano, para que ela não andasse mais — independente da força de Serginho. Um instrumento pelo qual seu Zé tinha o maior dos apreços. Ele mesmo armava a bateria nos bailes e cuidava de sua estrutura, limpando os pratos só depois de ter vestido luvas nas mãos para não arranhar, nem oxidar os metais. O melhor dos roadies que um músico poderia ter. Zelando por cada detalhezinho da bateria com muita dedicação e amor, como se ela fosse seu próprio filho.

— ■ ■

— Hum... Ainda não é isso! — disse Serginho, sozinho no quarto, com um violão nos braços, colocando para rodar mais uma vez o disco dos Rolling Stones na sua vitrolinha da Philips.

Tentava captar qual era a nota certa daquela canção para poder imitá-la no instrumento — onde ele exercitaria as posições dos acordes e também os solos de guitarra —, quando não estivesse tocando bateria. "Eu vou conseguir", pensava Serginho, persistente — buscando ser o melhor músico que poderia ser.

Para estudar, o menino utilizava a vitrolinha da Philips, que tinha três velocidades — 33, 45 e 78 rpm. Ouvia os LPs na reprodução mais lenta, para poder tocar junto com a música, aprendendo nota por nota. E, só depois de repetir a sequência inúmeras vezes, acelerava a velocidade — fazendo isso quantas vezes fossem necessárias até decorar a canção. Treinando por sua conta com uma disciplina rigorosa e severa — quase militar.

— —

Os bailes do Lincoln Olivetti e seu Conjunto passaram a ser requisitados pelos clubes da região, em 1969, de tão bons que estavam ficando — tendo em seu repertório bandas de rock como Deep Purple, Led Zeppelin, Genesis, e músicas que se tornavam hits nas rádios, além de um set especial animado que eles tocavam com as canções do mexicano Carlos Santana. Isso fez com que Carlos Lincoln,[*] diretor social do Esporte Clube Anchieta, no bairro de mesmo nome, limite com Nilópolis, os contratasse. Até porque ele conhecia o dono do cartório de Olinda, seu Milton, também pai de Lincoln, e não custava nada dar uma força para os garotos.

— Gente, mas é esse menininho quem vai tocar? — perguntou ele para a secretária do clube, abismada ao ver seu Zé segurando Serginho no colo para colocá-lo no meio da bateria.

Um garoto mirrado e apagadinho, que se transformou aos olhos de Carlos Lincoln quando o grupo começou a tocar.

— Meu Deus! O garoto é um monstro na bateria!

Não resistindo depois em passar pelo seu Zé para elogiar o garoto, daquele jeito galhofeiro típico de Carlos Lincoln:

— Ô, dona José! Seu filho tá de parabéns, hein? Muito bom!

Brincando com a pose de "militar durão" que seu Zé mantinha durante os bailes do filho — como se ele fosse um vigilante da segurança e bem-estar de Serginho. Mas que não deixava de se derreter ao ouvir um elogio sobre o garoto.

— Obrigado, Lincoln.

Como todo pai.

— —

Em paralelo com Lincoln Olivetti e seu Conjunto, Serginho começou a se apresentar como músico em outros lugares. Como na "Noite do Pé Grande", no Ideal Esporte Clube, em Olinda, nas quartas-feiras. Até hoje não se sabe exatamente o porquê desse nome de baile mas, se as pessoas estivessem dançando e se divertindo, estava tudo bem.

Naquele evento, Serginho tocava com Maurício e Mazinho, além de Ivan, também da região, como cantor. A banda não tinha nome e os ensaios aconteciam no edifício Walter Casemiro — com seu Zé recebendo todos os meninos em sua

---

[*] Carlos Lincoln depois seria diretor do Guadalupe Country Club e empresário do Painel de Controle, banda de baile dos anos 1970.

casa, como se fossem filhos dele. Momento em que Serginho começou a se sentir mais à vontade para cantar nos ensaios.

E melhor: cantar e tocar ao mesmo tempo! Até então, Serginho só cantava quando precisava de backing vocal nos bailes do Lincoln. E como a banda só tinha um microfone, quem estivesse cantando deveria se afastar para trás no palco, para pegar o som da voz dos outros músicos fazendo backing vocal. Uma técnica meio mambembe que quebrava o galho dos bailes, mas que acabou servindo para que o garoto, naturalmente, aos poucos, fosse descobrindo o seu tom.

Assim, no início da década de 1970, o salão do Ideal Esporte Clube foi todo enfeitado de luz negra para a "Noite do Pé Grande", com uma banda sem nome tocando músicas dos Beatles, do Bread, de Elton John e tantos outros hits. Lugar onde muitos casais e amigos dançaram, sem nem notar que, às vezes, a voz das canções vinha de trás da bateria.

— —

No início de 1970, Maurício saiu do Lincoln Olivetti e seu Conjunto e entrou no Solução 70. Banda criada na Tijuca, no Orfeão Portugal, que contava com grandes músicos em sua formação — entre eles o maestro e saxofonista Dulcilando Pereira, arranjador de 32 anos de idade, já experiente na época, e que seria conhecido no Brasil pelo nome de onde nasceu: Macaé. Assim que Maurício entrou na banda, Macaé disse que eles precisavam de um baterista.

E na semana seguinte, Maurício apareceu no ensaio com Serginho e seu Zé a tiracolo, para a felicidade de Macaé, que chamou o resto dos integrantes para tocar.

Como seu Zé chegou ao lado de Maurício, carregando os pratos, Macaé deduziu que seu Zé era o baterista. E ignorou solenemente quando o baixista apontou para Serginho, enquanto seu Zé montava o instrumento.

— Ó, o baterista é aquele ali!

No mínimo pensando que ele estava de brincadeira — até ver Serginho sentado na bateria.

— Maurício, você tá falando sério? Você trouxe uma criança?

A que o baixista com a cara mais lavada do mundo respondeu:

— É, ué.

— Ah, é? Então tá! Vamos de "Does Anybody Really Know What Time It Is" — disse Macaé, lançando o desafio.

Música da banda americana Chicago, de execução inicial complicada e algo que um garoto de 12 anos não conseguiria nunca tocar! "Maurício tem cada uma...", pensou Macaé, irritado, antes de colocar a música para tocar na vitrola.

Porém, ao ver Serginho tocando com tamanha destreza a introdução da música, fazendo com precisão as mudanças de compassos, ele não resistiu e teve uma crise de riso.

— Bicho, eu não acredito...

E ninguém mais tocou, até o garoto terminar.

O Solução 70 só existiu durante o ano de 1970, e terminou devido a desavenças dos integrantes com o dono da banda. Período em que Serginho se mantivera também afastado do Lincoln Olivetti e seu Conjunto. Nessa época, Lincoln estava tocando com uns paraguaios e havia mudado, inclusive, o nome de apresentação para Lincoln Olivetti e Los Rebeldes.

Depois do Solução 70, Maurício, Serginho e Mazinho — que também tinha saído do Lincoln — tentaram se juntar ao Lafayette e seu Conjunto. No entanto, apenas Mazinho ficou, já que seu Zé e Lafayette não conseguiram entrar em um acordo.

— Lafayette, você não pode esconder os músicos!

— Seu Zé, me desculpe, mas é assim que a gente funciona.

Na estrutura do conjunto, Lafayette ficava na frente do palco, e o resto dos músicos atrás. O baterista ficava diretamente nas costas dele, meio que escondido. O que para seu Zé era um crime.

Serginho não ficaria na banda. E Maurício, que estava junto de seu Zé, também não ficou.

Ainda com 12 anos, Serginho ganhou uma nova bateria de seu Zé. Uma Pinguim branca, com a qual ele tocaria durante muitos anos de sua vida. E seria com ela que o garoto voltaria a tocar com Lincoln Olivetti, em 1971, depois que o tecladista desfez a banda com os paraguaios. Já Maurício decidiria entrar em um conjunto de baile mais profissional da época, chamado de Super Bacana. Ao contrário de Mazinho, que depois do Lafayette, também resolvera retornar à antiga banda.

Era o recomeço de Lincoln Olivetti e seu Conjunto — com novos bailes marcados por todos os lugares do Rio de Janeiro, seja em clubes como Vasquinho de Morro Agudo, em Nova Iguaçu, uma festa de Olinda ou um casamento na Ilha do Governador. Por onde também passariam cantores como Osmar Santos — um garoto não tão rock'n'roll, ligado nas canções de Chico Buarque, e que, no futuro, faria parte de Os Famks.

— Gente, esse é o Everson! Ele vai ser nosso carregador — disse Lincoln, sorridente, apontando para o garoto que entrava ao seu lado, em um dos ensaios do conjunto, enquanto Everson cumprimentava todos os músicos, feliz da vida por participar de alguma forma da banda.

Everson Dias também morava em Olinda, do lado do prédio Walter Casemiro, e conheceu Lincoln por acaso. Diferente dos músicos, ele estudava de noite e, por isso, passava o dia inteiro no estofador em frente a sua casa, ajudando o dono da lojinha a desmontar sofás para ganhar uns trocados. Até que um dia Lincoln apareceu querendo trocar algumas coisas que tinha em casa.

E Everson foi. Mas, chegando lá, o pedido mudou quando Lincoln olhou o estado dos equipamentos musicais.

— Pô, cara, isso tá muito sujo... Não quer limpar, não? Te dou uma graninha!

Isso se transformaria em outro convite de Lincoln, após o bom trabalho feito por Everson.

— Putz, ficou novo! Vem cá, não quer trabalhar comigo, não?

Everson, então, ganhou a função de cuidar dos equipamentos de Lincoln, além de ser carregador de seu conjunto. E passou a conviver com os integrantes da banda e também com seu Zé, que olhava desconfiado quando Everson fazia intenção de ajudá-lo com a bateria.

— —

Um garoto magro, de cabelos e olhos escuros, de Mallet, na Zona Oeste do Rio de Janeiro, se apresentou para uma audição de Lincoln Olivetti e seu Conjunto — na tentativa de ser cantor e também guitarrista da banda. Seu nome era Paulo Massadas, dono de uma voz aguda e estridente, como a do vocalista do Led Zeppelin. O que encantou o tecladista logo de imediato.

— Poxa, cara! Você tem uma voz fantástica! Vai cantar a parte do rock e tocar baixo, tá?

— Mas eu não toco baixo!

— Então você vai aprender — disse Lincoln, responsável por ensinar Paulo Massadas a tocar baixo nos ensaios. Embora ele sempre ficasse nervoso quando a namorada ia aos bailes, errando todas as cordas existentes do instrumento, compensava todas as notas atrapalhadas ao pegar o microfone para cantar "I Don't Need No Doctor", gravada pela Humble Pie.

Um vocalista divertido, que nos bailes não podia ver um conhecido na plateia sem fazer uma brincadeira no microfone. Se Everson levava a sua mãe para assistir ao show, por exemplo, Paulo anunciava:

— Senhoras e senhores, gostaria de convidar todos para o casamento da mãe de Everson, aqui presente, com Serginho, nosso baterista!

E todos morriam de rir, inclusive os músicos — meninos, entre 11 e 16 anos, que passavam horas do dia tirando as canções exatamente da forma que elas eram no rádio, que ficavam noites e noites na portaria do Walter Casemiro conversando, em uma roda de violão.

— —

Baile de Lincoln Olivetti e seu Conjunto, no Ideal Esporte Clube, em Olinda. Todos esperavam ansiosamente pela parte do rock'n'roll, com Paulo Massadas arrebentando no vocal. No entanto, o mais curioso era notar a troca de instrumentos entre Serginho e Mazinho. O guitarrista assumia, na boa, a bateria, deixando o filho de seu Zé fazer todos os solos de guitarra das músicas. Nesse ponto, Serginho tinha mais destreza que ele. E o show seguia.

— —

— Seu Zé, aprendi as medidas!

— Ai, Everson... Você quer mesmo montar a bateria, hein?

— Quero, ué! — insistiu o menino, se interessando cada vez mais por música.

— Hum... Tá, vai... Pode fazer dessa vez.

— Sério?

— Não me pergunta de novo que eu desisto.

E o garoto já ia saindo todo serelepe para pegar a bateria, quando ouviu:

— Mas tem que usar luvas!

— Tá, tá, eu sei, eu sei...

Seu Zé realmente deixou Everson montar a bateria de Serginho a partir daquele dia. Mas não saía de perto enquanto ele fazia a tarefa, dando sugestões em quase todos os instantes.

— Coloca um pouquinho mais pra lá, Everson... Mais pra lá.

Observando todos os movimentos do menino, que seria o único roadie de Serginho autorizado por ele. Sem nunca relaxar, apesar do capricho de Everson com a bateria, certo de que ninguém faria aquela função como ele.

— —

Em 1972, Lincoln Olivetti recebeu um convite para trabalhar com o cantor Antônio Marcos, em São Paulo, e terminou com seu conjunto no Rio de Janeiro. Seu Zé então decidiu procurar Maurício, no Super Bacana, na tentativa de encaixar o filho em uma nova banda. Só que o baixista já estava de saída, pois havia brigado com o empresário, que lhe devia dinheiro.

— Ah, essa profissão é foda, seu Zé... Lotando clube com o Super Bacana e sem um tostão no bolso? Como é que pode isso? É capaz deles nem me pagarem o que devem.

— Eu vou lá conversar com eles sobre a dívida. Deixa comigo! — falou seu Zé, como se tudo já estivesse resolvido.

E estava.

— —

Seu Zé foi para o Super Bacana conversar com Vantuil[*] e Roberto Lany, que estavam à frente da banda. E Serginho entrou na nova formação do conjunto, que tinha Guto, Messias, Tianes, Jonjó, Quito e Toninho, após várias reivindicações de seu Zé serem atendidas, inclusive o pagamento atrasado de Maurício. Everson foi junto, como roadie de seu filho, já sabendo de cor a altura da caixa, a abertura adequada, como limpar os pratos no "estilo seu Zé" e todos os outros detalhes importantes.

Os equipamentos da banda não eram dos melhores, ainda mais em uma época em que não se falava sobre retorno, ou microfonação de bateria. Mas com o tempo, e a pressão de seu Zé, o conjunto foi adquirindo equipamentos mais novos. Além disso, o Super Bacana contava com uma Ludwig, com dois bumbos

---

[*] Vantuil também seria empresário de Lafayette e seu Conjunto.

e quatro tons — bateria que Serginho adorava tocar, como se fosse um adulto experimentando a direção de um novo carro.

Além das exigências técnicas, seu Zé ainda brigaria no Super Bacana por outras coisas por causa de Serginho — desde decisões sérias, como agendamento de eventos e pagamento, até pontos mais simples. Por exemplo, nos intervalos dos bailes, quando era servida para os músicos aquela bandeja horrorosa com batata frita gordurenta de lanche, ele se metia no meio:

— Deixa eu pegar pro Serginho! — defendendo seu filho de 14 anos dos músicos maiores, sem pestanejar, como um verdadeiro chefe de família.

Intervenções que, às vezes, causavam desgastes entre ele e os integrantes, mas que não o impediriam de continuar por perto. Aliás, nada nem ninguém o fariam abandonar suas obrigações e aquela especial missão.

— —

No Super Bacana, Serginho continuaria tirando as notas de sua vitrolinha da Philips, liderando intuitivamente o grupo quando o assunto era música.

Ele também se firmava no cenário dos bailes com a postura de baterista-cantor, embora o instrumento ainda fosse bem maior que ele, quase o tampando por completo em suas execuções. E não havia uma só pessoa que não se espantasse ao ver aquele talento mirim, evoluindo musicalmente a passos de gigante.

Em 1973, com 15 anos, ele já tocava canções rebuscadas e sofisticadas como "I Know What I Like", lançada pelo Genesis. E depois ainda seria convidado pelo estúdio da Musidisc, com Max Pierre como técnico de áudio, para gravar quatro músicas tocando bateria e cantando em inglês. Congregation era o nome da banda inventada por Max, e uma das composições foi "How Can I Tell You", de Mauro Machado, tendo Mazinho como o guitarrista da gravação. Um compacto simples que não iria acontecer no mercado, mas que para seu Zé serviria como mais uma confirmação do potencial de seu filho.

Depois de sair do Super Bacana, no final de 1973, Serginho seria chamado para participar de outras formações musicais, como da banda Moeda Quebrada e do conjunto novo do trombonista Ed Maciel. Além disso, conquistaria admiradores pelo seu trabalho, entre eles um menino lá do Catumbi, dono de um grupo conhecido como Los Panchos.

— Caramba... Ele toca muito! — disse Ricardo Feghali, quando o assistiu pela primeira vez tocando pelo Super Bacana em um dos clubes, e já pensando em chamá-lo para tocar assim que tivesse uma oportunidade.

— —

Dos meninos de Olinda, alguns seguiriam outros caminhos diferentes da música com o passar dos anos, como Maurício Alves, que se tornaria comissário de bordo, embora continuasse tocando violão nas horas vagas. Outros se manteriam nesta estrada, como Everson Dias, que se tornaria técnico de áudio e produtor;

Paulo Massadas, um dos maiores hitmakers brasileiros; e Lincoln Olivetti, um dos principais arranjadores da música brasileira no final da década de 1970, início de 1980 — carregando o apelido de "O Mago do Pop". E dentro deste segundo grupo também estaria Serginho, que se tornaria referência no Brasil como baterista, sendo nacionalmente conhecido pelo segundo nome Herval, às vezes confundido como sobrenome.

Herval, "título" escolhido por seus pais com todo amor — do francês Hervé, do germânico Heriwig e Heriveus. Uma palavra que acompanharia o baterista por toda a sua trajetória musical e, por isso mesmo, não poderia ter outro significado senão "o homem do exército". Um militar de atitude e pronto para o combate — figura que Serginho cresceu chamando de pai.

CAPÍTULO 4

FAZEMOS QUALQUER NEGÓCIO

Ricardo Georges Feghali

Antoine corria desesperadamente, bufando muito, com o corpo cansado, mas sem olhar pra trás. Já tinha tomado dois tiros de fuzil na perna e estava difícil continuar sua trajetória de fuga, mas era preciso. Aquela situação não iria mudar, cristãos maronitas e muçulmanos não se entenderiam e ele sentia que, infelizmente, ali, em sua terra natal, não seria possível viver. Corria muito, determinado a se ver longe daquela loucura! Mas a cada passo que dava também deixava mais distante seus pais, sua família, seu berço dourado.

Beirute era uma grande cidade e, após a independência do Líbano, se tornara a capital do país. Era tradicionalmente o maior centro de comércio e comunicação da região, com intenso tráfego terrestre e portuário. Tinha ares de desenvolvimento e riqueza, a chamada "Suíça do Oriente". Porém, apesar das altas negociações de petróleo, hotéis de luxo e cassinos, escondia em seus meandros a pobreza e uma enorme dificuldade de seus habitantes em lidar com as diferenças étnicas e religiosas.

O menino de origem rica, católico apostólico romano, sem nunca ter trabalhado, tinha só 19 anos quando resolveu meter o pé no mundo e abandonar sua vida em troca de paz. Agarrado ao pensamento de fugir das milícias, ele apenas corria, corria, em direção ao mar, aos barcos que tanto traziam fortuna para sua terra, para que eles também pudessem levá-lo de lá.

Era início dos anos 1950 quando Antoine Gergi Feghali conseguiu partir — sem ver as bombas, a destruição e as explosões que atingiriam Beirute no final da década de 1970, em uma guerra civil multifacetada e traumatizante. Uma viagem de barco que demoraria dias até o garoto conseguir desembarcar no Brasil, onde assumiria, definitivamente, o nome de Albert Feghali.

— —

Nilza estava para casar com um cidadão riquíssimo de Ribeirão Preto, quando viu um garoto esbelto, moreno, bem bonitinho entrando na loja de sua mãe, Jandira Saib Afaish.

— Mãe, quem é? — sussurrou a menina ao vê-lo se aproximar acompanhado de Miguel, marido de Jandira.

— Não sei, não, filha...

— Jandira, deixa eu te apresentar uma pessoa! — disse Miguel ao chegar mais perto, passando a mão por trás das costas do menino e o empurrando para frente de si, antes de continuar as apresentações. — Veio lá da minha terra. Como é seu nome mesmo, filho?

— An... Albert! — respondeu Antoine meio engasgado, ainda se familiarizando com seu novo nome.

— Então, como eu estava dizendo... O Albert acabou de chegar ao Brasil. Veio de uma família muito fina e rica lá do Líbano. O problema é que aqui ele não tem nem onde cair morto, coitado! Ele podia trabalhar na loja. O que acha?

Jandira nunca dava uma resposta sem pensar antes, ainda mais quando a decisão envolvia dinheiro. Primeiro ficou muda, analisando a situação, pensando no dinheiro do caixa e na necessidade de ter mais alguém como funcionário. E, por fim, fez para Miguel aquele velho e conhecido sinal com a cabeça apontado para o lado, do tipo: "Vamos conversar lá nos fundos."

O menino assentiu e continuou quieto, olhando os objetos pendurados na parede, nas prateleiras... Já Nilza não fazia outra coisa a não ser observá-lo. Olhava os calçados em seus pés, a roupa que estava vestindo, o cabelo dele batidinho, um pouco desajeitado, e os olhos... Mas que olhos! Castanho-escuros combinando com seu tom de pele.

Albert era um rapaz culto, inteligente, sabia falar uns cinco idiomas, mas não levava jeito para a labuta. E, no início, distraído em seus receios, nem notava que também estava sendo observado. Ele sabia que teria que trabalhar para poder se sustentar no Brasil, mas era tanta coisa para vender por metro quadrado naquela loja, que só de pensar já dava preguiça!

— Tem muita coisa, né? Você aprende — disse a garota, atrás do balcão, sorrindo meio sem graça.

Surpreso e nervoso, mas atiçado pelo charme da brasileira, ele devolveu o sorriso e os olhares, que ela fingia não serem para ele. Nilza, sem coragem de puxar assunto novamente, simulava ver as contas da loja em um papelzinho e Albert, agora, "parecia" bastante interessado nos objetos à venda. No entanto, em silêncio, eles estabeleciam seu primeiro contato íntimo. Minutos preciosos até serem interrompidos por Jandira, que voltava agitada:

— Albert, você pode começar quando?

A pergunta seria importante para sua permanência naquele país, mas não tão significativa quanto aquele encontro. E talvez, se fosse outro garoto menos ousado e outra garota menos impulsiva, aquela apresentação teria sido só uma apresentação. Mas se tratava de um menino sem apegos, que tinha deixado sua terra e não queria trabalhar; e de uma moça com sede de ganhar o mundo, não muito convencida de manter o seu noivado.

E por isso foi tudo muito rápido. Algo em torno de três meses para que eles fugissem juntos para o Rio de Janeiro em uma viagem romântica digna de filme de cinema. Nilza ligou já da capital carioca para avisar Jandira que não voltaria mais para Ribeirão Preto.

A menina havia ganhado do noivo ricaço um prédio como presente de casamento, que não só serviu para bancar a passagem dela e de Albert para a Cidade Maravilhosa, como garantiu do bom e do melhor nos hotéis. Um dinheiro que o recém-formado casal torrou com a maior facilidade em bebidas, cassinos e diversão — noitadas em grande estilo à la Beirute.

— A senhora vai ter que fazer uma cesariana!

— Não, não, eu não quero! Quero normal.

— Mas dona Nilza, o bebê tá ao contrário. Vai arrebentar a senhora toda!

— Quero normal!

O médico já nem sabia mais o que fazer para convencer Nilza dos riscos daquele parto. Gesticulava, explicava o que era pelvipodálico, falava sobre o procedimento da cesariana, mas nada! Ela não arredava o pé. Aquela tecnologia de aparelhos nunca poderia ser melhor do que a velha e tradicional técnica de parir. E nem adiantaria apelar para o pai da criança! Ele não iria contrariá-la.

O casal havia se mudado há pouco tempo para Belo Horizonte, e aquele comportamento poderia até ser uma inquietação sobre o serviço do hospital. Mas não era nada disso! Albert, esclarecido sobre esses procedimentos, confiava no médico e na cesariana. O que não conseguia era se opor a Nilza naquele instante. Se ela estava dizendo que aguentava a dor, ele teria que confiar! Mesmo que isso significasse estar próximo da sala de cirurgia, enlouquecido com a espera durante o parto. E o médico? Em uma situação horrível de sua carreira, não teria outra saída a não ser fazer.

— O que adianta o diploma de medicina se o paciente não escuta a gente? — resmungaria ele para uma das enfermeiras antes de entrar em ação.

O saldo daquele dia 26 de maio de 1955 seria cerca de oitenta pontos na mãe, bebê nascido de bunda para lua e um pai correndo pelos corredores e gritando com a criança nos braços:

— Olha! Esse é o meu filho! Meu filho!

Era o menino Ricardo Georges Feghali, segurado por um orgulhoso pai libanês.

Depois da morte de Miguel, Jandira decidiu morar com a filha e Albert. Sem qualquer estabilidade financeira, saem de Belo Horizonte para Curitiba, em busca de melhores oportunidades. Até porque Jandira poderia ajudar com as despesas da casa — principalmente com a filha grávida de uma menina, já com um barrigão, prestes a entrar em trabalho de parto.

Curitiba, considerada uma das cidades de melhor qualidade de vida do Brasil, parecia ser um lugar adequado para a estadia da família. E Jandira, inclusive, conseguiu abrir uma grande loja de tecidos, onde todos poderiam trabalhar. Por mais que a casa estivesse mais cheia e barulhenta, havia perspectiva de melhora.

E o nascimento da pequena Jandira, em homenagem à avó, no dia 17 de maio de 1957, viria para coroar aquele momento.

— —

— Filho, pega ali pra mamãe, pega?

E a criança meio atrapalhada, com quase 2 anos de idade, gorro na cabeça e casaquinho, esticava as mãozinhas para segurar um dos grãos que rolava pelo piso de madeira. Nilza, um pouco debilitada após o parto de Jandira, sorria ao ver Ricardo empenhado na missão de juntar aquele grão com os que ela separava, enquanto sua mãe fechava mais um saco de café.

O clima de Curitiba tinha sido cruel com a saúde de Nilza e, por isso, eles decidiram se mudar para Londrina, onde havia parentes — na tentativa de ter mais suporte e cuidados médicos. Mas o frio ainda era pesado! E só Nilza sabia o custo que era, ainda com bebê de colo, trabalhar duro escolhendo os melhores grãos para entregar para as cafeeiras, ainda mais com Albert viajando tanto, seja acompanhando políticos ou se metendo no meio deles. Apesar de ser laboratorista, ele gostava de inventar outras razões para ganhar dinheiro — não que isso, realmente, acontecesse —, e Nilza era quem enfrentava as durezas da rotina. Ela não poderia desanimar, sobretudo naquele momento em que a família crescia.

Londrina, de terra roxa e fértil, vivia sua época áurea das plantações de café no final dos anos 1950, e o desenvolvimento da cidade atraía cada vez mais pessoas de outros estados. Naquela casinha de madeira, por exemplo, estava uma mãe carioca com seu filho mineiro, uma avó paulista e uma paranaense no berço. Uma família de estrangeiros fazendo o necessário para se manter naquela terra fria, mas próspera.

— —

— Mãe, como é que a Lili vai?

— No caminhão!

— Mas no caminhão ela vai cair!

Ricardo não se conformava em colocar a cachorrinha no meio dos móveis, utensílios e outros pertences da família. Ele adorava a vira-lata e tinha medo que ela pudesse morrer no trajeto, mas também não dava para deixá-la em Curitiba! Primeiro, sua família havia se mudado para lá, depois para Londrina. E agora eles estavam indo para Água Rasa, no estado de São Paulo, por causa de dinheiro, trabalho... Pelo menos era o que ele tinha ouvido nas brigas em casa. Uma coisa chata dessas qualquer! Mas também o que importava? Daqui a pouco eles mudariam de novo, outra casa, outra cidade... Ele e sua irmã sempre envolvidos nas questões malresolvidas dos adultos. Mas a Lili é que não poderia sofrer.

— —

As canções que o rádio espalhava pela casa de Albert e Nilza eram tão bonitas, que despertaram desde cedo o interesse de Ricardo pela música. Roberto Carlos com suas letras românticas era o preferido da família, mas outros nomes — posteriormente, integrantes da Jovem Guarda — como Erasmo Carlos e Roberto Livi também acabavam no gravadorzinho de Ricardo, que registrava as canções que vinham do rádio para depois ouvir de novo.

Mas surpresa mesmo foi escutar "Feche os olhos e sinta um beijinho agora" em inglês!

— Ué, mas essa música é do Renato e Seus Blue Caps...

Estranhou ele ao ouvir "All My Loving", dos Beatles — grupo que iria ouvir pelo resto da vida.

O rádio se tornou importante e manteve seu lugar cativo no dia a dia de Ricardo por todas as cidades que passaram os Feghali. Porém, seria no Rio de Janeiro, última mudança da família, por coincidência a capital para onde seus pais haviam fugido quando mais novos, que esse envolvimento do menino iria mais além.

— • —

Há controvérsias sobre a cena épica de dom Pedro, às margens do rio Ipiranga, bradando com a espada em punho "Independência ou morte!". O que não impede que as escolas continuem ensinando que foi assim que o Brasil se tornou independente do reino de Portugal, em 1822, e que comemorações no país inteiro aconteçam, até hoje, em torno da data 7 de setembro.

No subúrbio do Rio de Janeiro, na década de 1960, por exemplo, os desfiles das fanfarras e bandas marciais dos colégios agitavam as mentes dos estudantes. Tudo tinha que ser impecável, das roupas às músicas, e as crianças passavam horas ensaiando as marchas para tocar na semana da pátria, de olho no desempenho das bandas das outras escolas. Existia uma competição, e a briga era acirrada, principalmente entre os colégios do mesmo bairro.

Ricardo, naquele período, estudava em Irajá, no instituto Marques, concorrente direto do Euclides da Cunha. Começou tocando caixa de guerra, depois corneta, trompete e passou a ser o contramestre da bateria, puxando os dobrados — e as apresentações da banda eram uma maravilha! Quer dizer, pelo menos na ida, quando valia nota. Todos os alunos passavam bonitinhos, de polainas, tocando as canções militares, como mandava o figurino. Mas na volta?

> Mulata bossa-nova
> Caiu no Hully Gully
> E só dá ela!
> Ê! Ê! Ê! Ê! Ê! Ê! Ê! Ê!
> Na passarela...

Era uma festa! O trompete de Ricardo anunciava a entrada da música e lá iam os outros músicos "bandalhando" o desfile no final. As marchas militares então viravam marchinhas de carnaval e não tinha ninguém na rua que não se aproveitasse da farra.

Nilza era comerciante, como sua mãe, Jandira, e tentava ganhar a vida por onde passava com a família. Porém, na hora da negociação, costumava se atrapalhar e meter os pés pelas mãos — o que gerava brigas com o marido. Em Rocha Miranda, no subúrbio do Rio de Janeiro, por exemplo, eles tiveram uma loja enorme que não deu certo porque ela vendia fiado para quem quer que fosse. Abrindo as portas, inclusive, para pessoas mal-intencionadas, que roubavam produtos, o caixa e até o carro da família. Era como se ela não medisse os riscos.

Em outra ocasião, ao ir para um baile em Magé com o marido e os filhos, viu uma garotinha esmirrada perto deles e perguntou se ela queria trabalhar em casa de família.

E na volta para casa estavam todos dentro do carro com a estranha. Loucura? Poderia ter dado certo e Nilza sairia contando por aí a sorte que deu ao encontrar uma menina "trabalhadeira" e honesta "por acaso". Afinal, o acerto é um risco que se corre quando se arrisca. Mas não era o que geralmente acontecia com suas investidas. No dia seguinte, todo guarda-roupa de um dos quartos da casa tinha ido embora e, mais uma vez, ela teria que se justificar com os demais.

Nilza costumava confiar demais, talvez por inocência ou precipitação, e no final saía sempre no prejuízo, sem moral diante das pessoas. E nem adiantava pedir para ela mudar. Este seria seu comportamento até depois de mais velha, com os filhos já criados. Como se ela estivesse sempre tentando se provar, desafiar o outro, superar o provável impossível.

— Eles começaram a brigar de novo, Ricardo.

— Dorme, Jandira, é melhor — respondia o irmão, já fechando os olhos e rezando para aquela discussão acabar logo.

Era complicado entender por que eles gritavam tanto um com o outro. Como seus pais, eles não deviam se dar bem? Pelo menos era o que acontecia com as famílias dos seus amiguinhos na escola. "Por que aqui em casa é diferente?", se perguntava Ricardo e também sua irmã, Jandira. Duas crianças que se uniram, no meio desse caos, esperando dias melhores.

Nilza tinha uma maneira mais dura e seca de lidar com os filhos, já Albert era doce, um homem adorável e cheio de histórias de um mundo distante. Ela: uma guerreira no dia a dia, que encarava, entre outras tarefas, as crises de Ricardo com bronquite, a educação dos filhos, além de segurar a falta de dinheiro na prática, por mais que atropelasse as coisas na hora de resolver. Ele: um viajante, diplomático, festeiro, que sabia divertir as crianças e evitava o batente. Fatores divergentes que resultavam em mudanças de cidades e casas, brigas, e cigarros, muitos cigarros. Todos naquela casa fumavam! E, quanto mais problemas, mais a casa ficava empestada de cheiro forte e cinzas.

Por isso, Ricardo e Jandira se tornaram parceiros quando menores. Um conhecia bem a situação do outro, e juntos se sentiam à vontade, tudo ficava mais leve. Ele: ligado na música, nas bandas. Ela: extremamente estudiosa. E os dois completamente avessos àquelas confusões de seus pais.

— Deixa mais espalhado para ficar mais fácil — dizia Ricardo à irmã, ajeitando as latinhas ao redor dela.

— Mas com que eu posso batucar?

— Usa isso aqui!

E sorrindo, com as varetas já na mão, Jandira esperava o menino pegar um violão velho para dar início à contagem e começar a brincadeira. Sua função seria fazer barulho junto com o irmão e acompanhá-lo, e ela estava determinada a cumprir seu papel com destreza e louvor.

— Tem que ser na ordem?

— Bate do jeito que você quiser — dizia Ricardo, já com o violão posicionado nos braços.

— 1, 2, 3, e...

Batucadas sem muito ritmo e arranhões no violão enchiam a casa e o ouvido dos vizinhos. Duas crianças, em parceria, afastando dali a falta de grana, as brigas e as cinzas. Música pura.

— Ou você pede pra sua mãe um baixo ou uma pianola Hering.

— Não dá pra tocar outro instrumento?

— Não, não. A gente já tem duas guitarras e uma bateria. Ou é o baixo ou a pianola! — disse um dos integrantes da banda Os Polegares, que ainda não tinha sua formação completa, mas já contava com um dedo para cima pintado na bateria, tipo "papo firme", como se dizia naqueles tempos.

Ricardo tinha por volta dos 10 anos quando a turma da sua rua, em Rocha Miranda, o chamou para fazer parte do grupo, sob a condição: baixo ou pianola. O menino nem sabia tocar aqueles instrumentos e, fosse outra criança, poderia ter respondido com um simples "Que pena, deixa pra lá!". E nem fazia ideia de que pianola não era o melhor dos teclados. Mas, em vez do problema, Ricardo viu ali uma oportunidade incrível de fazer parte de uma banda com apenas 10 anos de idade. Por isso, apesar de só arranhar um violão, além do que tocava na escola, não se intimidou e foi pedir ajuda para a avó, comerciante de primeira classe. Afinal, antes de aprender a tocar, ele teria de arrumar o instrumento!

Para a sorte do garoto, na época sua avó estava trabalhando na Cássio Muniz, loja que vendia um pouco de tudo: de agulha a eletrodoméstico, de roupa de cama a carro, de discos a instrumentos musicais. E ter dona Jandira, excelente negociadora, dentro de uma loja que poderia vender a tal pianola? Era quase sinônimo de sucesso.

— Ó, é o seguinte: não tem pianola. Mas tem um órgão Eletrocord! Eu conversei com o gerente sobre o pagamento e dá pra levar! — Contou ela animada para Ricardo, sem nunca imaginar que o Eletrocord era muito melhor que a pianola. E muito menos o garoto tinha essa informação!

— Não, vó! Eles pediram pianola Hering! Esse não serve! — disse o menino, que repetia o nome do instrumento como se fosse um pomposo "abre-te sésamo" para um universo repleto de maravilhas.

— —

Ricardo, aos 10 anos de idade, ainda estava pegando o jeito com a pianola, que conseguira depois de muito esforço com sua vó, quando foi chamado por um conhecido para quebrar o galho em outro conjunto de Rocha Miranda. Só que para tocar bateria em uma festinha.

Por causa da banda da escola, ele tinha alguma noção do que fazer e, por isso, aceitou o desafio. Uma noite que, além de experiência, renderia Cr$100. O menino mal pôde acreditar ao receber no final da apresentação "aquele dinheiro todo". Notas requisitadas pelos adultos, motivo de discussões, dificuldades e sacrifícios dentro de casa. Pela primeira vez ele era pago por fazer alguma coisa! Sensação nova, surgimento de uma pequena faísca do que ele poderia ser.

Assim, animado, o garoto pôs os pés em casa, já sabendo o que fazer com o dinheiro:

— Mãe, tá aqui em cima da cômoda: Cr$100. E é isso que eu vou fazer da minha vida.

— —

— Poxa, vó, essa pianola não dá! Não consigo tocar em uma banda melhor com isso!

— Tá muito ruim? Vamos passar na Cássio Muniz de novo pra ver o que a gente consegue!

Ricardo tinha acabado de entrar no The Ambers, conjunto da Penha, quando foi pedir ajuda, novamente, a dona Jandira. O grupo tinha um clima legal, tocando versões dos Beatles, músicas do Roberto Carlos, e o menino achava que precisava de um teclado à altura do som.

— A banda tem até empresário, vó!

— Calma, Ricardo, a gente vai resolver.

Jandira, comerciante de lábia incrível, não o decepcionou e conseguiu fechar negócio na Cássio Muniz. Dividiu, pegou dinheiro emprestado, enfim, deu seu jeito e arrumou um modelo mais avançado para a alegria do garoto, que acompanhava o processo, ansioso. Mas o instrumento que ela conseguira era maior do que a pianola e não ia dar para carregar para casa! Ricardo teria que pensar logo numa alternativa para não deixar o instrumento parado e longe dele.

Seu Castilho, empresário do The Ambers sabia que aquilo daria trabalho, mas a favor do upgrade da banda topou ir ao centro com Ricardo. Para não chamar atenção para aquele "trambolho", os dois pegaram um cobertor e enrolaram todo o instrumento. Entraram no último vagão do trem, sem fazer estardalhaço, e seguiram do Centro para a Vila da Penha, onde morava Roberto, dono do conjunto.

Uma viagem tensa para o menino, que de vez em quando olhava enviesado para o cobertor, só para se certificar de que o teclado continuava ali, intacto ao seu lado, enquanto segurava seus dedinhos incontroláveis, nervosos para encostar naquelas teclas. Muitas estações se passaram até chegarem à casa de Roberto — onde Ricardo pôde, finalmente, desenrolar o teclado para ligar na tomada e...

— Porra! Não é possível! Todo esse esforço e esqueci a droga do fio!

"Não dá pra acreditar...", pensava ele, sentado no sofá, com as mãos apoiando o rosto, incrédulo, sem ver que um dos músicos improvisava um fio da traseira da válvula. Aquele tipo de sorte inesperada, despretensiosa, costumeira daquelas pessoas que correm atrás do que querem.

— Vó, juntei uns músicos pra ensaiar aqui em casa. Falta só um nome!

— Por que não chama de Los Panchos Villa?

— Mas o que a gente pode fazer com esse nome?

— Ah, coloca uns chapelões, que tal?

O menino com seus 11 anos não tinha a menor ideia de onde sua avó tinha tirado aquele nome, mas os chapelões imitando mexicanos parecia ser um visual divertido para a banda, que tinha Guto na guitarra, Toni no vocal, Zé Carlos no baixo e Rui na bateria, em 1966. Esse era o início de Los Panchos Villa, e os ensaios aconteceriam na sua casa, após a mudança para o Catumbi, com um repertório repleto de músicas internacionais, como Santana e Jimi Hendrix.

A banda existiria durante quase dez anos, tendo o filho de dona Nilza como líder, trocando com frequência os músicos de sua formação. Por lá passariam nomes como Valmer, Júlio, Vermelho, Geraldinho, Mosquito, Valter Gordo, Luís, Cícero Pestana,* entre outros. E o chapéu também não duraria, ao contrário do bigodão mexicano de Ricardo.

Los Panchos Villa teriam fãs e fariam muita gente dançar nos bailes da Zona Norte e do subúrbio do Rio. Mas, antes de tudo, seria a desculpa perfeita para o encontro do menino com outros cinco músicos — pessoas que não iriam sair de sua vida tão cedo.

Ricardo gostava de tudo quanto era música mas, por influência da Jovem Guarda, teve uma fase mais roqueira na adolescência, por volta dos 13 anos, e passou a andar mais moderninho, com calça saint-tropez e cabelo comprido, como fazia boa parte dos jovens. Mas Albert, libanês e conservador, não achou muita graça no estilo do filho:

— Você vai usar essa calça?

---

* Guitarrista da formação original da banda Dr. Silvana, dos anos 1980.

— Vou, pai. É legal!

— Legal nada! É coisa de viado. Tira isso!

— Não é, não! E eu uso o que eu quiser — disse o garoto com a voz firme para um pai despreparado para aquela resposta.

Albert era o tipo de pai que não encostava a mão em seus filhos, enquanto Nilza descia a chinelada quando julgava preciso. Ele apenas levantava os olhos, ou franzia a boca para que Ricardo e Jandira entendessem o recado. Mas ali não deu para segurar, não mesmo... Talvez porque ele não estivesse em um bom dia ou, simplesmente, porque não dava para aceitar que o mais velho se negasse a lhe obedecer. Por isso, sem pensar, sem imaginar que seria capaz de agredi-lo, revidou com um tapa direto na cara do filho. Um tapa instantâneo, doído e seco.

Ricardo tomou susto e teve um leve ímpeto com a cabeça pra frente, mas respirou fundo na hora e recuou. Albert o olhava firme, com um grito, um choro querendo lhe escapar da garganta — transtornado por bater no filho pela primeira vez. A casa permanecia em silêncio, e nenhum dos dois se mexia, apenas se olhavam, como se a tristeza selasse o momento. Até que Albert, ainda sentindo o olhar de decepção do filho e a mão latejando, se jogou adiante e pegou Ricardo para um abraço, com uma só palavra saindo daquele coração machista, tradicional e árabe:

— Desculpa.

— —

Na Zona Norte do Rio de Janeiro, Ricardo conheceu Os Caveiras, banda do Méier que tocava tudo dos Beatles. O disco "Abbey Road", lançado em 1969, era o preferido deles e estava inteiro no repertório de seus bailes. Paulinho Macaquinho assumia a bateria, Barbosa o vocal, Pedrão guitarra e voz, e Vítor o baixo — todos na casa dos 20 a 30 anos, e apenas Ricardo tinha 14. Eles eram mais velhos e meio conhecidos no subúrbio, mas estavam em busca de outro lugar para tocar devido a um problema com Pedrinho Periquito. E teria que ser com outro nome, já que Pedrinho era o dono do conjunto. Foi onde entrou Ricardo, um bom tecladista, embora fosse "pirralho" — dono de Los Panchos Villa, sem músicos no período.

— Vocês costumam tocar meio hippies? — indagou o garoto, tentando se enturmar, antes de ir para o Clube Olaria, primeiro baile que faria com o pessoal dos Caveiras.

Só que os caras não entenderam a dúvida e ficaram olhando o menino, pensativos, com as sobrancelhas franzidas.

— Ah, deixa pra lá!

No dia do baile, Ricardo pegou uma camisa emprestada com seu amigo Paulinho, do conjunto Funny Money, e jogou por cima uma japona preta por causa do frio da rua, crente que arrasaria com a escolha. Mas, ao tirar o casaco no clube, os outros músicos tomaram um susto. A camisa de Ricardo era branca, com dois nomes de músicas escritos com uma tinta acrílica fluorescente, que brilhava no escuro:

Time of the Season
Aquele Abraço

"Time of The Season" era o sucesso daquele ano da banda britânica pop The Zombies. A letra dizia que aquele era o tempo da estação em que o amor corre solto e se tornou um hino da juventude *flower power* — símbolo da ideologia da não violência para os hippies no final dos anos 1960. E "Aquele abraço" era o hit irônico do tropicalista Gilberto Gil, preso durante a ditadura militar, com suas vestimentas hippies e guitarras elétricas.

Ricardo não soube onde enfiar a cara ao notar o visual nada hippie da banda. Estava morrendo de vergonha dos outros integrantes, que não sabiam se riam ou se tiravam a camisa do garoto. O baile já estava para começar, e ele lá, com aquelas letras reluzentes no peito! A solução foi jogar a japona por cima de novo e entrar no palco do clube cheio, quente, com um sorrisão no rosto, como se estivesse curtindo o "calor gostoso" daquele casaco!

— —

"Can this lovin' we have found within us/ Oooh, suddenly exist between" cantava Peter Cetera, vocalista da banda de rock Chicago na canção "Questions 67 and 68". Mas o que mexia mesmo com Ricardo era o instrumental que vinha antes. Ele prestava atenção nos instrumentos da banda, como curioso que sempre fora, tentando entender a participação de cada um deles na música. Gostava de aprender um pouco de tudo e ouvia o disco por umas dez horas ininterruptas para compreender os arranjos, a harmonia, as levadas... Era um jovem que, se não estivesse mexendo em algo, precisava descobrir como funcionava.

— Por isso é que não virei um pianista clássico — comenta ele, hoje adulto. — E aquela canção do Chicago era demais! A guitarra de um lado, o trompete de outro, o saxofone, o baixo, e um piano Fender Rhodes invejável!

— Vó, queria tanto esse piano! Será que rola? Sonhei a noite inteira com isso...

— Mas você sabe alguém que tem?

— Conheço! Mas é caro... A gente não tem esse dinheiro!

— Vou ver o que dá pra fazer.

E novamente a comerciante-mor da família entrou em ação. Usou toda sua lábia de negociação com Paulo Bacará, que era quem estava vendendo o piano, e conseguiu pegar um dinheiro com Gilson Dutra, empresário da banda Super Bacana, para pagar depois.

— —

No final de 1969, Ricardo não sabia como manter Los Panchos. Após um período intenso de Beatles e aprendizado com Os Caveiras, ele teria que começar a banda do zero, já que Os Caveiras, para sua infelicidade, se entenderam com Pedrinho Periquito, retomando a antiga formação. E o único músico que restaria nos Panchos seria ele!

Até poderia esperar sentado por um convite de algum conhecido para tocar em outra banda, mas ele costumava ser prático e, de alguma maneira, tinha de resolver. "Por trás de equipamento sempre tem músico", pensou esperançoso ao olhar para os classificados. Folheou o jornal, passou o olho sobre as propagandas e ligou para um dos números, tentando a sorte:

— Oi, vi o telefone de vocês no jornal. Acabou o conjunto?

— Oi, acabou. O equipamento é do meu irmão, que tá precisando do dinheiro. E eu também comecei a trabalhar. Aí não tem jeito, né?

Do outro lado da linha estava Zé Carlos, um dos integrantes da banda Kiko Micas By Music, antigos Os Bidus. Zé havia começado a trabalhar em um posto de gasolina e não demonstrava a menor vontade de seguir fazendo música, mas Ricardo insistiu:

— Tenho algumas coisas aqui de equipamento. Vocês não querem tocar mesmo?

— Pô, o guitarrista é doido pra continuar! Eu não tô nessa, mas posso te apresentar a ele.

— Fechado! Espero vocês então, amanhã. Pode ser?

— Ué, mas e o nosso equipamento? Não vai querer ver?

No dia seguinte, Ricardo encontrou em sua casa o baixista Zé Carlos, e o tal do guitarrista que realmente estava muito a fim de tocar. Gostou dele logo de cara. O menino era um pouco mais velho que ele, talvez uns três anos, mas era como se não tivesse essa diferença de idade. Animado, já chegou arrumando o seu amplificador de guitarra para passar o som e mostrando muita vontade de fazer as coisas. Sem falar na baita química musical que rolou entre os dois ao tocarem algumas músicas.

— Bicho, perfeito! Quando você pode vir pra cá ensaiar?

Se ali não existia uma banda completa, pelo menos era um começo. Ricardo tinha o órgão com o nome Los Pachos Villa pintado nele, o amplificador desse instrumento e a aparelhagem de voz. E os dois, juntos, compraram o equipamento do irmão de Zé Carlos para dar início à reconstrução de Los Panchos. Empolgado, o filho de seu Albert e de dona Nilza vislumbrava uma parceria que prometia evoluir, e apostou as fichas no guitarrista solo para montar a nova formação de sua banda. Um garoto de Bonsucesso, de riso fácil, magrelo, de cabelos compridos, claros e encaracolados, chamado Eurico — mais conhecido pelo apelido Kiko.

— ◼ —

Todo dia Kiko percorria a mesma *via crucis*: pegava o ônibus em Bonsucesso, no subúrbio do Rio de Janeiro, enfrentava cerca de uma hora de trânsito, descia no Centro da cidade, na avenida Presidente Vargas, e ia andando a pé toda a Marquês de Sapucaí para então ensaiar com Ricardo, em uma casa em frente à igreja Nossa Senhora da Salette, de estilo gótico e torre comprida, com seus dez sinos vindos de Portugal. E o guitarrista ainda conseguia chegar cedo para comprar pão doce na padaria que tinha por perto, antes de tocar.

Era uma beleza! A guitarra nem saía da casa de Ricardo, e os dois ensaiavam rock'n'roll o dia inteiro, com Luís no baixo, Gean Carlos na guitarra ritmo, e Vermelho na bateria — músicos das redondezas. A banda estava tomando forma novamente e Ricardo já pensava até em chamar um vocalista ali do Catumbi para se juntar a eles, quando Vermelho quis parar e o convite teve que ser adiado. Afinal, eles podiam quebrar um galho cantando e revezando o microfone, mas banda sem bateria não conseguiria baile nem na esquina!

— —

Jandira estava com uns 12 anos quando notou aquela agitação toda dos meninos atrás de um músico. Os bateristas iam lá, tentavam fazer a batida proposta por Ricardo e nada! Apareceu músico alto, baixo, gordo, magro e nenhum se encaixava na banda. E ela sentadinha no canto da sala, só observando o andamento da seleção. Estava difícil encontrar um batera para Los Panchos, o que já estava dando nos nervos de Kiko e seu irmão.

— Posso tentar? — Tomou coragem a menina, após mais um dos candidatos ir embora sem sucesso.

— Não, Jandira. Não enche, não. Tentar o cacete!

— Ô, Ricardo, deixa ela tentar! O máximo que pode acontecer é não dar certo!

A menina sorriu para Kiko, pedindo a aprovação do irmão com os olhos e, assim que conseguiu um leve movimento de afirmação de seu rosto, sentou rapidamente na bateria que eles tinham conseguido para os testes. Fez a batida que Ricardo queria, depois outra, outra, outra... Ela assimilava muito rápido, deixando o irmão de queixo caído.

— Ô, garota, onde você aprendeu isso?

— Vendo vocês, ué — respondeu Jandira, a nova baterista de Los Panchos Villa, como se fosse a resposta mais natural do mundo.

— —

Jandira era uma aluna aplicada na escola, tão inteligente que passou do 3º Primário direto para a Admissão, diminuindo de dois para um ano a discrepância dela para Ricardo. Era estudiosa, responsável, e com Los Panchos manteria o mesmo nível de comprometimento. Mas antes era preciso ter uma bateria que fosse sua para que pudesse treinar. Uma missão perfeita para sua vó.

Ricardo pediu ajuda à avó e as negociações de Jandira, aliadas ao esforço de Nilza, valiam ouro para o menino, que mirava alto em suas conquistas. Não que a situação financeira de sua casa estivesse aquela maravilha, mas tinha o apoio tanto de sua mãe quanto de sua avó, que estavam mais presentes em sua rotina. À sua maneira, opinião e postura diante da vida, cada uma alimentava seus sonhos, e ele se sentia compreendido, sortudo por isso. E, por outro lado, também as entendia mais. De fato, de todos os problemas, brigas e conflitos que ele encontrava em sua família, uma coisa era certa: independente do grau de dificuldade, elas sempre tentavam.

Assim, Ricardo conseguiu uma bateria mais barata, a irmã passou a treinar com frequência, e os ensaios de Los Panchos voltaram a acontecer. Depois tentaria arriscar uma bateria internacional: uma Ludwig, marca usada pelos Beatles. Seria demais?

— Passarinho tá vendendo a dele. Você viu, vó? — sorria o neto matreiro que, desde cedo, aprendia com Jandira e Nilza a, pelo menos, tentar transformar o "não" que eles já tinham em um "talvez".

— —

— Nilza, vou pro Líbano ver as plantações de uva do pai. Coisa de dez dias e eu tô de volta.

Foi o que Albert, pai de Ricardo, disse para a esposa antes de sua ausência mais longa para a família: dois anos. Nilza poderia fazer o quê? Amarrar ele no pé da cama? Talvez teria feito aquilo se soubesse que ele iria todo bonito, moreno, queimadão de praia, sem muitas explicações ou desculpas. E ainda voltaria com uma bagagem cheia de túnicas árabes lindas de sua irmã libanesa, com brilhos e pedras, que seriam usadas, de farra, como figurino pelos Panchos.

Assim era Albert, displicentemente festeiro. Adorava tocar derbak — percussão da cultura árabe —, fazer samba na mesa e batucar nas coisas, sem nunca levar aquilo a sério! Ao contrário da irmã, Jeanette Gergi Feghali, que seria conhecida como Sabah em seu país natal e se consagraria como uma grande cantora. Interpretando músicas dançantes e tradicionais do Líbano, Sabah também participaria de filmes e suas roupas coloridas com pedrarias se tornariam famosas.

— —

— Esse menino tinha que ser médico-militar, advogado… Qualquer coisa que desse mais segurança pra ele. E respeito, né?

— Deixa o garoto, Albert…

— Nilza, isso não tá certo! Agora até a Jandira tá tocando bateria!

— Isso é fase. Vai passar!

— Ela é uma menina! Devia brincar de boneca e não tocar bateria! — argumentou Albert, na esperança de convencer Nilza.

Em vão. Suas viagens, ditas a trabalho, invalidariam tais cobranças, deixando Ricardo à frente de Los Panchos e Jandira, uma adolescente, livre para os bailes e a bateria.

— —

Ricardo foi quem sempre cuidou de tudo nos Panchos: ensaios, equipamento, marcar com o motorista da kombi caso a banda precisasse de transporte, separar música para tirar etc. O garoto se sentia à vontade como líder, e o conjunto era dele por definição. Por isso, depois da entrada de Jandira como baterista, havia chegado a hora de achar um vocalista. Bom, "achar" não era necessariamente a palavra. Kiko e ele já tinham um nome na cabeça. Os dois haviam assistido há pouco tempo, no Astória Futebol Clube, a um show dos Red Yellows, banda do Catumbi em que Vermelho tocara. E o conjunto tinha um vocalista que arrebentava!

O garoto cantava "Twist and Shout", dos Beatles, entre poses e sorrisos como se não estivesse fazendo nenhum esforço. Botando todo mundo para dançar, exceto Ricardo e Kiko, que não tiravam os olhos do palco.

— Putz, o moleque canta pra cacete, Kiko!

Um baixinho com vozeirão, vaidoso e estiloso na maneira de andar e nas roupas, chamado Paulo César, ou melhor, Paulinho. O vocalista ideal para Los Panchos Villa. "Hum... Será que ele sai do Red Yellows?", pensava Ricardo, enquanto Paulinho cantava. "Vou ter que dar um jeito!" Determinado como sempre, sem medo do "não", disposto a fazer qualquer negócio.

CAPÍTULO 5

UM BIBELÔ DE MENINO

Paulo César dos Santos

"Verdadeira mata verde" era o significado do nome "Catumbi", atribuído ao rio que descia em um vale úmido e escuro das encostas do bairro de Santa Teresa, no Centro do Rio de Janeiro. Pertencente aos jesuítas até o século XVIII, esta seria uma das primeiras regiões povoadas na cidade, com diversas chácaras de ricos proprietários de terras e escravos — tornando-se um dos bairros mais antigos da capital carioca.

Mantendo seu clima bucólico e familiar, as plantações cederiam lugar aos sobrados de classe média-alta nos fins do século XIX. E o bairro continuaria crescendo com construções importantes para o Rio de Janeiro, como o primeiro cemitério do Brasil a céu aberto para não indigentes:* o cemitério São Francisco de Paula, ou como ficou conhecido: cemitério do Catumbi.

Um bairro tranquilo de se viver ainda nos anos 1940, tendo entre seus moradores, principalmente, imigrantes de Portugal. E que o recém-casado Arthur, filho dos portugueses Antônio Augusto e Carlota de Jesus, escolheria para morar ao lado de sua mulher Ottília.

— Rua Magalhães… — disse ela, animada, lendo a placa que tinha no muro de uma das esquinas, próxima à rua Frei Caneca.

De mãos dadas com Arthur, caminhava pela calçada da direita, antes de dar mais alguns passos até chegar à sua futura casinha. Pequena e módica, com uma porta e uma janela de madeira na frente. O suficiente para o começo de uma bela história.

— —

Arthur foi contratado como boy pela rede de lojas de departamento Mesbla aos 15 anos de idade e batalhou na empresa para alcançar cargos mais altos com o passar do tempo. Por isso, com seus quase 30 anos, casado com Ottília, ele já tinha estabilidade financeira para sustentar um filho, ou quem sabe um casal, que a mulher tanto queria.

O primeiro filho veio em 1950: um menino que ganhou o mesmo nome do pai, Arthur Filho. Garoto levado que, já com um ano de idade, subiu num banco

---

* Antes, religiosos e ricos eram sepultados nas criptas das igrejas.

para alcançar a navalha de fazer barba em cima do armarinho, só para imitar os movimentos que vira seu pai fazendo de manhã.

— Meu Deus! O que foi que você fez? — gritou Arthur, apavorado, ao encontrar o garoto no chão do banheiro com o rosto e a camisa cheios de sangue!

Perdido, sem saber o que fazer ao ver seu filho machucado, ele continuaria ali, petrificado, se Ottília não tivesse chegado naquele instante.

— Precisa colocar esse menino debaixo do chuveiro! — disse ela, já pegando o filho pelos braços, jogando água na cara dele até limpar todo aquele vermelho para, enfim, enxergar um corte bobo perto da boca.

Um susto, que não desanimaria nenhum dos dois a ter uma segunda criança.

— Ai, tem que ser a minha menina!

Torcia ela, prestes a entrar em trabalho de parto, com um barrigão enorme, deitada em uma das macas da Sociedade Espanhola de Beneficência, na rua Riachuelo. Ansiosa para ver o rostinho de sua filha, foi pega de sobressalto ao ouvir o médico anunciar não somente que era um menino, mas que eram gêmeos.

Ottília ficou tão atordoada com a notícia de dois filhos ao mesmo tempo, que nem soube como reagir ao nascimento da segunda criança, a menina que ela sonhava. Sem casos de gêmeos na família ou exames anteriores que pudessem indicar esse fato, como ela poderia estar preparada para aquela dupla? Os cuidados, a comida, as roupas, tudo deveria ser em dobro. Um trabalho que não seria fácil... Sentimentos que seriam banidos de seu coração ao receber, das mãos do médico, um filho para cada um dos braços.

Do lado esquerdo, Márcia — nome que estava na moda na época entre os jovens pais. E, do lado direito, o seu segundo garoto — que seria chamado de Paulo César, a pedido do irmão Arthur.

Até hoje ninguém sabe de onde a criança tirou aquele nome para o recém-nascido! Um menino branquinho, de olhos escuros e lábios desenhados, que entrou no meio do casal que Ottília tanto desejava no dia 6 de setembro de 1952. E que teria o carinhoso apelido de Paulinho.

— ▬ ▬

— Mãe, não deixa ninguém entrar, tá? — exigiu o menino, de 4 anos, com a toalha na mão, na porta do banheiro.

— Mas Paulo...

— Não deixa, mãe!

Um pedido que, por mais que Ottília quisesse, não conseguiria negar.

Este era o Paulinho, dono de seu nariz desde cedo. O garoto não gostava que ninguém se metesse nas roupas que iria vestir, no sapato que calçaria e muito menos no seu banho! Sempre muito organizado com seus brinquedos, preocupado se tudo estava limpinho e no seu lugar — enquanto a maioria das crianças corria do chuveiro e das arrumações.

— E essa calça aqui?

— Deixa que eu escolho, mãe! — dizia ele, observando com atenção as peças do seu armário, sob os olhares tensos de Ottília.

A mãe morria de medo de o menino escolher roupas estranhas, com estampas e cores que não combinavam. Por isso, ficava de tocaia praticamente todas às vezes em que ele ia se arrumar.

— Tem certeza que é essa?

— Me deixa, mãe.

E ela, com o tempo, deixou. Na verdade, era até bonitinho vê-lo andando pela casa, cheio de pose e estilo, orgulhoso de estar bem-arrumado com a roupa que escolhera. Um senso de estética que nem parecia vir de uma criança. Tanto que Janete, amiga de Ottília que morava também na rua Magalhães, parou de chamar o garoto de Paulinho. E se divertia ao notar como ele ficava envaidecido quando ela o elogiava.

— Mas tá bonito, hein, seu Paulo?

— Obrigado — respondia ele, com um leve gesto com a cabeça, antes de se retirar para o seu quarto, como se desfilasse pela casa.

— —

Ottília passava os dias fazendo cintas para vender (ortopédicas, de gestação, coluna etc.). Mas não parava por aí: era uma costureira de "mão cheia", além de bastante criativa em outros trabalhos manuais. Caprichosa com as roupas e adereços da família, foi a primeira referência para os filhos em termos de preocupação com o visual.

No Carnaval, então, ela vestia Marcinha de dourado dos pés à cabeça. Via os modelos de fantasias nas revistas e estilizava roupas lindas para a filha, que concorria todo ano no baile de carnaval da Mesbla, na categoria fantasia infantil. Além disso, confeccionava roupas na cor prata para todos os filhos, para que pudessem sair muito bem-vestidos no Bloco do Gelo, que tinha um pinguim como símbolo. O preto poderia até ser usado nos detalhes, em algum viés, mas o brilho do prata predominava nas pedras escolhidas para as alegorias.

Aliás, as pedras e purpurinas também sobravam para os meninos e não adiantava correr. Paulinho tinha por volta dos 8 anos de idade, quando a mãe enfiou nele uma fantasia de índio toda prata, com penachos no cocar, uma blusa de barriga de fora cheia de franjas e uma sainha toda bordada de miçanga. Aquilo era um abuso para a masculinidade e a paciência do garoto, que não gostou nem um pouco do traje escolhido, mas quem discutia com dona Ottília?

— —

Ottília nasceu no Rio de Janeiro após a mudança de seus pais para o Brasil: os espanhóis José Pires e Avelina Garcia. E tinha três irmãos: Osvaldo, Eugênio — mais conhecido como Geninho — e Fernando, que lhe pediria para cuidar de seu filho Carlos, por considerar que a irmã tinha mais condições para isso.

Assim, o menino foi para a casa de Ottília e Arthur ainda com nove meses de vida, quando Paulinho e Márcia haviam completado 4 anos. Todo grandão, Carlos era um menino agitado e de personalidade forte, apesar de bebê. Mas foi recebido como se fosse mais um dos filhos do casal que, não mais que de repente, passou a ter quatro crianças em casa.

Com o crescimento da família, Arthur sentiu a necessidade de procurar uma casa maior, no Catumbi, e encontrou na mesma rua em que estava, do outro lado da calçada, um terreno grande que poderia ser reaproveitado. Derrubou as paredes da estrutura, deixando só as laterais, subiu um segundo andar, fez uma garagem para seu carro e quartos maiores para as crianças. Além de construir um cômodo nos fundos da casa que, em vez do quarto da empregada, se tornaria a oficina de Ottília, com máquinas e armários para ela trabalhar.

A casa ficava no número 22 da rua Magalhães — que depois seria rebatizada de rua Doutor Lagden — de frente para a rua José Bernardino. E se tornaria o local perfeito para as festas temáticas de aniversário dos gêmeos. A trabalheira era grande mas Ottília, como sábia organizadora que era, recrutava familiares e amigos para ajudar nos preparativos, delegando as tarefas de acordo com as habilidades de cada um.

Enquanto isso, Arthur montava um verdadeiro bar, na parte de trás da casa. Ele colocava os barris de chope e enchia os tanques da lavanderia de gelo e bebidas, com uma tábua atravessada separando o espaço, como se fosse um balcão. E na parede da garagem ele projetava filmes e desenhos que alugava na Mesbla. Aproveitando ao máximo todos os cantinhos daquela casa, construída com tanto esmero.

— —

"Boemia, aqui me tens de regresso/ E suplicante te peço a minha nova inscrição." A voz de Arthur se dispersava pela casa, enquanto ele fazia barba, se arrumando para sair para a labuta diária. Filho de portugueses de precária situação financeira, Arthur soube em sua infância o que era não ter dinheiro, dormir apertado com a família em um só quarto e mal conseguir terminar o segundo grau para colocar comida em casa. Questões pesadas, que o fizeram amadurecer mais cedo, com a seriedade transparecendo no rosto e a secura nas demonstrações de carinho.

Era o tipo de cara que dava tudo para os seus; tirava a roupa do corpo se fosse preciso para ver todos bem. Mas criado de maneira rígida, era um pai mais na dele e cobrava somente o fundamental dos filhos, como boas notas no colégio. Não tinha aquilo de chegar mais perto das crianças e conversar, levar um papo franco e aberto sobre a vida. Talvez porque ele também não soubesse fazer aquilo. Arthur, realmente, era mais sério e distante, mas dava para sentir sua leveza em sua generosidade, nas piadas que contava para os amigos, ou quando estava sozinho, tranquilo, e despretensiosamente cantando.

Gostava de música e tinha uma voz muito bonita. Por isso, sempre que podia, trazia de seu trabalho discos de grandes crooners, como Nelson Gonçalves,

Cauby Peixoto, Ângela Maria, Dalva de Oliveira, João Dias... A rádio-vitrola era o xodó da família e rodava, em 78 rpm, aqueles discos com apenas uma música de cada lado, pesados, de goma-laca,* frágeis e maravilhosos. E no quarto, Paulo César, ou melhor, Paulo, que era como Arthur o chamava, sorria ao empurrar seu carrinho, ao som de "A volta do boêmio", na voz do pai.

— ● —

— Pai, por que meus amigos acham que você tem sotaque português? — perguntou intrigado, certa vez, Paulinho para Arthur.

— Eu nasci aqui e, com sete meses, fui pra lá. Aprendi a falar lá, e voltei com 7 anos!

A família de Arthur era da região de Trás-os-Montes, de onde partiram muitos portugueses rumo ao Brasil, nos séculos XIX e XX, em busca de um país em desenvolvimento, com tradições e idiomas parecidos. Seria o "Eldorado" brasileiro. E Trás-os-Montes talvez tenha sido a região de Portugal que mais sofreu com o despovoamento naquela época.

Arthur tinha dois irmãos consanguíneos, Osvaldo e Maria dos Prazeres, além de uma irmã de criação chamada Lúcia. No entanto, foi o único entre eles que iniciou sua educação em terras lusitanas, guardando um "r" mais carregado, quase imperceptível para os filhos — acostumados a viver com o pai. E que seria um dos traços da cultura portuguesa encontrados em sua personalidade, além dos gostos culinários e a paixão pelo Vasco da Gama.

— ● —

No século XX, determinadas práticas esportivas foram regulamentadas em diversos países, como o remo e o futebol. Um incentivo aos esportes que se estenderia ao Brasil, no Rio de Janeiro, principalmente em relação aos campeonatos de remo devido às suas concentrações humanas à beira-mar, em suas áreas mais nobres. Tendo entre seus participantes os Clubes de Regatas Boqueirão do Passeio, o Clube de Natação e Regatas, o Clube Internacional de Regatas, e o Clube de Regatas Vasco da Gama. Todos com sedes no Centro da cidade, ao redor da baía de Guanabara, onde aconteceram as competições até 1927. Depois, os campeonatos foram transferidos para a lagoa Rodrigo de Freitas, na Zona Sul, assim como a sede principal do Vasco. No entanto, seus sócios continuaram frequentando por lazer aquela região da orla do Boqueirão,** na sede chamada de Calabouço. Como fazia Arthur, praticamente um atleta, que remava, nadava e jogava *water polo* no Vasco da Gama. E exibia uma saúde de ferro!

---

* Nos anos 1960, o vinil substituiria de vez os discos de goma-laca. O material além de ser mais leve, maleável, representou uma revolução no som ao possibilitar mais qualidade e um número maior de músicas.

** O Boqueirão abrangia todo o Passeio Público, incluindo a Cinelândia, de um lado, e a praça Paris do outro, atingindo o pé do Outeiro da Glória. A região seria aterrada por causa do aeroporto Santos Dumont.

Arthur era sócio remido[*] do clube. Não fumava, não bebia e não tinha uma gordurinha no corpo — sustentando, facilmente, uma barriga tanquinho, durinha e seca! Não perdia nenhum dos jogos de futebol do time, que também passou a despontar no país após a construção do estádio São Januário, em 1927. E, por consequência, todos os seus filhos também eram vascaínos.

Uma casa que torcia em conjunto pelos jogos transmitidos pelo rádio e, depois, também pela televisão. E até Paulinho, que não levava o esporte a sério, torcia pelo "Vascão". O menino passava longe das discussões com os amigos sobre jogos, mas adorava assistir às partidas ao lado de Arthur, embora ele nunca o tenha levado para ver seu time ao vivo.

— Estádio não é lugar de criança! — dizia ele, sem abertura para argumentação.

— —

— Presta atenção na minha parte!!

Falava o tio Osvaldo, irmão de Ottília, para Paulinho, aumentando o som quando tocava no rádio-vitrola a valsa "Mamãe", dueto gravado por Ângela Maria e João Dias. A dupla cantava "Mamãe, mamãe, mamãe" e Ângela entoava sozinha a continuação: "Tu és a razão dos meus dias/ Tu és feita de amor e esperança". Depois os dois, novamente, entravam com "Ai, ai, ai, mamãe" e, nessa hora, Osvaldo abaixava o volume e com um vozeirão mandava por cima os dois versos seguintes.

Ao contrário de João Dias, que era magro e tinha um cabelo curto e lisinho, Osvaldo era mais gordinho e calvo, assim como a maioria dos homens da família. No entanto, as vozes eram realmente parecidas. Tão igual que o menino ficava com cara de bobo ao ouvir o tio cantar "Mamãe" e as outras canções que João havia gravado com a cantora. Ele ficava doido só de pensar que aquela voz na rádio-vitrola era do seu tio e se gabava em seus pensamentos: "Não é que meu tio gravou com a Ângela Maria?"

— —

— Trouxe um disco de um grupo internacional! — Avisou Arthur para os quatro filhos, assim que chegou em casa, colocando para rodar na rádio-vitrola um grupo vocal americano chamado The Platters.

Paulinho não entendia nada do que eles queriam dizer naquela língua, mas era lindo ouvir as vozes se misturando, a melodia e a levada da música. Apaixonou-se perdidamente por "Only You" e a dublou inúmeras vezes, ainda sem saber inglês, com mímicas e poses, recebendo prêmios nas festas beneficentes que sua mãe organizava. Mas nada se comparou a quando ele depois descobriu finalmente o que dizia a letra. Que momento mágico! O garoto não coube em si de tanta alegria e, carregado de conhecimento, decidiu ir além. Compenetrado, decorou palavra por palavra, se fez independente dos versos escritos no papel e pôde, enfim, se render à canção.

— —

---

[*] Isento de mensalidades ou qualquer outra taxa.

Paulinho estava brincando de bola na rua com os amigos, em um final de semana do início de 1962, quando viu o carro de seu pai parar na frente de casa. Um Ford verde que Arthur não emprestava para ninguém e do qual ele tinha o maior ciúme. E não entendeu por que seu pai já estava voltando do Vasco naquele domingo ensolarado, principalmente, por que ele parecia estar sentado no banco do carona, enquanto seu amigo, que estava dirigindo, saía às pressas do automóvel para tocar a campainha, com alguma notícia bem ruim pela cara de Ottília.

— Mãe, o que...

— Agora não, Paulo.

O menino nunca vira sua mãe daquele jeito: desnorteada. Andando de um lado para outro, pensando alto sobre o que fazer, com um olhar triste e uma cara de choro. Ligando, em seguida, para o doutor Álvaro, médico da família, como se eles combinassem de se encontrar, para depois entrar no carro com o amigo de Arthur e partir dali como um foguete. No mesmo carro em que seu pai continuara sentado de um jeito estranho, tombado para o lado direito.

Naquela manhã, Arthur estava se preparando para sacar na quadra de vôlei do Vasco da Gama, quando sentiu uma dormência muito forte no rosto, falta de força para mexer o braço e a perna do lado direito. Uma fraqueza aguda e inesperada que o derrubou no chão, deixando todos os outros jogadores assustados. No hospital, isso seria diagnosticado como sintoma de um acidente vascular cerebral — o temido AVC.

Por causa dele, Arthur ficaria 45 dias ininterruptos no hospital, entre a vida e a morte. Com vigilância 24 horas de Ottília, que não podia contar com a ajuda dos filhos, ainda muito pequenos. E talvez mais perdidos que ela.

Paulinho, aos 9 anos de idade, ao ver o pai inerte no banco do carona do carro e depois no hospital, ficou muito impressionado. E não foi por ter ouvido os adultos falarem sobre o AVC. Na verdade, ele não sabia o que era isso. A única coisa que sabia é que ele tinha medo.

— —

Arthur sobreviveria àquele incidente e a vida iria seguir. Porém nenhum exercício de reabilitação posterior lhe devolveria o movimento integral de sua mão direita. Seus dedos, com a atrofia de um dos nervos, ficaram encurvados para dentro, na direção da palma — a ponto de dar um calo nos dedos. Uma "simples" modificação no seu corpo que o impediria de praticar todos os esportes de que gostava. Um homem ainda jovem com seus 40 e poucos anos, capaz de trabalhar, de rotina regrada e saudável, mas que se sentia como um velho de 80 anos e dependente dos outros. O primeiro baque que ele teria que suportar, antes da tragédia do ano seguinte.

— —

— Pai, por que a gente precisa sair? — perguntou Paulinho, com seus 10 anos de idade, observando, angustiado, todas aquelas caixas de mudança ao seu redor.

Móveis com plástico em volta, livros empilhados em um canto, malas repletas de roupas e as paredes vazias — sem mais um quadro.

— Porque sim, meu filho... — disse Arthur, muito abatido, fechando a última caixa com os pertences da sala.

— Mas a casa não é nossa?

— É... — respondeu ele, tão triste que deixava o filho ainda mais revoltado.

— Então é roubo!

— Talvez, filho... Segura aqui?

Arthur mal olhava para Paulinho, abatido e envergonhado de estar sendo submetido a abandonar seu lar daquela forma.

— Mas eles podem?

— Podem... Me ajuda a colocar esse plástico?

— Não, pai, a gente não pode ir embora! Essa casa é nossa! Meu quarto é aqui! O seu e o da mamãe! O de todo mundo!

— A gente é obrigado pelo governo a sair, meu filho...

— Obrigado? Mas você construiu essa casa! Eu vi!

— O governo, não...

— E é o governo quem vai morar aqui?

Ao que Arthur deu um leve sorriso, escondido no meio de tanta melancolia.

— Não, filho... Será um viaduto, por onde passarão muitos carros.

— Carros? Ah, não... A gente vai sair da nossa casa por causa dos carros?

Quarenta e três famílias perderam suas casas no bairro Catumbi e outros 32 imóveis foram desapropriados em Laranjeiras em 1963. Ano em que, finalmente, seria inaugurado o túnel Santa Bárbara, ligando a Zona Norte à Zona Sul do Rio de Janeiro. Uma galeria de 1.357 metros de comprimento, que passava por dentro da montanha. O primeiro grande túnel aberto na cidade, o primeiro a ter ventiladores, considerado o maior da América do Sul e um dos mais modernos — inaugurado no governo do estado de Carlos Lacerda, em pleno Regime Militar.

Era o Rio de Janeiro que crescia, pedindo escoamento urgente do tráfego de seus moradores. Obras que seriam vigiadas por Arthur, constantemente, até o dia em que a casa que ele construíra para a sua família, grande, bonita, de tantas festas e momentos felizes, foi ao chão.

— —

Depois da saída do Catumbi, a família de Paulinho se mudou para um apartamento na Tijuca, na Zona Norte, também perto daquela região. E todos continuaram frequentando os mesmos colégios, com os mesmos amigos, enquanto o elevado 31 de Março, como seria batizado o viaduto, ia tomando forma na saída do túnel Santa Bárbara.

Arthur voltou a trabalhar na Mesbla, Ottília passou a fazer suas cintas em um quarto menor, e as crianças, aos poucos, se adaptavam às mudanças — com Paulinho, cada vez mais ligado à música, conhecendo diversos compositores e intérpretes.

Nat King Cole encheu sua alma com belas canções, fazendo-o se esquecer da vida. Elvis Presley era bom, mas ele não gostava muito do estilo. E o surgimento da Bossa Nova, no final da década de 1950, com João Gilberto e Elizeth Cardoso, trouxe um frescor musical interessante. Mas foi um disco chamado Beatlemania em 1964, que virou completamente a cabeça dele, aos 12 anos de idade. O LP de estreia no Brasil dos Beatles.

— —

Na parte inferior de Santa Teresa fica o Bairro de Fátima, área primordialmente residencial e perto do comércio do Centro da cidade — local onde morava seu padrinho Almir e seus pais tia Clotilde e tio Nilo. Uma das razões para Paulinho viver naquela região, que se tornaria cada vez mais interessante — sobretudo por causa das garotas que também moravam lá.

Paulinho não era o garoto mais bonito de sua turma, mas talvez fosse o que tivesse mais lábia e charme na hora de conversar com as meninas. Quando mais novo, ainda com 9 anos de idade, treinou muitas vezes como beijar com uma prima 5 anos mais velha que ele. Cresceu observando as meninas no primário, pensando em qual seria a melhor abordagem com cada uma delas, até chegar ao ginásio. E se divertia com suas investidas em relação ao sexo feminino, sem qualquer compromisso. Um menino de roupa transada, que só queria dar beijo na boca e ser feliz, curtindo a vida ao lado de boas companhias e belas pernas.

Porém, foi no Bairro de Fátima que seu coração acelerou pela primeira vez de um jeito estranho ao se aproximar da casa de Almir e avistar, na janela da casa vizinha, praticamente uma miragem. Uma linda garota, de cabelos castanhos, sinalzinho na bochecha, tão baixinha e pequenina chamada Maria do Carmo, ou melhor, Carmota Uma moça delicada, carinhosa, que adorava música, sobretudo o LP Beatlemania — o que só poderia ser um sinal dos céus para Paulinho.

— —

A música "Don't Bother Me", tocada pelos Beatles na vitrola, tomava a casa de Carmota — deitada no sofá com Paulinho, enquanto seus pais estavam na rua —, esquentando o clima dos jovens de "amizade colorida" desde o momento em que se conheceram. Beijos e mais beijos que deram confiança para Paulinho avançar o sinal naquele dia.

— Não faz isso… Não vai dar certo.

Fazendo o garoto perder o rumo, sem ter coragem para retomar o ponto onde havia parado. Mantendo-se em silêncio diante da música, com os olhos estáticos, enquanto sua respiração ainda estava ofegante, para depois despedir-se meio atônito de Carmota, que parecia querer mais — embora não dissesse nada. Saindo da casa dela, envergonhado e com pressa.

Carmota continuou amiga de Paulinho depois desse episódio e adorava conversar com ele. No entanto, nunca mais os dois tiveram outra chance de ficar juntos. Pelo menos Paulinho nunca mais tentou, apesar de apaixonado por ela.

Assim, viu Carmota namorar Jorginho, seu amigo mais feio da turma, e outros meninos da rua, além de assistir, de camarote, à garota se apaixonar por um peruano que conhecera em uma das festas de sua família. Sem nunca dizer nada... Resmungando bastante quando a via com o outro, debaixo do seu nariz.

— —

De terno e quepe azul-marinho, o condutor, pendurado nos estribos, fazia a cobrança dos passageiros de um dos bondinhos do bairro Santa Teresa, enquanto o motorneiro dirigia o veículo pelos trilhos. Com sua cor verde-musgo ainda no início dos anos 1960, o veículo de laterais abertas vinha desde a rua Áurea, passando pela rua do Oriente, pela Progresso, para então chegar ao Largo das Neves, onde fazia o retorno para o caminho de volta. O bonde passava em frente à igreja Nossa Senhora das Neves e era uma sensação entre crianças e adolescentes que moravam ou estudavam ali perto, como os da escola municipal Santa Catarina.

Esse colégio ficava na rua Eduardo Santos, saindo do Largo das Neves, e foi onde Paulinho, como os amigos o chamavam, se juntou pela primeira vez a outros beatlemaníacos para fazer música. Sérgio assumiria a guitarra, Gaúcho o contrabaixo, e Paulinho o microfone — todos do ginásio no municipal Santa Catarina. Mas e o baterista?

— Tenho um conhecido no Morro dos Prazeres que toca legal! O cara gosta de samba, mas já vi ele tocando rock. Posso chamar? — sugeriu Sérgio aos demais.

— Ele tem bateria? — perguntaram os outros dois.

— Tem, tem, tem! A bateria é dele mesmo!

Assim nasceram os Flies, com Paulinho, Sérgio, Gaúcho e, por último, Miguel, sambista de coração, roqueiro improvisado e proprietário de bateria. Perfeito! Tudo bem que eles ensaiavam mais do que se apresentavam, mas só a experiência de tocar já estava valendo.

Os ensaios eram na casa do Sérgio, em Santa Teresa, e toda vez que saía um novo disco dos Beatles era uma loucura! Os meninos não sossegavam enquanto não conseguissem o LP para tirar as músicas. Paulinho também arranhava um violão e guitarra, mas não se dedicava aos instrumentos como fazia com as letras e os vocais.

— Canta aí, deixa que a gente toca — diziam os outros músicos, e ele deixava para lá.

Frequentador assíduo do bairro, do bondinho e da casa de Sérgio, Paulinho, além de estudar os quatro anos de ginásio, encontrou em Santa Teresa um ambiente musical e agradável — também repleto de meninas bonitas. De modo que foram várias as festas em que ele apareceu para dar uma canja, fazer um charme para os "brotos", ou apenas se divertir; seja na casa de conhecidos, ou no Clube Dom Orione, nos fundos da escola. Bons amigos, bons tempos aqueles.

— —

Sérgio usava óculos redondos, tinha a pele clara e os cabelos pretos pelos ombros, no estilo John Lennon de ser. Era baixo, um pouco cheinho, e andava por Santa

Teresa vestindo um sobretudo até o pé, independente do calor que fizesse, como se estivesse passeando tranquilamente pelas ruas de Londres, acompanhado muitas vezes por seu amigo Zé Maria, comprido e magro. Zé Maria, por sua vez, era moreno e tinha um cabelo *black power* que mais parecia um cogumelo na cabeça devido ao tamanho. E, juntos, eles desfilavam pelo bairro com elegância, tirando a maior onda com os moradores pela maneira de se vestir e de se portar. Os mais velhos achavam aquilo engraçado, e os mais novos, pelo menos, respeitavam. Há de se entender por que em Santa Teresa só dava eles.

A família de Sérgio gostava de música, a começar pela mãe, que era cantora do Theatro Municipal e tinha um considerável poder aquisitivo. Volta e meia algum parente deles viajava para fora do país, regressando com a mala cheia de discos, muitos deles a pedido de Sérgio, na tentativa de conseguir raridades e o mais importante: driblar os lançamentos atrasados do Brasil. Nos anos 1960, os jovens penavam para saber o que acontecia fora do Brasil. E quem tinha meios de obter discos e informações de terras além-mar se tornava rei.

Paulinho conheceu muitas canções com Sérgio, que pagava caro para ter discos novos ou que mal se ouviam falar no Brasil. E era uma perdição ter acesso ao acervo do amigo, principalmente porque ele arranjava muitos LPs com as letras das composições, o que ajudava muito o vocalista, que começou a estudar inglês no primeiro ano do ginásio e tirava tudo de ouvido. Quantos não foram os dias e as noites com a bunda quadrada de tantas horas sentado na cadeira, escutando a mesma música, para ter mais ou menos a letra correta? Conseguir as letras certinhas, já escritas em um encarte, era bom demais para ser verdade, um perfeito paraíso para um cantor iniciante e insaciável.

— —

Os integrantes dos Beatles deram início à turnê de divulgação do álbum Beatles For Sale, em outubro de 1964, tendo na agenda apresentações em teatros, cinemas e pequenos auditórios, como o do programa da ABC Television, Thank Your Lucky Stars. Sem nenhum planejamento ou estratégia de marketing, guiados apenas pelo acaso e gosto pessoal de cada um, ao andar por uma das principais ruas do Centro de Londres, a Shaftesbury Avenue, os quatro pararam em uma loja e compraram os famosos paletós de gola redonda. Como poderia acontecer com qualquer consumidor, os músicos passaram em frente a uma vitrine, gostaram do modelo e levaram. Simples assim. A diferença é que eles eram os Beatles e usaram o paletó ao tocar na TV britânica, imprimindo uma marca à banda e à moda no mundo inteiro.

No Brasil, a tendência chegou um pouco atrasada, mas veio com força. Ottília, que o diga! Paulinho, vaidoso que só, não sossegou enquanto não ganhou em seu aniversário de 13 anos, em 1965, a bota com salto e fecho éclair do lado, para usar com uma calça tipo cigarrete com um tecido *pied-de-poule* bem miúdo. O lojista, para facilitar a compra, anunciava e deixava escrito em todas as etiquetas o nome do calçado: "bota dos Beatles". Paulinho fechou o visual com o terno de gola redonda, com os bicos da gola da camisa social para fora, gravatinha e presilha. O menino gostava de caprichar no modelito, principalmente para os shows. E depois de pronto, todo paramentado como um bom beatlemaníaco deveria ser, se olhava no espelho satisfeito.

— —

Ah... Stela! Como era bonita aquela menina... De olhos claros e cabelos castanho-claros, ela também estudava no ginásio da escola municipal Santa Catarina. E Paulinho não demorou a namorar a garota, seja pelas ruas de Santa Teresa ou nos intervalos das aulas. Uma companhia feminina, que deixava sua permanência no colégio muito mais agradável.

Só que, na mesma época, por tocar com o Sérgio, ele também conheceu outras meninas do bairro — e entre elas Guadalupe, ou melhor, "Lupita". Uma espanholinha loira, de bochechas rosinhas, de cabelo curto todo picadinho no pescoço. Com uma boca desenhada e nariz pequenino... Parecia uma boneca! E lá foi Paulinho cheio de manha, todo transado com suas roupas, conversar com a menina, que se derreteu para ele e também se tornou sua namorada.

Mantendo os dois namoros, ao mesmo tempo, no mesmo bairro, sem uma nem sonhar com a existência da outra. Considerando-se firme com as duas namoradas! Aliás, se dependesse de Paulinho, ele continuaria assim, tranquilão, curtindo Stela e Lupita por meses! Porém, a mãe da espanhola não facilitava sua vida, e encrencava com as saídas da filha, regulando a garota e estragando toda aquela "harmonia".

Ponto para Stela, que se tornaria a namorada oficial de Paulinho, em Santa Teresa, apesar de, displicentemente, ele roubar outros beijos por aí.

— —

Apolo 6 era o nome do conjunto que Paulinho gostava de ver no Bairro de Fátima, e, da plateia, ficava se coçando para poder subir no palco e cantar com eles. Só que Paulinho tinha 13 anos de idade, e os integrantes da banda por volta de 16 e 17.

— Deixa eu entrar na banda? Canto todas essas músicas!

— Vaza, moleque. Não tem lugar pra você aqui, não.

— Pô, qual é? Vocês já me viram cantando. Eu mando bem!

— Ahã... Fica pra depois, Paulinho. E nem adianta insistir.

O vocalista, no auge dos seus 13 anos, tentava, sem sucesso, entrar na banda e falava de igual para igual com os garotos, fossem eles mais velhos ou maiores na altura. Era tinhoso ao lutar por seu espaço nos palcos e bradava sua presença de cantor. Não abaixaria a cabeça, tendo certeza do que queria e de sua capacidade. Por isso, podia ser pequeno, "moleque", mas já bravo e com personalidade saiu muitas vezes mal-humorado dos shows, resmungando alto pra quem quisesse ouvir:

— Sacanagem! Eu canto muito mais do que esse pastel aí! Não sei por que eles não me deixam cantar!

Na rua Tadeu Kosciusko, no Centro do Rio de Janeiro, pertinho do Bairro de Fátima, Paulinho conheceu um pessoal que era bom de música — região também frequentada pelo seu irmão Arthur. E, de vez em quando, ia para lá para visitar os amigos, além de cantar nas rodinhas de violão que rolavam na rua.

Lá ele conheceria Betinho, Guaracy e um menino beatlemaníaco, magrinho, chamado Cleberson. E onde ele também iria namorar Sandra, Rosinha e Lucy, apesar de ser conhecido naquela área como Paulinho Bibelô, por andar sempre arrumadinho. Na verdade, as meninas até pareciam gostar do estilo do garoto, e não implicavam com ele por causa do apelido. Achavam bonitinho o jeito dele se vestir — o que contribuía ainda mais para a vaidade de Paulinho.

Aquela foi uma época de tardes intermináveis para Paulinho, de namorico e de música, na Tadeu Kosciusko ou no murinho do Bairro de Fátima, o "Murinho da Vergonha". Ah, sim, onde ele também beijaria, diversas vezes, uma bailarina maravilhosa. Sabe como é... Ela era linda demais.

— —

"Baile com The Watts, no Clube Dom Orione, neste sábado, às 21 horas!", era o que estava escrito no cartaz, colado pelas ruas de Santa Teresa, Bairro de Fátima e Catumbi. Todos os jovens da região estavam convocados para uma noite de muita música. O típico evento que se tornava, praticamente, obrigatório na agenda dos meninos e meninas — tanto pela apresentação da banda, que tocava um repertório animado, quanto pelo clima de paquera da festa.

— Rapaz... O que será de mim...

Disse Paulinho, com 15 anos de idade, pensando alto ao ver o cartaz, ao lado do amigo da escola, Ronaldo. Permanecendo parado na frente do anúncio, com a mente longe, já projetando como seria dramático aquele final de semana.

— Ow! Acorda! Parece que viu fantasma! — falou Ronaldo, dando um tapa nas costas de Paulinho, tirando-o do transe.

— Porra, bicho, ferrou...

— Por que você tá dizendo isso?

— Pô, como é que eu vou entrar nessa porra?

— Ué, entrando...

— Ahã... A mulherada vai estar toda lá! Tô fudido...

E ele não estava tão errado assim.

— —

No sábado, antes do Clube Dom Orione, Paulinho foi para a festa de casamento de uma prima, e carregou Ronaldo com ele. Com o plano de sair mais tarde, a tempo de pegar o baile a que tanto queria ir.

— Perfeito! A gente bebe de graça aqui, antes de ir pro The Watts!

Só que eles se empolgaram com o tal plano, diante da fartura do casamento! Beberam um pouco de tudo que o garçom trazia na bandeja: ponche, champanhe, cuba libre, uísque, leite de onça... Curtindo até a última gota do casamento, inebriados por tantas cores e gostos nos copos — embora inocentes quanto ao resultado daquela mistura etílica. Nenhum dos dois tinha idade para beber mas, como era festa de família, os adultos relaxaram e nem perceberam o estado que ambos estavam quando resolveram partir a pé para o Clube Dom Orione, por um atalho que levaria ao show do The Watts! — banda que os dois garotos adoravam, e na qual tocava Cleberson, que Paulinho conhecera nas rodas de violão.

— Pô, uma escadaria de mais de mil degraus! Que é isso, rapaz... Não vou mais por aí, não — disse Paulinho, virando as costas para Ronaldo, sem discutir a ideia estapafúrdia.

E seguiu o seu caminho, deixando para trás o amigo, que cambaleando foi para os degraus. Todo bonito, de terno, gravata e abotoaduras, tropeçando em pedras que não existiam, parando de andar apenas ao alcançar a esquina do Largo das Neves, onde já dava para enxergar o clube.

— Hum... Vou parar um pouquinho aqui... — disse Paulinho.

Afinal, o Clube Dom Orione estava ali, a poucos metros de distância, oras! Era preciso só descansar, antes de prosseguir com a sua trajetória. Por isso, ele abraçou o poste da esquina, apoiou a cabeça de um jeito confortável e dormiu, em pé, sem se preocupar se seu rosto ficaria todo ralado do cimento do poste. E já estava começando a sonhar, quando sentiu uma mão pousar sobre o seu ombro.

— O que você tá fazendo aí, "rapá"? — perguntou Davi, ao lado de Reinaldo, amigos do Bairro de Fátima que estavam a caminho do Dom Orione.

Porém, Paulinho mal conseguia dizer uma palavra.

Os dois riram, enquanto Paulinho balbuciava:

— Casamento da minha prima...

— Ahã... E o que você tá fazendo aí, "rapá"? — insistiu Davi, rindo um bocado.

— Dom Orione...

— Tá, Dom Orione... Reinaldo, vamos levar ele? Senão a gente é que vai perder a festa.

Davi passou a cabeça embaixo do braço do amigo para erguê-lo, ao que Reinaldo segurou o outro lado. Uma ajuda fundamental para que Paulinho terminasse aquela "heroica" jornada.

— • —

Enquanto isso, no Clube Dom Orione, a mineira Lenita, morena e de cabelo comprido, batia o pé no chão e olhava as horas no relógio, sem parar.

— Isso que dá arrumar namorado carioca...

A garota havia se mudado recentemente para o Bairro de Fátima e estava ansiosa por estar, pela primeira vez, em uma festa do Rio de Janeiro. Porém, seu novo namoradinho ainda não tinha chegado, o que aumentava mais suas expectativas em relação ao evento.

— Que horas são? — perguntou uma menina de Santa Teresa, perto de Lenita, que também estava com cara de estar esperando alguém.

— Dez horas... — respondeu Lenita, para a decepção da outra garota.

— Vou te falar, viu... Namorado atrasado é dose!

— Nem me fale! O meu marcou comigo às 21 horas em ponto! E até agora nada...

— Homens... Todos iguais.

— Depois eles falam da gente!

E, após um silêncio de aborrecimento de ambas, a outra garota continuou o assunto:

— Quem é o seu namorado?

— Paulinho.

Com isso a garota já se empinou toda, colocando as mãos na cintura.

— Paulinho?

— É!

— Paulinho, irmão gêmeo da Márcia?

— Esse mesmo! Você conhece?

— Não, péra aí... Tem alguma coisa errada... Você tá falando do irmão do Arthur?!

— É, ué! Mora na Tjuca, estuda no Santa Catarina...

— Ele é o MEU namorado!

Dando fim, em segundos, ao clima amistoso entre as duas. Isso porque elas não sabiam da Lupita, Edna, Sandra... Meninas que saíam com Paulinho, de vez em quando, para dar uns beijos. Todas elas presentes no baile.

— —

— Você não vai entrar, não, Paulinho!

Brecou seu Salvador, um dos funcionários do clube, ao ver o estado do garoto na portaria.

— Pô, Salvador, não vou criar quizomba nenhuma, bicho... Tô de paz e sossego — disse ele, apoiado nos amigos, tentando se defender, enrolando a língua, e quase miando na hora de falar.

— Não Paulinho... Sem condições.

— Bicho, tô aqui mal pra caramba!

— Tô vendo... Vai pra casa, vai!

— Pô, só não vou embora porque tô com namorada aí dentro.

— Namorada não, filho! Tem duas que já estão discutindo!

— Puta que o pariu... Isso não vai prestar...

Lamentou Paulinho, olhando para baixo, arrancando um leve sorriso de Salvador, que conhecia há tempos as histórias do garoto, e não resistiu em deixar o circo pegar fogo.

— Vai entra, anda... Essa eu quero ver.

Davi e Reinaldo entraram com o amigo direto para o banheiro do clube, passando batido pelas duas garotas, enquanto Paulinho gritava sem olhar para os lados:

— Péra aí, péra aí... É o seguinte... Tô chegando, dá licença!

Depois disso, colocaram o amigo debaixo d'água, tiraram suas abotoaduras, afrouxaram a camisa e lhe deram um salgado e uma Coca-Cola. Tudo com muita calma, embora as garotas do lado de fora estivessem enfezadas, doidas para Paulinho sair do banheiro.

A menina de Santa Teresa foi a primeira que o interpelou, e não economizou nos palavrões, dedos no rosto e olhos de raiva. Paulinho, em vão, fazia cara de cachorro que caiu do caminhão de mudança. Quinze minutos de falação martelando em sua cabeça, não bastasse o porre.

— A gente se fala na segunda-feira! — disse ela, se despedindo do tal namorado, furiosa.

Já Lenita chegou mais compreensiva, e aceitou o charme de Paulinho nos cinco primeiros minutos de conversa, oferecendo colo e cafuné para que o garoto dormisse, em um dos degraus da arquibancada ao redor da quadra — onde o The Watts se apresentava. A única, de todas as garotas daquela noite, que resolvera lhe dar carinho.

Assim, Paulinho apagou feliz durante o show inteiro, só acordando no final, quando o grupo estava tocando "Cidade Maravilhosa". Como se tivesse sonhado com toda aquela confusão! E foi andando com Lenita para casa, sem nem se lembrar de seu amigo Ronaldo, perdido pelo caminho — e com quem ele se reencontraria só segunda-feira, na escola.

— —

Carlos Henrique morava no Catumbi, era alto, claro, meio fortão e da faixa etária de Paulinho. Mas por causa dos seus cabelos avermelhados, parecendo um gringo andando no meio da garotada, ganhou o apelido de Vermelho, como é chamado por alguns amigos até hoje. Baterista, louco por música, ele se acabava em um heavy metal ou um rock pesado que precisasse de pressão na "batera". Segurava as baquetas como se fossem cabos de martelo e batia, com toda a força e sem perder o ritmo, mostrando incrível destreza naquela "grosseria". Não era um exímio baterista, mas dava para o gasto, "marretando" com vontade seu instrumento durante as canções, por mais que quebrasse uns pratos de vez em quando.

Paulinho veio a tocar rock'n'roll com o Vermelho, após a dissolução dos Flies, na Red Yellows, e achava engraçado demais aquele jeito dele na bateria. Disposto a ser músico, o garoto, que mal completara 15 anos, tentava se encaixar em outras bandas pelos arredores. Nessa aventura musical ganhou experiência, aproximou-se de pessoas como Vermelho, Zé Roberto, Lula, Piu, participou de conjuntos como o Red Yellows, tocou com um pessoal da rua Riachuelo, com músicos da Vila Rui Barbosa no Centro da cidade, e deu canja nos Ufos — que inclusive tinha uma menina bonitinha em quem ele ficava de olho.

Seu pai, Arthur, observava de longe o interesse do filho pela música e, para os menos atentos, poderia até parecer desligado em relação a isso. Mas na primeira oportunidade que teve, apareceu com um violão de presente para o menino junto com um aviso:

— Quer fazer? Faz! Mas se o estudo começar a andar mal, para tudo!

E quando ele falava "para tudo" era para parar mesmo.

— —

Paulinho tocou muito rock'n'roll com a Red Yellows, mandando Beatles, Johnny Rivers e outros nomes que as pessoas nem sempre conheciam. E se divertiu, além de ganhar prática e conhecimento, em muitas apresentações sem ver a cor do dinheiro. Isso mudou ao entrar em 1967, aos 15 anos, no Half and Half — conjunto de repertório mais variado e que fazia o chamado bailão, formado por ele nos vocais, Reinaldo nos teclados, o xará Paulinho na guitarra base, Zé Roberto na guitarra solo, Jorge na percussão e às vezes no teclado, e Urso na bateria.

Essa foi a primeira vez em que ele se apresentou profissionalmente, recebendo pelo baile, vestindo roupa de show, empresário e tudo mais. Céus, como era boa aquela sensação de conseguir dinheiro fazendo algo que amava! Para quem nunca foi pago por trabalhar com o que se gosta, essa afirmação pode até soar um pouco infantil, inocente, sonhadora ou idealista. Tem gente que nem pensa nisso ao escolher uma profissão, como se não fosse prioridade ou mesmo possível. Mas há quem fale que essa é uma experiência única, como se todos os seus elementos pessoais significassem algo maior e valoroso, para não dizer mágico. Como se todas as peças de sua história se encaixassem e você fosse mais real por isso. Para os incrédulos, há de se dizer que, realmente, existem aqueles que falam que se trata de algo viciante. E que se você recebe dinheiro por algo feito com paixão uma vez, mesmo que seja difícil fazer de novo, você não vai querer largar essa vida nunca mais.

Paulinho ficou na banda por dois anos, tocando em várias festas sociais da região, e poderia ter ficado mais, se não tivesse esbarrado em um dos clássicos obstáculos de se manter uma banda: músico que manda demais, e músico que não quer ser mandado.

— Ó, a roupa é essa aqui! — disse Urso, líder da banda e responsável por decidir tudo o que os outros integrantes iriam fazer, apontando para um terno azul, alinhado e com brilho.

Nem todo mundo gostou da ideia, no entanto, fizesse chuva ou sol, achasse cafona ou não, aquele teria que ser o modelo do conjunto nas apresentações. O Urso havia determinado e não tinha discussão. Ele era o dono da banda e queria fazer valer seus "direitos" de mandar em tudo. Mas para Paulinho aquela conversa não fazia muito sentido e, com o tempo, o dinheiro passou a não compensar. Não existia mais prazer e paixão em estar ali tocando com aquelas pessoas. O Half and Half havia deixado de representar seu trabalho, seus pensamentos e seus próprios elementos musicais. Estava claro o que ele deveria fazer. Era preciso se afastar do grupo em busca de um conjunto onde ele também tivesse voz, não apenas nas canções, mas também em seu conceito, postura e forma. Uma banda que pudesse significar um pouco de si.

Era final de 1969 quando Paulinho, aos 17 anos, foi chamado para quebrar um galho do Red Yellows, no Astória Futebol Clube, no Catumbi — que se juntaria mais tarde, em 1976, com o Esporte Clube Minerva, formando o Helênico, existente até hoje na rua Itapiru, na Zona Norte do Rio de Janeiro. Mais um dos bailes, como outros tantos que fizera, cantando e até arriscando canções na bateria. O que ele não poderia imaginar é que na plateia estariam dois músicos em busca de um vocalista para Los Panchos Villa: Ricardo Feghali, com 14 anos, e Kiko, com 17.

— Putz, o moleque canta pra cacete, Kiko!

Feghali também morava no Catumbi na época, e amou Paulinho cantando. Queria chamá-lo logo para fazer parte da banda, para ontem, se fosse possível. Mas antes tinha que acertar a entrada de um novo baterista para Los Panchos, pois Vermelho (sim, o Vermelho da Red Yellows) não queria continuar — função que, para sua surpresa, seria assumida por sua irmã mais nova, Jandira. Foi algo em torno de dias depois da troca de baterista até ele, ao lado de Kiko, bater na casa do garoto para fazer o convite, que não foi aceito logo de cara.

Essa não era a resposta que os meninos esperavam ouvir, e poderia ter sido razão para os dois saírem de lá, bravos e frustrados, porta afora. Entretanto, com a expectativa já no pé, continuaram na sala, conversando com o vocalista, enquanto as músicas do rádio faziam o som ambiente. "Pô, mas que garoto metido! Putz grila!", pensava Kiko, perdendo um pouco de paciência por se sentir esnobado, mas firme ao lado de Ricardo, que batucava na perna acompanhando a levada da canção que tocava no momento.

Paulinho tinha gostado dos dois de cara, mas não dava para aceitar de imediato a proposta, isso fazia parte do seu show. Quis saber qual era o repertório, como era a dinâmica deles, e só relaxou de verdade com os músicos após ver Ricardo fazendo uma batida de boogaloo, muito moderna naquele instante.

— Pô, legal! Boogaloo! — disse Paulinho empolgado, balançado o rosto de acordo com o ritmo da música e cantando junto, curtindo a levada de Ricardo.

Mandou em seguida a pergunta:

— Tá bom, quando é o ensaio mesmo? Vou dar uma olhada em vocês.

Dias depois, lá estaria Paulinho, ainda receoso, observando a banda e sentindo se tinha química com os integrantes: Jandira na bateria, Luís no baixo, Gean Carlos na guitarra base, além de Feghali nos teclados e Kiko na guitarra solo. A insegurança inicial que se desfaria em minutos ao se surpreender com a menina na bateria. Jandira, que se tornaria deputada federal pelo Rio de Janeiro quando mais velha, tinha 12 anos naquela época. Uma moreninha de praia, de cabelos enrolados, que arrebentou no instrumento.

No segundo ensaio, a situação já era outra: o vocalista tinha vindo para ficar, com a garganta pronta para cantar com Los Panchos Villa e com um buquê de flores, na mão, destinado para Jandira. Gentilezas pequenas e notáveis peculiaridades de Paulinho.

108

CAPÍTULO 6

SONHO DE OURO

Eurico Pereira da Silva Filho

— Traz água, anda, rápido!

Mulheres agitadas tropeçavam em homens preocupados e vice-versa, em meio a preparativos e ansiedade geral. A casa 5, de seu Otacílio e dona Alice, estava movimentada no dia 13 de outubro de 1952, após o feriado de Nossa Senhora de Aparecida, e o filho deles, Eurico, não via a hora de ver a carinha do seu rebento mais novo. "Será que ele vai ser parecido comigo ou com a Cléa?", "Ah, tomara que venha com saúde", "Imagine se for um menino? Dois garotos? Essa casa vai ficar uma festa!"

Um berço improvisado em uma bacia com estofadinho já estava pronto para receber a criança, que iria morar em um barraco com os pais e o irmão atrás da casa dos avós. A parteira fazia seu papel para garantir uma bela e tranquila chegada ao mais recente integrante da vila Sonho de Ouro, em Bonsucesso, no subúrbio do Rio de Janeiro.

Carlos Alberto, o Carlinhos, com um pouco mais de 2 anos na ocasião, não entendia muito bem toda aquela euforia e corria de um lado para o outro entre pernas e braços dos adultos. Olhos curiosos tinha o menino, que, apesar do tumulto, percebia a atenção das pessoas voltada para o quarto de seus avós — de entrada proibida para ele no momento. Quanta confusão dentro de uma casa só! O que estaria acontecendo? Seu pai mal falava! Sua mãe? Tinha sumido. Pequeno, e por instinto infantil, ele se esgueirava com agilidade do controle dos grandes, desbravando aquele mundo de novidades à sua frente.

Um aventureiro de sucesso é o que sabe usar suas características a seu favor, e no caso de Carlinhos, foi o tamanho. Um armário de costas para o outro fechava a passagem do quarto de Otacílio e Alice, mas ambos de estrutura alta formavam um túnel perfeito para seres menores. Nem deu tempo de segurar o menino, que se enfiara debaixo dos móveis justamente quando a parteira tirava o bebê de Cléa, com o corpinho ensaguentado, ligado à mãe pelo cordão umbilical.

Carlinhos ficou paralisado. Que coisa estranha, não? Aquela cena era totalmente fora do que ele poderia esperar encontrar. E assustado, agachado e com uma das pernas embaixo do armário, apenas conseguiu ter forças para gritar por socorro:

— Aaaaaah! Um bicho quer comer a minha mãe!

Eurico foi o nome dado para a criança que nasceu no quarto de seu Otacílio e dona Alice — como seu pai e o vizinho Eurico Teixeira, da idade dos seus avós, e que também tinha um filho Eurico. O Teixeira morava em uma das casas laterais, formando o portão da vila, na avenida Nova Iorque, e se diferenciava entre os xarás pelo sobrenome. Já seu pai era conhecido como o Eurico do Oswaldo Cruz, devido ao seu trabalho como laboratorista do instituto.

O nome de origem germânica tinha o significado de defensor da lei, muito correto, e não era o dos mais comuns no Brasil, por mais que a população o tivesse ouvido bastante nos anos anteriores com o presidente militar Eurico Gaspar Dutra, no poder de 1946 a 1951. Já a tal alcunha se tornaria popular na vila Sonho de Ouro por haver quatro representantes de nome Eurico. Principalmente pelas rodas musicais com os amigos no quintal do seu Eurico do Oswaldo Cruz e pela fama de levado que teria seu filho mais novo. "Euriquinho" foi como a mãe, Cléa, passou a chamar o menino. Já o pai o chamaria desde bebê de "meu Euriquinho", passando por "meu Kikinho", "Mukikinho", "Kikinho", para chegar, então, a "Kiko", que foi, realmente, como o garoto seria conhecido pela vida inteira.

— —

Foi por causa da Primeira Guerra Mundial, iniciada em 1914, que o engenheiro Guilherme Maxwell, de origem inglesa, decidiu lotear e urbanizar as terras do antigo Engenho da Pedra, das quais era proprietário, em homenagem aos países que lutavam contra a Alemanha. Cidade dos Aliados foi o nome que recebeu o novo bairro, que depois seria conhecido por Bonsucesso,* com logradouros referentes à França, Inglaterra, Bélgica, Itália e aos Estados Unidos. Surgia, então, a praça das Nações, e as avenidas Paris, Londres, Bruxelas, Roma e a famosa Nova Iorque, onde ficava a vila Sonho de Ouro, número 57, de fundos para a avenida Guilherme Maxwell.

A casa do seu Otacílio, de número 5, era como um coração de mãe: sempre com espaço para mais um. Dona Alice e ele tiveram três filhos e todos moravam lá. Eurico, o mais velho, sua mulher Cléa e os dois netos construíram um barraco atrás, que depois se tornou uma quitinete. Aroldo, o mais novo, também tinha um quarto na casa, assim como a filha Ruth, mais tarde casada com Waldemar e mãe de Mirna. E ainda havia o quintal onde aconteciam as famosas rodas de viola da "Turma da Cagalhufa", que era como Eurico e seus amigos se denominavam.

— —

Kiko achava engraçadas as bagunças que seu pai e os amigos da "Turma da Cagalhufa" faziam no quintal do seu avô, mas o melhor era assistir à faceta musical do

---

* O nome mudou devido à igreja Nossa Senhora de Bonsucesso, capela reformada por dona Cecília Vieira de Bonsucesso.

grupo. Eles formavam o conjunto regional Sonho de Ouro, com o mesmo nome da vila, e todos moravam em Bonsucesso. Aparecia gente batendo na porta de seu Otacílio para cantar e fazer parte da roda.

Seu Eurico tocava pandeiro muito bem, arranhava um cavaquinho, mas arrebentava mesmo nos solos no ukulele, instrumento de origem havaiana parecido com um violão, só que menor e com quatro cordas. "Meu coração, não sei por quê/ Bate feliz quando te vê" se ouvia naquelas reuniões, bem como "Cerejeira Rosa" e outras canções que o grupo executava com primor.

A carreira do Sonho de Ouro aconteceu muito no quintal de seu Otacílio e teve como auge a gravação de um disco. Um único exemplar! Um disco não comercial que mudava de dono de tempos em tempos: uma hora na casa do Reinaldo, outra com Eurico, depois com Astral e por aí vai. Mas que era tão especial que ninguém queria largar e foi esse todo o mal. Um deles (não se sabe quem) escondeu o disco debaixo da almofada quando o músico seguinte foi buscar, resolvido a jogar um papo do tipo: "Não tá comigo mais não, fulano levou." Só que uma mãe distraída em casa não viu o ocorrido, sentou em cima e o quebrou.

—▸ ▬

— Pô, Cléa, bota esse menino pra estudar música! Ele leva jeito!

— Ô, Irene, tá doida? Esse aí já não gosta de estudar! Se eu botar ele pra tocar, aí que ele não vai estudar mesmo!

Irene tinha mais ou menos a idade de Cléa e morava no sobrado em frente. Católica, frequentava a igreja e estava sempre nos coros das missas. Aliás, era uma coisa que, particularmente, ela adorava: canto. Não dava para ignorar a voz de Kiko, que ela escutava de sua sala, com agudos afinados ao repetir as canções que conhecera em casa. Valia a pena incentivar o garoto de 8 anos de idade com algo de produtivo. A realidade da vila era tranquila, sem grandes problemas com violência ou drogas, mas não se podia dizer o mesmo dos arredores. Aliás, muitos pais na vila nem dormiam só de pensar nisso.

Cléa sabia que Irene não estava errada, mas ela conhecia o filho que tinha! Música não poderia ser algo divertido para Kiko. Tinha que ser algo difícil, que demandasse muitos estudos, caso contrário: tchau para as aulas de matemática e português. Por isso, sua primeira ideia foi colocá-lo para ter aula com dona Litse, de uma vila ali atrás. O instrumento: piano.

Litse chegou com o método Amyrton Vallim, no qual a aprendizagem é mais rápida e o aluno toca piano de ouvido, mas nada feito! Com Kiko não funcionou. Dedos sobre os teclados, um pouco de teoria, um "dó" no início… e um garoto sem entusiasmo para continuar. Ele nem esquentou o banquinho do piano! Pediu desculpas para a professora e voltou correndo para casa.

— Mãe, não vou voltar lá, não! O que eu quero é violão!

— Ah, não! Não, não, não. Você pode tirar seu cavalinho da chuva! Violão? Não!

Ah, o violão… Sonho de ouro do menino, que pedia com insistência para a mãe, a administradora do dinheiro da família. Seu pai dava na mão dela o contracheque preso, e não incentivava aquela história do violão por entender o receio de Cléa sobre os estudos. Mas Kiko não se cansava de ouvir "não" e repetia várias vezes o pedido "Me dá um violão? Hein? Me dá um violão?", acreditando piamente que poderia vencê-la pelo cansaço. Ele botou na cabeça que tinha que ser um violão e pronto! Talvez por ser um instrumento parecido com o ukulele do seu pai, ou então um desejo sem procedência mesmo, defeito de fabricação, como diria Kiko mais velho.

— —

Toda quarta-feira, Cléa pegava o bonde em direção ao Centro da cidade e Kiko ia junto na esperança de conseguir um violão. Ele sabia os nomes das lojas de música de cor e salteado e sempre dava um jeito de arrastar sua mãe para aquelas ruas. Cléa ia andando na frente e ele puxando o braço dela para trás, para que visse os instrumentos.

Mas a resposta não mudava. O que não o impedia de passar deslumbrado pela Casa Clarin, Guitarra de Prata e outras lojas de violões pendurados, bateria nos stands e teclados. Uma perdição para o menino, que só sabia dizer e pensar sobre o que seria quando crescesse: músico.

— —

O pandeiro foi o primeiro instrumento de Kiko, presente do tio Waldemar quando foi morar com a tia Ruth na casa do seu Otácilio.

— Esse menino tem ritmo! Tem que botar ele pra praticar, oras.

"Tunc, tic, tunc, tic, tunc…", fazia o garoto pela casa na falta do violão, batendo sem jeito no pandeiro, enquanto o irmão Carlinhos ensaiava no bongô, que também ganhara do tio. Já era uma dupla que fazia barulho no ouvido dos vizinhos. O que ficou melhor ao se tornar um trio, com a chegada do acordeom de Édson Melo Júnior — para os amigos, Ecinho.

Filho da dona Nenê e do seu Édson, Ecinho também nasceu na vila, um dia antes de Carlinhos, em plena Festa de São João, e morava em uma das casas laterais que formavam o portão. Depois o trio virou um quarteto, até se transformar em conjunto com Gilberto Gândara no ganzá, George tocando cabaça e seu irmão, Dilsomar, dançando com Taninha, irmã de Ecinho — todos crianças, por volta dos 8 e 9 anos de idade, em um grupo também conhecido como Sonho de Ouro.

— —

Seu Barros era pai de George e Dilsomar e, por que não, um segundo pai para a garotada da vila. Dono da fábrica de fumo Acará, ele fez tudo o que podia por aqueles meninos, enquanto morava em Bonsucesso e mesmo depois que se mudou. Inventava futebol no campo da refinaria de Manguinhos, final de semana em Miguel Pereira, jogos no Maracanã, Hi-Fi e Natal na sua casa, e qualquer outra diversão que os tirasse dos perigos da rua e os afastasse daquela realidade dura do bairro. O dinheiro era suficiente para ele gastar com as crianças, e sua generosidade, maior ainda. Era como se para dentro daquele portão ele tentasse estabelecer um outro ambiente, sem os receios, o medo, a malandragem e os crimes da turma do Lúcio Flávio Villar, que morava na vizinhança. Lúcio Flávio foi retratado no livro de José Louzeiro e no filme de Hector Babenco, o "Passageiro da Agonia", e era nacionalmente conhecido pelos roubos a banco e fugas. Daquela turma era o mais velho, mas sabe como é: todo mundo ali se conhecia. E a barra era pesada.

Seu Barros não se intimidava, nem mesmo com um fusquinha azul 1959, para promover suas "excursões". Enchia o carro de meninos e meninas em todos os lugares possíveis. Kiko — que namorou a Selvinha, irmã do Lúcio Flávio — e Dilsomar, por exemplo, iam espremidos atrás, onde se coloca o som, com os joelhos dobrados sem poder respirar ou rir. Ficavam na mesma posição, sem reclamar, até a hora de descer para se divertir.

Imagine se ele não faria alguma coisa em relação ao conjunto musical. Arrumou vários showzinhos para a banda mirim Sonho de Ouro em festas de amigos, além de participações nas rádios. Lá ia ele, satisfeito, com o fusquinha abarrotado de garotos e instrumentos! Mas alguém ligava? Era uma alegria danada, apesar do aperto. Aliás, tudo era legal com seu Barros, como foi a apresentação no programa de rádio de Hélio Ricardo, da rádio Mauá. O locutor caprichou no anúncio e perguntou um por um o nome dos integrantes, os chamando de "cumpadre". Dando prestígio para aqueles pequenos seres, que responderam seus nomes com toda a imponência.

Todos com instrumentos pintados por seu Eurico, com as cores preto e dourado, como as do acordeom, vestindo uniforme comprado na loja Sua Majestade, com blusa de coco ralado,* manga comprida, punho e gola preto e branco, calça preta. O chamego "Fandango na Cinelândia" foi a música puxada por Ecinho no acordeom, seguido pelo conjunto, animando a plateia no estúdio. Mas uma senhora, sentada na frente, foi ao delírio de verdade quando Dilsomar rodou Taninha, deixando à mostra, sem querer, a calcinha da menina.

— De novo! De novo!

Uma festa para os componentes da Sonho de Ouro, que brincaram de tocar por quase dois anos, antes dos desentendimentos acontecerem. Realmente seria difícil uma banda com muitas crianças e pais envolvidos ter um futuro promissor.

— —

Foi em um dia desses, como outro qualquer, que seu Gândara resolveu dar para o filho Gilberto um violão pequeno, feito para criança. Porém, foram os olhinhos de Kiko que brilharam ao ver o instrumento na mão do amigo. "Ai, tomara que ele não toque", pensava sozinho, já com os pequenos dedos formigando para encostar naquelas cordas. Opacas, sem graça e sem cor, como todas as cordas de nylon quando paradas, mas encantadas ao ganhar movimento.

Dois meses: esse foi o tempo que demorou para o amigo encostar o instrumento.

---

* Tecido com aspereza, como se tivesse jogado coco ralado por cima.

113

— Gilberto, você não tá tocando, não, né? Deixa ele comigo? — disse Kiko, com o corpo inclinado quase já ao alcance do violão.

— Pode ficar! Sem problemas!

Doce vitória.

Foi em um dia especial, daqueles mais do que esperado, que Kiko entrou em casa com um violão em punho, peito aberto, sorriso estampado no rosto e a frase já pronta para a mãe:

— Nem adianta! Você não vai me tirar ele, não!

＿ ＿ ＿

Toc, toc, toc. Era Kiko na porta de Valtinho, seis anos mais velho que ele e morador de uma das casas na esquina da vila, na avenida Guilherme Maxwell. Tocava guitarra base e o seu conjunto fazia uma levada no estilo The POP's, com muitas canções soladas.

— Oi, Valtinho! Sua banda tá tocando aí, né? Posso ver o ensaio?

Naquele dia, Kiko voou para dentro da casa e passou o ensaio inteiro tentando imitar as posições dos músicos, mas sem fazer qualquer som, como se o próprio som da banda tivesse saindo de seu violãozinho. Ao ir embora, resolveu abusar um pouquinho, com aquele seu jeito matreiro de pedir:

— Valtinho, pode me dar aula de violão?

— Posso! Senta aqui. Deixa eu já te ensinar uma música.

O professor pegou uma folha solta de papel, desenhou os acordes, segurou os dedos do garoto nos trastes do braço do violão e passou a toada "Prece ao vento", gravada pelo Trio Nagô, Kiko estava tão afoito em aprender que errava uma tentativa após a outra, mas decidido foi para a casa e tocou "Prece ao vento" umas mil vezes, até dar bolhas no dedo. À noitinha já dava para ouvir o menino tocando e cantando, feliz da vida, sem se atrapalhar.

Valtinho ajudou muito Kiko com suas aulas de violão e Cléa, aos poucos, foi diminuindo a bronca com o instrumento, na medida do possível.

— Mãe, canta aqui? Essa letra eu não sei!

E Cléa começava:

— "Risque/ Meu nome do seu..."

— Péra aí! Deixa eu fazer aqui! — dizia o garoto, tentando lembrar qual era o próximo acorde para continuar o verso.

— Agora vai!

— Ah, não! Isso é muito chato! Quando souber tocar, você me chama e eu canto!

— Pô, você não me ajuda...

＿ ＿ ＿

Kiko era danado, moleque da "pá virada", ou como diziam os mais antigos:

— Esse menino é do "cu riscado"! Deus do céu!

114

Era o terror dos professores na escola pública Rui Barbosa, quebrava vidraça, tocava campainha na casa dos outros e tinha paixão por pipa.

Ninguém segurava o menino! Era daqueles encapetados, que no futuro ainda seria visto como marginal por alguns da vizinhança, por mais que tenha cometido um delito uma só vez em sua história.

Ele tinha uns 10 anos quando sua mãe o levou na dona Pequenina, na avenida Guilherme Maxwell, para fazer o uniforme do colégio. Estava lá, distraído, brincando com o bebê da costureira, enquanto sua mãe acertava as contas, ao perceber perto da criança um carretel de linha dez, dos grandes. Era bom demais para ser verdade. Tum! Rolou o carretel pelo chão com o pé e pá! Apanhou e sorrateiramente escondeu em suas roupas.

Ao chegar em casa, escondeu o rolo no cesto de roupa suja e, no dia seguinte, de manhãzinha, saiu para comprar pão, pegou o carretel, enfiou em um jornal, enrolando por fora.

— Mãe, olha só o que eu achei!

— Nossa, mas que sorte! Agora guarda porque você tem escola. Depois você vê isso.

O que ele não poderia prever é que dona Pequenina daria falta do carretel e, pior, contaria para a sua mãe o ocorrido, enquanto ele estivesse em aula.

— Cléa, deixa com ele o carretel. Não faz nada, não. Eu tô te avisando porque isso pode levar a outras coisas e...

Ela não precisava nem terminar a frase. Cléa já não mais escutava em face da desilusão que sentira naquele instante. E só conseguiu ter uma reação quando o menino chegou em casa.

— E aí? Cadê o rolo? Vai soltar pipa? Vai passar cerol? — disse Cléa, fingindo animação.

— Vou, mãe! — a alegria do menino era mais que visível.

— Cadê? — ainda com voz festeira.

— Tá aqui, mãe! Tá aqui!

E uma mãe séria e brava falou pausadamente para a frustração de Kiko:

— Ótimo! Então vamos devolver onde você pegou.

Se o garoto tivesse poderes mágicos teria desaparecido. Só de ver o chinelinho de borracha, da marca Verlon, no pé de sua mãe já dava para sentir a dor. Aquele calçado era fininho, mole e queimava na pele, como se tivesse sido criado para mães darem boas chineladas em filhos arteiros. E Kiko foi para a casa de dona Pequenina, pianinho. Mas ele não aguentou e abriu o berreiro quando a sua mãe, também chorando, em frente à costureira, mandou:

— Devolve o rolo e fala: dona Pequenina, eu nunca mais vou fazer isso!

A que o menino, chorando e contrariado, obedecia:

— Dona Pequenina, eu nunca mais vou fazer isso!

— Agora me dá a sua mão.

Ela então tirou o chinelo dos pés e, em prantos, começou a bater nas mãozinhas de Kiko, estendidas, gritando:

— Fala pra ela que você nunca mais vai fazer isso! Fala pra ela! Anda!

Ele chorava alto, enquanto apanhava nas mãos, dizendo para dona Pequenina, atônita na frente dos dois, sem saber como agir:

— Eu nunca mais vou fazer, eu nunca mais vou fazer!

Até não aguentar mais de dor e sair correndo.

Ao saber do roubo, seu Eurico foi para casa e, ao encontrar o menino, com lágrimas nos olhos, perguntou com uma voz sentida de pai decepcionado:

— Filho meu vai fazer um negócio desse comigo? É isso mesmo que você vai fazer? Ah, Kiko... Eu não confio mais em você.

— Não, pai, pode confiar!

— Eu não confio mais. A partir de hoje, meu filho, se você trouxer um alfinete da rua eu vou querer saber de onde veio! Tá me entendendo?

— Tá legal — disse o garoto, de cabeça baixa, mais do que envergonhado, se sentindo o pior dos filhos, o pior dos meninos.

Ali, ele percebeu o peso de sua ação, e que um carretel não representava somente um carretel. Era preciso amadurecer, crescer. E isso ninguém poderia fazer por ele.

A frase de seu pai ecoou na sua cabeça de uma maneira que ele nunca mais pegou nada de qualquer pessoa. Palavras duras que doeram mais do que as chineladas de sua mãe. Um ensinamento e uma lembrança que ele carregaria para sempre, seja depois de adulto, ao criar seus filhos, ou simplesmente ao ver um alfinete.

—•—

— Mãe, espera um pouco!

Era Kiko, puxando Cléa, em uma dessas quartas-feiras no Centro da cidade, paralisado na casa Clarin ao se deparar com Júlio César, guitarrista do The POP's, experimentando instrumentos. O músico, com o cabelo lisinho para trás, duro de tanta gomalina, fazia solos na loja, despretensiosamente, trocando de guitarras o tempo inteiro, sem reparar em um menino petrificado a poucos metros de distância. O garoto não respirava, não via mais nada ao redor, apenas sentia a música, como se ela estivesse sendo direcionada especialmente para ele. The POP's era um dos mais relevantes grupos instrumentais do rock brasileiro em meados dos anos 1960. E solos intermináveis era exatamente o que o garoto tanto queria fazer.

—•—

Em 1965, a Jovem Guarda estourou no país, com canções originais, releituras dos Beatles, em um iê-iê-iê totalmente brasileiro. O tal do rock'n'roll mexia com a garotada, que usava tudo quanto é desculpa para formar conjuntos. Kiko tinha um violão, Elias ganhou do pai uma bateria, Edney cantava e Valter Pinto, conhecido como Micas devido às macaquices, achou um violão Di Giorgio na lixeira de casa com o cavalete descolado. Nada que um bom sapateiro não pudesse resolver. Todos ali da rua e com instrumentos? Estava, então, formado os The Mads.

116

Os ensaios aconteciam na casa de Kiko, com direito a suco de laranja do seu Eurico e um repertório à la Roberto Carlos e companhia. No começo, ele usava o captador que ganhara da mãe para ligar o violão na rádio-vitrola da tia, apesar das microfonias. Depois a rádio-vitrola ficou velha e um amigo de seu pai montou um amplificador com o maquinário, mas não adiantava muita coisa. Por fim, os The Mads apenas ensaiavam, sem fazer shows, com Micas e o violão remendado na base, Kiko e o violão emprestado nos solos, Elias na batera e Edney cantando sem microfone. Um som tão baixinho que parecia mais uma apresentação exclusiva de bateria.

— —

— Por que você não dá uma guitarra pro George de aniversário? Uma guitarra Alexi e um amplificador Giannini! O Devaldo, do conjunto da esquina, tá vendendo.

Era a deixa de Kiko para seu Barros, que entendeu perfeitamente as intenções do menino.

— É... Vou dar um presente pro George...

Presente que Kiko meteu no ombro e não largou mais. "Pode ficar, Kiko! Quando puder comprar uma, você me devolve", falou o amigo, enquanto Cléa, ao ver o novo instrumento entrando em casa, já foi logo falando:

— Ah Meu Deus! Devolve isso pro George, anda menino! Devolve!

Mas já era tarde demais. Dali para frente, a banda poderia, enfim, tocar alto.

— —

O iê-iê-iê continuou para os The Mads, principalmente quando a ex-vedete Célia Mara, que também morava em Bonsucesso, os escutou e chamou para acompanhar seus calouros na rádio Vera Cruz, no programa aos domingos. Apareciam uns trinta Roberto Carlos e umas vinte Wanderléa por final de semana para cantar, todos vestidos a caráter, de acordo com a moda da Jovem Guarda, assim como a própria banda. Kiko costumava desfilar, cheio de personalidade, com uma calça saint-tropez boca de sino e chinelo de couro. Para sua infelicidade, só faltava o cabelo grande, mas isso seu Eurico não permitia:

— Isso é cabelo de mulherzinha! Nem pensar!

— —

O pai do Elias foi o encarregado de levar a banda para o primeiro baile dos The Mads com cachê naquele domingo. Botou a bateria no fusca, amplificador, os outros instrumentos, as crianças — todas na faixa dos 13 anos — e partiu para a favela Baixa do Sapateiro sem saber o que os aguardaria. O baile havia sido fechado pelos próprios integrantes, sem conhecer o lugar, com um tal de Charuto, que passou por Bonsucesso, ouviu o som e gostou. Um negro forte, enorme, de pescoço grosso, que fora recebê-los na porta de um casebre. O palco havia sido montado no quintal, com um toldinho. O banheiro era um buraco que eles iam jogando areia após ser usado e umas vinte pessoas formavam o público. Um caos para os olhos do pai de Elias.

— Pelo amor de Deus! Vocês não vão fazer isso!

Mas a banda insistiu em ficar. Eles já estavam lá, com toda a pilha de tocar e ganhar seu dinheiro como músico. Como cortar esse barato?

— Tá, vocês vão fazer. Mas eu fico!

Disse o "privilegiado" pai presente, que fora em casa como um relâmpago e voltou com uma arma pendurada na cintura. Os garotos poderiam estar encantados pela sensação juvenil de que tudo é possível e que todos são amigos. Mas ali tinha um adulto com uma visão mais seca e sem tanta magia.

— —

O show dos The Mads, para a aflição do pai de Elias, foi um sucesso, com as vinte músicas do repertório da banda se repetindo e se repetindo a cada pedido de bis do público. O resultado foi uns Cr$ 2 mil para o conjunto, Cr$ 500 por integrante e o convite de fazer os bailes do mês inteiro.

— Elias, você não vai! — mandou logo o pai do garoto, sem conseguir sustentar a decisão por muito tempo.

Os outros pais também ficaram preocupados, mas sabiam que os meninos iriam perturbar enquanto não fossem. Por isso, lá foi o pai de Elias, novamente, com a arma na cintura, preparado para a encrenca que viesse durante os shows daquele mês. Cerca de Cr$ 2 mil no bolso de cada um no final da "turnê" e uma ânsia de ganhar o mundo.

— Pai, a gente vai morar sozinho!

— Hein?

— É! Eu e os meninos da banda. A gente precisa estar mais junto pra ganhar dinheiro — bradava Kiko aos 13 anos, não muito disposto a ouvir os conselhos do pai, já com a decisão tomada.

E seu Eurico também não era de ficar brigando. Tentou conversar, explicar. O filho não quis ouvir? Tudo bem, ele não proibiria. Era melhor deixar o filho "quebrar a cara".

— Vai. A vergonha maior será a sua volta. Eu tô dizendo pra você não ir, que não tem necessidade, mas você tá dizendo que já é autossuficiente! Não vou discutir. Quero ver essa sua independência toda quando voltar. Vai, pode ir!

O destino foi uma quitinete atrás da casa da vó de um amigo, em Higienópolis, também no subúrbio do Rio. Dos quatro, apenas Elias não conseguiu se livrar do pai, embora fosse com frequência para tocar e compor. Com o dinheiro que haviam juntado no mês anterior, compraram papel higiênico, enlatados, macarrão, papel de música para escrever as composições e uma escada, dessas de abrir em dois. Era o armário deles, com três degraus para cada um pendurar suas calças e camisas. Eterno paraíso para os jovens músicos, com canções todos os dias até altas horas da madrugada, liberdade e de duração de quinze dias. Acabou a comida, eles passaram a se limpar com papel de música e o quartinho se tornara uma imundície completa entre os palavrões. A vó do amigo praticamente os expulsou do lugar, que estava intransitável.

— Chega! Podem ir embora! Não precisa pagar, não!

Fez-se silêncio, e eles voltaram para casa, arrasados com o fracasso do investimento, cabisbaixos, com os instrumentos debaixo do braço — e a escada.

— E aí? Resolveu voltar? Tá envergonhado?

— Tô, desculpa!

— Não. Eu falei que você ia errar e você não acreditou. Quis ver, não é? E aí? Viu?

Seu Eurico não era de bater, mas sabia se fazer respeitado pelas palavras, isto quando não apenas assobiava para os filhos como reprovação. Foi o homem que advertiu o menino a não usar drogas, ciente do que rolava nas rodinhas de amigos, foi quem ensinou sobre confiança, moral, e foi quem não perdoou o menino, já sem aquela bravura da saída de casa, ao falar sobre as responsabilidades da vida. Para Kiko, o chão foi pouco naquele dia, e a sensação era de que a sua impotência, enquanto o pai falava, o levava para dentro de um ralo, em um cano, terra abaixo.

— —

Elias e Kiko não se desgrudavam. Iam para a escola juntos, aprontavam todas e se encontravam depois para tocar, independente do fim dos The Mads. Um outro pessoal precisou de um baterista e um solista e eles foram. Era o início do grupo EREDAS, formado por Eurico, Ricardo, Elias, Dênis e Amaurílio Soares. Uma banda que não ganhou dinheiro tocando Jovem Guarda, mas que chegou a se apresentar com estilo, em um uniforme todo rasgado, parecendo uns espantalhos, causando alvoroço no público e um "corre-corre dos brotos do lugar".

— —

— Kiko, meu pai não quer que eu ande mais com você. Mas eu vou dar um jeito!

— Não precisa, não, Elias. Não precisa, não.

Sentimento ruim aquele de se afastar de um amigo. Sentimento estranho de ser visto como marginal, devido à postura galhofeira. Era difícil para o garoto entender, mas ele não iria forçar. Encontrou Elias escondido algumas vezes, antes do relacionamento esfriar, definhar por causa da barreira que vinha de cima.

— —

Com a saída de Elias da banda, os músicos se dispersaram. Kiko, então, foi chamado por Zé Carlos e Rui para tocar com Os Bidus, um conjunto que tomou fôlego com Micas e Edney. O irmão do Zé Carlos já tinha equipamento e deu para juntar uma grana com apresentações em bailes, clubes, sindicatos e festas de aniversários. E Kiko pôde, finalmente, realizar mais um sonho dourado, depois do violão: a compra de uma guitarra.

As canções eram tiradas de ouvido e os vocais escritos conforme parecia o som da pronúncia, quando a música era em inglês. Depois Os Bidus mudaram de nome: Kiko Micas By Music. E participaram de festivais, com composições próprias, levando prêmios no Pedro II de São Cristóvão: de melhor intérprete com Kiko, e o 3º lugar com a música "Dia cedo", do Micas — trabalhada na parte vocal e aplaudida de pé por Carlos Vereza, um dos jurados. A letra ia assim:

> Dia cedo volto de cantar
> Só
> Desespero, pois nem sei chorar
> Pensando na Vida
> Vivida
> Sem ver o quanto é bom
> Manhã

"Pare o casamento" foi a primeira música tirada de ouvido por Kiko, que se desenvolveu bastante musicalmente nessa fase. Agitado com os avanços na guitarra, chegou a passar uns acordes para o irmão em casa para acompanhá-lo. Coisa simples, um mi maior, um lá... Mas Carlinhos não era desse universo e não se ligava. Mais certinho que Kiko, ele era comportado, estudioso, um daqueles que dá satisfações para a mãe de todos os seus passos — bem diferente do caçula, por mais que ele tivesse ritmo e gostasse de música.

― ―

Os vocais do Kiko Micas By Music eram passados na casa do Micas, em Bonsucesso, com assíduas interrupções do irmão dele, Wilsão, da turma do Lúcio Flávio. Ele dormia no mesmo quarto do tecladista da banda e, às vezes doidão, chegava atacado para cima dos meninos.

— Aí, vamos parar com essa porra! — disse em uma das ocasiões, chutando o toca-discos que estava no chão rodando "Crystal Blue Persuasion", de Tommy James.

— Que é isso, cara! Que negócio é esse? O que que você quer? — gritou Micas, enquanto o pai deu a ordem lá da sala:

— Vai dormir onde você dormiu ontem!

— Saí daí, seu polícia de merda!

Uma confusão abastecida por drogas e álcool em excesso, que não era raro de acontecer. Às vezes Wilsão aparecia mais manso e ainda dava conselhos para o grupo.

— Isso aí, gente! Não vai ser vagabundo que nem eu, não. Tem que estudar! E você, ô, palhaço! — dizia, olhando para o Edney. — Trata de estudar inglês pra cantar direito! Pra não ficar nesse to be, to be nini, nini, titi, blé!

E era advertido pelo pai do mesmo jeito.

— Saí daí! Deixa os garotos trabalharem!

Mas, uma vez em particular, ele surgiu com muito dinheiro na bolsa e tirou um maço de notas, daquelas embaladas para se guardar nos bancos, com o discurso:

— Ó! Isso aqui é pra vocês! Pra comprar equipamento!

Subiu na quina da cama e colocou o pacote no armário, repetindo:

— Ó! Pra vocês! Está aqui! Agora, trabalhando! Quero vocês trabalhando, anda! Canta aí!

E saiu do quarto para tomar banho, deixando os quatro músicos de olhos arregalados, querendo vibrar muito pela grana recebida, sem nem querer saber de onde ele tinha tirado aquilo.

Ao sair do chuveiro, Wilsão encontrou os meninos ensaiando o vocal, mudou de roupa, pegou a mala e partiu. Minutos depois, Micas não se conteve de ansiedade e trepou na quina da cama para abrir o armário e tocar no maço de notas. O que não foi possível.

— Ih! Ele roubou a gente! Passou aqui e levou o dinheiro embora! Sacanagem...

Wilsão foi um dos poucos da turma do Lúcio Flávio que não foi assassinado. Morreu na prisão, depois de velho, e, para aqueles meninos, foi muito mais do que um criminoso qualquer que se vê em manchete de jornal.

— —

O Kiko Micas By Music existiu por três anos, até o dia em que o irmão de Zé Carlos, que precisava de um dinheiro, decidiu vender o equipamento, em 1969. Um simples anúncio que direcionaria a carreira do guitarrista, aos 17 anos, para aquilo que tanto buscara desde garoto — os Panchos Villa. Conjunto com Luís no baixo, Gean Carlos na guitarra base, Jandira na bateria, Ricardo nos teclados, Kiko na guitarra solo e Paulinho na voz.

Essa seria a turma que engrenaria nos bailes, tirando de ouvido os sucessos e as canções que Big Boy tocava no programa Cavern Club, na rádio Mundial. Às vezes, tomando prejuízo na hora de receber o pagamento, outras saindo no zero a zero, poucas com lucro, e tendo até o cachê alterado no decorrer da noite! Mas não deixava de ser divertido.

Tanto que o grupo saía e curtia outros tipos de programas, além de ensaiar ou tocar. Muitos jogos da Copa de 1970, no México, por exemplo, foram vistos na casa dos pais de Paulinho, seu Arthur e dona Ottília, em uma TV colorida da marca alemã Telefunken, novidade no Brasil. Uma caixa de madeira com pequenos botões, que os permitia ver, pela primeira vez, a seleção canarinho entrar em campo com suas cores verde e amarelo. Aquela que seria considerada por muitos torcedores como a melhor de todos os tempos. Time campeão que contava com Félix, o grande goleiro do Fluminense como titular!

Era muita emoção para os tricolores Kiko e Ricardo, ao lado de Paulinho, que passaria também a admirar aquele time de verde, branco e grená — e até se dizer tricolor com o tempo. Músicos que nunca poderiam imaginar quantos outros jogos ainda assistiriam juntos. Nem mesmo quantos bailes e shows teriam pela frente.

— —

Ricardo e Kiko não se desgrudavam na época de Los Panchos: se não estivessem no Catumbi, estavam em Bonsucesso. Iam para a praia, jogavam bola, desfilavam pela Turma do Funil que saía da casa de Eurico, ou ficavam só de papo em uma das esquinas do Rio de Janeiro.

— Ricardo! — disse Kiko certa vez, encostado com o pé apoiado em um muro, fazendo sinal com cabeça para o outro lado da rua.

— Qual? — balbuciou o tecladista ao ver três meninas de Bonsucesso, passeando por ali.

— A de rosa, a de rosa — respondeu Kiko, quase sem mexer com a boca.

— A Suely?

— Pô...

E quando elas se distanciaram, Ricardo continuou o assunto.

— Já falou com ela?

— Acho que ela tá namorando o Julinho, amigo meu...

— Hum... Que merda.

Passou.

No mês seguinte, no domingo após o Carnaval, não tinha baile de Los Panchos e os dois puderam ir ao Hi-Fi que rolava no York Esporte Clube de Bonsucesso, que tinha como presidente seu Barros. Ele assumiu a direção do clube para os garotos frequentarem, tornando as domingueiras um dos eventos principais do final de semana.

— Viu quem tá aí? — perguntou Ricardo, cutucando Kiko com o cotovelo.

— Pô, será que...

— Deixa comigo!

— O que você vai fazer, Ricardo?

— Espera aí — disse ele, saindo de lá em direção à Suely, que estava na outra ponta do salão, cercada pelas "formiguinhas", como ela carinhosamente chamava suas amigas.

— Oi, Suely. Vamos dançar?

Ela sorriu e, olhando para as amigas, falou:

— Já volto.

A música era uma daquelas mais românticas, "mela cuecas", que os garotos ficavam esperando para tirar as garotas para dançar. A oportunidade de ouro de se aproximar, jogar um "xaveco" ou, nos raros casos, conversar:

— Você tá namorando o Julinho?

Na hora, a menina tomou um susto e até soltou os braços dos ombros de Ricardo.

— Pô, que isso Ricardo?

— Tá ou não tá?

— De onde você tirou isso?

— Tá ou não tá?

Ela faz um pouco de doce, mas na dúvida resolveu entregar os pontos.

— Não.

— Ah, que bom.

E, dizendo isso, segurou na cintura da menina para continuar dançando.

— Ô, Ricardo, você tá doido?

— Não, não. Era só curiosidade mesmo. Vamos dançar, caramba.

E ao acabar a música:

— Obrigado pela dança, viu?

De longe, Kiko observava tudo, no cantinho, apreensivo. "Mas que raio o Ricardo foi fazer lá? Ele vai fazer merda..." Ao vê-lo voltando, se preparou para crivá-lo de perguntas. No entanto, ao abrir a boca, foi interrompido pelo amigo.

— Ela não tá, não!

— Não tá o que, Ricardo? O que você foi...

— Ela não tá com o Julinho, pô!

E Kiko é pego de sobressalto.

— Não?

— Não, não... Vai lá, anda! Chama ela pra dançar! Faz alguma coisa!

O garoto nem pensou direito. Quando percebeu, suas pernas já estavam se mexendo em direção à menina. E, meio nervoso, mas decidido, partiu para cima.

— Vamos dançar?

E dessa vez, com um sorriso diferente, ela respondeu.

— Vamos.

O salão estava à meia-luz, e uma música internacional falava de amor ou qualquer coisa parecida. Vários casais dançavam, uns se beijavam e o clima era o mais propício para Kiko conquistar aquela garota. Há tempos, estava de olho nela! Desde os ensaios da Turma do Funil, no York, quando a vira acompanhada de sua irmã. Achou até que ela já havia retribuído seus olhares nos ensaios e chegou a brincar, entre os batuques do bloco, ao passar por ela, dizendo: "Oi, minha noivinha!" No entanto, preferiu dar um tempo nas gracinhas depois do boato sobre o Julinho. E agora, ali, dançando com ela no salão do clube, ele tinha "A" chance. E ela, com seus cabelos castanhos, encaracolados e de pele morena, era a mais bonita da festa.

— Pô, tô a fim de você...

— Ah, Kiko, eu não sei, não.

Um "não sei, não" tão fajuto como o seu namorado Julinho.

— ● —

Apesar dos bailes que Kiko fazia com Los Panchos, Cléa e Eurico ainda sonhavam com um emprego estável para o filho, e insistiam para que ele continuasse estudando. Não que músico fosse uma profissão desrespeitosa para eles, mas sabe como é... A tendência de pai e mãe é proteger o filho e, para os dois, o diploma técnico, o famigerado canudo, representava segurança e estabilidade para o caçula.

— Euriquinho, você precisa fazer contabilidade!

— Contabilidade, mãe?

— É, meu filho. Não é porque você cresceu que tem que parar de estudar!

— Eu estava pensando em música!

— Música não enche a barriga de ninguém!

— Só que mã...

— Tem uma turma lá na Ilha do Governador, vai ver!

123

Cléa falou tanto na cabeça do menino que Kiko foi fazer o curso técnico no ginásio Lemos Cunha, na estrada do Galeão, na Ilha do Governador. Mas não passou do primeiro ano e desistiu:

— Ah, mãe, contabilidade não tem nada a ver! Vou fazer científico! É o que todo mundo faz...

E passou a ir todos os dias para o Lemos Cunha, junto com o Cal, um amigo também de Bonsucesso, para fazer o científico, embora eles fossem de turmas diferentes. Quer dizer, todos os dias que não tinham ensaio dos Panchos — o que era quase nunca.

— — —

— Ô, Cal!

O menino, passando de mochila e uniforme pelas ruas do bairro, tremeu só de ouvir o berro da mãe de Kiko, que se aproximava para falar com ele — em um daqueles fatídicos sábados em que ia para a escola, sozinho. E pela cara dela já dava para imaginar qual era o assunto.

— Oi, tia, ô... er... hum...

— Você tem aula hoje?

— É, hum... Só eu!

— Tem certeza? — perguntou Cléa, em um tom que lembrava muito o de sua mãe quando ele fazia besteira.

— Te-tenho, tia, tenho.

— Tá gago, garoto?

— Nã-nã-ão — disse Cal, antes de virar as costas e sair correndo, para bem longe daquele olhar fulminante de Cléa, que saiu dali pisando firme até a casa da vizinha.

— Ah, Euriquinho, deixa eu achar um telefone...

Soltando fumaça pelas ventas, até porque ela sabia que sábado era dia de ensaio de Los Panchos, pois não tinha aula!

— Oi, boa tarde. Eu gostaria de saber se tem aula aí hoje?

— Oi, senhora, temos aulas em todas as turmas!

— Todas?

— É! Qual é o nome do seu filho?

— E-eurico Pereira da Silva Filho — disse ela, torcendo para que a atendente dissesse "Foi um engano", com medo só de pensar em qual seria a sua reação.

— Hum... Hoje, ele tem duas aulas de matemática, e uma de moral e cívica.

A que ela respondeu com uma voz, quase imperceptível, do outro lado da linha:

— Obrigada.

Sentando no sofá da sala, que tinha na casa de sua vizinha, com a coluna encurvada um pouco para frente e as mãos sobre os joelhos. Quieta.

— — —

Kiko entrou em casa como um foguete, algumas horas depois do telefonema de Cléa para o ginásio Lemos Cunha. E ele tinha apenas alguns minutos para se arrumar antes de sair para o baile. Comeu um biscoito rapidinho na cozinha, pegou a sua toalha no varal e já estava indo para o banheiro quando trombou com a mãe, que vinha gritando do corredor.

— Sem-vergonha, ordinário! — dando tapas no seu peito.

— Calma, mãe! Quê é isso?

— Mentiu pra mim! Você não tá indo às aulas! Isso foi o que eu te ensinei? Mentir? Só por causa desse negócio de banda?

Balançava as mãos com raiva e berrava tanto que Kiko respondeu na mesma altura:

— Mãe, eu não quero isso! Quero tocar!

Com aquele mesmo jeitão de quando saiu de casa aos 13 anos, de peito aberto.

— Quer? Pois a partir de agora você tá fora disso!

— Não, mãe! Me deixa tocar! Me deixa em paz! — chorando, enquanto implorava para ser ouvido pela mãe, aos gritos.

— Tá fora disso!

— Eu não quero me formar em nada! Eu quis me formar em música e você não deixou! Por favor, deixa eu seguir meu caminho!

— TÁ FORA DISSO! PODE ESQUECER A MÚSICA!

Mandou Cléa, muito nervosa, e vermelha, de gritos que se misturavam com um choro contido. Provocando a reação de Eurico que estava na sala e, ao perceber o desequilíbrio de Cléa, veio quente da cozinha para cima de Kiko.

— Chega! Aqui dentro quem grita sou eu! E O SENHOR ESTÁ FORA DISSO. ACABOU!

— Pai, não faz isso…

— ACABOU, EURICO!

— Pai, por favor…

— TÁ FORA, ESTAMOS ENTENDIDOS?

O menino desabou em prantos, como se aquela ordem tivesse calado todos os seus sonhos.

— Pai, você acaba de tirar metade da minha vida! Você acabou de tirar! Estou na metade da minha vida! Acabou a minha vida!

Chorando muito, desorientado, diante de um pai que não imaginava fazer tão mal para seu filho com aquela proibição. O pai se consternava, sem entender o porquê de tanta paixão pela música. Tinha em mente as mesmas perguntas de sempre: "O que seria de seu filho, depois que ele morresse?" "E dos seus netos?" "Como ele poderia se manter financeiramente?" Mas sem saber como proibi-lo de tentar ser feliz.

— Segue! — disse Eurico, com o tom normal de voz, e sério.

— O quê?

— Eu não vou tirar metade de vida tua nenhuma! Faz o que você quer!

E olhando para Cléa, espantada e brava, por não esperar aquela reação do marido.

— E a senhora cala a boca! Deixa ele tomar banho, porque ele vai tocar.

Saindo de cena, apesar de Cléa ter reprovado sua decisão, enquanto Kiko corria para dentro do banheiro, sem acreditar no que tinha acontecido. "Não acredito, meu Deus! Acho que consegui minha independência!" Chorando muito ainda debaixo do chuveiro, deixando que a água corrente se misturasse com suas lágrimas. Só que, dessa vez, de felicidade.

— —

A rotina de bailes de Los Panchos passou a ser mais puxada, com dinheiro entrando e muitas apresentações. E tanto Eurico quanto Cléa passaram a curtir a opção do filho. Seja no incentivo do pai ao vê-lo tentando aprender os solos de "Fire", de Jimi Hendrix, ou no sorriso de sua mãe ao vê-lo tocar. Os outros integrantes do grupo se tornariam "de casa", comportamento de praxe da família de seu Otacílio, e no palco, para seu Eurico que adorava um diminutivo, estariam Cadinho, Polinho e o xodó, Mô Kikinho.

— —

Suely entrou na vida do guitarrista na época dos Panchos e se tornaria para seu Eurico a "norinha caçulinha" da família. Uma mulher que seria parceira de Kiko por todo seu percurso musical, segurando as barras da casa e sendo um braço a mais para qualquer banda que ele estivesse tocando. E ela seria muito bem recebida pelos pais do menino, a ponto de Kiko ver "seu velho" doido para ter netos, pedindo na cara dura:

— Quando você se casar e tiver filho, bota o nome dele de Eurico?
— E se for mulher?
— Nyvia.
Como negar?

— —

Foi tudo muito de repente, no final dos anos 1970, e isso é o que mais dói até hoje. Seu Eurico, já aposentado, chegou à vila, de um dos bicos que havia arrumado, e foi direto para a obra que estava fazendo em sua casa. Mas ficou maluco quando viu Kiko virando massa, com o corpo todo sujo da labuta, e resolveu assumir a função.

— Ei, seu piti! Sai daí! Me dá isso!
— Pai, deixa, eu tô virando aqui! Pô, que coisa!
— Larga, Kikinho!
— Calma aê, caramba! Eu não sou mais criança!
— Pra mim, você sempre vai ser criança!

Foi quando tocou o telefone e era Gato, do programa Globo de Ouro, com um convite para Os Famks, banda na qual Kiko entraria após sair de Los Panchos. Coisa de segundos. Kiko desceu ao escutar a mãe gritando "telefone", bateu o pé para entrar na sala, atendeu o Gato, que começara a falar no momento em que seu pai subira no andaime e...

— Eurico! Eurico!

Continuava a berrar Cléa quando Kiko chegou correndo para pegar seu pai, no chão, pelos braços. A enfermeira que morava ali perto soube do acidente e brotou no local, jogando água gelada na face do homem, que abriu os olhos vesgos. Desespero total da vila que, representada por amigos, carregou Eurico até a Brasília deles para que Kiko pudesse levar o pai ao hospital. "Eu tenho certeza que foi nesse trajeto que ele fraturou as duas costelas", diz o guitarrista ao se lembrar da cena. Uma perfurou a pleura, e a outra, o pulmão.

Seu Eurico lutou por um mês, internado, e faleceu em 1977, de um acidente bobo e fatal. Um dia triste e cinzento para Kiko. Ao voltar do enterro, inconformado e sem acreditar na sua perda, o guitarrista caminhava para casa, desolado, quando foi interpelado por Getúlio, vizinho da casa 6, que ele chamava carinhosamente de Urso de Óculos.

— Vem cá. Mamãe quer falar com você.

E, ao entrar na saleta, viu na TV, ligada baixinho, um grupo com roupas coloridas se apresentando no Globo de Ouro. Ele lá, todo alegre, de macacão vermelho, bota marrom, ao lado de pessoas que se tornariam seus grandes sócios de vida. O menino que aprendera a não roubar carretel, que soltava pipa de braço quebrado, que descobriu que morar sozinho não é tão simples e que teve em toda sua trajetória a música como pano de fundo. Agora, com Os Famks, cantando "Rock The Boat", convite feito pelo Gato no dia que seu pai caíra.

— Olha você aí! — disse tia Ruth, mãe de Getúlio, orgulhosa pelo garoto que lutou pelo violão, pela guitarra e que começava a realizar, enfim, seu Sonho de Ouro.

Mas que naquele instante só conseguia chorar.

PARTE II

A Nova Jovem Guarda

(que onda!)

1973-1979

CAPÍTULO 7

NOS BAILES DA VIDA

"Existem duas grandes escolas para músicos:
banda de baile e banda de polícia."

Fernando Brant

"O futuro do socialismo repousa nos ombros da jovem guarda, porque a velha está ultrapassada", disse o comunista russo Lênin[*] em um de seus discursos, sem nunca sonhar que desta frase sairia o nome de um programa de TV e de um dos mais importantes movimentos musicais do Brasil: a Jovem Guarda. O programa de auditório estrearia no dia 22 de agosto de 1965 na TV Record, apresentado por Roberto Carlos, Erasmo Carlos e Wanderléa. E o figurino do trio seria inspirado em um grupo britânico formado por John Lennon, Paul McCartney, George Harrison e Ringo Starr. Quatro rapazes de Liverpool levaram mais de 55 mil pessoas, no dia 23 de agosto daquele ano, a um show no Shea Stadium de Nova York. Naquele tempo, a Odeon lançava no Brasil o disco A Hard Day's Night com o nome Os reis do iê-iê-iê,[**] reforçando a febre beatlemaníaca. E a onda conhecida como Jovem Guarda, nos anos 1960, embora sem o cunho político da expressão de Lênin, seria um marco do rock brasileiro.

Através da TV, o rock tomaria a cabeça, a moda e as vozes dos jovens por todo país — principalmente com versões em português dos hits internacionais. Ganhando as classes populares e os salões dos clubes com suas letras descontraídas e ritmo dançante — um parênteses musical em meio à Ditadura e às canções de protesto nos festivais estudantis. "Nós não sabíamos nem que tinha gente sendo torturada. Os artistas vinham de bairros mais simples, sem ligação com esse mundo. Fazíamos música", explica Marcio Antonucci, ex-integrante de Os Vips.

Apesar do término do programa Jovem Guarda em 1968, e da separação dos Beatles em 1969, os desdobramentos do gênero, como rock de garagem, folk rock, progressivo, psicodélico, glam rock ou hard rock continuariam nos anos 1970 nos bailes e nas rádios de locutores antenados, como o lendário DJ Big Boy

---

[*] O publicitário Carlito Maia se inspirou ao ler a expressão em um livro revolucionário de Lênin.

[**] O LP Os reis do iê-iê-iê virou filme, e a expressão "iê-iê-iê" passou a significar o rock nacional.

E, no Rio de Janeiro, muitas bandas ainda transitariam nesse cenário pós-Jovem Guarda, como Renato e seus Blue Caps, Casanovas, Lafayette e seu Conjunto, The Fevers, Painel de Controle, Super Bacana, além de duas bandas em especial: Los Panchos Villa e Os Famks. Muita gente boa que pôs o pé na profissão de tocar um instrumento e de cantar. Não necessariamente se importando se quem pagou quis ouvir. Foi assim.

— —

No circuito dos bailes do Grajaú, Tijuca e arredores, duas bandas de rock disputaram a preferência do público nos anos 1960: os Analfabitles e os Red Snakes. A primeira se inspirava nos Beatles, mas tinha um vocal mais R&B; e a segunda tinha referências instrumentais fortes como The Ventures, mas com rocks pesados e cantados do tipo Rolling Stones e Steppenwolf. No entanto, nos anos 1970, as duas bandas perderiam força para outras mais recentes, como Os Famks. Um conjunto de família dos irmãos Alceu Roberto Cataldo e Francisco Roberto Cataldo — o Kiko — que não se propunha a ser profissional. Para eles, o dinheiro era para custear os estudos, e a música, um meio de diversão — e talvez essa fosse a razão do pequeno sucesso.

Os bailes dos Famks não eram feitos para o público dançar e não tinham a intenção de encher a casa. Era rock'n'roll pesado do início ao fim, com músicas escolhidas a dedo por Alceu, preferencialmente do lado B dos LPs.

— Bicho, olha esse disco! — disse Alceu para o grupo, certa vez, segurando o LP de uma banda americana de rock progressivo chamada Gypsy.

Afirmando em seguida com veemência:

— A primeira faixa, "Gypsy Queen", é perfeita pra começar o show! Muito vocal! Solo pra cacete! Foda!

E assim "Gypsy Queen" passaria a abrir as apresentações, seguida por outras canções desconhecidas, mas que paralisariam os roqueiros de plantão da plateia.

Seu Alceu Cataldo, pai dos irmãos e funcionário do Banerj, era o dono da banda, tendo seu amigo Aécio Javan como vendedor dos shows. E o nome Famks nada mais era do que as iniciais dos integrantes da formação original em 1967: Fernando "Pilão" nos teclados (ele também teria uma banda chamada Os Siderais), Alceu no vocal, Marcelo na bateria, Kiko na guitarra e Sérgio no baixo — antes das trocas naturais de integrantes. Na bateria, Marcelo sairia para dar lugar a Fernando, ou Fefê/Fefeu, como era conhecido. Fernando "Pilão" deixaria os teclados, dando a vez a Mauro, e este a Cleberson. E, no baixo, depois de Sérgio, teria Túlio, Luís Carlos, para entrar, finalmente, Nando.

Os ensaios aconteciam no Tijuca Tênis Clube e os pagamentos dos bailes para os integrantes eram realizados corretamente. No entanto, na formação dos Famks de 1971, Cleberson e Fefê queriam ser músicos profissionais, Nando se afastara do direito para não se lembrar da Meg, Alceu estudava e queria ser biólogo, enquanto Kiko mirava à carreira de engenheiro. Uma configuração que nunca poderia dar certo.

— —

132

Os Famks tocavam em clubes como o Orfeão Portugal, Tijuca Tênis Clube, Grajaú Country, Mackenzie, Grajaú Tênis Clube e muitos outros da Grande Tijuca, na Zona Norte do Rio de Janeiro. No entanto, Cleberson, com medo do futuro profissional da banda, continuava com dúvidas sobre ter feito a escolha certa. Pensava na prova de vestibular para engenharia do final do ano, na escola de música, nas dificuldades da carreira musical no Brasil, em Alceu e Kiko sem a menor pretensão de serem músicos, e não conseguia chegar a conclusão alguma.

— Quer saber? Já que eu não sei o que eu quero, vou então agradar meu pai! — disse ele em voz alta, em um impulso, antes de sair de casa em direção ao Instituto Brasileiro de Contabilidade, que ficava na rua Buenos Aires, no Centro da cidade.

— Quero fazer minha inscrição!

Naquele dia ele marcou a prova de admissão para a semana seguinte, anotou o dia em um papel e guardou. Ao chegar em casa, contou para Boanerges, que festejou a notícia e foi dormir. Passou um, dois, três, quatro, cinco, seis, dez, vinte dias, porém, ele nunca mais apareceu por lá.

— Pô, pai... Eu não sei como dizer pro senhor, mas... Eu pensei bem e...

— Já entendi meu filho. Tá tudo bem.

▬ ▬

O Tijuca Tênis Clube, perto da praça Saens Peña — coração da Tijuca — guardava em seu depósito os instrumentos dos Famks. E a banda, em troca, fazia bailes para os associados. Esse era o acordo firmado por seu Alceu, que ainda permitia a realização dos ensaios no próprio clube, em uma salinha pequena, com todos os músicos amontoados. Não era o ideal, com um barulho ensurdecedor do lado de fora — sobretudo no verão com a criançada na piscina —, mas servia.

— Gente, vocês querem acompanhar o Fábio? — perguntou Luís Vítor, diretor do Tijuca, ao abrir a porta da salinha onde eles ensaiavam.

Fábio estourou em 1969 com o sucesso "Stella", composição em parceria com Carlos Imperial, apresentador e produtor de muitos nomes da Jovem Guarda. E o diretor Luís Vítor, que estava fechando uma apresentação do Fábio para o Tijuca, precisava de uma banda com urgência para acompanhá-lo em dois shows. Grupos como The Fevers, e Renato e seus Blue Caps poderiam fazer esse papel, ou até mesmo a Liverpool Sound, outra banda da região, que também ensaiava no clube. No entanto, com Os Famks dentro de casa, não dava nem para pensar em outro nome! E a banda topou.

Os shows foram ótimos, lotados, e nada atrapalhou a empolgação do público. Nem mesmo a corda do violão de Fábio que arrebentou no primeiro dia! Isso encheu os olhos do empresário do cantor, Glauco Timóteo, também gerente da Aquarius Produções Artísticas — empresa publicitária dos irmãos Marcos e Paulo Sérgio Valle com o amigo Nelson Motta.

— Vem cá, vocês topariam fazer jingles publicitários? — perguntou Glauco, ao lado de Nelson, aos Famks, depois dos shows.

O mercado de produção de jingles crescia muito no Brasil naquela época, e diversos compositores, arranjadores passaram a atuar seriamente nesse nicho. Os jingles serviam tanto como laboratório de criação para estes artistas, como também mais uma opção de renda para se manterem na área musical. Um trabalho que pedia criatividade na medida para agradar as marcas contratantes; e devolvia jingles com preços entre Cr$ 40 a Cr$ 60 mil.

A proposta de Glauco para Os Famks considerava a gravação de alguns jingles, e não a permanência da banda na agência. Ideal para os músicos que ainda discutiam sobre ser amadores ou profissionais. Seria, então, marcada uma reunião na Aquarius para a semana seguinte com os cinco garotos da Tijuca, independente de objetivos e sonhos.

— Pô, tô precisando de um grupo de apoio pra turnê. Como é que tá a agenda de vocês? — disse Marcos Valle assim que encontrou com Os Famks na agência de publicidade.

Os músicos já haviam gravado alguns jingles pela Aquarius, como o do Guaraná Brahma, ou Arroz Rubi. E até esperavam participar de outras gravações da empresa, mas nunca um convite como aquele.

Marcos, considerado um dos integrantes da segunda geração da Bossa Nova, já era um nome respeitado na música brasileira em 1971. "Samba de verão" tinha sido um grande sucesso nos anos 1960, além de outras composições; e as peças publicitárias criadas na Aquarius eram as mais requisitadas do mercado. Um instrumentista de peso lançando seu mais novo LP, Garra, com um repertório de primeira, querendo a participação dos Famks? Para Cleberson e Fefê a maré estava boa demais. Nando já pensava com seus botões: "Como advogado eu vou parar com uns 50 anos, no Méier, no apartamento do BNH. Quer saber? Foda-se, eu vou!" Mas para Alceu e Kiko aquela história de estudos e música ao mesmo tempo estava começando a complicar.

— Tem como colocar nosso nome na turnê? — questionou Alceu para Marcos, cercado pelos músicos, embora achasse um pedido difícil de ser aceito.

— Como assim?

— Ah, ter nos anúncios dos shows: "Marcos Valle e Os Famks."

— Ah, é isso? Sem problema! — disse Marcos, tranquilamente, sem nem se abalar, para o espanto dos jovens integrantes.

Só faltava ele dizer: "Quer tirar o meu nome e deixar só Os Famks?"

Em 1970, Marcos Valle tocou com o grupo Som Imaginário e, em 1972, estaria com O Terço em seu LP Vento Sul. Mas em 1971, por quase um ano, o instrumentista esteve com Os Famks, rodando por vários estados do Brasil, tocando canções como "O cafona", "Com mais de 30" e "Minha voz virá do sol da América". Um set list sofisticado, de canções inspiradas na soul music e resquícios dos Beatles pós-66. Período que Cleberson lembra com carinho graças aos conselhos e ensinamentos valiosos de

134

Marcos. Nando, inclusive, diria que o tecladista cresceu como músico após aquela turnê. "Eu conheço um Cleberson antes do Marcos e outro depois." Um garoto que não só prestou atenção em como ler cifras, armar uma harmonia, fazer inversões musicais, como também refletiu sobre como tocar a sua própria vida.

— Pô, Marcos... Tô meio apavorado. Não sei se faço engenharia, se sigo com a música... — disse certa vez para o compositor em um dos hotéis por onde passaram com a turnê.

Tanto ele quanto Fefê estavam em uma fase meio deprê em relação à música. E foram várias as vezes em que Cleberson se viu de frente para o piano com a pergunta: "Pra que eu tô fazendo isso?"

Marcos, sentado em uma cadeira perto da varanda, com o semblante sereno, olhou para o aflito tecladista, sete anos mais novo que ele, e perguntou:

— Cara, você gosta do que faz?

— Gosto. Mas não quer dizer que vai ter futuro! Pô, todo mundo acha que a gente é vagabundo, que isso não é trabalho!

— Se você gosta do que faz, se já toca legal, como eu acho que toca, tem mais é que seguir em frente! Bicho, não tem como dar errado!

— Será?

Marcos então sorriu e, com a calma de quem já havia passado por isso, afirmou:

— Você tem que acreditar no que você quer e ir fundo.

— — —

— Cara, eu não aguento isso!

— O que foi Fefê? — perguntou Nando, em uma noite dessas sem show, em um bar, ao ver o baterista irritado e até um pouco agressivo, após tomar umas cervejas.

— Você viu que o Kiko tá atormentando com esse negócio de pagamento? Caralho! Ele não vê que estar aqui é mais importante que o lance da grana?

E Nando respirou fundo, antes de responder:

— Não...

— Não, né? — e em tom mais alto, continuou — Eu esqueci... Ele quer ser engenheiro! Puta que pariu!

— Calma, cara...

— Ah, Nando, é foda... Ele só quer saber quando volta, quando recebe, quando vai pra aquela merda de aula!

— Fefê, é a vida dele, pô.

— É, a vida dele...

— ...

— Eu não sei de mais nada... Desanima, viu? Pô, o que eu vou ser, se não for baterista?

— ...

— E você? Vai ser advogado ou músico, hein? Fala, porra! Ah, saco! — disse Fefê, jogando longe a latinha que estava na mão, levantando da cadeira e deixando Nando sozinho.

— Gente, tem sido muito bom. Mas eu quero dar oportunidade para outras bandas — falou Marcos Valle para Os Famks, deixando Cleberson, Fefê e Nando um pouco desanimados.

Eles estavam gostando de tocar com o instrumentista, haviam passado por várias cidades do país, como Santos, Belém, Recife e Manaus, e se sentiam as estrelas no palco. E, de repente, esse seria o fim?

— O que será que rolou, hein? — perguntou veladamente Cleberson para Nando.

— Sei, não. Ele não deu motivo, né? Mas esse lance do Kiko ficar ligando pro escritório deles pode ter pegado mal.

— Hum... Faz sentido.

— O cara não é bobo, né? Não vai querer amador com ele.

Kiko, irmão de Alceu, ligava para o empresário com frequência perguntando sobre pagamento. Acostumado a receber logo depois dos bailes, o guitarrista não entendia por que o dinheiro era liberado só nas quartas. Principalmente em uma turnê que o afastava das aulas. Um comportamento que pode ter desgastado a relação, para o azar dos músicos, que se afastariam de Glauco, Nelson, dos jingles e de Marcos.

"Era uma vez uma baronesa muito cruel, que praticava maldades com seus escravos e com todo o povo de seu reinado. O que ela não sabia é que estava sendo observada por um feiticeiro negro, revoltado com suas injustiças e disposto a lhe aplicar uma lição. A baronesa, então, foi transformada em porca, e seus sete filhos em leitõezinhos. E só um anel encantado, perdido no meio da terra, poderia quebrar o feitiço. Por isso, passaria anos de sua vida a vagar pelas matas com seus filhotes, chafurdando o focinho na lama em busca de sua salvação."

"Hum... Gostei dessa história", pensou Nando ao ler um dos livros de folclore de casa, enquanto na vitrola tocava o primeiro disco do trio Sá-Rodrix & Guarabyra. Passado, Presente & Futuro, LP produzido por Mariozinho Rocha, não saía do som do garoto e trazia um rock'n'roll rural, que falava de buriti, beija-flor, estrada e cigarro de palha. Inspirações que ele guardaria dentro de si, e que não demorariam a sair.

Depois da turnê com Marcos Valle, seu Alceu conseguiu acertar com a Etiqueta Imagem a gravação do primeiro compacto dos Famks! Um LP que serviria para registrar e divulgar o trabalho da banda. A primeira experiência daqueles cinco músicos em um estúdio de verdade.

"Hoje ainda é dia de Rock", do LP Passado, Presente & Futuro foi a música escolhida pelos integrantes para o lado A — canção também regravada por bandas como Os Canibais. E, para o lado B, o grupo apostou na composição apresentada por Nando: "A lenda da porca".

Existiu uma dama e sete filhos
Cheia de luxo e vaidade.
E habitava a mansão lá na cidade
Curtindo em todas festividades

Seu anel tinha o brilho da maldade
Apagando amor, felicidade
Daquela gente presa ao seu trabalho
Escrava da sua crueldade

A justiça então se fez presente
De uma fada surgida no repente
Ajudando toda aquela gente

Seu castigo foi a transformação
Dando em porca fuçando pelo chão
Neste mundo arrastando seus leitões
À procura da sua salvação

E era o anel que ela usava em sua mão

A música também teria a assinatura de Fefê e Luís Carlos, vulgo "Pica-Pau", iluminador e amigo da banda. Ambos estavam na casa do baterista, bebendo rum e conversando, quando Nando veio com a ideia da letra e da música. Um rock assim meio rural.

— Não sei por que vocês vão gravar isso! A música é uma merda! — bradou dona Isa, professora e mãe de Alceu e Kiko, após saber de "A lenda da porca".

Em vão. A gravação aconteceria, impreterivelmente na data marcada, no estúdio Havaí, com Norival Reis como engenheiro de som — o Vavá da Portela — e Flávio Senna como auxiliar.

— Agora é a vez do dia de ró! — brincava Vavá com aqueles meninos de 18 anos, com cara de 12, que não conseguiam cantar "hoje é dia de rock" como Zé Rodrix! Por mais que Vavá falasse, só saía "hoje é dia de ró". Palavra pela metade que seria registrada por eles, sem vergonha ou frustração profissional.

Depois de tudo pronto, naquele ano de 1972, a Imagem liberaria o disco para venda, e o LP não faria sucesso, nem tocaria nas rádios ou na TV. Mas teria os primeiros sinais de Nando como compositor e tornaria Os Famks uma banda real, possível de se levar para casa.

━ ━

Nando, Fefê, Pica-Pau e Café, também iluminador dos Famks, andavam sempre juntos, quando não estavam nos bailes. E foi em um desses encontros, no apartamento do Café, que Nando achou ter visto uma miragem na área de serviço do prédio ao lado.

Uma moça de cabelos negros, pesados e lisos, de movimentos delicados e pose de bailarina.

— Hum... É minha cunhadinha. Quer conhecer?

O menino, de coração acelerado, aos 17 anos, se via mais uma vez encantado por uma garota, e o namoro não demoraria a começar, depois das apresentações feitas por Café à sua cunhada. Lílian era o nome dela; de família rica e bem-nascida. E ela seria aquela que o faria esquecer de vez Meg, deixando o caminho livre novamente para a faculdade de direito, caso ele desejasse voltar. E que seria, durante anos, a mulher da sua vida, deixando sua alma mais leve e feliz.

— ▬ ▬

— Heeeelloooo crazy people!! Aqui fala Big Boy apront vag tug mande cori tisk voom pan tung, diretamente para todos ustedes!

Gritava o DJ Big Boy, na Mundial AM 860, no início dos anos 1970, trazendo as novidades musicais que despontavam no mundo. Em busca de uma identidade mais jovem, a rádio permitia que Big Boy, de postura informal e irreverente, promovesse profundas transformações no Rio de Janeiro, com programas cheios de rock, como o Big Boy show, Ritmos de boîte e Cavern Club. Além, claro, dos Bailes da Pesada que ele produzia na Zona Norte da cidade com soul e black music. Programador, colunista, produtor de discos e DJ, o paulistano agradava do playboy da Zona Sul ao rapaz que enfrentava trens lotados no subúrbio. Um aficionado por música, antenado nas tendências e fã de carteirinha de uma banda chamada Os Famks.

— Olha isso aqui, Alceu! É do caramba! E vai estourar! — disse ele certa vez, entregando um LP da banda de rock canadense The Guess Who, American Woman.

O disco mal tinha sido lançado pela gravadora, e Big Boy já tinha o produto importado para a banda colocar no repertório. E como DJ chegou a discotecar em clubes em que Os Famks tocaram — fazendo uma dobradinha imperdível para quem gostava de rock.

Ele acompanhou todas as fases dos Famks e não escondia a admiração pelo trabalho dos integrantes. Na sua coluna para o jornal *O Globo*, por exemplo, anunciou como um oráculo do rock nacional:

"Com a experiência que eu tenho de rádio, eu garanto que uma dessas duas bandas vai fazer história pela qualidade que tem: Analfabitles e Os Famks. A primeira pela postura e pelo instrumental. E a segunda por causa do vocal e da pegada!"

No entanto, infelizmente, ele morreria, em 1977, sem ver sua profecia se realizar.

— ▬ ▬

As gravadoras ficavam de olho em Big Boy, afinal, todas as canções internacionais que ele tocava em seus programas viravam sucesso! E Jairo Pires, diretor da Polydor, na época selo da Polygram, pensou em algo que eles poderiam fazer para deixar o locutor feliz. Em outros tempos, talvez ele só oferecesse uma grana na mão de Big Boy, praticando o habitual jabá. Porém, naquele ano de 1973, a opção foi outra: dar um disco para o DJ produzir.

— Quem você quer gravar?

— Pô, Jairo… Tem um conjunto da Tijuca que eu adoro! Os Famks.

Big Boy assinaria a produção do disco, e Fernando Adour, a produção executiva. Um compacto simples que poderia render para a Polydor execuções futuras de suas músicas no rádio.

— Vou gravar um compacto com vocês! Vem aqui pra gente conversar! — contou Big Boy, no telefone, para Alceu.

Euforia imediata dos cinco integrantes, que imediatamente compareceram para a reunião com o DJ, na rádio Mundial, parte do Sistema Globo de Rádio desde o final da década de 1960.

O paulistano Newton Alvarenga Duarte era quem se "escondia" atrás do pseudônimo de Big Boy, e seu escritório ficava no prédio da rádio Globo, na rua do Russel.

O porteiro da rádio, desconfiado, logo quis saber quem queria falar com ele.

— Fala que é o pessoal dos Famks — respondeu Nando.

— Tá, tá bom — disse o porteiro, já pegando o telefone para passar o recado. — Alô, seu Newton? Seus fãs estão aqui embaixo! O que eu faço?

— ▪ ▪

Big Boy apresentou para Os Famks dois conjuntos que estavam tocando fora do Brasil — ambos com LPs lançados entre 1972 e 1973. Primeiro, falou sobre o Edgar Winter Group, liderado pelo multi-instrumentista Edgar Winter, de rock experimental, transitando por influências musicais mais leves até as mais pesadas.

— Essa aqui se chama "Alta Mira" — disse ele, enquanto colocava a agulha da vitrola na terceira faixa. — Não é a que eles estão trabalhando, mas acho que pode funcionar. Tem uma levada boa, fora o vocal do refrão. Saca só!

Alta Mira, oh set my spirit free
Alta Mira, like the wind that moves the sea
Alta Mira, let it set your spirit free
Alta Mira, we can live in harmony

Ele curtia o som sentado em sua cadeira, balançando a cabeça e batendo com as mãos na perna.

— Bicho, o som deles é demais! — comentou Big Boy, viajando no som, antes de passar por "Free Ride" e "Frankenstein", que seriam os dois grandes hits daquele LP intitulado They Only Come Out At Night.

— Agora, sente esse som! — disse ele, ao colocar para rodar a banda americana de R&B New York City, anunciando a música como se estivesse no ar em um de seus programas. — "I'm doin' fine now!"

I'm doin' fine now
Without you, baby
I'm doin' fine now
Without you baby

— Na boa? Com o vocal de vocês, acho que dá pra arrebentar!

O radialista ficava visivelmente extasiado ao falar sobre música. Era a sua paixão! A razão de ter largado o cargo de professor e as aulas de geografia. E a possibilidade de regravar aquelas canções com uma banda, no começo de carreira, como Os Famks, o deixava elétrico!

— Vejo vocês na próxima semana?

— Pô, me dá esse negócio aqui!

— Tem certeza, Cleberson?

— Ah, Nando, ninguém quer fazer. A gente não pode perder essa música! — disse o tecladista, pegando a fita K7 para ouvir "I'm doin' fine now", que ele transformaria em "Vou indo bem".

— Sobrou pra mim. Eu que nem escrevo carta pra namorada! — resmungava ele baixinho, enquanto escrevia a letra em português. Alceu alterou um pouco o nome da canção de Edgar Winter e fez "Altamira" com Nando, e a banda foi para o estúdio gravar as canções.

Alceu cantou a faixa do lado A, "Altamira", e também faria a voz principal de "Vou indo bem", não fosse a intervenção de Big Boy:

— Cara, essa voz tá uma merda!

— Mas tá do jei...

— Tá ruim pra caralho, Alceu! Desculpa, mas vamos ver os outros. Você não tá sabendo cantar essa música, não.

Silêncio no estúdio. Fefê olhava para cima, Nando fingia estar vendo um acorde no baixo, Cleberson parecia estar procurando alguma coisa no chão, Kiko estalava os dedos e Alceu saía da frente do microfone totalmente sem rumo.

— Anda gente! Quem vai começar?

E, aos poucos, os outros integrantes iam se mexendo, enquanto Alceu continuava sentado, mudo e de cara fechada. Um cantou, o outro também, até chegar a vez de Nando:

Me lembro do dia em que você
Partiu para sempre me deixando a chorar
Sozinho então até pensei
Que iria ficar pra sempre a lamentar

Mas eu vou indo bem sem você, baby
Eu vou vivendo bem sem você, baby

— É você! — disparou Big Boy, sem pestanejar.

— Hein? — disse Nando.

— É isso mesmo! Aliás, você canta melhor que ele! Devia assumir o vocal da banda!

Um silêncio ainda mais perturbador atingiu o local, e todos se moveram rapidamente para pegar seus instrumentos, antes que Big Boy piorasse a situação. Nando, muito nervoso, cantou mal, se atrapalhou, mas foi até o fim, enquanto os outros integrantes nem olhavam para Alceu no canto da sala. E o disco, enfim, foi lançado, em 1973, com Alceu no lado A, e Nando no lado B.

O que Os Famks não sabiam era que a Polydor não pretendia trabalhar o disco nas rádios e, muito menos, que a produção tinha existido só para agradar Big Boy. Se o DJ tivesse pedido um LP com a empregada dele cantando em espanhol eles fariam. Então o que acontecia? Quando os músicos conseguiam a aprovação de uma rádio para tocar as faixas, a Polydor, em seguida, entrava em contato e retirava do ar. Os integrantes conseguiram colocar o disco, inclusive, na lista das quarenta mais da rádio Globo. Mas a gravadora tirou. Praticamente ninguém soube que essa produção foi realizada, e o LP cumpriu o seu fadado e triste destino de sumir.

— — —

— Tio, tô pensando em voltar pra faculdade — comentou Nando para Léo, tio por proximidade.

— Vou te ajudar! — respondeu ele, sem perguntar para o menino a razão daquela vontade.

Os mais velhos da família fariam tudo para ver Nando novamente estudando, e não seria ele quem iria arriscar perder aquele lampejo por alguns questionamentos. Sabia que o sobrinho emprestado estava namorando firme, apaixonado... "Mulheres..."

Léo, então, foi ao reitor, negociou sua vaga na instituição e conseguiu a permanência de Nando no curso da noite; o que poderia atrapalhar a música, e os bailes do baixista.

— Nando, não sei como você vai fazer com Os Famks, mas...

— Deixa que eu dou um jeito, tio — disse ele, apenas pensando em como ficar mais com Lílian, em como sustentá-la ou conseguir dar a ela o que ela merecia.

Ele não gostava do direito, gostava dela! E a sua preocupação era apenas se tornar mais próximo de seu universo.

— — —

— Toma aqui as passagens — disse o gerente de uma agência de turismo para Cleberson.

— E eu faço o quê?

— Ué, você vende na rua.

— Na rua?

— É, caramba! Sai perguntando quem quer. Não foi pra isso que você se inscreveu?

— Foi...

— Depois eu vejo quantas você vendeu e a gente acerta.

— Uhum...

— Então vai!

Cleberson ouviu o gerente e saiu da agência com os bilhetes na mão. Andou pelas ruas do Rio de Janeiro e viu pessoas, prédios, lojas, cachorros, carros. Mas sem falar nada com ninguém. Nem ao menos um "boa tarde" ou "por favor, me dá licença". Segurando as passagens na mão, um pouco amassadas, e com os óculos escondendo seu olhar vazio, perdido.

Andou durante meia hora pelas redondezas. E voltou logo em seguida para a agência com as mesmas passagens na mão.

— Toma de volta. Não quero. Não dá.

— —

O orgulho dos integrantes dos Famks era dizer: "No nosso baile, as pessoas pagam pra ver. Não pra dançar." E no repertório estavam as canções mais elaboradas de nomes como Led Zeppelin, Grand Funk Railroad, Eric Clapton, Deep Purple, Pink Floyd, Genesis e Three Dog Night. Era "rock'n'roll, bebê"! E se o público fosse embora na metade do show, estava tudo bem.

— Vocês têm que ser como o Painel de Controle[*]! — Tentava seu Alceu para a banda, de olho no dinheiro que poderia entrar com as apresentações. E o seu filho era o primeiro a reclamar.

— Ah, pai, tô fora! A gente mal toca Beatles!

— E você acha bonito? Pô, as músicas de vocês tocam só se for de madrugada nas rádios!

— E qual é o problema? Nós somos respeitados — interferiu Cleberson.

— Mas as pessoas querem dançar. Os outros bailes estão sempre lotados!

— Encher não quer dizer que tem qualidade, pai — disse Alceu.

— Mas falta uma música animada, filho. Pô, o pessoal tem tocado "Cada macaco no seu galho" e...

— Seu Alceu, na boa, mas isso é um absurdo! — retrucou Cleberson, antes de sair da sala, resmungando sozinho. — Pô, é brincadeira... A gente toca o que a gente gosta!

— —

Em contraponto com Os Famks, Los Panchos Villa faziam um baile para dançar, tocando os sucessos das rádios, principalmente na região da Ilha do Governador — além de clubes do subúrbio do Rio de Janeiro, interior do estado e em algumas cidades de São Paulo. No repertório predominavam os internacionais Led Zeppelin, The Who, James Brown, Santana, Rolling Stones, Beatles. Mas bandas nacionais como Mutantes, Sá-Rodrix & Guarabyra, e Secos & Molhados também entravam, além de músicas mais românticas. O importante era conseguir público interessado em seu som e dinheiro suficiente para continuar tocando.

A única similaridade com a banda da Tijuca é que ambas eram de família. Se lá existia seu Alceu, com os irmãos Alceu e Kiko, nos Panchos havia dona

---

[*] Banda de baile que tocava músicas populares e disputava público com Os Fevers.

Nilza, com Jandira e Ricardo Feghali. Após a menina assumir a bateria, a mãe — preocupada e zelosa — decidiu ser vendedora permanente dos bailes do conjunto. E iria, muitas vezes, brigar pelos Panchos nos clubes e até se meter onde não era chamada. A vida desregrada e cheia de perrengues de banda não era o que ela desejava para seus filhos, porém, esta havia sido a escolha dos dois naquele momento. Então, era melhor estar por perto. Até porque ela conhecia bem o mais velho, Ricardo, líder da banda, e ele não era o tipo de garoto que iria desistir.

— Alô, atenção! Vocês querem bacalhau? — perguntou Chacrinha, então na Globo, com o microfone preso por cima de sua barriga, arremessando bacalhau para uma plateia calorosa, em 1970, no programa Buzina do Chacrinha.

Seus calouros seriam votados para o trono, a buzina em suas mãos já estava pronta para tocar diante de um desafinado, e o troféu abacaxi estava à espera de quem cantasse mal. Aquele "excesso saudável" do Velho Guerreiro, que confundia, não explicava, mas agradava em cheio a audiência.

— Vocês querem pepino?

E lá ia voando o pepino para cima do auditório, que brincava com o apresentador e, às vezes, até simulava disputas pelo produto jogado.

— Vocês querem fubá?

É para já! Fubá lançado para a plateia e caindo em cima de quem? Ricardo! Tentando dar visibilidade para Los Panchos, Jandira faria uma participação especial no Chacrinha, tocando bateria. Por isso Ricardo estava na plateia, ansioso para ver sua irmã. No entanto, acabou parando nas telas globais com cara de bobo e rindo sem graça com a farinha estourada no colo.

— Só acontece comigo... — disse ele, enquanto se limpava com as mãos, antes de ser interrompido pela irmã.

— Ricardo, tô precisando de sua ajuda.

O baixista que iria acompanhá-la não conseguiu fazer a levada que ela queria de "Soul Sacrifice", do Santana, que tinha um solo de bateria. E seu irmão sabia aquela passagem de olhos fechados! Porém, quando ele foi mostrar como era, o baixista tirou o corpo fora.

— Toca você!

Era oferecer banana para macaco, como diz o dito popular, bem no estilo Chacrinha de ser. E ele não perdeu tempo, embora estivesse com a camisa branca de farinha! Assumiu o instrumento e se preparou para acompanhar mais uma canção daquele início dos anos 1970.

— A gente quer empresariar vocês, botar na televisão, essas coisas. E aí?

O convite veio de um pessoal da Globo para Los Panchos Villa, depois da aparição no Chacrinha, e a proposta era clara: o foco estaria em Jandira, por ser uma mulher na bateria — o que chamava muita atenção. E a banda ainda mudaria de nome para "ELES e ELA".

Sem pestanejar, a menina chamou o irmão no canto e foi direta:

— Olha, Ricardo, eu sei o valor que você tem. Se algum dia você subir na vida não vai ser por mim. Vai ser por você.

Recado dado, contrato não assinado.

— —

Nilza às vezes exagerava na sua postura com os integrantes da banda. Confundia mãe com vendedora e colocava seus "pintinhos" debaixo da asa, embora eles não tivessem pedido, como em situações chatas e delicadas que o grupo teria que enfrentar.

"Los Panchos, com a baterista Jana, do Chacrinha", dizia, por exemplo, a faixa encomendada por ela, para um dos clubes que a banda tocara depois do programa do Velho Guerreiro. Um tipo de interferência materna que se tornava constante e que ia desgastando a relação existente entre Nilza e músicos como Paulinho e Kiko.

— Não achei legal isso que a sua mãe fez, cara.

— Nem me fale, Kiko. Já falei com ela, mas adianta? Tô quase arrancando aquela faixa! — respondeu Ricardo, meio sem graça e também chateado.

Aquelas discussões com a mãe por causa da banda eram cansativas e pesadas, mas como afastá-la? Ele ainda era um garoto, e sua irmã também tocava nos Panchos!

— Assim que Ricardo e Jandira se formarem eles vão parar!

— E como é que eu fico?

— Você segue com a banda sem eles, ué! — dizia ela com frequência para Kiko, às vezes na frente de Ricardo!

O que piorava a situação para ele, transformando Los Panchos em uma dor de cabeça tão grande quanto uma diversão. Aquela "falsa harmonia" poderia desaparecer diante de um estresse bobo entre os envolvidos, e talvez resultasse, inclusive, na saída de alguns dos músicos! E se ele, líder da banda, que respirava e dormia sobre os bailes, não fizesse nada, quem poderia fazer?

— —

— Eu tô meio inseguro com Los Panchos... — comentou Kiko com Suely, sua namorada na época, antes de se tornar sua mulher.

Naquele período, a mãe da menina ainda achava que o guitarrista era um dos marginais de Bonsucesso e proibia que ele entrasse em sua casa. Por isso, o casal passava horas e horas apenas sentado na escada da porta dela, namorando e conversando.

— Mas você acha mesmo que a banda vai acabar? — perguntou Suely.

— Ah, não sei... Quando eles se formarem como vai ser? Eu quero ser músico!

— Eu sei... — disse ela, pegando na mão dele e ficando um tempinho em silêncio, sem saber como, de fato, ajudá-lo.

Vendo sua carinha triste, desconsolada, não aguentou mais e decidiu, enfim, recorrer aos sonhos.

— Hum... Se você pudesse escolher outra banda, com qual você gostaria de tocar?

— Ih, pergunta doida essa.

— É, ué... Qual você acha do caramba? Pode ser qualquer uma!

— Ah... Se dependesse só de mim... Os Famks!

— Os Famks?

— É... Eles fazem uns vocais muito legais! Mas eu nunca vou tocar lá.

— Por quê?

— Porque um dos donos do conjunto é guitarrista, e o nome dele é Kiko! Onde já se viu uma banda com dois guitarristas chamados Kiko?

— •—

— 1, 2, 3 e... — contou Fefê com as baquetas antes de abrir o baile com "Gypsy Queen".

Os vocais tomaram o salão: "Warning.../ Warning..." Seguidos pelos instrumentos, para então dar vez à voz de Alceu. "Reason escapes me/ Before long you'll understand".

Com aquele estilão de cantar meio Roger Daltrey, vocalista do The Who, Alceu rodava o microfone preso no cabo com destreza. Uma presença de palco fantástica! Barbudão, cabeludo e de macacão, ele tinha empatia e sabia levar o público, o que deixava a canção mais especial.

Depois, chegou a vez dos solos. Fefê acompanhava a guitarra de Kiko, desenhando aquele rock psicodélico, enquanto teclas frenéticas e intermináveis de Cleberson iam ao encontro do baixo de Nando, sem contar que o iluminador Pica-Pau subia no palco e levava a percussão. Cada um concentrado em sua passagem, aumentando, e muito, aquele um minuto e meio previsto de solo para três, dez, quinze minutos! Até que chegou a vez de Alceu entrar rasgando.

— ...

Só que a voz não entrou, e todos ficaram se entreolhando enquanto tocavam.

— Liga o microfone dele! Liga aí!

Fez Cleberson para Nando, que fazia sinal para Alceu, que continuava mexendo os lábios como se cantasse, por mais que ninguém estivesse ouvindo. Causando um silêncio ensurdecedor para a banda e para a plateia.

— Não tá rolando! — disse Alceu, desesperado e ainda sem voz para Nando, que no impulso, agarrou o microfone e mandou com tudo:

...She won't leave a stone un-turned
Until she's — she's seen you burned... yeah

O baixista sabia a letra inteira e assumiu a voz, ainda olhando meio torto para Alceu, esperando ele voltar para o seu posto como se por um milagre. Mas nada. Passou a primeira, segunda, terceira música e o vocalista já nem mais estava no palco. E quando um músico virava para o outro fazendo sinal de "o que aconteceu?", o outro levantava os ombros do tipo "sei lá!".

Nando era magrinho e pequeno, pesava 53 quilos, carregava um baixo de uns 10 quilos, e chegou, inclusive, a ter deslocamento do ombro durante os bailes por causa do instrumento. Imagine, então, o esforço que faria para tocar e cantar rocks pesados por quatro horas e meia, sem estar preparado, no tom de Alceu? Mas ele era o único que realmente sabia as letras ou, pelo menos, a maioria delas. De fato, aquele era o melhor que dava para se fazer.

E ele foi até o final, suando a cântaros, com os dedos já meio trêmulos. Sem nem mais olhar para os lados, para não perder o foco. Deu seu último acorde no contrabaixo, sua última frase na voz e, com o sentimento de missão cumprida, se largou no chão, com as costas para baixo e o instrumento por cima.

— Não aguento mais, bicho. As minhas costas estão me matando.

Aquele seria o fim do baile em Campo Grande, e o fim da voz de Alceu que, de repente, por forçar a garganta durante as músicas, se calou. Não mais permitindo que o vocalista pudesse cantar outra vez nos Famks ou em qualquer outro lugar. Sem tratamentos que pudessem recuperá-la, chá ou mandinga. Sem mais nem menos, apenas muda.

— ● —

O sumiço da voz de Alceu deixara Os Famks abalados sobre sua estrutura. Principalmente seu Alceu, que tinha agora dois problemas para resolver: filho doente e banda sem vocalista. O melhor seria começar pelo mais fácil deles:

— Já sei! Aquele garoto do Catumbi... — lembrou-se em reunião com os músicos.

— De quem você tá falando? — perguntou Nando.

— Aquele menino... Acho que agora ele tá nos Panchos! Pedro, Pablo... Não, não é isso... Hum... Paulo!

— Do Catumbi? Acho que você tá falando do Paulinho! Ele cantava lá na minha rua — comentou Cleberson, já franzindo a sobrancelha.

— Isso! Paulinho!

— Pôxa, esse garoto é sebosinho pra caramba! O senhor quer chamar ele mesmo?

— Ah, Cleberson, deixa de bobagem.

— Bobagem nada. Você tem que ver o sapatinho brilhante dele. Ofusca a vista!

— Não é o sapato dele que canta. Acho que vale um teste.

— É Cleberson, vamos chamar o cara pra esse final de semana, pelo menos. Depois a gente vê como é que fica.

— Tá bom, vai. Isto é, se ele não tocar pelos Panchos nesse final de semana, né?

— ● —

Alceu foi, então, fazer o convite a Paulinho. O menino, nascido e criado no Catumbi, bairro central do Rio de Janeiro e perto da Tijuca, acompanhou vários shows da banda na plateia e adorava o som deles! Na verdade, era fissurado nos Famks!

Quantas vezes ficou no Orfeão Portugal, boquiaberto com os vocais deles e as músicas diferentes? "Não existe conjunto como esse", pensava ele ao falar com Alceu.

— Putz, vou tocar nesse sábado com os Panchos... — lembrou-se em seguida, frustrado. — Mas posso fazer o domingo!

— Pô, aí fica ruim. Vamos precisar treinar duas pessoas? — questionou Alceu, já pensando em uma segunda opção: Guaracy, baixista que também cantava e já havia tocado com Cleberson.

Guaracy topou e a Paulinho apenas coube assistir, em sua folga, a uma daquelas apresentações no Esporte Clube Cocotá, na Ilha do Governador, causando um bafafá entre as mulheres e a "molecada" que se perguntavam: "Não é o rapaz dos Panchos?" Especulações e fofocas que faziam parte, afinal todo mundo sabia que Alceu estava com problemas na garganta. Inclusive Paulinho.

E, de braços cruzados, ele observava cada movimento dos músicos, doido para estar à frente daquela banda que enchia tanto seus olhos. Mas "p" da vida por ver Guaracy, naquele momento, ocupando a posição em que gostaria de estar.

— Pô, mas esse cara cantando é ruim pra cacete!

— —

Alceu não se recuperou para tocar no final de semana posterior ao da Ilha do Governador. Sorte de Paulinho, que tinha a data vaga e pôde cantar no clube, no Rio Comprido.

— Vou quebrar o galho para Os Famks nesse final de semana, tá? — avisou ele para Ricardo, que já sentia: "Vou dançar no vocalista..."

— Vai ser no Minerva, né? Vou lá te ver.

E escutou, ao pé do ouvido, Kiko dizer:

— Se tiver uma vaguinha lá me avisa, hein?

Como se o guitarrista pudesse prever a confusão que estaria por vir naquele show.

— —

A canção "Coast to Coast", do Trapeze, tomava o salão lotado do Minerva no primeiro set do baile, com o público paralisado pela habilidade e técnica dos Famks, quando a passagem mais marcante da obra, um solo de guitarra, não veio. Pura e plena sensação de vazio. Susto dos músicos que até então "viajavam" no rock. Um vácuo percebido sobretudo por Paulinho, que experimentava aquela "onda" pela primeira vez ao lado da banda.

Aquela parte era forte, imprescindível, não dava para simplesmente ser esquecida. Faria falta, inclusive, para um ouvido menos atento, o que dirá o dos integrantes! Eles ficaram loucos com aquela falha e, desesperados, procuraram o guitarrista para tentar salvar o solo que ainda restava. Mas Kiko, irmão de Alceu, sem se importar com o baile, estava abaixado na beira do palco, beijando sua namorada, Terezinha, no momento exato em que teria que entrar.

— Aí, vamos tocar, pô! — gritou Fefê lá da bateria.

A que Kiko respondeu com descaso:

— Ah, vai se ferrar! Não enche!

Irritando ainda mais o baterista, que atirou uma baqueta na cabeça de Kiko, dando início ao caos. O guitarrista, nervoso, devolveu a baqueta em cima de Fefê, que partiu para cima dele deixando música, bumbo, pedal e qualquer outra parte do instrumento pra trás. A pancadaria tomou conta do palco, enquanto o público — reclamava, vaiava, jogava latas e pedia o dinheiro de volta. Até Alceu que, sem voz, estava na plateia, subiu para ajudar o irmão e acabou tomando uns tabefes por tabela. Nando e Cleberson fugiram do palco, se escondendo no meio dos equipamentos, envergonhados.

E Paulinho? Resmungava enquanto se desvencilhava dos socos que não eram para ele. "Cacete, que furada!" Uma briga que se estendeu para o intervalo e culminou na saída de Kiko, ali mesmo. Nervoso com a discussão, ele fechou a case do instrumento e virou as costas para nunca mais voltar, deixando a banda sem guitarrista e com mais dois blocos de música para levar.

— Vou dar um jeito, gente. Vamos fazer esse show com ou sem o Kiko! — disse Cleberson, que costumava fazer as bases das músicas com a sua guitarra para Kiko fazer o solo.

Ele conhecia as notas, as harmonias, além de ter ouvido absoluto — o que ajudaria bastante a cumprir uma dupla função naquela noite: a de tecladista e guitarrista. Sem demora, ele pegou o distorcedor, uma caixinha da Vox que usava no teclado, plugou na guitarra e mandou ver. De vez em quando Cleberson dava umas escapadas nas notas e olhava para os outros músicos como se dissesse "foi mal", mas quem estava se importando? Todos estavam aliviados e vibraram, do início ao fim, com o desempenho do mineiro.

E até Paulinho estava mais tranquilo, já curtindo estar no palco, com a quadra ainda lotada e o rock'n'roll no talo! Um baile, no início de 1973, que se tornaria decisivo para Os Famks e para a formação de outra banda.

— Olha, eu sei que hoje foi meio confuso, mas... Por que você não fica? — perguntou Cleberson a Paulinho no final do baile.

— Bicho, vou ser claro com vocês. Nos Panchos eu sou o vocal líder, aqui eu vou dividir a tarefa com o Alceu, que é praticamente o dono da banda! Eu não tô com saco pra dividir o repertório com outra pessoa. Pode dar briga pra cantar a mesma música. Não costuma dar certo...

— Pode também ser melhor! Dividindo o repertório não fica cansativo nem pra você, nem para ele. E são duas vozes distintas: grave e agudo. Dá para vocalizar!

Só que a ideia de dividir o palco não soava bem para a vaidade de Paulinho, acostumado a ser o vocal líder por onde passava. No entanto, aqueles eram Os Famks! Por mais que ele estivesse reclamando, no fundo, já se preparava para fazer seu último baile pelos Panchos no domingo seguinte. Sem se esquecer do que havia prometido:

— Vocês não querem ver o Kiko?

Foi assim que ele apresentou à banda, novamente desfalcada, outro guitarrista. Com a diferença de que esse era Eurico, em vez de Francisco.

— —

Nando e Cleberson estavam inclinados a convidar o Marcinho, do Red Snakes, para assumir os solos dos Famks. Mas resolveram dar um voto de confiança para Paulinho e foram para o baile de Los Panchos, no domingo seguinte, no bairro Jardim América, no JAEC — Jardim América Esporte Clube —, para ver de perto se o Kiko era bom mesmo ou se aquilo era conversa fiada.

Logo depois das primeiras músicas, no intervalo, Paulinho foi saber dos dois o que eles haviam achado e os meninos ainda não estavam convencidos.

— Ah, não sei, não, Paulinho... — respondeu Nando, passando a mão atrás da nuca, enquanto olhava para os lados.

— É legal, mas não convence, sabe? — seguiu Cleberson, no mesmo tom.

— Bicho, pelo amor de Deus, vocês estão malucos! Esse cara toca guitarra pra caralho!

O baile continuou animado, mas Nando e Cleberson permaneciam com a mesma opinião sobre o guitarrista. Até que, de repente, Kiko entrou cantando e tocando "Tinindo trincando", dos Novos Baianos, deslizando os dedos com rapidez e perfeição pelos trastes do instrumento. Ele cantava e na hora do solo fazia com a guitarra o som das notas, com uma desenvoltura como se aquilo fosse a coisa mais fácil do mundo.

Eu vou assim
(candegodengode pirau)
E venho assim
(candegodengode pirau)

Foi o suficiente para que Nando e Cleberson mudassem os comentários e se empolgassem:

— Puta que pariu! O filha da puta é bom pra caralho!

— Eu falei pra vocês, porra!

Ria Paulinho que, rapidamente, resolveu o problema de guitarrista para Os Famks. Por outro lado, Feghali não gostava nadinha daquele movimento dos músicos de outra banda no baile dos Panchos. Paulinho já tinha avisado que iria sair, e Feghali ouvia, por alto, frases como: "Ó, o ensaio é na terça-feira!" Já dava pra ver:

— É... Vou perder também o guitarrista.

— —

Kiko descia as escadas do clube para lanchar no final do baile, quando esbarrou em Cleberson, de blusa lisa e calça quadriculada.

— Oi, Kiko! Depois a gente quer falar com você!

— Ah, cara, vocês levaram o Paulinho e ainda vieram assistir a gente? Vai assistir o cacete! — respondeu o guitarrista, sem saber que ELE era o motivo daquela presença.

— Bom, acho que pode te interessar. Você é quem sabe — falou Cleberson, já dando um passo para frente quando...

— Péra, acho que entendi mal. A gente se encontra no posto de gasolina, pode ser? — perguntou Kiko, agarrado em suas mais descrentes e longínquas esperanças.

— —

Como combinado, Kiko encostou o carro no posto de gasolina, logo ao sair do JAEC. Dava para notar a ansiedade do guitarrista, que mexia bastante com as mãos enquanto andava ao encontro de Nando, Cleberson e Paulinho — oficialmente, o mais novo integrantes dos Famks.

— Então, Kiko, estamos precisando de um guitarrista — começou Nando.

— É isso mesmo? — perguntou ele.

— É. E vamos comprar tudo de novo!

— Tudo? Mas por que isso?

— Kiko saiu e a gente acha que o Alceu também não deve ficar. E como a maioria dos instrumentos é deles... — explicou Cleberson.

— Entendi... Bom, eu gostaria MUITO de ser sócio de vocês.

— Mesmo tendo que comprar tudo de novo? — questionou o baixista, querendo ter certeza do comprometimento do músico.

Kiko respirou fundo, como se já tivesse essa resposta há muito tempo esperando por ser dita:

— Gente, quero viver de música. E a banda de vocês é a que eu gostaria de tocar. É meu sonho. É a minha carreira! É a nossa carreira!

— Então acho que a gente já se entendeu. Quando você pode sair dos Panchos? — perguntou Nando, sorrindo.

— Acho que daqui a um mês. Também não quero deixar o Ricardo na mão, né...

Nisso, a kombi de Los Panchos apareceu na rua do posto, passando correndo por eles, lotada de instrumentos e pessoas que o guitarrista conhecia muito bem. E entre elas, dona Nilza, enfurecida pelo que estava acontecendo.

— Ô, AMIGO URSO! — gritou ela de uma das janelas, deixando Kiko constrangido e sem ação ao lado dos Famks.

— Bom, eles iam saber mesmo...

— —

No dia seguinte, na segunda-feira, Kiko acordou e foi direto para a casa de Ricardo. Queria conversar, se explicar, e mostrar seu ponto de vista para o amigo. No entanto, Nilza falava o tempo todo, gritava, xingava e não dava espaço para o guitarrista. Não dava nem para saber ao certo o quanto Ricardo estaria ou não chateado.

— Cacete! Quer saber? Não dá mais, Ricardo.

— Vai na boa, Kiko — disse ele, também aborrecido com o estardalhaço de sua mãe.

— Eu ia ficar mais um mês, mas desse jeito não vai dar!

— Vai lá, cara. Deixa rolar.

E Kiko já ia saindo, pensando em procurá-lo depois para conversar melhor, quando Nilza veio atrás gritando lá de dentro da casa:

— Péra aí! Se vai embora, então vai ter que pagar multa!

O guitarrista parou, tomou fôlego e olhou para cima como se lamentasse. Contou até dez, voltou e, sem dizer nada, pegou o amplificador. Ia deixá-lo como garantia do dinheiro para não arrumar mais confusão. No entanto, antes de esticar os braços para entregá-lo a Nilza, ela, num arroubo, o confiscou para si.

— Isso aqui vai ser multa! Passar bem — disse ela, pegando o aparelho e virando as costas para o guitarrista, terminando a briga e deixando Kiko ainda mais desolado com a situação.

"Não quero me afastar do Ricardo, eu não posso", lamentava o guitarrista ao esbarrar com Albert, sentado na porta de casa, olhando entristecido para a rua. "Putz...", pensou ele, ainda sem graça, embora não se sentisse culpado por nada. E já ia passar por ele, mudo, quando Albert o segurou pela mão.

— Leva meu filho?

Kiko, surpreso, por um segundo ficou em silêncio. E, depois, com carinho, segurou a mão de Albert com suas duas mãos e respondeu:

— Assim que eu puder.

—•—

"Se for melhor pra eles...", refletia Feghali, sozinho em seu canto, após a saída de Kiko e Paulinho. "O que tiver de acontecer na minha vida vai acontecer de qualquer maneira!" O menino gostava muito dos músicos e, embora estivesse chateado com o fato, não se sentia no direito de ficar bravo ou magoado como sua mãe. Era o tipo de coisa que não dava para evitar. Assim como Gean Carlos, que não fazia mais parte daquela formação, ou Jandira, sua irmã, que também dava sinais de que se dedicaria, integralmente, à faculdade de medicina e deixaria Los Panchos.

Então, ele percebeu que ainda podia fazer uma coisa: levantou da cama, de supetão, indo direto para a rua, atrás dos músicos que já conhecia dos clubes. Luís e Júlio poderiam fazer o baixo e a guitarra dos novos Los Panchos, que depois de três anos frenéticos de baile não iriam mudar de nome. "Hum... E o baterista podia ser aquele cara do Super Bacana. Toca pra cacete aquele moleque!", confabulava Ricardo em sua cabeça antes de encontrar com o dito-cujo, ao lado de seu pai. Um menino bem mais novo que ele, muito magro, a ponto de os ossos saltarem na pele, e que tinha como segundo nome Herval.

— Você é o Serginho, né? Pôxa, cara, vem tocar com a gente?

—•—

151

Já nos Famks, Alceu, após a saída de Kiko e ainda sem voz, decidiu deixar a banda para sempre — abrindo espaço para que Paulinho dominasse o palco. E o pai, seu Alceu, continuaria por alguns meses com os componentes, até finalizar as pendências e os compromissos acertados no passado. Nesse meio-tempo, os músicos se propuseram a juntar dinheiro para continuar usando o nome Os Famks, além de comprar o equipamento dele. E passaram a buscar algo mais profissional e menos amador, como seu Alceu, para se lançar, de fato, no mercado. Agora, a banda estava com cinco músicos que queriam seguir carreira, e isso fazia toda a diferença!

Os diálogos sobre o futuro dos Famks, depois de 1973, cresceram e o clima, sem a família Cataldo mandando no grupo, passou a ser mais ameno.

— O Cleberson e o Nando nunca foram caras de se mandar. Kiko e eu também não gostávamos de dono! — contou-me Paulinho.

E a primeira coisa a ser feita deveria ser a contratação de alguém com mais experiência no meio musical para direcionar a carreira do conjunto. Um empresário, e não dono como seu Alceu, que pudesse ampliar a área de atuação. Um cara criativo, ousado, que entendesse do mercado e tivesse tino comercial. Mas quem?

CAPÍTULO 8

MAESTRO LINCOLN E SUA NOVA BANDA

"Eu tratei os Famks como uma banda nacional.
Não era só uma banda da Tijuca."

Carlos Lincoln

O ano era 1972. Era chegada a hora de um dos bailes mais fantásticos do Cascadura Tênis Clube, e dos representantes das bandas começarem os seus lances no subúrbio do Rio de Janeiro. Era sempre a mesma coisa às vésperas do Baile de Formatura, que juntava a "moçada" para dançar até altas horas da noite. As bandas famosas, quase famosas ou desconhecidas que tocavam nas redondezas mandavam seus representantes para brigar e usar de toda esperteza comercial para abocanhar a disputada data. E o diretor do clube, que não era bobo nem nada, atiçava a competição em busca da melhor oferta.

Assim, foi marcada uma grande reunião com todos os empresários interessados, que compareceram pontualmente, muitos deles acompanhados de seus músicos, na tentativa de fazer pressão no diretor. Entre eles, Alceu pelos Famks, e Carlos Lincoln pelo Painel de Controle.

— Vamos lá! Façam suas propostas! — disse o diretor do Cascadura, abrindo a rodada de conversas com os empresários, que articulavam palavras, gestos e poses para passar uma boa impressão.

No entanto, uma banda ruim ou preço alto para o orçamento do clube eram empecilhos difíceis de ser contornados, de modo que muitos grupos foram sendo descartados naturalmente. Saía uma pessoa, outra, até que se conseguisse chegar ao máximo de dois concorrentes para fazer o baile.

— Só sobraram vocês. Por favor, apresentem suas bandas!

Carlos Lincoln, macaco-velho, sentindo a falta de experiência do adversário, se antecipou:

— Pode ir, seu Alceu. O senhor é mais velho.

E esperou a banda ser apresentada para depois falar sobre o Painel de Controle. Seu Alceu, apontando para os meninos que estavam juntos com ele, fez sua parte:

— Bom, aqui está o meu conjunto: Os Famks. TODOS são universitários! Aqui está meu filho, Alceu Roberto Cataldo, estudante de botânica. Esse aqui é o doutor Luiz Fernando Oliveira da Silva (se referindo à faculdade de direito de Nando). E esse aqui é o...

Prosseguiu seu Alceu, dando títulos e nomes de faculdades para cada um dos integrantes do grupo, formado também por Kiko Cataldo, Cleberson Horsth e Fernando Brito, o Fefê. Na sua cabeça, nada mais estratégico do que mostrar que todos eram universitários. Perfeito para um baile de universitários. Ele só não contava com o argumento de Carlos Lincoln, que ali perto escutava tudo atentamente. Apenas a parte do valor, revelada ao final, era dita em sigilo para que a rixa não se tornasse um leilão aberto e declarado. Mas o resto?

— Agora é você, Lincoln. O que você tem pra me dizer?

E o empresário, estufando o peito e caprichando na voz, disse com firmeza:

— Bem, este é o Painel de Controle. Esse aqui é o Zé Carlos, esse aqui é o Sérgio Menezes de Maia, Katie Marie, Paulinho Ovelha, Mauro Sérgio de Almeida e Vaval. E TODOS são músicos!

Depois dessa, dizer mais o quê? O diretor do clube não queria saber do nível de cultura da banda, mas sim de música. Tanto que encerrou a negociação com os dois e topou no ato, na frente do seu Alceu mesmo. Ponto para Lincoln, que conseguiu vender seu conjunto, e para o Painel de Controle, que comandou o Baile de Formatura daquele ano.

— ● —

Carlos Lincoln era diretor do Guadalupe Country Club, no bairro de Guadalupe, subúrbio do Rio de Janeiro, quando foi convidado para ser o relações-públicas de Os Pacíficos, formado nos anos 1970 por Vaval na bateria, Sérgio Menezes no baixo, Katie Marie no vocal, Mauro Sérgio na guitarra base, Zé Carlos nos teclados e Paulo Rebello, o Paulinho Ovelha, na guitarra solo.

— Ó, só trabalho se for uma coisa profissional. Todos vão largar os seus empregos, inclusive eu, para se dedicar ao grupo, pode ser? E vamos para a rua!

Era o início do Painel de Controle, de repertório mais popular. Tentativa de ser uma banda mais moderna que Renato e seus Blue Caps, Lafayette e seu Conjunto ou The Fevers, campeões dos bailes lotados.

— Vou focar no público dos Fevers! — contou ele para os integrantes, antes de imprimir o que seriam hoje as famosas filipetas ou flyers.

"Com esse papel você paga Cr$ 3!", diziam os vários papeizinhos que havia levado para o baile dos Fevers, o qual cobrava por volta dos Cr$ 20.

— Boa noite, Painel de Controle no domingo. Vai lá!

E de um em um ele ia distribuindo sorrisos e filipetas, convidando para o baile do Painel de Controle no Imperial Esporte Clube, em Madureira. "Pô, e se eu tivesse escrito 'de graça'? Ah, não... Ia dar muita confusão", matutava Lincoln enquanto trabalhava na divulgação.

No dia da apresentação, ao entrar na rua, viu um "mundaréu" de gente perto do clube e não acreditou que aquilo havia sido resultado dos papéis.

— Esse pessoal aqui tá por causa da Portela? — perguntou Lincoln para o funcionário do clube, já que a sede da escola era ali do lado.

— Nada, seu Lincoln! O pessoal achou que aquele papel já era o ingresso!

— E aí?

— E aí que eles chegam na portaria e acabam pagando os Cr$ 3!

— Mentira! — disse Lincoln, morrendo de rir, sentindo que aquela seria uma bela noite.

No fim, o baile renderia cerca de 7 mil pessoas, praticamente todo mundo que foi assistir The Fevers. E seria o primeiro de muitos que ele faria com o Painel de Controle! E assim foi formando público aos poucos e juntando dinheiro até ser possível trocar todo o equipamento do grupo. Até a banda se tornar mais uma opção dos jovens para dançar e se divertir. Pode-se dizer, inclusive, que engoliria Os Fevers, poderosos dos bailes do subúrbio, com Lincoln cobrando o mesmo preço dos seus grandes concorrentes.

Meses depois, após alguns desentendimentos com os músicos do Painel de Controle, Carlos Lincoln deixou o grupo, decidido a fazer uma banda melhor do que a deles. Mesma época em que Os Famks procuravam por um empresário, um vendedor que tivesse papo e fosse capaz de fazer uma propaganda convincente para que o grupo decolasse. Seu Alceu os ajudava nessa procura e, sem ter que agradar os filhos, buscava uma pessoa não só com tino comercial, mas alguém que pudesse popularizar a banda. E, para ele, esse cara era Carlos Lincoln — o mesmo empresário que os havia desbancado no Baile de Formatura.

Em 1973, Carlos Lincoln havia conversado com outros conjuntos como o Lafayette, e Renato e seus Blues Caps, mas gostou da ideia de estar com Os Famks, banda no início de carreira em que ele poderia mostrar efetivamente seu trabalho. Sabia que eles tocavam maravilhosamente bem as canções dos Beatles e outras bandas que ele mal conhecia, no entanto, os considerava muito elitizados. Os bailes "comiam quente" no subúrbio do Rio de Janeiro, e eles só se apresentavam nas festas da Tijuca, Zona Norte da cidade, em clubes valorizados na época. Seria fascinante estar com eles, mas algumas mudanças eram necessárias para o sucesso. "Eu vou tirar essa ideia elitista deles! Ah, vou..."

— Vocês só tocam no Tijuca Tênis Clube, Mackenzie, clubes de elite. Tocar nesses lugares é especial, eu sei. Mas não vai dar em nada! O negócio é tocar para o povo!

A banda não concordava inteiramente com Lincoln, porém, decidiu arriscar, aceitando logo mudar o principal: abrir de vez para o subúrbio e o estado do Rio de Janeiro.

— Meninos, vocês precisam trocar de equipamento!

— Mas, Lincoln, acabamos de comprar o equipamento do Alceu.

— Só que ele tá velho, Kiko. Vocês não podem tocar com esse troço do século passado!

— Pô, mas quanto deve ser um novo? A gente não tem esse dinheiro! — retrucou Kiko, angustiado, para os outros integrantes, que seguiram para casa sem saber como poderiam resolver o som. Quer dizer, nem todos.

— Pai, tem como o senhor comprar? — arriscou Paulinho para Arthur.

— Hum... Pede pro resto da banda vir aqui em casa, amanhã. Aí a gente conversa!

No dia seguinte, estavam todos os integrantes dos Famks de frente para seu Arthur. Ansiosos por um sim, embora nervosos com a possibilidade de receber tal voto de confiança.

— Vocês vão me pagar? — indagou, com sua voz grave, Arthur.

— Sim, sim, senhor. Direitinho! — afirmou Kiko, seguido dos outros integrantes.

— Eu tô emprestando, não tô dando! — frisou ele, pausadamente.

— Nós sabemos! E vamos fazer tudo direitinho.

— Hum...

Tensão dos músicos, que já sentiam que iriam conseguir. Imóveis, de olhos congelados sobre Arthur, que andava de um lado para outro da sala, passando, de vez em quando, um olhar enviesado na direção dos garotos.

— Tudo bem. Vou confiar em vocês!

Festa da banda, compromisso selado e um empréstimo alto. Algo em torno de R$ 42 mil, hoje, sendo destinados para cinco garotos! Dinheiro que não estava sobrando na casa de Arthur. Um acordo sem contrato ou assinaturas, baseado apenas na palavra daqueles músicos, e que tinha tudo para ficar pela metade. Pelo menos é o que acharam os amigos de Arthur, mais céticos, ao saber de sua iniciativa.

Só que aquele grupo era sério... Ou, pelo menos, tentava ser. E a palavra de honra dos Famks estava em jogo! Assim, contradizendo as piores expectativas dos adultos, os garotos conseguiriam devolver todo o dinheiro para o pai de Paulinho, e antes do prazo! Pagando em prestações, a partir do lucro dos shows, que aumentaria com um som de qualidade. Um investimento inicial que renderia muito mais do que Arthur poderia imaginar.

Era dia de ensaio geral dos Famks no Clube Panela de Pressão, em Del Castilho, e a turma estava animada. O lugar tinha um bom palco e era adequado para Carlos Lincoln assistir ao show dos músicos e observar o que precisaria ser alterado. Isto é, se precisasse, realmente, alterar. No fundo, no fundo, os integrantes da banda tinham a esperança de surpreender o empresário com o seu som e ouvir um "Ótimo! Continuem assim!".

Hora de mostrar do que eles eram capazes. É 1, é 2, é 3 e... O rock'n'roll tomou conta do espaço com personalidade, solos difíceis e vocais muito benfeitos! Uma onda mais underground — a "sexta faixa do lado B" de Led Zeppelin, Deep Purple, Pink Floyd, Genesis e Queen.

— Vocês fazem um baile muito devagar! — gritou Carlos Lincoln, no meio do set list, lá de sua cadeira, com as pernas cruzadas e fazendo gestos com a mão.

— Como é que é?

— É... Tá tudo lindo e tal, mas não vai animar ninguém! Eu sei que vocês estão adorando, mas as pessoas pagam para dançar! E vocês não estão nem aí pra elas! Ô gente, tem que pensar no público! — diz o empresário, deixando a cadeira de lado e chegando mais perto.

— Ah, o pessoal curte o nosso show! — arrisca Nando.

— E com certeza é um "pessoal" parado! No mínimo, é músico, cara — respondia Lincoln, enquanto o baixista parecia concordar com a cabeça.

— Vamo lá! Primeiro: muita música internacional! O repertório precisa ser mais popular para agradar o povo. Segundo: o baile precisa ter ritmo, sequência. Você não pode começar com uma música animada depois outra superdevagar, tem que dosar! Começa com um grande impacto, depois acalma, mantém cadência, depois levanta e termina no ápice!

E eles, em silêncio, faziam aquela cara de paisagem, repuxando a boca de lado, com olhar pensativo, do tipo: "Beleza, mas não era bem isso que a gente queria..."

— A música do Painel de Controle é infinitamente inferior a de vocês, mas o baile deles é muito melhor! Por que será? É quase um Carnaval! Imaginem só cantar uma "Ave Maria no morro" no Carnaval? Tem cabimento? É praticamente isso que vocês estão fazendo. O povo quer mais é se acabar de tanto dançar! Os Fevers, por exemplo? Era uma titica no começo, mas aprenderam a ditar o ritmo do baile e deu certo! Vocês entendem o que eu digo?

E as caras continuavam as mesmas, sem qualquer sinal de empolgação. A verdade é que Os Famks tocavam para o seu próprio prazer e ponto final. Era algo despreocupado em relação aos fãs e mais voltado para o gosto da banda, mais para o conceito de show, um espetáculo a que a plateia pudesse assistir. E o que Lincoln pedia era um baile que, como já sugere a palavra, é uma festa em que as pessoas bailam.

— Tá, pode até ser, mas música nacional? Os outros conjuntos só tocam música estrangeira! — tenta Paulinho, que treinava o inglês das canções com toda dedicação do mundo. Ele, rigorosamente, pegava os sotaques dos intérpretes, as separações das sílabas, entonações e tentava reproduzir como estava no disco para que a música ficasse perfeita.

— E vocês têm que ser iguais? Sei lá, coloca um "Cada macaco no seu galho", que o Gil e o Caetano gravaram, ou "Eu só quero um xodó", ou aquela "Farofa-fa"! Pô, Roberto Carlos, Wanderléa... Vocês acham brega? Mas são os sucessos que o povo gosta! E eu, particularmente, adoro. A gente precisa arrumar esse repertório e é pra ontem!

Hoje Carlos Lincoln lembra com saudade daquele ensaio e do espanto dos integrantes com as novas ideias. Tinha muita coisa que ele queria mexer na banda, mas o set list era fundamental e ele iria bater nessa tecla até conseguir. O empresário vinha com uma tendência forte de música brasileira, o que para Os Famks era, praticamente, uma heresia.

— —

— Vocês vão tocar num teatro! — anunciou Lincoln, animadíssimo, ao chegar à casa da Vila da Penha que eles alugaram para ensaiar.

Após a saída de seu Alceu, não dava para continuar no Tijuca Tênis Clube, já que o contato era dele. E esse cantinho na Vila da Penha, subúrbio do Rio de Janeiro, resolvia.

— Teatro, Lincoln? Ficou doido? — perguntou Kiko, deixando a guitarra encostada na parede.

— Nada! Vamos ver do que vocês são capazes! — cantarolou ele, sentando em uma cadeira, no meio dos músicos, e cruzando as pernas.

O sonho de Carlos Lincoln era transformar Os Famks em uma banda nacional! E, por mais que os integrantes quisessem seguir a carreira musical, o empresário sentia que o conjunto não enxergava nada mais além dos bailes. Era preciso, então, desafiá-los nesse sentido e explorar o potencial da banda. Era preciso crescer.

— Que teatro, Lincoln? — indagou Cleberson, desconfiado.

— Miguel Lemos!* Fica lá em Copacabana!

— Porra, Lincoln! O que a gente vai tocar lá?

— Nando, conta a história de vocês e toca! Sem grilo!

— Mas, cara, quem vai ver a gente lá?

— Esse show não é pra ganhar dinheiro.

— Putz, público sentado… — falava Kiko, baixinho, enquanto Lincoln se afastava, deixando o circo pegar fogo.

— Prepara o show aí e depois a gente conversa.

A apresentação seria numa segunda-feira, dia morto para a bilheteria — o que não diminuía o clima de euforia e nervosismo dos músicos. Principalmente ao ver a faixa colocada por Lincoln na entrada do teatro:

O QUE VEIO DE MELHOR DEPOIS DOS BEATLES!

— Cacete, o Lincoln é foda… — comentou Nando com o grupo, antes de entrar no teatro, que não estava cheio. Mas o pouco que tinha já os surpreendia.

— Pô, achei que não ia ter ninguém! — falou Paulinho.

— Vai entender esse povo… — disse Kiko, com um sorriso meio tenso, antes de ir para o backstage do teatro, a coxia do palco, à espera do apagar das luzes.

---

* Esse teatro depois ganharia o nome de teatro Brigitte Blair.

Primeiro sinal do teatro. O burburinho da plateia ainda era alto. Segundo sinal. Algumas pessoas andaram mais rápido para sentar em seus lugares, após comprar uma balinha. Terceiro sinal. O breu tomou conta do público, enquanto as luzes principais davam um colorido especial em Cleberson, Nando, Fefê, Kiko e Paulinho, no palco.

A música tomou o Miguel Lemos, e o silêncio das pessoas ainda era estranho para a banda. Um incômodo nunca antes sentido.

E só aos poucos eles foram se soltando. Conversaram, contaram histórias da vida deles, as pessoas riam e a música tocava. Um repertório especial que foi tomando outra vida com o decorrer do show. Paulinho fazia graça, Fefê caprichava na bateria, Nando falava sobre o que lhe importava, Cleberson sorria e Kiko fazia a guitarra gritar. Fizeram uma apresentação tão legal que o administrador do teatro os convidou para voltar mais uma, duas, três vezes, ficando quase o mês inteiro! Com rock'n'roll de sobra, muito vocal e algumas canções mais famosas! Ah, sim, e músicas nacionais como Lincoln pedira.

— Agora vamos apresentar algumas coisas que vocês conhecem, mas não sabem que somos nós que estamos tocando! — dizia Nando, antes de a banda tocar um mix de jingles, como o do Guaraná Brahma e o do Arroz Rubi, que eles gravaram na Aquarius.

Sentindo calma em mostrar quem eram, realmente, Os Famks — sem receios ou preconceitos. Curtindo o retorno da plateia, pela primeira vez, e a sua aceitação. Com vontade de tomar outro rumo diferente dos bailes, de se tornar maior.

— ● —

— Tem que mudar essas roupas, colocar umas coisas mais claras, mais exóticas! Vocês têm que fazer algo pra se divertir. Tá tudo muito sério!

Para Lincoln, que vinha do Painel de Controle, Os Famks ainda eram uma banda muito elitizada, tanto pela postura, pelo repertório, como na maneira de se vestir. E Paulinho era quem mais brincava com a roupa, como ao vestir um macacão azul-celeste, de lurex, com uma camiseta bem cavada e um cinto prata com estrelas também de lurex.

Aos poucos, roupas mais clássicas dos outros componentes começaram a dar lugar a cores, lamê e botas — visual que era o máximo no circuito dos bailes!

E o nome? "Os Famks" não queria dizer nada em relação ao som que o grupo fazia, e muitas vezes era escrito errado, como "Fanks" ou "Funks". Lincoln ficava para morrer quando isso acontecia, mas os músicos eram conservadores nesse sentido e achavam que Os Famks tinham um certo "pedigree". Não davam abertura para qualquer tipo de alteração! Esse era o nome pelo qual eram conhecidos na "praça", e tinha que ser Famks mesmo: com "A" de amor e "M" de Maria.

— ● —

A disputa entre as bandas continuava: vencia aquela que fizesse o melhor baile e levasse mais público. A agenda dos clubes costumava ser negociada anualmente, e determinadas datas eram concorridíssimas. Por isso, era fundamental o bom relacionamento entre o empresário e os diretores ou presidentes dos clubes para garantir o sucesso.

— Tinha diretoria que queria nosso show todo mês, mas eu não fazia. Achava que ia desgastar a imagem da banda. Eu não olhava apenas o dinheiro, mas a carreira dos integrantes. Eu os tratava como artistas — conta Lincoln, que manteve com os Famks a estratégia dos descontos distribuídos nos bailes dos Fevers. Cada empresário se valia das armas que tinha, e este tipo de ação dava resultado.

Mas o golpe certeiro, a carta escondida na manga, o ás de paus que possibilitaria um Royal Straight Flush era o famoso, temido e habitual jabá. Funcionava da seguinte maneira: se o preço do conjunto era "X", o empresário combinava com o responsável do clube um valor mais alto para ser passado para a diretoria. Assim, o grupo retirava "X" e o restante ficaria com o tal responsável.

— A gente sabia quem eram as pessoas que aceitavam o dinheiro. E eu era muito cascateiro! Não esperava e já oferecia — entrega Lincoln.

Só que era preciso sutileza para fazer a proposta sem queimar cartucho. Afinal, o jabá é bem-visto apenas por quem aceita. Vai que o responsável do clube resolve levar aquilo como ofensa? Pensando nisso, o empresário dos Famks usava uma expressão não tão explícita para falar sobre o assunto:

— Eu sou aberto a qualquer entendimento.

E se o adepto ao jabá se manifestasse a favor de uma conversa, Lincoln continuava:

— Ó, é 8 mil. Você quer que bote quanto?

Mas claro que nem sempre dava certo e a saída clássica do empresário era:

— Pô, tá me chamando de venal? Não é nada disso! Sei lá, vai que tem algum imposto...

— —

Com o novo empresário, Os Famks iriam desbravar outros bairros cariocas, como Ramos, Anchieta, Realengo, Bangu, Jabú e Jacarepaguá, além de outras cidades da região chamada Grande Rio, como Nova Iguaçu e Caxias. Algo de se esperar, considerando que os integrantes do grupo estavam ávidos para ganhar chão e Lincoln com fôlego de sobra para fazer sua peregrinação rotineira de clubes. O problema é que os músicos não eram conhecidos no subúrbio e muito menos fora do Rio, ou seja, dizer o nome do conjunto era o mesmo que nada.

— Os Famks? Ninguém conhece essa banda aqui! — foi a reação instantânea do diretor do colégio Dom Óton Mota, em Santa Cruz, no subúrbio do Rio de Janeiro.

— Eu sei, mas passa a conhecer! Ela é sensacional! O senhor vai ver... O baile é ótimo!

— Hum... Não sei, não, Lincoln. Vou anunciar um conjunto que não vai trazer público?

— Poxa, você já entrou em alguma furada por minha causa? Te faço por um preço mais barato e o senhor enche a casa independente da banda!

A oferta era tentadora e o diretor do Dom Óton, por conhecer Lincoln desde os tempos do Painel, resolveu aceitar. Mas, como o seguro não morreu de velho, uma faixa especial foi providenciada para o evento. Os Famks estavam na porta com o empresário quando perceberam em letras vermelhas, escritas em maiúscula, o anúncio do baile daquela noite:

MAESTRO CARLOS LINCOLN E SUA NOVA BANDA!

— Marcio, descobri a melhor banda de todos os tempos. Os caras são maravilhosos!

— Olha o exagero, Lincoln... Pelo amor de Deus, assista ao baile deles e faça um repertório novo? Me dá uma ajuda?

— Vai por mim, bicho. São os melhores músicos que já ouvi! Só que o repertório é uma merda! Pelo amor de Deus, assista ao baile deles e faça um repertório novo. Me dá uma ajuda?...

Marcio Antonucci soltou uma gargalhada no telefone com gosto.

— Vai lá, fala, o que você precisa de mim?

— Pelo amor de Deus, assiste ao baile deles e faz um repertório novo? Eu tô sem grana e quando puder a gente resolve isso. Mas me dá uma ajuda nessa?

Um opala preto parou na porta da casa de Marcio, em Copacabana, para levá-lo até a Vila da Penha, onde teria um show dos Famks, em meados de 1973. Marcio estava na gravadora Continental, como produtor musical, e tinha se mudado de São Paulo para o Rio há um ano. Não sabia andar direito na cidade como todo paulistano, mas não teve como recusar o pedido, principalmente depois da promessa de que um carro iria buscar e o levar de volta.

O clube estava vazio e tinha umas quarenta pessoas em frente ao palco, admirando a destreza dos músicos, sem mover um músculo do corpo. "Era mais uma demonstração de qualidade do que um baile. Umas coisas muito aranha", lembra Marcio.

Já no primeiro intervalo, após uma hora e meia do set, deu seu veredicto, com o sotaque carregado da terra da garoa:

— Olha, turminha, se a ideia é tocar em baile estão faltando músicas populares. O repertório não tá condizente com o público, por mais que vocês toquem barbaramente! Cadê os sucessos?

— Ué, essa última agora, por exemplo: "This Mascarade", do George Benson — tentou Cleberson.

— Ahã... Aquela música romântica no final? Que, aliás, é muito coerente com o repertório de vocês, né? Tudo sem pé nem cabeça!

— A gente gosta do nosso repertório, Marcio — disse Nando, seguido pelos outros integrantes com vários "É isso aí", "Concordo", "É verdade" e outras afirmações.

— Pode até ser, mas ficar tocando "Billy Butterfly"[*] não vai levar a nada. Vou tentar equilibrar as coisas, tá?

---

[*] Marcio na verdade estava se referindo à banda Iron Butterfly.

Em uma mesa de bar, cercado pelos cinco integrantes, Marcio rabiscou uma lista de músicas. Depois mandou outras canções que poderiam entrar, e a banda ensaiou naquela semana mesmo.

— A gente só tem que ter cuidado pra não abrir muito — comentou Cleberson.

No sábado seguinte o novo set list estava sendo executado, em uma mistura de baile e show, com direito a hit parade, Beatles e as músicas do lado B que eles gostavam. "O Lincoln descobriu um conjunto que substituiria Os Incríveis. Todo mundo fala dos Fevers, que é mais recente, mas ninguém no Brasil teve o sucesso que Os Incríveis e Os Famks tiveram", comenta Marcio, que iria assistir a eles, novamente, após dois meses do encontro com a banda. Os bailes já estavam cheios.

— —

— A gente podia colocar mais um tecladista, hein?

— Se esqueceu do Cleberson, Kiko?

— Não, não... Só acho que cabia mais um... — disse ele para Carlos Lincoln, antes de continuar. — Lembra do Ricardo?

— Dos Panchos?

— É! Agora ele tá no Ed Maciel... Eu acho que tem a ver.

— E ele tá querendo sair de lá?

— Ah, essas coisas sempre mudam, né?

— —

Ensaio geral da banda, e Carlos Lincoln, como sempre, estava posicionado na área do público, sentado em uma cadeira na parte central. Paulinho cantava bem, mas costumava ser mais fechado e introvertido no palco. Porém, naquele dia, ele estava inspirado, sendo motivo de risos do conjunto e do empresário. O vocalista cantava, dançava, dava umas reboladas, contava piada, dançava de novo e conduzia o show dos Famks com uma desenvoltura de dar inveja.

— É isso aí! — berrou Lincoln lá de baixo com uma bela desmunhecada.

Ao que Paulinho, sem perder o timing e o tom, responde do palco:

— Noooooossa!

Risada geral e a conclusão de Lincoln:

— Pronto, é isso! Paulinho, a partir de hoje você é gay!

— —

O palco estava montado na rua de um dos bairros do subúrbio, em frente a um supermercado, que funcionava de camarim para os artistas, enquanto os Famks se preparavam para tocar. O evento era grátis e relacionado ao Baú da Felicidade do Silvio Santos, um sucesso nos anos 1970 — uma bela divulgação para as bandas participantes. A rua estava cheia e o show prometia ser dos bons, a não ser por um pequeno detalhe: o pedal de Kiko falhou no início da apresentação. Motivo para despontarem no meio do público assovios e vaias pela demora, sobretudo por parte dos homens.

Tenso, sem saber como controlar aquele burburinho, Paulinho pedia ajuda, olhando para Lincoln, que de longe fazia gestos afeminados. "Não... Isso não vai dar certo..." As pessoas foram ficando mais agitadas, e Lincoln fazia mais poses de veado para Paulinho. "Com essa porrada de gente? Tá maluco? Eu já não uso umas roupas muito normais", dizia ele baixinho. Mas, por fim, não teve escapatória. E o vocalista soltou a franga:

— Pára com isso! Que gritaria... Nossa! Não estão vendo que ele tá com problema?

Em um segundo, o clima hostil se transformou em brincadeiras e gritos de "ô, veado". Era o público que se rendia às graças de Paulinho, ou Paulete, como seria conhecido a partir de então.

— —

Custou mas, depois de tanto ouvir Carlos Lincoln, a bicha improvisada do vocalista veio para ficar. Um dos auges dos bailes era quando Paulinho cantava "Bandido corazón", que se tornou sucesso na voz do Ney Matogrosso, em 1976. Ele dançava como o Ney, que trouxe uma atmosfera andrógina desde os tempos dos Secos & Molhados, e virou um atrativo a mais durante o show.

"Paulinho era muito bonitinho e a mulherada caía em cima, mas nessa música ele desmunhecava muito", diz rindo Carlos Lincoln.

Acredite se quiser, elas também aprovaram a brincadeira. Tanto as mulheres quanto os homens morriam de rir com as encenações irreverentes, piadas e rebolados do vocalista. Sem esquecer que a música também agradava.

— Alguém tá com fome aí? — gritava Paulete para o público, que respondia:

— Não!

— Alguém tá com fome aí? — ele insistia!

— Não!

— Vocês têm certeza que não querem comer mais nada? — dizia o vocalista, virando a bunda para a plateia, cheio de malícia.

Isso quando não desatava a contar piadas nos bailes, ou fazer "mágicas", sempre com muita sacanagem. Paulinho prestava atenção nas pessoas, pegava trejeitos, copiava manias e falas, transformando todas essas informações em um show à parte. A memória dele era feroz para esses detalhes, e Os Famks entravam na brincadeira. Volta e meia, Nando anunciava, rindo, que Paulinho faria uma mágica naquele show. E lá vinha o vocalista para aprontar uma das suas. Ele sabia o show do Chico Anysio de trás para frente, anedotas que ninguém conhecia, e dispensou vários convites em sua trajetória para atuar como comediante.

— —

Baile dos Famks, casa cheia e os músicos arrebentando em suas execuções. Nada poderia atrapalhar esse cenário e...

— Ai, ai, ai, ai, ai!

Geme de dor o baixista, que suava frio enquanto tocava, com um deslocamento do ombro ao segurar seu contrabaixo Precision. Lincoln saiu dali direto para o hospital com Nando e, a partir de então, ficou em alerta para o caso disso se repetir em outros eventos. Até porque nem sempre o baixista deixava claro a sua dor e sofria quietinho, esperando o baile acabar.

— —

De forma que, no dia seguinte, o guitarrista já estava na porta da casa do amigo, com um caderninho debaixo do braço, ansioso para aprender.

Kiko precisava tirar a carteira da Ordem dos Músicos para poder trabalhar, e Cleberson se prontificou para ajudá-lo. Os dois estudaram a manhã inteira e só pararam, rapidamente, na hora do almoço, para comer alguma coisa. Eles precisavam passar muita coisa antes da prova de Kiko.

— Obrigado, dona Celeste — disse Kiko, quando Jandyra, mãe de Cleberson, o serviu com uma concha de feijão.

Fazendo o tecladista morrer de rir ao ver a mãe sorrindo sem corrigir o menino, para não constrangê-lo.

— O que foi Cleberson?

— Nada cara, nada... — se segurando para não rir mais.

Os dois almoçaram e, em seguida, voltaram para os estudos! Parando, mais uma vez, somente no final da tarde, com um lanchinho que Jandyra havia preparado. E Kiko continuava chamando-a de Celeste...

Eles ficaram estudando até anoitecer, quando Kiko, mais que preparado, se levantou para ir embora:

— Tchau, Cleberson! Obrigado mesmo, cara — e se virando para a mãe do amigo: — Até logo, dona Celeste!

Enfim, o tecladista, com um sorriso no rosto, revelou:

— O nome dela é Jandyra!

— E "tu" me deixou falar Celeste o tempo todo?

Mas Cleberson nem respondeu. Só riu muito da cara de tacho de Kiko, que ria também.

Na prova da Ordem dos Músicos, na semana seguinte, Kiko não apenas passou com boa nota, como deu cola para outros músicos! E saiu da sala do exame feliz da vida com a liberação para poder trabalhar! Tudo graças às aulas que teve com Cleberson, filho de "dona Celeste".

— —

— Cleberson, a gente vai dar o pulo do gato!

— Por que, Kiko? Você acha que eu não tô dando conta?

— Bicho, não é isso! É evolução! Dois tecladistas e vocal! A gente vai matar a pau! — insistia o guitarrista, com o pensamento em Feghali, que naquele momento tinha saído do Ed Maciel e estava sem banda.

Kiko sempre colocava o assunto em pauta após sua saída dos Panchos, mas Cleberson se sentia ofendido por ter que aceitar outro tecladista nos Famks.

— Se coloca no meu lugar, Kiko! É a mesma coisa que colocar um guitarrista junto com você!

— Não é, não! Não existem milhões de guitarras que fazem sons diferentes uma da outra! Mas teclado tem!

E eles discutiam tão alto, que na sala ao lado, dava para se ouvir tudo! E lá estava Vantuil, empresário do Lafayette, para levar um papo com Carlos Lincoln. No lugar certo e na hora certa.

— ◦ —

No Brasil, em meados da década de 1970, ainda não podia se falar sobre qualidade na sonorização dos shows. A estrutura era simples e não passava de um microfone para a voz do cantor, com amplificadores individuais para os instrumentos instalados no fundo do palco. Ou seja, quando Os Famks passaram a se importar com isso, existiam apenas tentativas isoladas de melhoria, registradas desde 1972 pelos Mutantes com Cláudio César Dias Baptista.

Primeiro, Lincoln trouxe Acácio para ser o técnico da banda. Um ser completamente alucinado em inventar coisas para aprimorar o som — o que já chamou a atenção de Nando, que chegou junto ao operador nesse processo.

— Vou microfonar a bateria, OK?

Depois foi a vez de Franklin Garrido na banda, dando um salto de qualidade nos bailes. Franklin havia feito a manutenção do equipamento dos Mutantes, quando a mesa de som era operada por Wagner Tavares — estímulo para Nando pesquisar mais sobre o assunto.

— Vai dormir, Nando! Não me enche o saco!

— Mas Franklin... Eu estava pensando nesse PA* no meio e...

— São 2 horas da manhã, cara! Vou desligar o telefone!

— Tá bom, tá bom... — disse Nando, fascinado por aqueles inventos, contando as horas para chegar o baile do Magnatas Futebol Clube, no Riachuelo — Zona Norte da cidade —, onde eles improvisariam seu primeiro sistema de PA no meio do salão. E há quem diga que teria sido a primeira banda de baile no Rio de Janeiro a fazer isso.

Os fios que passariam do palco ao meio do salão teriam de estar em um multicabo, que concentraria toda a fiação. Mas um multicabo americano era muito caro e, na falta do recurso, o jeito foi improvisar! No dia anterior, eles compraram vários rolos de cabo de guitarra, juntaram todos, amarraram no para-choque do fusca de Kiko e os besuntaram de vaselina para passá-los dentro de uma mangueira.

E eles passavam mais vaselina, tendo um arame muito forte como guia. Cerca de 30 metros de cabo! Um trabalho que varou a madrugada. Afinal, só assim eles poderiam concentrar o controle do áudio e integrar os amplificadores para um som mais equilibrado.

---

* Abreviação de Public Address (Endereçado ao Público). Equipamento que direciona o som à plateia, nos shows.

A primeira tentativa não foi aquela maravilha. Pode-se dizer que foi até ruim, mas foi um começo. E Franklin, absorto naquele objetivo, continuaria tentando nos outros bailes. Até que, no Irajá, ele balanceou o multicabo, que era de alta impedância, e conseguiu um...

— Puta som! Caralho! Agora foi! — comemorou Nando ao ver o que Franklin havia conseguido.

Um som que deixaria o baile muito melhor, despertando a atenção das outras bandas que correriam atrás do prejuízo. Os Famks já dominavam a Tijuca, o subúrbio do Rio de Janeiro e outras cidades menores da região, passando por cima, inclusive, do Painel de Controle, que havia tomado os bailes após Os Fevers. E, com aquelas melhorias, o céu seria o limite.

Não foi à toa que, aos poucos, eles foram substituindo as "gambiarras" por equipamentos originais e os instrumentos por outros mais possantes, se virando com o que tinham à mão, mesmo quando o dinheiro apertava, para manter a qualidade do som. O show é que não podia parar.

— ● —

— Caramba, foram 10 mil pessoas no baile de ontem! Isso foi legal! — comentou Fefê em uma das reuniões com o grupo.

— É, encheu pra caramba... Pô, eu fico pensando nas coisas que o Lincoln fala com a gente... É foda, né? A gente precisa ganhar dinheiro — disse Kiko.

— A gente tem que pensar é na nossa carreira! Pô, e o disco da Polydor?

— Difícil, hein, Nando... — lamentou Paulinho, que passou a cantar "Altamira" na ausência de Alceu.

A banda, inclusive, foi novamente ao escritório de Big Boy para apresentar os novos integrantes e pedir uma força para o DJ. Chegou até a colocar a música na Parada de Sucesso da Globo. No entanto, a canção parecia não decolar, por mais que Os Famks amanhecessem muitos dos dias nas portas das rádios. E eles não entendiam o porquê. Era preciso, então, fazer um novo disco, uma música nova, qualquer coisa. Era preciso, antes de tudo, da gravadora.

— ● —

— Jairão, quero gravar mais um disco com Os Famks.

— Ih, complicado... — respondeu Jairo Pires ao ser interpelado na Polydor, ainda em 1973, por Carlos Lincoln.

O empresário queria conversar sobre o contrato dos Famks vigente, mas não ouviu uma resposta animadora do diretor artístico. E o máximo que ele conseguiu foi a marcação de um novo teste.

— Um novo teste? Pô, Jairo, mas o contrato é o mesmo!

— Mas mudou o cantor, não é?

— ● —

No dia do teste, um imprevisto adiou os planos dos Famks:

— Lincoln, o Erasmo tá gravando agora. Tem como vocês fazerem a ambientação?

A música era "O comilão" e contava o episódio de um cara que ganhou em um programa de TV o direito de comer de graça pelo Brasil inteiro, mas que de tão voraz desfalcou a exportação. A parceria de Erasmo com Roberto Carlos entraria como bônus do álbum Projeto Salva Terra!, lançado no ano seguinte, e precisava do burburinho do fundo, conversas, assovios, palmas etc. — o que, nos estúdios, recebe o nome de ambientação ou clima. Não era o tipo de coisa que Carlos Lincoln achava ideal para seus artistas, mas topou fazer uma média com o pessoal do selo.

Só dias depois é que Os Famks conseguiram fazer o teste, com o cantor e compositor Hyldon de coprodutor da audição. A música escolhida foi o hit daquele ano: "The Morning After", conhecida na voz de Maureen McGovern como tema de amor do filme *O destino do Poseidon*.

Paulinho caprichou na interpretação e todos ficaram "chapados" com a qualidade vocal que ele demonstrara: "There's got to be a morning after / If we can hold on through the night". "Ele é um dos maiores cantores do Brasil. É o nosso Phil Collins!", disse Carlos Lincoln.

Mas, mesmo assim, a confirmação da gravadora sobre um novo disco não veio, derrubando todas as ótimas expectativas do teste. Chateado e doido pra botar logo na rua mais um LP dos Famks, Lincoln, que tinha ligação com Marcio Antonucci e Ramalho Neto, produtores de outra gravadora, tomou a decisão:

— Vamos pra Continental Discos!

CAPÍTULO 9

EL ADIÓS DE LOS PANCHOS

"Los Panchos, pra mim, é a
fase com o Kiko e o Paulinho.
Depois eu mantive o nome pra não
começar do zero. Mas era diferente..."

Ricardo Feghali

— Meu filho, você precisa fazer uma faculdade! — insistiu Albert com Ricardo, após a saída de Kiko e Paulinho dos Los Panchos, apesar deste já ter arrumado uma nova formação para a banda.

— Ah pai, quero continuar com a música...

— Mas tá difícil, não tá?

— É... Um pouco.

O menino nunca repetira o ano ou deixara de estudar por causa da música, e sempre esteve um ano escolar à frente de Jandira. No entanto, ao chegar aos 17 anos, era como se o mundo inteiro o cobrasse por uma posição quanto à sua vida. Como se ele fosse obrigado a entrar em uma faculdade para prestar contas aos seus pais e também à sociedade.

"Pô, eu não posso decidir depois? O pior é que tudo da banda fica nas minhas costas... Será que vale a pena?", perguntava-se ele, quando estava sozinho, pensando sobre o que fazer enquanto passava um pano nos instrumentos.

Ele também considerava a realidade dura de Los Panchos e seus percalços, na tentativa de se sentir mais empolgado a fazer uma faculdade. Mas não sentia firmeza em nenhuma das possibilidades do cursinho de pré-vestibular, que ficava perto de sua casa. "Engenharia? Direito? Não quero fazer nada disso!" E decidiu-se por medicina, na tentativa de aliviar a imposição que sentia ao estar perto de seus pais. Mesmo quando eles não diziam nada, era como se os olhares e as palavras de Nilza e Albert fossem apenas de reprovação às suas atitudes. E isso era muito ruim...

— Ó! Vou começar amanhã o cursinho, tá?

Contudo, a matrícula não significaria esforço durante as aulas. Desmotivado com a pressão para se afastar da música, ele mal estudou no decorrer do ano e "tomou bomba". O máximo que aconteceu foi se divertir confundindo os professores com o seu gravadorzinho, que fazia um barulho de feedback. Era uma novela! Os alunos morriam de rir e sabiam que era ele, enquanto os professores batiam no microfone da sala de aula, tentando consertá-lo.

— Direção! Por favor, chama a direção! Esse microfone tá ruim! — reclamavam os mestres, confusos, andando de um lado para o outro.

Ansiosos para consertar o microfone, perante os olhares de julgamento dos alunos, os professores se mostravam atrapalhados e perdidos naquele curso, tanto quanto ele.

— — —

— Tá, tá, já sei! Eu vejo isso — respondeu Ricardo, meio estressado, para Valter Gordo, antes de ensaiar com a banda.

A formação dos Panchos, que tinha Serginho Herval na bateria, Luís e Júlio no baixo e na guitarra, não chegou nem a se apresentar e ficou só nos ensaios. E o garoto, mais uma vez, teve de procurar novos integrantes para manter a banda ativa. Valter Gordo assumiu o baixo; Cícero Pestana, a guitarra; e Geraldinho veio para cantar. Músicos que ainda fariam vários bailes com Ricardo sob o nome de Los Panchos — um conjunto que sustentava os anseios do tecladista, mas que já estava cansando… "Será que não dava pra ser mais simples?"

Em 1973, Ricardo tentou medicina de novo, mas dessa vez com a companhia de Jandira, que havia se igualado a ele no ano escolar. Porém, a irmã, que decidira deixar Los Panchos, passou e ele não. Desespero para o garoto que, sem coragem de abandonar a música, começou a ver sua entrada na faculdade apenas como forma de ganhar tempo com seus pais.

— Pô, não tô passando… Preciso fazer alguma coisa para ninguém me aporrinhar!

E ele procurou tanto, que conseguiu passar em uma dessas provas isoladas para a Faculdade Brasileira de Ciências Jurídicas — no mesmo ano em que foi reprovado para medicina.

— Passei pra direito, pronto! Acabou!

Era o seu passe livre para continuar com a música.

— — —

— Estão precisando de um tecladista para uma gravação em Madureira. Tá a fim? — perguntou Vantuil, empresário do conjunto do Lafayette, para Ricardo, após ouvir na casa dos Famks que ele estava sem banda.

— Agora?

— É, hoje à noite. Leva seu piano Fender!

— Tá bom! — respondeu ele, sem saber quem iria acompanhar ou onde ficava o estúdio.

Pegou seu piano, colocou na Variant — carro da Volks — que conseguira comprar parcelando, com seu pai, em inúmeras vezes — e deu a partida, tendo nas mãos um papelzinho com o endereço escrito.

Ao chegar lá, achou tudo estranho. Não tinha mesa de som e a sala estava vazia. "Ué, cadê todo mundo?" Mas como ainda era cedo, montou seu pianinho, achou uma cadeira no canto e sentou para esperar. Ficou ali durante alguns minutos, até que um rapaz, moreno, de bigode fino, calça branca, blusa colorida e chapéu preto na cabeça, acendeu a luz do lugar.

Ricardo o cumprimentou, sem graça, sem saber que se tratava do alagoano Zé Paulo, que acompanhava o Rei do Baião Luiz Gonzaga, tocando zabumba.[*]

Em seguida entraram no estúdio Dum Dum (trompete), Paulão (baixo) e Picolé, baterista de muitas gravações da música brasileira.

O menino observava tudo com muita atenção, sorrindo quando alguém olhava para ele. Procurando o instante certo para perguntar o que ele faria ali. "Será que falo com ele? Com ela? Hum... Ele deve ser o dono da banda. Ai, caramba... Melhor esperar eles arrumarem seus instrumentos..." Até que foi surpreendido pelo próprio Zé Paulo:

— Você sabe o que tá fazendo aqui?

— Hã, Er... É pra uma gravação, né?

— Não, não — e rindo um pouco, vendo o menino perdido, continuou. — A gente quer que você toque com a gente, e isso aqui é um ensaio! Vamos fazer um projeto com o Ed Maciel, conhece?

— Hum... Não — respondeu Ricardo, imaginando se estaria "pagando mico" dizendo que não.

— Tudo bem. A gente quer você no projeto. Vai ser bacana! Você canta também?

— Canto, canto!

— Beleza! Então vamos tocar! — comemorou Zé Paulo, passando a harmonia para o menino.

E estava selado o início do trabalho de Ricardo Feghali com Ed Maciel, e o fim das atividades de uma banda, para ele muito querida, chamada Los Panchos Villa.

— ▬ —

Trombone era o instrumento de Edmundo Maciel. Na verdade, era o instrumento de toda a sua família — considerando que seu pai e pelo menos dois de seus irmãos fizeram a mesma escolha musical. Sendo um deles também "Ed" (Edson), o que lhe renderia algumas confusões. Mineiro de Belo Horizonte, instrumentista e compositor, ele veio aos 13 anos de idade para o Rio de Janeiro, onde se tornaria maestro, arranjador e o primeiro trombonista da Orquestra Sinfônica do Theatro Municipal. Mas comparado a seu irmão Edson, de linha jazzista, Edmundo seria um músico mais tradicional, com toque suave e articulação mais "limpa".

---

[*] Zé Paulo também acompanharia Zé Gonzaga — irmão de Luiz Gonzaga —, Oswaldinho do Acordeom, Elba Ramalho e Dominguinhos.

Edmundo, ou Ed Maciel, como seria conhecido no meio artístico, tinha quase 50 anos quando conheceu Ricardo Feghali, aos 18. Época em que formaria uma das bandas mais cotadas para os bailes dos clubes da cidade, e também uma das mais bem pagas! E Ricardo poderia ter ficado por lá, durante anos, tocando com Ed Maciel, recebendo muito bem no final dos bailes por isso. Sem levar a banda nas costas! Poderia... Não fosse o seu impulso incontrolável de se envolver com a banda. Ricardo insistia para que o conjunto ficasse mais pop, mais moderno — mas Ed Maciel não queria. O menino apresentava, inclusive, novas canções para que a vocalista — substituta de Jurema* — aprendesse a cantar. Uma atitude legal e positiva para o conjunto, mas que, na visão de Ed, deveria vir do dono da banda, e não do tecladista.

— —

Os bailes da Lespan, na avenida Brasil, eram animados — embalados sobretudo pela black music. Ali reinariam nomes como Toni Tornado, Gerson King Combo, Ademir Lemos, Mister Funk Santos, Big Boy, Black Rio e Carlos Daffé. Com muita gente boa, cheio de estilo e marra, se acabando na pista de tanto dançar. E para lá foi Ricardo com Zé Paulo para se distrair, após sua saída da banda de Ed Maciel.

— Pô, bicho, não teve jeito, né? — lamentava Zé Paulo que, naquele período de bailes, se aproximou muito do tecladista, oito anos mais novo que ele.

— Ah, Zé... Deu no que deu.

— E agora? Vai fazer aquela sua banda de novo?

— Los Panchos?

— É! Essa mesmo!

— Não, não... Vou deixar rolar. Quem sabe a vida me traz outras coisas? — disse Ricardo, tomando uma cerveja, enquanto no palco uma banda batalhava também pelo seu ganha-pão.

— —

Na semana seguinte, meio desanimado, Ricardo esbarrou, novamente, em Vantuil.

— Olha só, o Lafayette tem duas bandas: o Sambrasa e o Lafayette! E ele quer que você ensaie com o Sambrasa.

— Tocar samba?

— Mas não é samba!

Lafayette era considerado o organista oficial da Jovem Guarda. Gravou com os principais nomes do movimento, como Trio Esperança, Golden Boys, Renato e seus Blue Caps, Wanderléa, Roberto e Erasmo Carlos. Ele e seu órgão Hammond B-3 marcaram presença nas décadas de 1960 e 1970, e nos mais de trinta LPs pela CBS da série "Lafayette apresenta os sucessos", em que ele gravava versões instrumentais dos hits da época.

---

* Jurema de Candia, no começo de carreira, aos 14 anos, cantou no conjunto de Ed Maciel. Quando mais velha, se tornaria a segunda voz de Roberto Carlos.

Porém, Ricardo não iria para o Sambrasa. Lafayette já tinha ouvido falar de Ricardo por Mosquito, ex-Los Panchos e o convidou para fazer parte do Lafayette e seu Conjunto, além de ensaiar com a banda The Brazilian Bitles. E não se tratava da formação de sucesso nos anos 1960, com Victor Trucco ou Luiz Toth, mas uma tentativa de remontar a marca "The Brazilian Bitles" no mercado — comprada por Vantuil —, com Dé (baixo), Paulinho Ovelha (guitarra), Floriano (bateria), Tutuca Borba (teclado), e os irmãos Cristina (voz) e Cássio Tucunduva (guitarra).

Assim, a partir de 1974, Ricardo atuaria, na casa de Lafayette na Ilha do Governador, como diretor de ensaio e tecladista, sem se preocupar com transporte, pagamento ou outra questão de banda. Tranquilo, ganhando dinheiro do jeito que ele queria. Mais uma vez.

— ◄ ►

— E aí, Ricardo, tá tudo bem?

— Oi, Kiko! — responde o tecladista ao encontrar Kiko, na porta de sua casa.

— Vem cá, o que você acha de entrar para Os Famks?

— Os Famks? Você tá falando sério?

— Tô, ué! Por que não?

— Mas e o Cleberson? Saiu?

— Não! Pô, dois teclados... Vai ficar do cacete!

— Hum... Mas ele tá bem com isso?

— Er... Não muito. Mas a gente dá um jeito!

— Sei...

E o ânimo de Ricardo estava longe de ser o que o guitarrista esperava encontrar.

— No Lafayette você é empregado, não é? Com a gente você vai ser dono! Nosso sócio!

— Como assim, Kiko? Vocês já não têm equipamento?

— Temos! Mas vamos comprar outros mais novos! Estamos juntando dinheiro pra isso — comentou Kiko, tentando estimular Ricardo, que não parecia mudar de opinião.

— Pô, cara, não sei, não... Acho que agora vai ficar meio complicado...

— Mas por quê?

— Ah, bicho... Eu que tô segurando as pontas lá de casa. E tô ganhando bem no Lafayette! Não acho que vai rolar investir... Eu tô feliz.

— Mas...

— Obrigado pelo convite. De verdade.

— Mas...

— Me desculpa, mas... Não vai dar pra mim, não.

— ◄ ►

— Pô, o Ricardo foi pro Lafayette! — chegou dizendo Kiko na semana seguinte, muito chateado, no ensaio dos Famks, que naquele instante começavam o seu trabalho na Continental, com Marcio Antonucci.

Nos anos 1970, solos de guitarra e teclados eram encontrados com frequência nas bandas estrangeiras de rock progressivo. Yes, Supertramp, Rush, Genesis, Pink Floyd, King Crimson, Jethro Tull, Emerson, Lake & Palmer eram alguns dos grupos que fortaleciam essa tendência no mundo inteiro. Momento perfeito para Ricardo entrar na banda.

— Você falou com ele? — perguntou Lincoln, estendendo o assunto.

— Lógico! Só que "neguim" deu o pulo do gato na nossa frente! Saco...

＊ ＊

Enquanto Ricardo estava no Lafayette, Marcio Antonucci recebeu Os Famks de braços abertos na Continental e deu início à gravação de um compacto da banda: disco duplo, com quatro canções mais melodiosas, lembrando o velho estilo da Jovem Guarda.

"Harlem Song", único sucesso do grupo vocal francês The Sweepers, ficou conhecida como "Triste canção", na versão de Lilian Knapp, na época casada com Marcio Antonucci.

> Tudo acabado
> Me diga agora
> Como é que eu vou viver?

Além disso, a letra de "Sylvia", famosa na voz de Elvis Presley, também ganhou versão de Lilian. Já Rossini Pinto transformou "Chérie Sha La La", da banda francesa Anarchic System, em "Querida"; e "Me And You", do brasileiro Dave Maclean, virou "Eu e você".

O disco só tinha os sucessos do momento, e poderia encher os olhos dos jovens que iam aos bailes. No entanto, nada aconteceu. Quer dizer, não com este LP. A ideia dos hit parades dos bailes ainda se tornaria moda, com trabalho dos Famks, dentro da Continental, sob a batuta de Marcio. Só que, neste caso, os músicos seriam reconhecidos por outro nome.

＊ ＊

— Turminha, tô a fim de fazer um trabalho diferente com vocês! — disse Marcio, animado, para Os Famks, em sua sala na Continental. — Trinta músicas em dez faixas, como se fosse um baile! Com todos os tipos de sucesso do momento! Nacional, internacional, pop, rock, brega, samba e por aí vai!

— Mas isso não tem a ver com a gente! — reclamou Kiko.

— Calma, calma, eu não acabei de falar! — disse Marcio, meio indignado, levantando as mãos. — Serão vocês tocando, mas não serão vocês!

— Marcio...

— Nando, desculpe te interromper, mas vocês não me entenderam. Ninguém precisa saber que são vocês! Não precisa ter o nome Os Famks. A gente inventa outro!

— Outro?

— É, ué! Vocês fazem o cover das músicas e assinam como Zé das Couves! Sei lá! — E falando de forma solene e pausada, caprichando no sotaque paulistano, continuou: — Prestem bem atenção: isso pode dar dinheiro! Vocês não precisam largar Os Famks!

Era 1974: ano do primeiro LP da Continental de hits, gravado pelos Famks, com músicas como "Big Apple Dreamin", "Gita", "Gostava tanto de você", "Band on the Run", "Maracatu atômico" e "Triste canção", início da série "As 30 mais", que, surpreendentemente, venderia que nem água em todo Brasil, enchendo os bolsos da gravadora, e que levaria Os Famks a assumir o pseudônimo de Os Motokas.

CAPÍTULO 10

NA GARUPA DOS MOTOKAS

"Foi uma falha lamentável não termos
feito shows com os Motokas.
Perdemos muito dinheiro!"

Marcio Antonucci

Foi no estilo dos discos das bandas The Clevers (que depois passaria a se chamar Os Incríveis) e The Jordans que surgiu o Big Seven, em 1968, pelo Okeh (subselo da CBS). Esse era o nome do grupo instrumental — formado pelos integrantes dos Fevers e de Renato e seus Blue Caps — que gravou a série de vários volumes "Os sucessos num super embalo". Com dois LPs por ano até o começo dos anos 1970, os discos vinham com doze faixas, sem os créditos, e traziam canções conhecidas como "Risque" e "Chão de estrelas".

Em 1970, foi a vez do conjunto Os Super Quentes, também pela CBS (dessa vez pelo selo Entré), composto basicamente por membros dos Fevers, Golden Boys, Trio Esperança e Renato e seus Blue Caps. Foram mais de dez discos da série "Os Super Quentes e os sucessos", também com doze faixas em cada — entre covers e versões de hits.

Leno Azevedo, em 1973, produziu o Sessão de Rock, LP de sucessos pré-Jovem Guarda creditado a uma banda chamada Matéria Prima. Brazilian Singers foi o pseudônimo de um conjunto pensado para os gringos com os melhores sambas da terra da caipirinha, e muitos outros grupos "fantasmas" existiram nas décadas de 1960 e 1970, cantando músicas do hit parade. Esse era o "filão" das gravadoras, que vendiam muitos discos e só pagavam os cachês dos músicos, sem gastar um tostão de royalties artísticos.

Os envolvidos, escondidos atrás de pseudônimos, não eram reconhecidos pelo público por aquele trabalho e se motivavam pelo prazer de fazer música e de ganhar seu dinheirinho. E as companhias fonográficas puderam nadar de braçada naquela época com os fonogramas à sua disposição. O que dirá a Continental com Os Famks e "As 30 mais".

Já no primeiro disco de "As 30 mais", Marcio Antonucci escolheu as trinta canções que iriam entrar no LP e entregou a lista para Cleberson.

— Ó, acho que um minuto e pouco de cada música já deve dar.

E o trabalho do "tecladista aspirante a maestro" seria "casar" o começo de uma música com o final de outra, de forma harmônica. Para entregar um trabalho perfeito, o tecladista comprou uma vitrolinha para ouvir os LPs originais e tratou de buscar um lugar silencioso no estúdio, onde pudesse ligar o aparelho e escutar os discos em paz.

Assim, sem avisar ninguém, saiu rodando pelos andares do estúdio, observando as áreas vizinhas, quem estaria por perto, até achar um local apropriado. Desligou a máquina de café, que não era muito usada, e confiante ligou seu instrumento de trabalho na tomada. A única tomada de 220 volts de todo o prédio, que iria queimar a sua virgem vitrolinha para sempre.

Depois do episódio da vitrola, Marcio gravou uma fita K7 com todas as canções em ordem, dando pausa onde teriam que ser feitas as emendas e entregou para Cleberson.

O tape já vinha exatamente do modo que o LP deveria ser gravado, com o produtor contando "É 1, é 2, é 3, é 4, é ê" antes de dar pausa entre as canções, o que facilitaria o processo. No entanto, o prazo seria apertado: cerca de uma semana para fazer os inúmeros arranjos, com todas as variações musicais de uma festa eclética; indo de Sérgio Bittencourt, passando por Tim Maia a José Augusto e até Paul McCartney & Wings! Mas Cleberson gostou da tarefa e deu seu jeito de marcar as harmonias como cifras.

O ritmo continuaria puxado nas gravações: com uma ou duas semanas para fazer as bases, os vocais e as vozes principais — uma trabalheira que seria impossível nos dias de hoje sem a ajuda da tecnologia. E, assim, o volume 1 dos Motokas sairia em março de 1974, com Os Famks tocando, Paulinho cantando a maioria das músicas, Marcio fazendo a voz das românticas, Lilian Knapp com a voz feminina, e alguns amigos do produtor ajudando nos sambas. O primeiro dos treze discos dos Motokas até o ano de 1982[*] — lançados, praticamente, dois por ano —, com onze sob responsabilidade de Marcio, que tinham Os Famks como músicos.

Um estouro de vendas por vários estados do Brasil, colocando, inclusive, "Triste canção" — que fazia parte do repertório do disco — na lista das músicas mais executadas na semana de 1 a 8 de agosto de 1974 — de acordo com pesquisa de mercado do instituto Nopem. A estreia, com o pé direito, dos Famks no circuito de LPs não creditados.

---

[*] Os Famks fizeram onze LPs completos de Os Motokas. E, sob a produção de Max Pierre, eles apenas cantariam na 12ª edição. A 13ª edição possui trinta regravações de todos os discos.

— O meu sonho era ser uma das garotas dos Motokas — brincou Ivete Sangalo em um dos lançamentos de seu CD As Super Novas, pela Universal, em 2005.

E não era para menos. Na capa desse disco, a baiana, embora comportada, com uma blusa e calça jeans, está em cima de uma moto, fazendo uma pose típica dos LPs dos Motokas que marcaram os anos 1970.

A Continental investiu na seleção das modelos que viriam na frente dos discos naquela época — o que também causou impacto nas vendas de "As 30 mais". O grande frisson do público masculino era colecionar os pôsteres daquelas beldades e esperar ansiosamente pela escolha da próxima capa. O LP juntava máquinas possantes com mulheres lindas, fazendo uma mistura provocante e intensa para a libido dos homens. Efeito similar que buscou a mesma Ivete na abertura de seu show no Maracanã, com roupa preta e também em cima de uma moto — isso já em 2007, durante a gravação do DVD e CD ao vivo da Multishow.

Em uma coletiva, no Copacabana Palace, ao ser indagada se a inspiração da roupa de couro era a mulher-gato do Batman, ela retrucou: "Nunca! Quando falei que ia fazer show no Maracanã as pessoas me olharam surpreendidas. Então me veio a ideia da roupa de heroína, poderosa, e também a influência daquelas moças que apareciam na capa daqueles discos que meus irmãos compravam: uma coletânea de Os Motokas — porque eu sou pobrinha (sic), mas sou limpinha. Meu irmão então veio com a sugestão da moto."[1]

O Globo de Ouro era um programa da TV Globo que tinha o propósito de apresentar ao telespectador os maiores hits do momento. Chegou a passar nas quartas, sextas e domingos, mas sempre destacando as músicas mais tocadas da parada — nacionais e internacionais — através de seus diversos quadros, como: "Grande lançamento do mês", "Hit parade do passado", "O som das paradas" e "O som dos disc-jóqueis". O programa se tornou importante para um público ávido por música e passou a ser responsável também pelas modas. Uma canção poderia ir das estações de rádio para o Globo de Ouro ou vice-versa.

Aloysio Legey era o diretor do programa em 1974, mas Walter Lacet também tinha suas contribuições. E foi ele, incentivado por Marcio Antonucci — que naquele ano também atuava como produtor musical na emissora —, quem aceitou a sugestão da amiga Lilian Knapp sobre Os Famks.

Nos dois primeiros anos do Globo de Ouro, Os Fevers eram a única banda de baile convidada para participar. Mas Lacet confiou na cantora, que se apresentou com os Famks em "Rock The Boat", do grupo californiano Hues Corporation.

E foi assim que as portas da Globo foram abertas para a banda. Lacet gostou tanto da apresentação dos Famks que os chamou para acompanhar Wanderley

Cardoso em outra canção. No entanto, o cantor não apareceu e o grupo fez o cover do paulistano, um dos ídolos da Jovem Guarda. E a banda foi ficando no Globo de Ouro, tocando os hits do momento, sendo remunerada por cada apresentação. Precisava de uma banda para tocar Stevie Wonder? Chama Os Famks! Até porque, além da qualidade musical da banda, Paulinho era incrível imitando os cantores. E não tinha para ninguém! Ponto para Os Famks, que ampliavam seus contatos musicais — e que, por meio deles, seriam vistos, revistos e depois lembrados.

— —

Cleberson escrevia os arranjos das canções e depois gravava a versão final, junto com o grupo, para Paulinho colocar a voz. Só que a rotina de arranjos, bailes e gravações estava acabando com o fuso horário de um tecladista que, naturalmente, morria de sono em tarefas que exigiam foco e atenção. E, em uma dessas vezes, bocejando sem parar e com os olhos piscando, ele pulou uma parte inteira da música dos Motokas na hora de gravar. Sem ninguém perceber! O encadeamento das notas estava tão certinho que nenhum dos outros músicos notou que a repetição havia sido engolida pelo sono de Cleberson.

— Paulinho, que isso? Cadê a outra parte da música? — perguntou Marcio Antonucci, indignado, ao ouvir o resultado final.

— Sei lá, pô!

— Como sei lá, Paulinho?

— Bicho, ouve o que tá gravado! Vê se cabe! — disse o vocalista, impaciente, diante da bronca do produtor.

— Chama o Cleberson aqui — pediu Marcio, já bufando dentro do estúdio.

— Cleberson, cadê a outra parte da música?

— Sei lá! — disse o tecladista, levantando os ombros, com a resposta mais sincera do mundo.

— Você tá de brincadeira, né? E, agora, o que eu faço?

— Sei lá, Marcio! O que você quer que EU faça? Devo ter dormido! Pô, grava de novo! — retrucou Cleberson, falando tão alto quanto o produtor.

— Cara, mas olha a merda! Eu não tenho verba, nem tempo pra gravar de novo!

— Então sinto muito! Mas vai sair só com uma parte da letra!

O disco dos Motokas sairia, com a canção pela metade e com um refrão só. Sem vender menos por isso, ou receber qualquer carta de reclamação dos fãs.

— —

Os Famks ganharam mais um vocalista em 1975: Osmar Santos.* Dono de uma voz invejável, ele cantava músicas de Donna Summer como se fosse a própria. E seu falsete era limpo e potente, embora tivesse um pequeno problema na hora de soltar o gogó: a palavra.

---

* Osmar Santos é o mesmo vocalista que tocou com Serginho no conjunto de Lincoln Olivetti, em 1971.

— Cara, você tem que fazer uma aula de inglês. Não dá para cantar as músicas falando errado. Vai ficar ruim pra gente. Se quiser, te dou aula de inglês! — insistia Paulinho, que dividia o repertório com ele, na tentativa de salvar a situação.

— Pode deixar, vou fazer. Vou fazer...

Mas não adiantava. Osmar, continuava decorando as canções sem ter ideia do que estava cantando e, muitas vezes, parecia estar completamente fora do ritmo e da energia do grupo. O que só iria dificultar ainda mais a sua permanência nos Famks e também nos Motokas.[*]

— —

Depois dos Motokas, foi a vez do primeiro disco de carreira dos Famks,[**] com treze canções, em 1975 — produzido por Marcio Antonucci, tendo Os Incríveis, Os Vips, Roberto e Erasmo Carlos como referências para os compositores: "Os Famks eram filhos da Jovem Guarda pela maneira de tocar e de se portar. Era uma opção mais jovem, achei que tinha tudo a ver." Uma linha roqueira que se manteve pelo LP inteiro, com canções como "Crises", "Os caminhos do céu", "Se um dia você me deixar", "Olha eu", "Rei da paz", "De braços abertos", "Minha amada", "Tenha calma" e "Quero que vá tudo pro inferno".

Em épocas de Ditadura, "O homem de Marechal" entrou como a primeira faixa do álbum. Falava sobre um trabalhador da indústria nacional em péssima situação financeira, que ia para cidade de trem, saindo de Marechal Hermes — bairro que possui o nome de seu fundador.[***]

"Gravamos com o carimbo da Censura! E eu não sei como eles deixaram passar. A gente falava de amor e eles achavam que era revolução!", diz Marcio, que também participou como autor desse álbum em "Mãos sujas" e "Seu rosto, seu sorriso".

A composição "Ponte dos desejos" fechou o disco, obra de Gerson Conrad, dos Secos & Molhados, e seu parceiro Paulinho Mendonça. Os Secos & Molhados eram da Continental e a canção entrou para o LP dos Famks a pedido da gravadora, mas seguia uma tendência diferente das demais faixas. Por isso, Marcio preferiu deixá-la por último, sem se misturar com o conceito do LP. Até porque, segundo ele: "Não dava para taxar Os Famks de MPB. Eles são do rock'n'roll!"

— —

Com a separação de Lilian Knapp e sua consequente saída dos Motokas, em 1975, Marcio chamou Claudia Telles para assumir o vocal feminino no terceiro disco. Um convite de trabalho que teve um capítulo a parte, além das

---

[*] Em 1975, Osmar assume as músicas brasileiras (fora os sambas), Marcio continua com as românticas, tipo Antônio Marcos, Roberto Carlos e Odair José, e Paulinho cantaria as internacionais, de modo geral.

[**] Antes do disco completo, eles lançariam um compacto simples, com as canções "Rei da paz" e "De braços abertos".

[***] Marechal Hermes da Fonseca, presidente do Brasil entre 1910 e 1914.

imitações de Alcione e outros tantos vocais feitos em Os Motokas. Claudinha ainda não tinha gravado sozinha um LP e nem ouvido falar dos Famks, pois morava em Copacabana e eles tocavam mais na Zona Norte, quando conheceu não só a banda, como principalmente o Paulinho — com quem namoraria até mais ou menos 1977.

— Amor, tem certeza de que você quer ir hoje? — perguntava o vocalista para Claudia, sobre ir aos bailes dos Famks.

— Você não quer que eu vá por causa das fãs, né?

— Porra, Cláudia...

— Fala sério, Paulinho! — respondia ela, de olho na vaidade do namorado.

As meninas mais atiradas, fãs do grupo, ficavam em cima dos músicos, para não dizer do vocalista, que cantava na frente. Mas depois que ele começou a namorar, algumas fãs ficaram mais retraídas. E pior: depois que Claudinha também gravou seus discos como cantora, elas passaram também a ser fãs dela, e começaram, por conta própria, a vigiar Paulinho nos bailes em que ela não estava.

A relação entre eles era musical. Afinal, se dizem por aí que não tem como namorar o vocalista sem também namorar a banda, imagine então sendo também cantora e participando de um trabalho em comum, como "As 30 mais"? Claudinha foi a bailes dos Famks, ajudou a comprar o primeiro PA do grupo, deu sofá velho e geladeira para a sala de ensaio deles, fez Globo de Ouro com a banda* e, inclusive, os convidou para o vocal do seu primeiro disco solo, Claudia Telles, de 1977, pela CBS. O grupo também participaria de seu trabalho seguinte, em 1978, Miragem, pela mesma gravadora, e esbarraria com a cantora em outros encontros musicais no decorrer dos anos — reforçando uma amizade que se fez independente do romance dela com Paulinho.

——

Além de "As 30 mais", com Os Motokas, outros discos de fantasia, sem créditos e repletos de covers de sucessos, ganharam as lojas e os estúdios de gravação, nos anos 1970. E em muitos deles lá estavam os integrantes dos Famks. Com Marcio Antonucci, pela Continental, eles ainda fariam Os Skates, Copa 78 do Samba e The Hotcovers Band. E com Aramis Barros, ex-integrante de Os Canibais e também produtor musical, eles fariam Matemática do sucesso (Os Commanders assinam o disco), Super seleção medalha de ouro internacional (grupo Os Pumas) e vários outros LPs de coletâneas pelo selo Padrão e também pela CID.

Em 1976, por exemplo, Os Famks gravariam o disco ...Agora o Melhor. The Pop's, pela Padrão, com uma mulher na capa e músicas mais populares, foi um trabalho com o mesmo nome da lendária banda instrumental da Jovem Guarda, nos anos 1960, The Pop's — já que Oswaldo Cadaxo, fundador da gravadora

---

* Ela se apresentou com Os Famks cantando "Xanadu" e uma canção do filme Grease. "Dessa vez eu estava com uma roupa parecendo a Jeannie é um Gênio!", disse ela em entrevista para este livro.

Equipe, detinha os direitos da marca. Disco também produzido por Aramis Barros, com canções como "Travessia", "Gente humilde" e "Palpite infeliz". Reforçando a moda dos hits e das coletâneas em todo o país.

— —

Produtor musical é um ser que respira acordes, harmonias e canções. Não tem botão de pausa em sua programação, e tem um olhar apurado, para não dizer viciado, em sucessos, ou músicos que facilitem a sua vida nas produções. Por isso, quando os olhos de Marcio Antonucci caíram sobre Os Famks, ele já imaginou inúmeros trabalhos que eles poderiam fazer juntos, além dos Motokas. E o primeiro, inclusive, seria dele mesmo[*] — muito antes de o grupo ser cotado pelas principais estrelas da MPB, na década de 1980, para suas gravações.

Desse modo, o produtor, que havia se aproximado da banda por causa de Carlos Lincoln, passou a ter motivos profissionais para tê-los por perto. Chegou, inclusive, a chamar Nando para ser produtor com ele na Continental, mas o baixista não topou. Ele via potencial nos músicos e queria ver até onde eles poderiam chegar, nos estúdios. E, como diriam alguns dos integrantes da banda, seria o responsável por ensiná-los a colocar o fone de ouvido... no ouvido.

— —

— Vou começar umas produções e queria que você fizesse os arranjos pra mim. — disse Marcio para Cleberson, na sala da Continental.

— Como assim?

— Os metais, as cordas...

— Mas, Marcio, nunca escrevi pra metal na minha vida! — respondeu Cleberson, desesperado, sem ter a menor ideia de como fazer aquilo.

Até então, ele só tinha escrito em partitura para piano.

— Eu não quero nego covarde do meu lado! Ou tu encara ou eu chamo outra pessoa!

— Puta que o pariu... — disse ele, baixinho.

E pensando: "Eu preciso dessa grana, caramba..." Olhando para os lados à procura de alguém que pudesse ajudá-lo e tentando se lembrar de referências que ele poderia buscar. "É o que eu gosto de fazer. Eu tenho que dar um jeito!" Refletia o músico, enquanto já andava para fora da gravadora, na direção de sebos, lojas de discos e livrarias.

Um disco de arranjo, do pianista americano Henry Mancini, foi sua primeira aquisição. Seguido de um livro de um dos maiores compositores de orquestra, o russo Rimsky-Korsakov. "Pô, como juntar tudo isso e fazer uma

---

[*] Em 1973, na Jovem Guarda com Os Vips (Marcio & Ronald), Os Famks fizeram a base do compacto, pela Continental, com as músicas "Ninguém vai tomar o seu lugar" e "Só até sábado". Também em 1973 gravaram "Não vá embora" e "Minha cinderela"; e, em 1974, "Estou tão só" e "Meu futuro é negro sem você".

orquestra tocar?", pensava ele, sem dormir, com o disco na vitrola e o livro nas mãos — para só depois trabalhar em cima das trinta canções dos Motokas. Contando ainda com a sorte que, dessa vez, ele teria apenas que copiar os acordes originais.

Nesta produção, influenciado por Marcio, ele ainda iria reger a orquestra, pela primeira vez, em sua carreira. Morrendo de vergonha por ter que fazer as caras e bocas típicas de um maestro.

—●—

Os Famks faziam muito vocal nas gravações de Marcio. No entanto, Fefê, ao notar que Kiko também cantava, resolveu ficar de fora dessa parte.

O problema é que os integrantes passaram a gravar demais, sem ter tempo para ensaiar o repertório dos bailes. E, pela primeira vez, começariam a receber muito bem como músicos, conseguindo juntar dinheiro para trocar de equipamento. Assim, para não deixar Os Famks no prejuízo, embora Fefê não participasse dos vocais, eles determinaram que 70% da renda das gravações iria para a banda e 30% para quem havia participado — um percentual dividido igualmente. Juntando, desta forma, um dinheiro considerável para trocar o teclado do Cleberson e outros equipamentos, além de se permitirem sonhar com um carro do ano ou uma casa própria.

—●—

Nando voltou a cursar a faculdade de direito e a pensar em sair dos Famks nos tempos dos Motokas, por causa de seu romance com Lílian. Como advogado ou juiz, teoricamente sua vida seria estável e ele teria mais dinheiro! E quem sabe conseguiria até ser rico como a família dela. Isso soava bem aos seus ouvidos. "Não posso perder essa mulher, de jeito nenhum!" Porém, como existiam bailes já marcados, ele resolveu cumprir, primeiro, os compromissos para depois tomar sua decisão final, o que aconteceu após os shows na Região dos Lagos.

Eram 7 horas da manhã quando o baixista bateu na casa da menina, cansado de tocar, viajar pelo estado e dormir em hotéis baratos — sem saber que Lílian tinha acabado de voltar de Bariloche com a família. Uma viagem que sua mãe armara para aproximá-la de José Luís, estudante de direito e um garoto de mais futuro.

— É melhor a gente terminar — disse ela chorando, assim que avistou o baixista em sua casa, deixando Nando atordoado, com vontade de correr dali para não ter que escutar o resto.

— Mas por que Lílian?

Sem sentir mais o coração quando ela comunicou, com o rosto sério e triste:

— Eu tô noiva.

Lílian: a terceira paixão de Nando. A terceira e última decepção amorosa que o fez acreditar, definitivamente, que a música era o seu lugar.

—●—

Para a direção artística da Continental, se os nomes dos músicos saíssem na contracapa iria perder o encantamento do público. O disco vendia uma festa pronta, e não os músicos, por mais que Marcio Antonucci insistisse para que os nomes saíssem no LP. Tanto que não se fazia show dos Motokas, para que a banda não aparecesse. Às vezes a briga era tanta que, para diminuir a reclamação, saíam alguns nomes perdidos na ficha técnica, sem sobrenomes. O nome estava lá, mas era impossível reconhecer o Paulinho, por exemplo, entre tantos outros Paulinhos.

— Cleberson, vou mudar seu nome para assinar como arranjador. Os nomes dos músicos não podem sair, mas o do arranjador pode!

— Olha lá, hein... E vai me chamar do quê? — perguntou ele, cismado e com receio do futuro nome.

No entanto, a resposta não demorou. Foi só Cleberson aparecer perto de Norival Reis, o Vavá — engenheiro de som do estúdio Havaí, onde eram feitas as gravações dos Motokas.

— Oi, Norival, tudo bem?

— Ô, meu personagem bíblico! — respondeu o técnico para Cleberson, ao vê-lo entrar com sua barba escura, enorme e malcuidada, lembrando os judeus, citados na bíblia.

Com isso, Marcio deu um pulo da cadeira:

— Já sei! Cleberson Arimateia!

Se referindo a José de Arimateia, um rico senador judeu, venerado como santo católico no dia 31 de agosto. Um homem que carregava o nome Arimateia por ter nascido lá, cidade da Judeia — e que, a partir de então, também seria sobrenome de arranjador.

— ∙ —

— Pai, parei com o inglês, não precisa pagar mais — comunicou Paulinho para seu pai, Arthur, que ficou bastante chateado com a notícia.

O vocalista estava no último ano do CCAA e, embora fosse apaixonado pela língua inglesa, não estava conseguindo ir às duas únicas aulas por semana. O curso o tinha convidado para também ser um de seus professores, mas Os Famks e Os Motokas exigiam muito tempo dele. Estava complicado para terminar a carga horária normal. Ou era a banda ou as aulas.

Depois foi o momento de desistir da faculdade, o que seu pai entendeu menos ainda. Ele não chegou nem a entrar em uma universidade.

— E você acha que a música vai te levar a algum lugar?

— Pode até não acontecer nada com a banda, pai. Mas eu quero arriscar!

— ∙ —

Os Motokas, sem se apresentar nos clubes, venderiam durante sua história cerca de 5 milhões de discos, com média de dois LPs de "As 30 mais" por ano. Um saía após o Carnaval, e o outro, mirando as vendas de final de ano, por volta de outubro. E, no acordo, os músicos eram pagos apenas pelas gravações, deixando os lucros das vendas para a companhia. O que rendeu equipamentos novos para a banda e dinheiro suficiente para rodar o Nordeste com Os Famks, como anunciou a Revista Pop, sob o título "Um grupo de briga":

> Para enfrentar a maré, a moçada dos Famks continua animando bailes, no velho estilo. Mas a meta é comprar novos equipamentos e viajar ao Paraguai, à Argentina e pelo Nordeste brasileiro, fazendo shows que já estão marcados. Em junho, eles se apresentam no teatro Tereza Rachel, "que é lugar de roqueiro". O grupo é do Rio e tem Kiko na guitarra, Osmar e Paulete nos vocais, Nando no baixo, Kleberson [sic] nos teclados e Fefê na bateria. É rock da pesada.

A viagem aconteceu ainda em 1976, organizada por Carlos Lincoln, vislumbrando lá na frente uma banda reconhecida no país inteiro, com dinheiro, estrutura e público.

— Vamos rodar o Brasil! A América Latina!

Porém, a turnê para o Nordeste foi um desastre. A começar pelo meio de transporte utilizado: um ônibus branco, vermelho e verde, caindo aos pedaços, que ganharia dos músicos o apelido de "Dragão Misterioso"* — paródia da canção "Pavão mysteriozo", de 1974, do compositor cearense Ednardo. E que, depois de quarenta dias na estrada, teria o saldo de mais de 6 mil quilômetros rodados e muitas peças quebradas. Ele andava 10 quilômetros, esquentava e parava, chegando com dificuldade a cidades como Salvador, Recife, Candeias e Periperi.

Os bailes, em sua maioria, ficaram vazios, já que Os Famks não eram famosos naquela região — salvo os casos onde Carlos Lincoln se valeu de faixas como "HOJE: OS FAMKS, OS MOTOKAS ORIGINAIS". E sem um cachê fixo acertado, muitas vezes a banda continuou rodando pelo país sem dinheiro. O pai do Nando mandou uma ajuda financeira, o pai do Paulinho também e eles se viraram como podiam — economizando nas refeições, passando fome antes de tocar e saindo dos lugares, às vezes, sem pagar. Uma turnê de brigas e planejamentos furados que iriam culminar, na volta para o Rio de Janeiro, na separação dos Famks com seu empresário.

— Temos que arriscar! Vocês não entendem! Eu tô tentando levar vocês para o mundo!

— Lincoln, não é isso, mas é que desgastou...

— Nando, vocês têm que deixar os bailes! Vocês têm um potencial incrível e...

Por mais que Lincoln argumentasse, a decisão do grupo estava tomada. A viagem só deu prejuízo, e eles não queriam mais perder dinheiro. Até o montante guardado para o órgão Hammond de Cleberson tinha sido usado para reembolsar o pai de Nando. Experiências ruins ainda muito recentes na mente de todos.

---

* Acompanhe os detalhes da viagem no Dragão Misterioso pelo site: www.livroroupanova.com.br

Com o tempo, depois de mais velhos, a banda consideraria trabalhar novamente com Carlos Lincoln. No entanto, devido aos desencontros e outros compromissos, esse papo seria deixado de lado. Embora, hoje, Kiko diga que ele fora um dos maiores empresários que a banda tivera em toda sua história, e Lincoln ainda afirme ser apaixonado pelo grupo, considerando-os sua maior realização após 52 anos de carreira. "Eu vivi Os Famks."

CAPÍTULO 11

YOUNG, RICHARD YOUNG

"O Ricardo tinha uma cabeça profissional
que eu nunca tinha visto antes.
Eu sabia do potencial dele e
não queria me afastar."

Kiko

A Jovem Guarda se consolidou nos estúdios da CBS, que ficava na rua Visconde do Rio Branco, no Centro do Rio de Janeiro, nos anos 1960. Por ali passariam nomes importantes do cenário do novo rock, como Wanderléa, Jerry Adriani, Raul Seixas, Rossini Pinto, Lafayette e Roberto Carlos. A banda favorita do todo-poderoso diretor geral da companhia, Evandro Ribeiro, Renato e seus Blue Caps, tocava nas gravações.

Seu estúdio era uma tentação aos olhos dos músicos, e muitos deles se embrenhariam nos papéis do escritório e nos LPs de outros artistas — assumindo outras funções dentro daquele universo. Como diria Erasmo Carlos sobre a produção musical dessa época: "A gente mesmo é que produzia os primeiros discos, porque ninguém entendia droga nenhuma de rock. (…) A gente ficava lá e, como não aparecia produtor nenhum, a gente ia tocando a coisa e daqui a pouco tava pronto o disco e tudo. Também, não tinha mistério nenhum…"

Assim, a CBS (atual Sony) teria em sua história produtores como Leno — da dupla Leno e Lilian —, Raul Seixas e Renato Barros, guitarrista do conjunto Renato e seus Blue Caps. Eles povoaram ainda mais a cabeça de iniciantes, como Ricardo Feghali, com devaneios e encantamentos sobre a gravadora.

Após ter sido aprovado na faculdade de direito, ele, com seus 20 anos, no final de 1975, se sentia obrigado a frequentar algumas aulas.

Mas quem disse que prestava atenção? Ele chegava atrasado, magrinho, de cabelo nas costas, calça jeans saint-tropez e sandália de pneu. E, com seu estilo hippie anos 1970, sentava de forma despojada, tirava o livro da bolsa e ficava olhando para frente — como fazia boa parte dos alunos. No entanto, enquanto o resto da sala se concentrava no *habeas data*, mandado de segurança e recurso extraordinário, ele apenas pensava "nela", na tal da música. Arquitetando o que poderia fazer para se tornar mais próximo dos acordes, em vez dos tribunais. "Pô, meus pais vão me encher o saco se eu não fizer uma faculdade... Como saio dessa?" Sonhando entrar no estúdio de uma companhia como a CBS e, quem sabe, ficar.

— —

— Mãe! Jandira! Vó! — gritava Ricardo ao entrar em sua casa, com um sorriso de um canto a outro, como se fosse o garoto mais sortudo do mundo.

Ele deixou as mulheres da família atiçadas para saber o que havia acontecido. Mantendo o tom de alegria, ele anunciou para as três:

— Vou largar a faculdade de direito!

Causando espanto e o início do que seria uma briga. Nilza já ia começar a falar:

— Mas, Ricardo...

Quando o menino a atropelou com a segunda notícia:

— Passei no Conservatório Brasileiro de Música pra composição e regência!

Silêncio. Por essa, as três não esperavam. E o menino estava tão contente que seria até um crime estragar tal felicidade.

Jandira foi a primeira a se manifestar, dando um abraço apertado no irmão e os parabéns pela conquista. Sua vó sorriu e também abraçou o garoto. Mas a mãe, um pouco em choque, não conseguiu esboçar reação. Há dois anos, Ricardo estudava direito. E por mais que ela soubesse que ele não era um aluno exemplar, já estava contando que ele ia ao menos terminar o curso. E agora aquela?

Assim, sem saber o que fazer, como se posicionar, ela deu um beijo na testa do filho e se afastou para pensar melhor. Sem perceber que, naquele instante, não poderia fazer mais nada.

— —

Antônio Carlos era o nome de um dos amigos de Ricardo do curso de composição e regência. Um cantor e compositor estiloso, negro, magro, de cavanhaque, cabelo black power e cordão pendurado no pescoço. Um rapaz talentosíssimo aos olhos do menino e que já tinha compactos e discos gravados em 1976.

Multi-instrumentista, ele tocaria em sua carreira cavaquinho, violão, baixo, bateria, piano, guitarra e percussão. E tinha uma levada funk soul e samba rock em suas canções. Um baiano "arretado", conhecido pelo público através da música "Tamanco malandrinho", finalista do Festival Abertura, da rede Globo, naquele ano. Feita em parceria com outro baiano, magro, só que de pele clara, óculos nos olhos, barba e cabelos castanhos ondulados, e que, além de cantar, tocava violão. Um músico que se chamava Expedito Machado — nome pomposo demais para um artista. E que formaria com Antônio Carlos, ou melhor, Tom, uma dupla de respeito no meio musical.

Descoberta pelos baianos Antônio Carlos & Jocafi, a dupla Tom & Dito gravaria alguns LPs de carreira. Além de se envolver com a produção de outros músicos, para a sorte de Ricardo — que conheceria gente interessante e frequentaria gravadoras como a famosa e lendária CBS.

— —

— Ricardo, quer assistir a uma gravação lá na CBS? — chamou Tom, na saída de uma das aulas no Conservatório, em 1976.

— Pô, entrar naquele corredor lá?

— É, ué.

— Posso mesmo? Que loucura!

E dali da avenida Graça Aranha, também no Centro do Rio de Janeiro, eles iriam andando até a Visconde do Rio Branco, onde ficava a CBS. De frente para o prédio da gravadora, Ricardo respirou fundo, como se não acreditasse que aquilo estava acontecendo de verdade, e, intuitivamente, baixou a cabeça para cruzar a porta principal — como se estivesse fazendo uma reverência antes de entrar em um santuário — passando por arranjadores, músicos e compositores no corredor, já presentes em sua vida através das canções.

Dito estava produzindo um compacto de Lilian Knapp, da dupla Leno e Lilian, com as músicas "Hoje eu preciso", de autoria da intérprete, e "Meu nego", de Tom & Dito. E o pianista e arranjador Edson Frederico participava como um dos músicos.

Ricardo parecia uma criança em um parque de diversões! E se beliscava o tempo inteiro para ter certeza de que aquilo não era um sonho. Queria estar lá, no meio de todos eles, com fone no ouvido, vendo de pertinho o que eles estavam fazendo. E, lógico, principalmente assistir a Edson Frederico — pianista de shows de Vinicius de Moraes e Elis Regina.

Ele nem notou que outras pessoas foram se aproximando para também ver a gravação, e que o técnico começava a ficar irritado:

— Putz, tá difícil de trabalhar, hein? Tem muito bico aqui dentro!

O músico, com seus 20 anos, não ouvia outras palavras que não fossem nomes de acordes ou letra das canções. E, petrificado, não viu as pessoas sendo mandadas embora para que o técnico e os músicos pudessem trabalhar em paz. Até que Tom, um pouco sem graça, bateu em seu ombro e quebrou a magia:

— Bicho, não vai dar pra ficar, não.

Uma frase que iria ecoar na mente de Ricardo por meses e que o faria sair, por aquele mesmo corredor, se sentindo rejeitado, expulso, e chorando.

— —

Julinho e Luís, que tocaram nos Panchos, eram conhecidos de Cattany & Rimadi, que precisavam de um tecladista para fazer uma demo na CBS. Uma dupla rural, no estilo Sá & Guarabyra, com a qual Ricardo já havia tocado em um teatro em Marechal Hermes, subúrbio do Rio de Janeiro. E, em 1977, as portas da gravadora se abririam novamente para o garoto.

Cid, saxofonista do Renato e seus Blue Caps, era o produtor daquela gravação. E Ricardo se sentia honrado por estar lá com seu pianinho Fender, pela primeira vez, como músico. Ele, na CBS, como tecladista! Uau! E o seu arranjo havia ficado muito bonito na canção, recebendo elogios das pessoas que estavam no estúdio. Era muito bom para ser verdade! Trabalho que para ele poderia demorar uma eternidade, sem ninguém roubando ou atrapalhando, dessa vez, aquela sua sensação. Até que um homem magro, de cabelos lisos e castanhos, se dirige a ele, no meio de uma música:

— Você canta?

— Canto!

— Tem alguma música?

E o menino que preparava uma demo de seu trabalho, desde os tempos em que tocava com Ed Maciel, mais que depressa respondeu:

— Tenho.

Ele nem sabia o que aquilo significava, até ouvir do estranho:

— Para a gravação! Deixa eu fazer um teste com ele.

O garoto arregalou o olho, sua cabeça gelou, e a voz sumiu naquele instante. E, ainda meio em transe, se levantou do banco em que estava para passar a harmonia para o pessoal. Todos no estúdio vibravam muito com o que estava acontecendo e, por isso, rapidamente, pegaram o que precisavam fazer para ajudar Ricardo.

— Ó, a bateria é assim! — disse ele para um dos músicos, se preparando para colocar a voz.

Enquanto o homem, ainda estranho, só observava, sem dizer nada, deixando-o orquestrar as pessoas e os instrumentos por conta própria. Só se dirigindo ao garoto mais uma vez, após vê-lo cantar:

— Vou gravar com você.

— Hein?

Aquele homem era Renato Barros, líder de Renato e seus Blue Caps. Um produtor gabaritado, de renome, que viu em Ricardo algo que até então ninguém tinha visto.

— —

O brasileiro Maurício Alberto venderia mais de 160 milhões de cópias em mais de cinquenta países, após estourar no Brasil com uma música na novela Corrida do ouro, em 1974, na rede Globo. A canção era "Feelings", cantada em inglês e divulgada por um pseudônimo também em inglês: Morris Albert. Reforçando uma tendência das gravadoras de produzir suas trilhas internacionais para novelas com músicos brasileiros, já que custava caro importar as canções! Uma produção "Made in Brazil" que, impulsionada pelas novelas, se tornaria moda e renderia lucros para companhias, compositores e intérpretes nacionais.

Assim, Maurício Alberto se tornaria Morris Albert; Ivanilton de Souza seria Michael Sullivan; Jessé responderia por Christie Burgh e Tony Stevens; Fábio Jr. se esconderia em Mark Davis ou Uncle Jack; Hélio Manso seria Steve Maclean; Chrystian da dupla Chrystian & Ralf faria sucesso com "Don't Say Goodbye", enquanto seu irmão Ralf atenderia por Don Elliot. E para nenhum deles seria permitido revelar sua identidade.

Além dos cantores, também existiam bandas "estrangeiras", como Sunday, Os Pholhas, Lee Jackson ou Light Reflections (ex-Os Bruxos, que acompanhavam Ronnie Von), com o hit "Tell Me Once Again". A maioria delas formada por músicos do circuito dos bailes, que não dominavam o idioma, mas que davam seu "jeitinho", apelando para o "enrolation tupiniquim".

E a proposta de Renato Barros para Ricardo seguia essa linha:

— Vou gravar uma música sua com nome inglês! — disse ele, apresentando o pedaço de uma composição que ele tinha, e que ganharia o arranjo de Lincoln Olivetti.

> The night is coming and I'm so bad
> Thinking of all the things you had
> It doesn't matter if it rains outside
> I'll have a smoke and do anti.

Com o nome "Rainy Day", a música seria gravada na voz de Ricardo e, meses depois, se tornaria um dos sucessos do LP de trilha internacional da novela da rede Globo Locomotivas, cheia de outros gringos de mentira, assim como ele. Além disso, a canção também seria lançada em um compacto da CBS, em 1977, com o vocal no lado A e apenas o instrumental no B. Ambos os discos com o novo nome de Ricardo, na etiqueta, em letras garrafais: Richard Young.

— — —

— Young? É você mesmo meu filho?

— É mãe! E você acha que eu tirei dinheiro de onde pra comprar essa TV?

Ricardo ria, enquanto colocava em cima da cômoda da sala a TV em cores que ele havia comprado com o dinheiro de "Rainy Day".

"Hum... Estranho isso...", pensava Nilza, com o compacto nas mãos, olhando desconfiada para o filho arrumando a posição da TV.

— Esse nome não foi o que te dei! — bradou ela.

E Ricardo, achando graça, explicou:

— Eu sei... Eu vi Young escrito em algum lugar e achei que combinava com Richard!

— Você que escolheu isso? Ué, você não gosta do seu nome?

— Gosto, mãe... Mas fazia parte do acordo.

— Essas gravadoras...

— Ó, e você não pode contar pra ninguém que sou eu, viu?

— Não? Como assim? Não posso nem contar para as minhas amigas?

— Ninguém! — respondeu ele, sentando ao seu lado, após ligar a TV.

— — —

"Rainy Day" se tornou parte do repertório de Lafayette e seu Conjunto, embora alguns músicos não soubessem que o intérprete da canção já fazia parte da banda. E, nos bailes, quando ele começava a cantar, embalando os sonhos românticos das pessoas: "Please come back, please hear me on the way", era impossível não ouvir comentários do público:

— Nossa! O cara do Lafayette canta igual!

— ● —

Antes da CBS, a rotina de Ricardo contava com ensaios de bandas, bailes, e aulas de direito que seriam substituídas pelas do Conservatório. Mas depois de sua gravação na companhia, com "Rainy Day", ele passaria também a produzir discos de outros artistas. Tanto como contratado quanto como freelancer, posteriormente.

Desse modo, pela CBS, Richard Young produziria nomes como Cristina Tucunduva, Roberto Carlos, Lafayette, Dennis Gordon (pseudônimo de Fernando José) e outros artistas "made in Brazil". Além dos discos de "chacundum"* (LPs com músicas do Nordeste de autores diversos).

Em 1978, Richard Young gravaria mais um disco de sua autoria, com "So Many Things To Say" nos dois lados do compacto simples, sendo vocal no A e instrumental no B. Um dos últimos registros do intérprete, que ainda apareceria no Globo de Ouro, interpretando "Rainy Day", como se estivesse fazendo cover do tal cantor. E assinaria outros trabalhos no final da década de 1970 — até sumir completamente do mapa.

— ● —

Enquanto isso, na casa de ensaio dos Famks, na Vila da Penha, Cleberson chegou com uma péssima notícia:

— O pai do Nando ligou. Ele não tá conseguindo nem levantar da cama.

Os Famks tinham baile em São Gonçalo, Clube Esportivo Mauá, no final de semana seguinte. E Kiko achou que essa seria a oportunidade ideal para chamar Ricardo:

— E ele toca baixo, por acaso, Kiko? — perguntou Cleberson.

— Toca! Deixa que eu falo com ele!

— ● —

— Ricardo, o Nando tá doente e a gente quer que você faça o baixo! — comunicou Kiko, no telefone, para o tecladista, que não entendeu nada.

— Mas Kiko, baixo? Tem tanto baixista por aí melhor que eu. Chama o Valter Gordo! Ele toca bem pra caramba!

— Não, é você!

— Bicho, eu sei o repertório de vocês, mas não sou baixista!

— Mas você vai!

E Ricardo, sentindo que aquela conversa não iria progredir, decidiu arregar.

— Ai, tá bom, Kiko. Eu vou.

Ponto para Kiko.

---

* Chacundum seria o primeiro ritmo ou batida que se aprende no violão.

Os Famks, no final dos anos 1970, começavam a primeira rodada dos bailes "quebrando o pau", com músicas animadas e fortes, dando uma aliviada no ritmo para terminar com canções quentes mais uma vez. A segunda rodada era o momento perfeito para os meninos tirarem as meninas para dançar, ao som do verdadeiro "mela cueca". Músicas românticas que inspiravam os beijos e os abraços dos jovens. E, após umas sete músicas, as canções dançantes tomavam novamente os salões, embora o público soubesse que seria apenas um refresco para voltar com as músicas mais lentas. Tempo para ficar de olho na moça bonita, pensar se havia gostado do beijo do rapaz, para então "armar" a estratégia do próximo instante. Uma dinâmica que seria mantida no baile do Clube Esportivo Mauá, em São Gonçalo, apesar de o tecladista ter assumido o baixo.

"Hum... Eles estão se dando bem. Acho que vai dar certo!", pensou Kiko, ao ver Ricardo, de macacão preto, tirando dúvidas sobre o repertório com Cleberson. Um clima tranquilo que continuou, inclusive, no decorrer da apresentação. Era nítido que o tecladista dos Famks, que também tocava guitarra junto com Kiko, estava gostando da interação com Ricardo. Naquele palco despontaram sinais de uma química musical. O guitarrista, abusado como sempre, se sentiu à vontade até para brincar com os dois:

— Ó, dois tecladistas dá o maior pé, hein?

Fazendo com que os dois rissem apenas, sem entrar em qualquer questão polêmica. Voltando no minuto seguinte para fechar o baile, que ocorrera sem problemas. Na verdade, tinha sido até um baile muito bom!

No fim, a banda agradeceu o "quebra-galho" de Ricardo. Eles se despediram e cada um foi para o seu carro, pensando no dia de amanhã e em seus afazeres. Porém, Kiko sorria sozinho e, satisfeito, só conseguia comemorar: "Agora vai!"

"Everybody dance, do-do-do/ Clap your hands, clap your hands", dizia a música da banda americana Chic, seguindo a tendência disco music do momento. Canção obrigatória no repertório de Lafayette na visão de Ricardo Feghali.

— Bicho, eu não quero tirar essa música!

— Mas, Lafayette, é o que a moçada quer ouvir!

Ricardo gostava de trazer novidades para contribuir com o desenvolvimento musical da banda. Para ele, era preciso inovar, acompanhar as tendências para crescer ainda mais nos bailes. Só que Lafayette não via dessa forma. O que desanimou o tecladista a continuar.

— Desculpe, cara, mas isso não vai levar a lugar nenhum... — disse o tecladista, desanimado, após quase três anos trabalhando com Lafayette.

O ano era 1978, e Ricardo, aos 22 anos, ficaria mais alguns dias até sair, oficialmente, do Lafayette e seu Conjunto, e dos ensaios do Brazilian Bitles — que, aliás, neste período ganhava novo baterista: Serginho, ex-Super Bacana. Um tecladista

192

então convicto de que fazia parte de sua personalidade aquele impulso incontrolável de se envolver.

— —

— Pô, cara, hoje é aniversário do Nando! Vamos lá na casa dele? — comentou, no dia 15 de junho de 1978, o baterista Maurício Melo com Ricardo, amigo em comum dos músicos.

E o tecladista, que vinha pensando nos papos que tivera com Kiko sobre tocar com Os Famks, se animou. "Eles têm foco, têm um PA que ninguém tem, são novos... É onde pode acontecer alguma coisa!"

— Tá bom, eu vou com você!

Ao chegar lá, Ricardo foi muito bem recebido por Nando, Fefê e Kiko, além de Aldo Vaz — empresário que entrou no lugar de Lincoln —, que entre uma cerveja e outra dizia para o tecladista:

— Daqui tu não sai mais.

E não saiu.

CAPÍTULO 12

A SERVIÇO DA MÚSICA

"O nosso objetivo é maior que o nosso orgulho."

Ricardo Feghali

— Olha isso aqui! — comentou Ricardo com Cleberson, mexendo no teclado e reproduzindo o sampler de helicóptero que havia na canção "Another Brick In The Wall", do Pink Floyd. Em uma época que nem se falava em sampler.

Um som que nenhuma banda conseguiria reproduzir nos bailes, deixando uma bela interrogação na cabeça dos "concorrentes", o que era de praxe. Os dois tecladistas tinham formações distintas e influências, às vezes, opostas. E, no geral, Cleberson assumiria o piano acústico, enquanto Feghali, o elétrico. Dois músicos de personalidade forte, com o mesmo instrumento, a mesma vontade de tocar e que poderiam se estranhar de vez em quando. Porém ambos eram apaixonados por música e gostavam de estar à frente das outras bandas. O que já era um bom começo.

— ◆—

Naquela época, os grandes nomes da música brasileira não fretavam equipamento para tocar nos clubes, mas usavam o dos grupos que se apresentavam antes. Ficava mais barato. E foi o que Marcos Lázaro, empresário do crooner Benito di Paula, acertou com Aldo Vaz para o baile dos Famks no Ideal Esporte Clube de Olinda — uma das primeiras apresentações de Ricardo Feghali pela banda. O combinado era: Os Famks começariam mais cedo e fariam um baile menor, com apenas uma rodada de músicas. Benito entraria em seguida, com o público já animado.

Porém, no dia do show, com Os Famks já no final de sua parte, Aldo se aproximou da beiradinha do palco e chamou Kiko, que estava na ponta.

— Continua!

— Como é que é?

— O Benito ainda não chegou.

— Tá, tá, tá... Entendi.

Esticando dessa forma a duração do baile, para ganhar tempo para Benito, que só conseguiria chegar ao Irajá no bis da segunda rodada de músicas dos Famks. Até aí, tudo bem. O problema foi que Luiz, funcionário de Benito, cismou que os integrantes deveriam descer do palco no meio de uma canção quando o crooner pisou no camarim do clube.

— Vamos parar com essa merda aí! — gritava Luiz nos bastidores, com o apoio do diretor do clube, enquanto Paulinho entoava "Bandido, bandido, corazón...", vestido de bota marrom até o joelho, calça café com leite de lurex, blusa prata e cinto com estrelas — caprichando na performance, em meio à gritaria do público, sem notar a discussão de Aldo com Luiz.

O rapaz era muito forte, e estava tão nervoso que ameaçava apagar todas as luzes do clube! E até Carlos Lincoln, que já não era mais o empresário do grupo e estava lá só para assistir ao show, se intrometeu na história ao ver Aldo, sozinho, naquela situação. Ele ficou na escada que dava para o palco, impedindo a passagem do homem.

De repente, Luiz desistiu de passar por cima dele e se dirigiu para a chave geral do Ideal, onde poderia desligar tudo.

— Ah, mas ele não vai fazer isso, não! — disse Aldo, segurando o grandalhão por alguns minutos, antes de ser empurrado para cima de Paulinho, que estava saindo do palco.

Um simples movimento que seria o início de uma tragédia anunciada. Ao trombar com Aldo, no reflexo, o vocalista virou um tapa em cima de Luiz e saiu correndo para se proteger perto dos seguranças, dando uma de malandro, após ter atiçado a fera. No entanto, Luiz não quis nem saber dos seguranças e partiu para cima de Paulinho. Ninguém conseguia segurá-lo! E ele pegou o vocalista de jeito, batendo muito nele, enquanto o público curtia aquele pandemônio como se fosse um show.

— Seu filho da puta! — berrou Ricardo, pulando no pescoço de Luiz, tentando tirá-lo de cima de Paulinho, dando socos no funcionário de Benito e tomando outros, tão fortes, que iriam jogá-lo em cima de uma das mesas.

Cleberson, desesperado, tentava separar os dois sem tomar uns safanões, e Fefê chegou a acertar um contratempo de metal pesado na cabeça do cara, que não caía! Kiko voou no grandalhão, depois de dar um tapa na cara dele, ficando atracado em seus ombros. E Nando com um mastro na mão, com cara de perdido, não sabia bem o que fazer. "Bato ou não bato?" Até que o segurança tirou Kiko de cima do cara, que se aproveitou e deu uns tabefes no guitarrista.

Sorrateiramente, Lincoln pegava os microfones, enquanto Aldo tirava os fusíveis dos equipamentos.

— Aqui também eles não vão tocar!

Desespero da equipe de Benito e do presidente do Ideal, que saiu correndo atrás dos dois, que já se dirigiam para fora do clube.

— Pelo amor de Deus! Devolvam! O que eu faço com o público? — implorava ele, enquanto os seguranças "domavam" Luiz, em cima do palco, dando fim àquela luta, repleta de ossos quebrados e feridos.

E Benito? Dentro do camarim, nem percebera a baderna que ocorrera do lado de fora, só tomando conhecimento depois que tudo tinha acabado.

— Luiz, você tá demitido!

Uma noite para ser esquecida pelos Famks! De pouca música, muita briga e um tecladista estreante de nariz quebrado.

— • —

No começo dos Famks, Fefê tocava bateria e cantava ao mesmo tempo. Mas depois, com o tempo e a nova configuração do grupo, ele passou a ficar relapso com a parte vocal e desanimado a continuar cantando. Principalmente pelas duras que tomava dos outros integrantes, que tentavam aprimorar o conjunto de vozes.

E vai tentar explicar? Fefê tirava o time de campo sempre que alguém reclamava. E a opção "desistir" passou a ser mais utilizada por ele. Em um baile em Saracuruna, por exemplo, em Duque de Caxias (RJ), jogaram moedinha no palco. E aquilo foi o suficiente para estragar a noite de Fefê, que passou o baile inteiro com cara de bravo, procurando quem havia jogado.

— Para com isso, cara. Vamos tocar! — ainda tentou Nando, pedindo para ele deixar o lance da moeda para lá! Já sentindo que o Fernando da bateria, o Fefê, que tanto havia tocado em bailes, muito antes de ele pensar em baixo, tinha chegado ao seu limite em relação à música.

— • —

Assim como nos bailes, o debute de Ricardo no trabalho feito com Os Motokas também seria tumultuado — mas por um motivo bem diferente dos socos de Luiz. A série "As 30 mais", em sua décima edição, tinha uma sequência de Bee Gees logo na abertura, causando tesão geral no estúdio! Para ele, como fã, tocar as canções "Stayin' Alive I & II", "Night Fever" e "Emotion" não era exatamente um trabalho. Estava mais para uma grande "farra musical" ao lado de Paulinho, Claudinha e Jane Duboc — a mais nova integrante de Os Motokas.

Jane Duboc voltou dos Estados Unidos para o Brasil em 1977 com seu marido, o guitarrista norte-americano Jay Anthony Vaquer. E, com o cabelo lá na cintura, bem loira e tocando guitarra, formou o Fein Jazz Band, que só cantava músicas em inglês. A mesma cantora que, em seguida, imitaria Maria Bethânia nos covers dos Motokas a partir do décimo disco. E estaria animadíssima com Os Famks, fazendo caras e bocas na música dos Bee Gees. "Às vezes a gente não olhava uns para os outros para não rir", conta ela. E o estúdio se tornava baile puro naquelas gravações, com festa de Os Motokas noite a dentro.

Osmar, como não poderia deixar de ser, já não estava mais no grupo naquele instante, e Ricardo mostrava que vinha para somar. Um tecladista criativo, com cabeça de produtor e um falsete na voz que se encaixaria como uma luva no coro dos Famks. E que se tornaria relevante para a "afinação" das características musicais de cada um, em busca de uma unidade. "Ali tinha um conjunto! Eles eram uma só alma quando tocavam. Dava pra sacar desde o início que ia dar certo", diz Jane. "São pessoas que não pesam, com quem você fica feliz e confortável até no silêncio."

— —

— Faça a mais linda canção de amor que puder imaginar — pediu a musa Brigitte Bardot, em 1967, para seu affaire, o compositor francês Serge Gainsbourg.

E naquela noite, ele escreveria "Je t'aime... Moi non plus", canção cheia de gemidos e grunhidos românticos em um diálogo erótico entre dois amantes, e que seria lançada em 1969, interpretada por Gainsbourg e pela atriz inglesa Jane Birkin, que seria sua mulher por treze anos. Um homem entre dois símbolos femininos de moda, beleza e comportamento. Uma obra condenada pelo Vaticano e proibida nos Estados Unidos, na Itália, na Espanha e no Reino Unido, mas que seria um sucesso de público, nos anos 1970, pelo mundo inteiro.

— Cleberson, quero que você faça uma música!

— Mas eu nunca fiz nada! Nem música pra neném dormir!

— Tenta! — pediu Marcio, na época diretor artístico da Tapecar, e explicou que queria uma música no estilo "Je t'aime".

— Hein?

— É, Cleberson. É isso mesmo... Escuta! É para entrar no disco de uma dupla feminina chamada Gemini. A pedido do Manolo.

— Vocês têm cada uma... — respondeu o mineiro, já coçando a cabeça, encafifado com a tarefa. — Eu não vou ter que gemer, não, né?

— VOCÊ, não... — disse ele rindo, antes de ir embora.

O compacto simples seria lançado na Bélgica e no Brasil, com duas canções com gemidos e outros barulhos sensuais — com duas mulheres nuas na capa, se acariciando. E levaria o nome da dupla Gemini, que tinha feito sucesso entre 1977 e 1978 com o hit "L'amour interdit", também seguindo a linha de Serge Gainsbourg.

Cleberson fez a parte dele, toda em cifra, e rápido; antes que o produtor pedisse mais alguma coisa estranha. E aquela seria sua primeira composição na vida! Já Marcio fez a música do outro lado do disco, acompanhado pelos Famks, com Paulinho nas castanholas.

Porém, o pedido mais difícil ainda estaria por vir e seria para outra pessoa.

— Jane, faz os gemidos do disco?

— Marcio, mas eu? Ai, meu Deus... — lamentava a cantora, a mais tímida e comportada de todas as mulheres que participavam de Os Motokas.

Uma garota doce, educada e que não falava um palavrão! Como gravar aquele tipo de som na frente de todo mundo?

No começo ela tentou. Entrou sozinha dentro do estúdio, enquanto os homens todos ficaram do outro lado do aquário assistindo. Mas quem disse que saía alguma coisa? Jane foi ficando vermelha, roxa, e não sabia se olhava para o teto, para o chão ou se escondia seu rosto dentro da blusa. Até que Marcio expulsou todos da sala, dando espaço para os escondidos e suplicantes gemidos das músicas "L'amour éternel" e "I Need It" virem à tona.

— —

"Não sei como a gente conseguia fazer tudo aquilo. Talvez porque todo mundo fosse jovem, e jovem não tem medo de errar. Ele vai", diz Jane, se lembrando de uma rotina puxada para os integrantes dos Motokas, que batalhavam o seu lugar ao sol na música brasileira.

Juntos ou separados, eles fizeram bailes, participaram do disco de outros intérpretes, se apresentaram em programas de TV e gravaram discos de carreira, além de outros LPs de hit parade disfarçados sob pseudônimos, como o LP Os Skates — pela Tapecar, também com Marcio.

Aliás, assim como eles, tantos outros nomes da música brasileira, na época desconhecidos, participaram de LPs de fantasia, como Emílio Santiago, Rosana e Bezerra da Silva. Uma ralação que seria a base da formação profissional, musical e humana de todos eles. Jane acredita que, naquele tempo, não existia uma preocupação de ser famoso, de ser rico ou uma vaidade para aparecer no jornal ou na TV, mas uma reverência muito grande pela música — o suficiente para que todos esses trabalhos fossem feitos com dedicação e zelo por parte dos envolvidos. "A gente se sentia como um mero trabalhador, um servidor da música", resume Jane.

— —

Três diretores artísticos faziam parte da Odeon (atual EMI-Odeon) no final dos anos 1970: Renato Corrêa (ex-integrante dos Golden Boys), Mariozinho Rocha (ex-integrante do Grupo Manifesto) e Miguel Plopschi, ainda em atividade com Os Fevers. Eram três casts distintos, e o de Miguel seguia a linha dos sucessos — um conceito que ele gostaria de manter em um LP dos Famks, apesar do contínuo trabalho dos Motokas na Continental.

— Quero gravar com vocês! — disse ele em 1978 para os integrantes, que ficaram na dúvida sobre aceitar a proposta, considerando o histórico do produtor.

Afinal, por mais que Os Famks já estivessem tocando os hits em seus bailes, popularizar o repertório por completo não fazia parte dos planos da banda.

— Nando, o Miguel é dos Fevers! Ele quer parar vocês, não tá vendo?

— Pô, Lincoln, acho que você tá sendo muito maldoso...

— Ahã, tá, eu sei como ele tem boas intenções! — comentou Carlos Lincoln em conversa com o baixista, em busca de outras opiniões.

Aliás, algo que Nando e os outros integrantes fariam durante toda sua carreira: ouvir pessoas-chave em decisões-chave. E, do mesmo modo, Marcio Antonucci ponderou:

— É uma faca de dois gumes. O Miguel pode estar tanto querendo um substituto dos Fevers quanto acabar com vocês. Ele é meu amigo, mas é uma raposa. Se o Miguel tiver a fim de estourar vocês, ótimo! Mas se quiser escondê-los? Vocês estão fodidos!

As preocupações poderiam até ter fundamento, e eles iriam considerar todos os conselhos. No entanto, a vontade de arriscar ainda seria maior.

— A gente só vai saber tentando! — diriam os músicos, após se reunirem, pela última vez, para falar sobre o assunto.

Assim, em 1978, Os Famks iriam para a EMI-Odeon gravar o seu segundo disco de carreira, com doze canções.* A estreia de Ricardo Feghali em um LP da banda — que, para variar, seria agitada.

— —

Augusto César, guitarrista dos Fevers, mais conhecido como "Carneirinho", foi quem Miguel escalou para produzir o disco dos Famks. E sua primeira decisão para a gravação do LP já caiu como uma bomba em cima do grupo:

— Ninguém vai tocar!

Não fazia o menor sentido aquela frase e os músicos pediam mais explicações em tom de revolta. Um péssimo começo para um trabalho em conjunto.

— Calma aí, gente. Vocês só vão cantar! Já falei com o Lincoln Olivetti, Paulo César, Jobson Jorge e o Mamão. Já tá todo mundo contratado!

— Problema seu, descontrata — mandou Cleberson, de cara fechada.

— Não mesmo — disse Carneirinho, determinado a comprar aquela discussão.

— Meu querido, você tá falando com Os Famks. E não com Os Fevers! A gente vai tocar! — falou Nando, com uma voz suave e irônica, antes de perder o prumo.

— Vocês não sabem tocar!

Para quê... Foi Carneirinho terminar a frase, com cara de provocação, para o circo pegar fogo! Não dava nem para saber quem gritava ou xingava mais. Os seis músicos ficaram muito nervosos com a postura do produtor, que não cedia. E repetia sem parar que eles não tocariam — empurrando sua decisão goela abaixo da banda. Até que Nando, cansado daquela baderna, apontou o dedo na cara de Augusto e apenas avisou:

— Olha só: quem vai tocar baixo no disco sou eu!

Saindo da sala ainda em tempo de ouvir os outros integrantes tomando a mesma atitude, deixando Augusto sozinho na sala. E fim de reunião.

— —

O clima entre os Famks e Carneirinho não poderia ser pior durante a gravação, já que o produtor insistiu em manter alguns músicos no LP, colocando Mamão para fazer percussão com o Fefê na bateria, e Lincoln Olivetti tocando com Cleberson e Ricardo — um total de três teclados!

— Bicho, isso não tem nada a ver com Os Famks... — lamentou Ricardo em conversa com o grupo.

Afinal, a entrada de Lincoln Olivetti havia descaracterizado completamente o som da banda. E ele não só seria o terceiro tecladista, como também o arranjador do disco.

---

* O primeiro disco de carreira dos Famks foi gravado em 1974 pela Continental — os outros LPs foram apenas compactos.

— Vou te falar... Eu entendo ele querer colocar a panela dele pra tocar. É o pessoal que ele confia, né? Mas cacete... É o lance deles, não o nosso! — disse Kiko, desanimado e triste, como todos os outros.

— —

Depois da mixagem pronta, Ricardo levou a fita para ouvir em casa. E logo na abertura da primeira música notou algo estranho.

— Pô, mas o que é isso?

E, assustado, apertou o forward do aparelho de som para ouvir um trecho mais adiante.

— Caramba, isso tá errado! Eles fizeram tudo errado!

O tecladista, indignado, não podia crer naquilo. E ouviu a fita inteira para ter certeza do que eles haviam alterado. Anotou tudo o que não estava de acordo e chamou os músicos em sua casa no minuto seguinte para mostrar a fita, antes de tomar outro destino: a gravadora, onde eles iriam para cima de Carneirinho mais uma vez.

— —

O disco, após tantas brigas, seria remixado e lançado em 1978, com doze canções.[*] Tinha como carro-chefe a música "Sempre te tratei numa boa", de Ronaldo, Mani e Lincoln Olivetti, que teria uma modesta repercussão em alguns programas de TV e rádio. No repertório, ainda estavam "Você tem que ser minha", já com a assinatura de Kiko e Nando na composição, além de "Não deixe terminar" e "O amor que eu quero te dar", por Richard Young.

Um LP que pegava em cheio o frenesi das discotecas, com canções no estilo dance music, que se popularizou no Brasil após o filme *Nos embalos de sábado à noite*, de 1977, e a novela global Dancin' Days, em 1978. Época em que os jovens só queriam dançar como John Travolta nas pistas quadriculadas sob o brilho de um enorme globo espelhado.

A capa do álbum foi feita na boate da moda Papagaio Disco Club, que ficava na Lagoa, no Rio de Janeiro. E todos saíram elegantes, sorridentes e bonitos — em um espírito dançante e festeiro de abrir as asas, soltar as feras e cair na gandaia. Embora o sentimento dos músicos quanto ao LP não fosse nada mais do que amargo.

— —

Ricardo se aproximou muito de Nando após entrar nos Famks. Ele se identificava com o baixista, e via nele um cara visionário e cheio de ideias. Ótima companhia para futuras parcerias e criações! E, por isso, passou a frequentar sua casa no Rio de Janeiro, além de viajar com a família de Nando para outros lugares — independente de tocar com a banda. Porém, nunca pensou que um final de semana em São Pedro D'Aldeia, com seu sócio, pudesse significar tanto em sua vida. Um breve e simples final de semana naquele ano de 1978.

---

[*] Primeiro seria lançado um compacto simples com as músicas "Sempre te tratei numa boa" e "Não deixe terminar".

O tecladista estava curtindo a sua solteirice, após terminar o noivado de um ano com uma namorada. E não queria saber de outra coisa a não ser "galinhar". Solto no mundo, ele saía com uma menina diferente a cada semana e foi para São Pedro D'Aldeia com o mesmo pique. Tanto que mal chegou e já marcou um encontro com uma moça na pracinha da cidade.

— Esse clima de São Pedro é muito bom, né? — disse Maria Cristina, a Tininha, irmã mais nova de Nando, para Ricardo, que calçava o tênis para encontrar a tal garota.

Mas ao ouvir o comentário de Tininha, ele resolveu deixar o tênis encostado ao seu lado, enquanto se sentava perto dela.

— Não preciso de mais nada na vida...

E ela continuou o papo, apoiada perto da varanda, olhando para fora, admirando a paisagem serena e bucólica do lugar.

E eles foram conversando, conversando, sem pressa ou compromisso. Apenas curtindo a presença do outro e a brisa que vinha do mar de São Pedro D'Aldeia. "Engraçado, eu nunca tinha notado ela", pensou Ricardo. Já Tininha evitava olhar demais para os olhos dele. Ficaram ali por horas, sem ver o tempo passar. Até que ela recordou:

— Você não estava saindo?

E ele, já jogando o tênis para longe, afirmou:

— Eu? Nada... Impressão sua! Eu não vou a lugar nenhum.

Meses depois, ainda em 1978, eles começariam a namorar — sem qualquer intromissão ou objeção de Nando, que desde o episódio com Inês decidira se afastar dos assuntos das irmãs.

Com Tininha, Ricardo se casaria em 1981 e compraria seu primeiro apartamento com o dinheiro dos bailes. Com ela, teria dois filhos no futuro: a menina Carolina, que teria os traços do pai e uma voz linda; e Thiago, que lembraria a família da mãe e seria apaixonado por bateria. Uma mulher importante para o tecladista e que estaria sempre ao seu lado, como a música.

— ● —

Fazia tempos que Fefê, desestimulado pelas dificuldades da carreira de músico, não era mais o mesmo nas apresentações dos Famks. Tocando sem interesse, sem paixão ou motivação para dar o melhor de si, deixando a desejar no palco e, às vezes, até comprometendo o baile. O que, para os integrantes, foi criando uma situação insuportável de se sustentar. Até chegar ao ponto de: ou ele saía, ou seria o fim do grupo.

— Bicho, vamos marcar de conversar com ele? Pode ser lá na Cabana da Serra — sugeriu Ricardo para Nando, os dois integrantes que iriam tomar a frente nesse caso.

O papo foi marcado na mesma semana, no local indicado pelo tecladista, que ficava na estrada Grajaú, em Jacarepaguá, no Rio de Janeiro. Nando e Ricardo chegaram pontualmente, avistando Fefê passar pelo batente da porta.

— E aí, gente? — disse o baterista, sério, sentando com o corpo meio virado, sem olhar diretamente para os dois, como se já soubesse o que aconteceria naquela noite. E continuou, falando para o garçom: — Você me vê uma cerveja?

Nando e Ricardo se entreolhavam, como se dissessem "Quem vai começar?". Estavam mudos, apagados e até com um pouco de vergonha. Porém, quem teve a iniciativa foi o próprio Fefê.

— Eu quero falar com vocês... — disse ele, apertando as mãos apoiadas na mesa, sem dar chance para ser interrompido. — Eu quero parar!

Surpreendendo Nando e Ricardo, que já não sabiam nem mais o que falar. Todo o discurso planejado havia caído por terra. E Fefê parecia, inclusive, mais firme que eles.

— Isso não vai dar em lugar nenhum! Vamos ficar tocando em bailes até quando? Não nasci pra isso, não. Não mesmo.

Sem se estender muito ou tomar outras tantas cervejas, Fefê entrou naquele dia na Cabana da Serra com um propósito, e não jogaria conversa fora com os dois depois daquilo. Já era doloroso demais só ouvir estas palavras saindo de sua boca. Assim, ele fechou para sempre o capítulo Os Famks de sua vida.

— A gente vai te pagar tudo o que você investiu na banda, tá? — disse Nando, em tom de despedida para Fefê, o primeiro integrante dos Famks a dizer: "Deixa o cara tocar do jeito dele!"

— Tudo bem. Vai no seu tempo — respondeu Fefê para o mesmo baixista com quem havia feito, no passado, uma gig sensacional no Mackenzie.

Foi embora logo depois, sem olhar para trás.

— Foi melhor, né? — perguntou Nando, após acompanhar com os olhos o caminho de Fefê até a porta.

— Foi, cara, foi — disse Ricardo, já com um nome na cabeça sobre quem poderia fazer parte dos Famks no lugar de Fefê.

Era um músico de qualidade, que ele já tinha visto em outras bandas e que tinha começado a tocar desde cedo. Ele talvez fosse a peça que faltava para o grupo engrenar realmente. Um certo baterista que havia tocado com a Bolha, acompanhando o Erasmo Carlos, e que atendia pelo apelido de Serginho.

CAPÍTULO 13

O ESTOURO DA BOLHA

Serginho sempre foi um tremendo músico.
Ele se adaptou que nem uma luva na banda.

Renato Ladeira

Os tropicalistas apresentaram a bandeira de Hélio Oiticica "Seja marginal, Seja herói" em show na boate Sucata, em novembro de 1968, no Rio de Janeiro. Entre os envolvidos, Gal Costa fazia uma apresentação marcante com as levadas e o peso da banda The Bubbles — grupo que seguia influências de Jimi Hendrix, The Rolling Stones, Led Zeppelin, Grand Funk Railroad etc. Músicos cheios de postura em um evento polêmico e antológico, que levaria à prisão posterior de Caetano Veloso e Gilberto Gil. E esta seria a primeira lembrança de Erasmo Carlos ao escutar a sugestão do produtor Carlos Alberto Sion sobre um grupo para acompanhá-lo, em 1976:

— Tem uma banda ideal pra trabalhar com você! Você conhece A Bolha, os antigos The Bubbles, né? Eles são roqueiros, estão com formação nova e adoram você. Que tal?

Erasmo estava sem banda e Sion, com toda a vontade de fazer uma curta temporada no Museu de Arte Moderna — que se mostrava como o novo point carioca. A Bolha seria a solução e, por isso, Sion esperava a resposta de Erasmo como criança ansiosa aguardando a aprovação dos pais sobre um presente.

A sorte é que as recordações do Tremendão eram ótimas sobre o conjunto. Por isso, marcou um ensaio na Polygram com a nova Bolha: Marcelo Sussekind e Pedrinho Lima nas guitarras, Lincoln Bittencourt no baixo, Rubinho Barra nos teclados e Sérgio Herval na bateria.

— —

Para evitar que a banda fosse crua para o encontro com o Erasmo, o repertório do show foi passado para os músicos dias antes. E qual não foi a surpresa do Tremendão ao encontrar tudo em cima já no primeiro ensaio: as viradas corretas, o tom perfeito, os acordes precisos — algo maravilhoso para seus ouvidos. "Pô, que banda! Gostei! Som pesado...", pensava ele ao assistir aos integrantes da Bolha, que "mastigaram" o disco dele, tocando as canções iguais às originais! Isso deixou o intérprete em uma alegria só, dizendo sem parar que aquele já podia ser o show.

Tiro certo de Carlos Sion, que também sorria com gosto pelo imediato entrosamento entre eles. O profissionalismo da Bolha e seu som pesado encantavam Erasmo; que, por sua vez, se jogava nos embalos daquele rock'n'roll, empolgando ainda mais os músicos. Era um ciclo sem fim, de muita adrenalina e boas vibrações de um "casamento" musical promissor.

— —

"Caramba, mas ele sabe tudo! E é um menino!", pensava alto Erasmo ao observar o baterista, um garoto de 18 anos e que era o ponto de apoio da banda nos ensaios.

Se um dos outros integrantes tivesse alguma dúvida, lá ia Serginho com o violão mostrar como era para ser feito, depois pegava o baixo para explicar a marcação e voltava para a bateria, pronto para passar a música. Era um movimento natural dos outros componentes da Bolha procurá-lo e, atento, Erasmo percebia a grande musicalidade do garoto.

— Tá de sacanagem que ele ainda canta na bateria? — deixou escapar, rindo, o Tremendão, como se pensasse: "Não é possível que eu tô vendo isso!"

Serginho fazia a voz principal enquanto tocava, na passagem de som, de maneira tão espontânea como se aquilo não lhe exigisse qualquer esforço. Aquele era o diferencial do vocalista que passou a levar o repertório inteiro da Bolha, após a saída de Renato Ladeira, um dos fundadores do grupo original. O garoto era realmente um espanto, considerando a idade e a capacidade de fazer bem as duas coisas ao mesmo tempo. Dedicação, coordenação motora e talento que saltavam aos olhos de Erasmo, que respeitou e admirou o músico desde o início.

Baterista cantor ou cantor baterista é um negócio que quase não se vê no mundo, devido à dificuldade das duas ações simultâneas. Tem até músico que sabe fazer, mas prefere tocar ou cantar para atuar melhor em uma das funções. Ou faz apenas o backing vocal quando utiliza as baquetas. Naquela época, então, era mais raro ainda encontrar esse tipo de profissional, como Phil Collins (Genesis), Roger Taylor (Queen), Karen Carpenter (The Carpenters), Don Henley (Eagles), Peter Hoorelbeke (Rare Earth), Don Brewer (Grand Funk Railroad) e Gil Moore (Triumph). Ah, sim, além de Serginho, que ainda era só um menino.

— —

Everson Dias não cuidava mais da bateria do Serginho devido a seus compromissos profissionais, e quem melhor do que seu Zé, sargento e pai mais que zeloso, para reassumir essa função? Os componentes da Bolha acharam até meio engraçado, no início, essa coisa do pai do baterista tratá-lo como um rei, montar o instrumento inteiro e limpar cada pecinha da destemida Pinguim, poupando o filho de esforços maiores. Afinal, não é algo que se encontre por aí todo dia, principalmente em um ambiente masculino e de rock, como era o da banda. Mas nem por isso seu Zé ficava acanhado. Com ele por perto, Serginho poderia se dedicar completamente aos estudos e ao desenvolvimento da carreira, sem se preocupar com instrumentos e outros pormenores. Isso era o que lhe interessava. Seu Zé era gente simples e, com um sorriso, costumava levar na boa as brincadeiras, a ponto de se tornar uma pessoa querida e folclórica entre eles.

— A minha luva vai deixar os pratos mais limpos!

— Que coisa boa! Obrigado — respondia o sargento a Bimbão, iluminador da Bolha, sem tirar o olho da bateria que ele lustrava mil vezes até se convencer de que estava um brinco.

Um ritual que ele fazia com calma e concentração, sem estresse. E o iluminador que ficasse esperto! Seu Zé sabia que Bimbão gostava de inventar efeitos e explosões durante as apresentações, e passou a vigiá-lo de longe, discretamente. Dava broncas homéricas entre um show e outro ao vê-lo mexer em seus vidrinhos coloridos, conta-gotas e no famoso "preto velho".

— Ô, Bimbão, bota essa pólvora pra lá! Assim você queima meu filho e explode a bateria!

— ● —

A Bolha caiu na estrada com Erasmo e fez inúmeros shows no Rio de Janeiro e nas regiões Norte e Nordeste do Brasil, às vezes emendando um evento no outro. Tudo graças ao trabalho de Paôla — da produtora A Quadrilha de Rock —, que se juntou à trupe. Um empresário roqueiro, careca, que só andava de roupa de couro preta, com botas pretas por causa de sua alopecia — doença que reduz os pelos do corpo — fizesse chuva ou um sol escaldante.

Em uma dessas ocasiões, a banda teve que sair da Zona Sul, de um colégio de freiras onde o show terminaria cedo, para Bonsucesso, onde o som começaria tarde. Nunca tinha menos de 10 mil pessoas naquelas apresentações, e Erasmo, para fazer uma média com o seu Zé, resolveu dar uma tarefa para ele, no estacionamento da escola, antes dos carros partirem:

— Seu Zé, por favor, organize a caravana! O senhor é militar e sabe chefiar uma missão! Precisamos chegar com segurança ao destino! O senhor é o nosso guia e confio em você!

No que foi imediatamente atendido por um sargento de prontidão:

— Pode deixar comigo! Meninos, atenção! Vamos acertar nossos relógios e manter a média de velocidade para ninguém se perder. Sigam pela avenida Brasil até Bonsucesso e parem na praça das Nações para nos reorganizarmos e chegarmos todos juntos.

Seu Zé, como já supunha Erasmo, assumiu a responsabilidade como se fosse a coisa mais importante da vida, e todos chegaram sãos e salvos em Bonsucesso.

— ● —

Autodidata, Serginho arriscou estudar no Conservatório Villa Lobos em 1976, enquanto tocava na Bolha. O músico não lia nada de partitura de bateria e deco-

205

rava as canções nas passagens com a banda. Por isso, estava empolgado no início, ansioso para ter aula com Bituca* e aprimorar seus conhecimentos. Mas, já nas primeiras semanas, não conseguiu acompanhar as aulas de tímpano por causa das viagens com Erasmo e descobriu que era preciso três anos para estar na sala do famoso músico. Conseguiu assistir apenas a uma aula de solfejo antes de partir para uma turnê de vinte e poucos dias pelo Norte e Nordeste e, ao voltar, encontrou sua turma de iniciantes, que nunca havia segurado uma baqueta, lendo e escrevendo partitura. Foi quando recebeu o ultimato sincero do seu professor:

— Ou você volta para a turma inicial ou segue sua vida, já que é músico profissional, e estuda aos poucos, quando tiver tempo. Uma coisa ou outra!

A outra.

— —

Em uma das viagens para outros estados, não teve passagem disponível para seu Zé acompanhar o filho, e como dizer isso para ele? "Eu nunca esqueci a carinha dele de decepção por não poder ir. E aposto que ele não pensou: 'Ah, que pena que eu não vou passear'. Mas sim: 'O que será do Serginho sem mim?'", relembra Erasmo sobre a grande dedicação de pai para filho.

Para seu Zé, não tinha tempo ruim: se o baterista precisasse, estaria ali para atender. Era um multitarefa, se passando por roadie, motorista, secretário, garçom, além, claro, de pai. E quando o show estava rolando, ficava vidrado em Serginho para dar conta de todos os aspectos. Em alguns lugares em que eles tocavam, por exemplo, o palco não era dos melhores. E se o praticável caísse? Seu Zé corria para ajeitar a bateria feito um louco. Naquelas horas, o pai saía de cena para a entrada do profissional, e a relação era séria entre os dois. Às vezes, no desespero, Serginho berrava da bateria pedindo as coisas e seu Zé voava — mais eficiente do que qualquer outro roadie poderia ser.

— —

— Quer fazer um negócio?

E que negócio! Seu Zé estava oferecendo para Erasmo a bateria do Serginho, que havia dado tantas alegrias para A Bolha e que estava prestes a ser substituída: a valente Pinguim. O que, diga-se de passagem, seria um fabuloso presente para Gil Eduardo, o filho do Tremendão, que completava 14 anos e se iniciava como baterista. Proposta irrecusável para Erasmo, e a grana que faltava para seu Zé ir para o Paraguai em busca da primeira bateria importada do filho: uma pomposa e invejável Roger.

— —

Em 1977, Erasmo e sua banda fizeram uma homenagem a Elvis Presley, no especial natalino de Roberto Carlos. Mesmo ano em que A Bolha lançou seu segundo disco: É proibido fumar, pela Polydor. O título vinha da canção, também presente

---

* Edgard Nunes Rocca — baterista que tocou durante anos na orquestra da TV Globo.

no álbum, de Roberto e Erasmo Carlos — demonstrando claramente a tendência musical seguida pelos integrantes no projeto. E, para a capa, foram fotografados Sussekind, Pedrinho, Lincoln e Serginho, debruçados em uma mesa de sinuca, mirando na mesma bola branca.

Rubinho não estava mais no conjunto para a gravação desse trabalho, Constant Papineanu assumiu os teclados como participação especial e Erasmo contribuiu nesse LP com "Consideração", música feita a pedido da banda, que se juntaria a outras composições da Bolha e alguns velhos rocks da Jovem Guarda.

Dias depois da gravação do disco, Renato Ladeira voltaria a fazer parte da trupe, e passaria a dividir os vocais das músicas com Serginho. "Eu costumo dizer que gostava mais dele tocando bateria na Bolha do que no Roupa Nova, talvez por causa do repertório", Ladeira hoje.

E aquele seria um dos últimos momentos da parceria com o Tremendão, que duraria até 1978, ano em que A Bolha ainda gravaria a faixa "A terceira força", do LP Pelas esquinas de Ipanema, de Erasmo.

— ● —

Foi ouvindo a banda King Crimson, com canções de pessoas paranoicas e excluídas da sociedade, que Renato Ladeira fez em casa "Um homem louco", música que passou a ensaiar com A Bolha sem nunca tocá-la ao vivo.

O homem louco aparece
E quebra o silêncio da sala
Por tempos viveu afastado
Desta cena onde a arma é a fala
Ele espera um dia saber
E um dia saber esperar

Porém, nos anos 1980, outro grupo nacional olharia para ela de outra maneira.

— ● —

Um dia, Paôla ligou para Erasmo, dizendo que estava indo para o Espírito Santo. Erasmo não sabia que aquela seria a última vez que ouviria a voz da empresária. Na viagem, Paôla dormiria no volante e perderia a vida antes mesmo de chegar lá. Uma tragédia que abalaria não só o emocional do Tremendão e dos músicos da Bolha, como também sua própria estrutura.

A irmã de Paôla ainda finalizaria o que já havia sido encaminhado por ele, como três shows já marcados para o roqueiro. E Erasmo ainda chegaria a pagar A Bolha com o dinheiro de seu próprio bolso. Uma dívida que só iria se acumulando com o tempo, e desgastaria o relacionamento — desanimando todos os envolvidos a continuar.

Foram praticamente dois anos de puro rock'n'roll entre Erasmo e A Bolha até o elo se romper. Um período que deixaria agradáveis recordações e saudades, conforme escreveu o Tremendão em seu livro *Minha fama de mau*: "A Bolha carimbou a minha vida e foram dois anos maravilhosos de muito trabalho e dedicação, risos de alegrias, ensinamentos, aprendizados, companheirismo e amor." Mas, depois da morte de Paôla, as coisas naturalmente esfriariam entre eles, gerando um desestímulo geral, e pior: o fim, o estouro e a explosão final de A Bolha.

— —

Com o fim do trabalho com Erasmo Carlos e da própria Bolha, cada um dos músicos seguiu seu caminho. E Serginho, cansado de morrer na praia com as bandas, decidiu tentar carreira solo. O baterista havia gravado um compacto simples para Erasmo na RCA junto com o grupo — e foi de lá que recebeu um convite para fazer um compacto, cantando e tocando guitarra.

— Você vai ser o nosso Peter Frampton brasileiro! — comentou o produtor Hugo Bellard.

Este seria responsável pela gravação do compacto simples, com as músicas "Meu pensamento é você" e "Uma noite na discoteca". A primeira canção seria também incluída na novela Pecado Rasgado, da TV Globo, e no filme *Sábado alucinante*, dirigido por Cláudio Cunha.

O músico, assinando como Serginho, começou a ser mais visto pelo público, e inclusive gravou outros trabalhos com Hugo Bellard na RCA, como o LP da atriz Elizângela com a música "Pertinho de você" — que se transformaria no compacto simples mais vendido da história da música brasileira com mais de um milhão de cópias vendidas. No entanto, depois de várias exigências e regras declaradas pela gravadora e, principalmente, após um certo telefonema, o baterista daria um passo para trás, dando fim à carreira solo mais relâmpago de que se tem notícia.

— —

— Alô!

— Oi. Serginho? Aqui é o Nando dos Famks, tudo bom?

— Tudo bem, cara.

— Tô ligando para te chamar pra tocar com a gente. Vamos?

— Mas "péra" aí… Vocês estão pensando em colocar duas baterias?

— Hein, duas baterias?

— É, ué. Não é o Fefê falando?

— Não, Serginho. Aqui é o Luiz Fernando, baixista.

— Ai, desculpa. Confundi tudo.

— Pô, Fefê tá saindo e você conhece a banda, né? Vem tocar com a gente?

— Hum… Infelizmente, não vai rolar, não, cara. Tô tentando carreira solo e não vai dar.

O papo prosseguiu e, minutos depois, Nando, decepcionado, desligou o telefone:

— Tá bom. Valeu.

Mas Ricardo, que estava do lado de Nando, não sossegou com a resposta

— Como assim ele não topou?

— Não topou, ué!

— Mas ele é O cara pra Os Famks!

— Então avisa isso pra ele...

— Nando, liga de novo!

— Que é isso, cara? Ele acabou de...

— Liga de novo, por favor? Liga!

— Ô, Ricardo!

— Anda, Nando, liga! — disse o tecladista, cutucando o cotovelo dele para que Nando pegasse o telefone novamente.

— Tá bom, tá bom, tá bom. Ele vai achar que eu sou maluco — comentou o baixista, já discando os números.

— Tudo bem — respondeu Ricardo, sorrindo, enquanto o telefone tocava na casa de Serginho.

— Alô!

— Serginho? É o Nando de novo.

— Oi...

— Porra, cara, vamos tocar com a gente!

Serginho estava tentado a aceitar, mas queria pensar melhor sobre a questão. Gostava de tocar em bandas, mas as brigas à toa enchiam o saco!

— Nando, sabe o que é,...

— Ah, bicho, na boa, carreira solo?

— É e...

— Vamos? Topa entrar nos Famks?

Nunca se sabe exatamente o futuro de uma decisão tomada e qual a hora certa de agir para garantir que nossos sonhos e desejos sejam realizados. O ser humano vai, por instinto, jogando com as possibilidades, de acordo com o que pensa e sente. E às vezes, por causa de um medo, receio, insegurança ou tolice, deixa escapar pequenas oportunidades que poderiam significar grandes feitos depois. Ficando apenas na mente aquele "sim" que não veio por falta de atenção às mudanças da vida.

Serginho estava atento naquele dia de dezembro de 1978, e deu a resposta que achava ser condizente com o seu coração. Sem saber o quanto ainda representaria aquele convite.

—

Se Serginho fosse supersticioso, talvez tivesse visto como mau agouro seu carro enguiçar no trecho Niterói-Manilha, na volta para casa de seu primeiro baile com Os Famks. E com certeza teria voltado para sua carreira solo, após os novos desentendimentos que haveria com a gravadora Odeon depois de sua chegada — se ele não tivesse gostado tanto da ideia de tocar com Os Famks.

— A música se chama "Cadarço de aço" — disse Miguel para os músicos, ao lado de Ribamar, assistente de direção musical.

— "Cadarço de aço"? Esse nome parece até...

— É isso mesmo, Ricardo. É uma brincadeira. É de duplo sentido.

Silêncio dos integrantes, que faziam cara feia para aquela ideia, até Nando falar:

— Hum... A gente não quer gravar isso, não.

— Mas a gente pensou em fazer o disco inteiro assim!

— Pior ainda, Miguel! — disse Kiko, visivelmente irritado.

E assim teve início outra rodada de discussões com a gravadora, sem levar a lugar nenhum. O motivo que faltava para a Odeon deixar Os Famks na geladeira.

— Caramba, cara! Tudo tem que ser sangrando! — comentaria Kiko, na saída da companhia, com os músicos.

Todos tristes e aborrecidos, já perdendo as esperanças em um futuro para Os Famks na Odeon. Não daquele jeito.

E isso aconteceu no ano de 1979. Prestes a entrar na década de 1980! Uma época que, contradizendo todos os sentimentos, traria para a banda um novo nome e novos ares. E que marcaria a carreira daqueles seis músicos a ferro e fogo. Uma década que, definitivamente, seria tudo para eles — menos perdida.

CAPÍTULO 14

MARIOZINHO BOTOU A ROCHA NO NOME

"Apesar dos bailes, não havia
uma identidade artística como Famks.
Eles trabalhavam mais como músicos
do que como um grupo em si."

Mariozinho Rocha

O tempo: 1976. O espaço: teatro João Caetano, Rio de Janeiro. O show: divulgação do álbum Casa encantada. O grupo: O Terço, formado por Flávio Venturini (teclado), Sérgio Hinds (guitarra), Luis Moreno (bateria) e Sérgio Magrão (baixo). A banda havia acabado de lançar seu quarto disco, após o sucesso do LP Criaturas da noite (1975), mantendo a mesma linha de rock progressivo, músicas instrumentais, vocais apuradíssimos e a influência definitiva do rock rural.

Tudo se encaixava em harmonia naquele disco: as faixas iniciais "Flor de La Noche" e "Luz de vela", com a voz solo do percussionista Luis Moreno. A música de Flávio Venturini com o arranjo de cordas de Rogério Duprat em "Sentinela do abismo", César das Mercês como flautista em "Casa encantada" e a poesia da faixa final "Pássaro" — novo título de "Um cantador" — composta para o disco Terra (1973), do trio Sá, Rodrix & Guarabyra — censurada pelo Regime Militar.

Um tocador de violão
não pode cantar, prosseguir
quando lhe acusam de estar mentindo
Quer virar pássaro e rolar no ar, no ar
Quer virar pássaro e sumir

O Terço estava entregue nas canções. Era como se fosse uma viagem em conjunto, entre amigos. Flávio, ao cantar, sorria de lado para Hinds, como se fosse o sinal para a guitarra entrar rasgando. E o baixo de Magrão era preciso e encorpado, enquanto Moreno destruía na bateria. O público não respirava enquanto o solo dos instrumentos não terminava. E eles estavam entrosados, inspirados, felizes ao passar isso para outras pessoas. Dava para notar. E, até hoje, este álbum é considerado pela crítica como um dos melhores discos do grupo.

Na plateia, Nando e Kiko assistiam a tudo de perto, encantados com o trabalho que estava sendo feito. O Terço tinha sua identidade própria, trazia um "algo de novo" com músicas criadas por eles mesmos e um "quê" maravilhoso de independência. Não era à toa que os dois estavam com os olhos cheios de lágrimas ao presenciar tudo aquilo.

Richard Young ainda produziria alguns discos após sua entrada nos Famks. E, em 1978, seria a vez de Lafayette interpretar Roberto Carlos — um disco com onze músicas, entre elas "Café da manhã", "Lady Laura" e "Força estranha", gravado no estúdio Haváí com seus dezesseis canais. O álbum faria versões de um trabalho do Rei que ainda nem tinha ido para as lojas, de modo que, para as gravações, o sigilo era fundamental. Eduardo Souto Neto e Lincoln Olivetti dividiriam o arranjo e a regência das músicas, enquanto Os Famks fariam a base.

Para cada um dos participantes foi entregue uma fita K7, com o disco homônimo de Roberto Carlos, que seria lançado também pela CBS naquele ano. "Cuidado! Ninguém pode ouvir essa fita!", era o aviso repetido com insistência por Lafayette. Afinal, o Rei já era "O Rei" naquela época. Só que nenhum dos músicos quis se aproveitar dessa circunstância. O que importava era o trabalho que seria feito com Lafayette. Mal sabiam eles que aquela fitinha que tinham em mãos, ao sair em disco, seria um sucesso com mais de um milhão e meio de cópias vendidas.

Eduardo Souto Neto não conhecia aquela banda que iria fazer a base. Até lembrava que, uns três anos antes, Marcio Antonucci havia lhe pedido para gravar a sua música "Olha eu" no disco de um grupo de baile. Inclusive, havia feito o arranjo de cordas para o disco deles, mas nada que despertasse sua atenção.

Naquela época, ele tinha uma rotina de doze, catorze horas por dia em estúdio, gravando com os mais variados artistas, além dos jingles comerciais. Era natural que não se lembrasse dos Famks como músicos. Afinal, saber o nome é uma coisa, tocar junto é outra — o que, até então, não havia acontecido.

Estava acostumado com a turma do Paulinho Braga, Luizão Maia, Jamil Joanes... E agora Famks? Aliás, que nome era aquele? Quem eram? O que queriam? Esse negócio de tocar parece simples, mas requer afinidade. Para não dizer intimidade. Como músico, ele tinha receios, e muitos! Mas, enfim... Era melhor deixar a insegurança de lado. Lafayette deveria saber o que estava fazendo e dizia com veemência:

— Não precisa perder tempo com as bases! Os caras já estão tirando a levada. Eduardinho, se preocupe mais em escrever a orquestra.

E foi o que aconteceu até o dia da gravação. Quer dizer, no começo ele preferiu vê-los tocar um pouco sozinhos. Queria sentir segurança, ter certeza de onde estava pisando. O maestro estava com a regência pronta, mas o seu lado músico precisava de conforto.

Na primeira passagem, Eduardo ficou mais calmo e não conseguiu fazer outro comentário. A tal banda era, realmente, muito boa. Não só pela qualidade sonora, mas também pela harmonia entre eles. E melhor: os músicos eram ótimos! Tranquilos, competentes e engraçados nas horas vagas, sem comprometer a seriedade do trabalho. Como não rir do Kiko com as suas gracinhas no decorrer da gravação? E Paulinho com as piadas, imitando os personagens do Chico Anysio entre um vocal e outro? Nando com aquele sorriso fácil, Feghali já com toda a elegância de falar de um produtor, Cleberson com a timidez digna de um mineiro, mas inserções certeiras na conversa do grupo. E Serginho com aquela cara de moleque? Era de se espantar. Eles eram tão bons que tinha tempo de sobra para relaxar e conhecer melhor aquelas pessoas. E pode-se dizer que ali foi o começo não só de futuras e inúmeras parcerias, como de uma bela amizade.

— —

O tempo que se passava no elevador ou no consultório médico era a oportunidade para se ouvir as poucas FMs que existiam no Brasil no final dos anos 1960. Enquanto esse formato estava mais difundido no exterior, aqui era conhecido por transmitir o chamado muzak — música ambiente, orquestrada, suave e leve, sem qualquer comunicação através deste meio. Os próprios empresários de radiodifusão viam as FMs como economicamente inviáveis, e não se preocupavam em estimular os fabricantes a inserir essa banda nos aparelhos. Se você queria escutar música com qualidade, sintonizasse nas rádios AMs como a Tamoio, de formato próximo ao das FMs contemporâneas de hoje, ou então a Mundial, em que "maneiro" era ouvir o DJ Big Boy, com os bailes nos clubes do subúrbio, mixagens ao vivo e locução original.

Nos anos 1970, o cenário mudou. Sobretudo a partir do dia 1º de maio de 1977, quando entrou no ar, pelo Sistema JB, no Rio de Janeiro, a rádio Cidade — com uma proposta totalmente inovadora para uma FM. A emissora de frequência 102,9 tinha como carro-chefe a sua equipe de locutores, que brincavam entre si e com o público, deixando a programação mais atrativa. A passagem de horário entre um locutor e outro era motivo de interesse e boas gargalhadas do ouvinte, que passou a ligar o rádio só para ouvir frases como "Diga-me lá, conte-me tudo e não me esconda nada", de Fernando Mansur, ou a briga do sapo Eustáquio, personagem de Eládio Sandoval, e o macaco Chucrute Pé-na-Lata, de Romilson. A emissora virou febre entre os jovens, até porque transmitia música em estéreo, diferente da AM, e apresentava uma seleção musical revolucionária. Público que acabou atraindo anunciantes, dinheiro, investimentos e, com o tempo, outras rádios como essa pelo Brasil afora.

— —

— Por que vocês não retomam o antigo nome? A Cor do Som? É um nome bonito, tem poesia — disse o padrinho Caetano Veloso para Dadi, que tinha tocado nos Novos Baianos e acompanhado Moraes Moreira.

Porém, dessa vez, Dadi queria ter sua própria banda, com seu irmão Mú, Armandinho — filho de Osmar, do trio elétrico Dodô e Osmar — e Gustavo, que teve passagem pela Bolha. Era o início de A Cor do Som, de nome inspirado em uma canção de Moraes e Galvão. E isso foi em 1977, mesmo ano de surgimento da rádio Cidade.

Formada por uma garotada entre 20 e 27 anos e com influências do rock inglês e uma pitada baiana, a banda lançaria um LP instrumental naquele mesmo ano e outro em 1978. Porém, seria em 1979, com o álbum Frutificar que o grupo resolveria cantar. E a canção "Beleza pura" seria um sucesso de vendas e execuções da rádio Cidade — FM do momento. Receberia inclusive, pelos leitores da Playboy, o título de o melhor conjunto vocal/instrumental do ano.

Assim, seguindo as tendências do Rio de Janeiro, a rádio Cidade os convidou para tocar a mensagem de aniversário da emissora, em março de 1979, com produção de Guti Carvalho — primo de Dadi e Mú. Tudo indicava que tão cedo não existiria banda para tomar o lugar deles na 102,9, com seu público jovem, barulhento e dançante.

—•—

Um tiro certeiro da rádio Cidade e que virou moda foi o uso de mensagens de final de ano, nas quais os locutores cantavam. A primeira veio de uma maneira displicente para o Natal de 1977, em uma brincadeira de Sandoval e Romilson Luiz. A música foi gravada nos estúdios da Cidade, em um piano Bösendorfer da rádio JB, e todos cantaram. Depois veio, em 1978, a mensagem de Ano-Novo, no mesmo estilo. Em 1979, no entanto, a coisa tomou outra proporção, com a letra de Sandoval em cima de "Good Times", canção da banda Chic, sucesso na época. A sugestão de usar essa música foi do coordenador Clever Pereira e a gravação foi no estúdio de oito canais do Ed Lincoln, na Lapa, a partir da cópia do disco, giletada* por Ivan Romero e Sérgio Luiz — uma repetição da parte instrumental com a voz em cima — para então, só depois, ir para o ar.

Estou aqui pra dizer que o Natal chegou
É tempo de amizade, de muita animação
Taí a alegria que você tanto esperou

E a turma da Cidade está sempre com você
Alegria, o papo, a música e muita informação

Alô Ivan, Paulo Martins, Sérgio Luís e Sandoval
Chegou Mansur, Paulo Roberto e Romilson no final

---

* Processo artesanal de edição.

Papai Noel, eu espero receber o meu presente
Papai Noel, eu quero um poço de petróleo e uma garrafa de aguardente

A música, rapidamente, se transformou em um sucesso! Tocou em festas e discotecas, com gravações feitas diretamente do rádio, além de ser a canção mais votada pelos ouvintes para ser reprisada em horário especial. E foi além! Acabou virando disco da Odeon por iniciativa de Mariozinho Rocha, um dos produtores da casa, após perceber que o pessoal da própria gravadora ligava para a Cidade pedindo a música. E a mensagem não tinha nem uma semana no ar! Como então ficar parado diante daquele fenômeno? Mariozinho conhecia Clever desde os tempos do suplemento "Plug", do Correio da Manhã, no qual ambos escreveram. E tinha total liberdade com o coordenador da rádio para passar a mão no telefone, em uma sexta-feira, e fazer o convite:

— Vamos regravar a mensagem da rádio Cidade em um disco? Amanhã, pode ser?

— —

— Eduardinho, tem o lance da rádio Cidade para fazer! A gravação precisa ser igual à original. Já pegaram autorização e tudo... Falei com o Clever e está tudo certo para esse sábado!

— Ó, se é para fazer cover, tenho uma sugestão, Mariozinho. Conheci uma garotada fantástica, que tem capacidade para fazer isso melhor do que ninguém!

— Ah, não vem com esse negócio, não. Melhor pegar um grupo já pronto, entrosado...

— E você tá reclamando sem conhecer! Você tem que ver!

— Ahã, tá... Eduardinho, você vai me meter numa enrascada! Melhor tocar com quem a gente tá acostumado para não ter erro...

— Cara, você acha que eu sou capaz de arriscar o meu emprego botando músicos ruins? Você não confia no meu trabalho? Eu assumo integralmente a responsabilidade por eles!

— Bom, se você diz assim...

— —

Era um dia de ensaios dos Famks, quando veio a ligação de Eduardo Souto Neto. Ele estava com o grupo na cabeça desde o encontro na gravação do Lafayette, e aquela era a primeira oportunidade de chamar os integrantes para fazer um trabalho em parceria. O mais difícil, que era convencer Mariozinho, já havia sido feito. Agora, era só comunicar o pessoal.

— Pô, Dudu, não vai dar pra gravar. Nós temos baile em Itaperuna!

— Kiko, isso aí é o lance para a mudança de vocês. Não é o que vocês querem?

Mariozinho Rocha era um nome importante no cenário das gravadoras e os músicos sabiam disso. Eles não queriam ter seu próprio trabalho e ser reconhecidos? A pergunta do maestro não poderia ter sido mais certeira.

— Muito! Pode contar com a gente, Eduardinho.

E o baile, pelo menos naquele sábado, foi quem dançou.

O estúdio de dezesseis canais da Odeon ficava em Botafogo, na Mena Barreto. No dia seguinte ao da ligação de Mariozinho para Clever, lá estavam todos os participantes da gravação de "Bons tempos": Eduardo Souto Neto para fazer o arranjo, Os Famks fariam a base, os locutores entrariam com o vocal e o trio Mestre Marçal, Luna e Dazinho para o acompanhamento no final da música, no qual tudo acabava em festa, em ritmo de samba.

A música de Bernard Edwards e Nile Rodgers, com letra de Sandoval, teria duas versões para o disco. No lado A "Bons tempos — Natal", e no lado B "Bons tempos — Ano Novo". A mixagem seria feita no domingo para o disco estar nas lojas na sexta seguinte. Tudo em tempo recorde! E, acredite se quiser, foi o que aconteceu.

A gravação ocorreu sem problemas, em quarenta minutos! Antes a base e, depois, os locutores. Na verdade, ocorreu melhor do que o próprio Mariozinho podia esperar. "Caramba, tô chapado com a qualidade musical desse grupo", pensava ele, enquanto a banda fazia um som limpo e vigoroso. O baixo do Nando era igual ao original, ou melhor, os acordes da guitarra do Kiko eram precisos. E a bateria do Serginho?

— Rapaz... Esses garotos são fantásticos! — comentou para Clever, que estava ao seu lado.

— Mariozinho, esse pessoal que tá tocando é demais! Não deixa isso passar. Grava alguma coisa com esses caras!

Clever tinha razão, não dava para deixar passar batido. A banda era completa! Eles não só tocavam muito, como cantavam! Seis músicos também "canários", como diz a gíria, e era lógico que eles tinham que fazer um trabalho juntos! Tanto que, na primeira pausa da gravação, Mariozinho, extasiado, não se aguentou e foi correndo fazer a proposta:

— Que tal gravar um disco lá na Odeon? O que acham? Hein, hein?

— A gente já tem contrato com a gravadora — diz Nando.

— Sério? Bom, aí facilita a vida! Quer dizer que o pessoal já conhece vocês?

— Conhece como Os Famks! Nós fazemos bailes. A gente já gravou um disco pela Odeon!

— Pô, mas esse nome é duro, aí não dá! Vai ser suburbano assim lá no inferno! Isso não tem nada a ver! Vocês tocam funk por acaso?

Kiko até tenta explicar:

— Não, mas tem um significado e...

— Tá, tá, tá... Olha só: quero fazer um negócio com vocês a longuíssimo prazo! Mas longuíssimo! Por favor, não me encham o saco! Deixa que eu ligo — disse ele.

E saiu de lá satisfeito com a gravação de "Bons tempos", mensagem de final de ano que seria utilizada pela rádio Cidade nos anos de 1979 e 1980. E com louvor!

— Serginho, entrega as cifras pro Marcio, por favor? E avisa que eu fui para o hospital. Meu filho vai nascer! — disse Cleberson, afobado, jogando uma papelada em cima do baterista.

Saiu correndo dos estúdios, naquele ano de 1979, deixando no jeito todas as trinta músicas que seriam gravadas pelo grupo para Os Motokas — o que não seria o bastante para o produtor Marcio Antonucci.

— Porra, por que o Cleberson não tá aqui? Ele precisava estar aqui!

— Pô, mas é o filho do cara que tá nascendo! — diria Serginho.

— Fosse lá depois!

Cleberson era casado e já tinha Marcio, com 1 ano de idade, quando Marcelo veio ao mundo, no meio daquela rotina maluca de estúdio, discos e bailes. E Maurício seria seu terceiro filho, nascendo em 1987. Seria complicado, mas Cleberson teria a felicidade de acompanhar o nascimento dos três filhos. O que não pode se dizer de todos os integrantes.

— —

Madrugada com chuva forte no Rio de Janeiro, e um Passat preto todo equipado enguiça na avenida Brasil. Aquela era a situação na qual se encontravam Nando e Feghali, ao voltarem de um dos bailes feitos em Gramacho, Duque de Caxias (RJ), com casa lotada. Apesar do imprevisto, eles deveriam estar entusiasmados com aquela noite, o show havia sido um sucesso. Entretanto, a cara de ambos dizia outra coisa: desânimo e cansaço. As coisas pareciam não evoluir além dos bailes e eles não sabiam mais o que fazer. Até porque não era essa a vida que eles desejavam. Será que deveriam desistir do dinheiro de todo mês e arriscar com tudo, sem ter certeza de nada? E coragem para isso? Perguntas que não resistiram a um corpo esgotado, cabeça estafada, chuva e um carro quebrado.

— Cara, não aguento mais isso... — disse Feghali, enquanto empurrava o carro com Nando.

— Você tá dizendo que...

— Essa vida que a gente leva, caramba! Eu sonho com um lance nosso, algo que dure, uma carreira... Você não?

— Lógico! Mas você sabe que não é fácil...

— Tá, Nando... Só que a gente precisa fazer alguma coisa! E se o Mariozinho não ligar? Vamos ficar esperando?

— E se ele ligar?

— Eu só não quero ficar parado...

— A gente não tá!

— Ah, não? Então me diz uma coisa: você tá feliz?

— —

Em Belo Horizonte, no mesmo ano, o compositor Fernando Brant escutava a fita que Milton Nascimento havia lhe passado, tentando entender o que a música queria lhe dizer. E, aos poucos, a lembrança da sua juventude, daquele senhor alto, negro, que trabalhava com ele no Juizado de Menores, se fazia claramente nos acordes.

Era década de 1960, quando Fernando lia os processos e ajudava o juiz na capital mineira. Ele tinha por volta de seus vinte anos e havia acabado de entrar na faculdade de direito (não que um dia tenha tido, realmente, a pretensão de seguir essa carreira). E ficava por lá, trabalhando e conversando nas horas vagas com o seu Francisco, que fazia o café dos funcionários, daqueles bem fortes, como mineiro gosta! O papo acontecia com frequência sobre todos os assuntos, seja no quartinho desse senhor ou no banco no final de tarde. Trechos de vida que seu Francisco contava para um menino Fernando maravilhado, que tentava absorver os pequenos e grandes significados das histórias.

Um desses casos era sobre ele, seu Francisco, que na juventude trabalhava numa estação de trem em Ouro Fino (MG). Ele era encarregado de levar as malas dos passageiros para casa e sempre ficava à disposição dessas pessoas. No entanto, havia um trem expresso que passava às 5 horas da manhã, todos os dias, mas nunca parava. Não era novidade para ninguém. Mas, mesmo sabendo disso, seu Francisco acordava de manhã antes do horário, se vestia com o uniforme e ia para a estação esperar. O seu pensamento era apenas um: "Um dia, o trem pode parar. E não vai ter ninguém aqui para carregar as malas." O trem passava, não parava e ele então voltava para casa para esperar o seu horário normal de trabalho. E assim, durante anos, seu Francisco seguiu todos os dias e toda manhã sozinho na plataforma.

Homem que é homem não perde a esperança, não
Ele vai parar
Quem é teimoso não sonha outro sonho, não
Qualquer dia ele para

E assim Pinduca toda manhã
Sorriso aberto e roupa nova
Passarinho preto de terno branco
Vem a renovar a sua fé

Essa música sairia no disco Sentinela (1980), de Bituca. Afinal, ela nasceu para ser cantada por Milton! Mas, com o tempo, passou a representar muito mais para um pessoal que tocava no Rio de Janeiro. E o nome da canção era "Roupa Nova".

＿＿

O cast de Mariozinho na Odeon era o mais novo, com a turma dos mineiros — Milton Nascimento, Lô Borges, Beto Guedes... E, por isso, estava muito entrosado com o repertório dessa turma. As músicas gravadas e as não gravadas do pessoal de Minas se juntavam às outras tantas fitas que ele guardava por anos a fio. Um material que se tornava a sua principal fonte de pesquisa quando estava em busca de ideias musicais.

Ele precisava de um nome para o tal dos Famks se apresentarem em um festival da Globo. Podia ser uma grande oportunidade de estreia. E, por isso, procurava uma inspiração, enquanto ouvia aquelas canções e passava o olho em suas referências. Estava em casa à noite, acompanhado de seu copo de uísque e centenas de discos, fitas e composições — espalhados por cima da mesa, do sofá e até pelo chão! Uma bagunça organizada que tinha sentido apenas para ele. E ficou por horas, sentado, vasculhando sons e letras, enquanto pensava alto e ordenava seus pensamentos. "Vê se pode! Famks? Esse nome não vai a lugar nenhum... Quero que eles deem uma roupa nova para o som dos mineiros, fazer algo mais pop, com pegada, mas sem perder o traço de MPB. Tem espaço para isso! A Cor do Som foi para o lado baiano. Eu acho que vai dar muito certo entrar com Minas agora... Explorar aquele vocal de uma outra maneira e..."

Todos os dias, toda manhã
Sorriso aberto e ...

— —

— ROUPA NOVA!!!!
Entrou Mariozinho esbaforido pela Odeon, gritando para sua secretária. E, empolgado, falava enquanto entrava em sua sala, às 2 horas da tarde, como se tivesse acabado de acordar:
— Ariza, dá uma olhada se essa marca existe!
E lá foi ela, fiel escuderia de Mariozinho, pesquisar se o nome já havia sido utilizado na música brasileira. Tanto procurou que acabou encontrando uma coletânea com os grandes hits do momento — muito parecido com a dos Motokas. A diferença é que tinha sido produzida pela Odeon, não havia feito sucesso, e Roberto Livi é quem detinha o direito do registro.
— Roberto, me cede a marca?
— Pra quem é, Mariozinho?
— Um grupo chamado Os Famks. Você não deve conhecer e...
— Conheço sim e não cedo. Eles sacanearem o Lincoln.
— Cacete...
Roberto Livi era um empresário argentino, de cabelos compridos e testa larga, que atuara como produtor na Odeon, depois da sua carreira relâmpago de cantor na fase final da Jovem Guarda. Foi bem tocado nas rádios, com canções como "Parabéns querida", e se pudesse não faria mais nada além de cantar. No entanto, o que o sustentou mesmo no Brasil foi a produção e o lançamento de outros nomes da música, como Magal e Peninha — ambos do selo Polydor, da Polygram. O que fez com que também se aproximasse de conjuntos como o Lafayette e de empresários como Carlos Lincoln — naquele período um de seus funcionários.
— Aí, Lincoln, os caras estão pedindo uma das minhas marcas.
— Do que você tá falando, Livi?
— Dos Famks!

— Pelo amor de Deus, Livi, ceda! Tudo o que quero nessa vida é que eles mudem de nome!

— Mas eles deixaram de trabalhar com você!

— Ah, tudo em nome da música. E eu não perdi o amor, não.

— Ai, ai, ai... Vou liberar esse negócio então.

——

No dia seguinte, Mariozinho ligou para o Feghali:

— Amanhã aqui no estúdio, pode ser?

E ao chegar, no seu horário mais tarde de sempre, "atropelou" os seis integrantes entretidos na sala de espera da Odeon, falando sem parar.

— Anda, anda, vamos entrando! Sentem aí.

Os seis rapazes entram, sem saber muito bem o que esperar. Afinal, o que daria para se fazer em um plano de longuíssimo prazo?

— É o seguinte, vocês vão tocar em um festival da Globo, em abril, uma das músicas selecionadas. E o nome da banda será Roupa Nova!

"Estranho..." Essa foi a primeira impressão de Cleberson ao ouvir a sugestão, se lembrando de cabide, guarda-roupa, seções de roupas novas... Os Famks se apresentavam no Rio de Janeiro desde 1968! O nome já era conhecido. Como mudar isso de repente?

— Mariozinho, mas e o nosso nome antigo? — ainda tentou Cleberson.

— O quê? Famks? Que insistência, gente... Com esse nome nem na rádio Patrulha você vão tocar! Nome horroroso! Nasal!

— É sonoro, ué!

— Aliás, quem inventou essa porcaria?

— Pô, mas você sabe o que quer dizer? Fernando, Alceu, Marcelo, Kiko e Sérgio.

— Tudo bem. Tem algum Alceu aí? Marcelo? Só vocês mesmo... São as iniciais de pessoas que nem estão mais na banda!

Dúvidas, dúvidas... E Mariozinho que não sossegava.

— Vocês vão ganhar uma Roupa Nova! — dizia ele, fazendo trocadilhos, falando sem parar e usando todos os argumentos para convencê-los.

Ele achou melhor não citar os compositores mineiros, ponto de partida de sua ideia, e preferiu enaltecer o talento de cada um para tornar a proposta mais atraente. Mas contou da música "Roupa Nova", que estava para ser lançada, e falou sobre o espaço no mercado para o tipo de trabalho que ele queria fazer, explorando os vocais e tal — área ocupada até então pela Cor do Som e pelo Boca Livre. Vibrando todas as vezes que repetia o nome.

— Gente, acorda! Vocês são mundialmente conhecidos pelas pessoas do bairro!

Dúvidas, dúvidas... Que iam se dissipando quanto mais o Mariozinho argumentava. Aquela poderia ser a hora de dar o segundo passo, fazer cumprir o desejo de ter uma banda de carreira. O que, até então, não havia acontecido, por mais que eles gravassem discos dos Famks. E, realmente, talvez fosse melhor começar do zero com outro trabalho e outro nome. Talvez.

Sem mais dúvidas. Os Famks estavam dispostos a ganhar uma cara nova e ter o seu conceito artístico! Pelo menos, era isso o que "Roupa Nova" passava para eles. Independente de Mariozinho ter pensado nas canções mineiras ao sugerir o nome, o que ficou daquela reunião, para a banda, é que a "Roupa Nova" de verdade seria para o seu próprio som. Uma interpretação diferente da intenção original, mas e o que isso importava? Em uma história, as versões costumam ter perspectivas diferentes de acordo com o personagem, e nem por isso deixam de ser reais — um significado tão válido quanto o outro. Convite aceito.

— É Roupa Nova e ponto final! A música do festival é esta aqui, do Jamil Joanes. E ensaiem logo, porque é na semana que vem! — disse Mariozinho, já sem paciência, jogando uma fita K7 em cima da mesa e se direcionando para saída.

— Anda, gente! Bora trabalhar!

— —

No dia seguinte, Nando trombou com Franklin Garrido — na época engenheiro da Odeon — e contou o que havia acontecido. Do novo nome, da inserção de Mariozinho, do trabalho que ele queria fazer, do festival MPB 80... Tanta coisa! O técnico sorriu e disse com calma, colocando a mão no ombro do baixista.

— Agora vocês vão ver as coisas acontecerem.

PARTE III

ROUPAS E CORES

Acompanham o movimento das
ondas em qualquer direção

1980-1983

CAPÍTULO 15

SORRISO ABERTO E ROUPA NOVA

"Mariozinho era nosso guruzão!
E o nosso lucro no festival
MPB 80 era aparecer."

Ricardo Feghali

O conceito de festival de canção se firmou no Brasil nos anos 1960, com inúmeros eventos promovidos por emissoras de rádio, redes de televisão, teatros e movimentos estudantis — nos quais foram consagrados artistas que passariam a estar dentro da intitulada "categoria MPB", como Elis Regina, Chico Buarque e Milton Nascimento. Continuou com força na década de 1970, trazendo à luz dos holofotes nomes como Djavan, Luiz Melodia e Alceu Valença, e se estende até hoje em menor escala, principalmente nas cidades pequenas, cumprindo o seu papel de revelar intérpretes, compositores e instrumentistas ao público.

Em 1980, foi a vez do Festival da Nova Música Popular Brasileira — MPB 80 (rebatizado nos anos posteriores de MPB Shell devido ao novo patrocinador), realizado pela TV Globo em parceria com a Associação Brasileira de Produtores de Disco (ABPD), que tentava reviver o clima dos grandes festivais dos anos 1960. O evento teve a inscrição de 20.183 músicas de 16 mil compositores. Desse total, sessenta obras foram selecionadas para as quatro eliminatórias, com 15 canções que seriam defendidas por dia, por intérpretes escolhidos pela direção do festival. E essas etapas começariam em abril, com uma por mês até terminar, dia 23 de agosto, com as vinte finalistas e a escolha das vencedoras. Na premiação, dinheiro para as três primeiras canções mais bem colocadas, para o melhor arranjo e para os melhores intérpretes masculino e feminino; troféu para a composição campeã e contratação por uma gravadora para todos os vinte classificados.

As eliminatórias seriam exibidas pela emissora ao vivo, às sextas-feiras, a partir das 21h10, com direção de Walter Lacet, supervisão de Augusto César Vannucci e produção de Guto Graça Mello e J.C. Botezelli. Na cabeça de Mariozinho, aquela era uma excelente oportunidade para lançar em rede nacional um conjunto chamado Roupa Nova.

— —

Faltavam poucos dias para a canção "Beatlemania", de Jamil Joanes, ser apresentada no MPB 80. A música estava programada para 11 de abril, e o compositor não cabia em si de ansiedade. A única coisa que ele não sabia é que outro grupo, em vez dele, defenderia sua canção. A rede Globo definia os intérpretes junto às gravadoras e muitos nomes eram conhecidos apenas nas vésperas. Isto quando eram divulgados! Tudo bem, mas alguém avisou esse "detalhe" para o Feghali?

— E aí, Jamil! Olha que legal: vamos apresentar sua música, tá sabendo?

— Como é que é?

E sem mudar o tom de empolgação no telefone, ele completou:

— No MPB 80!

— Ué… Achei que seria eu!

— Ih…

Depois daquela ligação, o telefone de Feghali tocaria outra vez:

— Puta merda, hein? Tinha que abrir esse bocão?

— E eu ia saber?

— Era só me perguntar! Bom, vou tentar resolver isso aqui. Só vê se nem você, nem mais ninguém da banda, me atrapalha de novo! — disse Mariozinho, extremamente irritado, antes de desligar, temeroso de não conseguir mais colocá-los no festival.

— —

— É o seguinte: consegui outra música pra vocês. Mas vê se dessa vez vocês não fazem merda! Chama-se "No colo d'El Rey" e será apresentada na terceira eliminatória, em junho. Não contem com a vitória. O legal é vocês aparecerem! Vamos lançá-los para o público e, de quebra, vocês vão aparecer pela primeira vez na televisão!

Houve alívio e satisfação dos músicos ao ouvir aquilo.

— E quem são os autores? — perguntou Nando, curioso.

— Pra quê? Ó, eu não consigo uma terceira música, não!

— Relaxa… Ninguém vai fazer nada. Curiosidade mesmo.

— Hunf! João Luiz Magalhães e Cássio Tucunduva.

Sobrenome familiar para Feghali:

— Tucunduva? Serginho, não é o irmão da Cristina, que ensaiava com você lá no Lafayette, na Ilha do Governador? Eu até produzi o compacto dela pela CBS.

— Hum… Acho que é ele mesmo!

— Você tocou com o Cássio? — perguntou Kiko.

— Toquei, um pouco antes de entrar para os Famks. Tentaram remontar a banda The Brazilian Bitles, lembra dela? Fiz alguns bailes com eles, acho que durante um ano.

— Puta que o pariu... Vocês já se conhecem? Então esqueçam esses nomes e vão trabalhar. Quem tocar no telefone eu mato!

— —

— João, a nossa música entrou! — comemorava o compositor Cássio Tucunduva, ex-integrante da banda Os Lobos, ao encontrar o parceiro João Luiz Magalhães.

Os dois haviam se conhecido na faculdade de comunicação da Universidade Federal Fluminence (UFF), em Niterói, no início dos anos 1970 e faziam canções juntos desde então, muitas delas sobre a repressão militar e a falta de liberdade da Ditadura: as chamadas músicas de protesto. Em 1979, participaram do Festival de Música Popular, da TV Tupi, com "Contradança", e em 1980 participavam mais uma vez de um festival com "No colo d'El Rey".

A canção foi feita no governo Ernesto Geisel (1974-1979), que anunciava a abertura política lenta, gradual e segura, mas que não cumpria exatamente esse processo de transição rumo à democracia. Ataques clandestinos aos membros da esquerda pelos militares de linha dura fizeram vítimas como o jornalista Vladimir Herzog, em 1975, e o operário Manoel Fiel Filho, em 1976. E, apesar de o festival ocorrer em 1980, no governo Figueiredo (1979-1985), que havia decretado a Lei da Anistia após o fim do AI-5 e estava acelerando o processo de redemocratização, o campo cultural continuava vigiado, e ainda teria como um de seus capítulos futuros a frustrante explosão da bomba no Riocentro, em 1981, durante um show de homenagem ao Dia do Trabalhador.

Assim, com o uso de metáforas e poesia, Cássio e João traziam em sua música versos inspirados no mote anarquista "O rei morreu, viva o rei", a favor da ausência de um governo formal, sem decisões hierárquicas, que substituía o estado pela cooperação. Nesta melodia do festival, eles representavam a liberdade como ninfa domada a serviço d'El Rey — Rey com "y" mesmo, retomando a expressão antiga dos tempos de império e monarquia de Portugal. O que não dava para entender é como a música havia passado sem problemas, afinal, a Censura ainda atuava, de forma mais branda é verdade, e o clima de desconfiança por parte da classe artística permanecia.

Diga por quê
Ficar aí sentada No colo d'El Rey
Sorriso de ninfa domada a serviço del rey
Boneca de medo empalhada na corte
Eu sei

Sem sangue, sem graça
Com nada por ordem d'El Rey

— —

Dias antes de acontecer a terceira eliminatória do festival MPB 80, João e Cássio foram chamados ao estúdio da EMI para ouvir a gravação de "No colo d'El Rey" feita pelo Roupa Nova.

A versão feita pela banda era pretensiosa, um som maravilhoso, encorpado e forte. Cássio e João escutavam atentamente a leitura que o grupo havia feito e ficavam impressionados com a qualidade da gravação. Lembrava algo meio Supertramp, sabe? Distante da canção que eles haviam inscrito no festival, com um estilo mais Bob Dylan, de acompanhamento acústico de percussão, violão, violino... Era inesperado ouvir "No colo d'El Rey" daquele jeito, a mensagem passada daquela forma, o que não queria dizer que fosse ruim. Os compositores estavam abertos para entender aquele conceito e prestavam atenção no jeito de cantar, nos acordes, no arranjo, tentando assimilar todas as informações que a música passava. Por fim, pediram alguns minutos para conversar a sós, antes de aceitarem.

Apesar de acharem a versão bem diferente do que haviam imaginado, gostaram do som da banda. Além disso, o grupo podia estourar naquele festival, o que também seria bom para eles dois...

— ● ●—

— Ah, Marco Antônio, quase me esqueço de te falar: o Roupa Nova é Os Famks.
— Sério? É o pessoal do Nando?
— É! Eles estão no festival MPB 80 com a música "No colo d'El Rey".
O compositor Tavito estava sendo entrevistado pelo locutor e amigo Marco Antônio, na rádio Nacional FM, e aproveitou para contar a novidade em um dos intervalos do programa. Marco Antônio conhecia Os Famks desde os anos 1970 por causa de Nando. Ele havia estudado no Colégio de Aplicação, em uma das turmas de suas irmãs e, também tricolor, chegou a encontrar o "Mínimo" nos jogos do Fluminense, no Maracanã.

Já Tavito havia sido apresentado à banda por Mariozinho, ainda na EMI-Odeon. O que acontecia é que existia um grupo menor e fechado de músicos que conversava, "trocava figurinhas" e sabia o que se passava nas gravadoras. No círculo de amizades do compositor mineiro existiam nomes como Mú, Thomas Roth e Milton Nascimento — todos futuros autores de canções gravadas pelo Roupa Nova. Uma categoria da qual Tavito também faria parte nos anos 1990, com a regravação de "Começo, meio e fim".

— ● ●—

O teatro Fênix, da rede Globo, estava lotado naquela sexta-feira, 13 de junho de 1980. A segunda fase, em maio, havia trazido intérpretes como Eduardo Dusek, de fraque, cuecão e asas de anjo nas costas, esbanjando sátira e bom humor com a balada blues apocalíptica "Nostradamus", além de outros destaques no palco, como a cantora cearense Amelinha, que emocionou a plateia ao entoar versos de "Foi Deus quem fez você". Por mais que a imprensa não tenha dado prestígio a essa edição, a disputa entre os concorrentes estava esquentando para a terceira fase do festival que, diferente dos anos anteriores, trazia gente já conhecida do público, como Zé Ramalho, Joyce e Jane Duboc, mas não deixava de revelar e lançar estreantes como Sandra de Sá, Raimundo Sodré e o grupo Roupa Nova.

No júri, duzentos profissionais de diversas áreas, incluindo jornalistas, críticos, artistas plásticos, DJs, melodistas e letristas. Todos com a complicada missão de eleger os melhores intérprete e arranjo, bem como classificar cinco canções para a final. Eles recebiam antes das eliminatórias uma fita K7 com as concorrentes e, no dia, tinham de preencher um papel com suas cinco favoritas. Entre os espectadores, estavam as famílias e alguns amigos do Roupa Nova, como o locutor Marco Antônio, e compositores tensos como Cássio Tucunduva e João Luiz Magalhães. Todos esperavam ansiosamente ouvir "No colo d'El Rey", quando um dos apresentadores anunciou o Roupa Nova.

A banda entrou firme e tocou com segurança, como músicos "tarimbados" que eram já naquela época. Paulinho no vocal fazia a voz principal com precisão, e os outros integrantes mostravam um som refinado e de arranjos elaborados. No entanto, as palmas, durante a apresentação, foram as de sempre, nada muito esfuziante ou que apontasse algum tipo de favoritismo. "Nossa! Que música linda!", pensava Marco Antônio ao assistir ao Roupa. "Só acho que não vai cair no gosto popular. Os arranjos e a interpretação são muito sofisticados!" Já o foco dos compositores João e Cássio estava nos seis integrantes, com os ouvidos bem abertos para cada acorde. Eles nem se falaram durante a música que, por um descuido da organização, foi executada apenas uma vez, enquanto a norma permitia repetir. Para não perder nenhum detalhe, os compositores esperaram a banda deixar o palco para conversar, o que demorou um pouco graças à reação do público no final: cinco minutos de palmas enquanto os músicos agradeciam. Surpreendente... Euforia que deu esperanças para os integrantes do Roupa e também para João e Cássio:

— O que foi isso agora no fim?

— Cara, não sei, mas achei do cacete!

— Olha, fiquei até mais animado... Achei que eles entraram muito certinho, bonitinhos, produzidos demais, não? A música pedia uma postura mais ousada, menos careta. Algo meio Mutantes, sabe? — indagou João.

— É, mas foi tudo muito rápido, nem deu para conversar com eles sobre a mensagem libertária da canção. Quando eu fechava os olhos, estava tudo bem. Mas, ao abrir, não! Os trejeitos, as roupas, os elementos ali não estavam batendo com o dizer dos versos. Eles estavam muito comportados no palco para uma música de protesto!

— Também achei que faltou entendimento da letra... Mas vamos aguardar, né? Quem sabe?

— É... Não teve irreverência, mas a música foi perfeita na execução...

—•—

— Bicho, vocês já estão! — disse, andando em direção ao grupo, Arnaud Rodrigues, membro da comissão do MPB 80 e um dos contratados da rede Globo.

— Pô, você acha Arnaud? — perguntou Nando, desconfiado.

— Com certeza! Foi o melhor da noite! São cinco classificados. É só aguardar — afirmou ele, dando um tapa de leve nas costas de Nando, ao se afastar sorrindo.

A verdade é que no início o grupo não esperava ganhar. Era só se apresentar e fazer seu papel de intérprete. Quantas vezes Mariozinho repetira:

— Nem contem com isso!

Mas, na prática, como não se envolver? Não ouvir elogios e não achar que, lá no fundinho, poderia existir uma esperança?

— —

— João, você viu o que o Jorge Amado falou na mídia sobre a nossa música? Nas palavras dele: "Estão me dizendo aqui que é para falar que a melhor música é a de fulano e beltrano, mas eu não tenho compromisso com ninguém! Vou falar da que eu gostei mesmo, que foi aquela 'No colo d'El Rey'. Minha preferida." Declaração corajosa e que é lembrada até hoje pelos compositores João e Cássio. Primeiro, devido à satisfação de ouvir elogios de um escritor que eles admiravam, e segundo por causa da frase estranha: "Estão me dizendo aqui." Como assim? Quem e por quê? "No colo d'El Rey" teria sofrido algum tipo de boicote? Será que a música havia sido discriminada por conter uma mensagem de protesto? O que se passava nos bastidores? Apesar da relativa abertura política lenta e gradual dos anos 1980, qualquer sinal de repressão era motivo de insegurança e desconfiança para os que tentavam ser ousados.

Era de se esperar que eles ficassem receosos e fizessem suposições com a imprecisão dos fatos. A canção "O mal é o que sai da boca do homem" — defendida por Baby Consuelo (Baby do Brasil) e Pepeu Gomes, na quarta eliminatória — chegou a ser proibida após passar para a final do festival. Acabou liberada, mas foi para as rádios só em versão instrumental. Além disso, se tornou razão de processo ao casal (absolvido em 1981). A polêmica? Apologia ao uso da maconha ao cantar que "Você pode fumar baseado/ Baseado em que você pode fazer quase tudo".

Enfim, queira ou não, no festival MPB 80 a Censura ainda dava seus últimos suspiros.

— —

— Sei não... A plateia não parecia tão empolgada — comentou Nando para os outros componentes do Roupa, embora ele estivesse com uma sensação boa após ter conversado com Arnaud.

Apenas Paulinho parecia não prestar atenção no papo, vidrado nas telas que transmitiam o evento.

— É... Mas no final foi outra coisa! Pô, a gente não saía do palco! Acho que o povo foi pegando gosto... — tentou Kiko. — Talvez o público não tenha dado uma resposta tão boa no início porque não nos conhecia. Você viu quanta gente, depois, comentou o lance do resultado?

— Isso é verdade, Nando! Acho que tem chance... Até o português que cuida do backstage falou! — comentou Feghali.

— É... Eu também queria muito ganhar...

— Mas vocês se lembram do que o Mariozinho falou! — lembrou Cleberson.

— Gente, eles vão dar o resultado! — disse Paulinho, aflito e em silêncio, com os olhos grudados nos televisores.

O vocalista, ao contrário dos cinco integrantes, ficou mudo com suas expectativas em uma classificação. "Tá bom, tá bom, o Mariozinho disse. Mas as coisas mudam...", pensava ele, concentrado nas palavras dos apresentadores, apertando as mãos suadas e tensas.

— Músicas classificadas:

"Saudade", por José Renato. Intérprete: Jane Duboc.

"Hino Amizade", por Zé Ramalho. Intérprete: Zé Ramalho.

"Diversidade", por Chico Maranhão. Intérprete: Diana Pequeno.

"A festa da carne", por Paulo dos Santos e Paulo Souza. Intérprete: Mariana.

"Anunciação", por Paulo C. Feital, Jota Maranhão e Diana Feital. Intérprete: Zezé Motta.

Apesar das expectativas, o anúncio das finalistas confirmou o temor dos envolvidos: a música estava fora da final. E Paulinho, sem se conter, caiu em prantos. Kiko, embora muito triste, apoiou Paulinho, tentando dar conforto para o vocalista. Cleberson e Serginho pareciam não se abalar. Já Nando comentava, visivelmente decepcionado, em tom amargo e seco para Feghali:

— Não falei?

▬ ▬

Passar tão pertinho da possibilidade de se classificar no MPB 80, apesar de todos os avisos de Mariozinho, não tinha sido uma boa sensação. Afinal, não dava para negar que estar fora do festival da Globo era um desperdício de oportunidades. Acertar em uma edição daquela poderia ter representado uma guinada na carreira musical do Roupa Nova com o público e também com a crítica. Como aconteceu com Amelinha, ao atingir a marca de 300 mil discos vendidos, com a música "Foi Deus quem fez você", e com Jessé, que vendeu 100 mil LPs após a classificação de "Porto Solidão" e o título de melhor intérprete. Ou então com Joyce, que ganhou prestígio com "Clareana", e também com Eduardo Dusek, que fez barulho com "Nostradamus".

No caso, os compositores de "No colo d'El Rey" puderam tirar algum proveito, embora desclassificados. Cássio pôde vender seu LP em várias feiras independentes, com o respaldo da apresentação do Roupa Nova, e junto com João Luiz recebeu direitos autorais pelas exibições em shows posteriores. Em contraponto, a banda, embora tocasse a canção em suas apresentações, não conseguiu gravá-la em um disco de carreira após sair da EMI-Odeon. A gravadora não permitiu e, além disso, a música havia deixado um gostinho "amargo" na memória dos músicos. Era preciso, antes de tudo, digerir tais emoções.

O formato "Festival da Canção" já desenhava desde os anos 1960 o conceito da MPB no mercado: universitários, com músicas de alto nível de sofisticação lírica e melódica, no geral de temáticas políticas e sociais. Um rótulo discutível, que poderia englobar estilos como samba, música regional e rock, mas que rejeitaria os gêneros vistos como popularescos. Uma música popular e brasileira, embora falasse com poucos. Em suma, se passar pelo festival significava para o intérprete um tipo de aprovação para pertencer a esta "classe", pelo menos naquele dia a MPB havia fechado as portas para o Roupa Nova.

CAPÍTULO 16

É COMO UM SOL DE VERÃO

"Foi tudo muito rápido. Logo depois veio
o Mariozinho com a 'Canção de verão'.
Não deu nem tempo de ficar
viúvo do MPB 80."

Nando

Baixinho, calvo, de bigodão e camisas coloridas, às vezes com detalhes praia-nos. Era assim que Mariozinho ou o "Maneco" varava as tardes na EMI-Odeon, lembrando muito aqueles policiais típicos de filmes americanos, debochados, de poucas palavras, apreciadores de uísque e donuts. Uma presença que passou a ser esperada com ansiedade pelo Roupa Nova após a apresentação no MPB 80 — apesar da desclassificação da banda no festival. Os integrantes viam no produtor uma possibilidade de escapar das canções do cast de Miguel, como "Cadarço de aço", e já haviam assinado um novo contrato com a gravadora, depois da mudança do nome da banda.

— Tô saindo! — disse ele ao encontrá-los no corredor da EMI-Odeon.

— Saindo? — perguntou Feghali, sem acreditar no que escutara.

— É, ué. Tô indo pra Polygram.

— Mas a gente acabou de assinar outro contrato!

— Meu Deus! Já assinaram? Tentem cair fora!

— Mas como? E falar o quê, agora?

— Sei lá! Acaba a banda!

O produtor, à sua maneira, confiava no projeto e insistiu para que eles tro-cassem também de companhia — o que foi relativamente fácil, pode-se dizer... Àquela altura do campeonato, o tal do Roupa Nova não era importante a ponto de a diretoria da EMI-Odeon encrencar com a questão.

Rescisão feita. Contrato assinado com a Polygram.

No início, a escolha da maior parte do repertório do Roupa Nova seguia o estilo de Mariozinho. Ele chegava com a "receita do bolo" e depois sentava com o grupo para discutir os arranjos. Com o tempo, a banda ganharia confiança para também decidir as canções que iriam entrar no LP, mas naquela fase da carreira era fundamental ouvir o que o produtor tinha a dizer e aconselhar. Uma dinâmica que aconteceu nos três primeiros álbuns feitos na Polygram, todos sob título homônimo ao nome do grupo. Não vendeu muito, é fato. Cerca de 10, 20 mil discos eram números baixos para aquela época, considerando os altos custos de produção — para ser disco de ouro, por exemplo, o LP tinha que atingir a marca dos 100 mil. No entanto, esse resultado baixo estava dentro das expectativas de Mariozinho para aquele começo, e a gravadora lhe dava liberdade para trabalhar o desenvolvimento da banda através dos discos. Como ele mesmo brinca hoje em dia, "não dava nem para pagar o chopp!"

Isso porque uma das preocupações do produtor era posicionar o Roupa Nova no segmento MPB, apesar da pegada mais pop, como uma banda de grande qualidade musical. A consolidação de sua carreira no mercado, com o passar dos anos, traria o rendimento financeiro esperado pelos integrantes — um processo lento e que poderia ser duradouro, considerando o talento dos seis músicos. Por isso, a intenção de Mariozinho era atuar como um "embaixador" do grupo, usando sua posição e diplomacia para aproximá-los de nomes importantes da MPB, seja gravando canções de compositores como Paulinho Tapajós, Flávio Venturini e Beto Guedes, ou participando na gravação de intérpretes como Milton Nascimento, Fagner e Gal Costa.

— Tem uma música do Milton com o nome "Roupa Nova". Acho legal vocês gravarem.

— Ah, mas é uma música desconhecida... — comentou Cleberson, apoiado pelos outros.

— Mas deu nome ao conjunto!

O "embaixador" tinha o respeito da classe musical e respaldo para ser bem recebido por outros artistas, o que facilitava a apresentação da banda. Depois, era só esperar. Após conhecê-los, as pessoas passariam para frente os elogios e as recomendações, já que a competência do grupo era evidente. Aliás, Mariozinho havia começado a botar essa estratégia em prática na própria EMI-Odeon, durante o curto período que esteve com o grupo lá. Esse era o seu "plano", que não iria funcionar sem a dedicação, lógico, do Roupa Nova.

— —

"Recomeçar" foi uma das músicas que Mariozinho arrumou para o grupo gravar em seu primeiro disco como Roupa Nova — composição de Jamil Joanes com o Eladio Sandoval, da rádio Cidade. E eles estavam passando essa música quando o produtor entrou no estúdio.

Deixa a mania de abafar seus sentimentos
Procure logo esquecer nossos momentos
Chegou a hora de apagar a tatuagem
Estou pronto pra viagem
Vou recomeçar

— Você leram a harmonia e mais nada, né? Não parece nem que são vocês tocando aí. — provocou Mariozinho, buscando a guitarra, o teclado... enfim, "a pegada" musical que havia percebido naqueles músicos.

— Cacete... — lamentou Feghali, ao lado de Cleberson, ambos incomodados com aquele comentário "displicente".

O problema é que naquele dia a cabeça de Feghali estava longe. Seus pais estavam finalmente se separando, em litígio, e o processo, por mais que fosse esperado, não estava sendo nada fácil para Nilza e Albert. Se por um lado Ricardo ganhava o Roupa Nova, por outro, perdia o mínimo de estrutura familiar que existia ali. Fora a dor de cabeça ao acabar se envolvendo, agora adulto, em discussões que não eram suas.

Já Cleberson se sentia empolgado com aquele desafio. Estava realmente gostando de fazer arranjos e produzir em estúdio. E só conseguia se lembrar daquele maestro de São Gonçalo perguntando: "Por que não tenta ser maestro?" É... Por que não?

No dia seguinte, após revirar a música, Feghali e Cleberson apresentaram para Mariozinho um "Recomeçar" com sintetizador, típico da época, e outras marcações que ainda seriam características do grupo.

— Agora sim vocês trabalharam!

— —

Uma canção que fale de coisas simples, naturais, sem complicações. Esse foi o conceito escolhido para a música de Feghali quando Mariozinho ouviu a melodia.

— É muito bonitinha! Gostei. Passa algo suave, delicado... A letra tem que ser no mesmo esquema. Vou passar para o Chico Anysio escrever.

O produtor explicou a proposta para o Chico que, dias depois, apareceu com a letra na Polygram. Estavam todos os seis na sala de Mariozinho, cansados da rotina puxada de bailes todo final de semana, quando o humorista e também compositor mostrou algo do tipo:

Eu gosto de coisas simples
Arroz com feijão
Abóbora com carne seca...

Isso é o que pode se chamar de uma ocasião totalmente constrangedora. Não se tratava de uma questão de letra certa ou errada, mas a leitura de Chico era distante daquela que eles pretendiam com a música. Além disso, como falar para o grande Chico Anysio que não era bem aquilo que eles queriam dizer? Nenhum deles sabia por onde começar.

Enquanto a canção tocava, um ficou olhando para a cara do outro pensando no que dizer ou como reagir. Mariozinho dava aqueles sorrisos amarelos e sem graça para manter o clima, Feghali fazia uns comentários perdidos, Nando mirava um ponto fixo e inexistente, e por aí vai... Até que a música acabou.

Silêncio.

— E aí? O que acharam? — indagou Chico Anysio para todos.

"Tá, eu sou o produtor nessa sala, né..." Era o que Mariozinho pensava minutos antes de pronunciar:

— Chico, legal, muito bonito. Vamos dar uma olhada!

Falar o que numa situação como essa? Ele não conseguiu nada melhor para dizer.

Chico sorriu, se despediu de todos e, com a sensação de dever cumprido, foi embora, de carona com Feghali. "Meu Deus, vai acabar a gasolina com o Chico aqui dentro!", percebeu o tecladista ao olhar para o painel do carro, já no meio do trajeto.

Preocupado com o mico que seria deixar o humorista a pé e também sem querer puxar assunto sobre a música que ele havia mostrado, Feghali seguiu dirigindo... mudo! Rezando pela vida longa da gasolina ou por um posto de combustível por perto, até conseguir deixar Chico em casa.

Em seguida, foi em busca de um posto, para só depois voltar para a gravadora — onde saberia da sugestão de Mariozinho:

— Gente, eu tô com a ideia na cabeça. Acho melhor eu mesmo fazer essa letra! Não vou repassar para outra pessoa, pois vai ficar um troço chato com o Chico, nem vou colocar meu nome como autor nos créditos do disco. Sai só o nome do Feghali. Depois eu explico para ele o que aconteceu. Putz, que saia justa danada...

Dias depois, o resultado:

Tudo bem simples
Tudo natural
Um amor moreno
Fruto tropical

Todas as cores
Que eu puder te dar
Toda fantasia
Que eu puder sonhar

Aprovação imediata do grupo, música pronta para gravar. Para ficar perfeito, na cabeça de Mariozinho, só faltava acertar mais um detalhe:

— Nando, você é quem vai solar.

— O quê? Eu não! Fazer o vocal tudo bem, mas o solo? Eu não canto o suficiente para isso. Coloca o Serginho!

— Vai, sim! Eu quero uma voz suave e pequenininha para "Bem simples". E essa voz é a sua!

Nando não gostou muito daquilo, mas acabou aceitando. Tanto que no estúdio, antes de gravar, ainda nervoso com a decisão, continuava argumentando com os outros integrantes contra essa decisão.

E foi assim que nasceu a terceira faixa do LP de 1981 e o single de abril. A primeira das poucas vezes em que Nando solou no Roupa Nova e um dos hits do álbum. A música foi um sucesso, principalmente entre as mulheres que adoram canções românticas. Nessa gravação, a banda ainda contou com a participação de Luiz Roberto, do grupo Os Cariocas, fazendo o assobio. Elementos que poderiam passar despercebidos por outro produtor, mas que deixaram a canção do jeitinho que ela deveria ser: leve, bonita e simples.

— ▪ —

A irreverência de Mariozinho na escolha do repertório do Roupa Nova no primeiro disco poderia ser vista tanto em "E o espetáculo continua", que foi uma brincadeira do produtor com os músicos, como na faixa "Tanto faz", de Feghali com letra de Fausto Nilo.

Quem quiser
Vai ser menino ou capaz
Ser mulher
Ou marinheiro audaz
Tanto faz
Dar na cabeça ou dar
Vai ter mais
Gente querendo paz

Paulinho cantava essa música, com uma levada "rock meio pop" — exatamente o que os integrantes queriam naquele momento. Tudo bem que a letra de "Tanto faz" poderia ser questionada pelos ouvintes mais velhos ou sisudos, mas quem ligava? Era divertido trabalhar com Mariozinho e, além disso, eles confiavam nele. Se o produtor insistisse com uma faixa, "É essa aqui!", era essa mesma. Tanto que só depois de anos, quando a música não estava tocando mais, Cleberson, sempre desligado, atinou para o que ela realmente queria dizer.

— Péra aí! A ideia é "Tanto faz se é hétero ou gay?"

— ▪ —

Desde a sua inauguração no dia 1º de maio de 1970, o restaurante Castelo da Lagoa anexo ao Chiko's Bar, na avenida Epitácio Pessoa, se tornou um dos lugares preferidos de personalidades da política, do esporte e da cultura nacional. Circularam por ali nomes como Juscelino Kubitschek, Roberto Marinho, Pelé, Chacrinha, Tom Jobim, Vinicius de Moraes, Chico Buarque, Miele, Roberto Carlos e muitos outros. Entre eles, Mariozinho Rocha e Clever Pereira.

Nos anos 1980, foram inúmeras as noites dos dois no estacionamento do Castelo da Lagoa, regadas a uísque e música rolando no toca-fitas. Sanders, garçom do restaurante, ia até o carro para servir a bebida para eles, colocada em um compartimento aberto do automóvel. Naquela época, as empresas de produtos eletrônicos já tinham entendido a necessidade de vender, principalmente para os jovens, aparelhos de som automotivos de última geração, capazes de captar a faixa FM. Havia se tornado "febre" equipar o carro com um som escandaloso e de alta fidelidade, ambiente perfeito para se ouvir música. Mais perfeito ainda para um produtor como Mariozinho mostrar trabalhos novos de seus artistas. Era por isso que aquela caminhonete andava repleta de fitas.

— Escuta essa demo do Roupa! O disco nem está pronto, mas você tem que ouvir isso.

É como um sol de verão
Queimando no peito
Nasce um novo desejo
Em meu coração

É uma nova canção
Rolando no vento
Sinto a magia do amor
Na palma da mão

É verão!
Bom sinal!
Já é tempo
De abrir o coração
E sonhar...

— Caramba! Isso é fantástico! — disse Clever, empolgado, enquanto a canção ainda tocava! — Isso vai funcionar na rádio!

— Eu também acho! Viu o vocal do Roupa?

— Lógico! Tem uma energia boa, essa coisa de verão que a juventude adora.

— Música do Thomas Roth e do Lulu Guedes.

— Legal, gostei muito. A cara do Rio! Já posso tocar na rádio?

— A hora que você quiser.

— Hum... A gente tá em novembro, perto do verão, quando a Cidade sobe de audiência — disse Clever, já pensando em como apresentar a música para a diretoria, locutores e todo mundo da emissora.

De repente, em um sobressalto, perguntou:

— Ah, sim, fiquei tão maluco que quase me esqueci do nome da música. Qual é?

— Meu caro — disse Mariozinho, com um leve sorriso no rosto —, o nome não poderia ser outro... "Canção de verão."

Depois foi a vez dos locutores ouvirem a música nos estúdios da rádio e todos tiveram a mesma reação de Clever Pereira, embora os diretores da emissora não vissem a música com bons olhos. A Cidade então tocaria sem parar a música que, antes mesmo de o disco ficar pronto, se tornaria incontestável no gosto do ouvinte. O próprio Thomas Roth comentaria depois em um programa de rádio: "A coisa começou a arrebentar quando eles gravaram uma canção nossa. O Lulu e eu, realmente, temos um carinho muito especial pelo grupo e pela música."

A estação mais quente do ano no hemisfério sul poderia até começar no dia 21 de dezembro e terminar no dia 20 de março. No entanto, o primeiro sucesso do Roupa Nova seria hino no Rio de Janeiro, de 1980 para 1981 — e não tocaria só naquele verão.

— —

Senhores,

Venho por meio desta entender as razões pelas quais não tem tocado nas rádios as canções "Gosto de batom" e "Melô de amor", do compacto de Luiz Maurício. Sinto, profundamente, que os senhores da Polygram desprezam o trabalho solo deste artista, ao contrário de outros grupos do seu cast. Aliás, por que as músicas do Roupa Nova tocam de forma exagerada? "Canção de verão" não sai das FMs, enquanto "Gosto de batom" ou "Melô de amor" nem é citada. Por que essa disparidade? O compacto de Luiz Maurício poderia ser mais bem divulgado nas rádios do Brasil. Conto com a compreensão dos senhores em tomar alguma ação quanto a isso.

Obrigada.

Ass.: Scarlet Moon.

Carta de reclamação[2] de uma divulgadora da Polydor, subsidiária da Polygram. Foi escrita pela mulher do guitarrista, ex-integrante do Vímana, que até então havia acompanhado Gal Costa e participado do disco Ave Noturna, do Fagner. E que, disposto a lançar carreira solo, se tornaria famoso só com o disco de 1982, pela Warner, assinando com outro nome: Lulu Santos.

— —

Depois de Carlos Lincoln, viria Zé Luís para atuar como empresário dos Famks; seguido por Aldo Vaz — que tinha trabalhado com a banda Casa das Máquinas, em São Paulo, e com Os Canibais, no Rio de Janeiro. Everaldo seria o substituto deste — no começo da fase Roupa Nova.

Desses quatro, apenas Lincoln teria tentado ser *manager* da banda. Zé Luís, Aldo e Everaldo seriam todos vendedores de baile, em busca de números e clubes. Por isso, Everaldo não botava muita fé naquela nova fase do conjunto e dizia com frequência para os músicos:

— Esse negócio aí de "Canção de verão" e Roupa Nova é rapidinho, né? Acaba, né? Volta os Famks pra gente poder fazer os bailes.

— —

Garotos que gostam de música se aproximam, ainda mais se frequentam o mesmo colégio. Sentam para conversar, tomar uma cerveja, tirar uma melodia, trocar ideia sobre uma composição... como aconteceu entre Claudio Nucci e Mú na década de 1970. Alunos do Colégio Rio de Janeiro, na Zona Sul da cidade, eles se encontraram em uma das tantas vezes no apartamento de Lozinha (Heloisa Carvalho, irmã do Mú) e fizeram uma canção muito bonita, mas sem letra. Estavam apenas brincando de criar melodias e, quando viram, já estava pronta.

Entregaram a música nas mãos de Paulinho Tapajós, que namorava Lozinha, para que ele, então, pudesse terminar o trabalho. No entanto, a canção não saiu de uma hora para a outra. E a inspiração só veio no dia em que Paulinho recebeu a notícia da morte de sua vó. Para manter a cabeça ocupada, ele se refugiou no quarto de Mú, colocou a fita para tocar e deixou as palavras surgirem. Sem deixar muito o lado racional falar. E assim foram aparecendo as rimas "flores de maio azuis/ e os seus cabelos...", "não sou mais veloz/ como os heróis...", palavras como "cowboy", "pôr do sol" e "estrelas". O compositor estava aberto para o som e seus sentimentos. A letra, simplesmente, foi vindo... Da maneira mais espontânea e verdadeira de um poeta.

Analisando depois o que havia feito, Paulinho conseguia enxergar referências como a música "Sapato mole", do seu irmão Maurício Tapajós, com Paulo César Pinheiro e Mauro Duarte. A palavra "sapato" poderia ter vindo daí, vai saber! Apesar de que um tema não tinha nada a ver com o outro. Enfim, ele não tinha certeza de nada. A música veio de uma vez só, se fazendo naqueles acordes, sem precisar de correção posterior. Nasceu daquele seu momento solitário e íntimo. Talvez seja por isso que ele veja essa canção com tanto carinho até hoje.

Sua primeira gravação foi em 1978, no álbum Querelas do Brasil, do Quarteto em Cy, grupo do qual fazia parte Dorinha Tapajós, irmã de Paulinho Tapajós. Não foi a música de trabalho, nem rodou nas rádios, se tornando uma daquelas faixas do lado B, C de um artista. Pouca gente conhecia. Até o dia em que Mariozinho Rocha pinçou de seu arquivo musical: "Sapato velho".

Mariozinho frequentava a casa de Haroldo, pai de Mú e Lozinha, antes mesmo de assumir a direção artística da Polygram. Ele conhecia o pessoal todo e também as composições que saíam de lá, e percebeu em "Sapato velho" uma bela jogada para o repertório do Roupa Nova.

O produtor queria posicionar o Roupa entre os outros grupos com som jovem, de canções melódicas, originais e com vocais mais apurados, como A Cor do Som, 14 Bis e o Boca Livre. E aquela composição de Mú — de A Cor do Som — e Cláudio — do Boca Livre — poderia dar esse tom. "Essa música é muito benfeita, mas acho que pode ficar melhor ainda com o Roupa! Eles vão saber dar uma revitalizada nesse negócio. A letra é boa, a harmonia... Vou separar."

A Cor do Som, 14 Bis e Boca Livre eram grupos muito bem posicionados. Mariozinho acreditava que a versão do Roupa Nova serviria para mostrar sua identidade dentro desse universo. O próprio Paulinho Tapajós chegou a comentar que o Roupa Nova caiu bem com o "Sapato velho". Ele brincou: "Tinha que ser sapato novo!" A leitura do grupo ficou forte, e o arranjo dos instrumentos com as vozes, extremamente marcante. Aquele seria o segundo sucesso do álbum de 1981 e o xodó dos seis integrantes. "Você lembra, lembra..." Uma música que, antes de tudo, veio para situar o Roupa Nova no mercado.

— —

— Clever, o disco do Roupa Nova ficou pronto! Vem aqui na Polygram dar uma olhada!

Eram meados de janeiro quando lá foi o coordenador da rádio Cidade para o estúdio da gravadora na Barra. Ele conhecia Mariozinho... Aquela era a hora em que o produtor tocava o álbum todo e olhava para ele com aquela pergunta: "Qualé?" Já até achava graça! Mariozinho era "macaco velho" nesse sentido. Sabia fazer o relacionamento da companhia com a rádio e tinha a percepção exata da imagem que a Cidade queria passar. Tanto que, na maioria dos casos, acertava qual música Clever escolheria para tocar na programação. Só que...

— "Sapato velho"!

Clever tinha gostado da música por gostar. Além disso, a canção tinha harmonias elaboradas e um trabalho vocal refinado. Seria ótimo para mostrar para a diretoria da rádio, que tinha resistência em tocar o Roupa Nova. A direção, depois de "Canção de verão", havia questionado o porquê de Clever e dos locutores apostarem naquela banda — muito pelo estigma social de eles continuarem tocando como Os Famks em bailes no subúrbio. Era como se o grupo apresentasse uma imagem totalmente diferente do público-alvo da Cidade: classe A e Zona Sul. E aquele "rótulo" precisaria ser combatido internamente antes de botar a música no ar.

Para Clever, a qualidade musical daquela faixa impressionava a ponto de confundir a cabeça daqueles que tinham preconceito. O coordenador da rádio gostava de equilibrar o que era considerado popular pela diretoria e o que era chamado "de elite". Era uma maneira de lidar com essas diferenças de conceitos. E o Roupa Nova tocando "Sapato velho" era exatamente isso.

— —

No dia 22 de março de 1981, no quadro "O show da vida", do Fantástico, o clipe seria "Sapato velho". Imagens de um menino — ora correndo com flores na mão, ora ao lado de uma menina — apareceriam intercaladas com a dos seis moços sentados nas pedras de uma cachoeira, cantando. Gravação realizada no início do mês, às 6 horas da manhã de uma segunda-feira, na estrada entre Nova Friburgo e Teresópolis, com os músicos sem dormir devido ao baile feito na noite anterior.

— Acho que não entenderam a música — disse Nando para Feghali, durante a filmagem.

— Ah, cara, deixa pra lá! Vamos fazer isso logo.

O que significava manter Os Famks, mas com o foco no Roupa Nova. O revezamento entre bailes e gravações em estúdio exigia um comprometimento maior do grupo. Todos estavam sobrecarregados, e esse era o desafio. Continuar com as duas bandas até obter um lucro mínimo com o Roupa Nova, ou então até o corpo não aguentar mais. Esse ainda era o "plano" deles.

— —

— Que merda... — disse Nando, ao entrar pelo estúdio com uma revista nas mãos. — Tão metendo o pau no nosso disco. Nego diz que a gente parece com o Queen, com o Santana e sei lá mais com quem! Que o Roupa não tem personalidade porque tem vários estilos.

— Eu não entendo... — comentou Cleberson.

— Ah, sei lá... Estão metendo a ripa até em "Sapato velho". Lê a Ana Maria Bahiana pra ver — falou Nando chateado, deixando a revista em cima de uma das mesas.

— Ela é casada com o José Emilio Rondeau, não é? Putz grila, viu? Esse povo não gosta mesmo do nosso trabalho — completou Kiko, que também estava por perto.

— Qual é o problema dos bailes, caramba? — perguntou Feghali.

Nos bastidores, os músicos ouviam comentários de que o casal Ana Maria e José Emilio não gostava do passado suburbano e baileiro do grupo. O que aumentava a revolta dos integrantes ao ler qualquer matéria de um dos dois. Se para eles era difícil aceitar as críticas para o trabalho feito pelo Roupa Nova, com tanto esforço e carinho, pior ainda era aceitar restrições diretas à sua história e origem.

— —

Além da rádio Cidade, o Roupa Nova também tocou em rádios com foco em um público mais adulto, como a rádio Nacional FM. A música "E o espetáculo continua", de Tavynho Bonfá e Ivan Wrigg, por exemplo, não era o single do primeiro álbum da banda, mas caiu no gosto da 100,5 (frequência que depois se tornou a FM O Dia).

A rádio, pertencente à Radiobrás e que ficou no ar até 1988, só tocava música brasileira e era famosa pelos programas em que Darci Marcelo entrevistava intérpretes e compositores. Apesar de a Nacional AM, existente desde 1936, ter sido mais reconhecida no decorrer da história, a FM foi importante porque prezava pela qualidade e pelo respeito aos artistas nacionais, e parecia ter aprovado o Roupa Nova, apesar da desclassificação do festival MPB 80...

— —

— Alô! — atendeu o telefone Fernando Brant, em Belo Horizonte.

— Oi, Fernando. Aqui é o Clever Pereira, do grupo JB. Tudo bom?

— Tudo joia. E com você?

— Maravilha! Gostaria, junto com o Ivan Romero, de convidá-lo para um jantar esta noite. A JB FM BH vai deixar de existir para dar lugar a uma rádio com um conceito inovador e que tem feito sucesso no Rio de Janeiro. A emissora se chamará, a partir de agora, rádio Cidade e gostaríamos de compartilhar esse fato com você.

— Comigo?

— Sim, pode-se dizer que estamos de roupa nova! E como marco da inauguração dessa nova fase, a primeira música do dia será "Roupa Nova", cantada pelo grupo Roupa Nova!

— Que notícia boa! Vai ser um prazer jantar com vocês. Fica marcado para as 20 horas!

Para o grupo JB, era a estratégia perfeita ter a rádio Cidade na capital mineira. A JB FM reproduzia a programação gravada da JB FM do Rio de Janeiro e contava com uma série extensa de músicas clássicas. Já a Cidade era mais rentável e trazia toda a atmosfera de renovação que fazia muito bem ao grupo. Para Clever e Ivan fazia mais sentido ainda inaugurar a emissora com Roupa Nova. Na verdade, aquela seria a desculpa perfeita para que os dois pudessem conhecer Fernando Brant, autor de músicas lindíssimas com Milton Nascimento.

Assim, a estreia da Cidade, 90,7 FM, instalada no Alto das Mangabeiras, aconteceu no dia 14 de março de 1981, em Belo Horizonte, com o acompanhamento de Kiko, Paulinho, Nando, Feghali, Cleberson e Serginho. E a música seria o single do grupo em agosto daquele ano.

— — —

— E agora? O que a gente faz? — perguntou Nando, cansado, para o restante da banda, ao voltar de um baile em Xerém, em março.

Naquela época, "Canção de verão" já havia entrado na trilha sonora de As três Marias, novela da rede Globo. E, no decorrer do ano, mais duas músicas daquele primeiro LP ainda iriam parar nas telinhas: "Bem simples", como tema de O amor é nosso — da rede Globo —, e a faixa "Tanto faz", na trilha de Os adolescentes — novela da Rede Bandeirantes.

— Acho ruim a gente parar de fazer os bailes — comentou Paulinho.

— Não, gente. Vamos parar! — retrucou Kiko. — Tá foda, eu sei que os bailes estão lotados, um puta de um sucesso, mas dá pra parar!

— Como é que para, Kiko? — questionou Cleberson.

— A gente grava pra caramba. Tem Globo, outros artistas, outros produtores. Todo mundo procura a gente! Dá pra sobreviver! Pô, eu tenho filho, esposa e tô dizendo que dá! Ficar no meio do caminho é que não rola. O Roupa Nova precisa deslanchar!

— Ah, não dá, não... — relutaram alguns integrantes, enquanto outros permaneciam calados, pensando.

Mas Kiko não desistia:

— A gente junta o que cada um ganha, bota numa caixinha e depois divide!

— Tu fala isso porque tu grava pra caramba — disse novamente Paulinho.

— Tudo bem, a gente divide por seis!

— Mas isso é comunismo!

— Então vamos ser comunistas por um momento! Só pra gente conseguir fazer isso!

E o silêncio permanecia enquanto eles refletiam na volta para casa. Os seis músicos estavam inseguros quanto às suas escolhas, o que dava para sentir no jeito de cada um se expressar. Tomar uma decisão como aquela não era algo simples de se fazer, nem para eles nem para ninguém. Quem nunca se viu em uma situação como esta: poder mudar a direção da sua vida e sentir receio por isso? Apostar exclusivamente no Roupa Nova seria sair de uma "zona de conforto" rumo a uma nova rota ainda repleta de incertezas. Eles estavam acostumados com o nome dos Famks, com aquele público presente nos bailes, com a rotina musical constante e dinheiro entrando no bolso.

— Olha, não vou falar mais nada, também já tô cansado. Mas vai ter uma hora que nós vamos chegar para fazer baile em um lugar qualquer e lá vai estar escrito: "Roupa Nova, ex-Os Famks, com o sucesso 'Canção de verão'". Eu faria isso se fosse diretor de clube.

Depois dessa, os seis músicos seguiriam a viagem em silêncio.

— —

Foi em homenagem a uma princesa, filha de dom Pedro II, que uma cidadezinha mineira, perto de Cataguases, recebeu o nome de Leopoldina. Com seus pouco mais de 45 mil habitantes, nos anos 1980, o município da Zona da Mata, como toda cidade pequena, fazia exposições agropecuárias, feiras da paz e qualquer tipo de atração cultural para entreter não só sua população, como também os moradores da redondeza. Não era à toa, por exemplo, que os diretores dos clubes se revezavam na organização dos bailes. Leopoldina precisava se manter viva, animada e atualizada com as bandas de fora, sobretudo as que vinham do Rio de Janeiro. E foi em uma daquelas noites que o Roupa Nova — ou melhor, Os Famks — tocaram.

Tinha gente para todos os lados daquele clube! Pessoas na calçada da entrada tomando uma cerveja, fazendo um social antes do baile; e outras lá dentro, já aproveitando o escurinho prévio do salão para se aproximar de meninos ou meninas. Enquanto que uma faixa enorme na entrada dizia, como cumprimento de uma profecia: "Roupa Nova, ex-Os Famks, com o sucesso 'Canção de verão'".

Os mesmos dizeres que poderiam também ser encontrados em cima do palco.

— Na boa, não vou tocar, não. Vamos cair no mesmo erro do Super Bacana, do Painel de Controle e de tanta banda boa por aí! Pelo amor de Deus, vamos parar! — pedia Kiko, agoniado, olhando para Nando em busca de apoio.

O baixista também não estava satisfeito com a situação, mas cadê a coragem para abandonar tudo ali?

— Vamos lá, Kiko. Só mais uma vez — pediu Nando ao guitarrista, que subiu ao palco puto da vida.

E tocou sério, sem gracinhas, sem curtir nenhum daqueles instantes, apenas pensando, ao dar seus acordes secos, "O Roupa vai dar certo, eu sei que vai", enquanto no salão todos dançavam. No final, como de praxe, o diretor do clube apareceu para agradecer o belíssimo baile daquela noite, pagar os músicos e servir um lanchinho como gentileza.

Os seis estavam exaustos, arrumando os instrumentos, um sem falar com o outro. Clima estranho que permaneceu até um homem forte, com um engradado de cerveja na mão, aparecer.

— Posso deixar aqui? — perguntou ele, já apoiando a caixa no chão. Por cima, o homem colocaria um tabuleiro enorme com farofa, churrasquinho e batata frita.

— Aí, ó! O lanche de vocês! — disse ele, antes de sair, dando abertura para que Paulinho, Serginho e os outros se aproximassem para comer.

Um pegou o churrasquinho e passou na farofa, o outro beliscou uma batata frita e aos poucos eles foram relaxando. Menos Kiko, que olhava a cena e não acreditava no que via. Abismado, em choque, como se algo dentro dele tivesse parado. Alguns segundos inertes, indícios claros do que seria uma explosão.

— Pô, é isso que vocês querem? Pro resto da vida é isso aqui que vocês querem? — gritou para os demais, encarando seus rostos displicentes, já perdidos em outros pensamentos enquanto mordiam e mastigavam. — Pois bem... Porque isso não é o que eu quero! — Berrando, chutou o engradado, jogando farofa e batata frita para o alto. Encostando, em seguida, o corpo em uma mureta, sem mais forças, caindo em desespero e em prantos. — Nós vamos perder tudo o que conseguimos. Pelo amor de Deus, não vamos fazer isso. Pelo amor de Deus...

Leopoldina — cidadezinha mineira que recebeu o nome em homenagem à princesa, morta prematuramente no inverno, de febre, cansaço, delírios e convulsões, aos 23 anos — viu os últimos e relutantes suspiros de um conjunto chamado Os Famks. Prenúncio do que seria o fim daquele verão.

CAPÍTULO 17

PELO MENOS UM POUCO DE SOL

"Ali eu senti que ia dar certo."

Paulinho

O início de 1981 realmente fora agitado para o Roupa Nova e para a rádio Cidade — ambos passando por momentos importantes em sua história. A banda estava lançando em janeiro o seu primeiro disco, com dez músicas. Abria com "Sapato velho", passava por "Pra sempre", "Bem simples", "Um pouco de amor", "E o espetáculo continua", "Recomeçar", "Tanto faz", "Canção de verão", "Quem virá" e fechava com "Roupa Nova". A emissora, por outro lado, perdia em fevereiro dois importantes locutores para a Antena 1: Romilson Luiz e Eladio Sandoval.

No carro de Mariozinho, no estacionamento do Castelo da Lagoa, Clever se mostrava preocupado com a saída dos locutores da rádio, enquanto tomava um gole de uísque e ouvia o disco já pronto do Roupa. Sandoval era uma das personalidades mais inovadoras da Cidade e líder da equipe. O receio de Clever era que a sua ausência abalasse a confiança dos que ficavam. Além de existir o risco de um choque de identidade com os ouvintes. Suas apresentações no ar traziam um mix de inteligência e irreverência, na medida certa. De modo que ele conseguia fazer revoluções na emissora, numa ótica de bom gosto para a diretoria e para o público. E Romilson dava o suporte para que Sandoval finalizasse a piada. Tanto que a passagem de horário de um para o outro era mais aguardada pelos ouvintes do que a apresentação individual de ambos.

— Mariozinho, que tal fazer um grande show com o Roupa Nova e levar os locutores para apresentar? Ia ser ótimo para eles terem um contato direto com os ouvintes! "Canção de verão" é um sucesso na rádio e estamos chegando no final da estação. A hora é essa! — disparou Clever de repente, dando um pulo na poltrona do carona.

— Show? Ué, a gente pode fazer! Vai ser muito bom também pro Roupa. Eles precisam tocar mais com esse novo nome. Quer dizer, até agora eles não fizeram um show do Roupa Nova.

— Pois então! Quero saber como anda a popularidade da rádio e aproximar os locutores do público! Acho que esse evento ajudaria muito. E tinha que ser algo grande, tipo Arpoador!

— Huumm... Tocar no Arpoador? Hum... Pode ser algo interessante e... — disse Mariozinho, já pensando em como articular aquilo. — Vamos ligar para eles!

Era véspera do Carnaval, quando o telefone de Feghali tocou, com Mariozinho pedindo a presença dos seis lá no Castelo da Lagoa.

— Agora? — perguntou ele, espantado com aquela urgência.

— É, caramba! Vamos fazer um puta show!

— Bom, tenho que falar com os caras. Vocês vão ficar aí até que horas?

— Até quando vocês aparecerem.

— Tem certeza? Tem gente na Região dos Lagos!

— Vou então pedir mais um uísque.

— Vocês são doidos... — disse Feghali, rindo.

A ligação de Mariozinho foi por volta das 10 horas da noite. O Roupa só conseguiu chegar ao Castelo da Lagoa por volta das 3 horas da madrugada. E todos foram para casa com os detalhes do show acertados, por volta das 7 horas da manhã, quando o sol já brilhava.

De todos, apenas Clever, que respirava rádio Cidade, se encrencou. Ao abrir a porta de casa, encontrou a mulher grávida com a mala dele pronta:

— Eu não te aguento mais. Vou dormir.

E, sem dizer nada, ele olhou para ela e passou a mão no telefone, em cima da mesinha.

— Ivan, posso dormir aí?

No dia seguinte, os músicos, que já haviam separado aqueles dias de Carnaval para descansar, voltaram a conversar sobre o assunto, na Região dos Lagos.

— A gente precisa descer pra ensaiar! — falou Ricardo Feghali.

— Não vai rolar.

— Como assim, Kiko? Justo você?

— Na boa? Aluguei uma casa enorme pra passar o Carnaval com a minha família, com telefone e tudo. Não vou abrir mão disso, não.

— Tá doido? Esse show é muito importante!

— E a gente consegue dar conta se voltarmos pro Rio na quarta, como combinado!

— Ah, não, puta que o pariu... Você tá de brincadeira!

— Não, não, não, e não, Ricardo. Dá pra gente ensaiar depois!

O tempo fechou e por pouco os dois não saíram no braço. Feghali estava decepcionado e irritado pela ausência do guitarrista, e Kiko, decidido a ficar com sua família daquela vez.

— Te encontro na Quarta-Feira de Cinzas, cara, às 14 horas, no ensaio! Estarei lá, alerta e obediente! Mas Carnaval eu vou ficar.

— Você tá amarelando... — comentou Nando.

— Vocês podem falar o que quiser! Eu não vou!

O clima pesado não melhorou nem depois que o guitarrista sugeriu:

— Vamos mais tarde! Vai ser bom pra todo mundo!

E nem quando a banda decidiu ficar, já que Kiko não ia. Justo ele, que sempre pedia pressão e comprometimento de todos os outros integrantes!

— Se der merda...

— Não vai dar, Ricardo. Não vai. Eu assumo essa — disse o guitarrista, com peso na consciência por tomar aquela atitude com o grupo, mas confiante no talento do Roupa Nova e morrendo de saudades de sua família.

— —

As barcas baleeiras, conhecidas como Alabamas, fizeram o seu papel na pesca das cachalotes, abundantes em mares brasileiros em meados do século XIX. O Segundo Império utilizava o óleo das baleias para a produção de concreto e também como combustível dos lampiões para a iluminação pública das ruas do Rio de Janeiro. Por isso a pesca desses animais era um negócio valioso para a economia da época e acontecia não só através das barcas. Os pescadores, com seus arpões afiados, subiam no alto das pedras da praia para acertar as baleias que se aproximassem. E usavam como local principalmente uma pedra que parecia invadir o mar, separando dois trechos extensos de areia. Um lugar perfeito para a pesca, e com um belo visual, que viria a ser chamado, por causa dessa história, de Arpoador.

De um lado Copacabana e a praia do Diabo, do outro as praias de Ipanema e Leblon, tendo muito verde ao redor com o parque Garota de Ipanema e como paisagem de fundo o Morro Dois Irmãos: é nesse contexto que se encontra a Pedra do Arpoador, Patrimônio Histórico Municipal e da Unesco, motivo de inspiração para músicas e poesias. Trata-se de um dos lugares preferidos dos cariocas, sobretudo dos mais jovens, que veem ali um espaço para estar com amigos, jogar capoeira, surfar, namorar ou simplesmente admirar o pôr do sol mais lindo do Rio de Janeiro. Uma atmosfera ideal para shows, muito explorada nos anos 1980 e até hoje.

De fato, não havia escolha mais apropriada de local para o palco do Roupa Nova junto com a rádio Cidade. Ainda mais no fim daquele verão.

— —

Durante a semana anterior ao show, cada um fez a sua parte: enquanto o Roupa Nova ensaiava o repertório e acompanhava a parte técnica da estrutura da apresentação, os locutores da rádio Cidade bombardeavam a programação com chamadas do evento. Nada poderia dar errado no tão esperado dia.

"Roupa Nova e rádio Cidade nesse final de semana em um supershow no Arpoador! Roupa Nova apresenta seu primeiro LP e nós, locutores da Cidade, seremos os mestres de cerimônias dessa festa. E o melhor de tudo é que você não vai precisar pagar nada! O que você está esperando? A gente se encontra lá."

— Nando, tá certo aquele esquema do som? — perguntou Kiko.

— Tá, sim, cara. A gente conseguiu fechar com o equipamento que queríamos. Vai ser o mesmo utilizado para o Earth, Wind and Fire, no Maracanãzinho.

— Coisa pra caramba, né?

— Quinze toneladas! Só assim mesmo pra gente manter a qualidade do som no Arpoador. São caixas de quatro vias para produzir os 10 mil watts em estéreo!

— É, eu sei... Vai ser um dos melhores shows ao ar livre feito aqui no Rio!

— Nem me fale!

O *Jornal do Brasil*, que pertencia ao mesmo grupo da rádio Cidade, também "deu uma força" na divulgação do evento e estampou em uma matéria de meia página, do "Caderno B", no próprio dia do show: "O Roupa Nova fecha o verão carioca", por Luiz Antonio Mello, com direito a foto. Ótimo para o grupo que estava se relançando no mercado com outro nome.

O texto falava sobre o primeiro LP da banda, da presença dos locutores da Cidade, do passado dos bailes com Os Famks e destacava: "O Roupa Nova conseguiu, em pouco tempo, um fenômeno, principalmente por se tratar de um grupo novo: está com três músicas programadas em todas as rádios de sucesso do Rio. 'Sapato velho', 'Roupa Nova' e 'Canção de verão' não saem da relação das mais solicitadas e provam que o grupo atingiu seu objetivo, ou seja, chegar ao chamado grande público com um trabalho inédito dentro da música popular brasileira."

Na matéria, Nando, citado como Luiz Fernando, contava que a banda tocaria muitas músicas arranjadas que não estavam no LP, como "Lumiar", que recebeu uma roupagem progressiva. A canção era para ter entrado no disco, mas o Roupa só conseguiu terminar o arranjo dela quando o álbum estava pronto. Além de Nando, ainda falavam sobre a banda Paulinho, citado como Paulo César, e Ricardo Feghali. "O Roupa Nova entra em palco com dois tecladistas, ao estilo do Supertramp. Ricardo fica, de um modo geral, com as partes mais eletrônicas, deixando para Cleverson [sic] os trabalhos em pianos acústicos. Esse trabalho dos dois é mais ou menos intuitivo, não há nada estabelecido formalmente", escreveu Luiz Antonio Mello.

Por fim, o jornalista conta que, além do show do Roupa Nova, seriam distribuídos pôsteres autografados pelos locutores da Cidade e que o evento no Arpoador seria a despedida do verão e as boas-vindas ao outono. Quer convite melhor para o carioca?

Sábado, 21 de março, dia do tão esperado evento. Palco montado e o céu... nublado. Ainda era manhã quando alguns locutores e integrantes do Roupa Nova pisaram na praia do Arpoador. Todos estavam muito ansiosos para aquela apresentação e fizeram o possível para que o show fosse um sucesso. A equipe da Cidade havia divulgado bastante a festa na semana anterior, e as expectativas eram as melhores possíveis para aquele sábado. Só que acordar e se deparar com o tempo fechado e cinzento era uma completa desilusão para todos os envolvidos.

Aos poucos, os envolvidos no evento foram chegando ao Arpoador. A banda foi cedo para o local, onde permaneceu até a hora de tocar. Já a equipe da Cidade fazia um rodízio, de acordo com o horário de cada um, pois era preciso ter sempre alguém na emissora. Assim, a todo instante, um dos locutores aparecia, batia papo, falava sobre o tempo e participava daquela "tensão pré-show". Ninguém estava calmo com aquele clima, e cada um reagia a seu modo.

— Saiu uma matéria muito legal sobre o show no jornal de hoje, vocês viram? — lembrou Ivan, enquanto olhava desconfiado para o céu.

— No JB, né? Tá aqui comigo! Não resisti em passar na banca antes de vir pra cá — disse Cleberson, tirando o jornal da mochila.

— Aí o cara acorda, lê a matéria, fica empolgado, liga para os amigos e tal… Mas quando abre a janela e vê esse dia cinza? Volta pra dormir — brincou Ivan, rindo, mas já pensando no pior.

— Olha, vou te dizer… Só vocês mesmo para estarem aqui com a gente nessa torcida a favor do sol. Artista espera no hotel pela hora do evento, não sabia, não? — comentou Fernando Mansur ao se aproximar deles, com o sorriso de sempre.

— Ah, Mansur, não dá pra ficar em outro lugar. Qualquer coisa, estamos aqui!

E o locutor sabia que a frase do Serginho era sincera. "Esse pessoal do Roupa Nova é engraçado, nem parece artista", pensava Mansur, nervoso como a maioria dos locutores, quando uma chuva fina começou a cair. Não bastasse isso, um vento de praia gelado soprava no Arpoador e fazia com que as esperanças de todos a respeito do show fossem cada vez menores. Ivan Romero era um que parecia entregar os pontos:

— É… Não tem alternativa, não. Tudo tem um limite! Se o show atrasar uma hora por causa do tempo, ou o público não aparecer, a gente não faz, desiste!

— —

Enquanto isso, quem estava com o rádio ligado na Antena 1, ouvia as notícias de Sandoval e Romilson:

— Atenção para você, ouvinte, que pensa em sair de casa. Está chovendo terrivelmente na Zona Sul! E a previsão é de que essa chuva não vá parar.

Em tempos de concorrência entre as FMs, um exagero ali, outro aqui, não faria mal algum, faria? Cada um jogava com as armas que tinha. Ainda mais em dia de show grátis da rádio Cidade com o Roupa Nova no Arpoador.

— —

Eram 15h30 quando Ivan resolveu subir em uma pedra enorme do Arpoador, oposta ao mar, quase na beira da rua, em busca de alguma perspectiva (trecho depois fechado pelo parque Tom Jobim). Ainda chovia, o céu antes cinza estava ficando preto, e quase ninguém havia chegado à praia para assistir ao show. Tudo indicava que a festa da Cidade teria que ser cancelada, infelizmente. Foi quando Ivan avistou lá de cima uma multidão caminhando devagar. Era como se fosse uma procissão que passava pelo Leblon, Ipanema, e ia em direção ao Arpoador. "Inacreditável!", pensou ele, como se ainda tentasse acreditar em seus olhos. Era uma imagem inesperada e de arrepiar, principalmente para um locutor já sem ânimo. Rindo muito, ele desceu trôpego da pedra, correndo para dar a boa notícia:

— Ah, vai ter que rolar o show! O pessoal não tá nem aí se tá chovendo!

Tanto não estava que a praia lotou! Cerca de 15 mil pessoas compareceram naquele dia para ver os locutores e o grupo chamado Roupa Nova. Um público que não perdeu a empolgação nem mesmo quando um pé-d'água desabou minutos antes de o show começar.

— Puta que pariu! Chuva pesada no Arpoador? — perguntava Mariozinho, ainda meio atordoado com o alvoroço.

Mas a plateia parecia estar preparada para o evento, gritando, batendo palmas e fazendo todo tipo de manifestação positiva, apesar da chuva. "E agora? O que fazer?" As pessoas da organização não se sentiam à vontade em dar o aval para a banda começar a tocar, e os instrumentos ainda estavam cobertos no palco, por precaução. "Será que vai dar pra fazer? Chove torrencialmente...", era o que o olhar de todos dizia. As águas de março vinham com força para fechar aquela estação e traziam desconfianças sobre a confirmação do show, por mais que a plateia estivesse a fim. Até porque, se a chuva piorasse ou se mantivesse forte durante muito tempo, não haveria boas condições para a banda se apresentar. Estava tudo ao ar livre.

Foi quando, de repente, como uma boa chuva de verão, a pancada cessou, o céu se abriu e um sol tímido despontou entre as nuvens, consentindo que uma faixa de luz batesse exatamente em cima de todos no show. Fernando Mansur e Ivan Romero entenderam a deixa e apresentaram rapidamente o grupo, que entrou no palco de imediato. E a canção não poderia ser outra: "É como um sol de verão queimando no peito/ Nasce um novo desejo em meu coração..." Como se toda aquela cena tivesse sido armada entre a rádio Cidade, o Roupa Nova e São Pedro.

— —

E quanto mais o tempo passava, mais a praia enchia com pessoas sentadas na grama, nas pedras e em todos os lugares, sem a menor intenção de ir embora. Uma festa que se estendeu do público aos organizadores do evento, Clever e Mariozinho, mais do que felizes.

O show estava para terminar naquela hora, mas deixava um sentimento de que a Cidade continuava no auge, forte, com tudo sob controle, sem dar motivo para nervosismo ou receio por parte dos locutores. E dava para notar que todos ali se sentiram, novamente, grandes e pertencentes a um time, apesar da saída de Sandoval e Romilson. Exatamente a união que o coordenador da rádio Cidade queria de volta. "Eu acho que o show despertou na gente um certo amor, uma identificação pelo que se fazia", comenta nos dias de hoje Marco Antônio. Ivan Romero também se lembra com carinho dessa passagem e afirma: "Foi emocionante, uma daquelas coisas que acontece uma vez na vida e outra na morte."

Para Mariozinho, isso foi o que ficou do show no Arpoador. "Foi aí que o pessoal da rádio Cidade viu o potencial deles e abraçou, encampou de certa forma, o Roupa Nova", conta o produtor, por mais que Clever Pereira garantisse o respeito na rádio pelo trabalho da banda antes do show. "Os locutores eram as estrelas do evento e a gente sabia disso, mas nos ajudou muito estar lá", comenta Mariozinho. E com certeza ajudou, não há dúvidas. O show foi um marco na história dos locutores com os músicos e serviu para confirmar e celebrar esse encontro. Nas palavras de Ivan Romero: "Nós explodimos juntos. A rádio Cidade foi um grande apoio pro Roupa Nova e vice-versa. Éramos inseparáveis, existia uma parceria gostosa."

Poucas bandas têm o privilégio de estrear seu primeiro LP com as condições mais apropriadas. Porém, o Roupa Nova no "início de carreira" fez um show com um equipamento sonoro de ponta, no fim da tarde, em um dos cartões-postais do Rio de Janeiro, com um pôr do sol inesperado, praia lotada com 15 mil pessoas, astral altíssimo e, o melhor, cercado por amigos.*

---

* A foto da contra-capa deste livro é do show realizado no Arpoador pelo Roupa Nova com a rádio Cidade.

CAPÍTULO 18

NO CLUBE DA ESQUINA
TEM UM PADRINHO

"O Roupa Nova é um dos maiores
representantes do que falamos em
'Nos bailes da vida'."

Milton Nascimento

O substantivo masculino "padrinho" vem do latim *patrinu* — diminutivo de *pater*, que significa pai e possui leves variações em seu significado. No dicionário Mini Aurélio é descrito como "testemunha de batismo, casamento, duelos etc.", a função do paraninfo no caso da formatura. Ao mesmo tempo, a palavra também se encontra em religiões como o catolicismo e o candomblé, em grupos como a maçonaria e em nichos profissionais, sendo relacionada à proteção e ao zelo. Na música, por exemplo, o termo se tornou comum, como o padrinho Luiz Gonzaga para Dominguinhos, Zeca Pagodinho para Dudu Nobre, e Ney Matogrosso para Roberta Sá. Um título dado à figura masculina — que pode ser escolhido pelo próprio apadrinhado ou pessoas próximas — e que denota respeito, carinho e reconhecimento de valor. O padrinho é aquele que orienta, defende, cuida e acompanha seu "afilhado" na prática ou realização de algo. Ou, no mínimo, abre as portas, facilita sua aceitação e indica o caminho.

———

Há dias que Milton Nascimento vinha "matutando" um tema para virar música, em 1980. Andava bem chateado com a maneira como eram tratados os músicos dos bailes, onde ele próprio começara sua carreira aos 14 anos. E, sozinho em seu canto, buscava a melhor melodia para fazer uma homenagem. "Eu apareci de repente em um Festival da Canção e ninguém sabia de onde eu tinha vindo. Quando eu comecei a falar da minha vida me respeitaram, mas e os outros?" Um tratamento pejorativo que ele via, sobretudo, no Rio de Janeiro e em São Paulo, e que sufocava seu coração de compositor. "Tô de saco cheio desse papo! Em Belo Horizonte não tem isso." Em seguida, mandou uma bela canção para Fernando Brant letrar.

— Fernando, tem que falar dos cantores da noite. Assim como eu.

O amigo ouviu a melodia e terminou a composição, mas com uma temática diferente da pensada por Milton. E nesse ponto existem controvérsias sobre a história, por isso vale um parêntese.

Na memória de Fernando, a canção era para o Ney Matogrosso gravar e foi feita às pressas para o álbum dele. Só que por algum motivo não foi para o disco do Ney e voltou para os compositores: "Acho que ele nem ouviu. Foi bom porque eu não estava satisfeito com a letra e pude fazer de novo, aproveitando as melhores partes." Por outro lado, Milton não se lembra disso e garante que não mandou esta versão para ninguém: "Podia ser para qualquer um cantar, mas a letra não era o que eu queria. Na hora, falei com ele e devolvi: 'Fernando, não é nada disso! O negócio é pra quem toca na noite!' Acho que, antes, ele não me ouviu direito." Fecha parêntese. Dando origem à segunda letra que se tornaria conhecida, enfim, como "Nos bailes da vida".

O tema original trabalhado por Fernando Brant era ecológico e tinha palavras como mato e terra. Falava de "boleia de caminhão" ou "que vai dar no sol" no sentido de natureza. Letra que teve de mudar para se aproximar da realidade dos bailes que Milton tanto queria. Custou, mas a canção encontrou seu caminho através das palavras de Fernando e se tornou hino para muitos profissionais que conhecem perfeitamente o "hábito" de cantar em troca de pão, nos bailes da vida ou num bar. O compositor Márcio Borges costuma ressaltar que a letra cunhou uma das frases mais citadas, talvez, de toda a cultura brasileira: "todo artista tem de ir aonde o povo está." Rotina e "filosofia de vida" que Fernando absorveu junto aos amigos do Clube da Esquina, como Milton.

Foi nos bailes da vida ou num bar
Em troca de pão
Que muita gente boa pôs o pé na profissão
De tocar um instrumento e de cantar
Não importando se quem pagou quis ouvir
Foi assim

Cantar era buscar o caminho
Que vai dar no sol
Tenho comigo as lembranças do que eu era
Para cantar nada era longe tudo tão bom
Até a estrada de terra na boleia de caminhão
Era assim

Com a roupa encharcada e a alma
Repleta de chão

Todo artista tem de ir aonde o povo está
Se for assim, assim será
Cantando me disfarço e não me canso
de viver nem de cantar

Três Pontas é uma cidadezinha ao Sul de Minas Gerais. Tem como padroeira Nossa Senhora D'Ajuda, sua população é de cerca de 54 mil habitantes e fica lá para os lados de Varginha, Alfenas e Lavras, a 272 quilômetros de Belo Horizonte. É conhecida como a "Capital Mundial do Café" devido à grande produção do produto, e ainda hoje abriga casarões e igrejas da época áurea dos barões cafeicultores. Seu nome é o mesmo da serra com três cumes, situada pertinho do município — lugar tranquilo e sossegado, para onde se mudaram os pais adotivos de Milton Nascimento, Lília e Zino, quando ele tinha um pouco mais de 2 anos de idade. A cidade em que Bituca* cresceu e o local em que recebeu uma fita K7, meio velha e sem nome, das mãos de um amigo:

— Você tem que ouvir isso!

Milton havia chegado de Belo Horizonte naquela semana, após ter finalizado a composição de "Nos bailes da vida" e, como de praxe, seguiu a indicação musical de um amigo. Escutou, gostou e depois o procurou para saber mais detalhes daquele som.

— Quem é esse pessoal?

— Não sei, não conheço!

— Como assim não conhece?

— Eu sei lá como essa fita veio parar na minha mão! Só achei que você iria gostar.

A pior coisa que tem para um admirador de música é ouvir uma canção, gostar, e não saber quem canta, quem compôs e como se faz para escutar mais. Por isso, na tentativa de descobrir alguma coisa, Milton passou a colocar a fita no carro com frequência, na esperança de ouvir de algum outro conhecido: "Ah! Eu conheço essa música!" ou "Ih! Eu conheço essa banda!", mas nada. Estava cada vez gostando mais do que ouvia e nervoso por não saciar sua curiosidade. Até que um dia, alguns meses depois, em uma loja de discos do Rio de Janeiro, começou a tocar: "Você lembra, lembra / Daquele tempo / Eu tinha estrelas nos olhos / Um jeito de herói".

Era uma das músicas de que ele mais gostava daquela fitinha. Tomou um susto tão grande que largou em qualquer lugar o álbum que estava vendo no momento. E, cantando baixinho, se dirigiu mais que depressa ao atendente, já com o dinheiro na mão:

---

* A irmã de Milton, Elisabeth Aparecida, contou para o site do museu Clube da Esquina que uma vez um amigo bateu na casa deles procurando por Bituca. E a mãe perguntou o porquê do apelido. "Ah, porque ele é Botocudo, então, para ficar mais carinhoso, Botocudo ficou Bituca." Se referindo aos lábios de Milton Nascimento e associando com os índios sul-americanos botocudos, que usavam botoque — peça arredondada — na parte inferior da boca, que aumentava os lábios.

— Me vende isso aí logo!

E foi correndo para casa ouvir aquele pessoal: "Roupa Nova... É o nome de uma música minha!", dizia Milton, enquanto olhava a capa do disco, na qual os integrantes pareciam flutuar. Olhava para cada um como se eles estivessem sendo apresentados pelo amigo de Três Pontas. Só faltava dizer "Muito prazer, Milton Nascimento". Tentava memorizar os nomes e os instrumentos: "Hum, esse aqui é o vocalista, esse aqui toca baixo...", enquanto ouvia as canções. E, naquele dia, na vitrola de um Bituca aliviado, só tocou Roupa Nova.

— —

Era o dia 25 de abril de 1981 e o Roupa Nova lançava seu primeiro LP no teatro Casa Grande, na Afrânio de Melo Franco, no Leblon — Rio de Janeiro. Eram duas apresentações naquela noite, uma às 20 e outra às 22 horas, e todos estavam nervosos com a estreia daquele trabalho. O que só "piorou" depois da notícia de um dos membros da produção, que chegou correndo ao camarim para dizer que Milton Nascimento estava lá.

— Pô, bicho, tira o cara da fila! — disse Cleberson.

— Não, ele faz questão de pagar pra entrar!

Os músicos tomaram um susto e guardaram aquela presença com muito carinho. Tanto que em entrevista para a Ana Flores, na FM 105, em 1991, dez anos depois, Nando diria: "Ele chegou na bilheteria. Incrível isso! Pagou ingresso, sentou e assistiu ao show. Foi uma coisa que eu não vou esquecer nunca mais!"

Nem imaginavam que Milton já os procurava há meses.

— —

— "Vaqueiro do Arizona, desordeiro e beberrão..." — cantava Nando no violão, ainda em 1981, nos intervalos dos ensaios do Roupa Nova.

Era a lembrança do disquinho que escutava aos 9 anos de idade, de Carlos Gonzaga. Presente de seu pai, de quem lembrava com saudade.

— Pô, para com essa música, Nando. Que coisa chata! — dizia Feghali, rindo do baixista com aquela canção.

— Ah, gente, eu adoro essa música!

— Lá vem o Nando com essa porra... — completava Kiko, seguido dos outros que morriam de rir.

— Pô, a música é boa!

E as respostas variavam, sempre na galhofa: "Cara, isso é música de cowboy!", "Isso é meio brega, não?", "Não sei de onde você tira essas músicas" e por aí vai... O baixista argumentava e, às vezes, tocava, rindo, só de implicância com eles. Ciente de que o Roupa Nova não estava a fim de ouvir, e nem de tocar, "Cavaleiros do Céu".

— —

"Parece que foi ontem...", pensava Milton, ao olhar as fotos de Três Pontas, quando tinha 11 anos, em 1953, rindo só de lembrar da sua nota vermelha na matéria canto, apesar do boletim em azul. "Agora, veja só... Canto!" Estava viajando em suas memórias e na prova oral arranjada pelos padres do ginásio para dar uma segunda chance para todos naquela situação.

— Canta alguma coisa! — pediu o padre, ao se deparar com Milton no teste.

O menino, que já estava esperando o professor levar as mãos aos ouvidos de desgosto, soltou a voz com a primeira música que lhe veio à cabeça: "Cavaleiros do Céu." O padre olhava atento para aquela criança cantando uma obra distante de seu universo infantil e brasileiro. Emocionado e chorando:

— Menino, de onde você tirou isso? Que coisa linda!

— Ué, arrumei a letra em uma revista de música e decorei. Saiu por sair.

— Meu Deus do céu! Faz outra coisa?

E Milton, de novo no impulso de se livrar da reprovação em canto, começou a fazer gestos com a mão, que não iriam representar nada para a maioria das pessoas de Três Pontas. Só que o padre incrivelmente conhecia aquele tipo de solfejo chamado manossolfa, onde as notas são feitas pelos dedos, demonstrando o som que está sendo tocado.

— Onde você aprendeu isso? — perguntou o padre, espantado e incrédulo.

— Não sei...

— Não, não... Você aprendeu com alguém!

— Mas eu não lembro! — disse o garoto que, mesmo depois de adulto, em 1981, continuava sem lembrar onde tinha aprendido.

"Será que foi minha mãe? Mas ela teria me falado depois", refletia ele, enquanto passava as fotos, tentando achar alguma imagem do padre, que no final reuniria todos os alunos para cantar um hino, com Milton, de voz mais alta, conduzindo o canto e ajudando o resto da turma a passar na matéria. Tudo por causa daquela canção, "Cavaleiros do Céu", decorada de uma revistinha e que voltaria às suas lembranças nos anos 1970, ao assistir ao longa de Steven Spielberg: *Contatos imediatos do terceiro grau.*

Foi uma experiência inspiradora para o compositor ver os aliens abrindo caminho, iluminando o céu para a nave mãe passar como os bois de "Riders in the Sky", enquanto François Truffaut — no papel do cientista francês — se comunicava com o alien através da manossolfa! Justo Truffaut, que em 1963 o encantara no cinema com *Jules et Jim*, motivando-o a compor suas primeiras canções ao lado de Márcio Borges.* Como se esses elementos fechassem um ciclo em sua mente: *Jules et Jim*, Márcio Borges, suas composições, os amigos, a infância em Três Pontas, a prova oral, a manossolfa, sua mãe, e o que ele havia se tornado após esse caminho.

Uma vivência marcante que voltaria às recordações de Milton, em 1981. Período de autoconhecimento de Bituca que resultaria no disco Caçador de mim,

---

* Após três sessões de *Jules et Jim*, de François Truffaut, ao lado do amigo Márcio Borges, em Belo Horizonte, Milton e Márcio compuseram "Paz do amor que vem (Novena)", "Gira-Girou" e "Crença".

de nome sugestivo e de canções importantes para ele como "Nos bailes da vida" e "Cavaleiros do Céu".

— —

Desde o dia em que descobriu o nome do Roupa Nova, Milton passou a prestar atenção na banda. Viu um anúncio de que eles iam tocar e foi ao show, ouviu uma chamada no rádio e esperou a música, conversou com pessoas do meio musical e conseguiu informações. Ele estava fascinado com o grupo e, quando soube que os músicos tocavam em bailes, não perdeu mais tempo! Prestes a gravar "Nos bailes da vida", essa era a "desculpa" que faltava para procurá-los. Ele não via mais sentido algum em ter aquela canção no disco se não fosse com eles. Por isso, "mexeu os pauzinhos", pediu ajuda da gravadora e conseguiu o contato dos componentes do Roupa Nova quando o seu álbum ainda estava em produção.

Nando foi o primeiro "roupa" que ele conheceu. A banda achou interessante fazer o encontro com Milton na casa de Higienópolis, perto da avenida Brasil — que iria substituir a casa de ensaios da Vila da Penha entre 1978 e 1979. E o baixista, com seu Chevette Hatch, cor tijolo, ficou encarregado de buscar Bituca no estúdio. O trajeto, no entanto, não foi o das melhores:

— Nando, vai com calma aí! — dizia Milton para o baixista.

Este, nervoso no volante, corria como nunca — emocionado por estar com Bituca no carro, querendo só olhar para ele, e não para a estrada! Milton, apavorado, no banco de trás, não tirava os olhos da rua e a mão da poltrona da frente que servia como apoio. E toda vez que ele berrava:

— Nando!

O baixista olhava para trás para vê-lo, esquecendo completamente da direção.

— O quê?

Deixando Bituca ainda mais aflito:

— Olha pra frente!!

O estúdio da Ariola ficava em Copacabana, na Zona Sul do Rio de Janeiro, e o destino, Higienópolis, ficava na Zona Norte, o que daria uns quarenta minutos de carro de um ponto ao outro, o que para Milton parecia uma eternidade. "Onde eu fui me meter... Da próxima vez marco no estúdio ou venho de táxi", pensava. Suplício que só terminou quando o carro parou e ele pôde, finalmente, descer.

Local onde estariam todos os integrantes daquela fitinha K7 de Três Pontas, sem nome ou qualquer identificação. "Quem diria que renderia tanto?", pensava Milton, ao cumprimentar um por um os integrantes, agora ao vivo, antes de sentar para conversar e, lógico, tocar. "Caramba... É tão bom estar aqui." E, juntos, eles ensaiariam pela primeira vez "Nos bailes da vida".

Todos davam palpites tanto na criação do arranjo quanto na definição do que eles iriam cantar, construindo passo a passo a música que seria gravada. Todos falando e participando ao mesmo tempo daquele processo, empolgados e satisfeitos por estarem juntos. "Pô... Ficou da maneira que ela tinha sido pintada", sentiria Milton ao ver, no fim, uma canção sobre os músicos de baile sendo tocada e pensada por músicos de baile.

Na volta, Bituca encostou a cabeça no vidro do carro, meio desacordado, feliz, com o corpo exausto e saciado de canções. Tinha sido maravilhoso tê-los chamado para seu disco e isso relaxava sua alma de músico. Prenúncio de uma amizade que se estenderia por anos — apesar de Milton nunca mais ter se atrevido a andar de carro com Nando.

— —

Além de "Nos bailes da vida", Milton teve outra ideia para a participação do Roupa Nova em seu disco. E, ainda na ida para Higienópolis, Bituca contou a novidade para a pessoa certa.

— Também quero gravar com vocês uma música que eu amo, mas acho que vocês não conhecem. Chama-se "Cavaleiros do Céu".

Nando deu um pulo da poltrona, olhando para trás em seguida, enquanto dirigia, dizendo-se feliz, porque também adorava aquela música:

— Então... Vocês vão fazer o vocal!

O baixista quase caiu para trás de espanto com a coincidência e não sabia muito bem como reagir. Por ele estava tudo OK, mas e os outros? "Só quero ver quem vai dizer não pro Milton...", já rindo sozinho antes de se encontrar com a banda. Ao chegar lá:

— Adivinhem só! O Milton vai gravar também: "Vaqueiro do Arizona..."

— Porra, Nando, para de onda! — cortou Kiko, deixando Milton sem entender nada.

— Mas é essa mesmo! — dizia Milton.

E Nando, rindo, confirmava:

— É essa mesmo!

— Gente, é verdade. Eu amo essa música! Vou gravar, sim. E com vocês! — disse Milton, perplexo com a reação do grupo.

Um olhava para a cara do outro, Nando no canto abafava um riso e ninguém respondia. Milton gesticulava com as mãos como se dissesse "E então?", antes de eles rirem, como se não levassem a sério o convite mais uma vez. E isso durou até chegar o dia da gravação do vocal. "Foi uma coisa fácil e bonita", diria Milton, embora não tenha entendido até hoje qual era o problema da música.

Assim, no dia da gravação, os integrantes do Roupa fizeram "Nos bailes da vida" com Bituca, colocaram as vozes na "Cavaleiros do Céu" e tiveram que aguentar o baixista se vangloriar algumas vezes:

— Tá vendo? O CARA vai gravar essa música! O CARA!

— —

"Cavaleiros do Céu" não foi uma canção bem recebida pelos críticos em geral, mas "Caçador de mim" e "Nos bailes da vida" se tornaram os destaques do álbum de Milton em 1981 para a crítica e o público. Até quem falou mal do LP che-

259

gou a elogiar as faixas, como Okky de Souza, na revista *Veja*: "Abre o disco com uma das maiores tolices já gravadas, 'Cavaleiros do Céu', um canto épico que fala de vaqueiros correndo ao léu a perseguir rebanhos no céu. É um Milton pouco inspirado, irreconhecível mesmo. Cresce apenas ao integrar a faixa-título, uma composição intrigante, e em 'Nos bailes da vida', única faixa que honra o passado de sua parceria com Fernando Brant."

"Nos bailes da vida" também marcaria o movimento das Diretas Já (1983-1984), junto com "Coração de estudante" e "Menestrel das Alagoas", também gravadas por Milton. As canções se fizeram nos palanques e incitaram a Nova República por conta de suas mensagens. Enquanto "Menestrel" indagava sobre o homem que fala a língua do povo, "Coração de estudante" trazia a esperança da juventude. E "Nos bailes da vida" mostrava os estudantes e políticos que, cantando, se disfarçavam na multidão a favor das eleições, não se cansando nunca de viver ou de cantar. Coisas que ninguém poderia prever. A música, simplesmente, se fez pelo momento.

E, para o Roupa Nova, a composição virou um emblema, um hino da sua carreira. Eles, inclusive, gravariam um vídeo em homenagem a Milton Nascimento, no programa Bar Academia, da TV Manchete, nos anos 1980. Clipe encenando a sua história ao som de "Nos bailes da vida" e que, depois de trinta anos, ainda faria parte de outro encontro musical destes sete baileiros.

— —

"São Paulo tinha cada orquestra maravilhosa e no Rio de Janeiro tinha baile. Eu não sei o que fazia esse pessoal para afastar essas pessoas que tocavam na noite. Nunca entendi esse preconceito", conta Milton, que não ficava calado quando alguém falava mal desses músicos. Se alguém dissesse que determinada gravação era brega, ele cantava a canção para provar que não era. "Eu tinha o meu jeito de me defender." E ele fazia isso também com a música dos integrantes do Roupa, chamados de baileiros. Ao lançar seu LP Caçador de mim, por exemplo, apareceu para tirar foto para uma matéria, com uma blusa branca escrita em letras garrafais: ROUPA NOVA, alusão ao último disco da banda. Até porque "baileiros", para o Bituca, significava um dos maiores elogios que se poderia fazer.

— —

Santa Tereza fica na região leste de Belo Horizonte. Do bairro boêmio, despontaram nomes como Skank, Sepultura, Pato Fu e ali se formou o Clube da Esquina, no encontro das ruas Divinópolis e Paraisópolis. Famoso também por seus carnavais, o lugar abriga casas de samba, feiras de artesanato, bares e restaurantes, se mantendo até hoje como uma das opções de lazer dos mineiros. E foi nesse bairro, no Santa Tereza Cine Show, que Milton Nascimento ouviu do Roupa Nova:

— A gente dedica esta noite pro Milton Nascimento, nosso padrinho na música.

Bituca não se aguentou de tanta alegria. Mal o show terminara e ele já estava no camarim para abraçá-los pela homenagem. "Fiquei muito feliz porque eles são músicos bons demais! Era tudo o que eu queria: um pessoal que tocava na noite e passou para outro estágio! E eu era padrinho dessa mudança!", diria ele.

E, cheio da mineirice que lhe é peculiar, brincaria: "Fiquei muito 'cheio de si'." Um título que era dele e de mais ninguém.

CAPÍTULO 19

OS VINTE POR CENTO

"Era aula de produção, arranjo, de tudo!
Praticamente uma faculdade."

Kiko

— Kiko, que tal fazerem parte da orquestra da Globo? — perguntou para o guitar-rista com toda pompa, por telefone, Marcio Antonucci, que em 1981 assumia ofi-cialmente o cargo de diretor musical da rede Globo, no lugar de Guto Graça Mello.

— Como assim orquestra?

— Meu querido, vocês seriam uma das bases da emissora, com salário todo mês! E aí?

Embora animado e confiante, Marcio sabia que não teria nenhuma decisão an-tes do grupo se reunir. Por isso esperou, sem forçar a barra, até o final da semana, para recebê-los no estúdio Level, onde aconteciam as gravações da Globo, na rua Assunção, em Botafogo.

— Beleza, onde a gente assina? — perguntou o baixista, empolgado por aceitar o convite, seguido por sorrisos e comentários da banda.

Porém, estranhamente, Antonucci, sem graça, parecia não compartilhar da-quele clima.

— Marcio? Algum problema? — indagou Kiko.

— Gente, eu só preciso de cinco — explicou ele, pausadamente, olhando para todos os seis, esperando já ouvir alguma coisa que o ajudasse a sair daquela situ-ação constrangedora.

— Olha, eu sei que vocês tocam juntos, mas...

— Marcio, é o seguinte: a gente quer muito! Na verdade, depois dos bailes, a gente até precisa desse trabalho. Mas ou você contrata os seis, ou então nada feito!

"Não acredito nisso... Que banda maluca, cara!", pensou Marcio, antes de ser mais direto:

— Nando, mas eu não preciso de um cantor! — E olhando para Paulinho, com a palma da mão levantada, disse: — Nada contra, tá?

— Ah, Marcio, ele faz outra coisa!

— Outra coisa, Nando? Isso não é feira, não!

— Sei lá, vira percussionista! — rebateu o baixista, apoiado pelos outros integrantes do Roupa Nova, que diziam em coro que Paulinho poderia se virar.

Enquanto o vocalista dizia baixinho "tudo bem" naquela confusão de vozes e frases soltas.

— Gente, eu já tenho percussionista na Globo! Isso não faz o menor senti...

— Pode até ser, Marcio! Só que na nossa base quem vai tocar é o Paulinho.

Uma postura do Roupa Nova irrevogável, imutável para Marcio ou qualquer outro produtor.

— Barquinho em fá para o Eduardinho.

— Passa para o copista.

E o papo continuava em uma das salas daquela fábrica de temas para televisão, como se nada tivesse acontecido. A orquestra da rede Globo ainda trabalhava a toque de caixa, no estúdio Level, no início dos anos 1980, para dar conta da programação diária. E era preciso agilidade máxima para fazer todas as bases, arranjos e gravações em poucas horas, diferentemente do que acontece hoje, quando cada produtor consegue em casa afinar as notas, ajustar as vozes, gravar e mixar. Isso quando ele não faz tudo ao mesmo tempo.

Os músicos eram contratados — muitos deles com mais de um emprego para poder se sustentar, tendo hora certa de entrada e saída. Ou seja, vida corrida! Nem adiantava pedir para passar, pela terceira vez, um determinado trecho, que a reclamação vinha.

— Ó, a gente tem que ir embora. Isso não é disco, não! É televisão.

A pressa, nesse caso, TINHA de ser amiga da perfeição. A emissora dispunha de muitos musicais nessa época! E a rotina da orquestra não poderia ser outra: passar, gravar, passar, gravar — apenas intercalando as pessoas envolvidas. O esquema funcionava mais ou menos da seguinte forma: das 9 às 13 horas, nas segundas, quartas e sextas, era a vez da base tradicional da orquestra gravar. Já nas quintas, no mesmo horário, eram os músicos do estilo MPB. O coro era feito por homens e mulheres das 13 às 16h30, e das 17 às 21 horas era a vez dos metais. As flautas entravam das 22 às 2 horas da madrugada, e das 3 às 8 horas eram realizadas as mixagens. Praticamente *non stop*, 24 horas por dia, inclusive com produção aos sábados e domingos.

Além disso, ainda faziam parte do cast global diversos maestros renomados do país, que recebiam as demandas da emissora, faziam os arranjos e escolhiam, de acordo com a grade de horário, o que iriam gravar e com quem. Entre eles, Maestro Cipó, Eduardo Souto Neto, Eduardo Lages, Alceo Bocchino, Geraldo Vespar, Júlio Medaglia e muitos outros.

O Roupa Nova, após aceitar o convite de Marcio, seria a base pop-rock da orquestra, gravando todas às terças de manhã. E os maestros teriam, então, uma opção mais moderna para suas produções. Era só separar os temas e agendar. O que seria um encontro inusitado entre profissionais experientes — acostumados com músicos de anos rígidos de estudo — e profissionais iniciantes, que mal liam partitura, mas de estrada, com anos intensos de todo o tipo de música.

— —

Paulinho começou a tocar percussão na base da Globo, em outros trabalhos do Roupa Nova e em outros discos. E uma dessas gravações extras foi com Aramis Barros em uma de suas coletâneas no estúdio Hawaí — virando a noite de segunda para terça.

— Putz, a gente tem Globo daqui a pouco— comentou Serginho, morto de cansaço.

— Ué, vamos dormir no carro! A gente para na porta do estúdio e espera dar a hora — sugeriu Feghali, "grogue" de sono, já pegando as chaves nos bolsos da calça.

Só que eles não esperavam encontrar o Maestro Cipó, animado, logo cedo, para gravar a abertura do Fantástico com uma partitura "cabeluda", cheia de variações e marcações estranhas.

— Vamos lá, gente! — dizia o maestro, batendo na mesa que, encostada em um microfone, levava aquele barulhão para os fones nos ouvidos dos músicos.

— Maestro, pelo amor de Deus! — agonizou Feghali, fazendo sinal com a mão para ele bater mais leve.

— Ah, tudo bem. Então vamos, gente! 1, 2, 3!

Só que ele esquecia o pedido do tecladista e na empolgação batia de novo.

E o barulho voltava com tudo mais uma vez. Uma, duas, três, quatro vezes... Até que ele não aguentou mais e, irritado, abriu mão do fone e o jogou, com raiva, contra o vidro.

— —

— Marcio, precisamos fazer uns temas diferentes.

— Que tal musicar um Grande Prêmio do Brasil, tipo o filme Le Mans?

— Hum... Faz uma prova! — disse Aloysio Legey, diretor da TV Globo, para Marcio Antonucci, que na mesma hora procurou o maestro de plantão.

Eduardo Lages era o nome da vez, e isso foi no final de 1982.

— Preciso de uma trilha para a Fórmula 1!

— Putz, nessa semana eu tenho turnê do Roberto Carlos no Nordeste. Dá pra me substituir?

— Tudo bem, dá sim. Vou ver quem entra depois de você.

E o acaso direcionou para o nome seguinte da lista de maestros: Eduardo Souto Neto que, só com o Viva o Gordo como programa fixo, tinha flexibilidade para missões como aquela.

— Eduardo, quero um tema para cada fase do GP Brasil. Abertura, apresentação dos carros, o esquentar dos motores, a largada, o fim do sonho, para o caso de uma quebra de carro, e a vitória! Vamos tocar para o mundo, independente de quem vencer! Isso nunca foi feito! Topa?

Naquela época, ainda não havia transmissão televisiva própria para o Grand Prix, assim a Globo mandaria para os outros países as imagens com o áudio da competição e o outro canal de som ficaria livre para os locutores. Uma oportunidade belíssima para os brasileiros se destacarem no cenário mundial de exibição da Fórmula 1.

"Tem aquele filme do Paul Newman... Como é o nome mesmo? *Winning*? Isso! Gosto do clima de corrida dessa produção", falava o maestro sozinho, andando que nem doido pelos corredores do estúdio depois de conversar com Marcio. Inspirado na trilha de Dave Grusin e empolgado pela oportunidade, ele cantarolava baixinho o que seriam arranjos, enquanto mexia com as mãos. Era como se elas o ajudassem a afinar e alcançar o tom exato de sua canção, enquanto se dirigia para o piano. Sem perceber os olhares estranhos das pessoas no corredor.

— E aí, gente! Vamos trabalhar? Tô com algumas coisas na cabeça — avisou o maestro, animado, para o Roupa Nova, logo que abriu a porta da sala de gravação. — Vou começar pela vitória. Tô pensando em algo mais ou menos assim... — disse ele, antes de tocar algumas teclas e completar cantando o que poderia ser.

Em seguida, pegou uma folha e o lápis na mesa ao lado e se debruçou sobre o piano, escrevendo as harmonias, com os integrantes ao redor. Eduardo fazia com a boca o som que buscava, as paradas, e cada um dos músicos já ia se imaginando em ação com seus instrumentos. Serginho, com as baquetas nas mãos, fazia gestos como se estivesse batendo em pratos e tambores. Cleberson não tirava os olhos dos dedos de Eduardinho, acompanhando atentamente a criação. E desse modo, em meia hora, eles já tinham um "rascunho" do que poderiam gravar — o que ainda contaria com as flautas, violinos, trompetes, trombones e saxofones da orquestra da Globo.

Depois vieram os outros temas e as ideias das imagens para abertura, como a apresentação do carro passando pelo aeroporto, avenida Brasil, Presidente Vargas, Aterro do Flamengo, Niemeyer até chegar ao autódromo de Jacarepaguá. Tudo deveria estar bem alinhado antes do próximo GP Brasil. Afinal, quanto mais amarrado o conceito, mais fácil seria a chefia geral da emissora aprovar. O que aconteceria apenas uma semana antes do dia da transmissão.

— Boni, dá uma olhada no que a gente pensou pro GP — disse Marcio, ao lado de Legey, para o vice-presidente de operações da Globo, dando play na cópia de monitor que havia feito da gravação com os músicos.

— Maravilha!

— Então vou mixar! — disparou Marcio, já se levantando da cadeira.

— De jeito nenhum!

— Como não, Boni? Não tá equalizado! As cordas estão de um lado, os metais de outro...

— Foda-se! Não vai mexer.

Trilha acertada, nunca mais mixada, pronta para as pistas.

Refrescou um pouco naquele 13 de março de 1983, final de verão, no Rio de Janeiro. "Bom sinal", pensou Gordon Murray, projetista do carro de Nelson Piquet, ao chegar cedinho ao autódromo de Jacarepaguá, onde aconteceria a abertura do décimo GP do Brasil. Não que o carro da escuderia Brabham-BMW não fosse aguentar o calor da capital carioca, mas com certeza seu desempenho poderia ser muito melhor e ele sentia isso.

Piquet largaria em quarto — o brasileiro mais bem colocado na competição —, e a casa já estava lotada, com 80 mil apaixonados pela Fórmula 1 na formação da fila do grid. Segundos preciosos de ronco alto e constante dos motores povoando a mente dos espectadores mais ansiosos, como se os carros se provocassem. Até que finalmente chegaria ela, a tão esperada largada, de gritos, surpresas e comemorações — confirmando que aquela seria uma corrida sensacional.

Keke Rosberg, da Williams, na pole-position, abriu diferença para o segundo lugar, Alain Prost, da Renault, na largada — enquanto Piquet com facilidade assumiu a terceira posição de Patrick Tambay, já de olho no segundo lugar. Ele logo ultrapassaria Prost e, após alguns minutos, colaria em Keke, assumindo então a desejada liderança na sexta volta. Tudo conspirava a favor do brasileiro, que só parou no boxe na volta 44 para trocar o pneu, retornando para a pista como primeiro colocado. Um reinado que não seria ameaçado nem pelos retardatários, com a bandeirada marcando seu tempo de 1h48, coroando sua primeira vitória oficial em casa.

No autódromo, as pessoas invadiriam a pista após Piquet cruzar a linha de chegada, e pela televisão se ouviria, na banda geral de transmissão, também pela primeira vez, o que seria conhecido como o "Tema da vitória". Uma canção empolgante, enérgica, feita por encomenda para um vitorioso — mas que só se destacaria para os ouvidos das emissoras estrangeiras de TV, impressionadas pela iniciativa da Globo. Um tema que passaria batido pelo grande público naquele ano, do mesmo modo que não seria notado nos anos posteriores do GP Brasil, ao ser novamente trilha sonora de Piquet e de outros vencedores, como o francês Alain Prost. Sua melodia, embora tivesse força e presença, não tocava as pessoas, não era nem ao menos percebida ou reconhecida, e poderia ter continuado assim, como uma música qualquer, fadada ao fracasso, se não tivesse encontrado em seu caminho, por acaso, outro campeão.

Em 1984, um jovem paulistano de 23 anos decidiria trocar o kart pela Fórmula 1 através da Toleman. Em 1985, já com a Lotus, ele alcançaria pela primeira vez o lugar mais alto do pódio, e em 1986, levando o segundo lugar, faria uma dobradinha verde e amarela no GP Brasil com Nelson Piquet em primeiro — sendo, por tabela, embalado pelo tema de Eduardo Souto Neto com o Roupa Nova.

A Fórmula 1 teria, então, mais presença no Brasil depois de 1986, com dois pilotos "tupiniquins" disputando, além das pistas, a preferência do público. E, com o sucesso, Legey viu que seria mais interessante tocar o tema "só para brasileiros vencedores", independente do local, e não "só para quem vencesse o GP nacional". Nesse período, o automobilismo alcançava seu auge no gosto popular, com autódromos cheios, Piquet rumo ao tricampeonato, um jovem fenômeno despontando no cenário... E a música ia, por fim, ganhando vida.

Diferente de Piquet, que era sarcástico, às vezes agressivo e de imagem blasé e elitista, aquele rapaz era do povo, de fala mansa, tranquila e positiva. Era um brasileiro comum; nem feio, nem bonito e ainda de sobrenome Silva. Seu jeito de ganhar era com raça, vibrando como um moleque, sorrindo e chorando em frente às câmeras, sem receio de parecer piegas. Ele tinha carisma, era arrojado e se arriscava nas curvas, ao contrário do estilo meticuloso e inteligente de vencer de Piquet. E, no geral, parecia um herói de filmes, que levantava a bandeira de seu país de dentro do carro, fazia impossíveis poles nos últimos instantes dos treinos e com o incrível poder de voar na chuva. É, ele era um personagem que se encaixava perfeitamente nas harmonias e nos rompantes grandiosos do "Tema da vitória". E, aos poucos, eles — música e homem — foram então se esbarrando.

A canção, apesar de ter sido pensada para tocar, em 1983, para qualquer um que vencesse a corrida, por uma feliz coincidência estreou com o Brasil através de Nelson Piquet. Mas foi com aquele rapaz, chamado Ayrton Senna, que ela realmente iria ser consagrada. Um típico paulistano, que poderia ter continuado no anonimato como outro qualquer, se não tivesse ultrapassado seus limites na mesma velocidade que fazia com os adversários na pista, e que, por afinidade, se apossou daquelas notas para a sua vida. O tema valorizava suas conquistas, e ele, por sua vez, justificava tais acordes. Era uma relação de sinergia, de simbiose, de completa fusão.

Porém, quando o rapaz morreu, em 1994, em um acidente trágico, digno de um grande protagonista, a música surtou. Saiu cantando por todos os lugares como se ainda pudesse encontrar seu par, em uma curva Tamburello, se refugiou em um disco da Som Livre a pedido das pessoas, que precisavam dela para se lembrar dele, e virou, ao mesmo tempo, um canto de lamento e alegria. "Naquela época, não tinha download e todo mundo queria ter a música em casa! Me pediam o tema em fita K7, gravavam direto da TV, botavam em casamento, político usou, foi uma loucura!", diria Eduardo Souto Neto. Era o que restava de um ídolo.

E assim ela, embora em silêncio por não mais vencer na F1, se fez forte, evidente entre os brasileiros, e de "Tema da vitória" passou a ser chamada pelo nome dele, "Tema do Senna" — só voltando às pistas seis anos depois, em 2000, com Rubinho Barrichello cruzando a linha de chegada em primeiro lugar. Tempo de luto — não necessariamente superado para muitos fãs do automobilismo. Pessoas que ainda nos dias atuais não entendem por que tocá-la para outro piloto, e que acreditam, nos momentos de saudade, que a canção vaga até hoje desnorteada por aí.

— • —

O pernambucano Arnaud Rodrigues esteve no estúdio com Eduardo Souto Neto e o Roupa Nova não por ser comediante e ator, e muito menos por cantar no grupo musical Baiano & Os Novos Caetanos,* mas porque estava à frente da direção musical de Os Trapalhões e o Mágico de Oróz. E pode-se dizer que ele e o resto da equipe estavam de muito bom humor.

— Isso aqui não é um conjunto! É um convento! Não rola uma bebida, uma maconha, nada?

— Pô, eu tomo meu uísque. Ricardo, Kiko e Nando também bebem...— tentou argumentar Paulinho.

Já Serginho era incisivo:

— Quando a gente grava, ninguém bebe. Ainda mais na gravação dos outros!

— Tá bom, tá bom... Não precisa ficar bravo. Mas ó! Eu ainda vou ver no jornal a notícia: "Roupa Nova é preso nas ruas de Manaus portando potinhos de mel e guaraná em pó!" — finalizou Arnaud, morrendo de rir com a banda, sem deixar de ter sua razão.

— —

— Ó, não tem grana! Mas quem quiser fazer arranjo, a orquestra está à disposição — avisou Dario Lopes para os músicos da Globo.

— Pô, Dario, legal isso. Eu quero — falou Cleberson, baixinho, e um pouco acanhado, para o maestro, no final do dia.

— Tem a abertura dos Trapalhões. Quer tentar?

— Posso?

Dali o tecladista saiu com a bela missão de musicar o quarteto formado por Didi, Dedé, Mussum e Zacarias. "Tenho que mandar bem nesse negócio", pensou o mineiro, dando uma olhada a caminho de casa na descrição da abertura — ansioso para começar. Já imaginando em sua mente como poderia abrir esse tema. "Vou começar em dó maior, depois vou fazer um troço rebuscado, diferente..." Ao chegar em casa, nem foi jantar. Encarou o piano, com folhas e lápis, caprichando nas partituras! E ele entregou a abertura já no dia seguinte, junto com outros "pseudomaestros" que também haviam levado tarefas para casa. Todo orgulhoso de ter feito um trabalho rebuscado. "Acho que foi bom! Ai, tomara que eles gostem. Aquele final custou a sair e..."

— De quem é esse arranjo, hein? É seu? — perguntou o spalla,** interrompendo os pensamentos de Cleberson.

Achando que seria elogiado, este arrumou os óculos, estufou o peito e com um sorrisão na cara respondeu:

— É meu!

— Olha só, vê se da próxima vez você complica menos, tá? A gente rala pra cacete, ganha pouco e ainda tem que entender o que você quer dizer!

— ...

— Sem contar que a gente ainda toca hoje no Municipal!

---

* Quadro humorístico da TV Globo, com participação de Chico Anysio, em que ele interpretava o cantor Paulinho Cabeça de Profeta

** Spalla é o instrumentista responsável por afinar a orquestra antes da entrada do maestro.

— ...

E saiu de perto de Cleberson, fulo da vida, em direção à orquestra. O mineiro continuou ali, parado, tentando entender o que ouvira. E só acordou com a frase do maestro Eduardo Lages:

— Tá começando, né?

— Ahã.

— Vou te dar um conselho: fica dentro das cinco linhas que você não erra nunca!

— —

— Esse acorde não tá legal, não, Cleberson — comentou Geraldo Vespar, antes de passar a partitura para a orquestra.

— Não? Mas como você quer a armação desse acorde? Eu não tô entendendo! Escreve pra mim? Bom que eu aprendo.

— Presta atenção: vê de onde na música você tá vindo! Se vai para um lá maior, de qual acorde você veio antes? O lá maior você pode fazer de várias maneiras, não é? Tem que dar um encadeamento harmônico!

— Tá, tá... Vou tentar aqui. Mas de resto, tá OK?

— Hum... Menos isso — apontou ele para um trecho da pauta.

— Mas, maestro, eu quero assim!

— Só que não vai sair desse jeito! Escreve dessa maneira aqui... — disse Geraldo, rabiscando com o lápis em cima das anotações. — Eu sei que o que eu escrevi não foi o que você pensou, mas confia. Vai dar certo!

— Isso não faz o menor sentido — resmungou Cleberson, antes de ver a orquestra tocando aquela passagem exatamente como havia imaginado.

"Isso é maluquice...", pensou ele — o mesmo menino que não entendia, nas aulas de dona Glória, o porquê de tocar semicolcheia se na partitura estava escrito colcheia. Mas ele iria continuar tentando. E para escrever seus arranjos pediria ajuda para os maestros todas as vezes que fosse preciso! Repetindo com insistência para si mesmo: "Tem que sentir a música, tem que sentir..."

— —

— Pediram pra gente tocar mais um dia! Pediram pra gente vir na quinta.

Nando deu a notícia para o grupo.

— Também... A gente tá gravando com todo mundo! — comentou Feghali.

— E aí, vamos?

Para os músicos, a orquestra continuava interessante. O horário era compatível, eles aprendiam bastante, tinham contato com funcionários da Globo e com outras pessoas que circulavam por lá — o que poderia render outros trabalhos — e o salário estava legal. Os maestros adoravam a versatilidade do grupo, que tocava os sucessos, pop, rock, baião, samba e o que mais precisassem — com uma paciência, um conhecimento e um jogo de cintura que só poderia ter vindo dos bailes.

Pintava todo tipo de música para eles fazerem. Gravaram uma das aberturas do Fantástico, do Chacrinha, do Vídeo Show, do Jornal Nacional, tema do Pra

Frente Brasil e até o barulhinho da vinheta da rede Globo saiu de um dos teclados do Roupa. Os maestros faziam questão de separar todos os seus temas para serem gravados na terça, enquanto os músicos dos outros dias ficavam de bobeira em seus horários.

A vida dos seis integrantes era nos estúdios. Das 9 às 14h30 estavam no Level, das 15 às 20h30 na RCA, e das 21 às 3 horas da madrugada, na maioria das vezes, na Polygram, fazendo o disco de outras pessoas. Isto quando eles não ultrapassavam o horário combinado com a Globo para gravar com os maestros. Ter mais um dia na emissora poderia aliviar essa ralação de terça. Ou talvez piorar.

— Vamos, né? — repetiu Nando.

E, no fundo, eles já sabiam essa resposta.

— —

Na saída da Oswaldo Cruz para a praça Marechal Cordeiro de Farias estenderam-se 2.700 metros de cimento. Uma famosa avenida, inaugurada em 1891, que por pouco não se chamaria "Acácias" ou "Prado de São Paulo". Significado de expansão, limite entre as zonas Centro-Sul, Central e Oeste, repleta de empresas, bancos, consulados, hotéis e hospitais. Avenida agitada de uma cidade que nunca dorme, e que não poderia ter nome mais adequado do que Paulista.

Cenário perfeito para contar a trajetória do bancário Alex Torres, vivido por Antônio Fagundes, em uma das minisséries da TV Globo de 1982. A produção Avenida Paulista, dirigida por Walter Avancini, tinha como um de seus focos explorar ao máximo as nuances de São Paulo, e Júlio Medaglia seria o maestro convocado para dar seu som, e ele contaria com os seis rapazes.

Foram dias de gravação, nos meses de abril e maio — verdadeiras aulas para o Roupa Nova.

— Gente, a cena é esta aqui: uma festa, pessoas falando ao mesmo tempo, burburinhos e tal. Só depois disso é que eles vão apresentar o Fagundes — disse ele certa vez, enquanto rasgava o jornal no sentido vertical, deixando tiras de quatro dedos, e distribuía, para todos, os pedaços com meias palavras. — Bom, vamos gravar esse falatório, OK? Vocês comecem lendo de cima pra baixo, sem terminar o que eu rasguei. Se era "amanhã" e ficou "aman" depois de rasgado, leiam "aman". Acabou o jornal? Comecem tudo de novo. Estamos entendidos?

Assim, ele regia, subindo e descendo a mão, aumentando e diminuindo o volume dos ruídos. Sua feição mudava, eles sussurravam, seu movimento era ríspido, o alarde crescia. Lia, gravava e voltava numa repetição cadenciada e envolvente, da calmaria à tensão. Um trabalho em conjunto, uma célula pensante, barulhenta e incoerente de seis vozes.

— —

— Vamos embora? — perguntou Kiko, sorrindo, para seu filho, após descer da poltrona da frente do Chevette, parado no Leblon.

Era tarde da noite e o guitarrista, exausto após o show do Roupa Nova no Casa Grande, não via a hora de chegar em casa. Até porque, no dia seguinte, cedinho, às 9 horas da manhã, ele teria que estar no estúdio da Globo, gravando. No entanto, como ficar cansado ao ver Kikinho andando vagarosamente em sua direção, imitando seus gestos no palco, como se tivesse segurando uma guitarra? "Esse garoto é demais", pensou ele, se divertindo com a cena, antes de conduzi-lo, todo desengonçado com seu andar de 3 anos, para dentro do carro.

Era dia 21 de abril de 1982, plena quarta-feira, daquelas que atrapalha qualquer carioca de emendar o feriado de Tiradentes. E o trânsito, naquele horário, já entrando na madrugada, prometia ser nulo. "Vou pegar o Rebouças que é mais rápido", pensou Kiko, assim que ligou o carro, sem se lembrar de que depois da meia-noite o túnel estaria fechado no sentido Zona Sul-Zona Norte para serviços da Prefeitura, e ele teria que dar a volta em seu caminho para pegar a avenida Brasil.

— Entra na rua atrás da igreja pra gente pegar a Voluntários — lembrou Suely, quando Kiko já posicionava o carro para poder atravessar e ir para a casa.

A rua estava vazia, sem movimento, e rapidamente ele desenhou a nova rota em sua cabeça. Iria pegar o Aterro do Flamengo, o elevado e... Brrrrrrrrrrrrrrrr rrrrrrrrrrrrrrrr! Cantaram alto os pneus de um Opala, após uma freada brusca, que por pouco não bateu em sua traseira.

— De onde esse carro veio?

— Não sei, Suely, não sei — dizia Kiko, apreensivo, tentando ver quem estava dirigindo daquele jeito. "Engraçado, parece um dos caras que vão lá na Globo e..."

— Ô, filho da puta! Seu merda! Sai da frente! — berrava o motorista do Opala, já embicando o carro para passar Kiko.

Um moreno mal-encarado, de terno e gravata, acompanhado de um amigo, que soltava coisas ainda piores — tão "simpático" quanto ele. "Não conheço, não", concluiu Kiko, de cara fechada, ao ver o carro passando em alta velocidade, enquanto Suely, assustada, pedia: "Meu filho, fica quietinho, aí!"

O Opala seguiu e o guitarrista achou que já dava para continuar viagem.

— Passou, Suely, passou — disse encostando a mão na perna de sua mulher, tentando acalmá-la.

E assim pisou no acelerador de novo para entrar na Voluntários.

— Kiko, cuidado! — gritou Suely ao ver o mesmo Opala dando uma fechada violenta no Chevette.

— Puta que pariu... — reclamou sozinho Kiko ao perceber o que estava acontecendo.

Os homens não tinham desistido dele e, agora, nitidamente, haviam voltado para provocar — em uma rua deserta e longa o suficiente para se tornar uma bela pista de corrida. Eles aceleravam, freavam, riam enquanto jogavam o carro para cima do Chevette, quase batendo do lado de Suely.

— Kikinho, deita! Vem cá pro meu lado! — mandava Kiko, desesperado e aos berros, para o filho, já com o Opala tocando no Chevette.

Os homens se vangloriavam cada vez mais do terror no rosto de Suely e no dele. A Voluntários da Pátria parecia não ter fim, e Kiko não tinha a menor ideia de como sair dali.

— Kiko, ele tá forçando pra passar. Tem um ônibus parado ali na frente!

— Ele é que se dane! — disse o guitarrista, pisando o mais fundo possível no acelerador.

E ultrapassou o ônibus, deixando seu perseguidor para trás. Livre de suas ameaças, mas ainda com o sangue fervendo. Sem dar um pio para mulher ou o filho, mas bufando de ódio por dentro, sentindo que ele poderia ser alcançado pelo Opala a qualquer momento, mas e aí? O que ele faria? Como reagiria? Kiko já nem mais pensava e apenas seguia pelo Aterro.

Nunca se sabe o que irrita as pessoas, o que faz com que elas percam a cabeça, qual será o estopim para disparar todos os receios, raivas e agonias de um homem. Mas, naquele dia, pelo menos para Kiko não deu para segurar. Não mais. E, parado no cruzamento da avenida Oswaldo Cruz, ainda no Aterro, ao ver do seu lado aquele maldito Opala, emparelhando novamente, não pensou duas vezes.

— Kiko aonde você tá indo?

Enfurecido, o guitarrista desceu do carro, abriu uma das portas do Opala e pela gravata arrancou de lá um dos homens, que voou para o chão. Kiko partiu para cima dele, dando um soco atrás do outro. O rapaz tentava se defender com os braços, como se desejasse furar os olhos de Kiko mas, sem alcançá-lo, conseguia deixar no corpo dele somente arranhões. O motorista, irritado, saiu do volante e chegou por trás dele com uma chave de braço, mas Kiko não caiu. Muito pelo contrário! Avançou no outro homem, o jogando para cima do Opala, como se estivesse apenas começando a brigar — batendo com gana, com vontade de matar, se fosse preciso.

Foram murros incansáveis, no meio da rua, com os dois carros parados na escuridão — sem mais ninguém se meter. O vento gelado da enseada de Botafogo soprava na nuca dos poucos que assistiam à cena, e não existia barulho mais alto no Aterro, naquele instante, do que a raiva de Kiko. Ele gritava, urrava, enquanto batia e se defendia. E só depois de ver os dois homens sem rir mais, estirados no chão, é que ele, cansado, com o peito lanhado, dolorido e de respiração pesada, resolveu voltar para o Chevette.

Entrou, sem olhar para o rosto de seu filho. Bateu a porta, sem encarar Suely. Ligou o carro e partiu.

— ▬ ▬

— Que cara é essa? — indagou Paulinho ao ver Kiko chegando ao estúdio Level para gravar mais uma vez com Júlio Medaglia.

O trabalho naquele dia seria sobre uma das cenas mais fortes do seriado Avenida Paulista, na qual o milionário Frederico Scorza — vivido por Walmor Chagas — tentaria passar com um trator, literalmente, por cima do fusquinha de Antônio Fagundes. Além das diferenças financeiras existentes entre os dois personagens, já naquele trecho da história, Paula, a amante de Frederico interpretada por Dina Sfat, seduzia e se envolvia com ambos. Transformando aquele "duelo" de motores em um episódio de ciúme, inveja e humilhação.

— Ah, cara, ontem à noite foi foda...

— Que roxo é esse aqui no seu ombro? — indagou Feghali, se aproximando.

— Putz, não encosta, não. Tá tudo doendo. Não tô conseguindo nem virar de lado.

— Kiko, desembucha logo! Você tá todo machucado! — insistiu Nando.

— Tá bom, tá bom... Caí na porrada com dois marmanjos.

— Como é que é? Quando foi?

Nisso, os integrantes do Roupa Nova, além de Júlio Medaglia, já estavam no estúdio ao seu redor. Todos querendo ouvir, afinal, o que tinha acontecido com o guitarrista.

— Depois do show, acredita? Fui fazer o contorno pra pegar a Voluntários, estava parado, esperando para atravessar quando apareceu um Opala. Aí o cara...

Kiko então começou a contar o caso: freada na traseira do Chevette, perseguição, zombaria dos homens, o que ele sentiu, sua mulher, seu filho... Tudo recente em sua cabeça. Por isso, quanto mais ele falava, mais nervoso ficava, como se estivesse vivendo tudo outra vez. Seu tom de voz já era nervoso, alto, bravo. Sua pele, avermelhada, com as veias saltando do pescoço.

—... eu peguei o cara e...

— Pega a guitarra! — bradou Júlio Medaglia, passando o instrumento para as mãos do guitarrista.

— Peraí, Júlio...

— Liga, liga!

— Júlio...

— Anda, caramba! Liga e toca essa porra! — gritou ele, jogando a alça da guitarra para trás da cabeça de Kiko, posicionando o instrumento na sua frente.

E Kiko, sem falar mais nada, apenas encarou Júlio, antes de fazer o que o maestro tanto queria: partir para cima da música.

— O CARA TÁ TE XINGANDO! Tá jogando o carro em cima do teu filho!

Seus dedos corriam com velocidade as cordas da guitarra, que gemiam, berravam frenéticos sons. Desconexos, violentos.

— Ele riu da sua mulher, fez chacota com seu desespero! Ele tá se divertindo ´iko... À sua custa!

E a guitarra respondia rasgando os acordes, quebrando a ordem, a harmonia.

— Aí você pegou ele pela gravata! — gritava Júlio, enquanto sacudia as mãos com ódio, como se ele também estivesse sentindo, como se aqueles homens estivessem ali.

— FAZ BARULHO, KIKO! O cara tá te batendo!

O agudo rompia a sala do estúdio com voracidade, com pressão. E um solo visceral tomava o ambiente, as pessoas — estáticas. O suor do guitarrista descia pela testa, seus olhos fechados não acompanhavam seus movimentos, e suas pernas bambeavam, ah, como bambeavam... Até ele não mais aguentar.

E, aos poucos, Kiko foi retomando seu estado natural e o som foi ficando pelo caminho, sem voltas, sem estímulo, sem força para então cessar. Dando espaço, enfim, para o silêncio. Catártico e pesado silêncio.

— Agora vai embora — disse com calma Júlio para Kiko, que respirava ofegante, sem se mover. — Eu te usei muito hoje — completou o maestro, tirando a guitarra, levemente, de suas mãos.

Na cena de Avenida Paulista, que foi para o ar em 1982, Júlio inverteu o som, desconstruiu a não estrutura de Kiko e fez uma sequência de áudio incrível para o trator que amassava o fusquinha. "Ali, naquele seriado, eu evolui uns 15 anos", diria o guitarrista anos depois.

E ainda acrescentaria com gosto ao se lembrar daquele dia: "Júlio Medaglia... Acho que nem se lembra mais da gente. Mas eu me lembro muito bem. E sei o que ele fez por mim."

— —

Em reunião do Roupa Nova, Nando chegou com a notícia.

— Pediram pra gente tocar mais um dia!

— Hein?

— Como assim? — perguntaram Kiko e Serginho quase ao mesmo tempo.

— É isso o que vocês ouviram — disse Nando, com aquela cara de "decisão difícil".

— Pô, aí vai pegar pro nosso lado, né? — reclamou Paulinho.

— É, também tô na dúvida. Não vai dar pra gente conciliar as agendas. E o Roupa Nova é prioridade! Ou não? — pontuou Feghali, olhando ao redor e esperando uma resposta positiva.

— Também tô achando isso... Talvez seja melhor sair.

Nando e os outros integrantes da banda aprenderam muita coisa nas gravações da Globo, durante os quase dois anos que estiveram lá, como contratados ou terceirizados. "Além da nossa criatividade, 60% da nossa capacidade de tocar tantos tipos de músicas diferentes vêm dos bailes, mas 20% vêm da rede Globo!", diria Serginho anos mais tarde.

O baterista, assim como o restante do grupo, buscou em sua forma de tocar o jeito certo de passar sentimentos, muitas vezes díspares, entre uma passagem e outra; fosse gravando um tema apaixonado para um musical, uma melodia caipira e divertida para um seriado, ou um clima tenso para uma novela... Enfim, um trabalhão, que para o telespectador seria invisível. Como se tudo que acontecesse ali, naquele aparelho quadradinho chamado TV, fosse mágico.

Só que a Globo, apesar de proporcionar aprendizado, começou a tomar muito tempo deles. E a pergunta sobre a qual eles deveriam pensar passou a ser outra: os garotos queriam ser, na verdade, seis músicos ou uma banda?

CAPÍTULO 20

O SUCESSO DA CIDADE

"Mariozinho ouvia a rádio o tempo todo.
Ele e todos os produtores. Só que ele era
chegado a mim e mais inteligente."

Clever Pereira

A rádio Cidade completa neste 1º de maio o seu quarto ano de existência e praticamente o mesmo tempo de liderança absoluta de audiência entre as emissoras de FM do Rio. Afinal, quinze dias depois de sua criação, as pesquisas do Ibope já lhe davam um surpreendente e invejável primeiro lugar, posição que desde então jamais perderia.

Foi o que saiu na matéria do *Jornal do Brasil*, naquele dia 1º de maio de 1981, sobre o aniversário de quatro anos da rádio Cidade — unanimidade no Rio de Janeiro e também presente, naquele instante, em outras capitais. A banda que entrasse no dial 102,9 MHz da FM e ganhasse a confiança dos locutores como promessa musical viraria sucesso, principalmente entre o público jovem. Afinal, no início dos anos 1980, de fato, eram eles quem ditavam as modas e os hits das pistas de dança, tornando-se o foco de muitos músicos, empresários e produtores.

—— ——

Seu nome era Fernando e, quando mais novo, desejou ser padre — antes de ingressar no curso de letras e se formar para ser professor. Mas nada seria melhor e despertaria tanto a sua atenção como aquele aparelhinho sonoro e mágico chamado rádio. E com ele é que Fernando realmente ficaria. Um rapaz barbudo, magro, de pele clara, com um metro e oitenta e cinco de altura, óculos e uma voz de estremecer quarteirões — embora tivesse um andar leve e uma paz interior que pareciam vir lá das montanhas de Ponte Nova (MG). E ele ganhava os ouvintes na rádio Cidade com mensagens de alegria, comentários perspicazes ou bordões.

Tudo estava bem para o locutor em 1981 — há cinco anos sem fumar, bebendo pouco, sem comer carne e com dez quilos a menos de seu peso. E o caminho para a rádio passou a ser um passeio pelas ruas do Rio de Janeiro, cidade ensolarada, colorida e repleta de árvores e brisa.

— Puxa, o sol está solto! — disse ele um dia ao olhar para o céu, em seu trajeto.

E repetiu a frase ao entrar no ar, transformando aquele momento de contemplação em outro bordão. Afinal, tudo o que vinha daquela emissora colava que nem chiclete. Porém, aquela frase — simples e natural — seria mais ambiciosa que as outras e, sem Fernando Mansur perceber, iria mais longe: se tornaria música.

— —

— Mansur, a gente quer lançar uma campanha no verão com o seu bordão! — disse o responsável pelo marketing de promoções da rádio para o locutor.

— Qual?

— Vai ser: "O sol está solto no Brasil inteiro com a rádio Cidade!" Vamos fazer adesivos, pôsteres, camisetas, brindes! Só que precisamos comprar os seus direitos. Tudo bem pra você?

— Claro! Pode usar.

Direitos cedidos, campanha pronta para ser realizada no próximo verão.

— —

— Clarear, baby, clarear? — questionou Tavynho Bonfá, compositor, ao ver a letra de Mariozinho para a sua melodia.

— O que é que tem, Tavynho?

— Ah, Mariozinho... Baby?

— Baby! Qual é o problema?

— Eu não gostei dessa palavra, não. Essa música não é popularesca!

— Ah, vai pro inferno, Tavynho!

— —

— Escuta essa música! — sugeriu Mariozinho a Clever Pereira.

Ambos estavam mais uma vez em um bar, para falar sobre o trabalho do Roupa Nova. E naquela ocasião se tratava do segundo disco de carreira da banda.

— Clarear? — perguntou o coordenador, já desconfiado sobre essa prévia.

A Cidade tinha uma identidade com o verão carioca pelo espírito descontraído dela, e a audiência sempre subia nesta estação. Mariozinho tinha feeling, um radar ligado na emissora, e sentia que a rádio iria fazer alguma coisa naquele verão. Mas aparecer com uma canção chamada "Clarear"?

Quando não houver
Mais o amor
Nem mais nada a fazer

Nunca é tarde
Pra lembrar
Que o sol está solto
Em você

— Péra! O sol está solto? — disse Clever.

— Er... Tá. Eu sei e...

— Mariozinho, por favor, não vai me arrumar problema!

— Calma! Eu vou ligar pro Mansur!

— Pro Mansur e pro resto da rádio!

— Tá, tá, tá... Deixa comigo! — disse ele, virando a cabeça para baixo, como se procurasse alguma sujeira na toalha da mesa, esperando o susto do coordenador passar, para então voltar os olhos para Clever. — Mas e aí... gostou?

E Clever, por mais que não quisesse dar o braço a torcer...

— É do caralho!

Todo mundo ouvia rádio Cidade naquela época. A diferença é que Mariozinho não só ouvia, como sabia usar isso a seu favor.

— Mansur, quero usar sua frase!

— Oi, Mariozinho! Qual delas?

— "O sol está solto"! É para uma música do Roupa. Posso?

— Sério?

— Sério! E aí? Posso? Te dou o crédito embaixo.

E Fernando Mansur, feliz da vida:

— Pode!

Direitos cedidos, música pronta para lançar. E, embora fossem esquecidos os créditos de Mansur, o locutor lembraria por toda vida com saudade e carinho daquele sol e daquela canção.

"Hum... 'Clarear' tem que ter um clima de festa, de verão carioca...", pensava Mariozinho, enquanto dirigia sua caminhonete em direção à gravadora. Um produtor baixinho que sempre gostou de carros grandes e ideias mirabolantes. "Rá! Já sei!", falou sozinho, pisando no acelerador para chegar mais rápido ao seu destino.

— Ariza, liga para o Clever! — pediu ele para sua secretária, ao chegar, indo direto para sua mesa.

— Clever, vamos fazer uma festa dentro do estúdio pra "Clarear"!

— Mas o Roupa já não gravou?

— Gravou! Mas falta o clima! Eu vou ver bebida, comida e tal. Chama todo mundo da rádio!

— Qualquer um?

— É, ué! Tem que ter jeito de festa. Se eu quisesse nego afinado eu contratava profissional.

Quanto mais o pessoal da rádio Cidade estivesse envolvido com a música, melhor! Seria sucesso para todo mundo. E aquela era a desculpa perfeita para estarem, mais uma vez, juntos. Sendo assim, o produtor agendou os preparativos e comunicou o Roupa Nova sobre o que fariam, dando início à gravação do clima dias depois. Clever levou amigas para fazer o coro feminino, enquanto Maurício Alves, amigo dos músicos do Roupa e comissário de bordo, convidou aeromoças e levou uns cinco garrafões de vinho que tinham sobrado do serviço de bordo.

Um garçom serviu a bebida, deixando todos à vontade; e as pessoas, aos poucos, iam lotando o estúdio, não importando se eram fãs da rádio, conhecidos, amigo do amigo, ou funcionários da gravadora. Estavam presentes locutores da Cidade, como Marco Antônio, Sérgio Luiz, Ivan Romero e Fernando Mansur, além de Ariza e Renato Ladeira, ex-integrante de A Bolha, que trabalharia com Mariozinho como produtor por dez anos. Todos cantando, batendo palma e fazendo o clima, no dia 17 de março de 1981. E assim nascia a primeira música de trabalho do Roupa Nova, do segundo álbum, que seria já cantada na festa da rádio Cidade no Arpoador, quatro dias depois, lançada antes do disco inteiro, ainda em novembro de 1981 — aproveitando a campanha de verão da rádio Cidade. Mais uma ação certeira com a FM 102,9 que, apesar de não se refletir em venda de discos (em torno de 15 mil, número baixo para a época), seria outro sucesso de execução do grupo iluminado pelo sol.

——

"Lumiar" também entraria no segundo disco do Roupa Nova, seguindo a tendência de Mariozinho de pegar as músicas dos mineiros. A canção de Beto Guedes e Ronaldo Bastos foi lançada no disco de Beto de 1977 e se tornou um dos hinos da juventude cabeluda paz e amor e pró-natureza. No entanto, com o Roupa, Mariozinho acreditava que a música poderia ganhar uma versão mais robusta, tornando-se, então, a segunda música de trabalho do grupo, em 1982.

Na mesma linha, entrariam "Estado de graça" com letra de Fernando Brant; "Faz a minha cabeça" com versos de Ronaldo Bastos, e "Simplesmente", de Milton Nascimento e Fernando Brant — uma composição que falava do amor suave por uma menina, que acalma e ilumina.

> Sentar na varanda da casa
> A lua dentro dos olhos
> Deixar as coisas do mundo me encantar

Só não se sabe exatamente para quem essa canção de Milton e Brant foi originalmente criada. Para Fernando, a música foi feita em uma tarde e mandada para o Roberto Carlos, mas não deu certo no disco do Rei. Já para Bituca... "Não me lembro disso. Na minha cabeça ela sempre foi para o Roupa. Tanto que eu nem gravei depois!", retrucaria ele sobre a canção.

— Não, não, isso não! — disse Erasmo Carlos, rabiscando em um papel e com o violão no colo.

Aquela já era a milésima vez que ele sentava para tentar terminar uma canção. Mas nada! Tudo bem que o tema era polêmico e poderia dar mais trabalho. No entanto, aquela obra já passava dos 90% de transpiração e tirava sua paciência.

— Cacete! Tá difícil isso aqui...

E levantando da poltrona, ele desistiria mais uma vez.

Dias depois, o telefone de Erasmo tocou. Do outro lado da linha, Mariozinho.

— E aí?

— Ah, bicho, tá complicado. Vamos fazer o seguinte: vocês gravam o playback que eu vou aprontado a letra, pode ser?

— Tudo bem!

E na semana seguinte o Roupa Nova recebeu uma fita com o "la rá rá rá" indicando como Erasmo pensara a canção. E o "esqueleto" da música então foi gravado, sem letra por cima.

— —

— Vamos lá! Não é possível! Lá rá rá... — entoou Erasmo em sua casa, disposto a finalizar aquela "encomenda", tocando no violão a melodia, esperando vir "A" inspiração. — Pô, a música ficou legal...

Uma levada gostosa, que se parecia com "Love Will Keep Us Together", da dupla americana Captain & Tennille. Até que ele parou, olhou para cima e começou a pensar alto.

— Uma mulher perfeita na praia, mas que é homem... Como é que eu conto essa história?

E ali ele ficaria por algumas horas, até largar o violão novamente.

Passaram-se mais alguns dias e, dessa vez, ele atendeu Serginho no telefone:

— Erasmo, temos que acabar o disco! Só falta essa.

— Cara, sinto muito... Mas a letra não tá pronta.

— Sem chance?

— Infelizmente, acho que não.

— Putz... Tá, a gente dá um jeito aqui.

— —

Com a desistência de Erasmo, o Roupa Nova então assumiu a música. Serginho e Ricardo Feghali trabalharam em cima da harmonia do roqueiro, e Mariozinho, mantendo o tema gay proposto por Erasmo, escreveu uma letra provocativa e bem-humorada com o nome "Vira de lado".

Vira de lado
Que esse lado eu não quero mais

Vê se troca o disco,
Coisa que há muito tempo você não faz

Um lado brincalhão do Roupa Nova que se encaixava perfeitamente no espírito jocoso de Mariozinho, embora não fosse a característica principal da banda. Um tipo de humor que o produtor exploraria muito nos anos 1980, a partir de 1983, ao produzir outro grupo, chamado Blitz.

No Roupa Nova, "Vira de lado" se tornaria sucesso por causa dos shows, com as performances de Paulinho — virando a bunda para a plateia, desmunhecando e fazendo várias poses "sacanas". O vocalista chegou a usar uma bunda de plástico de carnaval, em cima da roupa, dando mais força para a música e reforçando as dúvidas do público quanto à sua masculinidade.

— —

Enquanto isso, Erasmo, já sem prazo de entrega, continuou batalhando pela música.

— Tá, eu vou narrar uma situação... Mas como eu chego à conclusão, no final, de que ela é um travesti? Se a praia inteira estava sendo enganada, como vou livrar minha cara?

E nada! Até ter uma pista de como poderia ser a canção:

— Hum... Eu sou um cinegrafista e narro tudo o que vejo pela minha lente. Mas, e o final?

E ele ficaria com essa pergunta por mais uns três meses, procurando nos detalhes do seu dia a dia uma pista da resposta. Doido para usar aquela harmonia de que havia gostado tanto. Porém, sem um desfecho digno de apresentar.

Até que um dia essa aflição chegou ao fim, graças a uma musa nada convencional. Erasmo, acompanhado de Nara, estava em um baile de Carnaval no Morro da Urca quando a avistou entrando no camarote: Roberta Close, a travesti mais famosa do Brasil. "É isso! Agora eu acho esse final." E, disfarçadamente, ficou olhando para ela, em busca de um sinal. Foi aí que ele escuta sua cunhada, Sheila, comentar maliciosamente:

— É, mas olha o tamanho do pé!

E Erasmo, espantado com a sagacidade feminina, olhou para os pés. E escutou, mais uma vez, Sheila desmascarar aquela mulher perfeita.

— E o gogó? Tem gogó!

E fez-se a luz.

Naquela noite, ao chegar em casa, Erasmo não dormiu. Foi direto para o violão:

Não fosse o gogó e os pés
A minha lente entrava na dela,
No ponto da mulher nota dez
Dá um close nela

Uma música que se chamaria "Close", o maior hit do disco do roqueiro Buraco Negro, em 1984, no LP de arranjo de Cleberson Horsth. "Se você pegar o playback deles e cantar o 'Close' em cima, vai ver que é igual!", diria Erasmo sobre a canção — lançada dois anos após de "Vira de lado" com o Roupa Nova. A mesma harmonia, o mesmo tema gay, e dois sucessos.

— —

A mensagem de final de ano da rádio Cidade de 1979 fez tanto sucesso que, em 1980, a emissora resolveu relançar o mesmo hit, gravado pelo Roupa Nova. Não daria para colocar no ar qualquer coisa, só para tampar buraco. Até porque as outras rádios passaram a imitá-la, fazendo também suas mensagens. E por isso seria melhor guardar suas fichas para 1981.

Porém, o que eles não contavam é que iriam enfrentar Romilson e Sandoval na Antena 1 como concorrentes. Uma rádio que começava a encostar na Cidade, no Ibope, e que poderia ganhar a audiência com uma mensagem de final de ano arrasadora. Quem fizesse melhor, poderia detonar a outra rádio, destruir, pisotear, massacrar, como se estivesse em uma batalha final. Bom, pelo menos era como Clever Pereira enxergava aquela situação.

E como um verdadeiro guerreiro, desesperado, levando às últimas consequências, Clever decidiu arriscar tudo, jogar alto, enfiar a espada goela abaixo dos dois locutores que haviam abandonado a Cidade. E, para isso, escolheu uma canção de Villa-Lobos como a melodia de seu triunfo, e ousou ao colocar sua letra em cima daquele conclamado compositor erudito.

"Eu toco Roupa Nova e Villa-Lobos!", pensava ele, enquanto se virava em "trocentos" rascunhos da canção, revisados incansavelmente por Ivan Romero, até chegar à versão final. O único problema é que tanto o arranjador quanto os músicos que Clever queria também haviam sido chamados por Romilson e Sandoval: Eduardo Souto Neto e o Roupa Nova.

— Deixa eu fazer! Você confia em mim? — pediu Eduardinho para um Clever desconfiado e nervoso com tanta pressão.

— Ai, cacete... Confio, vai, pode fazer.

— E quanto ao Roupa, relaxa! Músico não tem dessas coisas.

Com tantas pessoas em comum na produção, a tendência era de que o segredo vazasse, por mais que as informações tivessem sido escondidas até dos locutores. Porém, isso não aconteceria até a data prevista por Clever, e a magnitude da rádio seria mantida no mercado.

O compacto Trenzinho do Caipira (Novos Tempos)* seria lançado no dia 21 de novembro pela CBS, com música de Villa-Lobos, de Clever Pereira, arranjos de base do Roupa Nova, arranjo vocal de Fernando Adour e o orquestral de Eduardo Souto Neto. Mistura do clássico com o pop, do erudito com o moderno — do jeitinho que Clever e sua equipe gostavam.

— —

---

* O Roupa Nova também gravaria a mensagem de final de ano de 1982-1983 da rádio Cidade: "Fruto da imaginação."

Apesar das inúmeras execuções do Roupa Nova na rádio Cidade, ainda existia uma briga de influências nas internas da emissora, entre a banda "chefiada" por Mariozinho Rocha e o timaço de músicos de A Cor do Som. Para o produtor, era importante que o grupo tomasse o lugar dos baianos na FM e, por isso, ele passava horas queimando a "mufa" com possibilidades. Afinal, tudo em que a rádio botava a mão, virava ouro. E a Cidade já havia contribuído muito para a carreira de A Cor do Som, no passado, como fazia agora com o Roupa Nova, em 1981.

O superintendente Carlos Lemos e Carlos Townsend — que assumiria a co-ordenação da rádio de São Paulo —, por exemplo, faziam gosto de A Cor do Som para agradar um público mais elitizado. Ao passo que Clever Pereira e a equipe de locutores abraçariam as canções do Roupa Nova, sem qualquer preconceito quanto à origem dos integrantes, entretendo as mesmas pessoas que escutavam A Cor do Som e quebrando algumas barreiras existentes em relação à banda. "É óbvio que tinha uma amizade, mas tudo acontece primeiro por algum interesse. E, se a gente tocou o Roupa, o mérito é todo deles", conta Ivan Romero.

Assim, por causa desse cabo de força interno, seriam escalados para o show de final de ano da emissora, no Morro da Urca, entre outros nomes, dois grupos em especial. E não era preciso nem contar para Mariozinho quais eram.

— —

Bye-Bye 81 foi o nome da festa que a Cidade armou no Morro da Urca, no Rio de Janeiro, para os dias 26 e 27 de dezembro de 1981. Um réveillon antecipado que começaria às 20 horas e teria A Cor do Som, Biafra, Marcelo, Júnior, Guilherme Arantes, Fábio, Dalto e Roupa Nova.

A Cor do Som abriu o show para cerca de 2 mil pessoas, apesar do mau tempo do final de semana, interpretando as músicas do seu último LP Mudança de esta-ção. Em seguida, vieram os outros artistas mantendo o clima agitado da plateia e o ritmo das palmas. Para só então chegar a vez do Roupa Nova, com os sucessos "Canção de verão" e "Clarear". Chamando o público para cantar junto, atiçando quem estava parado, fazendo uma verdadeira festa!

Depois, eles ainda se juntariam à "Turma da Cidade" e juntos, no palco, todos cantariam "O Trenzinho do Caipira". E teriam que repetir a dose, já que o público continuaria entoando a mensagem com o pedido de bis, naquele grand finale!

Na saída, Nando, cansado mas feliz, descia do palco, quando um estranho apa-receu lhe entregando um papel.

— Pediram pra te entregar.

E nele estava escrito, com garranchos, mas ainda assim legíveis:

"You are the Champions! Ass: Mariozinho."

— —

O *Jornal do Brasil*, naquele domingo, dia 2 de maio de 1982, registrava:

A Cidade chegou à liderança absoluta das FMs — 34% dos ouvintes, 11% para a segunda colocada —, criou um lugar definitivo para a rádio entre os veículos de comunicação, marcou um estilo (...).

As músicas eram aquelas que não tocavam em lugar nenhum. Primeiro o beautiful disco com seus contratempos definidos ("'Our Day Will Come' é um exemplo da música tocada em 1977, marcando a alegria do começo", conta Clever). Depois veio o funk, com seus baixos (a música negra entrando forte, o grupo Sun como representante). E, depois de passar pelo rock moderno e a new wave, a Cidade chegou à tendência atual ("ou seja a de não ter tendência nenhuma, bem no estilo de hoje em dia", acentua Clever), marcada também pela música de brasileiros como Boca Livre, Gonzaguinha, Roupa Nova, Robertinho de Recife, 14 Bis e outros independentes.

Sim, foi por causa de uma mensagem de final de ano da rádio Cidade que os integrantes do Roupa Nova entraram para a história da emissora. E só Mariozinho sabe o esforço que ele faria para manter esse lugar. No entanto, não seria apenas por isso que eles iriam ficar.

CAPÍTULO 21

RATOS DE ESTÚDIO

"A nossa vida era nos estúdios.
Entravámos de manhã e ao sair a
inflação já tinha triplicado."

Cleberson Horsth

— Banda, só rola se forem os seis.

— Sem chance?

— Não dá, Max... O cachê é fechado — respondeu Kiko, por telefone, para o produtor Max Pierre, que buscava equipe para o disco da Rita Lee.

Os seis músicos — que já vinham gravando em estúdio com outras pessoas desde a década de 1970 —, após deixar a rede Globo, decidiriam abrir de vez as agendas para as participações em outros discos, como forma de ganhar dinheiro enquanto o Roupa não estivesse os sustentando. No entanto, existia uma única condição para gravar: o grupo inteiro teria de ser contratado — com algumas exceções no caso de arranjos e produções. Assim, a banda se fortaleceria no mercado, protegida e blindada contra qualquer diferença entre os integrantes — evitando que o ciúme ou a vaidade de um deles destruísse o que ainda mal existia.

Desse modo, sem preconceitos e com experiência para se adequarem a cada trabalho, o grupo se tornaria o xodó dos grandes medalhões da MPB — muitos deles em busca de um tom mais jovem e popular que os fizesse vender. De 1982 a 1984, as vendas dos LPs despencaram no Brasil, e se de um lado havia a impressão de que tais nomes já estariam enfraquecidos, do outro, o Roupa Nova parecia ter a mão certa para trazer de volta esse vigor.

Assim, o grupo transitaria entre figuras do mercado fonográfico durante toda a carreira, carimbando fichas técnicas de nomes como Rita Lee, Nana Caymmi, Nara Leão, Gal Costa, Zizi Possi, Erasmo Carlos, Roberto Carlos, MPB4, Guilherme Arantes, Maria Bethânia, Elis Regina, Ney Matogrosso, Lulu Santos, Tavito, Beto Guedes, Sandra de Sá, Gilberto Gil, etc. Mantendo a fonte de renda tocando, cantando, fazendo o arranjo ou a produção — como bons ratos de estúdio que eram.

"Os pais estavam tranquilos, Roberto retocando seus acordes no piano, afinando a guitarra e feliz! Eu, pra variar, mudando alguns pedaços de letra, na certeza absoluta de que a Censura seria boazinha. O clima era ótimo, já sabíamos que uma equipe de cientistas da pesada seria a companhia nas bases e, dessa maneira, a criança já nasceria sorrindo! Eram 6 Doutores com uma Roupa Nova tão branca que até dava gosto de ver e ouvir: Nando, Serginho, Kiko, Cleberson, Paulinho e Ricardo. Fizeram um tamanho 'clear' dentro do estúdio que até os deuses da chuva de Sampa deixaram o sol vir tomar banho com a gente. E a criança já estava quietinha!" Era o que estava escrito no encarte do disco Rita Lee e Roberto de Carvalho, gravado em São Paulo, em junho-julho de 1982, nos estúdios Sigla, de 24 canais.

Max Pierre, que assinava a direção do disco e já conhecia os integrantes desde a década de 1970, os convidou para essa gravação. "Estúdio com o Roupa é sempre muito bom porque não tem as reuniões deles, que só acontecem nos projetos da banda. Quando você os chama como músicos são maravilhosos!", brincaria o produtor.

Para ele, existia o lado confortável de chegar e dizer: "Agora vamos botar um vocal?", sem precisar chamar ninguém de fora para isso: "Eles dão outras ideias e abrem as vozes. Fica fácil! É uma segurança tê-los no estúdio."

Das dez músicas do álbum, o Roupa participaria de nove, seja tocando como conjunto ou não, contribuindo para a realização de alguns hits da roqueira, como "Flagra" (tema de abertura da novela Final feliz), "Cor-de-rosa choque", "Barata tonta" e "Só de você". E o disco foi o mais vendido da carreira de Rita Lee: cerca de 2 milhões de cópias.

Havia uma troca musical muito grande entre o Roupa, Rita Lee e Roberto de Carvalho durante as gravações. E estavam todos conversando sobre a música "Só de você" e a sua construção melódica, seu conceito, quando surgiu a ideia de um sapateado. Tinha tudo a ver com a canção mas, naquele momento, no estúdio, como improvisar aquilo?

— Péra aí que eu vou resolver! — disse Serginho, pegando suas duas baquetas e se agachando na sala, que era bem viva e tinha muita reverberação. — Deixa eu fazer aqui no chão que eu acho que dá.

E deu. A música pedia isso antes mesmo de ter nascido. Hoje fica até difícil imaginar "Só de você" sem o som dos sapatos batendo no chão. Ou melhor, baquetas.

Após uma tarde animada no estúdio, com piadas do Paulinho, brincadeiras de Kiko e muitos risos com o Roupa Nova, Rita Lee se sentiu à vontade para "escrachar".

— Vocês são demais! E são muito sérios no palco! Por quê?

— Ah, no palco é diferente, né? — respondeu Feghali de imediato.

— E por quê?

— Ah, é a sua imagem. Já falam mal da gente sem fazermos nada de mais!

— Sei... — dizia ela olhando para os seis, enquanto pensava, com um dos dedos na boca.

— Eu entendo o que você diz, mas pra gente é difícil pra cacete, Rita...

— Vocês têm que relaxar... Ligar o foda-se! Sabe como é?

E todos morreram de rir, enquanto ela tombou a cabeça de lado, arqueando as sobrancelhas, levantando as mãos, como se dissesse: "Depois não vá dizer que eu não avisei."

—▬ ▬

"Eu os chamei porque eu queria a identidade do Roupa Nova no meu trabalho. É um conjunto pop, não é de rock'n'roll, e eu gosto do som limpo, clean, da perfeição deles", disse Tavito sobre a gravação do seu disco Tavito 2, de 1981, pela CBS. O cantor e compositor mineiro — e um dos fundadores do grupo Som Imaginário — entregou, literalmente, seu LP nas mãos do grupo, que tocou em todas as faixas sob a produção de Ricardo Feghali, e não mais Richard Young.

E tinha uma razão para as canções desse LP serem mais sérias. Naquela época, Tavito já havia abandonado a Zurana* e rearranjava sua vida. Aliás, a primeira saída do cantor com sua nova namorada, Celina, foi para o show do Roupa Nova, no Arpoador, em março daquele ano. Tavito já era amigo de Nando, Feghali e tinha Paulinho como seu companheiro de noite. Não dava para faltar ao evento, que acabou ficando em sua memória com um sabor especial. Momento importante que acabou se refletindo no disco e na escolha da banda para esse trabalho.

—▬ ▬

"Sessenta minutos especiais — o tempo que reservamos para colocar você em contato com o seu ídolo, conhecer seu momento, saber do seu show ou ouvir o seu disco!" Era a abertura do programa da rádio Nacional FM, apresentado por Darci Marcelo, que no dia 11 de julho de 1983 recebeu Magro e Miltinho, do MPB4, para falarem sobre o LP Caminhos livres e os grupos musicais convidados desse trabalho, entre eles o Roupa Nova na canção "Janela de apartamento".

"A princípio eu não via com o Roupa Nova essa música, via alguma coisa mais balada, mas não foi uma coisa que aconteceu. A música é bem leve e o trabalho de criação em cima da música foi exaustivo. Eles demoraram muito fazendo essa base, criando muita coisa em cima. Acho que é um dos arranjos mais significativos desse disco e eu gosto demais do que eles fizeram. Achei que o trabalho vocal da gente casou muito bem com a proposta deles", disse Miltinho.

---

* Produtora de áudio de trilhas e jingles montada por Tavito, em 1975, em sociedade com Márcio Moura e Paulo Sérgio Valle. Em seu quadro estavam colaboradores como Ivan Lins, Djavan, Mariozinho Rocha, Renato Corrêa e Eduardo Souto Neto.

No mesmo programa, Miltinho e Magro conversaram sobre a parceria deles em "Palhacinho", também desse álbum, e que se tornou um frevo no decorrer de sua composição, com arranjo de Luizinho Avelar. E Magro, rindo um pouco, terminou os comentários sobre essa faixa dizendo:

— Eu acho que tem que notar aí também a participação do baterista. O Luizinho escreveu o arranjo e convidou um pessoal da pesada! A participação do baterista Serginho, do Roupa Nova, é incrível! O cara, realmente, é de uma saúde fora do normal!

Já o sabia seu Zé desde a década de 1970, quando pregou o instrumento do filho no chão para não cair enquanto ele "sentava" a mão.

— —

"I love you, Gal Costa, baby, baby...", cantou Caetano Veloso, em novembro de 1968, na extinta casa noturna carioca Sucata. A música "Baby", de sua autoria, foi gravada por Gal Costa em julho daquele ano, no LP Tropicália, e se tornou símbolo do movimento e canção-hino dos jovens.

Em 1983, Mariozinho, que havia produzido a cantora baiana nos dois últimos trabalhos, teve a ideia de regravar essa canção em comemoração aos seus quinze anos pós-Tropicália, além de dar um tratamento eletrônico ao álbum seguinte, chamado Baby Gal. O projeto era composto por dez músicas falando de amor dialogando com uma parafernália moderna, algo nunca feito antes por Gal.

O Roupa Nova, que também havia participado dos discos Fantasia,* em 1981, e Minha voz, em 1982, foi convidado novamente para tocar com Gal Costa. A diferença era que, em vez de tocar músicas isoladas no LP dela, eles fariam a base musical de nove faixas do disco (só não fizeram a de "Eternamente"), o que causou estranhamento em alguns críticos e fãs mais ortodoxos. Afinal, a representante da Tropicália, considerada a primeira-dama da MPB nos anos 1980, estava na companhia de um grupo pop cada vez mais popular. E o termo "popular" incomodava...

A primeira canção do álbum a ser gravada no estúdio de 24 canais da Polygram não poderia ser outra: "Baby". E o Roupa Nova fez questão de não ouvir a música original antes de fazer o seu arranjo. Considerando complicado uma composição ser sucesso de novo, em outra época e com a mesma cantora, os integrantes do grupo preferiram tê-la apenas na lembrança para sofrerem o mínimo de interferência na criação. O que parece ter tido efeito, conforme as palavras de Gal Costa, publicadas no programa desse show: "O Roupa Nova fez um arranjo benfeito, moderno, a coisa de ser futurista eu acho legal. Tem uma hora no arranjo que parece que vai descer uma nave espacial. Ficou muito diferente da minha gravação original, quando eu ainda cantava de uma maneira muito intimista,

---

* No LP de 1981, o Roupa Nova participou da faixa "Açaí" — de autoria de Djavan, um dos compositores recentes preferidos de Gal na época. Foi o hit do álbum. No disco de 1982, foi a vez da canção "Solar", de Milton Nascimento e Fernando Brant.

pra dentro, e com uma vozinha pequena." A música, ao lado de "Mil perdões", de Chico Buarque, foi a mais marcante desse LP.

Além de tocar no disco, o Roupa assinou também o arranjo de "Sutis diferenças", baião de Caetano com Vinicius Cantuária.

— —

Mariozinho pegou uma conjuntivite "daquelas" na época da gravação do disco Palavras de amor, de Fagner, em 1983, pela CBS. Por isso, não pôde acompanhar de perto o andamento do trabalho. Ele sabia que não podia dar chance de mais alguém pegar a doença! Fagner e o pessoal do Roupa Nova não perdiam tempo para dar uma sacaneada de leve no produtor, quando ele aparecia no estúdio de óculos escuros.

— Ó, o disco tá ficando muito bom porque você não tá aqui!

E os sete morriam de rir, em um ambiente descontraído que permaneceu durante toda a gravação. "Eu tinha uma identificação, principalmente com o Feghali, que também é libanês como eu", diz Fagner, ao falar sobre o clima de amizade que existia e que se reforçou com os anos.

Eram conversas sobre música, vida e, claro, futebol, papo preferido de Fagner, torcedor do Tricolor do Aço (Fortaleza) e do Tricolor Carioca, assim como os integrantes do Roupa. Sem contar as brincadeiras que surgiam, como conta o compositor: "Cada um tem o seu papel e sua liberdade dentro do Roupa, o que é muito legal! E eu me lembro que ficava 'catucando' eles: "Vocês são muito organizadinhos, muito certinhos... Vou destruir essa harmonia!"

Era a primeira vez que Fagner gravava um disco inteiro com uma banda e, por causa disso, sua preocupação era manter seu espaço dentro do conjunto, para que o álbum mantivesse a sua cara e não a do Roupa Nova. Antes era um trabalho meticuloso, no qual ele escolhia músicos diferentes e os melhores para determinada faixa. "Esse disco foi uma quebra de paradigma pra mim. Beleza, vamos fazer um disco inteiro com eles? Então que tenha a pegada do grupo, mas com a minha identidade! Vou dar os meus 'pitacos'!", contaria o cantor cearense, que ficou muito satisfeito com o resultado. "Eles têm uma linha diferente da minha e conjugar isso para uma coisa única foi algo interessante. Todos estavam abertos para esse projeto em comum."

Os componentes do Roupa tocaram em todas as faixas, nem sempre todos juntos, e em algumas o arranjo ficava por conta de Cleberson e Feghali. "Sempre trabalhei com o Robertinho de Recife e já existia toda uma identidade de guitarra, que o Kiko soube respeitar. A gente trabalhou em um clima muito bom, de muito respeito e abertura, já que o disco era meu", comentaria Fagner. "Palavras de amor", por exemplo, é uma canção que tem muito a marca da banda, na opinião do cantor e compositor. E ele gostou tanto do arranjo que resolveu fazer a leitura do Roupa Nova, como se tivesse gravando para eles. "Foi a primeira música do álbum que trabalhamos nas rádios, só que 'Guerreiro menino' foi muito forte! Atropelou e virou o sucesso do disco." Canção com todos os seis integrantes e arranjo de Eduardo Souto Neto.

O disco foi muito tocado e a música de Gonzaguinha é uma das preferidas do público até hoje. "Essa canção ocupou as rádios porque era boa de tocar, e também de estimular o social, falava da falta de trabalho... Foi um disco bem marcante", afirmaria Fagner, lamentando não ter aproveitado mais o vocal do Roupa Nova. "Tinha umas duas, três músicas em que caberiam as vozes deles! Existe uma identidade muito grande do vocal do Roupa com o que os Beatles faziam."

Na visão de Fagner, gravar com os músicos do Roupa foi atuar com um time já entrosado e pronto, que pega uma música e dá a sua leitura de grupo, calejada depois de tantos anos tocando juntos, o que adiantou muito. "Eles já vêm com uma forma, você goste ou não."

— —

Cleberson foi pegando gosto em fazer arranjos, e Ricardo, em suas produções como freela, sempre que podia o convidava para participar. Assim foi com o disco do Lafayette, da cantora da Jovem Guarda Adriana e dos Skates, que fez com Marcio Antonucci pela Tapecar. Só que existia um "porém" nessa história toda. Apenas um trecho do trabalho que o matava de desânimo e vergonha:

— Pô, eu tenho que reger?

— Lógico! — dizia Ricardo, em suas produções, sem nem dar muita confiança para Cleberson, já sabendo de sua resistência.

— Caramba, esse negócio de ficar fazendo caras e bocas não é comigo! — reclamava o tecladista, sempre tomando fôlego antes de entrar no estúdio.

Na gravação do Hit Mania, por exemplo, lá estava ele timidamente levantando os braços e gesticulando, quando viu Feghali, produtor do disco, de longe, fazendo sinais e balançado com força o braço:

— Rege! Rege essa porra!

E Cleberson ficava vermelho e tenso, embora continuasse regendo.

— —

"Eu nem sabia que o Cleberson fazia arranjo, escrevia para metais, essas coisas todas. Acho que foi um produtor que me indicou ele, só não lembro quem", conta Erasmo Carlos sobre seu disco Buraco Negro, lançado em 1984, pela Polydor (selo da Polygram). Cleberson foi o responsável pelos arranjos do LP e do show de mesmo título — lançado no Palace em São Paulo e depois indo para o Canecão, no Rio de Janeiro, com uma temporada de 19 espetáculos durante um mês. "Talvez o show mais caro que eu tenha feito na minha carreira", diz o Tremendão.

Erasmo não sabia do potencial do tecladista do Roupa Nova e se surpreendeu com o trabalho: "Ficou muito bonito! Foi um trabalho maravilhoso que ele fez pra mim." E se lembra da decepção de não vê-lo no primeiro dia de sua estreia em setembro. "Eu nunca tinha me apresentado com direção musical. Eu achava que ele tinha que estar lá e também tocando! Mas teve show do Roupa Nova na mesma data e não rolou."

O roqueiro, chateado, questionou sua produção, que o avisou que estava tudo sob controle. E o show pôde continuar.

Ao sair da EMI-Odeon em 1980-1981, Simone ganhou a produção de Marco Mazzola, na CBS, que gostava de usar os sintetizadores e recursos eletrônicos da década de 1980 — estilo dos três álbuns da cantora de que o Roupa Nova participou. Em 1982, o grupo entrou no disco Corpo e Alma de Simone, nas canções "Embarcação" e "O sal da terra", e Cleberson tocou em "Olho do furacão". O conjunto também assinou o vocal do álbum, que atingiu uma venda superior a 700 mil cópias, com essas três músicas muito elogiadas pela crítica.

Em 1985, em Cristal, Feghali e Cleberson apareceram na base musical de "Você é real", e a banda se destacou no coro de "Princesa" — canção que o Roupa gravaria no seu disco Ouro de Minas, em 2001. Mas foi em 1986, no LP Amor e Paixão, que a balada "Amor explícito", com a participação especial do Roupa no coro, surpreendeu e se tornou o hit de um disco que chegou às 900 mil cópias vendidas. A música também entrou na novela *Corpo santo*, da Manchete — trilha da qual o Roupa Nova fez parte com a canção "Um lugar no mundo" como tema de abertura, o que ajudou Simone a ser, no final dos anos 1980, a cantora brasileira com maior número de discos de platina recebidos. Amor e Paixão foi seu recorde de vendagem até o lançamento de 25 de dezembro, com canções natalinas, em 1995, com 1,1 milhão de cópias.

Depois de oito anos de carreira, Amelinha, recém-separada de Zé Ramalho e em um período de mudanças em sua vida, saiu um pouco da atmosfera regionalista do Nordeste e apostou em Água e luz, um disco mais pop, com produção de Mariozinho Rocha e os músicos do Roupa Nova, lançado em 1984, pela CBS. Ainda no repertório, canções de Lô Borges e Márcio Borges, Gilberto Gil e Tavito, que compôs "Água e luz", canção que daria nome ao LP. O álbum foi o início de um processo de remodelação que teve seu auge com o show Saudades da Amélia, em 1989, com músicas de Tom Jobim, Caetano Veloso e Chico Buarque. E, em entrevista para um blog em 2009, a cantora citou a faixa "A Gia", composição própria, como destaque da capela feita com o Roupa Nova.

Não tinha para ninguém: o som da década de 1980 seria do Roupa Nova — visto como solução dos produtores em busca de algo rápido, certeiro e de qualidade. Quanto mais eles tocavam, mais as pessoas gostavam e indicavam para conhecidos. Virou moda gravar com o grupo, além de conveniente para as gravadoras, que pagavam por profissionais já entrosados, que ainda faziam o coro — de tendências internacionais que agradavam às novas produções.

Mas se de um lado as participações nos discos enchiam os bolsos dos seis músicos, por outro, sem que os integrantes percebessem, banalizavam sua própria música. Para não falar da pasteurização da produção da música brasileira. Okky de Souza, da *Veja*, por exemplo, chegou a comentar que no disco da Amelinha, "ouvem-se os mesmos violões do tipo Ovation, os mesmos teclados imitando orquestras e os mesmos coros em falsete que os principais produtores do país elegeram como os únicos adequados". E ainda afirmou que no lugar de Amelinha poderia ser a voz de Gal Costa ou de Simone no LP, sem que o resultado soasse postiço ou inadequado, fazendo "de Água e luz um bom disco, mas rigorosamente igual a tantos outros que se têm ouvido". Será?

De fato, a contragosto dos mais puristas, costumava-se procurar o Roupa Nova para modernizar o trabalho de um intérprete, torná-lo mais pop, vendável. E assim seria até o início dos anos 1990. Kiko chegaria a comentar, anos depois, que "artisticamente pode ter sido ruim pra gente estar em muitas gravações do mercado, no mesmo período. Mas musicalmente foi algo maravilhoso." Cleberson diria: "Nos chamavam por causa da nossa influência Toto, Beatles, Bee Gees, Rolling Stones com o molho brasileiro."

Uma "pitada" que, independente das críticas, não deixaria de beneficiar muita gente da MPB.

— —

Por mais que eles estivessem na maioria das vezes juntos, muitos produtores e intérpretes insistiam em usar os músicos separados em suas gravações, já que o som do conjunto era marcante e poderia se sobressair em relação ao nome principal. Só que conseguir isso era sempre uma briga. "Um conjunto era como um time de futebol naquela época. Jamais um jogador do Fluminense iria para o Flamengo. É meio que uma família. E a gente ficava de olho!", conta Cleberson.

Serginho, por exemplo, seria cobiçado por alguns intérpretes da música brasileira, como a própria Rita Lee. Mas nada seria comparado a Lulu Santos.

— Vai, diz quanto você quer pra sair do Roupa? Vem tocar comigo, anda!

O baterista era o preferido do roqueiro. E o próprio Serginho chegou a afirmar em entrevistas que o trabalho de Lulu tinha afinidade musical com o seu. Pelo que se conta, Lulu até tentaria outros bateristas para não ficar dependente de Serginho. No entanto, sempre voltava atrás quando a situação apertava — como no LP Lulu, de 1986, no qual dois músicos insinuaram, sem sucesso, a levada que ele queria.

— Ah, vai, chama o Serginho logo!

— —

— Nem falou nada com a gente, hein? — comentou Kiko, ao encontrar Serginho em uma das reuniões do Roupa Nova.

— Falei o quê?

— Deu canja pro Lulu Santos, né?

— Ah, isso — respondeu Serginho, sem dar muito espaço para o assunto.

— Hum... Morro da Urca? — perguntou Nando, botando mais pilha na conversa.

Afinal, para o grupo, era estranho ver um de seus integrantes tocando muito com outro artista senão eles. Como diria Cleberson, todos eles eram muito sentimentais. E Serginho, sabendo disso, preferiu ser evasivo.

— Ai, caramba, Nando... Coisa à toa.

— Uhum... A gente sabe — completaria o baixista, sem dizer mais uma palavra.

— —

Entre um disco e outro, a gravadora também funciona como um lugar de encontros entre músicos, arranjadores, intérpretes, produtores... Assim, Zizi Possi conheceu os integrantes do Roupa Nova ainda na época em que ela e a banda estavam na Polygram. Apresentados pelo produtor João Augusto, a intérprete fez o seu primeiro disco com um deles em 1982 — Kiko, em três faixas do LP Asa morena —, e essa "prática" se manteve nos quatro discos seguintes, até 1987. Destacam-se o LP Pra sempre e mais um dia (1983), no qual teve um dos componentes em nove das onze faixas, e Dê um rolê (1984), no qual Serginho tocou oito das dez músicas. "O que é impressionante neles é que tanto individualmente como em grupo o rendimento é maravilhoso! A música flui. E isso é uma coisa rara em banda", contaria a cantora.

Na opinião dela, mesmo sozinhos, eles iriam desempenhar como instrumentistas um papel muito importante na música brasileira. "Cada um tem sua própria história e não é dependente do Roupa Nova. São músicos talentosos, além de compositores e arranjadores, que se reuniram e escolheram criar uma alma de grupo."

— —

Nos anos 1980, no processo de gravação, Zizi e o produtor escolhiam o repertório e, em seguida, pensavam nos arranjadores, que costumavam já vir com alguns músicos — instrumentistas que saberiam reproduzir o que ele escrevia. E os integrantes do Roupa Nova eram lembrados com frequência. "Eles eram um objeto de desejo de alguns arranjadores por causa da facilidade de gravar bonito e com agilidade. Eram sinônimo de estar bem atendido", diria a cantora.

Só que, por mais que esse projeto durasse meses, Zizi não passava tempo suficiente com as canções para ter qualquer tipo de convivência com elas. "O intérprete tinha que tomar cuidado para que sua leitura da canção não ficasse impessoal. Hoje eu consigo ensaiar antes, descobrir o melhor jeito de cantar cada obra. Mas antigamente a gente tentava personalizar a música através do arranjador. Era assim que o mercado agia", contaria Zizi. "E os meninos do Roupa me ajudavam a humanizar esse arranjo e a trazer isso pra mais perto de mim."

— —

"Começo, meio e fim" foi a última música do Lado A do LP homônimo de Zizi Possi, em 1986, com o auxílio do produtor Mariozinho Rocha. No estúdio com a cantora apenas o Roupa Nova — que assinou a base musical, o coro e o arranjo (Cleberson Horsth) dessa canção. A composição de Tavito, na opinião da intérprete, é a melhor representação dessa mistura Zizi e Roupa Nova. "Eu gostei muito, é bem parecido com eles. Deu uma liga bacana nessa música e é um elo bonito entre a gente." Além disso, a música foi um sucesso e colaborou para popularizar e aumentar as vendas da intérprete.

Na revista *Cult*, em setembro de 2010, Zizi falou sobre esse salto comercial que começou em 1982 e durou até o final daquela década. "Eu quis ser pop — muito", assume. "Enquanto o mercado estava sendo abduzido por leis quantitativas, nós, artistas, estávamos respondendo a essas demandas acreditando que nosso valor artístico era numérico. Eu sabia que tinha uma direção: ou me tornava uma vendedora ou seria descartada pelo mercado. Então, quis sim ser uma grande vendedora. Quis sim ser popular."

— —

Zizi, como Fagner, se preocupava com a identidade forte do Roupa Nova e, por isso, optou por trabalhar em algumas canções com os músicos isolados. Por outro lado, acreditava que eles, como banda, se colocavam à disposição daquilo que a produção do intérprete queria e abriam espaço dentro da sua dinâmica para o projeto de outros artistas. "Todo mundo deveria ser assim, mas não é. Quando o cara é músico de verdade, tem isso", diria ela.

Cada álbum foi um degrau na carreira de Zizi Possi, que contribuiu para formar uma identidade e moldá-la como intérprete, artista e ser humano. E, nas palavras da cantora, as gravações com o Roupa Nova foram uma convivência enriquecedora, principalmente para que ela percebesse que é possível existir gente tão bacana em um grupo que se dedica de fato à música.

CAPÍTULO 22

O SONHO NÃO VOLTA ATRÁS

"Não era agradável vender 15 mil.
Tudo bem que a gente fazia
sucesso nas rádios, fazia show.
Mas tinha que trabalhar mais
para poder vender."

Ricardo Feghali

Uma lona azul e branca tomou o espaço entre as praias do Arpoador e do Diabo, em Ipanema, no Rio de Janeiro, no dia 15 de janeiro de 1982, após a Surpreenda-mental Parada Voadora — marcha de quinhentos artistas que não eram a favor nem contra nada, e que só queriam se divertir, apesar da abertura lenta e gradual da Ditadura no Brasil. O local era administrado, incialmente, pelo grupo de tea-tro Asdrúbal Trouxe o Trombone, com Regina Casé, Luiz Fernando Guimarães, Evandro Mesquita e Perfeito Fortuna, formando um cenário de agitadores cultu-rais, jornalistas e outros personagens influentes cariocas — no geral, moradores da Zona Sul e da classe média e alta. Jovens que, despretensiosamente, fariam daquele verão um dos marcos do rock brasileiro.

Os alunos das oficinas do Asdrúbal dariam o tom do lugar ao desenharem tendas de circo voadoras, e o projeto ganharia o nome de Circo Voador, com data para acabar: 31 de março de 1982. "Eu ficava no Circo dez horas por dia, mergulhando a cada meia hora, pegando onda", disse — em depoimento para o livro *As aventuras da Blitz*, de Rodrigo Rodrigues — Evandro Mesquita, líder da Blitz, uma das novas bandas que iria se apresentar no local, ao lado de nomes já conhecidos do público como Chico Buarque, Gilberto Gil e Caetano Veloso.

E se não bastasse, no dia 1º de março de 1982, entraria no ar a nova Flumi-nense FM — uma emissora de Niterói (RJ) completamente reformulada e que tocaria sobretudo rock'n'roll. Sob o dial 94,9 MHz, a FM apostaria em "demos" de novas bandas, como Paralamas do Sucesso, Kid Abelha e Os Abóboras Selvagens,

Sangue da Cidade, e gravações de eventos como os shows do Circo Voador. E atenderia também pelo apelido de Maldita, a partir daquele ano de 1982.

"Me lembro dos primeiros programas do Chacrinha que fizemos", declararia Evandro Mesquita anos depois. "Os únicos grupos éramos nós e o Roupa Nova ou A Cor do Som. O resto eram cantores e cantoras. De repente, outras bandas foram surgindo." E de fato a cena cultural do Rio de Janeiro não seria a mesma depois daquele verão.

— —

— Dá uma olhada nessa música. Vê se você gosta! — disse Renato Corrêa para Mariozinho, com quem dividiu um dos casts da EMI-Odeon no final dos anos 1970, antes de uma balada romântica e gostosinha tomar o escritório do produtor.

> Se você vê estrelas demais
> Lembre que um sonho não volta atrás
> Chega perto e diz: "Anjo!"

— Bonito isso, hein?
— Minha com o Claudio Rabello. Pode gravar se quiser.
— A letra é legal! Mas eu posso mudar a levada?
— Como quiser, meu caro.
— Vai ficar bom com o Roupa!

No dia seguinte, em reunião com a banda, Mariozinho lançou a ideia.

— Olha só, pensei da gente fazer meio rockabilly isso aqui, sabe? Meio The Polecats, Neil Sedaka. Acho que foge do óbvio e combina com a música. O que me dizem?

— —

— A gente gostou! Mas essa letra não tem nada a ver com o Roupa. Posso mudar? — perguntou Mariozinho para o intermediário de uma dupla de compositores de São Paulo, que havia deixado uma fita K7 para o produtor ouvir.

— Claro! Com certeza! — respondeu ele, sem perder a venda.

A letra falava sobre "atingir com dedo o sol" e tinha uma poesia meio estranha para os ouvidos de Mariozinho, que passou a obra, em seguida, para as mãos de Paulinho Tapajós. Dando vida a uma nova composição chamada "Assim como eu".

> Jamais eu fui campeão de patins
> Nem de asa delta, não sei nem voar
> Só sei brilhar feito o sol nos jardins
> E não me sinto melhor nem pior
> Eu sigo apenas aquele que bate em meu peito e me diz
> Ser feliz é saber ser

No entanto, no dia de mixar, a dupla de compositores foi convidada para ver o resultado. Era um casal gay — um responsável pela letra, outro pela música —, que não havia sido avisado da tal mudança.

— Ai! Vocês mudaram tudo! — gritou um dos compositores para Mariozinho

— Péra aí. Tudo, não. Só a letra. A música é a mesma.

— Mas a letra é minha!

— Tudo bem, mas a gente não gostou! — respondeu o produtor, já se irritando com aquilo.

— Ah, eu gostei de como ficou... — disse baixinho o outro compositor, cruzando as pernas, sem olhar para o seu parceiro.

— Ah, não, mas isso não vai ficar assim!

E a confusão foi tomando forma, com os berros do compositor revoltado e a falta de paciência de Mariozinho. Até que o produtor não aguentou mais:

— Tá bom, faz o seguinte. Pega a voz aí — pediu ele para um dos técnicos, antes de continuar. — Agora apaga!

— Mas Marioz...

— Apaga, anda!

E o técnico, sem graça, embora não tivesse nada a ver com aquilo, mexeu nos botões.

— Pronto.

— Apagou? Ótimo! Não tem mais música! Vocês podem voltar para onde vieram.

E virando as costas para os dois compositores, sem reação, se dirigiu a Cleberson:

— Pega a melodia e faz outra por fora dessa! Vamos manter o vocal, e não vai ser plágio!

— E vocês? Ainda estão aí? Acabou tudo, podem ir. E, enquanto eu tiver aqui, eu não gravo vocês mais, não — disse Mariozinho, muito bravo, para os dois.

A música "Assim como eu" seria a penúltima do Lado B, com outra melodia em cima do mesmo vocal já realizado pelo grupo. E ficou. Quanto à dupla de compositores não se sabe, ninguém viu. Sumiu.

— —

Desde agosto de 1981 já estava assinada a concessão para Adolpho Bloch de uma emissora de televisão. No entanto, a TV Manchete, como seria conhecida, só iria entrar no ar em 1983. Isso porque, além dos entraves naturais de um projeto como esse, o empresário ucraniano não queria uma TV qualquer, e sim uma que tivesse equipamentos de ponta e uma programação de alta qualidade — direcionada para as classes A e B, com um posicionamento jovem e moderno — inspirada no padrão da BBC de Londres. Tratava-se de um grande plano de comunicação, um império que tinha tudo para crescer.

— Mariozinho, vamos lançar um jornal! E quero um instrumental na abertura. Você tem?

— Tenho, tenho… Me dá alguns dias! — respondeu ele para Carlos Sigelmann, diretor da rádio Manchete.

— Gente, preciso de um tema para o jornal da Manchete! O pessoal tá cheio de gás!

Desta encomenda, sairia o instrumental "Videogame", que também entraria no terceiro disco do Roupa Nova. E acertaria em cheio às expectativas da equipe da "TV do ano 2000", como dizia o slogan da emissora. "Eles tinham visto LPs internacionais e não estavam satisfeitos. E quando mostrei a gravação do Roupa Nova ficaram encantados! Era exatamente o que eles estavam querendo ou até melhor", conta Mariozinho.

O tema facilitaria a entrada do grupo na Manchete — em um instante crucial de crescimento e expansão, de ambas as partes.

— Vamos cantar "Sapato velho" a capella, sem microfone?

— Ficou maluco, Ricardo? Já viu quantas pessoas estão lá fora?

— E daí? Ah, Cleberson, a gente pede para todo mundo fazer silêncio — teimava Ricardo, embora todos fizessem caras estranhas para ele.

— Hum… Isso é loucura, mas eu gosto da ideia — comentou Kiko para o grupo, nos bastidores do Palácio das Artes, em Belo Horizonte.

— Tá bom, tá bom, vamos fazer isso! — disse Nando, após minutos de discussão, antes de entrar em cena com o grupo.

Há meses, os músicos vinham buscando uma forma de se diferenciar das outras bandas e de ganhar a aprovação da crítica. Comentários em tom pejorativo como "São grandes músicos, mas…", ou "Todos da Zona Norte", ou "Eles vieram dos bailes do subúrbio" incomodavam bastante os seis integrantes. E talvez uma postura mais séria fizesse com que eles fossem valorizados. Kiko, por exemplo, vivia no eterno dilema de como se portar no palco. Doido para zoar e fazer suas típicas macaquices, ele tinha medo de parecer piegas ou exageradamente "fora do padrão" aceito pelos formadores de opinião. E acabava se controlando para fazer o mínimo: tocar.

Sendo assim, no Palácio das Artes, eles estreariam a capella, apostando na capacidade vocal do grupo e no profissionalismo de cada um. Trabalhando as vozes, olhando uns para os outros, enquanto a plateia, em silêncio, parecia estar em transe. Nem uma mosca se atreveria a passar enquanto eles cantavam. Foram aplaudidos de pé, no final, como artistas de respeito.

— Gente, quero conversar com vocês — disse Mariozinho, fazendo sinal para os músicos do Roupa Nova entrarem em sua sala. E, com uma cara fechada, sem saber como falar, deu a notícia. — Eu tô saindo da Polygram.

Ele foi atropelado por seis reações distintas e instantâneas, com frases como: "Como é que é?", "Mas por quê?", "E a gente?" Ou até mesmo pelo triste silêncio.

— Eu recebi uma proposta da EMI-Odeon e vou pra lá! Mas a gente continua se falando!

— Mas não é a mesma coisa...

— Nando, vocês estão bem. O disco tá praticamente pronto. E o pessoal da divulgação vai cair matando com o LP de vocês.

— Ahã...

— Olha, rapaziada, acho que é isso...

— Sem chance de você ficar? — questionou Ricardo Feghali, apesar de não saber como aquela decisão de Mariozinho, de fato, causaria impacto em suas vidas.

— —

Ao chegar à EMI-Odeon, ainda em 1982, Mariozinho trombou nos corredores da gravadora com Jorge Davidson, gerente internacional da EMI. E escutou do colega, empolgado:

— Tem um grupo do caralho, tu não pode perder.

— Traz um K7 pra mim.

Mas como a tal banda não tinha nenhuma gravação, o produtor resolveu então bancar uma demo, no estúdio Transamérica, no Riachuelo. E mais uma vez chamou Clever Pereira para participar da "audição". Um grupo diferente, bem-humorado e que não tocava exatamente rock, mas que seria uma das primeiras contratações de Mariozinho em seu retorno para a EMI-Odeon. Um pessoal da Zona Sul do Rio de Janeiro que se chamava Blitz, e insistia em cantar aquele refrão engraçado: "Você não soube me amar."

— —

— Cleberson, preciso de você para uma gravação! — convocou Mariozinho, após acertar o primeiro compacto da Blitz.

Como diria Rodrigo Rodrigues, em seu livro *As aventuras da Blitz*, o produtor tinha sacado que o tecladista "era o ouvido absoluto do grupo, o cara que fazia os trabalhados arranjos de cordas e vocais, uma espécie de maestro pop".

Ao receber a fita K7 com a demo da música gravada no estúdio Transamérica, ele chegou a colocá-la no ônibus que o Roupa Nova viajava, para todos ouvirem. E a aprovação do som foi imediata por parte dos integrantes. Apenas confirmando o que Cleberson já sentia: "Esse compacto vai arrebentar!"

Para começo de trabalho, ele conferiu a tessitura vocal da Blitz, para depois montar o acorde e ver como estava soando — tendo Evandro Mesquita como a voz principal. E depois foi para o piano da EMI-Odeon com a Blitz para passar como havia ficado aquela armação.

— As meninas, primeiro! — pediu ele, sentado ao piano, dando espaço para Fernanda Abreu e Márcia Bulcão, antes de passar ao conjunto de vozes, com todos ao redor, e gravar.

O verão mal tinha terminado no Rio de Janeiro, em 1982, e o Circo havia sido despejado do Arpoador. Mas o compacto de capa rosa choque da Blitz com "Você

298

não soube me amar" do Lado A, e no Lado B a voz de Evandro repetindo "Nada, nada, nada…" só confirmaria a tendência musical da década. E o Roupa Nova, de algum modo, teria que estar presente naquele novo cenário.

— —

A Polygram estava com duas vagas para divulgadores em 1983, uma para rádio e outra para TV. Paulão Black Power — que já tinha experiência na área — conseguiu a de rádio, ao passo que, para a de TV, Marcelo Castelo Branco preferiu escolher um candidato que tinha se formado em 1980 e não tinha nenhum vício do meio. Um rapaz novo, franzino, baixinho, de óculos e cabelos encaracolados, chamado Ricardo Moreira, que adorava música brasileira!

Sua primeira missão na gravadora foi acompanhar Ivan Lins em um programa de televisão. E a emoção em estar perto de um de seus ídolos quase pôs a perder sua pose de profissional. Do mesmo modo que aconteceria nos vários encontros que teria com o Roupa Nova, como no quadro de Edna Savaget — jornalista pioneira com programas femininos.

— —

— Paulinho, Serginho, Huguinho e Luizinho! — brincou Ricardo Moreira, divulgador recém-contratado da Polygram, com os integrantes do Roupa, no teatro Fênix, antes de a banda se apresentar no Chacrinha.

Isso porque as pessoas, no geral, faziam uma confusão enorme com os seus nomes. Paulinho e Serginho, que cantavam, então, nem se fala! E já que eles teriam de esperar um bom tempo para gravar, nada melhor do que rir enquanto isso.

— Ah, vamos dar uma volta lá fora! — sugeriu um dos músicos.

E lá foram eles para a lanchonete que existia dentro do próprio teatro Fênix — onde a galhofa continuaria.

— Ah, eu quero um sunday! — pediu Ricardo, enquanto quatro músicos da banda estavam esperando na fila.

— Pequeno ou grande?

— Me dá um grande?

A que Paulinho canta, bem alto, parodiando a música "Monday Monday":

Sunday Grande…

Seguido pelo coro afinadíssimo do Roupa Nova à la The Mamas and The Papas:

Ba-da Ba-da-da-da
De abacaxi…
Ba-da Ba-da-da-da

Cantando com seriedade, sem desafinar, juntando um bando de gente ao redor! Cada um fazendo uma voz no coro, com Paulinho na voz principal. "Era a piada mais engraçada do momento e, ao mesmo tempo, algo lindo!" — diverte-se Ricardo Moreira ao se lembrar daquela ocasião. Aquela seria a única vez na história em que o The Mamas and The Papas cantaria Sunday Grande.

— —

— Fica aqui que eu só vou experimentar sobre o corpo. Aliás, é ótimo que você fique aí! Assim você me ajuda a escolher. Homem é sempre o melhor juiz em questão de roupa feminina, né? Quer dizer, se você não se importar... — pedia Juliana para Nando, motorista da família.

Convite irrecusável para o rapaz apaixonado pela menina.

— Imagina, pra mim é uma honra.

E, assim, ela ficou horas em frente ao espelho, fazendo poses e colocando roupas diferentes em frente ao seu corpo, sob o olhar de Nando, envergonhado, enquanto uma música romântica toca como pano de fundo, ambientando aquela cena.

Essa foi uma cena interpretada por Maitê Proença como Juliana e Mario Gomes como Nando, na novela *Guerra dos sexos*, da rede Globo. A produção entrou no ar no dia 6 de junho de 1983 e seguiria até janeiro do ano seguinte, tendo Juliana e Nando como uma das tramas para serem resolvidas por Silvio de Abreu e "Anjo", do Roupa Nova, como trilha do romance.

Como diria Cleberson: "Quando todo mundo estava gravando rock, a gente veio com 'Anjo'. Uma balada dos anos 1960!"

Era exatamente o que *Guerra dos sexos* precisava. A novela foi um marco na teledramaturgia e direcionaria todas as outras produções, da faixa das 19 horas da Globo, para histórias mais divertidas. Um sucesso de audiência que ajudaria aquele terceiro disco do Roupa Nova a vender mais que as fatídicas 15 mil unidades.

— —

Beth Araújo era quem atendia diretamente a Globo na divulgação geral da Polygram. E foi ela quem deu a notícia para Ricardo Moreira:

— Avisa para o Roupa que o Fantástico tá confirmado! Vamos fazer o clipe de "Anjo"!

"Fazer Fantástico era a diferença entre o purgatório e o céu", comentaria Moreira.

E as bandas disputavam aquele espacinho de ouro na programação. Na verdade, qualquer inserção na Globo era sempre bem-vinda, fosse em musicais como o do Chacrinha, em novelas e no jornalismo. Valia a pena brigar por minutinhos na emissora, embora nem sempre se conseguisse uma vitória.

Só que, em se tratando de Roupa Nova, nada era mais difícil do que conseguir espaço no jornalismo. "Estes profissionais não viam nada de interessante nos personagens do grupo", comenta Moreira, que era divulgador de TV e lidava com o jornalismo.

Não existia o poeta do grupo, o doidinho, o gay, o drogado, o personagem que poderia ser usado pela imprensa. No máximo, existia o "cara mais bonito", "título" dado a Serginho, que por sua vez rejeitava a pose de galã. "Eles sempre tiveram um problema muito sério de imagem.", afirma Moreira.

No Jornal Hoje, por exemplo, conseguir uma entrevista para a banda ia automaticamente para o campo do impossível. E nem adiantava vir com o papo de que "Anjo" estava estourado no país!

A equipe que trabalhava no noticiário nos anos 1980 era MPB de corpo e alma, e achava uma empáfia os seis integrantes serem rotulados como parte da música popular brasileira. Ou pior: serem elogiados por figuras-chave deste segmento. Como assim? Milton Nascimento falando bem deles? Mariozinho Rocha produzindo? Como se o grupo fosse o antagonista de todas as coisas que a equipe gostava e aprovava.

Enquanto isso, na Manchete, no ar desde o dia 5 de junho de 1983, o papo era outro. O instrumental "Videogame" não só serviu como tema de abertura do Jornal da Manchete, como seria o ponto de partida para o Roupa Nova criar diversas vinhetas para a TV e também para a rádio, escancarando as portas da emissora para o grupo, que dava o tom jovem à "TV do Ano 2000". Assim, o Roupa divulgaria o seu trabalho no Milk Shake, da Angélica, no Clube da Criança, com a Xuxa, no Circo Alegre, do Carequinha, e em tantos outros programas.

— —

Salvador era uma das paradas obrigatórias da turnê de quatro meses do Roupa Nova em 1983 para a divulgação do terceiro disco no trecho Norte-Nordeste. O show ocorreria no bairro Pituba, na região litorânea da cidade, no badalado Circo Relâmpago — de lona azul e branca, com detalhes em verde e estrelas coloridas. No alto, um grande banner levava a marca da banda, e no palco o Roupa Nova se apresentaria para um público empolgado, apesar de todo o calor.

Kiko, sem raciocinar direito sobre o clima do local, escolheu uma calça preta, de couro, de roqueiro, de que ele tanto gostava. Bom, pelo menos essa era a sua opinião antes do show, já que, no decorrer da noite, ele passou a ser torturado por ela. Lógico, o guitarrista se mexia, pulava, e a calça — abafada pela temperatura — ia apertando. Principalmente debaixo daquela lona que esquentava ainda mais o ambiente. Tudo estava roxo ali dentro. Literalmente tudo, chegando até a queimar sua pele em movimentos mais bruscos.

— Puta que o pariu... — reclamava Kiko, fazendo caretas no palco que já não tinham mais nada a ver com os seus solos.

Ele estava contando os minutos para o final da apresentação, quando poderia então tirar o "demônio" daquela calça do corpo. Quando, enfim, ouviu os aplausos esfuziantes, correu desesperado, direto para o camarim, onde era incrivelmente mais quente!

— Suely, me ajuda aqui! Pelo amor de Deus! — berrava ele, deixando tênis pelo caminho, tropicando, tirando as meias e andando em direção à cadeira, tão afoito que estava quase caindo. — Uff... Uff... Uff... — respirava ele, tentando sobreviver à calça "assassina", esticando as pernas para facilitar o trabalho de Suely de puxá-la.

Lá fora a plateia, ainda animada, gritava ao mesmo tempo, quase em sintonia com a dor do guitarrista:

— Bis, bis, bis!

— Uff... Uff... Uff...

— Foi! — comemorou Suely, quase caindo no chão ao conseguir tirar a calça do marido.

— Aaaaah! Nem acredito!

E Kiko, aliviado, pegou uma folha de papel que tinha por perto para abanar suas pernas.

— Só vou me refrescar um pouco antes de voltar...

Sem notar um "mero" detalhe da roupa.

— Hum... Amor?

— Oi.

— Acho que essa calça não entra mais em você. Pelo menos, não hoje!

A calça estava do lado avesso, dura que nem um pedaço de madeira e molhada de suor. Era impossível vesti-la novamente.

— Cacete! — disse Kiko, vendo a movimentação dos outros músicos para voltar ao palco.

— Bora, Kiko! — chamou Ricardo.

— Vamos tocar um rock, né?

— É, é, é! Deve ser. Agora levanta daí!

— Tá, tá, tá...

E lá foi ele para o palco, diante dos olhos espantados e risos incrédulos de Suely ao ver aquela cena: seu marido de cuequinha branca, modelo sunga de praia. Confiante em quebrar tudo em um rock'n'roll qualquer ou numa música sacana como "Vira de lado".

— E aí, o que vocês querem ouvir? — perguntou Paulinho para o público, sem notar o elemento estranho na banda, no instante em que o pessoal da parte técnica já dava gargalhadas com os gritos histéricos de algumas garotas.

"'Vira de lado', 'Vira de lado', 'Vira de lado'" torcia Kiko em seus pensamentos. Porém, um grupo de mulheres na frente encheu os pulmões de ar para serem ouvidas pelo vocalista:

— "Sensual"! "Sensual"! "Sensual"!

— Não, gente! "Vira de lado"! — tentou Kiko, colocando a guitarra na frente.

— "Sensual"! "Sensual"! "Sensual"!

E não teve jeito! Os gritos exaltados das mulheres já haviam dado a sentença. "Sensual" era o sucesso do momento nas rádios, após ter sido escalado para a trilha de duas novelas em 1983: *Direito de nascer*, no SBT, e *Voltei pra você*, na rede Globo. E para a infelicidade de Kiko tinha um teor completamente fora do que ele desejara.

Nada a dizer antes de sentir
Ter ou não ter
Repetir...

Uma canção romântica, cantada por Paulinho, com pessoas levantando os braços e dançando suavemente, sem sair do lugar. Belo clima para ficar só de cueca! "Cacete, onde eu fui me meter...", dizia Kiko entredentes, com um sorriso amarelo para todos, diante dos risos descontrolados dos outros integrantes, que só no palco notaram a falta de calças do rapaz. O que deixava o guitarrista ainda mais sem graça, balançado com o corpo e a guitarra de um lado para o outro.

Nos anos 1980, o Circo Relâmpago seria o palco do rock'n'roll e do punk na capital baiana. Um antro de rebeldia e de autoafirmação da juventude. Por lá passariam bandas como Trem Fantasma, Delirium Tremens, Skarro, Gonorreia, Ratos de Porão e Camisa de Vênus. Conjuntos que escandalizariam os bons modos, chocariam a sociedade local. Mas não tanto quanto a "cuequinha" de Kiko em uma canção romântica do Roupa Nova.

— —

O produtor Miguel Plopschi desceu do táxi e conferiu o endereço que estava no papel: Barata Ribeiro. Estava no lugar certo. Viu que no andar de cima funcionava uma academia de ginástica bem ralé e, na dúvida, olhou mais uma vez o papel em suas mãos, acreditando que havia algum engano. E se dirigiu para uma portinha horrorosa, pichada e caindo aos pedaços que existia no final daquele corredor, na rua de Copacabana. "Isso tá estranho." Desceu as escadas e entrou em um cômodo que parecia mais um bunker, um porão abandonado, sujo e esquecido, com insetos, teias, e ratos transitando por ali. Algo muito distante do que se considerava por estúdio.

— O que eu vim fazer na RCA? — berrou Miguel, com um sotaque carregado de suas origens romenas, sentando no degrau da entrada da sala. — O meu estúdio na EMI-Odeon era lindo...

E chorou por alguns minutos, triste, desolado, sem saber por onde começar. Até tomar uma decisão, antes de ir embora dali.

Na semana seguinte, Miguel, sem pestanejar, entrou no escritório do presidente da RCA Victor com várias demandas para ontem:

— Isso precisa mudar! É preciso um investimento, fazer outro estúdio, mudar aquele lugar! Se não for assim eu não fico!

Saiu de lá com U$100 mil nas mãos e um sonho de refazer uma gravadora do zero.

— —

— Tô querendo contratar o Roupa Nova. O que acha? — perguntou Miguel Plopschi para Mariozinho Rocha, duas raposas no meio musical, que viviam trocando figurinhas e informações valiosas sobre o mercado. E Mariozinho achou ótimo.

"Ele era o pai e a mãe deles! Cuidava, ensinava... E o Roupa Nova estava sem chão após sua saída, além de insatisfeito com o resultado das vendas. Eu poderia ajudá-los", relembra Plopschi.

Enquanto Mariozinho voltava para a EMI-Odeon, Miguel havia sido convidado por Manolo Camero para ser o diretor artístico da RCA. E, por mais que a gravadora fosse chamada de "O Cemitério dos Artistas", ele acreditava em uma nova retomada da empresa. "Na década de 1970, os diretores não criaram, não fizeram casts. E faziam discos errados! Tipo colocar o Luiz Gonzaga para gravar forró com violino! Eu entrei para mudar isso", diz ele. Um romeno de temperamento forte, saxofonista dos Fevers e que, apesar do passado turbulento com Os Famks e da fama da companhia, encarava o Roupa Nova na RCA como uma possibilidade de um novo começo.

— —

De manhã, o Roupa Nova gravou em Botafogo, na rua Álvaro Ramos, o programa de Edna Savaget — que havia voltado para a Bandeirantes. E de tarde os músicos retornariam para a emissora, onde participariam do Fórmula Única, com Alberto Brizola. Por isso, resolveram almoçar por ali mesmo, em um dos bares da redondeza.

— Bicho, a gente não vende! — bradou Ricardo Feghali em uma das cabeceiras da mesa.

— Mas tá quase lá! Batemos as 50 mil cópias dessa vez! — respondeu Cleberson, na outra ponta.

— Ahã... E vamos ficar nessa até quando? Um disco de ouro é 100 mil, você sabe, né? E nós somos seis pra ganhar dinheiro com a banda!

— Caramba, Ricardo, trabalhar com o Miguel de novo? Pô, você conhece ele, né? Produtor, diretor artístico e saxofonista dos Fevers! Se a gente for pra lá, já dá pra saber o que ele vai querer com a gente!

— Ele vai querer vender discos, Cleberson!

— Ele vai é avacalhar o nosso som! Isso sim!

— Olha, eu entendo a sua preocupação... Eu gosto da linha mais MPB do Mariozinho, mas eu não acho que a banda vai crescer desse jeito.

— Ah, bicho, eu não sei, não... O nosso trabalho tem muito mais a ver com um 14 Bis, por exemplo, do que com Os Fevers!

E Ricardo deu uma boa garfada, mastigou com calma, para então dizer:

— Eu acho, sinceramente, que dá para ser uma banda popular, sem ser Os Fevers.

— Ah, Ricardo... Vai ser difícil a gente escapar de ser brega, hein?

E Cleberson, perdendo um pouco o prumo, tomou um gole de refrigerante, olhando para fora do estabelecimento.

— Cleberson! A gente toca pra cacete! Canta, faz de tudo!

— Tá, tá... Mas trabalhar de novo com o Miguel?

— O problema foi o Carneirinho, e você sabe disso.

— E o que é que eu sei, Ricardo?

O Roupa Nova surgiu antes do chamado BRock, apadrinhado por um produtor de grandes medalhões da MPB e inserido, incialmente, em um microssegmento formado pela Cor do Som, 14 Bis e pelo Boca Livre. Uma banda sem líder, de músicos com influências distintas, quando não opostas, e que se veria, diversas vezes, em conflito sobre qual caminho escolher. Porém, eles eram seis "caras" com o mesmo objetivo: seguir.

PARTE IV

NA FEBRE DO SUCESSO

Num delírio total, romântico geral

1984-1989

CAPÍTULO 23

O CAMINHO DO SUCESSO
É FATAL

"O disco amarelo foi uma opção.
Uma tomada de posição."

Nando

Gravador sempre ligado, compositores espalhados pelas mesas escrevendo canções, pessoas tocando e conversando nos corredores. Um ponto de encontro dos profissionais que viviam à base de acordes. Assim se tornaria a RCA Victor, depois da reforma encampada pelo recente diretor artístico, Miguel Plopschi. Um lugar de música! E que funcionaria 24 horas ininterruptas, com solos, harmonias e vocais saindo daquela portinhola da galeria de Copacabana.

Cerca de 65 artistas transitariam todos os dias pelos estúdios da gravadora. E nas gavetas, armários, gretas, brotariam partituras e "demos" dos compositores para serem ouvidos. Nomes como Carlos Colla, Claudio Rabello, Ed Wilson, Paulo Sérgio Valle, Augusto César, Ronaldo Bastos, Chico Roque, Michael Sullivan, Paulo Massadas... "Figurinhas fáceis" de se encontrar nos LPs da RCA Victor. Em seu elenco estariam artistas de vários segmentos, formando talvez um dos casts de música mais consistentes do mercado.[*] "Eu procurava ter uma sala sempre aberta para os músicos. Para eles irem lá e nos encontrarmos todos os dias", conta Miguel. Assim seria com o Roupa Nova — segundo artista contratado, depois de José Augusto.

Miguel sabia o que e como queria suas produções dentro da companhia.

"Ele era um profissional muito interessante na RCA Victor", diria Nando anos depois. E ao lado de um forte sistema de divulgação em rádio e TV, enraizado em

---

[*] No decorrer da década de 1980, segundo classificação de Marcos Maynard, fariam parte do elenco da RCA Victor: Amado Batista, Fábio Jr. e José Augusto — na área de romântico popular; Chico Buarque, Gal Costa, Fagner — na MPB; Alcione, Paulinho da Viola, Grupo Raça, Liga das Escolas de Samba, Bezerra da Silva — no samba; Lulu Santos, Engenheiros do Hawaii, Arnaldo Antunes e Roupa Nova — no rock; e Gian e Giovani — no sertanejo.

todo o Brasil, ele estaria à frente de uma grande empresa vendedora de discos. Definitivamente, uma das gravadoras mais poderosas do país nos anos 1980. E que faria questão de levar o Roupa Nova para seu cast a peso de ouro.

—— ——

— Se vocês querem trabalhar comigo, sou uma pessoa que busca o sucesso! E o sucesso só é verdadeiro quando atinge o público e a gente consegue uma grande venda — enfatizou Miguel em sua primeira reunião com o Roupa Nova na sala da RCA Victor.

E continuou, enquanto os integrantes o observavam atentamente:

— Para eu ser mantido na RCA Victor por muitos anos, tenho que vender discos! Senão não entra dinheiro. E se não entra dinheiro, não tem salário para as pessoas e as coisas não acontecem. E vocês também precisam ganhar dinheiro! Não adianta só fazer um bom trabalho. Tem que fazer sucesso e vender! Isso é um sinônimo.

O romeno queria mudar o direcionamento do grupo e refletia enquanto falava. "Artisticamente, o Mariozinho estava certo no início, mas eles têm um caminho mais longo pela frente!" Afinal, ele queria levá-los para um lado pop-rock, mais viável comercialmente.

— E é assim que iremos montar o repertório de vocês! Canções que o público vai querer cantar e que vão emocionar as pessoas — continuou. — Vocês têm que fazer um sujeito sair de casa para ir à loja!

"Eles já conseguiram prestígio como músicos nesses três discos. Espero que eles me entendam", pensou em uma de suas breves pausas, antes de terminar:

— Enfim, vamos ensinar para vocês como se vende. Deixa com a gente! Eu garanto que vocês vão ganhar o disco de ouro!

Uma tarefa nada fácil: nos anos 1980, era preciso vender cerca de 100 mil cópias para ganhar o disco de ouro (a partir de 2010, com a queda geral das vendas no mercado fonográfico, esse número passou a ser 40 mil).

—— ——

— Isso não vai dar certo... — comentou Cleberson na reunião fechada do Roupa Nova.

— É, não sei, não... — complementou Kiko. — Vocês viram o papo, né?

— Mas a gente ainda pode negociar as canções.

— Tá, Ricardo... Vamos ter que brigar pelo disco inteiro! — disse Cleberson, ainda resistente por estar na RCA Victor e tornando aquele assunto, novamente, polêmico.

Seguiram-se horas de discussão entre eles, inconformados por estarem naquela situação, até que Nando, antes calado, como se tentasse decifrar um enigma, resolveu participar:

— Vamos queimar esse disco?

— O quê? — perguntou Cleberson, assustado e em voz alta.

— É, queimar... Vamos deixar o Miguel fazer o que ele quiser!

— Você ficou doido?

E ele, calmamente, contou o que pensara:

— Gente, vamos ficar quietos dessa vez? Sem encrencar com o cara! Vamos deixá-lo fazer o que quiser. Ele faz o disco dele e, depois, a gente faz o nosso.

— Ah, não... Você deve estar de brincadeira...

— Cleberson, só assim a gente vai ter moral para depois falar o que a gente quiser!

— Mas, Nando... Você não acha que pode queimar o Roupa?

— A gente não é obrigado a fazer o disco, Kiko! Se a gente falar "não", o LP não sai, não é?

— É!

— Só que a gente não decidiu apostar na RCA Victor? Ser mais pop? Vamos ver aonde a gente chega com esse disco!

— Hum...

— É, cara, acho que você tá certo... A gente tem que fazer um disco que a gente curta, mas que também seja disco de ouro — concordou Feghali.

— Eu não vejo outra forma... Gente, eu também não concordo com a produção do Miguel. Mas, se não for assim, é melhor sair da RCA Victor de uma vez!

Uma frase dita por Nando, seguida de vários comentários baixinhos, como "É, faz sentido", "Pode ser", "Tudo bem", e o grupo, aos poucos, foi chegando a uma conclusão.

— Eu ainda não concordo com isso, bicho. Acho que não é por aí... — insistiu Cleberson.

— Deixa de ser teimoso... Não custa dar crédito pro Miguel! Vai que ele consegue? E se, depois, ficar uma merda a gente reclama, faz o nosso! — contra-argumentou Nando.

O tecladista ficou em silêncio, fez umas caretas, olhou para baixo, um pouco desanimado, e deu seu veredicto:

— Tá, tá... Eu continuo não concordando, mas já vi que não vai ter jeito. Vocês querem fazer isso, né?

E a anuência de todos ao balançar a cabeça foi o suficiente para o mineiro. Selando então aquela difícil e dura decisão.

— Vamos gravar um disco do Roupa Nova! Por favor, componham e tragam músicas! — anunciou Miguel, com toda pompa, para o seu cast pop de compositores.

O braço direito neste trabalho seria o produtor Michael Sullivan, já conhecido pelos integrantes do Roupa desde os tempos de baile. Conhecido como "Porquinho" no meio artístico, Sullivan ouvia as fitas que chegavam, trocava uma ideia com Miguel e repassava para o compositor fazer ajustes quando necessário. Também era o responsável por passar as canções com os intérpretes, além de atuar como compositor da RCA Victor ao lado de Paulo Massadas.[*]

---

[*] Canções que viriam da parceria de Sullivan com Massadas: "Um dia de domingo", conhecida na voz de Gal Costa; "Deslizes" com Fagner; e "Amanhã talvez" com Joanna. Conhecido na história da MPB como um dos grandes hitmakers brasileiros, Paulo Massadas é o mesmo músico que tocara com Serginho no conjunto de Lincoln Olivetti, em Olinda.

— Sullivan, a gente tem que puxar o lado mais rock deles, as músicas românticas, baladas...

— É... Eu tô com isso na cabeça também. Olha só, o que você acha dessa? — disse ele, colocando para tocar: "Uma vez mais / Não há nada que fazer / Uma vez mais / Dessa vez como vai ser?"

— Hum... Muito bonitinha. E combina com a voz do Serginho... Por mim, entra!

"Uma vez mais", de Claudio Rabello e Piska, seria a primeira canção a fazer parte do repertório. Além disso, entrariam também outras baladas como "Não dá" e "No dia em que você me deixou". Foram apenas duas faixas no LP inteiro com a participação dos integrantes na composição da melodia: Kiko em "Com você faz sentido"; e Cleberson e Serginho em "Tímida".

Um disco que ia se desenhado com pouco vocal, aparentemente mais simples em seus arranjos, e com mensagens para emocionar o público. Com letras mais diretas e melosas.

— ● —

— E aí? Como é que tá lá na RCA Victor?

— Pô, Mariozinho... Não vou te enganar, não... Dá vontade de mudar várias coisas... — comentou Nando em uma das conversas que a banda tivera com o produtor, apesar de oficialmente eles não estarem trabalhando juntos.

O grupo estava sem empresário na época, após desentendimentos com Hélio Marcio, que entrara depois de Everaldo. E Mariozinho continuava por perto, como um consultor do Roupa Nova, um amigo no qual eles confiavam. E que, como todo bom amigo, não tinha papas na língua para mostrar seu ponto de vista.

— Olha, gente, o negócio é o seguinte: não dá pra perder de 2 a 0! Se você não está vendendo, mas tá feliz da vida com o que tá fazendo, tudo bem: 1 a 1! Se você não gosta do que tá fazendo e não vende nada... Bom, tá perdendo por 2 a 0. Agora, tá vendendo pra caramba, show pra caramba, mas não gosta muito do repertório? Vai em frente! 1 a 1! Tá empatado!

E, para Mariozinho, aquela teria sido a melhor decisão do Roupa Nova, como declarou: "Eles passaram a cantar músicas mais populares. O que eu acho que fizeram muito bem! Eles abriram o leque, expandiram, apesar de ter marcado o grupo de forma negativa. Eles têm muita mágoa disso."

— ● —

A regravação de "Top Top", famosa com Os Mutantes, foi o rock sugerido pelo grupo para entrar no repertório. Ao passo que "Esperando a sexta-feira" e "Liberal" seriam as canções mais divertidas do disco — a primeira, uma composição de Mariozinho Rocha, e a segunda, de Ruban e Patrycia Travassos, integrante do grupo teatral Asdrúbal Trouxe o Trombone.

Porém, "Liberal" seria censurada pelo governo, na época sob o comando de Figueiredo, ainda em um processo de abertura política lenta e gradual. Poderia

Paulinho (Bloco do Gelo – 1960)

Feghali e sua mãe Nilza

Nando

Serginho

Cleberson

Kiko

Cleberson aos 15 anos

Feghali tocando trompete
com a turma da escola

Nilza, Albert,
Jandira e Feghali

Kiko, Eurico,
Cléa e Carlinhos

Banda Os EREDAS.
Da esquerda para a direita:
Ismar no sax, Elias (escondido) na bateria, Ricardo (não é o Feghali) na guitarra em frente à bateria, Kiko na guitarra no meio, Denis na guitarra no canto, Roberto no órgão e Murica (Amaurilio) no baixo

Everson orgulhoso após montar a bateria de Serginho

Baile de 15 anos com a Banda Half and Half, em Duque de Caxias-RJ (1968).
Da esquerda para a direita: Paulo Roberto na guitarra, Jorge Alan (escondido) na percussão, Paulinho com as maracas, Zé Roberto na guitarra, Urso na bateria, Luís Antônio no pandeiro e Reinaldo Perillo no órgão

Banda Sonho de Ouro.
Em pé, da esquerda para a direita: Kiko, Sergio Nagibe, Gilberto Gândara, George Barros. Sentados: Carlinhos (irmão do Kiko) e Edson Mello Jr.

Los Panchos.
Da esquerda para a direita: Jandira, Kiko, Luís, Gean e Feghali.
Na frente, Paulinho

Los Panchos.
Da esquerda para a direita: Walter Vilardi, Feghali, Jandira Feghali, Paulinho e Kiko

Os Famks.
Em pé, da esquerda para a direita: Kiko, Nando, Fefê, Cleberson.
Sentados: Osmar e Paulinho

Cleberson

SHOW DOS FAMKS NA DÉCADA DE 1970

Paulinho   Nando

Kiko

Nota da Revista Pop (1976)

Da esquerda para a direita: Fefê, Paulinho, Nando e Kiko

FAMKS, UM GRUPO DE BRIGA

Para enfrentar a maré, a moçada do Famks continua animando bailes, no velho estilo. Mas a meta é comprar novos equipamentos e viajar ao Paraguai, Argentina e pelo Nordeste brasileiro, fazendo shows que já estão marcados. Em junho, eles se apresentam no Teatro Tereza Rachel, "que é lugar de rockeiro". O grupo é do Rio e tem Kiko na guitarra, Osmar e Paulete nos vocais, Nando no baixo, Kleberson nos teclados e Fefê na bateria. É rock da pesada.

Richard Young: pseudônimo de Ricardo Feghali em carreira solo (1977)

Capa do disco solo de Serginho (1978)

Volume 4 da Série "As 30 Mais", no qual a banda usava o pseudônimo de Os Motokas. Na capa: Rose Di Primo

Volume 9 da Série "As 30 Mais", no qual a banda usava o pseudônimo de Os Motokas. Na capa: Myriam Rios

Primeiro disco de carreira de Os Famks (1975)

Primeiro compacto dos Famks, Etiqueta Imagem (1972) "Hoje ainda é dia de rock" no lado A e "A lenda da porca", composição de Nando, no lado B

Ensaio para capa do disco dos Famks, pela Odeon (1978).
Da esquerda para a direita: Cleberson, Nando, Paulinho, Kiko e Feghali.
Na bateria: Fefê

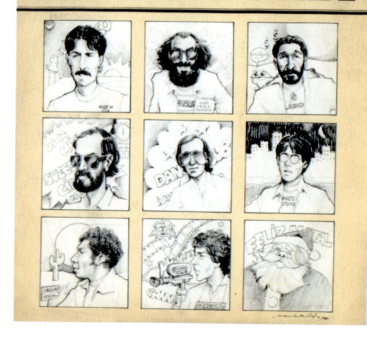

Disco da Rádio Cidade com a mensagem de final de ano "Bons Tempos", usada em 1979 e 1980 pela emissora.

Foi na gravação deste EP que o produtor Mariozinho Rocha conheceu Os Famks e os transformou em Roupa Nova

O começo da banda Roupa Nova (1980)

ROUPA NOVA NO INÍCIO DO ANOS 1980

Show da banda Roupa Nova com a equipe da Rádio Cidade, no dia 21 de março de 1981. Arpoador, Rio de Janeiro

Crachá do show no Arpoador,
no Rio de Janeiro

Repercussão do primeiro grande show do
Roupa Nova, em início de carreira

Milton Nascimento, Roupa Nova, Ronaldo Bastos e Beto Guedes na produção da música "Todo azul do mar", do CD Cais (1989), de Ronaldo Bastos

Paulinho e Zizi Possi — década de 1980

Serginho almoçando em Salvador, BA (1983)

ROUPA NOVA

Nando no ônibus de turnê da banda

Kiko em Fortaleza, CE (1983)

NA ESTRADA

Feghali e Cleberson no ônibus de turnê da banda

Paulinho no camarim de um dos shows

Show do Roupa Nova no Circo Relâmpago, em Salvador (1983)

Roupa Nova e o amigo Maurício Alves, na Transamérica

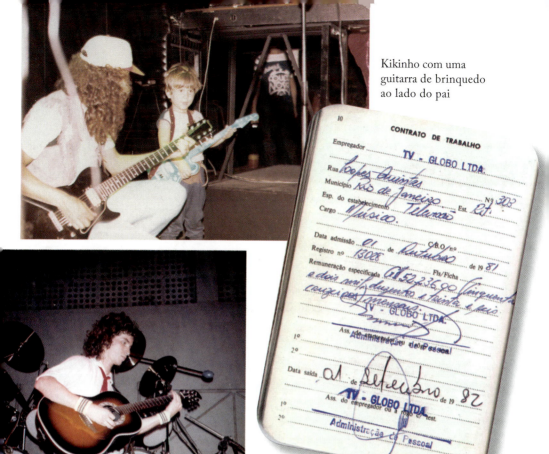

Kikinho com uma
guitarra de brinquedo
ao lado do pai

Carteira de trabalho do Kiko.
Data de entrada na Rede
Globo como músico

Serginho, multi-instrumentista
— década de 1980

Feghali e Cleberson
na gravação da
mensagem de final de
ano da Rádio
Cidade (1981)

Roupa Nova (1983)

Roupa Nova no Chacrinha

Disco Azul: o primeiro disco de ouro do Roupa Nova (1986)

Éverson, Cleberson e Kiko
na gravação da música
"Uma vez mais" (1984)

Matéria da Revista
Manchete – 28/07/1984

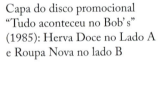

Capa do disco promocional
"Tudo aconteceu no Bob's"
(1985): Herva Doce no Lado A
e Roupa Nova no lado B

Aniversário de 34 anos
de Nando, com Paulinho,
Feghali e Serginho

Propaganda da marca Tecido Ferreira Guimarães na década de 1980

Rascunho da letra de Paulinho para "Só você e eu", do disco Luz (1988). Quando ainda não tinha nome, a música foi apelidada de James Taylor

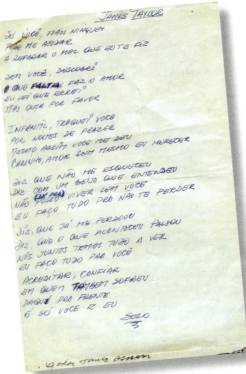

Release da turnê (1985-1987) do Disco Azul do Roupa Nova

Foto-clip da Revista *Carícia* com a música "Não dá", de 1984

Roupa Nova e o produtor Miguel Plopschi

Valéria e Anelisa são homenageadas pela gravadora RCA devido ao trabalho realizado com o Roupa Nova (Disco Herança)

Kiko em show do Roupa Nova

Paulinho cantando "Corações psicodélicos"

"Sapato velho" a cappella

MOMENTO FAMÍLIA

Feghali, Tininha, Thiago e Carol

Casamento de Kiko com Suely no final dos anos 1970

Twigg e Pepê, filhos de Paulinho (1991)

Kiko e a filha Nyvia – década de 1980

Nando e Regina na AMAN (1984)

Paulinho com sua mãe Ottília

Cleberson com os filhos Marcio, Mauricio e Marcelo (2013)

Cleberson, Gabi e a mulher Rafinha

Roupa Nova e o empresário Juca Muller

Roupa Nova e o produtor Max Pierre

Paulinho no show do Roupa Nova na Quinta da Boa Vista (13/06/1993)

Nando no momento
"Um pouco de luz na sua vida"

Roupa Nova
e o empresário
Marcelo Pitta

Moogie Canázio brinca com Paulinho e o pessoal do Fresno, no show
de 30 anos do Roupa Nova (2010)

Roupa Nova em Londres (2008)

Cruzeiro
Roupa Nova
(2012)

30 anos de Roupa Nova com os shows lotados

estar no disco, mas não nos shows do grupo. Tudo por causa de uma cola de sa
pato escrita no "lugar errado".

Você é um gelo seco no meu drinque
Um nocaute no meu ringue
Você é um chiclete que colou no meu casaco
Vai cheirar a cola de sapato

O Roupa Nova hesitou, discutiu, brigou, aceitou, voltou, relutou de novo e custou a aceitar o convite de Miguel. Mas a partir do momento que os seis decidiram fazer o quarto disco da banda pela RCA Victor, estava decidido. Ninguém
iria sabotar ou fazer corpo mole durante as gravações. Os músicos tentariam
fazer o melhor LP, a partir das sugestões de Miguel e Sullivan, e, inclusive, brincariam durante o trabalho, como era de praxe do Roupa Nova — enlouquecen-
do Miguel.

Em uma das gravações do quarto disco, por exemplo, todos estavam no estúdio, enquanto Kiko passava sua parte na guitarra. Só que, naquele tempo, para
refazer um compasso que não estava bom, era preciso tocar de novo, em cima
da música, até chegar ao ponto para emendar. E aquilo estava acontecendo na
gravação, no instante em que Miguel apareceu.

— Ih, Kiko, tocou leve demais! — gritou o técnico, Flávio Senna, que já conhecia o grupo desde os tempos dos Motokas. — Pronto! Soltei a música de novo!
Vem tocando!

E o guitarrista fazia a sua parte de dentro do aquário.

— Putz, agora tocou muito forte! Vai, de novo! Vem tocando!

Só que numa dessas, em vez de mandar o solo da guitarra, o que Kiko fez?
"Vem tocando? Pra já!" Tirou a roupa e saiu peladão de onde estava para sentar
perto do pessoal. Foi tudo tão rápido que, quando os músicos notaram, Kiko já
estava ao lado deles.

— Tô tocando!

— Esse cara é maluco! Maluco! — berrou Miguel, em meio a uma "risaiada"
geral no estúdio.

E aquilo aconteceria outras vezes, como em uma das discussões de Miguel
com o grupo sobre o repertório, na qual o guitarrista baixou as calças e sentou
no colo do diretor:

— Miguelzinho… Vamos parar com isso!

Miguel deu um pulo da cadeira e saiu correndo, perguntando depois para Flávio: "Esse rapaz é assim mesmo?"

Apesar de os músicos terem gravado, no passado, um LP na EMI-Odeon, como Os Famks, eles não tiveram tanto contato com Miguel. E, de fato, todos passariam a se conhecer apenas na RCA Victor. Agora, imagina o que foi para Miguel
Plopschi, com aquele humor clássico europeu, de poucas risadas, se deparar com

essa banda em estúdio? Não era por menos que ele, quando passava por Kiko, no corredor da RCA Victor, apontava para o guitarrista e alertava as pessoas:

— Esse cara é maluco! MA-LU-CO!

— —

Vereda tropical, da TV Globo, estrearia às 19 horas do dia 23 de julho de 1984, tendo o galã Mario Gomes e a bela Lucélia Santos como protagonistas da história. Mario, na pele de Luca, um jogador de futebol, franco e de temperamento estourado, se apaixonaria pela operária Silvana, interpretada por Lucélia, mãe de Zeca (Jonas Torres) e mulher de sangue esquentado — abandonada grávida quando mais jovem. Uma novela bem-humorada, na linha de *Guerra dos sexos*, com uma abertura caliente, colorida, de desenhos que remetiam à tropicalidade de seu nome. E que, como toda abertura de novela, precisaria de uma canção.

— Não acredito nisso... — lamentava Cleberson, desiludido da vida, sentado em cima de um case, enquanto Serginho passava a voz de "Vereda tropical", composição de Michael Sullivan e Paulo Massadas e música com a qual o grupo iria concorrer para a abertura da novela das sete, da rede Globo: "Perfume, Vereda Tropical".

— Bicho, vocês estão malucos... É isso que vocês querem gravar?

"Porquinho" estava presente no estúdio, o que deixou aquela situação mais constrangedora.

— Cleberson...

— Já sei, Nando... Já sei... — disse ele, se levantando dali para dar uma volta, muito chateado com o repertório que o Roupa Nova estava gravando e se sentindo com as mãos atadas.

Afinal, alguém tinha que ceder...

— —

Ney Matogrosso acabou levando a melhor em *Vereda tropical*, cantando em espanhol a música de Gonzalo Curiel. E alguns ajustes foram feitos na letra do Roupa Nova para que a canção pudesse entrar no LP — transformando então "Vereda tropical" em "Pecado original".

> Perfume, pecado original
> Que mata de ciúme
> Aroma natural

Uma música que, para o grupo, não passaria de uma tentativa frustrada de entrar na novela. Mas que, no México, tomaria outras proporções na voz de uma cantora chamada Ana Gabriel, conhecida também como "A Diva da América" ou "A Rainha do México".

Em 1987, Ana Gabriel ganharia o disco de platina com o LP homônimo Pecado original, se tornando, na década de 1980, um fenômeno do pop na América

Latina. Com uma versão praticamente idêntica à do Roupa Nova! Fazendo de "Pecado original" um hit latino-americano com o 14º lugar na Hot Latin Songs, da Billboard, em 1988. A ponto de colocar Michael Sullivan em uma situação inusitada, anos mais tarde, em uma de suas viagens.

O compositor, ao mostrar seu visto, na Polícia Federal dos Estados Unidos, causaria um rebuliço inesperado no guarda. "Ai, caramba, será que deu algum problema?", pensava Sullivan, preocupado com sua entrada em solo americano. "Ele olhou meu nome e tá chamando todo mundo! Será que eles vão me barrar?" Bobagem... Na verdade, ele quase iria cair para trás ao ver o guarda e todos os outros funcionários da polícia, ao redor dele, cantando: "Pecado original".

Ricardo Feghali, ao lado de Flávio Senna, assinaria como técnico de mixagem do quarto disco do Roupa Nova. Porém, no final, surgiram algumas dúvidas sobre o conceito do LP, e mais uma vez o grupo entrou em discussão.

— Ó, vocês briguem aí, depois a gente briga aqui! — disse Miguel, tentando botar panos quentes na confusão, mas nada adiantava.

Já Flávio Senna tomou um susto com o nível do bate-boca e saiu do estúdio, fechando a porta, desolado:

— Pronto, acabou a banda!

Todos preocupados com o disco e se ele estava de acordo com o posicionamento da banda, lutando por seus argumentos como se a vida deles dependesse do LP. Uma busca pela perfeição interminável. E, se alguém abrisse a porta do estúdio naquele momento, acharia até que eles estavam quase se matando. "Eles eram tão chatos com esse lance de qualidade que, às vezes, exageravam", conta Miguel.

Era o jeito deles de fazer as coisas andarem, na tentativa de serem os mais justos reciprocamente. "Depois de um ano, percebi que a banda, apesar das brigas, não ia acabar mais", relatou Flavinho.

Mas, enfim, eles iriam sobreviver, e o quarto LP do grupo, chamado Roupa Nova (assim como os outros três) seria lançado em 1984. Um álbum apelidado pela banda de "o disco amarelo", devido à cor predominante de sua capa, e que seria, na opinião de Mariozinho, o disco mais competitivo da banda! Especialmente por causa de duas músicas: "Whisky a Go Go" e "Chuva de prata".

CAPÍTULO 24

A GENTE FICOU COM A CHUVA
E A GAL COM A PRATA

"O sucesso do artista depende da canção.
Se você não tem 'A' canção
você não tem nada!"

Miguel Plopschi

— Que é isso aqui, Miguel? — perguntou Serginho, após abrir uma das gavetas da mesa do diretor artístico, enquanto batia papo com ele e Nando.

— Ah, são fitas que as pessoas mandam e...

— Ih! Alá! Ed Wilson! Vamos ouvir.

— Liga aí.

E uma melodia bonitinha, delicada, com uma pitada da Jovem Guarda, tocou na sala de Miguel, despertando a atenção dos dois músicos.

— Caraca, Miguel! Isso é bom pra cacete! — comentou Nando, já olhando para Serginho, que entendeu a intenção do baixista.

— Quem poderia colocar letra pra gente, hein?

— Hum... Ronaldo Bastos!

— Gente, calma lá... O Ronaldo não tem nada a ver! — disse Miguel, não querendo desanimar os dois.

Só que Nando cismou.

— Isso é Beatles! "And I Love Her", "Till There Was You"... Já viu a versão que o Ronaldo fez pro Beto Guedes?* "Nem o sol, nem o mar, nem o brilho das estrelas..." — cantarolou o baixista. — Vamos ligar pra ele! Ele vai dar a elegância que a letra tá pedindo!

— É, Miguel! Liga, vamos ligar!

— Ai, ai, ai... Eu não vou conseguir convencer vocês do contrário, vou?

---

* Ronaldo Bastos fez a versão de "Till There Was You" para o disco Viagem das mãos, de Beto Guedes. A canção ficou conhecida como "Quando eu te vi".

E balançando a cabeça como se dissesse "Não tem jeito", Miguel pegou o telefone e ligou.

— —

"Eu tenho que fazer outras músicas. Muito chato esse negócio de ser sério! Eu não sou poeta, sou compositor popular. Esse é o meu trabalho e é como eu preciso ganhar dinheiro!", pensava Ronaldo Bastos quando se deparou com uma música que a RCA Victor havia mandado.

— Nossa, que melodia linda! E é do Ed Wilson... Gostei.

O compositor normalmente demorava dias, às vezes meses para fazer uma letra, mas não foi o que aconteceu naquela tarde. Ao receber a canção da gravadora, ele teve saudades dos tempos de garoto, nos anos 1950-1960, quando escutava rádio e fazia desse veículo de comunicação seu arauto musical, com mensagens de "cantores distantes" como Sergio Murilo, Ronnie Cord, Carlos Gonzaga e Celly Campello. "Ah, Celly Campello..." Intérprete que ele escutava com os ouvidos atentos enquanto os versos se faziam em ondas sonoras: "Tomo banho de Lua/ Fico branca como a neve..." A melodia de Ed Wilson remetia exatamente a essa época feliz — à sua infância e a essa música que ele tanto adorava.

"Vou fazer um 'Banho de Lua'* agora", disse Ronaldo Bastos para si mesmo, antes de pegar o lápis e o papel na mesa. Um compositor que aprendeu a fazer canções com canções, independente de qualquer outra referência que o pudesse influenciar. É claro que a bagagem de vida e o conhecimento que cada um de nós carrega conta no instante da criação, mas as músicas de Ronaldo, como ele mesmo diz, sempre tiveram como ponto de partida outras músicas que ele amava. Essa seria a sua inspiração primordial, nem sempre aparente ou explícita.

Por isso, rapidamente, ele fez sua homenagem à Celly Campello e aos seus tempos de menino. Foi do começo ao fim, em minutos, dando forma a outra canção sobre canção.

— —

"Chuva de prata" foi feita para o disco amarelo do Roupa e agradou de imediato Miguel Plopschi e os integrantes da banda. Faltava apenas fazer o arranjo e a pré-produção.

— Essa música lembra o quê, hein?

Foi a pergunta dos músicos antes de acertar as linhas melódicas e os instrumentos que iriam compor aquela canção. "Existem coisas que são parâmetros. Não que você vá copiar uma música! Mas é como achar um tema. Tocar não é o problema, o negócio é achar como tocar. Qual é a sua sacada?", explicaria Ricardo Feghali.

---

* "Banho de Lua" é uma versão de Fred Jorge para "Tintarella di Luna", música de Bruno De Filippi e Franco Migliacci, lançada como single da cantora italiana Mina, em 1959.

E, assim, a partir de suas influências pessoais, eles conversaram entre si, traça
ram o "plano" daquela nova obra e partiram para o "ataque".

Como beatlemaníacos que são, ao ouvir "Chuva de prata", lembraram-se log
de "And I Love Her", composta por Paul McCartney na década de 1960 para su
namorada Jane Asher. Lançada no filme e no álbum A Hard Day's Night, a música
ganhou versões pelo mundo inteiro, como a de Roberto Carlos, "Eu te amo". E
Kiko chegou a comentar em uma entrevista para o Jornal do Ouvinte, em 1986·
"Uma não tem nada a ver com a outra, mas tem um toque aqui, um bongô ali, que
lembra a música dos Beatles."

E assim nasceria "Chuva de prata", uma canção que fala sobre canção, outra
canção e mais outra canção.

— —

Por coincidência, os microfones para violão estavam ligados quando Kiko treinava "Chuva de prata" em sua guitarra. E, de alguma maneira, o técnico Flávio
Senna achou que aquele incidente poderia ser reaproveitado.

— Hum... Isso não ficou ruim, hein? Deixa eu ver uma coisa!

E encostou o microfone nas cordas da guitarra.

— Kiko, toca de novo!

Fazendo com que a canção naquele Fender soasse como se viesse de um instrumento acústico. Um improviso que poderia dar mais um charme para aquela música.

— E aí, gente? O que acham?

E Feghali, mais que prontamente, foi na onda de Flavinho:

— Pô, vamos deixar! Ficou bacana!

Assim como os outros integrantes. "Eles sempre foram abertos à inovação!
Principalmente o Feghali. Ele é do tipo de produtor que deixa uma nota errada na
música, se tiver ficado bom!", conta o técnico, que ainda veria esse "truque" com as
cordas da guitarra em outra gravação.

— —

Nessa mesma época, Mariozinho foi convidado por Miguel Plopschi para produzir
o primeiro disco da Gal Costa na RCA Victor — a terceira aquisição do diretor para
a gravadora. E a sua missão era tornar a baiana uma artista mais pop!

Gal tinha prestígio com a imprensa, lotava os shows e chegava fácil à marca de
100 mil discos. Porém, tanto o empresário dela, Guilherme Araújo, quanto Miguel, acreditavam que a cantora poderia vender mais com um marketing agressivo e um direcionamento popular. Assim, com a responsabilidade sob as costas,
"Maneco" buscaria canções com a característica de tornar a baiana um sucesso de
vendas. Afinal, Gal, após 18 anos de contrato com a Polygram, viria para a RCA
Victor por uma fortuna — um dinheiro que deveria continuar rendendo para
gravadora.

E, ao ouvir as canções do disco amarelo, ainda em produção na companhia,
Mariozinho teve a sensação de que encontrara o que precisava:

Chuva de prata que cai sem parar
Quase me mata de tanto esperar
Um beijo molhado de luz
Sela o nosso amor

— Miguel, essa música é a cara da Gal Costa!

— Olha, Mariozinho... Eu mandei compor essa música para o Roupa Nova e eles adoraram! Querem, inclusive, tê-la como uma das músicas de trabalho. Vai ser muito esquisito pedir agora para eles tirarem do disco.

— Mas eles não precisam tirar do disco!

— Pode até ser, mas a gente tem que conversar com os meninos antes.

— —

Os seis músicos tiveram a mesma reação negativa quando Mariozinho pediu que eles cedessem a música para a Gal. Foi tamanha a confusão que não dava nem para saber quem estava dizendo o quê.

— Pô, gente, me dá essa música pra eu gravar com a Gal!

Mariozinho estava empenhado em conseguir aquela autorização.

— Não, Mariozinho. Essa música é chave! — disse Nando.

— E pelo visto o disco da Gal vai sair praticamente junto com o nosso! — reclamou Feghali.

Mas, apesar do clima tenso, Mariozinho insistia:

— Gente, pode ser legal pro Roupa ter uma cantora como a Gal gravando a mesma música. Pode ajudar no sucesso da carreira de vocês.

Argumento que não mudou a expressão cerrada dos integrantes. Eles não estavam a fim de deixar Gal colocar "Chuva de prata" no disco dela, embora ela tivesse um nome mais estabelecido no mercado do que o deles. Os músicos estavam relutantes, mas Mariozinho tinha paciência.

— Por favor, gente. O disco vai me ferrar! Eu preciso de uma canção dessas!

E ele pediu tanto que conseguiu. O que só aconteceu graças ao respeito e ao carinho que o Roupa Nova tinha pelo produtor. "Se eu botasse a voz naquele disco, pediria uns 500 mil! Mas eles haviam gravado tudo da Gal! Como não aceitar fazer essa base?", comentaria depois o técnico Flávio Senna, que acompanhou o processo de longe.

— Tudo bem, a gente autoriza. Mas porque é você! Só que tem uma condição: "Chuva de prata" vai para o álbum da Gal com o nosso arranjo e vocal. Com a mesma base feita para o nosso disco. E você, de maneira alguma, põe como música de trabalho! Senão você ferra com a gente!

— Nando, vocês que mandam! E vai sair escrito no disco da Gal Costa: "com participação do Roupa Nova" — respondeu Mariozinho, satisfeito e pra lá de sorridente.

— —

319

— Ô, Baixo, de quem é essa musiquinha bonitinha que você me mostrou?

— É do Edwauwauwau — falando rápido e embolado — e do RONALDO BASTOS, parceiro do Milton!

Por um tempo, essa foi a resposta padrão de Mariozinho Rocha quando a Gal perguntava sobre a composição de "Chuva de prata". Estava fora de cogitação contar para uma das estrelas da MPB que aquela "música bonitinha" era de um dos representantes da Jovem Guarda. Aquele mesmo cara citado nos versos de Roberto e Erasmo Carlos em "Festa de arromba": "Lá fora um corre-corre/ Dos brotos do lugar/ Era o Ed Wilson que acabava de chegar." Era ele, sim, o "tal" do Edson Vieira de Barros, irmão de Renato Barros, do Renato e seus Blue Caps. Aliás, que fundou esse grupo com seus irmãos, no início dos anos 1960, na Piedade, subúrbio carioca.

Enfim... Fora de cogitação! Ele podia ser admirado por Ronaldo Bastos — mas Mariozinho conhecia bem a cantora e sabia que o nome de Ed poderia ser motivo para ela desistir de gravar a canção. E isso não estava em seus planos. "Chuva de prata" ficaria perfeita na voz da Gal e não podia ser desperdiçada por caprichos. Melhor não arriscar e manter o bico fechado.

— Ô, Ronaldo, de quem é essa música?

— De um compositor aí, Gal. Não sei. Me mandaram a canção e eu coloquei a letra.

Como escreve Nelson Motta, no livro *Vale tudo* (Objetiva), "Gal tinha um gosto musical sofisticado e um dos fundamentos do seu sucesso era o rigor na seleção do repertório." E a baiana até tentou conseguir a informação com Ronaldo Bastos, compositor da "turma do Milton"[*] e autor de canções elogiadas pela crítica como "Todo azul do mar". No entanto, o que a cantora não sabia é que Ronaldo havia sido orientado por Mariozinho para manter o discurso sem revelar a parceria e concordado. Assim, foi dessa maneira que "Chuva de prata" entrou no disco de Gal Costa, no final de 1984 — com o Roupa Nova assinando a parceria na contracapa, fazendo a base e com o microfone encostado nas cordas da guitarra.

Profana[**] foi o LP da Gal Costa lançado em 1984, de capa jovem e provocativa, com a foto da cantora diante do espelho pintando a boca de vermelho. O nome vinha da música "Vaca profana", de letra pensante e polêmica de Caetano Veloso — faixa proibida pela Censura de ser executada em público por meses. Consi-

---

[*] "Turma do Milton": as pessoas que surgiram com Bituca e que estavam ao redor dele, como Fernando Brant, Márcio Borges e Ronaldo Bastos. Em uma matéria de *O Globo*, de 7 de janeiro de 1982, a expressão foi usada, por exemplo, em uma referência a Beto Guedes. A expressão foi muito utilizada por jornalistas na época, como um "selo de qualidade".

[**] Nesse disco, a canção "Nada mais (Lately)" ganhou o arranjo de Cleberson, que também tocou ao lado de Nando e Serginho. E a faixa "O revólver do meu sonho" teve arranjo de Ricardo Feghali.

derado na época seu melhor trabalho desde Fantasia, em 1981, o disco tinha como carro-chefe a música "Onde está o dinheiro", sucesso de Aurora Miranda no carnaval de 1937, e trazia uma intérprete brincalhona com baiões, frevos, rocks e marchas carnavalescas, de muita energia, lembrando bastante a Gal alegre dos tempos da Tropicália.

Os críticos festejaram a novidade, dizendo coisas do tipo "foliões e roqueiros que se preparem: chegou ao fim a fase Dolores Duran de Gal Costa" (se referindo ao LP Baby Gal, gravado pelo Roupa Nova, com muitas canções românticas). Além de Caetano, o disco vinha com compositores renomados da música brasileira como Gilberto Gil e Waly Salomão, e também dava espaço para revelações como Roberto Frejat, do Barão Vermelho — de quem ela dizia gostar das "letras cabeça". No final daquele ano, Gal chegava de cabelos cortados, figurino sintético e barbarizando com seus agudos. O que não queria dizer que venderia.

— —

Das doze faixas do disco de Gal Costa, apenas duas músicas eram românticas: "Chuva de prata" e "Nada mais" — o que saía da temática geral do álbum e desagradava um pouco a imprensa. Um "detalhe" que, se dependesse dos críticos e de Gal, continuaria sendo... um detalhe.

Rosangela Petta, ao falar sobre o disco na *Isto É*, por exemplo, passou rápida e ligeiramente pelo fato: "OK, ela ainda não se dá ao luxo de dispensar abolerados (como 'Chuva de prata', de Ronaldo Bastos e Ed Wilson)." Já Okky de Souza, na *Veja* (texto publicado no mesmo dia da *Isto É*), nem se lembrou de que essa faixa existia ao discorrer quase uma página inteira sobre seu disco novo. Muito menos citou a participação do Roupa Nova, em "Chuva de prata", banda presente na carreira da cantora desde o álbum Fantasia, em 1981, que recebera o disco de platina, com mais de 250 mil cópias vendidas.

E a própria baiana bradou aos quatro ventos frases como a que foi publicada em *O Estado de São Paulo*, em matéria de Fernando Molica: "Não estou atrás do sucesso. Se meu trabalho é comercial, é também reflexo de minha alma. Não dá para fazer um disco pensando em vender 500 mil cópias. Impossível prever isso."

— —

— Nando, vou ter que me valer de "Chuva de prata"! — disse Mariozinho, no telefone, preparado para enfrentar o baixista.

— Porra, Maneco, não faz isso, não!

— O disco da mulher tá encalhado...

— Pô, mas você combinou com a gente...

— Eu sei, mas não vai ter jeito! O disco dela tá preso! Não vende! Tá em 30, 40 mil. Eu preciso de uma música forte, e essa música é "Chuva de prata"!

— Ah, bicho, desculpe. Mas infelizmente eu não vou te dar esse aval, não — respondeu Nando, desligando o telefone em seguida, cuspindo marimbondos!

— —

Alguns minutos depois o telefone tocou mais uma vez. No entanto, não era Mariozinho:

— Pô, Nando, por favor, quebra o galho!

Era Ed Wilson, um dos autores da canção, que se sustentava com o dinheiro dos direitos autorais de suas músicas. "Chuva de prata" poderia estourar com a Gal Costa! E Nando sabia o que aquilo representava para o compositor.

— Puta que o pariu... — diria ele baixinho, após desligar o telefone.

— — —

— Dona Gal! — gritou Chacrinha, com sua voz arranhando a garganta, após a apresentação da baiana em seu programa, com "Chuva de prata", sua mais nova música de trabalho.

Aproximou-se então de Gal, com um vestido vermelho brilhante e uma flor na cabeça:

— Tô ouvindo aqui que essa música estava no disco de uma banda! Como é essa história?

— Não sei nada disso, não. Quem trouxe essa música foi meu produtor. É sucesso meu, que eu gravei!

Nando passou mal, naquele dia, ao assistir em casa ao Cassino do Chacrinha.

— — —

Mariozinho já tinha tentado popularizar Gal Costa de uma maneira mais protegida dos críticos, utilizando os músicos do Roupa Nova em Baby Gal, na Polygram. No entanto, seria "Chuva de prata" que conseguiria esse feito, levando o disco Profana às alturas. Uma canção chamada de "pré-fabricada" pela crítica, mas que se tornaria não só um hit do LP, como também da carreira da baiana, ajudando a intérprete, pela primeira vez em sua história, a alcançar a marca de 500 mil cópias vendidas. Apesar da balada melosa e fora do clima daquela geração new wave dos anos 1980, apesar de ser do Ed Wilson da Jovem Guarda, apesar de ser tocada pelo Roupa Nova e de mais alguns outros pesares que os críticos pudessem levantar, a música seria trilha sonora de muita gente e serviria para popularizar a figura de Gal Costa — como queria a gravadora e seu empresário, Guilherme Araújo! E fez sucesso não só no Brasil, como ressaltou Xexéo, na revista do *JB*, já em 1985, quando o disco chegava aos 400 mil: "Se der tempo, uma rápida excursão europeia com passagem obrigatória por Roma, onde o bolero 'Chuvas [sic] de prata' não para de tocar nas rádios. Justiça seja feita: o Brasil não possui voz feminina de melhor qualidade para entrar na sua pauta de exportações."

O clima blasé dos jornais seria desbancado pelo público, que clamava por "Chuva de prata". Como diria Nando, "A gente engravidou e pariu aquele sucesso. Mas quem amamentou foi ela".

E nem mesmo Gal, após descobrir que Ed Wilson era o autor da canção, poderia evitá-la. O que seria um pontapé para um hit maior ainda, no ano seguinte, em 1985, do dueto com Tim Maia em "Um dia de domingo", de Michael Sullivan e Paulo Massadas, no disco Bem bom* com 800 mil cópias vendidas, consagrando de vez Gal Costa como uma grande vendedora de discos e, a contragosto da crítica, uma artista popular.

— —

Dizem que depois de um tempo, apesar dos pedidos do público, Gal Costa parou de cantar "Chuva de prata" em seus shows — para, quem sabe, a canção cair no esquecimento. E até mesmo em seu site oficial, na retrospectiva de sua carreira, ano a ano, no item "biografia", a música não é citada. Assim como também não é mencionada por Mauro Ferreira, que assina a crítica sobre a carreira da cantora no site do *Dicionário Cravo Albin*, referência nacional sobre a Música Popular Brasileira. Apesar de no mesmo site, no item "dados artísticos" (seção em que se encontram as informações gerais do artista e não possui assinatura de jornalistas), ter a indicação de "Chuva de prata" como um de seus maiores hits dos anos 1980.

Porém, até hoje, Gal, diretamente em contato com seus fãs através do Twitter @gal_costa, recebe mensagens como "chuva de prata#gal" ou "Escutando 'Chuva de prata' da Gal Costa. Lembra minha infância". Isso sem contar os inúmeros vídeos espalhados pela internet da intérprete cantando "Chuva de prata", a comunidade nas redes sociais (Chuva de prata — Gal Costa) e os downloads. Coisas dessa tecnologia moderna que propaga momentos, canções e sucessos, mesmo que a gente não goste ou não queira.

— —

Já o Roupa Nova, apesar de trabalhar "Chuva de prata" como single, não conseguiria nos anos 1980 a mesma repercussão que a cantora teve com a canção, que ainda se tornaria tema da novela *Um sonho a mais,* da rede Globo. E Gal, em suas entrevistas, continuaria sem citar o grupo — diferente do que fazia Milton Nascimento — e passaria longe de ser uma ajuda na divulgação da banda. "Gravamos vários discos dela, e sempre com muito carinho! E ela esconde a gente? Depois dessa, eu comecei a repensar o lance de gravar com os outros...", comenta Nando, chateado por ela não ter falado sobre eles no programa do Chacrinha.

Sentimento compartilhado pelos outros integrantes do Roupa Nova, embora Miguel Plopschi afirmasse, categoricamente, que todos sabiam no meio artístico que eles haviam gravado e idealizado os arranjos daquela canção.

Na imprensa, também não sairia que a música havia sido feita originalmente para o disco deles, apenas alguns comentários sobre a banda, como: "além dos grandes hits do Roupa Nova, músicas como 'Chuva de prata', linda balada que eles gravaram também com Gal Costa" — texto de *O Globo* referente ao show do grupo no Canecão, em 1985. Nada mais do que isso. E até hoje continuariam saindo informações estranhas sobre essa história. No livro *Vale tudo,* lançado em 2007, por exemplo, Nelson Motta escreveu que Gal "relutou muito em gravar a

---

* Nesse LP, apenas Cleberson participou nos teclados na faixa "Musa de qualquer estação".

bonita balada 'Chuva de prata', de Ed Wilson, e só aceitou depois que, a seu pedido, o finíssimo Ronaldo Bastos, parceiro de Tom Jobim e Milton Nascimento, fez uma letra de alto nível". Uma música que, de acordo com várias fontes, já teria caído nas mãos de Gal com melodia, letra, arranjo e tudo pronto.

As expectativas do grupo foram altas para aquela canção na década de 1980. E só os seis músicos sabem o quanto batalharam por ela. No entanto, como eles mesmos brincam: "A gente ficou com a chuva, e a prata, realmente, ficou só para Gal Costa."

E, não, definitivamente não seria "Chuva de prata" que daria um disco de ouro para o Roupa Nova.

CAPÍTULO 25

FOI NUMA FESTA, GELO E CUBA LIBRE

"'Whisky a Go Go' tem uma melodia fantástica e ficou estigmatizada como música de segunda categoria."

Nando Reis

Whisky a Go Go é uma famosa casa noturna no cenário mundial do rock, localizada em Los Angeles e aberta desde 15 de janeiro de 1964. Por lá, passaram nomes como The Doors, Janis Joplin, Led Zeppelin, Jimi Hendrix, Guns N' Roses, Oasis e Red Hot Chili Peppers. Ao longo de sua história, a boate se tornou palco de diversas tendências musicais, como o punk e o new wave na década de 1970, hard rock e heavy metal na de 1980, e o grunge na de 1990. Mas nada se comparou à fama inicial, aos seis anos seguintes à sua inauguração, com o show de Johnny Rivers.

O cantor americano não só abriu a casa, como se apresentou inúmeras vezes naquele palco, onde também gravou discos ao vivo de sucesso. E sua presença constante na boate foi um fato marcante da época, tanto para o público, como para o próprio músico, que soube aproveitar o lugar a seu favor. O primeiro álbum de sua carreira, Johnny Rivers at The Whisky A Go Go (1964), alcançou o 12º lugar da Billboard, enquanto uma das músicas deste disco, "Memphis", cover de Chuck Berry, a 2ª posição. Isso seria apenas o começo de tantos outros hits, como "Secret Agent Man" e "Do You Wanna Dance?". Um clima de festa e rock'n'roll que seria a inspiração de outros artistas. Entre eles, os compositores brasileiros Michael Sullivan e Paulo Massadas, em 1984.

— • —

De início, a dupla pensou em fazer uma canção falando dos bailes, como se fosse "Nos bailes da vida", de Milton Nascimento e Fernando Brant. Porém, a música não foi bem recebida ao ser apresentada ao Roupa Nova. Quer dizer, não foi

NADA bem recebida. Tanto que os integrantes vetaram e questionaram a música — o que até então eles não haviam feito no disco amarelo.

A canção parecia ter chegado ao seu fim antes mesmo de sua existência. E Sullivan por pouco não desistiria de vez da ideia. Até que um deles levantou a bola:

— Mas essa levada lembra muito Johnny Rivers!

Desencadeando no grupo sugestões nessa mesma linha.

— É verdade! É a discoteca Whisky a Go Go!

— Pô, essa onda é legal! Tenta de novo?

E mais uma chance foi dada à canção.

— ● —

— Paulo, mostrei pro Roupa — ligou Sullivan para Massadas, assim que chegou em casa.

— E aí?

— Ah, bicho, eles não gostaram, não.

— Nem falando dos bailes e tal?

— Não dessa forma. A gente tem que falar de uma casa de shows e… — disse Sullivan, contando na sequência sobre a boate, Johnny Rivers e todas as outras ideias que haviam surgido na reunião com o grupo.

— Hum… Entendi. Acho que peguei — disse Massadas, desligando o telefone para voltar ao lápis, papel e violão. Meia hora depois, ele ligou com o resultado.

— Achei o refrão!

— ● —

Bastou o Massadas achar o refrão para a dupla reescrever em minutos a nova música. E, no dia seguinte, já estaria Sullivan, nos estúdios da RCA-Ariola, mostrando para o grupo. "Tcha ga nam ga, tcha ga nam ga…", fazia o velho violão do compositor, com as cordas sobrando um pouco para fora, enquanto ele tocava a abertura daquele "iê-iê-iê", cantando com sua voz rouca, todo empolgado, de um jeito doido e característico de Porquinho: "Foi numa festa, gelo e cuba libre / E na vitrola Whisky a Go Go…"

E a reação da banda parecia ser mais receptiva, como se eles estivessem mais convencidos sobre a música. Mas, ao entrar na ponte antes do refrão, o quadro mudou de novo.

Mas não faz mal, se faz doer tudo bem…

— Putz, Porquinho, isso ficou ruim! — disparou Nando.

— Bicho, tá muito brega essa parte! — concordou Serginho.

E todos ficaram ali por mais um tempo, sem chegar a uma conclusão. "Eles tinham tanto grilo com a primeira letra que, na segunda, continuaram com dúvida", relembra Sullivan, que tocaria a música umas cinco vezes para que eles pudessem avaliar. Até Miguel chegar:

— Gente, a música tá boa...

— O refrão é muito bom! Mas tem um trecho aí... — comentou Paulinho.

— Essa música já nasceu hit! Vocês só não vão gravar se ficaram malucos!

Embora não tão entusiasmados, os músicos se lembraram da decisão de queimar o disco e acabaram "concordando" com o diretor. Ou seja, estúdio marcado e mais uma canção certa para o repertório. Bom, pelo menos era isso o que achava Miguel Plopschi até o dia da gravação.

—◦—

— Oi, Miguel, desculpe ligar para você. Tá podendo falar? — perguntou Sullivan, afoito, ao telefone.

— Lógico! O que aconteceu?

— Olha, tô no estúdio com o Roupa Nova e eles se recusam a gravar "Whisky a Go Go".

— Como é que é?!

— É... Decidiram aqui. Eu não sei mais o que fazer...

— Me espera aí! Eles ficaram doidos...

Miguel nem pensou muito! Pegou o carro e saiu como um foguete de sua casa na Barra da Tijuca diretamente para Copacabana, onde ficava o estúdio.

— Vem cá, o que tá acontecendo? Vocês ouviram a música e gostaram!

— Ah, a gente pensou melhor, Miguel. Ainda tá ruim — respondeu logo Feghali.

— Ruim? — questionou Miguel, que simplesmente não acreditava no que estava ouvindo.

— É meio brega — afirmou Cleberson.

Na hora, só a cara de espanto do Miguel já dizia muita coisa. Aquela situação era inacreditável! "Eu tenho que manter a calma para lidar com isso. Só me faltava essa", pensava o diretor, respirando devagar e tentando ter paciência diante dos questionamentos incessantes que faziam parte da rotina do grupo. No entanto, naquele momento, eles precisavam ser práticos.

— Pessoal, vocês não podem combinar uma coisa e mudar de opinião no meio do caminho. Daí fica difícil trabalhar!

— Tudo bem, mas do jeito que tá a gente não grava — respondeu Paulinho.

— A gente pensou em fazer o seguinte, Miguel... — disse Nando.

E pegou o violão para mostrar as mudanças que eles queriam propor para a música, tirando inclusive a ponte antes do refrão.

— Pô, mas vocês estão mudando a melodia... — disse Sullivan, enquanto o diretor tentava:

— Nando, vocês gravam e depois a gente vê! Se ficar ruim, tiramos do disco! O que não dá é para mudar de ideia justo agora.

— Não, Miguel. A gente já conversou muito sobre isso... — falou, olhando para baixo, segurando o violão. — Ou muda ou a gente não grava!

— E vocês vão perder um hit desses?

— Hit é como estamos fazendo!

— Então vamos ver!

Uma música que iria contar em 1984 as histórias de 1964, remetendo elementos como vitrola, gelo e cuba libre. Um refrão forte, sem ponte, e uma levada à la Johnny Rivers.

— —

Sullivan e Miguel opinavam, junto com o grupo, sobre quem cantaria cada música do disco. E, para o diretor, via de regra: "Baladas com refrãos altos iam bem com o Paulinho, e as músicas românticas e suaves se encaixavam na voz do Serginho." Porém, naquela confusão, ops, gravação, o batera faria a voz principal — para a insatisfação do vocalista. "Pô, 'Whisky a Go Go' tem um puta clima! Eu que devia estar gravando", pensou ele, injuriado após a decisão.

Depois, os integrantes até se tocariam, mas já seria tarde demais.

— Ih! O Serginho cantando uma música de festa? Com ele atrás da bateria?

E só nos shows é que as coisas voltariam para o seu lugar.

— —

> Senti na pele a tua energia
> Quando peguei de leve a tua mão
> A noite inteira passa num segundo
> O tempo voa mais do que a canção

— Não é desse jeito que toca essa música! — gritou Miguel, dentro dos estúdios, parando de imediato a gravação.

— Como não? — indagou Feghali.

— Tá muito bom!

Uma das marcas do Roupa Nova, em sua carreira, seria o som limpo, clean, com precisão nos acordes. No entanto, a canção pedia um caráter mais sujo, despojado, dos bailes. "O Miguel tinha uma visão diferente desse lance de 'pumba pumba'. Só que o Roupa Nova não conseguia tocar com erros", lembra Flávio Senna, também presente no estúdio. A coisa não saía de jeito nenhum!

— Certinho demais! Chega a ficar ruim! — berrou o diretor artístico na terceira tentativa da banda.

— É, tá certinho mesmo... Me dá o baixo aí, Nando! — mandou Feghali, esticando os braços, saindo de trás dos teclados.

— Tá bom... Então eu vou de guitarra!

E só assim a música entraria nos conformes.

— É isso aí! Vocês são bruxos! — comemorou Porquinho, que tocava guitarra junto para dar a levada (depois a sua parte seria tirada).

Só faltava então um "detalhe": o clima de "ao vivo". O que se tornaria uma grande festa dentro do estúdio, com salgadinhos, bebidas, e todos dançando e cantando. Cerca de oito, dez pessoas, como Miguel, Sullivan, Maurício — amigo do grupo —, além dos músicos, respondendo aos "êêê! êêê!" de Serginho. Com

328

uns quatro ou cinco canais registrando a "zorra" musical. Relembrando outros momentos da banda, bém diria Flávio Senna: "O engraçado é que, depois de anos, faríamos o 'Whisky a Go Go' como Os Motokas. Ao vivo! Como um baile."

— — —

— E você fica com o mais novo sucesso do Roupa Nova: "Whisky a Go Go"! — anunciou o radialista, no Rio de Janeiro, após dois meses do lançamento da canção no mercado.

Era sexta-feira com a desculpa perfeita para os ouvintes arrastarem os móveis da sala para dançar, esquentando o corpo para as discotecas. Meninas chamavam as amigas para ouvir a música, os meninos imitavam os acordes no violão, e a tia que arrumava a casa aumentou o som no máximo para a vizinhança ouvir. Porém um homem, dentro do carro, ao perceber aquele hit tocando no rádio, não mexeu uma palha. Apenas escutou com atenção a tal do "Whisky a Go Go".

E não teve mais dúvidas sobre o que fazer no dia seguinte.

— Guto, troca tudo! — disse ele, ao chegar à rede Globo, deixando Guto Graça Mello atordoado.

— Hã? Do que você tá falando?

— Do nome da novela das sete e do tema da abertura! Achei o que faltava.

— Faltava? Mas estava tudo certo e...

— A novela será *Um sonho a mais*.

— Mas e o Esconde-Esconde? Você acha esse nome...

— E liga pra RCA! Quero a música do Roupa Nova na abertura! — afirmou o vice-presidente de operações da emissora, que batia o martelo sobre as trilhas das produções.

Estava tão empolgado que quase se esqueceu de dizer o nome da canção! Doido com o refrão e a levada de "Whisky a Go Go", que se encaixava perfeitamente no clima alto astral que ele imaginava para a abertura da próxima novela. Seu nome era José Bonifácio de Oliveira, o Boni, como era chamado na Globo. E aquela música era tiro certo! Ele sentia. E o refrão então...

— "Um sonho a mais não faz mal"...

— — —

— Miguel, a música já vai entrar!

— Mas você tem que entender, Guto, que... — insistia Miguel, afoito, ao telefone, depois de saber que "Whisky a Go Go" faria parte da abertura da novela.

— Pô, Miguel, eu já disse que vai rolar... Não adianta você ficar me ligando! Isso não vai acelerar o processo.

— Tá, tá, mas é que é importante e...

— Miguel, eu já entendi! — respondeu, irritado, Guto Graça Mello, responsável pela direção da trilha daquela produção.

Miguel Plopschi estava ansioso pelo começo da novela. Afinal, apesar do estouro de "Whisky a Go Go" nas rádios, o disco do Roupa Nova de 1984 ainda estava longe de bater as almejadas 100 mil cópias vendidas. E *Um sonho a mais*, que teria seu primeiro capítulo no início de 1985, poderia ser, sim, uma oportunidade de ouro para o grupo.

— —

A abertura de *Um sonho a mais* recriou um bailinho dos anos 1960, com jovens dançando, namorando, mascando chiclete e se divertindo ao som de "Whisky a Go Go", incitando a festa. Uma gravação que seria modificada várias vezes até chegar à ideal, com bailarinos rodopiando no salão e cenas acrescentadas em forma de gags humorísticas. E que inclusive teria, em sua última versão, o Roupa Nova, também vestido a caráter, no palco, se apresentando para aquele público. Motivo de sobra para o grupo comemorar! Quer dizer, nem tanto para Nando.

— Não acredito... — diria ele, quase sem mexer os lábios, ao assistir à abertura.

Ficou pasmo, petrificado, praticamente em choque, ao reconhecer uma das bailarinas do elenco. Ela, Lílian, sua terceira paixão, rodando e sorrindo ao som do Roupa, com roupas da década de 1960 e... linda. "Mas... como?" Sentindo ainda seu coração palpitar, como se fosse aquele garoto da faculdade de direito que daria o mundo de presente para a sua amada. Aflito, ansioso, esperançoso! Embora ainda ecoasse em suas lembranças aquela maldita frase: "Eu tô noiva."

— —

Dias depois, o Roupa Nova seria convidado para fazer o clipe de "Whisky a Go Go" para o Fantástico, em uma das boates do Rio de Janeiro. E quem a emissora chamaria novamente para fazer parte do corpo de bailarinos da cena?

— Lílian? — disse um pouco sem graça o baixista para ela, ao reencontrá-la na gravação.

— Oi, Nando, quanto tempo...

Naquele dia, ele contou que estava bem, e ela sorriu, sem muita disponibilidade ou vontade de dizer como estava: se casada, solteira ou feliz.

— Eu te ligo! — falou ela, deixando o baixista com seus sonhos, mais uma vez, à deriva.

E foi embora daquela gravação, sem fazer grandes promessas ou dar vazão à saudade. Só que dias depois ela ligou, pedindo ajuda, desolada com seu casamento e com o rumo de sua vida. E Nando outra vez deixou que ela se aproximasse. Enfrentou sua mãe, sua família, que já o vira sofrer por aquela mulher, e a acolheu, revisitando seus fantasmas e frustrações por tê-la perdido e permitindo que ela bagunçasse novamente seus sentimentos.

Os meses se passaram, Lílian se separou e Nando saiu da casa dos pais, pela primeira vez, para ficar com ela. Alugou um apartamento pequeno, confortável e bonitinho, que comportaria o casal, um cantinho no qual eles poderiam ficar juntos, tentar. E ali ele esperou, esperou, esperou pelo seu retorno. Porém, ela nunca apareceu.

Um sonho a mais estreou no dia 4 de fevereiro de 1985, contando a história de Volpone:* um homem que havia saído do Brasil, após ser acusado de matar seu sogro, e decidira retornar depois de vinte anos para provar sua inocência e reconquistar Stella. Mas que para isso inventaria uma doença grave para viver dentro de uma bolha e, assim, não ser preso pela polícia. E mais: ainda pagaria um ator para ficar no seu lugar na bolha, para que ele, disfarçado, transitasse pela cidade para descobrir o verdadeiro assassino de seu sogro.

Ney Latorraca foi o ator escalado para viver Volpone, que se disfarçaria no decorrer da novela de quatro personagens: a secretária Anabela Freire, o médico Nilo Peixe, o advogado Augusto Mello Sampaio e o motorista André Silva. Uma estratégia arriscada e engraçada, conduzida com a ajuda de seu amigo Mosca, interpretado por Marco Nanini.

A trama nonsense, de narrativa agitada, teria elementos pops e homens vestidos de mulheres, causando estranhamento no público em geral, acostumado com enredos mais tradicionais e "normais". Desta forma, a novela sofreria problemas com a audiência no seu primeiro mês. E até o roteirista Daniel Más foi trocado a partir do capítulo 37 por Lauro César Muniz. Uma tentativa de reanimar a produção, que seria censurada pelo governo por causa dos personagens travestidos, e que se arrastaria para conseguir uma boa audiência.

Diferente da abertura, com a música "Whisky a Go Go", que se tornaria sucesso imediato e um clássico entre os noveleiros de plantão.

— —

Apesar de a novela *Um sonho a mais* ter enfrentado alguns problemas, inclusive baixa audiência, "Whisky a Go Go"se tornou um sucesso e o Roupa Nova enfim sairia da marca de 15 ou 30 mil discos vendidos na época da Polygram, com o LP amarelo da RCA-Ariola. No entanto, ao contrário do que prometera Miguel Plopschi, esse álbum não chegaria a ganhar o disco de ouro, alcançando cerca de 60 e poucas mil cópias vendidas. Deixando aquele gostinho de "quase" nos músicos, que, apesar de não gostarem do LP, não viam a hora de bater os 100 mil.

— Viu? Adiantou? — diria Cleberson para o grupo, com aquele disco amarelo ainda entalado na garganta.

— —

— Miguel, esse foi o disco da RCA-Ariola. O próximo é nosso! — falou Nando ao entrar na sala do diretor, acompanhado pelos outros integrantes.

— Hein? Como assim?

— Não foi ouro, Miguel — completou Ricardo, apoiado por todos.

---

* Personagem inspirado na peça *Volpone*, do inglês Ben Jonson, produzida em 1606.

— Péra aí, gente...

Seguido por Kiko:

— Só pra ver quanto vende.

E também por Cleberson, mais do que satisfeito:

— É, Miguel! Agora, nós vamos meter a mão!

— —

Às vezes a canção encontra o público e o público encontra a canção. Sem pedir consentimento para o compositor que a fez ou para o intérprete que a lançou. Apenas acontece. E quando isso ocorre não há crítico que os consiga separar. Não há rótulo de "brega" ou de "popularesco" que diminua a importância desse encontro. A música simplesmente prevalece na memória sentimental das pessoas e ali se faz referência, lembrança e real.

Os versos simples de Massadas, mais a levada de Sullivan, misturados com os arranjos e a leitura do Roupa Nova, fariam de "Whisky a Go Go" uma destas canções sem data de validade e muito mais do que um hit de 1985. Música animada e obrigatória dos bares, festas de casamento, formaturas e aniversários durante décadas. Conhecida por jovens, velhos e pessoas de todas as idades. Pouco regravada, diga-se de passagem. Talvez pelo preconceito bobo dos artistas com os rótulos que cairiam sobre a música, ou sobre o Roupa Nova. Ainda assim, uma canção nacionalmente reconhecida desde o seu lançamento.

Nando Reis contaria que na década de 1990, em um programa feito com outros grupos, resolveu tocar "Whisky a Go Go" com Marcelo Fromer, sendo acompanhado por Herbert Vianna, dos Paralamas do Sucesso. Mas tudo sob olhares desconfiados dos outros integrantes das duas bandas. "Eles não sabiam se aquilo era algo irônico ou não." Uma reação que ele também perceberia nos seus shows de carreira solo, ao tocar a música, e principalmente ao incluir a obra em seu DVD Bailão do Ruivão, de 2010. Nas palavras de Nando Reis: "As pessoas reagiam como se eu tivesse tirando um sarro. 'Olha essa coisa brega aqui!', 'Eu tô aqui mostrando como eu sou inteligente...', nada! Isso me deixava um pouco irritado."

Um músico que assumiria gostar legitimamente de "Whisky a Go Go", assim como de outras músicas brasileiras também menosprezadas pela classe dita pensante do país, como "Fogo e paixão" e "Lindo balão azul". "A influência não se resulta numa relação de semelhança entre o que você venha fazer. A forte influência pode ser aquilo que você nunca vai tocar. Mas ela te marcou e te fez de alguma maneira. E essas músicas, muito diferentes, tiveram essa importância pra mim."

— É... Vou morrer tocando "Whisky a Go Go" — comentaria Serginho, anos depois. "O primeiro sucesso que projetou o Roupa Nova em nível de grande público! O marco da nova fase da banda, que saía de uma fase mais

MPB para uma mais pop-rock", como afirmaria Miguel Plopschi. Um divisor de águas do que havia sido feito antes, com Mariozinho, na carreira do grupo. A 32ª música mais tocada no Brasil, nas rádios, naquele ano de 1985[3] — um hit que seria sinônimo de festa até hoje e estaria na história da música brasileira. Doa a quem doer.

CAPÍTULO 26

OS ESCOTEIROS DO ROCK

"Hoje todo mundo toca o 'Whisky a Go Go',
até os roqueiros! Mas... Na época?
Fomos muito criticados."

Cleberson Horsth

As bandas entraram na moda e nas lojas de discos nos anos 1980, no Brasil. Tanto pela necessidade do jovem de se expressar e criar sua própria identidade, como também (e principalmente) pela viabilidade econômica para a indústria fonográfica. Enquanto os artistas da MPB precisavam pagar maestro, arranjador e músicos acompanhantes para gravar um disco, as bandas se bastavam. Para dimensionar essa vantagem financeira: o gasto da maioria de discos de rock não passava de Cr$ 1 milhão, enquanto o de trabalhos mais sofisticados da MPB chegava aos Cr$ 10 milhões. Isso quando não ultrapassava esse valor como aconteceu com o LP Luz, de Djavan, lançado em 1982, após contrato milionário com a CBS. Mixado em Los Angeles, o álbum custou Cr$ 50 milhões para a companhia.[*]

Por isso, era conveniente para as gravadoras incentivarem as bandas — mesmo sem entender o que elas representariam esteticamente. "A confusão era tão grande que nos colocaram para tocar, no Maracanãzinho, num show de aniversário dos Fevers, uns caras de 50 anos cantando 'do do do, da da da/ o que eu sinto não sei explicar'", relatou Herbert Vianna, dos Paralamas do Sucesso, sobre o show da EMI que seria a união da nova e da velha geração do rock — com Os Paralamas e a Blitz diante dos veteranos 14 Bis e a Herva Doce (com ex-integrantes de A Bolha). "A gente tinha que agir rápido para dar certo, antes que eles se tocassem de que haviam comprado gato por lebre, de que nós não seríamos outros Fevers."

Para os profissionais da imprensa, depois do disco da Blitz, com "Você não soube me amar", ficou claro que algo "novo" surgia no cenário brasileiro. Algo

---

[*] De acordo com a matéria "Rock e 'brega' na ilha da fantasia", da *Folha de São Paulo* de 26 de junho de 1998. Para se ter uma ideia do que seria a representatividade desses números hoje em dia: Cr$ 1 milhão seria equivalente a cerca de R$ 25.400, Cr$ 10 milhões, a R$ 226.000 e Cr$ 50 milhões, a R$ 1.300.000

ainda conceitualmente insólito no início dos anos 1980, mas que agradava os roqueiros de plantão, despertando especulações sobre rock nacional nos principais meios de informação da época: os jornais cariocas. Críticos ansiosos para que o rock gerasse uma ruptura conceitual com o establishment da época, a MPB, e se tornasse parte do mainstream. Jornalistas com os dedos coçando para escrever o que seria "aceito" por eles como rock, qual postura seria adequada para a nova figura musical e o que poderia se esperar daqueles jovens roqueiros. Preocupando-se, muitas vezes, em mais definir o que era ou não o rock brasileiro do que simplesmente curtir.

— —

"O rock deu uma blitz na MPB", diria Gilberto Gil.[4] Já o jornalista Arthur Dapieve explicaria o movimento como "um reflexo retardado no Brasil menos da música do que da atitude do movimento punk anglo-americano: do-it-yourself, ainda que não saiba tocar, ainda que não saiba cantar, pois o rock não é virtuoso".[5] E os batizaria como BRock (bê rock) — termo infeliz, na opinião de Lobão: "Quem se resigna ao BRock não pode ter destino mais ambicioso do que esse."[6]

E, de fato, não existia um padrão estético de som nestes grupos, que também transitariam pelo pop, brega, ska, reggae e outras influências. Como afirmaria Márcia Bulcão, integrante da Blitz, sobre o rótulo "imposto naturalmente" pelo mercado para a sua banda: "Não adianta a gente dizer que é rock. Depois o rock termina, e a gente como fica?"[7]

Um posicionamento ainda mais complicado para os que já tocavam antes dos anos 1980, em uma linha vista como MPB, como A Cor do Som e o 14 Bis. Entre a cruz e a espada, eles teriam que correr para ser incluídos na moda da "Geração Coca-Cola", dos filhos da revolução e burgueses sem religião. Como fez Lulu Santos, ao colocar em seu disco de 1983 participações como Paralamas do Sucesso e Kid Abelha, deixando claro o grupo em que se encontrava, além de trazer um repertório extremamente pop — o "verdadeiro" rock daqueles tempos.

Já o Roupa Nova "flutuava" nesse cenário de rótulos que, "teoricamente", só serve para agrupar os discos nas lojas. E não se autoafirmava pertencente a algum gênero. Até porque os seus integrantes tinham influências distintas! O grupo disputava espaço com A Cor do Som, era comparado com o vocal do 14 Bis, confundido com o Rádio Táxi e frequentava todos os festivais, casas de show, estações de rádio e TV por onde passava o dito rock'n'roll — dos Paralamas, Kid Abelha, Blitz e companhia. Sem um lugar confortável e tranquilo na estante.

— —

"O Roupa Nova era uma banda com um acento rock'n'roll, que tocava, cantava e arranjava muito bem. E eles estavam interessados em tocar coisas consideradas 'boas'. Porém, o jeito over de se expressar, tanto para o mal quanto para o bem, impedia que eles entrassem entre os queridinhos da MPB", comenta Ricardo Moreira, que, por coincidência, também divulgaria o disco amarelo do Roupa Nova pela RCA-Ariola, após sair da Polygram.

Ao lado de Mariozinho Rocha, o grupo, intuitivamente e também por gosto musical, tentou se posicionar na "caixinha" da MPB, citando com frequência as participações feitas nos discos dos medalhões, como se isso fosse contar como um ponto a mais na sua "classificação" de mercado. No entanto, com o surgimento das bandas e a escolha por Miguel Plopschi, manter esse discurso ficou praticamente impossível, embora eles continuassem tentando... No release do disco amarelo, Nando insistiu: "Nós estamos, hoje, numa posição muito confortável. Usamos nove teclados eletrônicos e nem por isso deixamos de estar classificados na confraria da MPB. Há dez anos seríamos marginalizados." Só que, na prática, a história era bem diferente.

Os poucos hits como "Canção de verão" e "Anjo" pareciam incomodar os "formadores de opinião", que viam o grupo recém-saído dos bailes tomando um espaço que não lhe pertencia. "O Roupa Nova se infiltrava na MPB e isso gerava estranhamento. Ninguém ficava puto com Os Fevers, não existia preconceito nesse sentido. Mas o Roupa conseguia morder a MPB e, por isso, existia em torno deles um preconceito boçal", lembraria Ricardo Moreira. O que só pioraria com a produção de Plopschi — que tinha fama de popular, beirando o popularesco, e era ex-integrante dos Fevers. O que tornava impraticável a continuidade da carreira deles naquela prateleira.

— —

Então, o Roupa Nova poderia ser o rock dos anos 1980? Afinal, era uma banda com influências do rock internacional, formada por jovens, com canções no estilo "Bem simples", "Vira de lado", "E o espetáculo continua" ou "Canção de verão" — tão pops quanto os grupos deste novo cenário. Ou, como eles mesmos diriam, uma banda com "arranjos que têm uma tendência ao rock progressivo, no caso de 'Sapato velho' e 'Roupa Nova'", mas que beirava a balada. Faria sentido?

No dia 17 de fevereiro de 1981, por ocasião do lançamento do primeiro disco da banda com Mariozinho Rocha, o jornalista Luiz Antonio Mello publicaria, no *Jornal do Brasil*, a matéria "'Rock' Brasileiro de Roupa Nova", na qual afirmaria: "O Roupa Nova surge maduro, competente, cuidadoso, e com uma consciente queda para o rock progressivo. Esse rock brasileiro, tão marginalizado e concentrado nas mãos de poucos como o 14 Bis e algumas passagens da Cor do Som." E fecharia o texto com as seguintes palavras: "Pelo grau de profissionalismo com que foi conduzido o projeto do Roupa Nova, esse disco, se gravado em inglês, iria disputar uma boa fatia do mercado internacional, ao lado de Queen, Supertramp e outros. Um trabalho digno de respeito, que traz no sangue a difícil magia de se conciliar letras em português a ritmos de diversas tendências. Mais um reforço no anêmico mercado de rock brasileiro, devido ao medo e preconceitos. Profissionalismo é isso aí."

Só que essa abordagem se tornaria raridade após o disco amarelo da RCA e o surgimento de bandas que iriam "invadir a sua praia". Deixando o grupo, assim como A Cor do Som e o 14 Bis, relegados à segunda categoria do rock. André Midani, um dos maiores executivos da indústria fonográfica brasileira, diria sobre este início: "Tanto A Cor do Som quanto o 14 Bis eram grupos de músicos fantásticos, mas eram o rabo de uma geração, e não a vanguarda de outra."[8] O primeiro grupo havia bebido da água dos Novos Baianos, enquanto o segundo tinha vindo com o ar das montanhas de Minas Gerais, do Clube da Esquina, embalados pelo rótulo MPB. "O 14 Bis e A Cor do Som apenas trabalhavam, roqueiramente, em cima de coisas já estabelecidas", explicou ele. Bandas que seriam deixadas, pelos críticos, no limbo entre a MPB, o rock e o pop.

— —

O grupo receberia severas restrições da crítica especializada por não atender às expectativas "roqueiras" nem com o som, nem com a atitude. E seriam vários os jornalistas a chamá-los de bregas, jovens de espírito velho ou pouco ousados. Na edição número 2, da revista *Rock Verde e Amarelo*, a chamada principal foi: "Três estilos do novo rock", trazendo o Roupa Nova na capa. No entanto, o teor da matéria passou longe de ser favorável ao grupo. E logo no início a equipe meio que já se justificava: "Roupa Nova, Leo Jaime e Ultraje a Rigor podem ser enquadrados como grupos de rock porque comparecem às FMs assim vestidos. Mas há uma diferença substancial entre seus trabalhos." E, em poucas linhas, definiria o Roupa como um conjunto que surgiu na mesma época do 14 Bis e Rádio Táxi, mas que não tinha conseguido ir além do som de baile "que aprenderam a fazer desde a sua formação".

A revista ainda trazia cifras das músicas dos três e uma crítica sobre o Roupa, com um breve histórico, assinada por Aldo Della Monica. Segundo ele, "Canção de verão" tinha se tornado o estigma do grupo: "e vem-lhe marcando o trabalho desde então: a exaltação a uma vida preguiçosa junto ao mar (de preferência mais ao Sul do Rio de Janeiro), os namoricos adolescentes, o bronze dos sóis de verão." Parecia até uma crítica feita à Bossa Nova nos anos 1950. Della Monica ainda escreveria de forma errônea que "Mais recentemente, os rapazes voltaram às paradas de sucesso com a versão 'Eva'" — canção, na verdade, do grupo Rádio Táxi. Aliás, talvez ele tenha se lembrado também do hit "Garota dourada", para tecer o comentário anterior.

Por fim, ele "picharia" de todas as maneiras o disco feito pela RCA — tendo chavões como sua marca. E diria que "o comodismo do sucesso levou o grupo a buscar, nos mestres das músicas descartáveis, as composições para seus LPs". Referindo-se a Miguel Plopschi e Guti Carvalho como grandes mestres dessa fabricação, sustentada pela exaustão e não por méritos próprios. Chamaria a canção "Liberal" de "boboca", "Tímida" de simplória e "Whisky a Go Go" de uma recuperação do ritmo brega de Johnny Rivers, um sucesso fruto da "insistente divulgação da telenovela global". Afirmava categoricamente não ver uma boa perspectiva para o Roupa Nova, considerando o advento dos novos grupos, cheios de novidade em matéria de música "jovem".

— —

O Ultraje a Rigor surgiu no início dos anos 1980, após se apresentar em festas e barzinhos tocando covers de bandas dos anos 1960, como os Beatles, além de punk e new wave. Um rock irreverente e de sotaque paulistano, liderado pelo guitarrista Roger, e que emplacaria nove das onze músicas do álbum Nós vamos invadir sua praia, de 1985, conquistando o primeiro disco de ouro e o de platina do rock nacional!

Sem modos e com seus integrantes ostentando a fama de desajustados, o grupo vinha crescendo no cenário brasileiro das bandas. E era preciso ensaiar muito para dar conta do recado. Porém, quando algum dos integrantes não conseguia executar determinado trecho das músicas, Roger gritava:

— Vou chamar o Roupa Nova que eles tocam melhor que vocês!

Respeito que vinha da classe artística, até mesmo dos mais roqueiros entre os roqueiros.

— —

A escolha em deixar a gravadora comandar o disco amarelo traria reflexões amargas para os seis integrantes do Roupa Nova durante os anos de 1984 e 1985. Se eles próprios não haviam ficado satisfeitos com o disco, imagine os críticos...

O roqueiro Jamari França diria, em crítica publicada no dia 1º de novembro de 1984, no Jornal do Brasil, durante a temporada do Roupa na boate Mamute: "cheio de ganchos para fazer sucesso, dominado por baladas bem ao gosto do formato atual das gravadoras para baladas de rock, um desperdício do talento dos excelentes músicos do Roupa Nova".

Afirmava, ainda, que a banda disputava "a preferência do jovem típico da classe média, o chamado público consumidor, cabides de griffes [sic] diversas, que pode ser desviado do caminho da loja de discos por uma camiseta tentadora da vitrine da Company." E, embora dissesse que o "Roupa Nova é uma das bandas mais profissionais do país", bateria o prego no caixão ao dizer: "argumentos de buscar um formato que atenda 'A cabeça das pessoas voltada para coisas mais simples' [frase publicada no release da banda, no disco amarelo] cabem cada vez menos num momento em que várias bandas abrem brechas nas gravadoras e multinacionais do disco sem precisar conceder para alcançar o sucesso."

Na Folha de São Paulo, na seção de lançamentos de discos, sairia em nota publicada no dia 20 do mesmo mês: "Ninguém consegue gravar doze hits como 'Não dá'. Por que não tentar alguma coisa diferente?" E afirmaria que, daquela forma, o grupo não iria assegurar o espaço merecido. "Mais uma vez, os excelentes músicos do Roupa Nova pecam pelo excesso de concessões."

Na verdade, aquela havia sido a primeira concessão real da banda em seus LPs. Uma escolha pensada, discutida em demasia, e que poderia gerar resultado a longo prazo. Quem sabe, a liberdade diante da gravadora? O Roupa Nova pensava no futuro, em se manter, em se sustentar e não ser só um sucesso do momento. Mas não sabia exatamente como fazer isso. Eram tentativas de acerto e erro, que só com o tempo poderiam ser contabilizadas. O que não queria dizer que não seria doloroso para os integrantes abrir os jornais e encontrar críticas como a de Jamari França, Ana Maria Bahiana, José Emilio Rondeau e Aldo Della Monica. Comentários que marcariam a carreira e a memória dos seis "excelentes músicos" a ferro e fogo.

——

Foi em 13 de janeiro de 1984, na campanha das Diretas Já, que o deputado Ulysses Guimarães declarou que enviaria ao então presidente João Figueiredo um compacto da faixa "Inútil", do Ultraje a Rigor — música tocada, anteriormente, em um comício da campanha para quase 10 mil pessoas em São Paulo. Uma canção que não era de festival, que não era MPB, mas que trazia pensamento crítico entre brincadeiras e sabia "fazer barulho".

Herbet Vianna, ao se apresentar no Rock in Rio de 1985, chamou a atenção do público sobre a eleição de Tancredo Neves como presidente:

— A gente vai ver aquela careca na TV por um bom tempo. Mas a gente espera que alguma coisa de bom seja feita, né? Já que a gente não sabemos escolher presidente,* já que escolheram pela gente... — antes de fazer o cover de "Inútil".

Já Renato Russo cantava sobre o "Petróleo do futuro", os "Soldados" que não queriam lutar em um disco politizado, com críticas à sociedade, além de canções de amor, ao passo que Cazuza bebia mais uma dose e queimava até a última ponta no Baixo Gávea, fazendo poesia nos bares e vivendo uma vida, literalmente de "sexo, drogas e rock'n'roll".

Saindo de uma Ditadura sufocante, as pessoas lutavam, nos anos 1980, para falar o que pensavam. E as bandas do BRock passaram a ser uma válvula de escape para muitos dos jovens. Menos para o Roupa Nova — o que parecia irritar os jornalistas. "A crítica cobra uma postura da gente. Mas o nosso lance é uma postura muito mais musical, mais leve em termos de mensagem política. Somos capazes de nos expressar com os nossos instrumentos, sem falar nada", tentou Nando durante uma entrevista para o *Jornal do Brasil*, na primeira página do Caderno B de 17 de setembro de 1986, respondendo a algumas notas de jornal que os acusavam de alienados. Na mesma matéria em que o jornalista escreveria: "Só a muito custo eles revelam suas preferências políticas. Feghali, Paulinho e Serginho votarão em Moreira Franco, Nando e Kiko em Gabeira, e Cleber [sic] em ninguém ('votaria no Funaro')." Rara ocasião em toda a história do grupo.

Jamari (novamente ele) afirmou em 1985: "'Canção de verão', música típica do credo do Roupa Nova: transmitir alegria, falar de política nem pensar, problemas nunca." E José Emilio Rondeau, sentenciou no mesmo ano, no número 28 da revista *Som Três*: "O grupo, ex-de baile (então com o nome de 'Famks'), cria

---

* Citação de trecho da música "Inútil".

músicas parecidas com jingles do governo, daqueles comerciais, onde todo mundo aparece sorrindo arreganhado, com os dedos em V, se abraçando e beijando: simplesmente não há brecha alguma para ingressá-lo na orgulhosa marginália do rock'n'roll."

A irresponsabilidade da juventude, a individualidade e as mentes politizadas, não ocupavam lugar na marca que eles construíam — por mais que os seis músicos tivessem opiniões próprias e personalidades fortes. Eles prezavam pela unidade a todo custo, se protegendo de rixas que pudessem rachar essa harmonia. E política seria um péssimo assunto para ser colocado na roda.

Desta forma, mesmo que em muitos instantes a garganta coçasse para bradar um recado político ou uma mensagem sobre o país nos palcos, eles ficariam mudos. O que, para Nando, seria um sacrifício durante muitos anos. "Era uma corda apertando meu pescoço não poder falar o que eu realmente pensava. Mas eu não fui injustiçado. Eu sou o Roupa Nova. E a culpa por essa escolha é minha também."

— • —

Faz parte do ser humano querer dar nome às coisas, classificar os fatos, entender onde ele coloca o quê, o que combina e o que destoa. E não adianta tentar escapar desta máquina etiquetadora que é o nosso cérebro, um pedaço do nosso corpo marqueteiro por excelência. Com certeza, se você não posiciona a sua marca, quem é você no mundo, outros farão isso por você. E, no caso do Roupa, até a tecnologia, a perfeição e a qualidade de som seriam jogadas contra a banda.

José Antônio Silva, da *Folha de São Paulo*, por exemplo, publicaria uma matéria sobre a moda clean de se produzir cultura. No entanto, usaria dois pesos e duas medidas para fazer suas considerações. Na opinião dele, Arnaldo Jabor no cinema e Gilberto Gil na música teriam feito trabalhos perfeitos por conta da tecnologia, "tudo redondinho". Mas, sabe como é, ambos já teriam talento provado e comprovado para fazer isso. E Jabor poderia estar precisando de dinheiro, enquanto seria possível que Gilberto Gil estivesse fazendo aquilo só por curiosidade.

Porém, ao falar sobre o Roupa Nova, o papo seria outro: som "absolutamente limpinho e descartável, sem dor." Tudo por conta de um arsenal cibernético "com luzes estroboscópicas, raios laser, estúdios de quatrocentos e doze canais e meio…"; o que esconderia a música viva, que pula de alegria, se lamenta e quebra. E citando José Emilio Rondeau ele ainda diria que no trabalho do grupo "Não há lugar para vulnerabilidade — esse precioso elo que une criador/ criatura/ público". Na linha do que também escreveria Jamari França, no *Jornal do Brasil*: "Rock ao vivo é improviso também e os seis excelentes músicos do Roupa Nova ousam pouco, dando a impressão na maioria das músicas de que se está escutando o disco."

Definições impostas sobre o rock (tão desregrado) que não acabariam mais quando se tratava de Roupa Nova. Parafraseando o compositor Zé Rodrix: "Rock no Brasil (se é que houve rock no Brasil) sempre foi e sempre será mais cobiça e manobras financeiras que mesmo a música. Se você olhar bem direitinho, com isenção de ânimos, vai até chegar a achar que então tudo é rock. Daí pra provar que nada é rock, fica fácil. E é melhor provar que nada é rock, antes que alguém decida (e consiga) provar que rock é nada."

— —

Lobão diria: "Eles [Roupa Nova] são mais honestos do que a maioria dos roqueiros, pois a música de baile que fazem reflete a realidade em que vivem." E o Ibope revelaria os melhores da música no final dos anos 1980, de acordo com uma pesquisa feita no eixo Rio-São Paulo, com 1.300 pessoas. Novamente, citava o grupo Roupa Nova na categoria rock, embora alguns veículos de comunicação, como o jornal *Estado de São Paulo*, tenham frisado um "nada a ver" em relação a isso. O conjunto preferido foi Titãs, com 21,1% dos votos; seguido do Paralamas, 5,8%; Legião Urbana 5,5%; Roupa Nova, 5,2%; e RPM 4,2%.[9]

— —

Em entrevista de julho de 1987 para Heleno Rotay e Mara Torres, no Especial com o Roupa Nova, na 98 FM, Nando tentou explicar: "Se você pegar o LP da gente, ele tem essa mistura, esse tropicalismo, essa coisa de muitas cores. Mas ao mesmo tempo tem uma cor que é a do Roupa Nova." O que poderia ser traduzido na frase de Ricardo Feghali: "A gente tem uma união de influências. O Nando gosta de country, eu gosto de coisas mais swingadas, com mais ritmo e levada, o Kiko vai para o lado do rock, o Cleberson mais clássico e por aí vai." Uma rica mistura musical que fugia completamente aos rótulos — o que, na opinião do jornalista Daniel Piza, trata-se de uma questão a ser vista pelo jornalismo cultural com todo cuidado.

Para Daniel — autor do livro *Jornalismo Cultural* (Contexto, 2003) —, existe um perigo na subdivisão em gêneros do mercado cultural. Para ele, soa como porta-voz de grupos que mal se comunicam. São fãs que, em geral, se vestem e se comportam de acordo com essa preferência, ao que ele afirma "sucumbir ao que se poderia chamar de tribalização ou guetização". E que poderia distorcer a característica brasileira, e socialmente positiva, de diversidade cultural em um sentido empobrecedor. "Há o samba, pagode, bossa nova, a MPB, o rock e outros rótulos em curso, como se nada tivessem a ver um com outro", analisa Daniel, antes de qualificar o tal rock brasileiro dos anos 1980 como algo tão próximo da MPB quanto do pop-rock anglo-americano. Cores, das mais contrastantes nuances.

— —

— Eles são os escoteiros do rock! Não vão fazer nada de errado nunca! Sempre alerta — brincou, certa vez, o debochado Lobão, ao falar sobre o Roupa Nova, referindo-se ao profissionalismo, à perfeição e, por que não, à caretice do grupo.

Só que, naquela época, qualquer palavra a mais chateava os músicos — que se perdiam entre tantas críticas. Nando se defenderia em uma entrevista de 1986 ao *Jornal do Ouvinte*, publicação da rádio Cidade, dizendo: "Nós nunca nos afastamos de uma coisa chamada realidade, aquela coisa de ter que pagar o aluguel, o álcool do carro, a corda da guitarra... A gente sempre foi muito assim e procuramos até hoje viver dessa forma. Já ouvi muita crítica de pessoas dizendo que a gente faz a coisa com organização demais, que somos muito profissionais."

— —

Ah... Os rótulos! A pedrinha no pé do sapato do Roupa Nova durante a década de 1980. "Eles eram muito competentes, muito limpinhos. E tinham vindo antes, com uma música diferente. Não iriam conseguir pegar carona na nova geração, nem dialogar com a MPB", acreditava Ricardo Moreira. Um posicionamento que também não seria tomado pela banda, que defendia a pluralidade de influências musicais em suas composições, talvez por não se sentir parte de nenhum dos movimentos (e quem sabe não fosse mesmo).

A confusão seria tanta que, com o tempo, a própria imprensa se enrolaria mais ainda em seus conceitos, sem saber como tratar o grupo no cenário musical brasileiro e em que nicho situá-lo. "Não, eu não posso escrever sobre o Roupa Nova porque eu escrevo sobre rock e o Roupa Nova não é rock." "Não, eu também não posso escrever sobre o Roupa Nova porque não é brega e eu escrevo sobre brega." "Não, eu também não posso escrever sobre o Roupa Nova porque não é MPB e eu escrevo sobre MPB".

A banda desejava, antes de mais nada, ser reconhecida pelo trabalho que fazia, mas não tinha a menor noção de como alcançar isso. E insistia em mostrar a capacidade musical de todos os integrantes nos palcos e entrevistas, tendo como principal arma de divulgação o talento. Afinal, era o que eles haviam aprendido nos bailes e nos estúdios. No entanto, depois do disco amarelo e da decepção com os críticos, eles perceberiam que "só" isso não seria o suficiente.

CAPÍTULO 27

SOY LATINO-AMERICANO

"A gravação com o David Coverdale foi
o dia mais nervoso da minha vida."

Kiko

O Mágico de Oz era o filme que estava na cabeça do baterista Jeff Porcaro quando
ele escreveu Toto, nome do cachorrinho de Dorothy, nas fitas de sua nova banda.
Era apenas uma marcação para facilitar a identificação das demos, antes de virar o
nome do grupo. "Em Latim, *toto* que dizer 'total', 'abrangente'", argumentou o baixista David Hungate, o que se encaixaria na característica dos componentes: músicos
de estúdio elogiados no mercado e capazes de tocar em qualquer estilo ou situação.
E assim ficou batizada a banda, Toto, formada também por David Paich (teclado),
Steve Lukather (guitarra), Bobby Kimball (vocal) e Steve Porcaro (teclado).

A banda americana, durante os 32 anos de existência, teve alterações em sua
formação, sucessos como "Hold the Line", "Rosanna" e "Africa", 24 trabalhos comerciais entre LPs, CDs, vídeos e DVDs, com mais de 30 milhões de gravações
vendidas. Mas apesar da carreira os integrantes continuariam a tocar com outros
intérpretes consagrados da música, seja como Toto ou individualmente, e são
reconhecidos por isso. A lista é enorme e seus créditos são encontrados em boa
parte dos hits desse período. Já participaram de discos de personalidades como:
Michael Jackson; George Benson; Ray Charles; Cher; Santana; Stevie Wonder;
Miles Davis; Chicago; Elton John; Tina Turner; Eric Clapton; Quincy Jones; Paul
McCartney; Joe Satriani; Lionel Richie; James Taylor; Earth, Wind & Fire; Diana
Ross; Bee Gees e outros.

Não se sabe quem foi o primeiro a fazer a associação, mas existem razões plausí-
veis para o Roupa Nova ser comparado frequentemente ao Toto. Eles contribuíram
para o sucesso de inúmeras canções nacionais — sobretudo nos anos 1980 —, e
não só de artistas, como também de marcas e eventos como o Rock in Rio. E o
melhor: participaram de diversas gravações internacionais, através de indicações,
com nomes como David Coverdale, ex-vocalista do Deep Purple, e Steve Hackett, o
ex-guitarrista do Genesis. Ídolos antes presentes apenas nas músicas de baile.

Fazendo no estilo tupiniquim, assim como o Toto no estilo norte-americano, o que de melhor eles sabiam fazer: música.

— —

Steve Hackett arranhava algumas músicas e só tinha 20 anos quando viu o anúncio de uma banda em busca de um guitarrista, em 1970. Tratava-se de um conjunto de três garotos da escola britânica Charterhouse: Michael Rutherford, Tony Banks e Peter Gabriel — que haviam acabado de escolher também um novo baterista. Um tal de Phil Collins. A formação duraria cinco anos, de muitos rocks experimentais e progressivos, e atenderia pelo nome Genesis. Referência mundial para muitos jovens aspirantes a músicos.

Em 1978, Steve partiu para a carreira solo e, logo em seguida, em 1981, casou-se com uma brasileira, Kim Poor. Isso o influenciou a olhar com mais atenção para os músicos do Brasil, e até mesmo a gravar seu disco Till We Have Faces no Rio, em janeiro de 1984. Uma imersão completa no ritmo nacional, com instrumentistas brasileiros!

A sua intenção era gravar o oitavo disco solo com Rui Motta, ex-baterista dos Mutantes, mas ele estava aberto a conhecer outros instrumentistas e também a aprender. Foi com esse espírito que ele conheceu Waldemar Falcão, Fernando Moura, Ronaldo Diamante, Sidinho Moreira, Júnior, Jaburu, Peninha, Zizinho e Baca. E convidou também o baterista Serginho para participar da gravação, captando ao vivo duas baterias em sincronia, a de Rui e a de Serginho, em uma vibe maravilhosa, dando vida à faixa "The Rio Connection".

— —

Ainda em 1984, uma festa iria mexer com o cenário musical carioca: a comemoração do aniversário de dois anos da rádio Fluminense FM — a Maldita — com as principais bandas do momento tocando no dia 2 de abril, às 20h30 no Canecão: Blitz, 14 Bis, Paralamas do Sucesso, Barão Vermelho, Herva Doce, Roupa Nova, João Penca & Seus Miquinhos Amestrados, Lobão e Os Ronaldos, Companhia Mágica, Água Brava, Malu Viana, Celso Blues Boys, Aly na Skyna e Serguei. Uma excelente ocasião roqueira para aproximar Steve Hackett do Roupa Nova, após a participação de Serginho no Till We Have Faces.

— Vocês querem que a gente leve o Steve Hackett junto? — foi a pergunta do grupo para a equipe da FM, que só faltou carregar o Roupa Nova no colo, como se tivesse caído dos céus aquele presentão para a Maldita.

O guitarrista nunca havia se apresentado no Brasil com o trabalho solo! E, agora, estaria ali, na festa da Maldita, do nada?

— —

Steve Hackett gostou do convite de Serginho e combinou de ensaiar, à noite, algumas músicas com o Roupa Nova. Ele só não esperava que os integrantes do grupo fossem tirar as canções de sua carreira solo antes de encontrá-lo.

344

— Eu trouxe uma fita com as músicas — disse ele, entregando o K7 nas mãos do baterista, que sorriu, olhou para o tape em suas mãos e sugeriu:

— Antes disso, a gente pode mostrar um negócio pra você?

E lá foi a banda, extremamente ensaiada, mostrar a que veio.

Steve caiu duro para trás ao ver o Roupa Nova já tocando "Camino Royal", do seu disco de 1982, com a harmonia certinha, as viradas, a introdução... E os teclados?

— Não acredito... O Rick Wakeman demorou pra pegar! — comentou ele, elétrico, na primeira pausa que o grupo deu, pegando a guitarra com voracidade para tocar direto, feliz da vida, sem passar fita nem nada. — Vamos lá!

— —

O Canecão lotou naquela noite de 2 de abril, com jovens de todos os cantos do estado do Rio de Janeiro, amontoados no salão. Os ouvintes mais atiçados chegaram cedo, para ficar perto do palco, e defendiam o seu lugar com unhas e dentes.

Para todos os grupos se apresentarem em um dia apenas, os shows eram curtos, com cerca de duas a quatro canções. As trocas eram rápidas, separadas pela famosa frase da rádio, "Maldita!!!", mantendo o clima do público lá no alto. Locutoras como Liliane Yusim e Mylena Ciribelli comandavam as atrações — as vozes femininas que faziam sucesso com o público predominantemente masculino da 94,9 FM.

— Vamos tocar "I Know What I Like"? — perguntou Feghali para Steve, nos bastidores, ansioso pela resposta.

Todos os integrantes do Roupa estavam doidos para tocar aquele clássico do Genesis, da formação mais badalada de todos os tempos, do disco mais vendido da banda!

— Não, isso eu não posso. É do Genesis, não meu!

— Como não vai tocar? É o maior sucesso! — contestou Cleberson.

E ele, vendo a cara de pedinte dos seis, ainda tentou argumentar:

— Mas nem ensaiamos!

— A gente sabe! A gente sabe! — falou Kiko.

Até que o Roupa Nova abriu seu show cantando "Sapato velho" a capela: "Você lembra, lembra..." Uma abertura que preparava o público para algo que os espectadores nem sonhavam. Nem mesmo os outros músicos que se apresentariam naquela noite!

De repente, chegou a hora, o momento mais esperado por todos do Roupa Nova. E o som dos teclados tomou o ambiente, as luzes ficaram meio azuladas e Steve Hackett foi chamado ao palco, dando início à música "I Know What I Like".

O Canecão veio abaixo! Os locutores disputavam o melhor lugar para ver e ouvir a canção. E os integrantes das outras bandas saíram correndo de dentro dos camarins para ver quem estava tocando. Foi tanto desespero e euforia, que um músico trombou no outro no caminho, e Flávio Venturini, do 14 Bis, acabou tropeçando e caindo de cara no chão. Uma confusão só!

No palco, os seis integrantes sorriam de um canto ao outro da orelha, orgulhosos por compartilharem aquele instante com a lenda Steve Hackett. Ele — tocando com a guitarra número 1 de Kiko —, enquanto o integrante do Roupa, mais do que satisfeito, com a número 2.

Naquela noite, o Roupa Nova ainda tocaria mais umas duas músicas com Steve, gravadas nos discos de sua carreira solo. E o público (e os outros músicos), extasiados, absorveriam aqueles preciosos minutos que marcaram uma época. Um dia inesquecível e histórico para quem decidiu sair de casa e seguir até o Canecão. Daqueles que, de tão perfeito, dá vontade de emoldurar e pendurar na parede.

— —

Nos dias 13 e 14 de abril, foi a vez do Roupa Nova se apresentar no ginásio Hebraica, na rua das Laranjeiras, na Zona Sul do Rio de Janeiro. E Steve Hackett, que continuava no Brasil, foi ao show para prestigiar os músicos. Sentou na arquibancada com sua mulher, assistiu e, no final, ainda deu uma canja com a banda — para a felicidade do público.

O britânico estava fascinado pelo trabalho do grupo. Fez questão até de oferecer um jantar em sua casa e, em uma entrevista para a TV sobre sua passagem pelo país, destacou o quão impressionado ficara com o Roupa Nova. Deixando envaidecida a banda acostumada a tomar bordoada de críticos em geral. Como diria Kiko:

"No cenário internacional, o importante é quem toca e canta pra caramba. Quando estamos falando de mundo, não existe preconceito com o Roupa Nova."

E, de fato, o primeiro show de Steve Hackett no Brasil, em sua carreira solo, não aconteceria apenas em 1993, como diriam os jornais. No entanto, apenas poucos sortudos puderam confirmar isso.

— —

O maestro Eduardo Souto Neto recebeu, no final de 1984, a difícil missão de parir um hino; uma música para ser tocada e cantada pelos jovens durante anos, uma canção que tinha que ser sucesso antes mesmo de existir. E que seria o tema de um dos principais festivais de música do Brasil, com estrelas internacionais que não costumavam se apresentar na América do Sul. Um evento que seria conhecido como Rock in Rio.

"Putz, criar um hit assim é complicado...", pensou ele, enquanto rabiscava notas em sua casa. A letra seria feita por seu parceiro Nelson Wellington, e o prazo para entrega era adequado. Mas quem disse que a música saía? "Vai ter gente do mundo inteiro... Cacete, que encrenca!" E os dias iam passando, sem "demo" nas mãos para mostrar para Roberto Medina, idealizador do festival — deixando a situação ainda mais tensa para a dupla de compositores. Até que chegou a data final combinada com a organização, quando Eduardo se reuniria novamente com Medina.

— Fiz a música! — disse ele para o empresário, ainda suando por ter conseguido finalizar a letra.

— Cadê?

— Precisa gravar antes.

— Não dá tempo. Quero ouvir hoje!

— Mas onde?

— Tem um piano aqui que foi do Frank Sinatra. Vamos pra lá!

"Pronto, era o que eu precisava para me deixar ainda mais nervoso!", imaginou Eduardinho, enquanto Medina pedia para um dos funcionários da Artplan acompanhá-los. O instrumento era um piano de cauda Steiner e havia sido comprado para o show de "Olhos Azuis"* no Maracanã. Porém, como havia ficado em um dos elevadores da agência, por um segundo Eduardo achou que aquilo o salvaria de uma primeira apresentação crua e insegura.

— Não tem problema! Você toca lá mesmo!

E se dirigindo ao funcionário que estava com eles, deu as ordens, deixando o caminho livre para que Eduardo lhe mostrasse a canção. O maestro subiu no elevador, ressabiado, tentando respirar calmamente e esfregando as mãos para que elas parassem de tremer. Para só então pousar seus dedos sobre as teclas do piano.

Se a vida começasse agora,

E o mundo fosse nosso outra vez,

E a gente não parasse mais de cantar, de sonhar...

Que a vida começasse agora

E o mundo fosse nosso de vez

E a gente não parasse mais de se amar, de se dar, de viver

Ôôô ôôô ôôô ôôô

Rock in Rio

Do piano, Eduardo não conseguia ver as reações de Medina. E foi surpreendido pelas vibrações esfuziantes do empresário:

— Maravilhoso! Esplêndido! Espera aí!

Voltando com mais diretores para que ele tocasse de novo, e de novo, até a empresa inteira escutar o tema. "Ufa!", suspirou Eduardinho, por sentir que o tema havia sido aprovado.

Depois disso, a música seria tocada, cantada e gravada pelo Roupa Nova, para só então parar nos rádios, nas televisões e na cabeça dos jovens.

"Eu chamava o Roupa pra tudo! Se eu tivesse que fazer um disco de Escola de Samba, ligava pra eles. Com cavaquinho e tudo!", diria ele, ao relembrar a história de uma canção que cumpriria seu destino de já nascer um hino.

---

* Frank Sinatra foi conhecido, em sua carreira, pelos apelidos The Voice e Blue Eyes.

"Não tínhamos som, não tínhamos luz, não sabíamos o que era montar um espetáculo. O mercado brasileiro não tinha credibilidade no mercado internacional nem para promover um show médio, menos ainda para promover o maior evento do mundo na época", diria o empresário Roberto Medina sobre produzir a primeira edição do Rock in Rio, em 1985. Um evento realizado em dez dias, com cerca de cinquenta shows, e que seria marcado pela intolerância dos metaleiros com os artistas nacionais e a eleição de Tancredo Neves como presidente.

No primeiro dia, 11 de janeiro, diante de 200 mil pessoas, estiveram os brasileiros Ney Matogrosso, Erasmo Carlos, Baby Consuelo e Pepeu Gomes, além das bandas internacionais: Iron Maiden, Queen e Whitesnake. E, logo de cara, Ney sentiu as vaias e os xingamentos do público —ansioso para ver Bruce Dickinson, Freddie Mercury ou as madeixas de David Coverdale. Um comportamento que foi pior diante do Tremendão Erasmo Carlos, que seria atacado com latas vazias, copos de plástico, pilhas e outros objetos: "Tive vontade de mandar todos tomarem no cu, mas contei até dez e optei por uma reclamação moderada, pois vi que a maioria da galera, que estava atrás da horda, era civilizada e estava ali cumprindo à risca a proposta do festival, de som e paz."

No público estava Kiko, curtindo as apresentações, sem qualquer hostilização — apesar de também estar inquieto para ver os grupos estrangeiros. Assistindo a Erasmo Carlos, depois Baby Consuelo com Pepeu Gomes, para enfim se encontrar hipnotizado e paralisado diante da voz de David Coverdale e dos solos de guitarra de John Sykes — da banda Whitesnake —, considerado por muitos o melhor guitarrista daquele festival.

— —

Havia dias que Eduardo Souto Neto vinha trabalhando na campanha de 1985 do cigarro Hollywood para a Souza Cruz, disposta a investir pesado e fazer várias propagandas para as rádios, com versões diferentes de um mesmo tema musical. Ao maestro cabia a criação do tema, das versões e dos arranjos. Depois entrariam os intérpretes, como Gilberto Gil, Ivan Lins, Marina Lima e Lulu Santos, para colocar uma letra em cima e gravar os jingles do jeito deles.

Eduardo convidou o Roupa Nova e juntos eles fariam várias versões — rock'n'roll, balada etc. O Roupa Nova, inclusive, seria um dos convidados a cantar uma das músicas. No entanto, a grande sacada da Souza Cruz foi conseguir a participação de David Coverdale, que tinha dois shows marcados com sua banda, a Whitesnake, para o Rock in Rio, nos dias 11 e 19 de janeiro. Todos ficaram em polvorosa por contar com aquela referência mundial do rock'n'roll para a campanha do Hollywood. Afinal, era "O" David Coverdale, ex-vocalista da banda Deep Purple.

— Quer dizer que teremos um dia para gravar a música com ele, aqui no Rio? Beleza! Vou pedir para o Roupa fazer a base dessa gravação.

Foi a resposta de Eduardo para um dos representantes da Souza Cruz ao saber da novidade, confirmada em cima da hora, naquele sábado. Tudo teria que ser cronometrado pois, de acordo com o contrato acertado, não haveria uma nova chance para gravar essa versão com o vocalista. E teria que ser na tarde do dia seguinte, mais precisamente dia 20 de janeiro, para dar tempo de ele pegar o voo noturno para a Inglaterra. Sem chance de adiar ou remarcar se tivesse algum problema na gravação. O detalhe é que, quando o responsável pela campanha, Eduardo, soube da notícia, estava em São Paulo fazendo uma temporada com a Simone, de quarta a domingo à noite. Como aparecer nos dois lugares a tempo?

—

No mesmo final de semana que Eduardinho arquitetava o esquema perfeito das pontes aéreas, Kiko aproveitava o dia ensolarado na sua casa na Região dos Lagos, tomando cerveja com os amigos, pegando uma praia, sem compromisso ou qualquer preocupação. Passou praticamente o dia inteiro bebendo e, lógico, acabou ficando agitado, à noite após tanta birita — horário exato da ligação de Ricardo Feghali.

— Vem pra cá que a gente vai gravar amanhã com o David Coverdale!
— O quê? Mas, Ricardo...
— Bicho, a gente vai tocar com o David Coverdale!
— Fodeu...

Só de pensar que, no dia seguinte, depois da bebedeira, ele estaria ao lado daquele "monstro" do rock'n'roll, o álcool já parecia evaporar de seu corpo. "Caraca... Como é que eu vou conseguir fazer isso?", pensava tenso, após desligar o telefone, com um cigarro entre os dedos trêmulos. "O cara toca com o John Sykes, cacete!"

—

A princípio, Eduardo Souto Neto organizou tudo por telefone. Marcou o estúdio principal da Transamérica e faria uma ponte aérea de manhã e outra à tarde, após a gravação. Loucura? Imagine então com o tempo fechado, com uma chuva fininha típica de São Paulo? Pois esse foi o clima do fatídico domingo. Show da Simone, Coverdale para gravar no Rio, e o grupo da Souza Cruz à beira de um ataque de nervos ao saber que o maestro não conseguiria chegar.

— Calma, calma. Vai dar tudo certo, o Roupa Nova consegue fazer isso sem mim. Eles já gravaram essa música umas três mil vezes! Não tem mistério. Vou ligar para o Feghali!

Não que o cliente tenha ficado satisfeito com aquela resposta logo de manhã, mas era o que dava para fazer. A Souza Cruz teria que confiar em Eduardo e torcer, rezar, fazer promessa, ou apenas contar com a sorte de que não teria mais nenhum imprevisto naquele dia.

— Feghali, aqui é o Eduardo. Cara, não vai ter teto para voar para o Rio. Não posso faltar com a Simone. Você assume aí, tá? Estarei à disposição de vocês durante a tarde toda.

O Roupa Nova havia chegado cedinho ao estúdio, inclusive Kiko — embora estivesse com uma ressaca de matar e uma tremedeira incontrolável naquele frio da sala, principalmente após bater os olhos em Coverdale. Pensava sem parar: "Vou ter que tocar muito! Imagine se ele não gostar e mandar chamar outro? Não, não, não... Se controla, Kiko... Vou ter que tocar muito!"

— Calma, cara... — tentou Feghali, ao notar como o guitarrista estava travado.

— Vou ficar, vou ficar...

"Pô, o Steve Hackett era mais a nossa praia... Já o Coverdale toca rock'n'roll pesado!" E só de se lembrar do show do Whitesnake, no Rock in Rio, sua cabeça doía.

— —

Esquema combinado para a gravação com o Roupa Nova e todos avisados sobre a ausência de Eduardo: hora de passar a música para Coverdale colocar a voz.

Sempre que ouvir esta canção lembre de mim
Se eu estiver longe daqui, vou estar pensando em você

No entanto, ele mal escutou a canção:

— Eu não vou cantar essa música! Não sou o Tony Bennett.

Levantando-se da cadeira e partindo para a porta de saída, antes de descer as escadas com o empresário atrás. E se Feghali ficou desesperado e frustrado por ver o roqueiro ir embora, o que diria o pessoal da Souza Cruz... Eles ligaram para Eduardo, em São Paulo:

— Ó, ele tá criando caso com a música!

— Mas por quê?

— Sei lá! Acho que ele pensou que ia gravar uma música dele...

"E o que eu tenho a ver com isso?", pensava Eduardo, agitado. Até que depois de alguns minutos, milagrosamente, Coverdale voltou, convencido a gravar. Não muito simpático e com jeito de quem estava prestando um favor. Fim dos problemas?

— "Hollywoodí" ?? Então meu nome é "Davidí"? É "Hóllywood"!

A entonação da palavra Hollywood gerava polêmica, e também a letra da música. De modo que mais ligações seriam feitas para São Paulo:

— Ó, ele tá criando caso com o negócio da letra!

As letras gravadas pelos outros intérpretes haviam sido traduzidas para inglês, para que David pudesse ficar à vontade para escolher qualquer uma delas. O ideal era que ele se sentisse bem para fazer o que quisesse. Mas não funcionou. Ele cismou com a pronúncia dos brasileiros e se apegou nessa questão por um bom tempo.

— Ó, Eduardo, ele tá criando caso e ponto! Não dá para você vir aqui?

Não, não dava. Será que isso era difícil para eles entenderem?

— Ai, meu Deus, ele tá querendo rever o contrato!! Parece que quer mais dinheiro!

Aquela ligação foi a mais nervosa de todas e aconteceu bem no finalzinho do dia. Os representantes da Souza Cruz já viam o barco afundando, o contrato sendo desfeito e as cabeças rolando por causa do fracasso da gravação. Todos os envolvidos começaram a ficar apreensivos com o passar dos minutos, pois a tarde estava acabando e tudo indicava que Coverdale não iria colaborar. Sufoco geral e sem sinal de esperança. Até que em uma das ligações Eduardo pediu para chamar Feghali no telefone:

— Ricardo, é o seguinte: eu acho que esse cara tá inseguro. Ele não conhece vocês, nunca ouviu falar em Roupa Nova. Deve estar achando que tá na maior furada! Eu sei que o som já foi passado, mas combina com o técnico uma nova passagem. Finge que vocês vão acertar algum detalhe de afinação, volume etc. e toca! Qualquer coisa! 1, 2, 3 e pau! Todo mundo junto!

E fez-se a luz! Aquilo podia diminuir a implicância do vocalista. Feghali entendeu o recado e, mais que depressa, combinou com os outros cinco integrantes, melhor do que o maestro poderia prever. Um olhou para o outro, o Serginho marcou o tempo com as baquetas e eles começaram a tocar:

Smoke on the water, fire in the sky
Smoke on the water

Naquele exato instante o vocalista do Whitesnake estava se levantando, mais uma vez, da cadeira para sair da sala. O som produziu um belo susto, que o deixou estático. David, com os pés batendo no chão, e aquele cabelão ondulado, bonito e escuro, não conseguia tirar os olhos da banda que tocava "Smoke on the Water", sucesso do Deep Purple. Sem perceber que Kiko tremia tocando guitarra, aflito, certinho, e todo duro.

— Uau! Nunca ouvi essa música ser tocada tão bem em toda a minha vida!

Alívio... Fim dos telefonemas. Dali para frente, o cenário mudaria: o vocalista relaxou e nem parecia que pegaria um avião mais tarde. Autografou o disco do Deep Purple que Cleberson levara, brincou com os integrantes, e podiam jogar o contrato para o alto que ele nem repararia. Ficou tão animado com a banda que chegou a pedir material deles para levar a fim de, quem sabe, o Roupa abrir show do Whitesnake na Europa! Usou a letra da banda para cantar o jingle, parou de arrumar confusão e pediu em um inglês carregado de sotaque britânico:

— Quatro maços de Hollywood para mim, por favor!

CAPÍTULO 28

O CORAÇÃO E A MÁQUINA DE CALCULAR

"Depois que eu trabalhei com o Roupa Nova,
eu nunca mais consegui trabalhar
com artista nenhum."

Valéria Machado Colela

Nando costumava esbarrar, nos eventos musicias, em Valéria Machado Colela, empresária de Moraes Moreira, que atuava em parceria com Anelisa Cesário Alvim, empresária de Alceu Valença. Juntas, elas administravam a carreira da Marina Lima com as firmas Azevém e Luz Produções, e estavam entre as poucas mulheres que operavam nesse ramo artístico no período.

— Vou fazer carreira solo pra você me empresariar, hein?! Só assim, né?

E Valéria, com aquele olhão grande, claro e um sorriso fácil, ria das brincadeiras de Nando, que se transformariam em convite sério no final de 1984. Momento em que a banda precisava, com urgência, construir sua identidade e ter um posicionamento no mercado brasileiro — e, por coincidência, momento em que as duas tinham acabado de deixar seus artistas:

— Vamos marcar uma reunião em Higienópolis pra gente conversar?

Lá, todos se encontrariam para acertar a entrada das empresárias. Época de divulgação do disco amarelo e o estouro do rock no país.

— ◖ —

— Deixar Alceu e Moraes pra pegar o Roupa Nova? Você estão fodidas... — disse rindo Dody Sirena, empresário do meio, para Anelisa, que não desceu do salto:

— Mas aí é que tá o grande barato! Trabalhar com Moraes, que saiu dos Novos Baianos, é fácil! Com o Alceu, também. O grande desafio vai ser pegar gente talentosa, como o Roupa, e conseguir uma boa colocação no mercado!

Isto quando ela não escutava comentários dos conhecidos por ter se mudado, também nessa época, para Vargem Grande, na Zona Oeste do Rio de Janeiro.

— Você tá ferrada, hein? Incorporou de vez o subúrbio!

Sinais de preconceitos e falta de conhecimento sobre a banda que elas estavam assumindo. É... A tarefa não seria fácil, mas quem iria desanimar? Ambas, com seus 20 e poucos anos, tinham pique e personalidade forte, apesar dos estilos diferentes para encarar a "pedreira". Uma dupla organizada e atenta, formada por Valéria — com suas sandálias e cordões ripongas, cabelo ondulado, voz grave e ritmo acelerado — e Anelisa — observadora, aparentemente mais calma, e de cabelo mais liso. Para elas, era claro: faltava identidade musical para o conjunto, sobretudo após o disco amarelo. "Descaracterizou muito o Roupa, tirou todo o vocal, que é a coisa superbonita que eles têm. Tirou o trabalho musical mais elaborado que eles faziam", explicaria Valéria.

Era como se Miguel tivesse popularizado a banda no mais clássico estilo Fevers. Tudo bem, eles estavam vendendo e tocando nas FMs. No entanto, no mercado, não existia respeito pelo trabalho autoral do Roupa Nova. Era preciso mudar.

— —

— Por onde a gente começa? — perguntou Valéria, sentando com sua agenda, ao lado de Anelisa, com suas contas.

— Estava pensando sobre aquilo que conversamos antes... Sobre limpar a imagem deles...

— Você tá falando de tudo, né? Outras gravações, vinhetas para rádio, música de novela...

— É, de tudo! Isso toma muito tempo deles! Eles precisam focar no Roupa Nova.

— E compor também, né, Anelisa?

— Aliás, Val, pensei em bater um papo com os seis sobre o dinheiro. Tenho a impressão de que eles não planejam. O dinheiro entra e sai. Será que eu vou estar atropelando?

— Acho que não... Eles pediram a nossa opinião, não é?

— É... Pensei até em mantermos uma caixinha com grana para imprevistos...

— Ah, falando nisso, a gente precisa ver a estrutura de equipe de som e luz que eles já têm.

— Tem um pessoal muito bom ali, né?

— Sim, sim... Vou marcar com eles e... — disse Valéria, olhando para a agenda, como se buscasse mais algum outro ponto. — Ah! Já estava me esquecendo... As roupas! E se o visual fosse menos colorido?

— Hum... Deixar mais leve?

— É! Pra dar uma amenizada! Sem tirar a personalidade deles!

— Faz sentido... As pessoas já falam que o repertório é brega... Menos é sempre mais!

— Tudo bem que o público não se importa muito com isso...

— O público que eles já conquistaram, né? Dá para aumentar esse número! Mas pra isso precisamos quebrar umas barreiras. As pessoas, as casas de espetáculo precisam pelo menos conhecer a música do Roupa! Aliás, a gente precisa expandir a atuação do Roupa aqui no Rio de Janeiro. Tocar em outras casas de shows, sair da Zona Norte para chegar até outras pessoas...

— Canecão?

— Ih, Val, será? Eles só topam colocar artistas que vão encher o lugar. É uma casa tradicional, que recebe só artistas da MPB...

— Por isso mesmo! Pelo que sei, eles só tocaram lá como convidados... O Roupa pode lotar o Canecão! A gente precisa fazer um trabalho forte aqui no Rio, além de pôr o pé na estrada.

— Eu também acho... Bom, a gente tenta. Você tem razão, pode abrir portas, facilitar a entrada em outros lugares depois de uma apresentação no Canecão. Vamos nessa!

— E ainda tem o lance da imprensa...

— Ah é, mas eu não vejo como conseguir espaço por agora, não. Os jornais têm sido muito duros com eles... Só fazendo muito sucesso!

— Mas a gente vai! Ah vai! — falou rindo Valéria, como se estivesse fazendo uma provocação, antes de lamentar. — E isso incomoda tanto a eles, né? Para o artista é complicado sofrer qualquer tipo de rejeição, não tem jeito...

— É... Só que por enquanto não tem muito o que fazer. Eles têm que se preocupar com o público e com o trabalho deles! O resto virá... Ah! Esqueci de dizer, eles querem comprar uns instrumentos novos. Temos que ver isso.

— E ver também com a gravadora a agenda de show deles.

— Depois de ver as datas, é legal a gente montar um esquema de revezamento. Eu pego uma viagem e você a outra. E a gente consegue estar por perto de tudo sem se cansar demais.

— E os discos! Tem que mandar para esses lugares! Você falou com o comercial da RCA?

— Ai, meu Deus, quanta coisa...

— —

— Vamos pegar o vocal e a música de vocês de volta! — sugeriu Valéria, ao lado de Anelisa, em reunião com o grupo.

Na cartilha das empresárias, o Roupa Nova precisava dedicar o seu tempo ao próprio Roupa Nova, para crescer como banda e ter a sua personalidade definida no mercado. Só que, para isso, eles teriam que desistir de algumas coisas, do mesmo jeito que fizeram ao deixar os bailes e os Famks.

— Vinhetas para rádio? Vocês fazem como ninguém, mas vamos diminuir a quantidade para ter mais tempo para a carreira do Roupa.

— Música de novela? É legal, mas vende o disco da Som Livre, não o de vocês. O cara não vai comprar o LP do Roupa Nova por causa da música. Ele nem conhece vocês! Fazer canção por encomenda para novela não é necessariamente vantajoso. E o trabalho de vocês? Como fica?

— Temos que investir com tudo em vocês! Se não fizerem isso, ninguém vai fazer!

Para as empresárias, a fim de ganhar mais público e quiçá a imprensa, o Roupa Nova deveria se voltar para a sua carreira. Uma estratégia que não seria simples e envolveria "não" como resposta. E elas estavam dispostas a estar do lado dos músicos para brigar, se fosse preciso.

— A sorte foi que a gente teve uma sintonia grande com os meninos e as mulheres deles — afirmaria Anelisa. — Ninguém faz nada sozinho.

Desta forma, nada era imposto, mas conversado. E eles, abertos às mudanças, entendiam o ponto de vista delas. Ou pelo menos tentavam.

— A gente era bom ouvinte, a gente queria aprender — conta Kiko. Embora os seis integrantes discordassem ou resistissem às vezes.

— Gravação de outros artistas? Só se for como participação especial. Não dá para vocês serem "só" músicos, vocês são o Roupa Nova. É uma maravilha se tornar o queridinho da MPB no estúdio, mas tem que ser reconhecido por isso.

— Mas é de onde a gente tira o dinheiro pra viver, Anelisa!

— Kiko, a música de vocês tá pasteurizada nas rádios! A gente escuta a rádio e tem dez execuções de Roupa Nova, mas só uma com o nome de vocês! Não tem espaço pra uma identidade própria.

Tanto Anelisa quanto Valéria acreditavam que as gravações em estúdio impediam o crescimento da banda e, por isso, bateriam nessa tecla. "Eles não se diferenciavam quando iam fazer a música deles", comenta Valéria. O problema é que os músicos de estúdio ganhavam uma fortuna para gravar! "Você fechava um pacote milionário com Gal Costa, Rita Lee... E, por mais que o Roupa atuasse em shows, eles viviam da renda dessas gravações", complementa Anelisa.

Só que gravação de estúdio é um ciclo. Como explica Nando. "Tem uma época em que você é a mão do momento e todos os artistas querem usar. Foi assim com todos os baixistas! O Alexandre Malheiros, do Azymuth, depois Paulo César Barros, Jamil Joanes... e eu tive minha época de dois ou três anos, depois o Arthur Maia... E vão se sucedendo os baixistas! Ou os bateras, ou os guitarristas e assim vai. Ninguém interrompe isso. Só acaba. É uma faísca."

E, do mesmo modo, também acabaria para o Roupa Nova, como conta Cleberson. "Anelisa e Valéria tentaram tirar isso da gente, mas as próprias pessoas começaram a procurar outras alternativas. O nosso som, entre os figurões da MPB, estava banalizado até! Lei da oferta e procura."

—◦—

"O rock e as danceterias continuam em plena moda no verão chuvoso da cidade", escreveu Diana Aragão na abertura de sua nota sobre a programação das bandas no Rio de Janeiro, no início de 1985. O quinteto carioca Dr. Silvana & Cia seria uma das atrações do Mistura Fina, na Barra da Tijuca, o grupo Absyntho se apresentaria no "centro roqueiro" Noites Cariocas, e na Tijuca, na Mamute, a noite seria do Roupa Nova "com direito a repetição na próxima semana, já que a turma vem agradando".[10]

A Mamute* ficava na Conde de Bonfim, 229, no bairro da Zona Norte e era um dos poucos motivos que levavam os moradores da Zona Sul a atravessar o túnel. Uma das principais boates do Rio, que realizava os shows cobiçados pelos jovens roqueiros e atendia por aquele estranho e recente nome inventado de "Danceteria". Um lugar fundado em 1984, em uma galeria, ao lado de uma pizzaria — ponto obrigatório do público antes de cair na gandaia —, e que se diferenciava das discotecas por ter som ao vivo. Seu palco era cercado pelas luzes coloridas dos canhões de luz, pela luz negra das paredes e pela luz estroboscópica do teto.

O Roupa Nova já havia se apresentando lá em 1984, deixando boas lembranças para os donos da casa. Como bem registrou Jamari França, no *Jornal do Brasil*: "O pessoal técnico da Mamute rasgou a maior seda para a organização do grupo, que funciona como empresa com roadies especializados para montagem do palco, aparelhagem própria, tudo do mais moderno, uma estrutura que eles montaram em doze suados anos de carreira..."[11] E em 1985 a resposta do público seria ainda melhor, com gente dançando na discoteca até não caber mais. Entre eles, Ezequiel Neves, produtor da Som Livre, que fez questão de ir ao camarim cumprimentar os músicos:

— Bate aqui, bate! Vocês são fogo! — disse Ezequiel, dando tapas em seu próprio rosto.

A que Nando respondeu com outro tapa no produtor roqueiro. Bem de leve, mas conceitual.

— —

— O que você achou? — perguntou Ricardo Feghali para o produtor Max Pierre, que também havia assistido ao show na Mamute e tinha ido ao camarim.

— Ótimo!

— Não, você não quer dizer o que achou! — insistiu Nando.

— Foi ótimo gente.

— Fala aí, pô — reforçou Kiko.

— Ó, a única coisa que eu acho é que o Paulinho com esse macacãozinho rosa tá parecendo um veadinho.

Deixando os seis músicos mudos e de caras fechadas. "Mas foi eles que pediram, né?", diria depois o produtor.

— —

---

* Em São Paulo, o circuito das danceterias passava por nomes como Radar Tantã no Bom Retiro, Rádio Clube em Pinheiros, Raio Laser na Zona Sul, e Latitude 3001 na 23 de maio. No Rio de Janeiro, ainda vale citar a Metrópolis, em São Conrado, e a Mamão com Açúcar, na Lagoa.

"A gente se vestia igual a todo mundo. Não sentia nenhum preconceito quanto à roupa. Mas trocar as nossas cores foi um sentimento delas, né?", recorda Kiko, sobre a mudança no visual do grupo, no ano de 1985.

Cada um dos integrantes gostava da liberdade de escolher o que vestir nos shows, sem ter alguém dizendo: "Tem que ser essa calça ou essa blusa." Mas, se a Blitz causava uma boa impressão colorida, na opinião de Anelisa e Valéria o Roupa Nova poderia ter outro impacto devido à história e ao perfil da banda. Pensando nisso, as duas empresárias e o grupo chegaram a uma solução viável, fácil e que fosse clean como elas tanto queriam:

— Não vamos regular vocês, mas chega de cores! Todo mundo de preto, branco e cinza, no máximo! Jeans também tá liberado. Vamos limpar o palco.

— —

— Gente, acho que vamos conseguir o Canecão pro final de maio! Não da maneira que queríamos, mas...

— Jura? E vai dar para tirar as mesas para o pessoal dançar? Plateia sentada é foda...— perguntou Feghali para Anelisa.

— Estamos conversando com o Mário Priolli e isso não deve ser problema. A gente deve tirar umas 48 mesas do centro, vamos ver...

— Mas e o dinheiro? — quis saber Kiko.

— É, acho que a gente vai ter que desembolsar... 5 dias!

— Vamos encher aquela casa!

— Sem dúvida! Ah, estamos olhando também o lance do painel dos Beatles. Entramos em contato com o Mario Bag*, e é só ter o OK definitivo do Canecão para confirmar com ele.

E Feghali completou:

— Vai ficar legal o painel mais o set list à la Famks. Bacana o "She Loves You", junto com a chamada do programa Cavern Club, do Big Boy.

— Vai dar tudo certo! Nessa semana vamos acertar com a casa. Vamos fazer, vamos fazer!

— —

— Não vai, não, Miguel!

— Ah, Valéria, só dessa vez...

— Não, Miguel! O Roupa Nova não vai gravar a base do disco da Joanna!

— Isso é importante pra eles.

— Não, não é. Se você quiser uma participação especial a gente pode até pensar no assunto. Mas como músicos de estúdio eles não entram! Não mesmo. Acabou.

Depois de alguns dias, Miguel Plopschi ligou para Valéria, insistindo:

— Pelo amor de Deus, Valéria!!

---

* Artista plástico responsável pelo logotipo de 1985 do grupo.

— Miguel, uma participação especial, quer? Joanna e Roupa Nova título na frente, tudo como deve ser. E nem adianta tentar convencer os meninos pra fazer a base. Eles estão com a gente e entendem os motivos dessas decisões. É pegar ou largar.

Foi quando se acertou a participação do Roupa Nova na canção "Um sonho a dois", de Paulo Massadas e Michael Sullivan para o LP homônimo Joanna, da RCA. O disco seria lançado em 1986 e um estouro de vendas: cerca de 600 mil cópias vendidas. Entre os grandes sucessos do álbum, a música "Um sonho a dois", entraria para a discografia do Roupa Nova no RoupAcústico 2, em 2006, cantada por Serginho, acompanhado pela cantora Claudia Leitte.

— • —

"Roupa Nova estreia hoje no Canecão" era o título da matéria do *Jornal do Brasil*, no dia 29 de maio de 1985, na editoria "Show" — cinco dias de apresentações, de quarta-feira a domingo, e pela primeira vez no "palco do Brasil". Após rodar o país com o disco amarelo, com média de público de 5 mil pessoas por show, apesar das críticas da imprensa.

O texto não vinha assinado e, ao contrário do que costumava acontecer, trazia um enfoque positivo sobre o Roupa Nova. Já na primeira frase se lia um "Como recomenda Milton Nascimento..." — como se o nome do mineiro funcionasse como uma "abertura de portas" para o leitor com preconceitos. Recurso usado também pelo próprio grupo. E, no segundo parágrafo, a afirmação: "O Roupa Nova garante que seus shows têm a mesma qualidade de som dos discos."

Porém, o que nem o jornalista nem ninguém sabia é que a estreia do Roupa Nova na respeitada casa de espetáculos seria paga. O famoso "pagou para tocar". A diretoria do Canecão, com receio de que a casa não enchesse, só aceitou a turnê do grupo com a condição de ficar com toda a bilheteria. E as empresárias aceitaram, pois faziam questão de colocar seus artistas no palco da nata da MPB. Bancaram, literalmente, para ver, e viram: cinco dias lotados, com fila na porta.

— • —

"Nando, empunhando seu poderoso [baixo] Alembic, disse ao microfone que a banda era formada por pessoas muito simples e não adiantava cobrar nada diferente do Roupa Nova. Então tá", era assim que Jamari França, já com um leve toque de ironia, começava seu texto sobre os shows do grupo no Canecão, no Caderno B do *Jornal do Brasil*. Na matéria publicada em 1º de junho de 1985, sob o título "Talento, tecnologia e breguice total", o crítico discorreu poucos elogios entre muitas restrições ao trabalho dos seis integrantes.

"Falar do Roupa Nova no palco é cair num inevitável morde e assopra", escreveria ele, comentando como fatores positivos o talento musical e o profissionalismo, e como lado negativo o "tédio provocado pelo repertório new brega, especialmente o material mais recente". E terminaria o texto chamando "Whisky a Go Go" de um "horrível tema do drama bobo [da novela] das sete", citando o pot-pourri das músicas gravadas pela banda com outros artistas. "... praticamente todo mundo, credenciando Roupa Nova como uma espécie de Toto brasileiro. Há quem goste."

Ah, sim, Jamari França era crítico e, em sua definição, um roqueiro convicto.

— —

Para o mesmo show do Roupa Nova no Canecão, um texto bem diferente do *Jornal do Brasil* foi apresentado pelo *O Dia*, de autoria de Roberto M. Moura. Sob a chamada "Um sonho a mais não faz mal", o jornalista disparou logo no primeiro parágrafo: "é preciso avisar aos inimigos do rock que o Roupa Nova não é um conjunto como dezenas desses que andam por aí. Perguntem isso ao diretor ou aos produtores de qualquer gravadora."

E as disparidades entre as opiniões não paravam por aí. Roberto defendeu a banda e ainda cutucou: "Cleberson, Ricardo, Serginho, Paulinho, Kiko e Nando costumam ser acusados de 'músicos de estúdio'. Isto é, instrumentistas e vocalistas incapazes de repetir ao vivo aquilo o que se constrói com o engenho e a arte de 24 canais de gravação. Durante 1 hora e meia de espetáculo, a rapaziada desmente isso com a descontração de quem está tomando uma cerveja no bar da esquina." E fechou o texto sem preconceito, ao afirmar: "Os empresários devem estar mais atentos. O Rio não merece apenas cinco apresentações do Roupa Nova. Já que, como na velha piada, o rock é inevitável — vamos pelo menos ouvi-lo tocado por quem conhece seu ofício."

Ah, sim, Roberto M. Moura era crítico e especialista em cultura popular.

— —

— Vamos fazer primeiro! Se a química funcionar com a banda, vocês me pagam — avisou Walter Lacet para Anelisa e Valéria, após o convite de dirigir um dos shows do Roupa em 1986.

Lacet era um profissional conceituado no mercado, se dava bem com os músicos desde os tempos da Globo e poderia ser um reforço contra a imagem de brega atribuída à banda. E a sua primeira intervenção no show aconteceu na passagem de som, ao ouvir: "Everytime you hear this song remember me..."

— Pô, vem cá, eu não tô ganhando dinheiro para dirigir o Roupa. Mas se a Hollywood tá pagando pra vocês tocarem o jingle deles eu vou começar a cobrar!

— Ah, Lacet, é uma das facetas do nosso trabalho! É bom para conhecer — respondeu Kiko.

— Jingle é jingle e tem que estar na rádio. Não no palco! Pode cortar isso.

A retirada dos jingles incomodou os músicos, mas não era um fator preponderante. Afinal, os músicos gostavam de apresentar em seus shows jingles e canções de outros artistas que eles haviam gravado. Esbanjando talento na execução de trabalhos completamente diferentes, para que o público não tivesse dúvida quanto à sua qualidade musical — como uma forma de compensar todas as críticas que recebiam da imprensa.

Só que Anelisa e Valéria não achavam que esse seria o caminho para ganhar prestígio da imprensa ou o carinho dos fãs. Nem elas, nem Walter Lacet.

Falem bem ou falem mal, mas no dia 17 de setembro de 1986, quarta-feira, o Roupa Nova voltaria aos palcos do Canecão para mais uma turnê. Apresentando-se como convidada da casa de espetáculos, sem pagar ou deixar qualquer bilheteria para trás. Lotando a casa, inclusive na matinê dos domingos, com o show começando às 18 horas para os pais poderem levar seus filhos. "Tinha criança a dar com pau! A casa ficava linda", recorda Valéria.

Uma apresentação que seria lembrada perfeitamente por Erasmo Carlos, que levaria seus dois filhos com Narinha para assistir. Para o Tremendão, "Sapato velho" era hors-concours e em "Anjo" ele chegava a chorar! "Se eu tiver apaixonado então eu choro duas vezes mais! É uma choradeira com soluço e tudo!" No entanto, naquele dia ele fora ao show para agradar os meninos. "Eles eram vidrados no Roupa Nova! E, pra mim, eles são impecáveis. Um dos maiores grupos que o Brasil já viu até hoje!" Erasmo conta que aquele show foi uma loucura, com todo mundo de pé cantando "Whisky a Go Go". "O pior é que meus filhos, alucinados, me deixaram na mesa e foram lá pra frente pular!" Uma das poucas vezes que ele veria o Canecão tão entupido.

Naquele ano, seriam dez dias de shows do novo LP deles. Consequência das inserções precisas de Anelisa e Valéria e do trabalho levado a sério pela banda. "Era a Valéria sempre com aquele coração dela, e Anelisa com a maquininha de calcular", diria Nando. "Foi uma virada."

Principalmente depois do famoso disco azul. Duas mulheres que ajudariam o Roupa Nova a se estruturar completamente, "arregaçando" enfim as portas do mercado fonográfico para os "escoteiros do rock".

CAPÍTULO 29

UM VERSO MEU PRA VOCÊ DIZER

"De repente, resolvemos nos soltar mais,
acreditar mais nas nossas composições."

Ricardo Feghali

— Não acredito que vocês não consigam fazer uma música tão ruim como essa que vocês gravaram do Sullivan e Massadas!

Era Valéria em uma viagem de ônibus, na turnê do disco amarelo, tentando despertar o lado de compositor dos músicos, utilizando uma "psicologia", digamos, mais agressiva. Os seis olhavam para ela assustados, chateados pela forma dela se referir à dupla de hitmakers. "Os caras são craques com o popular, mas não faziam parte da minha discoteca, com todo o respeito", conta a empresária. E junto com Anelisa ela incentivava o interesse dos integrantes a escreverem também as letras de suas canções.

O complicado para os seis, no entanto, era se encontrar no meio de tantas influências musicais na hora de desenvolver um trabalho autoral. A banda veio dos bailes, onde tocou rock'n'roll, Jovem Guarda, pop, disco... E sempre imitando as canções originais. Depois passou por Mariozinho, que tirou um pouco a "poeira" dos clubes e soube utilizar essa experiência a favor da MPB. Mas não vendeu e nem atingiu o grande público. E na sequência o grupo saiu da Polygram em direção à RCA, que vendia o popular como ninguém. Alterações estéticas marcantes para artistas que ainda não haviam amadurecido por completo. Sem se esquecer da diferença de estilo existente entre os próprios integrantes. Como formar uma unidade? Seria melhor "se vender", renegar as suas verdades para chegar a um consenso que agradasse o público? Como alcançar esse equilíbrio? Como formar uma identidade consolidada e respeitada no cenário musical brasileiro? E eram nessas dúvidas que as empresárias entravam para dizer:

— Vocês não precisam ficar fazendo o refinado da MPB, nem ficar com a coisa simplória do popularesco. Vamos chegar ao meio-termo, achar a cara do Roupa Nova. Vocês são competentes e não têm que ter medo. Se joguem, se soltem, se sintam seguros e sigam nessa estrada.

— Pô, vocês não podem ficar dependendo da música dos outros! E se o cara não acerta na música? Não é possível! Vocês são músicos maravilhosos, talentosos intérpretes e sabem o caminho das pedras! Vocês aprendem vendo o outro fazer — dizia Miguel Plopschi, também estimulando o lado compositor do grupo, que no disco amarelo só havia acontecido em "Tímida" e "Com você faz sentido".

Os incentivos vinham de todas as partes e calavam fundo na vontade incubada de criar de alguns dos seis músicos — como Nando. Desde a experiência com o trio Excitation, o baixista deixara de tocar músicas originais. "As minhas linhas de baixo sempre foram as minhas linhas de baixo." O que foi importante para lhe dar liberdade para compor e se arriscar, nesta nova fase do Roupa Nova.

— —

"O sujeito canta e as palavras precisam cantar! Não adianta a palavra ser muito bonita, se ela não quiser cantar. Fazer uma letra é uma arte", disse Miguel Plopschi. Nando foi o primeiro a quebrar o gelo do letrista, apresentando a canção "Sonho", em cima da melodia de Serginho: "Leve feito o vento vem/ Já quase de manhã…" Uma música que abriria caminho para outro integrante se aventurar por mares nunca dantes navegados: Ricardo Feghali.

O tecladista chegou por volta de 1h30 da manhã no seu quarto de hotel em Maringá com uma ideia martelando em sua cabeça. Ele estava na cidade, em uma das viagens com o grupo, e ficou completamente sem sono, com palavras e frases perdidas vagando pela mente.

> Eu disfarço e nem sempre consigo evitar
> Que estou perto de enlouquecer
> Quando olho os seus olhos nos meus
> Acaba o mundo e nem notei

Escrevendo sem parar e rabiscando coisas que só ele entenderia até umas 4 horas da manhã! Para só depois ter o que poderia ser a letra de uma canção.

— Pô, são 4 horas ainda… Vou esperar mais — comentou ao olhar o relógio, doido para acordar o pessoal e mostrar a composição. — Hum… Será que eles vão gostar?

E ficou ali, de olhos abertos, com o papel nas mãos, cheio de garranchos, olhando fixamente para o telefone, esperando os primeiros raios de sol despontarem na janela.

— Nando! Ô, Nando! Acorda aí, pô. Deixa eu te mostrar uma coisa?

— —

De acordo com Nando, o grupo precisava dizer o que estava pensando, o que não acontecia quando eles só interpretavam o que as outras pessoas diziam. E duas músicas em especial, no quinto disco do grupo, surgiram com esse objetivo. Uma delas era "E você o que é que faz?", letra de Feghali e melodia de Serginho, com versos que lembravam muito aquela velha discussão de insegurança, autoafirmação e alienação em relação aos críticos.

Pra que tantas brigas sem explicação
Talvez seja sua autoafirmação
Essa sua insegurança é que me faz forte demais
Vou fazendo o impossível e você o que é que faz?
Basta, estou cansado de alienação
Mostra uma parte desse coração
Que é capaz de ser sensato
E te fazer voltar atrás
Por favor, me inclua nessa
Ou será tarde demais

Mas seria em "Tudo de novo", com letra de Nando e melodia de Ricardo, que o grupo resumiria o momento que o Roupa Nova estava vivendo. A música falava sobre os caras e tipos do mercado fonográfico, semelhantes no jeito e na maneira de ser; sobre os rádios e vídeos que acompanham o movimento das ondas; sobre as louras e ruivas querendo o seu coração; e principalmente sobre eles e outras bandas na febre do sucesso, num delírio total, romântico geral. A primeira parceria de Ricardo Feghali e Nando, entre tantas outras que viriam no futuro.

Nas palavras de Nando: "Essa letra eu acho que é tudo o que a gente já devia estar dizendo há muito tempo. É uma constatação de que há muita coisa acontecendo agora igual a uma série de coisas que já aconteceram, e de repente a gente tá envolvido nesse contexto."[12]

Um cenário musical que se repetiria de novo, e de novo, e de novo...

— —

Cleberson, que já havia assinado a canção "Tímida" no disco anterior, se sentiu mais à vontade para apresentar outro trabalho para o grupo e também para Miguel Plopschi, que, apesar do crescimento da RCA-Ariola, tentava acompanhar o desenvolvimento do Roupa Nova.

Ele colocou para tocar a sua mais nova criação, na sala do diretor. No entanto, Miguel cismou que a segunda parte ainda não era aquela.

— Tá faltando um refrão aí, Cleberson... Refaz e me mostra amanhã?

Para o compositor, não há nada pior do que uma obra pela metade, uma melodia inacabada ou uma letra que não se fez verdadeira. Por isso, Cleberson passaria horas sobre o piano tentando encontrar a pecinha daquele quebra-cabeça de notas, o trecho que poderia fazer toda a diferença na canção. Foi para a casa e tentou, tentou e nada! Fez várias segundas partes e não gostava de nenhuma. Até que dormiu, cansado, na esperança de sonhar com a solução.

Só que a ausência absoluta e irritante de ideias continuou no dia seguinte, na gravadora.

— Ai, caramba, daqui a pouco vou ter que mostrar pro Miguel... — dizia ele, olhando para as teclas do piano, tão brancas quanto o vazio que sentia naquele momento.

Faltava apenas uma hora antes de sua reunião com o diretor.

Uma hora, que se transformou em 30 minutos.

— E se eu emendasse essa nota e...

Quinze minutos.

— E se eu mudasse tudo?

Cinco minutos.

— Acho que eu não vou...

E de repente veio uma fagulha, um lampejo do que poderia ser o refrão, colorindo aos poucos aquele branco insuportável que o estava matando por dentro. O que seria traduzido dias depois, nas palavras de Ronaldo Bastos, como:

Te dou o meu coração
Queria dar o mundo
Luar do meu sertão
Seguindo no trem azul...

— —

Um holandês mal-humorado e de cara fechada recebeu, no guichê da estação de trem de Amsterdã, o dinheiro de Ronaldo Bastos e lhe deu uma passagem para Rotterdam. O rapaz ainda grunhiu algo em sua língua nativa, ao entregar o ticket. Mas, com a passagem nas mãos, Ronaldo não se preocupou muito e, sorrindo, se despediu em direção ao trem verde.

A viagem seria o ponto de partida para sua inspiração, meses depois, ao receber a melodia de Cleberson. E outras referências explícitas fariam parte de seu imaginário ao escrever a letra daquela canção, como o jazz "Take The 'A' Train" — gravado por vários intérpretes, como Ella Fitzgerald — sobre um trem em Nova York, ou o famoso Expresso do Oriente, citado em livros e filmes, que percorre o trecho Paris-Veneza e se trata de um trem azul. "Eu fui pela sonoridade. O trem azul soa bem. Trem verde não é legal!", contaria Ronaldo, que juntou ainda outros elementos na música para falar do compositor que empresta seus versos para um intérprete cantar. Pessoa como ele, que "sente amor, mas não sabe muito bem como vai dizer".

"Eu acho tão bacana essa relação: um grupo grava uma música e dá voz ao compositor, interferindo na vida das pessoas", diz ele hoje, embora não tenha pensado claramente em nada disso ao escrever a canção. Ela apenas fluiu e se tornou "inteiramente Roupa Nova", como define Ronaldo. "Cleberson é um melodista excepcional e eu gosto muito dessa música! É o íntimo do contato entre o compositor e o público. E o som deles iria levar isso mais longe."

364

Ronaldo Bastos estava entretido em suas composições quando alguém tocou a campainha de sua casa. Naquela época, ele morava em uma comunidade e, de vez em quando, alguém batia à sua porta para pedir favor, ajudar ou apenas vê-lo. Mas, ao atender dessa vez, ele se deparou com um rapaz doidão, vindo lá não sei de onde, que mal ficava parado enquanto falava.

— Estou aqui, mestre! — disse o homem, de braços abertos e feliz da vida por ver Ronaldo.

— Hã? O que é isso, cara?

— Segui o que você falou! Tomei ácido!

— Eu? Eu não falei nada disso!

— Ah... Falou, sim! Aquela música do trem azul... Tô aqui pra viajar com você! Ronaldo quase caiu pra trás ao ouvir aquela explicação do maluco.

— Ai, cacete... Olha só, eu não mandei ninguém tomar ácido!

— Como não, a música fala que eu tinha que seguir o trem e...

— Bicho, não é nada disso! Não sou guru e não tenho uma religião. Não me bote nessa roubada. Isso é um problema seu! Passar bem.

— Mas o trem...

— Era só um trem, entendeu? E verde! — disse Ronaldo, antes de bater a porta na cara do sujeito.

O que não impediria que outros malucos tomassem o "trem azul". "A rapaziada cismou que o trem azul era ácido!",[13] lembra rindo o compositor, que sem saber havia feito o seu "Lucy in The Sky with Diamonds".*

— ● —

Linda!
Só você me fascina
Te desejo muito além do prazer
Vista meu futuro em teu corpo
E me ama como eu amo você

Cantou Paulinho no estúdio, na gravação de uma das faixas do disco — com letra de Tavinho Paes e melodia de Kiko —, vista por eles como "uma levada mais pesada, mas com um coro meio *religious*, meio negro, um órgão também meio igreja, lírico".[14] Talvez uma influência de Brian May, guitarrista do Queen. E todos

---

* Existem lendas que relacionam a letra onírica de "Lucy in The Sky with Diamonds" a uma viagem provocada por ácido lisérgico. O próprio nome seria uma alusão a LSD (Lucy, Sky e Diamonds). No entanto, John Lennon sempre negou. De acordo com o livro *The Beatles: a história por trás de todas as canções*, de Steve Turner, a inspiração para a canção veio do desenho que o filho de John, Julian, fez de sua colega Lucy "no céu com diamantes".

os envolvidos estavam presentes assistindo e dando "pitaco" durante o processo. Porém, quando terminou tudo, Miguel Plopschi comentou: "É, não emocionou."

Como diretor artístico, Miguel queria vender. E, como ex-integrante dos Fevers, ele levava ideias para os músicos — que só aceitavam as que queriam. "Ele não forçava. Sempre trouxe 5 milhões de coisas, e muitas delas deram certo, mas nunca nos obrigou a nada! E quando não gostávamos de algo, a gente detonava" contaria Nando.

No caso de "Linda demais", eles não concordaram com a opinião de Miguel. Além do mais, aquele LP, como prometido, seria de responsabilidade deles.

— —

Além das composições do Roupa Nova, outras canções seriam aprovadas pelos integrantes para o disco, como "Show de rock'n'roll", de Paulo Massadas e Michael Sullivan, de clima animado, e letra interessante sobre um casal que era praticamente água e vinho. Além do rock "Corações psicodélicos" — composição de Lobão, Bernardo Vilhena e Júlio Barroso, cantado pelo primeiro —, que seria gravado com uma releitura leve após uma conversa do grupo com Ronaldo Bastos sobre o modismo da Bossa Nova na Inglaterra:

— E se em vez de regravarmos João Gilberto pegássemos um sucesso, que acabou de sair do ouvido do povo, para mostrar como seria em bossa nova?

O público gostou e Paulinho passou a sentar na beirada do palco para cantá-la bem pertinho das pessoas, criando um momento intimista no show e provocando o delírio das fãs que estavam no gargarejo. Já o roqueiro Lobão, feliz com a grana no bolso pela gravação, disse no início: "A música era assim e eu nem sabia." Embora tenha lamentado depois: "Pô, esses caras cantam errado a música" — comportamento (in)constante e (in)esperado de Lobão.

Porém, a música "intrusa" que mais faria sucesso naquele disco seria uma composição de Sá & Guarabyra! E por pouco não foi gravada pelo Roupa Nova. Uma canção que não teria "pedras em seu caminho, ondas no seu mar, vento ou tempestade que a impedissem de voar".

— —

Quando a dupla de rock rural Sá & Guarabyra viajava para fazer shows, uma coisa era certa: na hora de dormir no hotel, um ficava com o quarto de baixo e o outro com o quarto de cima. Assim, caso precisassem se falar, o esquema de comunicação era o mais simples e rústico do mundo: ou se batia no teto ou se batia no chão. E no início dos anos 1980, em um hotel em Goiânia, foi Guarabyra quem precisou de um cabo de vassoura para fazer Sá descer.

— Tô com um tema que eu não tô conseguindo desenvolver... Dá uma ajuda! — pediu ele para Sá, logo que o parceiro chegou.

O tema era sobre a mulher resolvida. "Uma Simone de Beauvoir da vida que, mesmo antes de qualquer movimento feminista, já sabia usar o poder da mulher que ela tinha na mão", relembraria Sá, referindo-se à escritora e filósofa francesa, no programa Eu sou o Show, da TVE, exibido nos dias 5, 7 e 9 de abril de 1987.

Assim, naquela noite, ele e Guarabyra passariam horas no quarto tentando descrever como seria essa mulher — que anda pelas ruas e manda em todos nós, e para qual nada é nunca, nunca é não. Uma música que ficaria pronta no mesmo dia e levaria o nome de "Dona".

— —

No festival MPB Shell de 1982, Sá & Guarabyra se apresentaram na 3ª eliminatória com aquela canção feita em Goiânia, pois a dupla considerava uma música bonita e popular. Classificaram-se para a grande final que aconteceria em setembro do mesmo ano, tendo entre os concorrentes compositores como Tunai, Paulinho Rezende, Sueli Costa e Cacaso.

A música havia sido bem recebida pelo público na primeira apresentação e poderia ter tido o mesmo tratamento na final. Porém, um lado inteiro do som no Maracanãzinho pifou exatamente no instante em que tocavam Sá & Guarabyra — que do palco não entenderam nada quando o público começou a vaiar. Consequentemente, a música não ficou entre as vitoriosas do evento.

Só que, naquele dia, o produtor Mariozinho Rocha estava na plateia e ficou maravilhado com a canção. "Hum... Isso ainda pode me render alguma coisa!" Por isso guardou o nome, arquivou um K7 e escreveu com uma pilot as referências para não mais esquecer — "DONA, Festival 1982/ Sá & Guarabyra". E até pediu uma versão do Roupa Nova, já naquela época, para ver como ficava. Mas o grupo foi contra a gravação.

Dois anos depois, a convite de Daniel Filho para atuar como freelancer nas trilhas sonoras das novelas da Globo, Mariozinho receberia uma sinopse de uma novela que seria exibida às 20 horas, escrita por Dias Gomes e Aguinaldo Silva. O nome: Roque Santeiro. E Mariozinho vibraria muito após saber que precisaria de um tema para Porcina — personagem de Regina Duarte —, uma viúva porreta, peruaça e que não "pregava" fogo.

— —

Duas músicas de Sá & Guarabyra, ainda em 1984, foram escaladas para a trilha sonora da novela das oito: a homônima "Roque Santeiro" e "Verdades e mentiras". Só isso já seria motivo para passar "Dona" para outro intérprete gravar. No entanto, Mariozinho quis mais!

— Essa música é a cara da Porcina, mas com a gravação do Sá & Guarabyra não vai emplacar! Eu preciso do Roupa Nova, cacete! Algo mais vigoroso, com um arranjo tão forte quanto à personagem, uma guitarra tipo a do Kiko!

Dias depois, lá estaria ele novamente com a banda.

— Posso contar com vocês? — perguntou para seis músicos não tão animados com o convite.

— Ah, Maneco, acho que não é muito a nossa praia... — disse Nando.

— Ah, gente... Por favor?

Mas as caras dos integrantes, que haviam acabado de gravar o disco amarelo, não foram das mais favoráveis. E por conta disso, naquele dia, Mariozinho desistiu. até que conseguiu convencê-los, finalmente, em 1985.

— Hum... O som da bateria no estúdio tá muito pequeno, não? — indagou Serginho, ao fazer as primeiras passagens na gravação de "Dona", em plena madrugada de um dia puxado para o Roupa.

— Ô, Flávio, a gente tinha pensado em um som diferente pra bateria, como se fosse de um estúdio grande, entendeu? — explicou Feghali.

— Estúdio grande, é? — disse o técnico, olhando ao redor em busca da ideia brilhante, assim como os músicos.

O corredor da RCA tinha vidro nas paredes, em paralelo aos prédios vizinhos. Era tão pertinho que dava para ver a vida dos moradores pelas janelas, e largo e alto o bastante para ampliar o som da bateria.

— Vamos montar o instrumento lá!

Perfeito! Se não fosse 1 hora da manhã e tivesse gente querendo dormir.

— Vamos gravar! Se der problema a gente vê.

Não deu outra. Mal Serginho tocou nas baquetas, e um vizinho desceu do prédio e parou na portaria do estúdio:

— Porra! Tô querendo dormir e tem um maluco na bateria? Eu vou chamar a polícia! — bradou ele para o segurança, que já sabia o que fazer.

— Calma, senhor e...

— Calma nada! Já viu que horas são?

— É, o pessoal tá trabalhando. O senhor gostaria de assistir?

— Ah não, não mesmo. Acho que você não me ouviu e...

— É o Roupa Nova, conhece?

— Roupa Nova?

— É — disse o segurança, já vendo ali uma pontinha de dúvida.

— Hum...

— Eu te levo lá.

— É, tá bom. Acho que vou subir um pouquinho...

O homem tinha uns 50 anos e muito sono. Mas ele não perderia o show de graça nem por um decreto! Puxou uma cadeira, no corredor da bateria, sentou, cruzou as pernas e assistiu de camarote a Serginho tocar — trocando a companhia dos sonhos de Morfeu pela do Roupa Nova.

Sá conhecera Nando ainda garoto, por ele ter sido colega de sua sobrinha. E o resto da banda seria apresentada a ele e Guarabyra por Mariozinho. Músicos como Kiko, Cleberson, Feghali, com os quais eles contariam para gravações de seus trabalhos autorais.

— Só vimos a música depois de pronta. Mas sempre tivemos total confiança no trabalho do Roupa Nova — comenta Sá. — Ficou tudo perfeito! Base, vozes, tudo. A voz do Serginho parece feita pra música.

Dona desses traiçoeiros
Sonhos sempre verdadeiros
Oh! Dona desses animais
Dona dos seus ideais

E, além disso, caiu tão bem à viúva Porcina, que a banda, apesar do disco pronto, resolveu acrescentar a música em seu repertório. "Foi por favor que eles gravaram a música! E hoje eles não conseguem fazer mais um show sem cantá-la", diz Mariozinho. O que, para ele, representaria uma simbiose completa entre personagem e canção.

— —

Com a inclusão de "Dona" no LP, o Roupa Nova fecharia seu quinto trabalho de carreira, homônimo, com onze canções, sete delas de autoria dos integrantes. "Eu parei de me preocupar em buscar músicas com outros compositores. O Roupa Nova passou a dar conta do recado e isso foi muito bom pra companhia", comenta Miguel Plopschi.

Dessa vez, a cor do fundo da imagem do LP seria azul-escuro com o nome da banda em azul-claro — o que lhe renderia o apelido de "disco azul". E, se na capa estariam os seis rapazes elegantes, vestidos de preto e branco como pediram Anelisa e Valéria, na bolachona estariam seus próprios versos. Razão de comemoração e orgulho por parte de todos os envolvidos antes mesmo do LP ir às lojas.

O álbum foi todo decidido pelos seis músicos, mixado por Franklin Garrido e Feghali. O primeiro disco com o grupo assinando a produção executiva, além dos arranjos, instrumentos e vocais — e que seria definido, em seu release, como o nascimento do "Novo Roupa Nova".

CAPÍTULO 30

TODO ARTISTA TEM DE IR AONDE O POVO ESTÁ

"Antes, era execução nas rádios do Brasil, mas show só Rio-São Paulo. Com Anelisa e Valéria, a gente passou a tocar no país inteiro! Tocávamos e convencíamos. Foi por isso que vendeu."

Nando

Sandra, uma garota de seus 20 e poucos anos, carioca e fã de A Cor do Som desde o seu surgimento nas FMs, não acreditou quando viu uma banda "rivalizando" com seus queridinhos.

E, como fã que se preze, Sandra botou no seu radar o nome Roupa Nova, vigiando o que saía nos jornais sobre o grupo para se informar antes de falar mal. Até ver o cartaz: "Cine Show Madureira recebe o grupo Roupa Nova, nesse final de semana!" Local pertinho de sua casa. Ela resolveu ir e chamou uma amiga. As duas foram comprar o ingresso do Cine Show Madureira, ansiosas por entrar em ação, se sentindo como duas espiãs observando o inimigo.

— —

Era sábado à noite e uma fila começava a se formar na porta do Cine Show Madureira quando Sandra e Patrícia chegaram.

— Pelo visto eles têm público.

— Ou então é um bando de curioso como a gente!

— Bom, eles estão tocando muito nas rádios, já ouviu? — comentou uma com a outra, enquanto um senhor atencioso organizava a fila.

"Ô, seu Zé!", gritava algum conhecido de vez em quando, a que o homem respondia sempre muito animado.

— Meu Deus, mas quem é esse "seu Zé"? — questionou Sandra, atenta a todos os detalhes a respeito daquela banda.

Ainda faltava cerca de uma hora para o início do show, mas as pessoas já iam se aglomerando na entrada. Adolescentes, em sua maioria, conversando sobre o Roupa Nova e o que esperavam daquela apresentação. Aumentando ainda mais as expectativas das duas meninas, até que o homem, chamado de "seu Zé", avisou: "Abriu, vamos entrar gente!"

O Cine Show Madureira havia sido um cinema no passado e, por isso, tinha esse nome e as poltronas enfileiradas. Um espaço que seria rapidamente tomado pelos jovens e pelas canções do grupo, que faria um show impecável, impressionando pela qualidade e pela música as duas garotas que, em minoria, nem se lembrariam de vaiar ou puxar qualquer coro de "Cor do Som! Cor do Som!".

— Hum, tá, foi legal — disse Sandra, após bater palmas no final da apresentação, já se preparando para ir embora.

Porém, uma movimentação estranha lhe chamou atenção.

— Ih, olha ali! O tal do "seu Zé" tá colocando uma escadinha encostada no palco.

— Onde?

Seu Zé subiu no palco e avisou:

— Quem quiser ir pro camarim é só subir aqui e virar à esquerda. Fica atrás do palco.

Para o espanto das meninas, que nunca tinham visto algo similar.

— Ih... Coisa esquisita isso. Vamos lá ver?

Patrícia e Sandra subiram as escadas e se surpreenderam com outra fila, um pouco menor. E, na porta, novamente seu Zé com um pôster nas mãos para entregar para cada um.

— Gente, que é isso? Pôster? Aqui eles dão pôster?

Uma olhava para a outra com os olhos arregalados, sem entender nada do que estava acontecendo. Naquela época, não tinha essa de o público ganhar material de divulgação das bandas. Era só assistir ao show e ir embora para casa. Só aquilo já estava de bom tamanho para as moças, que nem imaginavam que ficariam tanto tempo no evento. Mas foi ao entrar no camarim que as duas definitivamente "surtaram".

— Oooooi! Que bom que vocês vieram! — cumprimentou Paulinho, logo que elas entraram, abraçando as duas como amigas de infância.

Petrificadas, elas olhavam para os músicos como se eles tivessem vindo de outro planeta.

— Eu não tô acreditando! Eu nunca tive esse tratamento na Cor do Som! — cochichou Patrícia para Sandra, enquanto os integrantes conversavam e se divertiam com elas, outras fãs e amigos que também estavam no camarim.

Ficaram praticamente em choque, até quando saíram do Cine Madureira.

— Tá, a gente gosta da Cor do Som. Mas o que foi aquilo? — comentou Sandra, caminhando para o ponto de ônibus com Patrícia.

— Pô, eu me lembrei da única vez que a gente conseguiu se aproximar da Cor...

— Eles mal falaram com a gente! Olharam meio de cima, né?

— E fazendo pose, lembra?

— Só o Armandinho foi uma simpatia!

— É... — respondeu Patrícia, sem graça, ainda tentando assimilar o ocorrido, andando ao lado de Sandra, muda.

— Vamos voltar amanhã? — arriscou a amiga, dizendo exatamente o que estava se passando em sua cabeça.

Elas começariam, então, a frequentar todos os shows do Roupa Nova na Mamute, a cantar todas as músicas e assistir às passagens de som. E acabariam conhecendo a empresária Valéria, para a qual perguntariam:

— A gente pode montar um fã-clube do Roupa Nova?

Fundando em 1984 o primeiro fã-clube que a banda teria em sua carreira. Ah, sim, e elas continuaram gostando de A Cor do Som. Só que de outra forma.

— ● —

— Valéria, é melhor eu alugar uma caixa postal?

— Não precisa, Sandra. Eu tenho no escritório. Eu recebo as cartas aqui e você busca!

Hoje em dia, o fã que busca dados sobre seu ídolo entra na internet, acessa o site oficial, lê blogs especializados, visita portais de notícias, baixa músicas, copia fotos de shows e consegue até falar diretamente com o artista pelas redes sociais. No entanto, na década de 1980, essa tecnologia só poderia ser encontrada nos sonhos ou filmes, e o jeito seria improvisar.

Por isso, em dois discos do Roupa Nova, sairia a caixa postal do "Roupa Nova Fã-Clube Oficial", com um convite para as pessoas se inscreverem. E Sandra passou a ser a encarregada de ler as cartas e respondê-las, com as informações colhidas diretamente com Valéria. Ela escrevia, pagava o selo, o envelope, colocava nos Correios e depois pegava um cheque com a empresária correspondente ao valor gasto, e outra leva de correspondências. "Dava um trabalhão, mas eu gostava! O amor faz isso!", conta a primeira fã de carteirinha da banda.

A menina passava para os fãs, de todos os cantos do país, a agenda de shows do grupo pelo Brasil afora, material de divulgação como postais, entrevistas feitas por ela aos integrantes, além de cartões customizados do Roupa Nova de aniversário e de ano-novo. E fazia questão de pedir uma foto 3x4 para registrar os dados pessoais de cada fã em um arquivo. O que significaria, em pouco tempo, mais de quinhentos cadastrados. Pessoas tratadas como VIPs — assim como Sandra foi acolhida em seu primeiro show — e que se sentiriam próximas aos "Meninos do Roupa Nova". Realmente especiais.

— ● —

Todo mês Valéria abria a agenda de shows do Roupa Nova para Sandra, que informava aos cadastrados do fã-clube. E as duas trabalhavam como podiam! Às vezes, a menina pegava com a empresária um papel timbrado usado pelo escritório, com os dados, todo bonitinho. Porém, em outras ocasiões, as datas iam no papel que tinha à mão mesmo — anotado às pressas e com garrancho. O importante era que as informações circulassem. Uma iniciativa que era apenas a ponta de uma estratégia muito maior montada por Anelisa e Valéria para a criação de público.

Primeiro, as duas montavam um cronograma definindo quando os músicos iriam compor, gravar, ensaiar, divulgar ou até descansar. Depois, entrava a parte dos estúdios, na qual elas mal interferiam. "A gravação era direto com eles e a gente só via depois de pronto", conta a empresária. "Vai lançar? Vai. Tá pronto? Tá! Então a gente entra."

Em seguida, era feita uma reunião com os divulgadores da RCA para fazer uma audição do LP, na qual todos os envolvidos davam notas para as canções, até se chegar à conclusão de qual seria a música de trabalho do grupo. Um jogo de brigas, articulações e manipulações, a favor ou contra uma das faixas. Para só então as empresárias irem a campo com os integrantes.

A partir daí as perguntas giravam em torno de: "Onde começa a turnê do Roupa Nova?" "Em quais programas de rádios eles irão?" "E de TV?" "Quando o grupo divulga no Rio de Janeiro?" "E em São Paulo?". Elas montavam uma programação minuciosa, que ninguém poderia alterar sem permissão. E depois "colavam" em dois personagens fundamentais desse processo: o comercial e os divulgadores.

Para o comercial da RCA, elas passavam a lista das cidades da turnê do Roupa Nova e pediam para colocar o disco à venda em todas as localidades. Da menor para a maior! Fazendo o controle posterior de quantos LPs haviam vendido e onde.

Já com os divulgadores, elas entravam em contato e pediam para eles irem aos municípios do interior panfletar o Roupa, marcar entrevistas nas rádios e TVs. Isto quando não tinha mais de um divulgador por estado, como em São Paulo, com representantes também em Campinas e Ribeirão Preto.

"Era cansativo pra caramba, mas a gente tinha idade pra isso!", recorda Kiko, que ainda afirma com orgulho: "Elas faziam muito bem o tripé: gravadora, empresário e artista". Embora no início elas tivessem se estranhado bastante com a diretoria da RCA.

— —

Se gravar discos com as bandas era economicamente viável para as companhias, na década de 1980, o mesmo não poderia ser dito sobre os shows. Como expôs Mauricio Kubrusly em "Grupos para mastigar em conjunto", matéria da *Folha de São Paulo*, Ilustrada, de 20 de novembro de 1983: "cada viagem do conjunto gasta muito mais do que o passeio do artista individual; cada show mobiliza uma equipe bem maior; etc." E, de fato, para as companhias brasileiras, completamente dissociadas do showbiz naquela época, não fazia muito sentido apostar nas turnês das bandas. Em uma realidade em que não existia risco de pirataria ou música baixada pela internet, o negócio era vender discos e ganhar público com ferramentas mais "simples", como ter os artistas nos jornais, nas rádios e na TV — como as novelas e o clipe no Fantástico. Hoje, as gravadoras buscam novas formas de negócio que garantam a sua sobrevivência e têm estabelecido contratos "diretos" com os artistas, recebendo dinheiro em cima de shows e outros eventos. No entanto, em meados dos anos 1980, elas ainda reinavam absolutas.

Por isso, a RCA não tinha a menor preocupação com os shows do Roupa Nova, e nem separava verba para isso, antes da chegada de Anelisa e Valéria. Para a companhia, gravar o disco e cuidar de sua divulgação no eixo Rio-São Paulo já era mais do que suficiente para rodar a "máquina". Não se valorizava em momento algum o aumento na venda de LPs que as turnês, ou a atenção com o público, poderiam trazer — muito menos, respeitar a figura do empresário.

Porém, Anelisa e Valéria, após assumirem a gestão do grupo, estavam dispostas a provar à gravadora que as turnês poderiam, sim, resultar em vendas significativas. E que o trabalho delas poderia fazer diferença não só na imagem do Roupa, como em seus números.

— ▬ —

— A gente precisa fazer feira agropecuária e…

Mal Anelisa e Valéria começaram a falar, já ouviram reclamações e lamentações dos seis músicos, preocupados com a estrutura dos eventos.

— Vai perder muito a qualidade técnica… — chiou Cleberson.

— Você já viu como eles montam essas feiras? — indagou Nando.

— Mas a gente pode ir só para as boas feiras! E a gente cobra mais caro pra valer a pena! —tentou Valéria, antes de chamar atenção para o potencial de público. — Cerca de 10, 20, 30 mil pessoas frequentam esses eventos!

Por fim, conseguiu convencê-los a colocar as feiras também nas turnês. "Se o cachê era de 30 mil, a gente cobrava 60 pra feira! Às vezes vendendo dois shows, mas bancando dez, porque a gente saía com a infraestrutura completa do Rio de Janeiro. Já que essa parte técnica era fundamental pra eles!", explica Anelisa. "O Roupa Nova não tinha o estresse da droga, nem do alcoolismo. Ninguém era dependente de nada, e tinha essa leveza. Agora, os caras desciam o cacete em quem não prezasse pela qualidade técnica."

A infraestrutura corresponderia, no decorrer dos shows, a dois caminhões — um de instrumentos e outro de som e luz. E tudo era marcado pelo escritório das duas. A única coisa que elas pediam para os produtores locais era palco, energia elétrica, segurança e carregador. "Atualmente tem coisas que vão ficando obsoletas muito rapidamente. Naquela época era diferente, valia a pena ter. Mas hoje já pode ser um problema, pois você tem que acompanhar esse avanço", comenta Anelisa.

Assim, tirando o sertanejo, o Roupa Nova seria uma das primeiras bandas a se apresentar nas feiras agropecuárias do Brasil. Aumentando o público por onde passava, e abrindo o caminho para muitos outros artistas seguirem.

A estrada seria, definitivamente, uma das aliadas do Roupa Nova na sua construção de carreira. Em toda turnê do grupo iria, religiosamente, uma das empresárias, e isso em um ritmo frenético de dezesseis shows por mês, para caixeiro-viajante nenhum botar defeito! Se Anelisa chegava na segunda-feira ao escritório, na quarta Valéria já partia com os músicos, enquanto o caminhão seguia direto para o destino de show, muitas vezes lugares do país em que nem o grupo nem as empresárias tinham ouvido falar! "Uma vez sequestraram uma freira, em um assalto a banco em Goioerê, no Paraná. E a gente esteve lá!", conta Valéria sobre a notícia de uma cidadezinha de 35 mil habitantes e que ela só conhecera por causa do Roupa.

Anelisa complementa: "Era uma vida pesada, puxada. O que existia era uma garra de trabalho, de realizar e de se firmar como artista. Hoje em dia, eu digo que não teria pique nenhum. Você não tem vida."

Aquela rotina estava longe de ser o costume da maioria das bandas do mercado. Aliás, muitas delas se recusavam a tanto desgaste e ficavam, basicamente, com os shows e as mídias do eixo Rio-São Paulo, quiçá do exterior. Herbert Vianna, por exemplo, em uma entrevista para a revista *Bizz*, comentou sobre essa parte chata de ser músico: "a coisa do mercado, de gravadora, de ir em rádio, de dar entrevista... Eu não tinha vontade de vir aqui, sabia? (Risos.) Não tenho nada para falar."[15] Uma prática inquestionável para o Roupa Nova.

Em suma, só no ano de 1986, eles rodariam por municípios no interior de São Paulo, Minas Gerais, Paraná, Santa Catarina... Em um total de 87 cidades e um público de 500 mil espectadores! Só não se apresentaram no Acre, em Rondônia ou Roraima, inviáveis financeiramente: para transportar o equipamento de doze toneladas de caminhão, eles levariam uma semana para ir e outra para voltar, e de avião ficaria uma fortuna! Assim, para esses estados, restaria apenas uma opção: usar o som e a luz do lugar. O que era inaceitável para os músicos.

Com as viagens, o público do grupo aumentou e também ficou mais histérico — ainda mais quando juntavam mulheres na beira do palco. E foi em uma dessas situações que Paulinho ficaria preso na plateia. Ele desceu tranquilamente para cantar no espaço existente entre as cordas do segurança e o palco. Porém, o povo ficou tão afoito com aquela atitude do vocalista que o esmagou contra a parede. Ele até tentava cantar, todo torto e fazendo caretas: "Gosto muito do seu jeito, rock'n roll meio nonsense...", mas os gritos da mulherada abafavam a canção e também as risadas dos outros integrantes ao ver aquela cena. Do mesmo modo que, em outro show, Kiko desceria do palco para fazer o solo em uma das músicas e não conseguiria voltar. Sinais de que o trabalho de formiguinha de passar de cidade em cidade estava dando certo.

Geremias, o "Gerê", chegou a viajar com o Roupa Nova, sendo um dos respon
sáveis pela montagem de som dos shows, e era quem tomava conta da casa de
ensaios do grupo, que ficava em Higienópolis. Um homem alto, negro, magro e
que se transformava em um cão de guarda para defender os seis músicos. Mas
que também fazia seu papel de bom moço com as fãs que apareciam por lá, doidas para conhecer o "lugar sagrado" do conjunto, respirar o ar daquela casa velha,
ficar perto dos instrumentos, anotações e canções.

— Geremias, você vai me dar esse papel...

— Isso é velho, Sandra! — disse ele para a fundadora do fã-clube em uma das
vezes em que ela esteve por lá catando qualquer vestígio que pudesse interessar
outros admiradores.

— E daí? É um setlist deles e você vai me dar, né?

— Toma aqui, sua chata! Ia pro lixo mesmo...

Isso sem esquecer os momentos mágicos e proibidos das aulas com o baixo do
Nando!

— Ai, eu sou apaixonada por esse baixo do Nando... — contou ela para Geremias, em uma das passagens pela casa, com outra amiga.

— Quer tocar? — não resistiu ele, fazendo graça.

— Er, ah, hum... o quê? Você tá falando sério?

— Tô, mas se você contar isso pro Nando eu nego!

— Eu juro, juro, juro pela minha mãe mortinha que não falo nada.

E, guiada por Geremias, Sandra treinaria a introdução de "Owner Of A Lonely
Heart", da banda britânica de rock Yes. Um feito que Nando nunca soube!

— Não, Sandra, não é assim! Faz de novo.

Tocando algumas vezes a música até conseguir cantar:

> Move yourself
> You always lived your life
> Never thinking of the future

Com este instrumento, Nando tocaria durante quase cinco anos no Roupa
Nova, gravando inclusive a canção "Amor nas estrelas", com Nara Leão. Porém,
naquela época em que Sandra fundou o fã-clube da banda, Nando já não o usava
mais. Isso porque os seus problemas de deslocamento do ombro haviam piora-
do e muito. Afinal, tratava-se de um poderoso Alembic Signature Standard 4,
extremamente pesado e que ele, carinhosamente, havia apelidado de "Martelo
de Thor". Aliás, uma peculiaridade do baixista, que gosta de dar nomes para
seus instrumentos favoritos, como o Pete e o Keith — inspirados nos ídolos Pete
Townshend (The Who), Keith Richards (Rolling Stones) e Keith Turner (Quasar),
dos quais ele sempre teve ciúme.

A banda deu carta branca para as duas empresárias e confiava em suas decisões. "Nando falava comigo: 'Eu sei que você não me escuta em casa!' Mas o respeito musical a gente tinha, e eles sentiam. Eles sabiam que a gente chegava junto!", relata Valéria.

No entanto, uma característica da dupla incomodava muito os integrantes do Roupa Nova: elas às vezes os tratavam como músicos acompanhantes, e não como os artistas. Sim, eles eram tranquilos, sem aquela pose soberba de vários nomes do meio artístico e faziam o seu próprio som. Mas sentiam falta de mais conforto, cuidado, ou mais tempo para descanso durante as viagens.

No início, eles viajavam com a equipe no mesmo ônibus. Ou seja, no término dos shows, eles iam para o hotel, tomavam banho e, tortos de sono e esgotados, ficavam esperando a equipe desmontar tudo para, em seguida, irem embora para outra cidade. Algo por volta de 4 ou 5 horas da manhã, para rodar 300 quilômetros ou mais. "O ônibus era leito, com travesseiro, cobertor, tudo bonitinho. Legal pra caramba! Mas era muito cansativo!", conta Kiko.

Razão de pequenas grandes exigências e brigas bobas entre a banda e as empresárias.

— Os músicos chegaram!

— Não, nós somos Os Artistas.

Uma reivindicação que custaria a ser entendida principalmente por Anelisa, talvez por conta de sua experiência com "Alceu Valença e os músicos" — duas figuras distintas, que no Roupa Nova se confundiam. Como diria Nando. "Em vez de tratar a gente como seis Alceu, ela tratava a gente como a banda."

— Eu vou alugar meu quarto e vou ficar!

— Não, Kiko, não tem necessidade...

— Anelisa, Paulinho e eu temos vidas completamente diferentes! Nós somos músicos do Roupa Nova e cantamos desde 1968. Mas não somos iguais! — exigiu certa vez o guitarrista, em um dos hotéis da turnê, após discussão com Paulinho.

Isso porque os seis integrantes costumavam dividir os quartos até então: o vocalista e ele, Cleberson e Serginho, Nando e Feghali. Aquilo tirava a privacidade de cada um e matava o pouco de individualidade que existia no grupo. Se Kiko deixasse o chinelo jogado, Paulinho o guardava; se Paulinho quisesse dormir cedo, Kiko estudava guitarra de madrugada. Pequenos desentendimentos relacionados a hábitos e manias que poderiam ser fatais para a união deles.

"Era um pingo no oceano! Mas você tá exposto ali. Não denigre a nossa amizade estar longe. Pelo contrário, faz com que a gente tenha saudade. Melhor do que acabar com a banda por causa de uma besteira!", diz Kiko.

"A gente aprendeu muito com elas, mas elas aprenderam muito com a gente."

Em uma de suas viagens, o Roupa Nova, morto de cansaço, ficou preso no aeroporto — com todos os voos lotados, sem passagem. A sorte foi que Nando conhecia Marília Morais, comissária da Vasp, que arrumou exatamente seis cartões de embarque. O que servia, naquela época, para que qualquer um pudesse embarcar, sem ter registro de nome no sistema ou outro documento de identificação. Quem tinha o cartão, voava.

— Vai embora, você com a banda!

Só que, antes de partir, Nando resolveu ir ao banheiro e pediu a Anelisa para segurar, rapidinho, os cartões. O que ela fez? Sorteou entre todos os envolvidos quem poderia ir: o iluminador, o canhoneiro*, o roadie, dois integrantes da banda e ela.

— Nando, vai lá e peita! — diziam os outros músicos, incentivando o baixista a tomar uma atitude.

Porém ele, de cara fechada e magoado, não arredou o pé.

— Não, eu aprendi com meu pai. Quando você vai medir alguém você mede até o fim. Agora eu vou ficar. Eu quero ver o que ela pensa de mim, o que ela pensa do Roupa Nova!

E ficou no aeroporto com o resto do pessoal até voltar para casa de madrugada, alimentando aquela mistura de raiva com decepção — sem dizer qualquer palavra. Pelo menos até pisar em sua casa, quando não se aguentou mais e ligou para a empresária:

— Anelisa, são 3 horas da manhã.

— E daí? — respondeu ela, com voz de sono.

— E daí que eu tô entrando em casa agora! Seu artista tá entrando em casa.

— E daí?

Deixando Nando calado por alguns segundos, antes de dizer:

— E daí nada.

Para o baixista, Anelisa foi uma empresária fantástica ao lado de Valéria. "Eu nunca tive outra igual." Porém, ela marcaria a história do Roupa, tanto pelo profissionalismo e dedicação, quanto pela indiferença em relação ao seu papel como artista: "Pra ela, eu era igual ao canhoneiro."

— — —

"Todos faziam questão de estar presentes nos shows. Eles achavam sacanagem não ir porque um podia derrubar a função do outro", conta Valéria. Segundo ela, não existia no Roupa Nova nenhum tipo de ordem como "Ah, hoje é dia do aniversário da mãe, do pai, do filho ou da mulher". Na época, um forte consenso entre eles de: "Tem show? A gente faz."

Entretanto, em algumas poucas vezes, a banda seria obrigada a tocar desfalcada. Como o dia em que Nando passou muito mal, com problemas no rim, ou o incidente ocorrido com Paulinho, em Volta Redonda, alguns anos depois.

---

* Aquele que dirige um canhão de luz num espetáculo.

A cidade estava um gelo, no Dia dos Namorados, quando o vocalista reclamou:

— Tá um calor, né?

Para em seguida cair de dor, cuspindo sangue nos camarins, por causa de uma úlcera. Não tinha condições de Paulinho entrar, e ele foi levado às pressas para o hospital, enquanto a banda segurava as pontas no palco, com um repertório menor e dividido por cinco cantores.

E os outros vinte shows daquela turnê seriam cancelados por causa de Paulinho. Porém, naquele dia, a casa estava cheia, os fãs ansiosos, e o show não parou.

— • —

As fãs tentavam entrar pela porta dos fundos dos hotéis, cantavam de madrugada na janela dos músicos e inventavam mil histórias para entrar no ônibus do grupo. "Então, eu sou jornalista!" Em tentativas desenfreadas de estar perto do Roupa Nova.

Porém, nada se comparava à histeria da mulherada ao assistir a Serginho cantando "Tímida", nos shows. Elas desmaiavam, gritavam e ficavam lá de baixo admirando o baterista — que fingia não notar nada, com poucas reações que incentivassem mais berros. Em um dos shows, por exemplo, uma mulher gritou com todo o ar de seus pulmões na beira do palco, assustando o baterista, que até parou de cantar. E ele no mesmo instante olhou de volta para ela e, no microfone, retrucou na mesma altura:

— Aaaaaaaaaaaaaaaaaaaaaaaaaaaaaaah!

Além disso, as fãs ainda enfrentavam a fila para visitar o Roupa Nova no camarim, que continuou recebendo as pessoas, apesar do grande sucesso de "Linda demais".

— Sérgio, vamos pra casa! — dizia Valéria, de vez em quando, ao perceber a loucura das fãs. — Anda, Sérgio, vamos pro hotel! Nós temos que ligar para os meninos, por favor?

Bancando a esposa, prendendo os lábios para não cair na risada, ao notar os olhares de espanto e reprovação das garotas apaixonadas.

— • —

Ricardo Feghali já havia caído em um fosso, em Teresina, no Piauí, no final do show do Roupa Nova. Foi resgatado por um roadie e ainda conseguiu tocar, apesar dos machucados. Uma experiência horrível para o tecladista, mas que não seria nem de longe tão ruim quanto o episódio na pequena cidade de Mococa, em São Paulo.

Fazia frio naquele dia, e o grupo estava voltando para o bis. Para não ser visto pela plateia antes de começar a tocar, Feghali, com o violão em punho, resolveu passar por trás da percussão e acabou caindo de costas, com o instrumento e tudo, batendo a cabeça na queda.

— Feghali! — gritou um dos roadies, desesperado, ao ver o músico no chão, atordoado.

— Eu tô bem, eu tô bem...

Tomando ar e recobrando sua consciência a ponto de querer voltar:

— Me dá o violão, me dá!

— Calma Feg...

— Me dá! — disse ele, imponente apesar da dor e sem perceber que as suas mãos não estavam mais respondendo ao seu comando.

Feghali então seria levado para Rio Claro, onde eles também iriam tocar. Uma cidade que era o triplo do tamanho de Mococa e ficava a umas duas horas de distância. Só ali teria o diagnóstico: um joelho fissurado e a clavícula quebrada.

— Não vai ter jeito. Vou te enfaixar! — comunicou o médico.

— Hum... Eu posso tocar?

— Seu limite é a dor.

— Então eu vou tentar.

O tecladista, enfaixado, todo ferrado e à base de analgésicos, iria aguentar fazer só mais aquele show de Rio Claro. Depois "aceitaria" suas condições físicas e se ausentaria, pela primeira vez, dos palcos do Roupa Nova.

<hr>

As empresárias acompanhavam os resultados dos shows do Roupa Nova na ponta do lápis, buscando naqueles números os indícios claros de sucesso do grupo. "Não existia o menor receio de que as coisas dariam errado. Era uma confiança plena", afirma Valéria. E elas procuraram tanto e trabalharam mais outro tanto que, em um belo dia, os números responderam. Depois de seis meses rodando com o disco azul, com cerca de 70 mil cópias vendidas, as duas se depararam com o seguinte panorama: nos locais em que o grupo colocava de 2 a 3 mil pessoas, passou a ter 5, 6, 10 mil. E o controle delas junto ao comercial dizia que aproximadamente 10% do público que ia aos shows comprava o LP! Mas elas sabiam disso. A gravadora, não.

<hr>

Com quase um ano de viagens com o grupo, Miguel Plopschi chamou Anelisa e Valéria para uma conversa em sua sala, na RCA, acreditando que seria um encontro de pura formalidade com as empresárias. Na reunião também estariam Manolo Camero, presidente da companhia, e Edison Coelho, diretor de marketing.

— Tem que ver o novo disco do Roupa Nova... — avisou Miguel, causando estranhamento das duas moças.

— Não, não! O Roupa Nova não vai gravar agora — recusou Anelisa.

— Como não? Esse disco já deu o que tinha que dar, gente.

— Não mesmo... Tem muito lugar que nós não fomos ainda — reiterou Valéria.

E as duas bateram tanto o pé, que eles convocaram o Roupa Nova para a reunião, na tentativa de reverter a situação. Só que o posicionamento do grupo continuou firme, apoiando as empresárias.

— voces enlouqueceram! — exaltou-se o diretor artístico, olhando para todos os músicos como se eles tivessem perdido o juízo.

E o ataque continuaria se Valéria não o tivesse interrompido:

— Péra gente, no ritmo que esse disco vai, com tudo que a gente tá fazendo, ele deve chegar a uns 300, 400 mil!

Manolo, com ar de superior para as duas, disparou um riso sarcástico, cutucando com vara curta quem estava quieto:

— Minha filha, vocês podem entender de show, mas de disco? Porra nenhuma!

— E você não entende de Roupa Nova!

— —

Dias depois, as duas empresárias bateram de novo na sala de Miguel, segurando o contrato do Roupa Nova:

— OK, vocês querem mais um disco, né? Então a gente faz mais um compacto. Não é o que tá no contrato? Dois discos e um compacto? — perguntou Valéria.

— A gente faz uma regravação, sem problemas! E depois disso acabou! Estamos liberados, OK? Porque pro estúdio o Roupa Nova não vai! — reforçou Anelisa.

— Calma, meninas, calm...

— Calma nada, Miguel. É isso o que você ouviu. Chega de RCA!

— —

O teclado brilhou aos olhos de Ricardo Feghali, na vitrine da loja. Um instrumento que seria perfeito para os shows do Roupa Nova, já que ele não precisava de suporte, o que daria mais movimento ao tecladista, por ficar colado no corpo como uma guitarra.

— Posso experimentar? — pediu Ricardo, antes de comprá-lo, comprovando também a sua qualidade de som.

E, animado, levou o instrumento crente de que havia feito um bom negócio — sem imaginar na dor de cabeça que viria a seguir. A relação com o teclado começou a se desgastar já no início, no primeiro dia de turnê no Canecão, 17 de setembro de 1986, no Rio de Janeiro. Na passagem de som, ele funcionou maravilhosamente bem.

Porém, não se sabe por que, na hora "H", ele falhou, ficou mudo, amarelou diante do público, deixando Ricardo em uma situação incômoda em cima do palco. Um problema que só aconteceria de novo no último dia da temporada, justamente quando o pessoal da RCA foi para entregar o primeiro disco de ouro do Roupa Nova. Mais de 100 mil cópias vendidas do LP azul e festa por parte da banda e das empresárias! Só que o teclado? Nada.

Uma "crise" que chegou ao auge na apresentação do grupo no Brinco de Ouro, estádio do Guarani de Campinas. Na passagem de som, se agarrando às suas últimas esperanças, Feghali testou o teclado, que mais uma vez se mostrou excelente!

— Hoje vai!

O teclado seria usado apenas no solo de "Sensual", e Sidinho, roadie da banda, o separou na estante, junto com os outros instrumentos. No entanto, o que aconteceu? Chegou a hora do solo, canhão de luz em cima de Feghali, todos os olhares voltados para ele, teclado nas mãos pronto para trabalhar e... Nada! Mais uma vez mudo!

Feghali ficou tão irritado que não quis nem saber. Tirou o instrumento e o jogou longe! Sem dó, nem piedade. Lançando o teclado ao chão, no meio da arquibancada, foi pegar outro para continuar tocando.

Sidinho, cumprindo o seu papel, saiu correndo, pegou o instrumento, e na lateral do palco o plugou novamente.

"Uiuí!", fez o teclado, como se dissesse: "tô funcionando!" E Sidinho o colocou de novo na estante de Feghali, que continuava cuspindo marimbondos no palco. Só que ao olhar para trás e se deparar com o instrumento de volta, o tecladista surtou! Foi correndo até a estante e deu um chute no teclado, que voou lá embaixo mais uma vez. E lá foi Sidinho buscá-lo no chão.

"Uiuí!", fez o teclado de novo, após ser ligado pela segunda vez, antes de Feghali partir para o seu golpe final.

O músico, de raiva, pegou o instrumento e começou a batê-lo no chão! Batia repetidamente e com vontade, levando o público ao delírio, como em um show de rock. Terminando de vez com aquela relação.

— — —

Krishna, filha de Anelisa, tinha 12 anos quando ouviu o disco azul do Roupa Nova pela primeira vez. A menina não era fã da banda, mas tinha uma canção em especial que ela adorava:

Linda!
Só você me fascina
Te desejo muito além do prazer
Vista meu futuro em teu corpo
E me ama como eu amo você

— Essa música é legal, mãe... — disse ela, antes de Anelisa, em uma cidadezinha do Paraná, se deparar com uma faixa gigantesca do fã-clube, ao descer do avião: "LINDA DEMAIS!"

Uma composição que não estava sendo trabalhada pelo Roupa Nova, e que estourou no Sul do país por causa das rádios. Isso porque as empresárias, quando não acertavam com os produtores, procuravam a principal emissora da região para fechar os shows do grupo. Um acordo no qual a rádio arrumava o lugar, os carregadores, a energia elétrica e fazia a venda antecipada dos ingressos e divulgação, em troca de um percentual da apresentação. Como estratégia, tocava muitas vezes a música do Roupa Nova com uns dois meses de antecedência.

— "Linda demais" está fazendo sucesso aqui? — perguntou Anelisa, sem entender nada, para o programador da rádio.

— É o primeiro lugar disparado há não sei quanto tempo!

Assim, o interior do Paraná determinaria a próxima música de trabalho do Roupa Nova — a que faria disparar as vendas de LPs do grupo e se tornaria uma loucura no Brasil inteiro.

Após trabalhar o Sul do país com "Linda demais", o sucesso do grupo foi parar na estratosfera!, contradizendo todas as previsões da RCA sobre as vendas de discos. "Se a gente não tivesse as duas por perto, talvez tivéssemos feito outro disco, como a RCA queria. O show é uma tremenda propaganda do disco, e elas tinham noção disso", conta Kiko.

E Mariozinho, que havia voltado para Polygram, ao saber da confusão que tinha rolado do Roupa Nova com a gravadora, fez uma nova oferta. Um contrato maravilhoso em termos de grana e percentual para o grupo, que desconcertou Miguel Plopschi e Manolo Camero.

— Pelo amor de Deus, venham aqui e vamos conversar! — pediu Miguel, com um valor ainda mais alto que o da Polygram para oferecer.

Só que o grupo não estava com pressa. E, em uma posição favorável, os músicos preferiram escolher com calma e ponderar os dois lados da questão antes de tomar um rumo.

— E aí? O que vocês acham? — perguntou Valéria para a banda, muito receosa de retornar para a Polygram.

Anelisa e ela, apesar da proposta de Mariozinho, tinham sérias dúvidas sobre como a gravadora iria trabalhar com o Roupa Nova. "Não adiantava ficar numa coisa elitizada, que era o que a Polygram tinha: Bethânia, Caetano, Chico Buarque, Milton... Não era o perfil da banda! A RCA, sim, era popular. E o Roupa Nova era popular", lembra Valéria.

— Os três discos que fizemos lá foram legais, mas... — começou Cleberson.

— Não vendeu nada, né? A gente tocou bastante, mas não ganhou nada por isso! — disse Feghali, que se reuniu com os outros integrantes determinado a não voltar para a Polygram.

A verdade é que, depois de quase dois anos de turnê com o mesmo disco, lotando as casas por onde passavam, todos estavam com o mesmo sentimento: não havia mais liga entre eles, Mariozinho e a Polygram. "Se você se prender às suas verdades, você não anda. Você tem que estar sempre disposto a negociar, seja com os sócios ou com o mundo. E foi o que ficou de tudo isso", comenta Nando. Restando apenas uma solução.

Entre os anos de 1985 e 1987, o Roupa Nova se tornou um dos nomes brasileiros que mais rodou o país. Com uma estrutura profissional e equipamentos de última linha, a banda se negou a fazer playbacks por onde passou, fez apresentações perfeitas para clubes cheios ou vazios e recebeu os fãs inúmeras vezes no camarim — apesar do cansaço. Aperfeiçoou sua habilidade de entreter e de se comunicar com as pessoas, deu entrevistas para centenas de rádios e TVs, viajando ora com um ônibus, ora com dois, mas sempre na estrada. E o mais incrível: transformou o público de shows em verdadeiros admiradores, e o disco azul, em seu tão esperado primeiro disco de ouro, platina e duplo de platina. O grupo alcançou a marca de mais de 750 mil cópias vendidas — o maior pique de vendagem pela RCA! — com seis canções do mesmo LP estouradas: "Dona", "Seguindo no trem azul", "Linda demais", "Corações psicodélicos", "Sonhos" e "Show de rock'n'roll".

A prova para a RCA de que os shows traziam resultados consideráveis para as vendas de discos — a ponto de a gravadora separar um percentual fixo do lucro com os LPs para reinvestir nas turnês, dinheiro que iria diretamente para este fim, sem nunca ter sido dividido entre os seis. Um trabalho incansável e persistente, ao lado de Anelisa e Valéria, que renderia a premiação de um disco de ouro, no Canecão, em 1988, para as duas empresárias pelo disco seguinte do grupo, Herança. A primeira vez em que um empresário brasileiro receberia tal homenagem de uma gravadora. "Eu trabalhei para o Alceu e não recebi nenhum disco, mesmo ele sendo o terceiro vendedor do Brasil. A Valéria com o Moraes também não. Nem uma cartinha. E nós tivemos isso com o Roupa Nova! Não na MPB", relembra orgulhosa Anelisa, sobre uma banda que saberia, como ninguém, tornar simples shows nos mais dignos espetáculos.

CAPÍTULO 31

SÓ DE OLHAR VOCÊ TÔ ME VENDO OUTRA VEZ

"A família também é um negócio muito sério pra gente estar aqui hoje."

Kiko

Ela era apenas uma garota que sonhava encontrar um cara legal, ter seus filhos e ficar sossegada em algum cantinho que fosse seu. Para ela, a felicidade nunca foi algo grandioso, mas um detalhe que lhe preencheria a solidão, como fazer churrasco com os amigos no final de semana, brincar com as crianças e ser amada por um homem que lhe desse orgulho.

Ela nunca imaginou passar tanto tempo longe do seu companheiro, sempre em outra cidade, estado ou país. Nem que teria seu filho sozinha, em uma sala de parto, e muito menos que sentiria tanta saudade durante os dias e, pior ainda, nas noites. Mas o que ela poderia fazer, senão também aceitar os sonhos que eram dele? E que, apesar de levá-lo para a estrada, o deixavam tão bonito em cima do palco, sob holofotes, tocando e cantando músicas que levavam o seu nome. Sendo aplaudido por desconhecidos e reconhecido pelo seu talento!

Assim, ela construiria a sua família do jeito que dava. Engolindo o ciúme, educando os filhos por sua conta, acompanhando os shows nas redondezas, e ainda tentando ficar linda, firme emocionalmente, para recebê-lo depois do trabalho, exausto, querendo colo e carinho.

Os filhos, ao nascer, teriam que se acostumar a ver o pai de vez em quando. E aquela pergunta "Onde ele tá?", deveria ser entendida por eles desde cedo. "Seu pai tá trabalhando", "Seu pai tá tocando longe daqui", "Ele tá arrebentando em um show por aí e já volta". E as crianças, apesar da distância, não deixariam de amá-lo. E ainda admirariam aquele homem, que escolheu ser músico e batalhou durante anos para isso. Filhos que sentiriam o quanto eram queridos nos poucos instantes, e que entenderiam o olhar do pai de cansaço com o passar do tempo.

Por trás da vida do Roupa Nova, sempre existiram pessoas que esperaram, ansiosamente, pelo fim das turnês. Pessoas que falavam rapidinho no telefone, ficavam longe, às vezes por semanas, com o coração apertado. Esposas, namoradas, filhos e pais, que povoavam a mente dos seis integrantes por onde quer que eles estivessem, e que tornavam aquelas viagens mais pesadas. Mas que também os deixaram mais fortes.

— —

Eurico nasceu em Bonsucesso, subúrbio do Rio, no dia 19 de março de 1979, em uma noite animada para a família de Kiko. De pele clara e muito parecido com o pai, o menino cresceria com o apelido de Kikinho, assistindo ao primeiro show do guitarrista, no colo de sua mãe, Suely, em 1980.

Já em 1983, foi a vez da menina Nyvia vir ao mundo, com olhos tão claros que pareciam o céu. Kikinho, sem alcançar o vidro do berçário, pediu a ajuda do pai para ver, pela primeira vez, a garota que ele chamaria de irmã. No mesmo dia em que ganhara uma guitarrinha de plástico para brincar de ser músico. E Kiko cairia no choro ao ver aquela menina de sorriso largo e cabelos lisos. Uma mistura tão bonita da vida que construíra ao lado de Suely... Duas crianças que trariam novos sonhos para o guitarrista e teriam os mesmos nomes que seu pai, Eurico, tinha pedido para os netos.

— —

Entre um show e outro, Nando foi chamado pelo amigo Zé Carlos, dos tempos do Colégio de Aplicação, para um jantar no Rio de Janeiro. E poderia ter sido um jantar qualquer, daqueles em que se conversa sobre a vida e amizade, se Zé Carlos, já casado, não tivesse convidado para o mesmo evento sua ex-namorada Regina.

Ela tinha seus quase 30 anos, era um pouco mais baixa que ele, magra, de voz doce, cabelos lisos, loiros, e também solteira. Desde o reencontro com Lílian, o baixista, ainda sozinho no apartamento, não se envolvia de verdade com mais ninguém. E, como fora tão desprovido de qualquer intenção para aquele jantar, acabou sendo pego de surpresa pela presença da moça. Ele não sabia explicar, mas Regina transmitia sossego para aqueles seus sentimentos tão agitados, uma paz que até então ele não conhecia e uma vontade de ficar mais.

Assim, Nando foi ficando, ficando... Deixando o coração se aquietar ao lado dela e da música. Um lugar que ele chamaria, enfim, de casa.

— —

Eram 8h04 da manhã de um sábado, de 1987, no Rio de Janeiro, na Casa de Portugal, quando a menina abriu os olhos pela primeira vez. Ainda não dava para saber se ela se parecia mais com a mãe ou com o pai, embora os amigos da família arriscassem: "A feição é do Ricardo!" Morena, de olhos negros, cabelos lisos e cheios, também escuros, a garota era tão pequenininha que dava medo até de segurar. Mas era linda... Novidade para o irmão Thiago que, com seus quase 5 anos, acompanhava tudo. A mocinha tão aguardada por Cristina, ou melhor, Tininha, que sozinha a deitaria em seu colo com o maior carinho do mundo.

Era dia 14 de novembro quando Ana Carolina nasceu, mesma data em que o Roupa Nova iria se apresentar, à noite, em Guarapuava, no Paraná. O que matava de tristeza o músico, que não poderia estar com sua família naquele momento, sem computador, internet ou qualquer tecnologia que o pudesse ajudar.

Naquela noite, Ricardo mal pôde se aguentar quando, no palco, Serginho ofereceu a música "Herança" para a menina que havia acabado de nascer. E, emocionado, ele chorou muito com a cabeça abaixada no teclado, buscando forças para continuar tocando a canção. Morrendo de saudades da mulher e ansioso para ver o rostinho daquela pequena, que já ganhava lacinho rosa e brincos na maternidade.

— — —

— Alô! — atendeu Suely, meio desacordada, de madrugada.

— Alô! Quem tá falando é a mulher do Kiko? — disse do outro lado da linha uma voz estranha, de uma mulher que parecia bêbada e um pouco agressiva no seu tom.

— Quem tá falando, hein?

— É a Suely, mulher do Kiko?

— Minha filha, o que você quer? — disse Suely, já perdendo a paciência.

— Eu tô com o seu marido em um hotel, aqui em Fortaleza!

Para então desligar o telefone, com raiva, tirando o fio da tomada e tentando respirar com calma, dizendo que aquilo não era nada. "Kiko tá dormindo, eu sei disso." Como tantas vezes faria diante de fãs malucas que passariam do limite. "Ai Deus, me dê forças…" E se concentrava na cumplicidade que tinha com seu marido e na família que estavam construindo juntos para só assim conseguir dormir.

— — —

O Roupa Nova passou a ser uma banda muito família, transformando seus shows no Rio de Janeiro em uma verdadeira festa, com parentes lotando as principais mesas e crianças correndo pelo camarim. Isso quando uma delas não resolvia subir no palco, coisa que Kikinho, filho do guitarrista, adorava! Na hora em que o grupo tocava "Clarear", se os roadies não colocassem o menino no palco, com sua guitarrinha de plástico a tiracolo, ele abria o berreiro! Um clima que já dava para se notar no início de 1988, quando quase toda a prole já havia nascido.

Na época, Cleberson já tinha seus três garotos: Marcio, Marcelo e Mauricio, enquanto Paulinho, solteiro, se virava para cuidar da filha Twigg que morava com ele, sem imaginar que Pedro Paulo, filho de outra namorada, ainda iria chegar. Ricardo ficaria apenas com o casal Thiago e Carol, ao passo que Nando já havia sido pai de Luiz Guilherme, e Kiko havia se tornado o maior pai babão de Kikinho e Nyvia. Apenas Serginho ainda não havia tido nenhum filho, que se tornariam três nos anos seguintes: Heitor, Rebecca e Victor.

O que mais tarde, em entrevistas, eles brincariam dizendo se tratar da Fralda Nova.

— — —

Muitos acham que seu Zé nem desconfiava de que no futuro Serginho seria chamado de o melhor baterista do Brasil e faria parte do maior grupo do país. Todo seu esmero seria sem expectativas e "apenas" amor demais de um pai que queria ficar perto do filho. No entanto, outros acreditam que seu Zé enxergava o sucesso lá na frente, conhecendo a disciplina e determinação do seu filho. Por isso, se empenhava em facilitar a rotina de Serginho, abrindo um caminho mais confortável para seus passos. E alguns entendem que teria sido uma mistura disso tudo que faria com que ele acompanhasse o baterista, firme e forte, entre tantos shows, até meados dos anos 1980 — quando as cobranças familiares e a idade começaram a pesar.

Era um tempo em que o trabalho estaria mais complicado com milhões de equipamentos eletrônicos, botões e pedais para apertar no meio da apresentação. Sem falar que já existiam Sidinho e Nestor — dois contrarregras para cuidar da banda inteira —, em contraposição a seu Zé, que só cuidava de Serginho. E que, no auge do Roupa Nova, tiraria todas as outras funções de cima de seu ombro, mantendo somente a original: a de pai.

— —

Cléa, mãe de Kiko, começou a sentir dores no corpo depois que Eurico faleceu, seu grande parceiro de vida. E ainda no início de 1981 fez uma série de exames para descobrir o que estava acontecendo. Tudo apontava para uma sinusite, e Jandira, irmã de Feghali, logo arrumou um médico para operá-la. Porém, no dia da cirurgia, Nando e Ricardo apareceram na casa de Kiko, com uma feição pesarosa.

— Vamos beber um chopp? — chamou Nando.

— Ué, vamos!

E olhando para a Suely, Kiko convidou:

— Vamos, amor?

— Não, pode deixar. Vai lá, vai lá com eles! — respondeu ela, também com um jeito suspeito, como se já soubesse de alguma coisa.

"Pô, isso tá estranho. Vou beber com eles e ela não vem?", pensou Kiko, antes de eles sentarem no bar Garota de Bonsucesso, na avenida Nova Iorque, próximo à casa do guitarrista. Os três pediram um chopp e, assim que o garçom trouxe as bebidas, Feghali tomou coragem para falar:

— Kiko, a gente precisa conversar com você.

Mas o guitarrista parecia pressentir.

— Minha mãe tá doente, né?

— Ué? Como é que você sabe?

— Pô, minha mãe foi operar com o amigo da tua irmã, e vocês vêm de lá com uma notícia? Pode falar! Ela tá doente, não tá? Qual é o problema?

E Feghali toma ar para poder dizer de uma vez só:

— Sua mãe tá com câncer.

Vazio. Silêncio. E os olhos congelados de Kiko sobre o amigo, aos poucos, foram se enchendo de lágrimas. Seu rosto, devagar, foi se desfazendo, se desmanchando, enquanto os olhos, sempre vivos e alegres, haviam se tornado opacos, sem qualquer brilho ou esperança. Até ele não aguentar mais e cair no choro sobre a mesa.

Ao chegar em casa, Kiko sentou com Suely para conversar sobre o que eles fariam. Os dois estavam comprando um apartamento na Barra, onde já moravam Nando, Cleberson e Feghali. E Kikinho havia feito prova em uma escola do bairro para se adaptar durante a mudança.

— Não vamos, não — disse ela, sem qualquer dúvida na voz.

— Mas, Suely, a gente queria tanto esse apartamento...

— Kiko, sua mãe vai precisar de você!

— Eu sei, mas...

— Nós não vamos mesmo! Aluga, vende, faz o que quiser!

— Você tem certeza?

— Absoluta.

Kiko estava morando com Cléa no quarto onde havia nascido, e seu irmão também tinha ficado na casa após a morte de Eurico. Mas depois daquela notícia foi praticamente impossível ir para a Barra. Assim, Kiko e Suely venderam o apartamento de lá e compraram um imóvel em Bonsucesso, perto de sua mãe, no qual morariam até 2010.

Já Cléa, ao descobrir que estava com câncer, escolheu fazer o mais improvável quando se está com medo: viver. Trabalhou na cozinha dos hotéis Atlântico e Barramares virou arrumadeira no Copacabana Palace, onde conheceu dona Mariazinha Guinle, a grande dama da hotelaria brasileira. E dela passou a ser governanta, ganhando em dólar. Desfilou nas escolas de samba na Sapucaí — seu maior sonho — durante alguns anos. E enfrentou o câncer como uma guerreira, até não resistir mais, em 1988.

Cléa viria a falecer no dia 22 de junho, um dia antes do aniversário de Carlinhos, irmão de Kiko, deixando em todos muitas saudades.

— —

Todos os seis integrantes do Roupa Nova passaram por bons e maus bocados. Sempre os mesmos seis, vivendo as dores e as alegrias uns dos outros, compartilhando algumas vezes seus sentimentos, e outras buscando o isolamento para não se perder dentro do grupo. Comemoraram os nascimentos dos filhos, que passaram a chamar os outros músicos de "tios". E curtiram, inclusive, a solteirice de Paulinho — o único que não se prendia a compromisso sério, mas que carregava a pequena Twigg para todos os lados, entre shows e festas da banda. Presenciaram as brigas entre os casais, as pazes, os problemas de saúde de cada um deles, e aprenderam juntos a lidar com as perdas de familiares.

Uma intimidade que também iria se refletir nas discussões, e às vezes nos ressentimentos por coisas bobas. Dizendo as palavras mais duras uns para os outros, para depois estarem de papo, como se nada tivesse acontecido. Como irmãos.

CAPÍTULO 32

TODOS SERÃO OU NINGUÉM SERÁ

"É preciso coragem pra admitir os fantasmas
que ficam dentro do armário. E a gente
gosta de abrir o armário pra ver o
tamanho do bicho."

Nando

Após a separação dos Beatles, no final dos anos 1960, todas as gravadoras do mundo passaram a pensar duas vezes antes de assumir um compromisso com uma banda.[16] Principalmente pela relação tênue que se provou existente entre os músicos, na rotina das companhias, depois do sucesso — fase em que a vaidade do artista se depara com a adoração dos fãs.

Nando Reis, ex-integrante dos Titãs, disse uma vez que "é exatamente esta a relação do artista com o mercado: a ânsia de obter tudo. Não se trata de dinheiro, é uma riqueza de outra natureza, é a necessidade de alcançar todo mundo, porque você quer que todo mundo goste de você."[17] O que para as bandas se torna um processo mais complicado, considerando pessoas diferentes, com desejos e sonhos distintos, vivendo em conjunto a experiência devastadora da fama.

É preciso determinação de todos os integrantes, acima de tudo, para se construir uma carreira sólida em grupo. Não só pelos conflitos de gostos e vontades entre os músicos envolvidos, como também pelos fatores externos que podem destacar suas inseguranças, como um "concorrente" que se torna o "queridinho" do momento, um componente que aparece mais na mídia, falta ou excesso de dinheiro, discussão com gravadoras, brigas por direitos autorais. Motivos que, facilmente, poderiam aniquilar o investimento de vida feito até então.

Por isso, não é de espantar que muitos músicos abandonem seus grupos para se lançar em carreira solo, na qual podem ter toda e qualquer responsabilidade sobre seus passos. E que tantas outras bandas prefiram ter um líder à frente das decisões ou passem por diversas formações em sua história. Melhor do que aceitar a completa dissolução do trabalho.

O raro mesmo é encontrar bandas que prezem pela democracia e pela liberdade de expressão de todos os participantes. Sem privilegiar a imagem de um em detrimento do outro para que o conjunto prevaleça. Até porque, talvez, este seja o caminho mais difícil.

Em 1985, A Cor do Som lançava o LP O Som da Carne, pela Warner, e o Herva Doce aparecia com o hit "Amante profissional", no disco homônimo da RCA. A Rádio Táxi divulgava o álbum 6:56, da CBS, e o Kid Abelha vinha com sucessos como "Lágrimas e chuvas" e "Garotos", no álbum Educação sentimental, da Elektra/WEA. A Blitz se apresentava no Rock in Rio, assim como o Barão Vermelho, que mostrava uma carreira consolidada após o LP Maior abandonado, pela Som Livre. E o Roupa Nova viajava pelo país com a turnê do disco azul, pela RCA, ganhando seu merecido espaço — com o objetivo de uma carreira madura e de longo prazo. "Era uma época de muito rock e o Roupa Nova corria por fora, estouradaço!", comentaria Valéria.

Isso porque o grupo não tinha o menor preconceito ou preguiça de estar em todas as cidades e meios de comunicação, alcançando um sucesso de público que seria, de fato, disputado com apenas uma banda, dos anos 1980, conhecida pelos hits "Louras geladas" e "Olhar 43".

O RPM foi uma banda idealizada por Paulo Ricardo e Luiz Schiavon para fazer sucesso: "Tínhamos uma cultura musical muito sólida, conhecíamos as pessoas do meio. Sabíamos como a máquina funcionava por trás, e foi tudo meticuloso: 'Precisamos de um guitarrista assim, um baterista assim, as músicas têm de ter esse formato para funcionar.' Não era aquela banda de moleques que cresceram na mesma rua e ensaiaram na garagem",[18] contou Schiavon sobre o que seria um dos grandes prodígios de vendas no Brasil. Chamando a atenção de críticos, produtores e de um dos maiores empresários brasileiros do show business, Manoel Poladian, que na época trabalhava para Roberto Carlos e Ney Matogrosso.

Poladian costumava comprar várias datas durante o ano em casas noturnas e produzia os shows do artista que fechasse com ele. Sua empresa, Hum Studios, já tinha todo o equipamento — palco, iluminação, som, efeitos especiais com laser e equipe técnica. Um pacote pronto e tentador para que a banda só entrasse com o instrumental, oferecido sem êxito para outras bandas de rock nacional, como Legião Urbana, Paralamas do Sucesso, Camisa de Vênus, Blitz, Marcelo Nova e Ultraje a Rigor. Porém, com o RPM, a recepção seria outra por parte dos integrantes, que começariam o contrato já recebendo um salário mensal. Algo em torno do que seriam 2 mil dólares hoje. O início de uma megaprodução nas estradas.

Quando o RPM entrou em turnê, começou a viajar por lugares onde o Roupa No-va se apresentava, dando margem às comparações por parte do público e também das empresárias.

— O RPM teve aqui na semana passada e botou 8 mil pessoas — comentou um dos produtores culturais de Goiânia ao encontrar Anelisa e Valéria.

Só que o Roupa Nova bateria os 9 mil naquela semana. Ao passar por Brasília, o Roupa colocaria 7 mil pagantes no ginásio, enquanto o RPM, 10 mil. Aquilo destoava do resto das bandas, que levavam para seus shows uma média de 2 a 3 mil pessoas. E, se Poladian vinha com a chamada "Um show de luz e raio laser", ao falar sobre o RPM, Anelisa e Valéria diziam: "Roupa Nova, um show de téc-nica, vocal e instrumental". Os dois grupos lotavam as casas por onde passavam, durante os anos de 1985 e 1986, embora não houvesse uma disputa declarada entre eles. "No eixo Rio-São Paulo, o RPM bateu o Roupa Nova. Mas no resto do país era pau a pau", comenta Valéria.

Assim como o Roupa Nova, que se posicionava sem preconceitos quanto aos lugares e aos meios de comunicação, o RPM também queria ser popular. Con-forme declarou o próprio Paulo Ricardo: "Algumas bandas não tocavam ali ou não iam acolá. Eu era contra esse excesso de pudor. Eu queria ser popular, não apenas nas rádios de rock. Mas na construção das carreiras eu achava importante aparecer no maior número de meios possíveis."

Para as duas empresárias, não existia nada no mercado que se comparasse ao trabalho do Roupa Nova. Nem mesmo o RPM, que aparecia com um som mais pop. Nas palavras de Valéria: "O Roupa Nova tinha o caminho deles, e a gente olhou para dentro o tempo inteiro." Ainda que mantivessem os ouvidos ligados nos comentários do lado de fora, sobre o público e os passos de Manoel Poladian. Mal não iria fazer.

— —

"Quero comprar a turnê da banda. Vamos conversar. Poladian", era o que estava escrito no telegrama recebido pelo Roupa Nova, em plena turnê do disco azul.*

— Olha, vocês resolvam! — disse Valéria, tirando o corpo fora com Anelisa.

As duas não queriam influenciar na decisão, embora estivessem com os dedos coçando para pegar o telefone e dizer: NÃO! "O jogo dele é aberto, você vai se quiser! Ele investe, bota o artista lá em cima, mas também suga. E faz o que bem entende", afirma Valéria.

Dias depois, em conversa no telefone, Poladian partiu para a negociação com Feghali, com algumas condições:

— Pô, eu quero muito trabalhar com vocês! Mas não me interessam a Valéria e a Anelisa...

— Só que a gente não vai largar, Poladian. Se as meninas forem com a gente...

---

* No cenário das bandas da década de 1980, Manoel Poladian conseguiria contratar o RPM, o Capital Inicial e os Titãs.

— Não tem sentido elas virem pra cá! Eu sou empresário também!

Um papo que se estenderia por cerca de uma hora, com Poladian tentando convencer o tecladista. Entretanto, não seria daquela vez que os dois fariam alguma coisa juntos, apesar de toda explosão que o aparato da Hum Studios poderia causar com o Roupa Nova no país. Não com Poladian se tornando "dono" da carreira deles.

— —

Marcelo Leite de Moraes, no livro *Revelações por minuto*, explica que os integrantes do RPM sempre foram muito ácidos na crítica aos outros grupos. E que, como todas as bandas da época, eles comentavam e reparavam nas roupas, músicas e no sucesso dos outros. Porém, segundo as palavras de Roger, do Ultraje a Rigor, publicadas no livro de Marcelo: "Logo que eles estouraram, saíram metendo o pau em todo mundo, numa estratégia de marketing competitiva que, para nós, até então inexistia. Essa postura contaminou todo mundo. Como todos os artistas estavam indo bem, a gente se cruzava muito menos, e virou uma guerra saber quem vendia 500 mil, quem vendia 1 milhão."

Rixas muitas vezes incentivadas pelos jornalistas ao frisar o "fenômeno RPM" nas entrevistas com outras bandas do cenário nacional, em troca de algum veneno gratuito nas respostas. Como no número 855 da revista *Amiga*, de 1986, no qual Tônia Elisabeth escreveu: "Roupa Nova contra Paulo Ricardo". Na matéria há uma breve descrição de que até os seis músicos, "sempre alheios a esse tipo de coisa, não poupam censuras ao solista do RPM".

Porém, se mudarmos o foco da notícia, iremos encontrar mais frases de autoafirmação do grupo do que censuras diretas ao quarteto, já que se tratava de dois estilos completamente opostos de se levar uma carreira. E vai dizer que a jornalista não sabia?

No texto, Serginho diz que acha errado o que o Paulo Ricardo faz, se destacando do grupo. E que no Roupa Nova há consenso em relação às reportagens: ninguém pode falar sozinho, porque os seis têm opiniões diferentes. "Não é porque o Paulinho, do nosso grupo, canta, que só ele deve dar entrevistas, aparecer na televisão, tirar fotos ou ser capa de revista."

O baterista ainda fala sobre os males de se chegar ao topo rapidamente: "Outro dia, um crítico chamou o RPM de fenômeno, e me soou como Aladim e a lâmpada maravilhosa, que o gênio aparece e some. Um filme que já vi várias vezes: a explosão, a cobrança do público e, depois, a frustração, dos dois lados, porque é um sucesso tão imediato que fica difícil repetir a dose. O negócio pra valer leva anos para ser lapidado." Já Paulinho aparece com a frase: "Eu não admitiria fazer parte do grupo, se ele fosse chamado de Fulano e o Roupa Nova", como passou a acontecer com o RPM e outras bandas.

Uma matéria com as frases milimetricamente posicionadas e com a apimentada chamada: "Todo mundo usa o RPM para aparecer." Fácil falar...

— —

O Roupa Nova havia acabado de tocar em Santa Catarina, no dia 3 de dezembro de 1986, em uma quarta-feira, para 9 mil pessoas, quando Nando foi abordado por um jornalista:

— Vocês vão tocar aqui de novo?

— A gente fica até domingo, com shows todos os dias.

Sem nunca esperar que, naquele instante, ouviria uma provocação gratuita:

— Pô, cheio vai estar lá na praia com o RPM.

O grupo liderado por Paulo Ricardo, por coincidência, também estava em Santa Catarina na quinta-feira, dia 4 do mesmo mês. E se apresentaria em Balneário Camboriú com a turnê Rádio Pirata, do LP ao vivo que havia vendido mais de 2,5 milhões de cópias no país — um marco na indústria fonográfica nacional como recorde de vendagem.

— Estão previstas 20 mil pessoas para o RPM, sabia? — continuou o jornalista, sedento para ver qual seria a reação de Nando.

E o baixista, que não deixava passar qualquer provocação, respirou fundo e respondeu, sorrindo:

— Não tem problema. Ano que vem eu vou voltar aqui pra tocar para 9 mil pessoas. E lá na praia vai ter outro artista do momento tocando para as 20 mil.

No dia 28 de agosto de 1987, em carta à gravadora CBS, seria anunciado o fim do RPM. Mesmo ano em que o Roupa Nova lançaria seu primeiro LP de carreira com nome próprio: Herança — sem se preocupar com concorrentes e focado em sua própria história.

— —

Herança contava com 100% de composições do grupo, que reafirmava as facetas de letristas e melodistas dos integrantes. "O nome do disco foi importante por ser mais um filho da gente. A gente interpretava mais a música dos outros antes e agora estamos com o nosso trabalho total. Sem aquele papo de cortar os outros compositores. De jeito nenhum! Mas eu acho que vai passar a ser assim daqui pra frente porque está dando certo! É uma coisa que a gente faz com carinho, com amor mesmo", explicou Serginho em entrevista para Heleno Rotay e Mara Torres, no Especial com o Roupa Nova, no mesmo ano, na 98 FM. Uma produção em massa, feita nas estradas pode-se dizer.

Por conta da turnê de dois anos do disco azul, as composições começaram a ser criadas na casa de cada um, nos intervalos das viagens, com os gravadores que eles possuíam. Depois, eles se reuniram, fizeram as bases, acertaram as melodias e partiram para os possíveis arranjos. Obtiveram no final do trabalho mais de quarenta músicas prontas. Para só então os letristas do grupo da época, Nando e Feghali, entrarem em ação, escrevendo os versos das canções pelos hotéis da vida. "A coisa fica mais o Roupa Nova. Eles têm ideia do que a gente pensa", diz Paulinho.[*]

---

[*] Apenas duas músicas contaram com letristas convidados: Ronaldo Bastos em "A força do amor", e Tavinho Paes em "De volta pro futuro".

Das mais de quarenta canções, entrariam no disco: "Volta pra mim", "Sexo frágil", "A força do amor", "Mágica", "Na mira do coração", "Herança", "De volta pro futuro", "Um lugar no mundo", "Cristina", "Latinos", "Tolo ciúme" e "Um toque". Um álbum que, desde o seu nome, tentaria mostrar um lado do Roupa Nova que não faiasse só de amor, mas que fosse politizado e preocupado com o mundo.

— —

Com o disco azul, cinco integrantes do Roupa Nova experimentaram o gostinho de receber os direitos autorais por sua composição. E isso motivou os músicos a continuarem escrevendo melodias e letras para os discos do grupo, além de gana para lutar pelo número máximo de suas canções entrando no repertório, independente da qualidade.

Apenas Paulinho havia ficado de fora — o que se repetiria no LP Herança —, gerando um leve mal-estar entre os músicos, que esperavam uma atitude do vocalista também nesse sentido.

Na entrevista da 98 FM, por exemplo, o radialista Heleno Rotay entrou no assunto sobre o novo disco ser 100% Roupa Nova. Serginho explicou que essa abertura fora gradual:

— A partir do momento em que eu me senti capaz de colocar uma música pra pelo menos comparar "Pô, Ricardo escuta essa música aqui", "Cleberson, ouve essa música também...", Cleberson mostrava também e tal. E quando essas músicas começaram a ser sucesso também no rádio, sem ser músicas de outros compositores, a gente se sentiu maduro e...

— Encabulado — completou Paulinho. — No LP passado, que a gente chama LP azul, que tem "Linda demais", "Seguindo no trem azul", "Sonho" e tal... Esse LP teve 70% de composição da rapaziada. E nesse último virou 100%. Inclusive letra do Nando e do Ricardo, que são os letristas atualmente do grupo.

Antes de ouvir o comentário de Nando:

— Por enquanto, né, Paulinho?

E o grupo passou a brigar tanto por causa das composições em excesso, como pela falta delas.

— —

A gravação de "Herança" contou com a participação do cearense Fagner, com Serginho na voz principal e Paulinho cantando no final "She's leaving home", dos Beatles, como música incidental. Composição que dava o nome para o disco, com melodia de Kiko, letra de Feghali e que não falava sobre amor.

"Eu nunca proibi ou disse pra eles: 'Não façam músicas que não falem de amor.' Só que músicas de amor têm um apelo comercial muito forte, o que um LP não deveria deixar de ter", diria Miguel Plopschi. "Mas sabe aquela coisa de que o filho já cresceu, casou e tem filhos? Você não fica atrás. E depois de 1987 era o que estava acontecendo com o Roupa Nova."

Cadê o gênio da invenção
Que sumiu e a semente ficou
Não depender de uma decisão
Um botão e o sonho acabou

"Herança" era uma música com muitos vocais, um arranjo impecável, amigos envolvidos, de composição própria do grupo e de versos que ampliavam o universo do Roupa Nova, em um disco no qual eles assinavam pela primeira vez, integralmente, a sua produção executiva. A identidade da banda que tanto se buscava. A renúncia do disco amarelo que começava a valer a pena.

— —

Custos Vigilat é a mensagem em latim escrita no brasão da pequena cidade de Bauru, no interior do estado de São Paulo, onde o Roupa Nova iria se apresentar em 1987 com a turnê do LP Herança*. Uma noite que seria lembrada pelos seis músicos, e não só pela casa lotada e pessoas empolgadas com o mais novo hit da banda: "Volta Pra Mim", composição de Cleberson e Feghali.

"Show de Rock'n Roll" foi a primeira música que o grupo tocou após a abertura, já jogando o clima lá para cima. E "Na mira do coração" e "Sexo frágil", ambas cantadas por Paulinho, vieram em seguida falando de amor, sem deixar diminuir o ritmo do show. Tanto que Kiko, brincando com Feghali, conseguiu destruir com pulos e agitação um pedaço da tábua que cobria o palco. E ele só não caiu no buraco porque foi rápido o bastante para abrir as pernas quando o chão cedeu.

Depois disso, a balada "Sonho", cantada por Serginho direto da bateria, tornou o show realmente romântico, com casais se beijando e meninas com os braços para cima. E Paulinho, no fundo do palco, tocava percussão enquanto aguardava a sua entrada na próxima música: sucesso das rádios e uma de suas grandes performances na história da banda.

O que só aconteceria após Cleberson fazer a introdução nos teclados, a deixa perfeita para que o vocalista se aproximasse do público, lentamente, segurando o microfone, antes de cantar:

Amanheci sozinho...

Dando três passos firmes, com os olhos fixos na plateia, como se tentasse hipnotizá-la com a sua interpretação. Sem perceber o buraco que o aguardava a poucos centímetros dali.

Na cama um vazio...

---

* Também se destacariam nesse LP: "A força do amor", "Na mira do coração", "Cristina", "De volta pro futuro" e "Mágica".

Pronto! Caiu! Paulinho afundou com o corpo inteiro, no pedaço em que a tábua estava quebrada, ficando de pé no buraco com o palco cobrindo até a sua cintura. E sem deixar de cantar! Parecendo até o famoso anão, de cabelos loiros, Ananias — personagem de Renato Aragão, que afundava as pernas em buracos no chão para diminuir a estatura.

Meu coração que se foi
Sem dizer se voltava depois

O público veio abaixo ao ver aquela cena, e os músicos não conseguiam fazer outra coisa a não ser rir muito! Principalmente porque o canhoneiro, sem notar aquela atrapalhada, conforme havia sido combinado anteriormente, botou o canhão de luz em cima de Paulinho dentro do buraco, ainda cantando.

Sofrimento meu
Não vou aguentar
Se a mulher
Que eu nasci pra viver
Não me quer mais...

Para só então ser puxado para cima novamente, por Feghali. "O pessoal deve ter pensado: 'Nossa, como tem palco naquele garoto!'", diria depois Paulinho em um programa de rádio. O mais desligado de todos os seis músicos, que provavelmente não teria respeitado o lema *Custos Vigilat* do município, mesmo se ele estivesse em português: "Sentinela Alerta."

— Vem cá, vocês têm casa? Não? — perguntou Anelisa para os músicos, que de maneira geral não se programavam com a saída de dinheiro. "De seis em seis meses, eles trocavam de carro! E era carro zero", conta a empresária, que andava com sua máquina de calcular atrás dos seis, na tentativa de que eles percebessem a importância da estabilidade financeira, principalmente por conta dos filhos e da família. "Era muito dinheiro que eles ganhavam e muito que eles torravam!", relembraria ela.

Dinheiro que continuaria a bater na conta do grupo e no bolso dos compositores após o trabalho de divulgação com o LP *Herança* — novamente sucesso de público! Em dez meses de viagens por mais de cem cidades do Brasil, o Roupa Nova vendeu mais de 500 mil discos, ganhando de novo o duplo de platina. Além de receber o disco de ouro pela Polygram com uma coletânea de hits gravados de 1980 a 1983, e o Prêmio Sharp de Música[*] Vinicius de Moraes como melhor grupo, na categoria

---

[*] O Prêmio da Música Brasileira passou por diversas fases. Por mais de dez anos foi chamado de Prêmio Sharp (1987 a 1998). Também recebeu os nomes de Prêmio da Música Brasileira (2001) e Prêmio TIM de Música (2003 a 2008). Desde 2010, o prêmio é patrocinado pela Vale.

Canção Popular. Prêmio, aliás, que eles não foram receber porque apenas um poderia subir no palco para agradecer. Ou eram os seis ou não era ninguém.

Como já dizia o release do show Herança, o "Roupa Nova não frequenta a mídia intelectualizada. Não faz parte das tendências musicais ou políticas e não compromete seu trabalho com grandiosas campanhas promocionais. No entanto, o grupo não sai das paradas de sucesso. Entra ano, sai ano, entra moda, sai moda e o Roupa Nova emplaca um sucesso cada vez maior".

O que não se percebeu, de fato, é que o Roupa Nova estava se tornando "A" moda.

— —

Depois do estouro do LP Herança, em 1988, o Roupa Nova se reuniu com o pessoal da RCA, como de praxe, para dar início à gravação do novo disco. Porém dessa vez os músicos, que também se viam no papel de compositores, levaram suas melodias para que todos votassem em quais deveriam entrar ou não no álbum, sem revelar quem era autor do quê, evitando qualquer favorecimento na escolha. Cada um foi responsável por selecionar quatro de suas composições para apresentar ao grupo, prezando pela qualidade e não quantidade. Quer dizer, teoricamente era para ter sido assim.

— Quantas são, Serginho? — indagou Nando, após ouvir cinco músicas do baterista.

— Ah, sei lá… Umas dez, quinze… Acho que eu me empolguei, né?

— Putz… Você e todo mundo.

Melodias que deveriam ser reduzidas drasticamente nos próximos encontros. Tudo bem que seria ótimo ter mais canções próprias no disco do Roupa Nova para que depois recebessem os direitos autorais. Mas até que ponto essa disputa exagerada de melodias seria saudável para os seis? "A produção deles era grande! Chegava o Serginho com quatro músicas, Kiko com mais cinco… E escolhíamos as melhores", diria Miguel Plopschi. Apenas Paulinho não compunha.

— Hum… Acho que esse refrão se encaixa nessa melodia.

— Acho que essa melodia podia ser uma ponte…

Opinavam ele e Sullivan, com os integrantes do Roupa Nova anotando tudo.

— Quando eles aceitavam as opiniões, eles arrumavam — conta Sullivan, que via tudo isso como se fosse um jogo. "Melodia todos faziam bem, mas Nando, Cleberson e Ricardo faziam mais." Para só depois das melodias definidas eles revelarem o nome dos escolhidos.

— —

Aeroporto do Galeão, Rio de Janeiro, e o avião para os Estados Unidos ainda não havia levantado voo. Os passageiros estavam naquela fase de entrar, procurar seus assentos e guardar a bagagem no compartimento superior, quando Nando esbarrou em Willie de Oliveira, ex-vocalista do grupo Rádio Táxi.

Eles começaram a conversar e assim a viagem seguiu. Apesar das duas bandas terem surgido no início da década de 1980, o Roupa Nova nunca havia tocado com a Rádio Táxi até então, o que só ocorreria em 25 de novembro de 2007, no programa Tudo é possível, da Record, apresentado, na época, por Eliana. Mas os integrantes se conheciam devido aos vários encontros na noite musical carioca, e até mesmo pelas confusões que as pessoas faziam trocando o nome dos dois grupos. A diferença é que, enquanto o Roupa Nova acumulava sucessos com a mesma formação, a Rádio Táxi não só havia trocado de vocalista em 1983, como havia se dissolvido em 1987.

— Willie, por que a Rádio Táxi acabou?

— Ah, Nando... A gente estava brigando muito...

— Mas à toa?

— Ah, bicho, banda é um troço difícil, né? Tudo é motivo. Ainda mais quando você começa a ganhar dinheiro.

— Sei...

— Direito autoral é uma merda, cara! Se a música faz sucesso, uns dois recebem e acabou! Não tem muito jeito... A gente ainda era quatro... E vocês que são seis?

Ao chegar em casa, naquele dia, Nando pensou muito sobre a conversa que havia tido com Willie e nas últimas reuniões, com discussões em excesso, do Roupa Nova. Uma batalha pelo direito autoral que provocava tensão e pressão sobre a cabeça e a criação dos integrantes. Afinal, qual música entraria no próximo disco? A do Serginho ou a do Feghali? A do Kiko, a do Cleberson, ou a dele? Quem abocanharia o direito autoral daquele LP? "Se eu não fizer alguma coisa, a gente não dura mais dois anos." Nando via os primeiros sinais do que poderia ser a ruína do grupo. E sozinho, sem comentar com ninguém, bolou um plano para o novo disco do Roupa Nova.

— —

Ricardo Feghali estava dormindo quando veio uma ideia de melodia. E veio de uma forma tão forte e real para os seus sonhos que ele acabou acordando durante a madrugada.

— Preciso gravar isso!

E desesperado, antes que se esquecesse, saiu correndo pela casa, até chegar ao piano e registrar em um pequeno gravador. Uma melodia que teria a letra de Nando e falaria sobre uma recaída amorosa de quem diz "sim", embora jure o tempo todo que está dizendo "não". A primeira canção de trabalho do novo LP, e mais um sucesso enorme de público: "Vício."

É como um vício
Você vem me procurar
Como faz desde o início
Cada vez que quer voltar

Além disso, o tecladista faria a letra de uma melodia de Nando, que seria outro hit do Roupa Nova: "Meu universo é você", fortalecendo a química para parcerias musicais entre os dois integrantes. A única melodia do baixista, que teria forte presença no LP através das letras.

Em "Chama", Nando fez uma letra pensando no nascimento de seu filho Luiz Guilherme, em 1985, que completaria 3 anos de idade em 1988.

Pelo brilho da manhã
Sinto acesa a chama, tenho você aqui
Novamente aconteceu
Uma luz antiga que nunca se apagou
Fogo no coração...

Em "Ídolos", os Beatles entrariam como destaque — a eterna referência do grupo — e teria como parâmetro a canção "Any Time At All", do quarteto. Tudo nesta música do Roupa seria feito como os garotos de Liverpool faziam — da afinação à mixagem, com baixo e bateria de um lado, e piano, voz e violão do outro. E ainda, de quebra, uma guitarra de doze cordas igualzinha a de John Lennon.

Quem gerou
O som de uma geração
E me levou pra dentro da canção?

A história da assaltante de bancos, Lili Carabina, ganhou vida em 1988 com o filme de Lui Farias. Sob o título *Lili, a estrela do crime*, Beth Faria interpretou a personagem da trama e inspirou outra composição de Nando "Tipos fatais" — apesar de não fazer parte da trilha do filme.

Um charme mortal
Capaz de querer
Sempre mais e mais
Um tipo fatal
Pior do que eu
Carregou meu coração

E, por fim, em "Filhos", Nando falou sobre a sua descoberta como pai — realidade da maioria dos integrantes do Roupa Nova. Uma canção que contaria com a participação de seu querido pai, Nilson, que completou a música com uma quadra de versos, "fechando o círculo com a sua experiência de vida — alinhavando a música para três gerações: avô — pai — filho", como mencionaria o material de divulgação do LP.

Chega pra cá
Quero brincar com você
Deixa eu ser muito mais
Que um amigo

Um trabalho intenso de composição por parte de Nando* e que não seria em vão.

— —

Em 1988, A Cor do Som tinha encerrado suas atividades, e outros grupos mais antigos haviam sofrido mudanças importantes, como as saídas de Claudio Nucci do Boca Livre e a de Flávio Venturini do 14 Bis — ambos rumo à carreira solo. Entre os mais recentes, o Kid Abelha já tinha trocado de guitarrista (Pedro Farah por Bruno Fortunato), passado por dois bateristas, e o baixista Leoni, havia anunciado a sua saída para montar outra banda. "Quando você faz sucesso, todo mundo diz que você é o máximo. Não é o Kid Abelha que é o máximo: você é o máximo. E, quando não se tem cabeça, e num sucesso tão rápido, o que mais se quer é acreditar nisso",[19] diria Leoni anos mais tarde.

A estrela Cazuza havia saído do Barão Vermelho para se lançar sozinho no mercado, e apenas três integrantes originais do grupo persistiam. Nas palavras do baixista Dé, do Barão: "Começou uma competição, uma disputa de poder, uma coisa horrorosa, neurastênica, havia ódio puro entre a gente."[20] A Blitz havia acabado, a Rádio Táxi e o Herva Doce também. E até mesmo o sucesso estrondoso do RPM, que se lançou em 1985, já havia terminado duas vezes!

Já o Roupa Nova, existente desde 1980, continuava com os mesmos seis integrantes em 1988, lançando seu mais novo trabalho: Luz.

— —

A turnê do novo LP do Roupa Nova deu seu pontapé no final de 1988, com shows no Olympia, em novembro, em São Paulo, e em dezembro, no Canecão. No mesmo mês, fizeram uma turnê no exterior, nas cidades de Nova York, Nova Jersey e Boston nos Estados Unidos, onde a banda aproveitava para comprar instrumentos. Em janeiro de 1989 foi a vez do Paraguai, e só a partir de março o Roupa se embrenhou pelos estados do Brasil.

Com doze músicas no álbum, apenas uma tinha a participação de um letrista convidado: Ronaldo Bastos em "Estrela da manhã". Também faziam parte do LP as canções: "Camaleão", "Só você e eu" — primeira composição de Paulinho no grupo —, "Romântico demais" e "Do jeito que quiser". Um disco que ganhou o nome de Luz porque foi a palavra que mais se repetiu, por coincidência, em todas as canções, além de ser uma necessidade, na opinião dos músicos, para a situação econômica do país, de moral baixa naquela época.

Porém, o ponto mais importante deste trabalho na carreira do Roupa Nova talvez tenha ficado nas entrelinhas. Explicando: na contabilização final das parcerias nas composições, o repertório teve sete músicas de Nando, sete de Ricardo Feghali, quatro de Kiko, três de Serginho, duas de Cleberson, e uma de Paulinho. E nenhum dos integrantes notou como Nando batalhou para che-

---

* Demais compositores das canções: Feghali em "Chama", Kiko e Feghali em "Ídolos", Kiko em "Tipos fatais" e Serginho em "Filhos".

gar a esse número, tendo a maior parte das obras em seu nome. "Eu só poderia propor alguma coisa diferente se eu tivesse de cima. Então eu trabalhei muito pra eu ter mais do que eles. Foi completamente intencional", revela o baixista.

— Ó, agora vocês vão me ouvir! — disse ele, em uma das reuniões com o grupo, após o lançamento do LP Luz. — Gente, vamos dividir o direito autoral? A música é bonita? É! A letra é bonita? É! Mas o arranjo tá bonito, a bateria que o Serginho fez, a voz que o Paulinho botou, o vocal que a gente bolou, a guitarra do Kiko, a ideia de arranjo do Cleberson e do Feghali, o meu baixo...

E, antes que algum deles pudesse contestar, Nando frisou:

— Eu tenho a maioria do Luz, com o Feghali. Eu que vou sair perdendo! E eu abro mão!

Uma atitude desenfreada do baixista em tentar diminuir as vaidades, igualar o dinheiro e salvar a carreira do grupo. Um sentimento descrito na canção "Seu jeito & meu jeito", também no LP de 1988, composta por Nando, e que seria vista por todos os integrantes como uma música de amor. Ninguém percebeu sobre o que o baixista realmente estava falando naquela letra. E sempre esteve ali, debaixo do nariz, registrado no Luz, o carinho que ele tinha pela banda:

Cada dia é mais difícil te dizer
Que eu consigo ser feliz
Todo tempo com você
E mesmo assim eu me sinto muito só
Não é fácil ser aquele
Que segue dizendo:
— Tudo vai melhorar!
Mas ficar de mal com a vida
Muito pouco vai mudar

Tudo aquilo que fazemos
Pouco a pouco, se volta contra nós
Cada dia é mais difícil de viver
Sem vender o coração
Eu só quero ter a chance
De provar pra você
Que eu tenho alguma razão
Creia, todos serão felizes
Ou então, ninguém será

Depende de nós
E de ninguém mais
Tentar ser feliz
Sem olhar pra trás
É tempo de ver
O que vale mais

Eu entendo que apenas um sorriso
Não torna tudo bom
Mas não penso que seu modo de ver
Seja só a solução
Eu não quero ser aquele
Que fala de sonho pra você não chorar
Mas um pouco de carinho
Mal não pode provocar

No disco Frente e versos, de 1990, a regra já estaria valendo: no encarte, o crédito de quem compôs a música, mas no contrato o direito autoral dividido por seis. O que seria uma cooperativa autoral. Como diria Kiko sobre a atitude do grupo: "Não tem um com uma BMW entre os seis. Fica todo mundo de fusquinha." A primeira banda brasileira a, de fato, fazer isso em relação ao dinheiro. Uma iniciativa que poderia acalmar os ânimos dos integrantes para que eles pudessem compor em paz, focados na qualidade, embora também pudesse gerar comodismo e a falta de empenho para compor, a partir do momento em que o dinheiro já estava garantido! Mas, enfim, depois da decisão de dividir os direitos autorais, a sorte estava lançada.

CAPÍTULO 33

MAIS QUE A LUZ DAS ESTRELAS

"O Roupa Nova sofreu uma mutação durante
a sua carreira, e os críticos passaram
a se orientar apenas pelo repertório.
Não pela qualidade musical deles."

Mariozinho Rocha

"Acho que as pessoas veem o Miguel e veem a janela! 'É como um sol de verão queimando no peito...' Quer coisa mais pop do que isso? Ou 'Se você vê estrelas demais...' É pop pra caramba! E isso é Mariozinho! Mas não... O Mariozinho tem um cast de elite e o Miguel é pop. Então o Roupa Nova é pop... Não! A gente sempre foi pop!", contesta Feghali sobre as duras críticas que receberam após o disco azul, mesmo fazendo um estrondoso sucesso com o público. A tal ponto que ganharam, inclusive, o apelido na indústria fonográfica de "Midas da Música Brasileira", ao transformar em ouro todos os trabalhos seguintes, em uma mistura assumida de baladas + grandes hits + povo (isso tudo em uma época de crise econômica no Brasil, com arrochos salariais do Sarney e grandes surtos inflacionários). O que a crítica, no geral, já esquecendo as bandas de rock e sem afinidade com o termo "pop", passou a chamar exclusivamente de brega.

Pop seriam as canções que agradam os jovens — que se tornou consumidor de produtos culturais, depois da Segunda Guerra Mundial, através dos meios de comunicação de massa. Gênero — que desde os anos 1950 passou por estilos como rock, romântico, brega, rap, sertanejo, sendo redefinido por cada geração através dos tempos — de músicas leves, vocal e ritmos agradáveis aos ouvidos, letras fáceis de serem cantadas, refrões fortes, melodias para serem memorizadas e assobiadas. Uma simplicidade na apresentação que não quer dizer simplória, como alertou o músico Nando Reis: "Eu detesto a ideia da 'apropriação inteligente.' Como quem diz: 'Ah, isso é tão qualquer nota que qualquer um pode fazer.

Então nós, que somos cults e inteligentes, vamos fazer de brincadeirinha músicas bregas.' O caralho! Quem sabe fazer, sabe!"

Características musicais e de comportamento que poderiam ser atribuídas a figuras como Frank Sinatra, Bob Dylan, Beatles, Rod Stewart, ABBA, Bee Gees e Elton John. No Brasil, estariam presentes na Jovem Guarda, no Tropicalismo, e nas versões "adocicadas do rock" nos anos 1980[*] de nomes como Michael Sullivan, Paulo Massadas, Lulu Santos e Kid Abelha. Como afirma Sullivan: "Artista quer vender sua arte, quer que o aplaudam, que o amem, é sua maneira de viver. (…) Tem artista que pensa na emoção dele, mas você tem que chegar no povo. Esse é o nosso lema e não vamos mudar nunca." Artistas pop e que, muitas vezes, se tornariam populares ao ampliar seu alcance de público, independente da idade.

Popular é o que cai nas graças das rádios, "é o que a massa consome", como disse certa vez a jornalista Patrícia Palumbo, especialista em música brasileira. "Mas vale dizer que todo artista, pop ou não, quer ser popular."[21] E o Roupa Nova, no final dos anos 1980, apesar das críticas, já era popular com maestria.

— —

— Eu não entendo, juro! A gente grava com todo mundo e o trabalho dos outros artistas é elogiado pra cacete. Mas quando o disco é nosso, eles caem de pau! Saco isso! — reclamou Nando, muito irritado, em uma das reuniões com as duas empresárias.

Um integrante que, assim como a maioria do grupo, ainda vigiava cada palavra dita sobre o seu trabalho nos cadernos de cultura dos jornais, na esperança eterna de uma aprovação. Sem se conformar com o tratamento recebido por parte dos críticos, apesar do sucesso do Roupa Nova.

— Besteira, Nando… Eles estão pagando a sua conta?

— Val, é muito chato acordar, comprar o jornal e encontrar nego te chamando de cafona, falando mal do seu disco. Tem horas que isso cansa…

— Eu sei, mas vocês têm que olhar para o trabalho de vocês. Não podem se importar com o que a imprensa fala. Senão vocês vão pirar! O veículo de vocês é rádio e televisão! Poxa, façam um trabalho benfeito, popular sem vergonha, sem medo de ser feliz!

— Mas parece sacanagem. A gente faz arranjos fodas para o MPB4, Rita Lee, Milton, Gal Costa… Só gente grande da música brasileira! Os LPs deles são elogiados, as pessoas gostam, a crítica acha lindo…

— Calma Ricardo… — disse Anelisa, tentando tranquilizar os ânimos.

— Deve ser porque a gente veio dos bailes… — arriscou Serginho.

— Ou porque ninguém aqui é da Zona Sul! Nego não sabe nem o que tem do outro lado do túnel! — disse Paulinho.

— Já meteram a ripa até no "Sapato velho"! — completou Cleberson.

---

[*] Madonna e Michael Jackson, aliados ao surgimento da MTV, associariam ao pop também elementos como imagem, dança, e grandes espetáculos. Os dois seriam conhecidos, mundialmente, como a Rainha e o Rei do Pop.

— Na boa, eu acho uma covardia: o cara não tem envolvimento nenhum com o disco! Apenas ouve e diz: "gostei" ou "não gostei". Você compõe aquela canção com o maior amor! Saiu de você, cacete! E o cara chega e mete o malho? — disse Kiko, muito nervoso com o que vinha lendo sobre a banda.

— Só porque a gente não quebra tudo, não reclama nem fala que tá tudo uma droga! Caramba, começamos do zero, fazendo bailes em lugares que as pessoas não acreditam! A nossa dedicação devia ser um exemplo e não motivo de crítica! Devia ser inspiração para outras pessoas! A gente tá tentando o tempo inteiro, estamos ralando, buscando o melhor! Mas não... O que a gente faz fica parecendo falso, oba-oba, é mole? Merda — disse Nando, estourado.

O clima pesou, o olhar dos seis músicos pesou e ninguém mais falou nada. Pelo menos não naquele dia.

— —

— Pô, a gente não consegue emplacar nenhuma! — comentou Valéria para uma amiga, sobre a dificuldade do Roupa Nova sair nos jornais, ainda no disco azul, às vésperas da segunda turnê de 1986 no Canecão.

O grupo era citado nas agendas dos jornais e nas críticas dos LPs, mas ela queria uma matéria que divulgasse a banda, mostrasse seu trabalho e, lógico, seu sucesso.

— Hum... Talvez eu consiga te ajudar... — disse a outra, ligando para combinar um jantar com um amigo, naquele final de semana, em sua casa.

Tratava-se de um editor conceituado e influente chamado Artur Xexéo, que topou encontrá-las no sábado para comer, beber, bater um papo sobre a vida e jogar uma biribinha. Três dias depois do encontro, o telefone da empresária tocou, com uma pauta do *Jornal do Brasil* para sair no dia 17 de setembro daquele ano, sobre os dez dias de Canecão. Com quase meia folha de Roupa Nova, na primeira página do Caderno B.

— —

"Imagine o Sonho de Valsa, bombom mais que tradicional, subitamente alçado à condição de 'chocolate do ano', em 1986. Agora, tente imaginar o Roupa Nova, grupo que começou há dez anos em bailes de subúrbios, e nunca vendeu mais de 50 mil cópias de seus discos, alcançando de repente a marca de 500 mil cópias com o último LP." Assim era a introdução da matéria sobre o grupo, no *Jornal do Brasil*, sob o título "Gosto de bombom", após chamar o conjunto, na descrição da página, de adocicado.

E as "espetadas" de leve não iriam parar: "Nessa história do Roupa Nova, que se chama sucesso, tudo é tão previsível quanto o gosto de um Sonho de Valsa, a começar pela temporada de dez shows que o grupo inicia esta noite no Canecão. E a fórmula, embora não explique esse surto de vendagem de discos, contém apenas dois ingredientes: competência e uma série de músicas ao gosto das rádios FMs, que tocaram, tocam e tocarão à exaustão os hits que o grupo apresenta esta noite."

Deixando para o final a opinião dos integrantes sobre o trabalho de outros músicos: "'O Paralamas é legal pra caramba', diz Cleberson. 'Aquele cara', comenta Nando, evitando dizer o nome, 'é RPM: Ruim Pra Meireles'." Além do sentimento de Kiko sobre o sucesso da banda: "até que enfim, a gente merecia."

Uma matéria "despretensiosa", assim como o jantar de Valéria.

— —

As aventuras da Blitz, lançado em 1982 pela EMI-Odeon, com produção de Mariozinho Rocha, foi o disco de estreia da Blitz, banda da Zona Sul carioca. O álbum, com cores fosforescentes na capa e logotipo inspirado na antiga logomarca dos X-Men, foi obra da dupla Gringo Cardia e Luiz Stein, que estavam no início de carreira e eram sócios no estúdio A Bela Arte. E a estética das histórias em quadrinhos com um teor pop à la Andy Warhol, associada ao sucesso conquistado pela trupe de Evandro Mesquita, fez com que os designers se tornassem os mais requisitados pelo mercado da música. Nos anos 1980, foi moda convidá-los para fazer capas de discos, e nem o Roupa Nova ficou de fora dessa. Sugestão da RCA para o álbum Herança, muito bem recebida por Valéria.

— Vai ser ótimo! Eles são modernos e podem dar um visual superbacana pro disco.

O que ela não poderia imaginar é que Luiz Stein, que ficou à frente desse projeto, manteve a "linha Blitz" no quesito cor e misturou na capa laranja com verde. Valéria quase caiu pra trás quando foi pegar a arte, prestes a levar para a gráfica e com o cronograma já todo atrasado para o lançamento.

— Não vai ficar isso!

— Como não, Valéria? Não gostou?

— Luiz, já chamam meus artistas de brega o tempo inteiro! Se eles aparecem com um negócio laranja e verde vão cair de pau!

— Mas o trabalho é meu!

— Mas o artista é meu e quem tá pagando somos nós!

— Não, Valéria, você não vai mudar a arte.

— Olha, na Blitz é lindo, é outra conversa! Com o Roupa Nova não dá.

— Mas…

— Se você consegue entender, que bom. Se não entende? Não posso fazer nada. Tem a ver com a banda e com a forma como eles já são vistos. A leitura vai ser outra! Pode tirar isso daí!

Valéria não se lembra se chegou a acertar aquilo com o Roupa Nova ao vivo ou por telefone. O que se sabe é que a capa do Herança ficou preta e branca com um verde de leve. Sem o laranja de Luiz Stein, que até hoje olha meio torto para a empresária.

— —

"Apesar das críticas, o grupo Roupa Nova supera o rótulo de brega e conquista o público. A prova disso é uma temporada de sucesso no Canecão (Rio), um público médio por show de 7 mil pessoas e 200 mil cópias vendidas em apenas cinco semanas, no novo LP Herança", dizia o início da matéria de Rosani Alves, "Roupa Nova deixa o sucesso como herança", publicada na revista *Amiga*, em 1987. Além disso, o texto trazia declarações dos integrantes um pouco menos inflamadas sobre o assunto.

Nando afirmou que: "ou você pega um repertório, mesmo não gostando, mas achando que vai estourar e transa o disco; ou você faz exatamente o contrário, escolhendo o que mais o agrada; ou ainda, procura consenso entre dois extremos. Nós procuramos esse equilíbrio. Selecionamos as músicas que nos agradam e que julgamos agradar o público também, e montamos nosso LP. Agora, não sabemos dizer se isso é brega ou não."

Já Ricardo Feghali mandou seu recado: "Não fazemos música para os críticos. Nosso trabalho é única e exclusivamente dedicado ao público, pois preferimos 7 mil pessoas dentro de um estádio do que cinco críticos lá atrás, nos assistindo. De modo geral, as pessoas que se dizem críticos especializados não sabem tocar um único acorde, pois criticam o que não conhecem, e geralmente o que é suceso de crítica, no Brasil, é fracasso de público."

Os músicos do Roupa Nova, com o sucesso de plateia a seu favor, tentavam amenizar as críticas falando abertamente sobre o assunto nas entrevistas. Dando a sua versão sobre os fatos, para que as pessoas não fossem "contaminadas" ou, pelo menos, para aliviar um pouco a dor.

— —

A turnê internacional do Roupa Nova, no disco Herança, também ganhou os jornais, após 110 shows para mais de 500 mil pessoas, contando Brasil, Bolívia, Paraguai, Uruguai e Portugal. Com duas de suas músicas ("Dona" e "Linda demais") entre as dez mais da parada de sucesso portuguesa, a banda teve ainda o seu LP entre os mais vendidos, assim como o compacto com "Dona", do repertório de Roque Santeiro, novela que foi exibida em Portugal em 1987, brigando com nomes como Phil Collins e Michael Jackson.

Porém, até em se tratando de terras estrangeiras, o tema brega não saiu de pauta. A jornalista Helena Carone, no *Jornal do Brasil*, por exemplo, escreveu em 1988: "Nem a plateia portuguesa resistiu aos pirosos músicos do Roupa Nova. Doze mil pessoas foram ao rubro nas quatro apresentações que o grupo fez em Lisboa e na Cidade do Porto, em abril. Traduzindo: pirosos é o mesmo que bregas e ao rubro corresponde à nossa expressão ao delírio."[22]

E essa insistência no tema é que cansava.

— —

"As emissoras de FM abandonam o rock e fazem a opção preferencial pela música suave e amorosa", trouxe a revista *Veja*, na matéria "Frequência romântica", publicada em 25 de novembro de 1987. Canções, rotuladas de bregas segundo o texto, que seriam cantadas por nomes como Adriana, Rosana, Fábio Júnior, Marquinhos Moura, Sandra de Sá e Roupa Nova. "Músicas de batidas muito forte, gritadas, acabaram cansando os ouvintes", explicou Marco Antônio Simões, coordenador da popular FM 105. O que Otávio Ceschi Júnior, da rádio Cidade, definiu como: "Caímos na real. Não adiantava nada ficarmos sentados na avenida Paulista pensando em Manhattan. Temos de tocar o que o público brasileiro quer ouvir".

Deste modo, Lobão, ousado e provocativo, lançou o disco o Rock errou, em 1986, tendo na capa ele vestido de padre ao lado de uma mulher pelada com um manto sobre a cabeça. Mas a canção que estourou nos rádios foi a balada "Revanche". O Barão Vermelho voltou com tudo ao mercado após a saída de Cazuza no final dos anos 1980, com o álbum Na calada da noite, e a canção "O poeta está vivo" caiu no gosto das pessoas. Também balada. Já o Roupa Nova veio com Herança, em 1987, e emplacou canções como "Volta pra mim" e "A força do amor". Todas baladas!' "O Brasil é baladeiro, somos românticos! Isso tá na gente", diz o técnico Flávio Senna. "E o Roupa Nova tinha dificuldade de arrumar músicas mais agitadas que fizessem sucesso."

O que também acontecia com bandas como o Kid Abelha — carimbando hits românticos como "Por que não eu?" ou "Como eu quero". A ponto de Leoni comentar: "Eu ficava preocupado com o preconceito da imprensa. Gente como Pepe Escobar, que só gostava de coisas desconhecidas e criticava até o U2 quando tinha discos lançados no Brasil. Me preocupava com o prestígio do Kid Abelha. E o André Midani dizia: 'Os Beatles não tinham o menor prestígio no começo! Roberto Carlos não tinha prestígio! A história está do lado de vocês!' Mas aí vinha alguém e dizia que, se trabalhássemos mais uma balada, iríamos nos tornar o Roupa Nova — e ficávamos apavorados com essa possibilidade."[23]

Manifestações de amor que, como diria o poeta Fernando Pessoa, não poderiam ser diferentes se não fossem ridículas.

— —

"Eles fazem um trabalho que é digestivo, que é popular. E a crítica, no geral, detesta quem faz sucesso, é como se fosse crime. Eu vejo isso o tempo inteiro", comenta o produtor Guto Graça Mello, pelo lado da indústria fonográfica, sobre a postura da crítica especializada em relação ao Roupa Nova. Com um discurso bem parecido ao de Mariozinho Rocha: "A maior parte dos críticos musicais gosta do lado B e dos malditos. Fez sucesso? Vendeu disco? É bola preta. Até hoje é assim, infelizmente, com raríssimas exceções."

Julgamentos que, muitas vezes, são cíclicos e temporais, como uma moda que vem e passa. "Houve uma passeata contra Roberto Carlos e, hoje, todos adoram!", relembraria o produtor Max Pierre. Do mesmo modo que Guilherme Arantes e Michael Sullivan, vistos como bregas na década de 1980, seriam no futuro chamados de cult pelos jornais. Nas palavras de Guilherme Arantes: "no reinado do

---

* Marcia Tosta Dias, no livro Os donos da voz, demonstra que os produtos românticos são lucrativos porque o amor interessa a toda a gente. E que histórias ou produtos de quem "vence na vida", história de final feliz, sempre foram um valioso instrumento da indústria cultural. Músicas que entorpecem e satisfazem os sentidos e desejos do ouvinte.

pop-rock, era vetado ao homem ter sentimentos. E eu, como o Erasmo Carlos, não tinha pudor nenhum de rasgar as emoções. Agora, estou me vingando da isolada que esse pessoal me deu. A mesma coisa que me fez maldito ali, hoje me dá a chance de perdurar."[24]

E Sullivan teria seu trabalho elogiado por compositores como Arnaldo Antunes, ao classificar suas melodias como emocionantes e incríveis, combinadas a letras muito diretas. "O preconceito que sofre é o preconceito contra o sucesso, de gente que espera algo mais complexo, quando a grande força da música popular está na adequação entre letra e música."[25]

Para Ronaldo Bastos, isso tudo é reflexo do jeito provinciano de se fazer críticas no Brasil — que se mantém até hoje. Para ele, bregas são as pessoas que sustentam esse tipo de julgamento: "Tem umas colunas de *JB* que as referências são as coisas que acontecem na garagem em Nova York. E dos anos 1980 pra cá ficou isso. A diferença é que antes as composições eram honestas, o cara achava isso mesmo. Mas hoje não, é falso. Virou uma instituição tão grande que parece que só isso importa. O Roupa Nova tá além disso."

———

Luís Augusto de Biase, na FM 105, perguntou uma vez para Ricardo Feghali, em entrevista que foi ao ar em junho de 1988:
— O que você daria de presente? Para quem e o quê?
— Rapaz, presente é uma coisa difícil...
— Mas não dá pra pensar em algo rapidinho?
— Não sei... Presente é um negócio muito difícil. Daria um presente...
E Paulinho atropelou o tecladista sem perder a piada:
— O LP do Gilliard pro Jamari França!
Provocando gargalhadas no estúdio da emissora — brincadeiras da banda que fazia a festa nas rádios, como grandes artistas populares que eram, independente de seus desafetos.

———

Jamari França, realmente, foi um dos críticos que mais "cutucou" o Roupa Nova em suas colunas, com comentários do tipo "Entrou música na novela? Cuidado para não virar Roupa Nova!", ou então dizendo, com tom pejorativo, que no show do grupo, se bobear, tocava até um sambinha. Falou tanto que, em um destes momentos, a banda não se aguentou e invadiu a redação do *Jornal do Brasil*, depois de um compromisso realizado no mesmo prédio.
— Cadê o Jamari? Hein? Chama ele aqui! — falou Nando, ao lado dos outros músicos, bufando, diante do olhar espantado de um dos jornalistas.
Segundo o baixista, uma coisa é um Cesar Camargo Mariano pegar o disco do Roupa Nova e falar: "Não gosto da faixa três. Acho o andamento mal escolhido, a sequência harmônica é fraca. Podiam ter feito melhor." Outra muito diferente é ouvir crítica do Jamari! "Tem gente que nasceu pra fazer. Tem gente que nasceu

pra dizer como o outro acha que ele deve fazer. E qual é a arte desse cara para ele poder falar alguma coisa? O Jamari teve banda e nunca foi nada!"

Porém, não seria naquela tarde que Nando teria sua resposta. Jamari (in)felizmente não estava no prédio, para frustração do baixista mais que indócil, que teria que engolir a tal da crítica.

— Tudo bem... Uma hora eu consigo encontrar um desses caras...

— —

Nando abriu o jornal, ainda de manhã, e deu de cara com uma crítica de um jornalista sobre o disco Luz.

— Hunf... Lá vem — disse ele, desanimado, antes de tomar o café, já esperando o pior.

Até porque o título da crítica dava a entender que o Roupa Nova fazia o que a gravadora mandava, e não o que os seis músicos queriam.

— Sabia... Ele não gostou do disco — comentou o baixista ao ler as primeiras linhas, ficando cada vez mais chateado com as palavras do jornalista.

A crítica dizia que a RCA mandava no direcionamento do trabalho deles e que o conjunto era preso aos padrões do mercado. Além disso, taxava as composições do álbum de fracas e de pouca consistência. E, por fim, dizia: "A hamornia pobre de Nando, na música 'Meu universo é você.'" O que fez com que o baixista, de raiva, arremessasse longe o jornal.

— Aé? Então vamos ver.

E tudo isso aconteceu às vésperas do dia em que o Roupa Nova receberia os jornalistas na RCA para falar sobre o disco Luz.

— —

Nando chegou mais cedo para as entrevistas na RCA, após o lançamento do disco de 1988, e, sem falar nada, entrou na sala reservada pela gravadora para o evento, com um ar malicioso. Encostou um violão na parede, colocando em cima da mesa uma prancheta com papel e lápis, e sentou-se em uma cadeira, sem dar um pio, apenas mantendo os olhos fixos para a porta de entrada. Um comportamento estranho e, por que não, preocupante.

Tudo bem que aquele seria um dia puxado para todos da banda, que receberiam em uma salinha, desde cedo, diversos jornalistas para falar do novo trabalho. Mas se tratava de uma rotina de divulgação com a qual eles já estavam acostumados. Qual era a do Nando? E que raios aquele violão e aquela prancheta estavam fazendo ali?

Em seguida surgiram os outros integrantes para então eles começarem a receber a imprensa. "Qual é o segredo da união de vocês?", "Como vocês enxergam este novo disco de carreira?", "Por que o nome Luz?", "Vocês acham que, agora, estão se firmando como compositores?" Entrou o primeiro jornalista, o segundo, o terceiro, até que de repente cruzou a porta quem Nando estava esperando, ansiosamente. Nada menos o jornalista que fizera a tal crítica.

— Oi, gente, tudo bem? — disse ele, meio sem graça, se posicionando entre os seis músicos. — Escuta, eu queria perguntar...

Nando o interrompeu, já com o violão nas mãos, educadamente.

— Rapidinho, antes de você perguntar... Dá pra você afinar, por favor?

— Por quê?

— Eu queria tocar um negócio pra você, mas ele tá meio desafinado. Afina pra mim?

E o jornalista, já com a pele rosada, negou o pedido do baixista.

— Eu não sei afinar violão.

— Você não toca violão?

— Não, não...

— Hum...

E, quando ele ia abrir a boca para voltar para (ou começar) a entrevista, Nando retomou o assunto, com seu tom normal de voz, sem se alterar:

— Qual instrumento você toca?

— Não, não... Eu não toco nenhum instrumento.

Nisso, ele já estava vermelho, apesar de não entender aonde o baixista queria chegar. Constrangidos, os outros músicos permaneciam mudos.

— Péra aí... Não tô entendendo bem... Qual é a tríade do acorde de dó maior?

— Como assim?

— Meu filho, quais são as três notas que formam o acorde de dó maior? — repetiu Nando, com um tom já impaciente.

— Eu não sei isso! — disse o jornalista, também com a voz alterada.

Para a "conversa" então desandar de vez a partir daí.

— Não? Mas isso é harmonia! Você não sabe harmonia?

— Não, eu não sei.

— Não? Então você escreveu isso aqui baseado em quê? — disse o baixista, de forma agressiva, puxando o jornal que estava guardado. — "A hamornia pobre de Nando" Alguém falou pra você que a harmonia da minha música é pobre? Porque este aqui não é você! Você não sabe o que é harmonia!

— Mas...

— E ainda me acusa de escrever as coisas que os outros mandam! Se você não sabe o que é harmonia e essa ideia não é sua, então alguém botou na sua cabeça!! Tá fazendo o mesmo do que tá me acusando! Vamos fazer o seguinte? Vai estudar harmonia!

— Nando... — tentava o jornalista, em vão, para o baixista que ainda parecia ter muito o que falar.

— Nando, nada! Vou te mostrar uma coisa que talvez você não tenha percebido...

E, colocando o violão em cima de sua perna, ele começou a tocar e cantar:

Mais que a luz das estrelas
Ah! Meu universo é você

Mantendo o mesmo andamento e harmonia, trocando apenas a letra.

When I find myself in times of trouble,
Mother Mary comes to me,
Speaking words of wisdom,
Let it be

Para depois voltar com:

Mais que a luz das estrelas

— É a mesma harmonia, meu filho! É a do "Let It Be", dos Beatles! Que é a mesma de "Linda, só você me fascina...". Não é uma harmonia pobre. É mundial, é clássica! E tem outras músicas lindas com essa mesma harmonia!

E, pegando fôlego, Nando continuou falando diante do jornalista, roxo, com a boca tremendo e as mãos suando frio:

— Aprende: harmonia é a sequência de acordes que você toca! Não tem nada a ver com a música. Você pode fazer com essa harmonia vinte músicas e não é plágio! É "harmonia", uma sequência de acordes! E eu não acabei! — falou o baixista, virando para trás para pegar a prancheta com uma folha de papel para o crítico e outra para ele. — Toma aqui! Alguém aí conta dez minutos. Eu vou escrever um verso e ele vai fazer outro! Depois a gente compara pra ver qual é mais bonito.

— Mas eu não sei fazer verso! — gritou o jornalista.

— Então por que o meu verso é pobre? Você não sabe fazer nenhum? Faz um pra eu poder dizer se gostei! Aí é justo!

— Para Nando, para com isso... — pediu o crítico, afastando a prancheta de sua mão, muito nervoso, a voz embargada, prestes a cair em prantos.

— Pô, cara, como é que você faz um negócio desses? Ainda escreve que a RCA manda no trabalho da gente!

— Mas esse título não é meu! É do editor-chefe!

— Ah não, agora eu não tô entendendo mesmo... Então o editor batizou a sua matéria?

— Isso é comum no jornal... — respondeu ele, fungando, tentando conter as lágrimas.

— E você concorda?

— Não, não. É muito agressivo.

— Péra aí... Então você deixou um editor batizar sua matéria? E por que eu não posso deixar o produtor produzir o meu disco? É a mesma merda! Tá me acusando de quê? Presta atenção, pô! Você assinou uma crítica em que o título não é seu?

E levantando da cadeira, enfurecido, meio que já desistindo daquele papo, Nando olhou na cara do jornalista e afirmou, tentando manter a voz mais calma.

— O problema é que você põe essa porra na rua e todo mundo lê como se fosse verdade.

Encerrando naquele segundo a "entrevista".

O pessoal da RCA, que assistiu à cena junto com os músicos, depois indagou o baixista:

— Poxa, Nando...

Que não baixou a bola nem na hora, nem depois.

— Poxa, o quê? Não foi com você!

Nando hoje assume que lidava mal com as críticas, mas relembra este episódio sem um pingo de arrependimento. Naquele dia, um jornalista sairia da sala da RCA chorando, destruído, levando nas costas Jamari França, Ana Maria Bahiana, Antônio Carlos Miguel, José Emilio Rondeau e tantos outros críticos.

No final dos anos 1980 já era possível encontrar matérias como a da *Veja* de 30 de novembro de 1988, de título "Reis da Estrada. Roupa Nova inicia turnê no país com Luz", em que considera o grupo como um caso único na música brasileira. A revista situaria a banda entre o rock, o brega e a MPB:

"Cada um de seus últimos três discos vendeu mais de 500 mil cópias — o que coloca a banda entre as mais bem-sucedidas da música jovem, ao lado dos Titãs, Legião Urbana e Paralamas do Sucesso. A maioria dos fãs de rock, no entanto, coloca o Roupa Nova no mesmo caldeirão da música brega, onde estão Wando, Benito di Paula e Amado Batista. Já os astros da MPB não passam sem o Roupa Nova — seus músicos são constantemente convidados a participar de discos de Gal Costa, Ney Matogrosso, Simone e Beto Guedes, entre outros. Mas, ao perguntar a essas estrelas da MPB quem são os melhores grupos jovens nacionais, poucos ousam incluir o Roupa Nova entre eles."

Além disso, o texto afirmava que assistir ao show do Roupa Nova no Canecão ou em qualquer outro lugar do país era ter contato "com um fenômeno tipicamente brasileiro — o grupo de baile —, que segue a trilha do sucesso na contramão do show business". Reflexo do trabalho exaustivo e persistente feito em parceria com Anelisa e Valéria.

Anelisa estava grávida de uma menina, com um barrigão de sete meses, no final dos anos 1980, em turnê com o Roupa Nova em Maceió, quando o motorista do caminhão surtou e foi embora, deixando o equipamento jogado em um canto, com uma barriguda desnorteada, catando todos os telefones para conseguir outro veículo do Rio de Janeiro. No mesmo período em que Valéria também ficou grávida, dificultando ainda mais a presença delas durante as viagens.

— Olha, não vai dar pra gente continuar rodando o Brasil com vocês. Mas montamos uma estrutura bem legal e acredito que não terá problemas — comunicou Valéria à banda em uma reunião no escritório das duas empresárias em Ipanema, Zona Sul do Rio.

Porém, ao contrário do que ela imaginara, a decisão não foi bem recebida pelos músicos, que queriam que elas continuassem viajando com eles, acostumados que estavam de ter uma das duas sempre por perto. O que gerou uma enxurrada de reclamações e um clima ruim, pela primeira vez, entre elas e os seis integrantes.

— Gente, vamos fazer o seguinte: não queremos brigar com vocês! Então vai, procurem outras empresárias, sigam a carreira de vocês! Nós não vamos viajar. É outro momento da vida.

Valéria e Anelisa já sentiam que não daria para manter um relacionamento saudável se eles não se separassem, naquele ano de 1989, ainda na divulgação do Luz. Optaram, então, por estar longe a perder a amizade dos seis músicos.

— Foi muito ruim a saída delas. Sinto falta até hoje — diz Nando.

História de profissionalismo e dedicação que marcaria a vida de todos eles. O que Valéria chamaria de "anos de puro deleite e prazer!". "Depois que eu trabalhei com o Roupa, nunca mais trabalhei com artista nenhum dessa forma. São seis cabeças que pensam, que batem o pé, que fazem manha e que são danadas! A briga deles é sempre pelo melhor. E sofreram muito preconceito por terem vindo dos bailes e por não serem da Zona Sul", afirma Valéria. Já Kiko diria com admiração: "O que é empresário? Nada mais é do que o que elas faziam."

Duas empresárias que lutaram pelo grupo, enfrentando o mercado apesar das críticas, no intuito de construir uma identidade. E que, junto com os músicos, conseguiram resultados consideráveis na indústria fonográfica dos anos 1980: discos duplo de platina, homenagens, prêmios, casas lotadas, composições próprias, uma imagem mais clean nos palcos e o sucesso do Roupa Nova nas rádios com os discos autorais, e não com os dos outros.

Viram o "Linda demais" ganhar o Sul do país, o fã-clube crescer, Paulinho cair do palco, Nando irritado com os jornalistas, Cleberson assumindo sua essência de "maestro", os filhos de Kiko crescendo, seu Zé como roadie de Serginho, e Feghali cada vez mais produtor. Participaram com orgulho da formação da carreira de artistas de peso nacional, que marcaram aquela década com o seu som.

Uma banda elegante, como diria Ronaldo Bastos — independente dos rótulos de rock, brega, romântico ou pop:

"Eu fui brindado com melodias sensacionais, gravações muito bem tocadas por músicos excepcionais e com arranjos bem-acabados. E os shows são perfeitos! Se existe algo mais elegante do que isso, por favor, me comuniquem. Porque eu, que sou expert no assunto, não conheço nada melhor que uma canção benfeita, bem cantada e que as pessoas possam cantar juntas. E se o Roupa Nova faz isso, viva o Roupa Nova!"

PARTE V

TUDO DE NOVO

Tão depressa que não sei se tem fim
ou começa outra vez

A partir de 1990

CAPÍTULO 34

E FU LIGO O RÁDIO SEM QUERER

"O rádio é muito importante porque
aproxima o artista do público
instantaneamente. E as emissoras
foram cativadas pelo talento deles."

Fernando Mansur

A consolidação do mercado de música para jovens, a partir do pop-rock, foi um dos motivos para que a indústria fonográfica do Brasil tivesse um crescimento em suas vendas na segunda metade da década de 1980. Mas não seria o suficiente para estabilizar o mercado de discos no país nos anos 1990. Isso porque, além da situação frágil de nossa economia, as canções internacionais ainda dominavam o cenário, apesar das leis que obrigavam a execução de músicas brasileiras. A venda da fita K7 — que era o produto pirateado — tinha aumentado, em detrimento à do LP, e as multinacionais haviam deixado de investir nas gravadoras tupiniquins.

Não bastasse tudo isso, em 1990 o presidente eleito Fernando Collor anunciou medidas extremas para a economia do Brasil, como sequestro dos ativos financeiros e congelamento de preços e salários. Planos de governo que fariam despencar o faturamento da indústria fonográfica em mais de US$ 100 milhões. Enfim, se em 1989 eram vendidas 76,6 milhões de unidades (entre LP, K7 e o recente CD), em 1990 este total foi para 45,2 milhões. O que seria a mais grave crise do setor até então.[26]

E ainda assim o Roupa Nova continuaria ganhando discos de ouro, enchendo shows, colocando músicas nos "top 10" das AMs e FMs e vendo programadores das rádios brigando para lançar as novidades do grupo. Além disso, os integrantes fariam muitas e disputadíssimas entrevistas ao vivo.

A banda, naquela época de crise, aproveitou de fato todas as oportunidades que a gravadora conseguiu para a divulgação dos LPs Frente e versos, em 1990; Ao vivo, em 1991; e The Best en Español de 1992. Conversas sempre muito animadas nas emissoras, com piadas e gracinhas, como se os músicos já estivessem prevendo os tempos difíceis que viriam, especialmente para o Roupa Nova, naquela década de 1990 — depois do estouro do sertanejo, pagode, axé, e funk no país.

— — —

As rádios passaram por um processo de popularização no final dos anos 1980, início dos anos 1990 — sendo possível encontrar um aparelhinho ligado nas FMs dos bairros mais pobres aos mais ricos. "O que faltava eram estas emissoras adequarem a sua programação musical ao gosto de um batalhão de novos ouvintes, antes adeptos apenas das rádios AM",[27] avaliou Paulo Sérgio de Souza, quando atuava na programação da rádio Manchete.

E neste ponto, o Sistema Globo de Rádio sairia na frente ao tirar do ar, ainda em 1978, a rádio de rock Eldorado FM, ou melhor, Eldo Pop, dando lugar para uma outra emissora, de programação mais popular e com muita música brasileira: a 98 FM. A primeira rádio de sucessos populares da história do Rio de Janeiro, com programas famosos como o Good Times, só de flashbacks — criado por Robson Castro, sucedido posteriormente por Fernando Borges. A rádio chegaria, nos anos 1990, como líder de audiência, com artistas como o Roupa Nova sendo entrevistados, com frequência, por locutoras como Mara Torres, em programas como o que foi ao ar em junho de 1990, no Especial com o Roupa Nova.

Mara: Feghali tá pedindo a palavra? A palavra é sua.

Feghali: Vou contar uma história. A gente no show do LP Luz, como tem essa admiração pelos Beatles... a gente fez o "Yesterday" a capella. Só o vocal. Então aconteceu de todo mundo "Poxa, vem cá, o 'Yesterday' não tá no LP? Como é que é esse negócio? A gente vai comprar o LP e 'Yesterday' não tá?" Então a gente quer dizer pro povo que: o "Yesterday" só vocal também está no disco [Frente e versos].

Serginho: Inclusive o Paul, quando soube que a gente não ia colocar a música no disco, ficou chateado: "Pô, eu viajei quilômetros de distância pra chegar aqui e o disco de vocês tá saindo e não vão colocar minha música? Poxa 5.001 execuções..."

Feghali: Eu quero dizer que não foi por causa da vinda do Paul. Quando a gente decidiu fazer o "Yesterday" a capella a gente nem sabia que o Paul viria.*

Serginho: Foi mais ou menos o que aconteceu com "Lumiar". O "Lumiar" fazia parte do primeiro show que era o LP com "Canção de verão". Como "Lumiar" começou a dar muito certo, no segundo LP, todo mundo perguntava: "Vocês não vão colocar 'Lumiar'? Não vão colocar?" E a gente acabou colocando! Então daí o "Yesterday"! Não que "Lumiar" pareça com "Yesterday" ou "Yesterday" pareça com "Lumiar"...

Feghali: Mas as duas são do Beto Guedes. [Risos no estúdio]

---

* Paul McCartney veio ao Brasil, pela primeira vez, em 1990, e fez um show para 184 mil pessoas no estádio do Maracanã.

Nando: Agora, pro ano 2000, nós estamos preparando uma homenagem ao cara que veio no ano 2000: John Lennon... [Risos de todos]

— • —

A FM 105, do Sistema Jornal do Brasil, era conhecida na década de 1990 por tocar música popular mais voltada para o estilo romântico. Era "A rádio de bem com a vida" para os ouvintes, que participavam ativamente de suas ações; e contava com programas como o Sala de Visitas, apresentado por Ana Flores. Nele a locutora recebia os artistas para falar de seus discos e fazia entrevistas que eram "a alegria do povo" — principalmente quando se tratava do Roupa Nova, com as perguntas inusitadas que a produção gostava de colocar no quadro. Foi o caso daquela participação do grupo em maio de 1994.

Ana: Então, vamos lá! Como você faria pra vender a sua imagem? Tipo classificados.

Paulinho: "Quem não é o maior, tem que ser o melhor."

Ana: Verdade, arrasou!

Paulinho: "Se cabelo fosse bom não nasceria na perna."

Ana: Mais um!

Paulinho: Tem mais um, mas não posso dizer na rádio.

Serginho: Eu me venderia como um cara super-rigoroso em horário. Cobro de todo mundo mesmo! Sou chato pra caramba. Mas sou sincero pra caramba. Quando gosto das pessoas eu vou até o fim. Até que aquela pessoa me prove o contrário. Eu sou um cara muito chato. Cobro muito das pessoas, mas sou muito sincero. Quando eu me dedico, quando eu me entrego, me entrego mesmo. Quem quiser comprar...

Paulinho: Pelo menos ele se vende, mas entrega. Tem gente que não entrega!

Ana: É verdade.

Nando: Eu me vendo, mas não me compraria. [Muitos risos] Eu sou chato. Sou danado de chato! Me cobro o tempo todo. Acho que não fiz direito, devia ter feito melhor. Sou paranoico com essas coisas, mania de querer fazer na perfeição. Acho que eu não me compraria, não. Deve ser difícil morar comigo. Deve ser muito ruim.

Ana: E Feghali, como se venderia?

Feghali: Esse negócio de brincar é com o Paulinho mesmo. Agora é hora de falar sério! Eu tô vendendo um digital-piano da Roland, um Proteus, um Rack e um Mixer.

Ana: Telefone pra contatos?

Feghali: Contatos Estúdio Roupa Nova. Aliás, nós temos um estúdio com 32 canais agora! O artista que precisar, é só entrar em contato com a gente. Sensacional! Já gravaram lá: Sá & Guarabyra, Alceu Valença, Pepeu Gomes, Paralamas do Sucesso, vinhetas... Vendi o peixe ou não vendi?

Ana: Este que é um comercial seríssimo!

Paulinho: É um negócio... Olha o sobrenome: Feghali!

Cleberson: Eu tô com o Serginho, e tô com o Nando. Vou fazer uma mixagem dos dois. Eu não sei se eu me venderia, porque tem hora que nem eu me aguento!

Kiko: Vende-se um churrasqueiro de primeira! Cerveja geladinha e tudo mais! Se você quiser comprar, compareça lá em Iguaba. O churrasco é uma delícia!

Paulinho: É churrasqueiro nas horas vagas. Nas horas de trabalho, vende-se um guitarrista na pressão! [Mais risadas de todos]

— Oi, Bia, vamos marcar uma reunião? — perguntou Serginho, ao telefone, para Bia Aydar, logo após a saída de Anelisa e Valéria do Roupa Nova.

Nando ligaria, em seguida, para reforçar a intenção da banda.

Bia e sua irmã, Fernanda Nigro, eram conhecidas do mercado musical e já haviam atuado com nomes como Gonzagão, Guilherme Arantes e o grupo Premeditando o Breque — famoso e conceituado na época. Duas das poucas mulheres que atuavam como empresárias na indústria fonográfica, assim com as irmãs Monique e Sylvinha Gardenberg.

Assim, considerando a recente experiência bem-sucedida com duas mulheres de personalidade forte, chamá-las foi apenas uma consequência.

Bia e Fernanda gostaram do grupo e até mesmo daquela confusão de todo mundo falar ao mesmo tempo, logo na primeira reunião. Assumiram, então, a carreira do Roupa Nova a partir disso, e viajaram com eles, da mesma forma que faziam Anelisa e Valéria. "Eles são excelentes músicos! E desde 1990 até hoje é o que tem de melhor no mercado", declara Bia. Sendo que Fernanda era quem ia mais para a estrada com eles.

— Bia, você tem que ver que loucura foram os shows! Todo mundo cantando tudo!

As duas tinham noção do sucesso deles, mas não tinham a menor ideia de como era na estrada. E tomaram um susto ao ver a mobilização das pessoas por causa dos músicos, e a paixão dos fãs que estavam por todos os cantos do Brasil, inclusive se hospedando no mesmo hotel do grupo durante as viagens.

— Oi, por favor, tem como colocar eles em outro andar? — pediu Bia, em uma turnê, ao notar que o andar reservado para a banda estava todo tomado de fãs. Segundo ela, "Parecia o Lulu Santos na década de 1980. Aonde quer que eles fossem o povo ia atrás! Esses meninos aguentaram cada rojão... Era uma vida muito maluca! De quarta a domingo rodando o país".

— Ai, caramba... A gente não consegue convencer os seis. É um ou outro! — comentou Fernanda com a irmã, após conversar com o grupo sobre as roupas e o visual deles.

Como convencer Serginho a cortar o cabelo? E Feghali a tirar o bigode? Ou Cleberson a colocar lente? Elas tinham uma atuação grande sobre o Roupa Nova, e tentaram influenciar na postura e em como eles se vestiam. Mas como conseguir unanimidade naquela votação democrática?

— Quer saber, Fê? É assim que vai ficar!

— Vocês não têm uma vida de artista, mas uma vida de músicos! Não é um cara que é o artista e fica em um camarim separado, e no outro os músicos! Não podem brigar à toa! —argumentava Bia, na tentativa de apaziguar os ânimos quando uma discussão boba começava por causa do som.

Aquela era a principal razão de briga entre eles na época em que elas eram as empresárias. E, com toda paciência de mãe falando com os filhos, de mulher que tinha calma para lidar com homens, ela sentava com o grupo para conversar e tentar ajudá-los, sem também invadir o espaço de cada um.

— Gente, isso é muito pequeno. Vocês não precisam se desgastar por causa disso...

Tentando reativar, aos poucos, o companheirismo que existia entre eles. "Depois do Roupa Nova, eu não peguei nenhum grupo que tivesse tanta cumplicidade. É diferente trabalhar com eles", afirma Bia.

E, segundo ela, para ser empresária da banda é preciso ser um pouco psicólogo. "Eles são uma família que briga, se ama e se odeia."

Ricardo Feghali, que já botava a mão em todas as "demos" da banda, foi quem deu a ideia de montar o Roupa Nova Studios. Vislumbrava fazer "demos melhores", com emoção e qualidade, e ganhar uma "graninha" com o aluguel do espaço.

— Vamos? Quando a gente fizer a demo, valeu!

— Ih... Isso não vai dar certo! Uns vão trabalhar pra caralho e outros não! — disse logo de cara Nando.

Já os outros integrantes torceram o nariz para a sugestão do tecladista. Mas Ricardo, como ensinara sua avó Jandira, insistiu:

— Gente, tô fazendo produções para a Polygram. Posso virar para um Mayrton Bahia da vida e falar: "A gente faz quatro discos pra você, e você paga mais barato! À vista!"

— Você tá maluco! O cara não vai topar! — recuou Cleberson, ao lado dos outros músicos, também desconfiados.

— E se ele topar?

— Então vai lá ver!

Como se eles não conhecessem aquele filho de libanês... Feghali, na semana seguinte, falou com Mayrton, que topou a empreitada, e assim o estúdio nasceu, tendo como funcionário o técnico Flávio Senna, que saiu da RCA para assumir toda a parte operacional do negócio, junto com Nestor e Sidinho.

— Pô, vocês podiam colocar o nome no estúdio de Vício! — sugeriu ele para o grupo, adorando aquela mudança na carreira após tantos anos sendo exclusivo da RCA.

Com equipamentos novinhos e chefes que Flávio conhecia muito bem, o estúdio estreou com os quatro discos prometidos para a Polygram, com base do Roupa Nova — entre eles, o da ex-paquita Andréia Sorvetão e o do cantor Conrado. Para depois, outros artistas migrarem suas produções para lá.

— Gente, eu tô em Los Angeles! Parece que eu tô em um estúdio de Los Angeles! — comemorou o Porquinho, Michael Sullivan, ao conhecer o local, que teria como seu primeiro trabalho, após o pacote da Polygram, o disco de Alceu Valença, Sete desejos, gravado entre 1991 e 1992 e com produção de Guto Graça Mello e o sucesso "La Belle de Jour".

Além disso, passariam pelo Roupa Nova Studios: Paralamas do Sucesso, Pepeu Gomes, José Augusto, Fafá de Belém e outros nomes da música brasileira.

— ● —

Para os locutores das rádios, era sempre uma aventura fazer entrevista com o Roupa Nova. Primeiro, porque eles tinham que decorar o nome de todos os seis integrantes e treinar para não trocar Serginho com Paulinho, Cleberson com Ricardo ou Kiko com Nando. Afinal, diferente das outras bandas, todos eles costumavam participar das conversas.

Fernando Mansur, por exemplo, que passou por várias FMs, conta que sempre teve o cuidado de dizer, antes, o nome de cada um que ia falar — para não confundir o ouvinte, em casa, que não estava vendo quem era. Embora, os integrantes dificultassem às vezes. "Oi, aqui é o Cleberson", e era o Feghali falando, ou vice-versa. O que provocava risos ao redor de um único microfone.

Segundo, porque os músicos eram rápidos nas piadas. E, se o locutor não prestasse atenção nas conversas paralelas, acabava "boiando" no papo, ao vivo. Além disso, coitado do profissional que deixasse passar uma informação, como fez Mara Torres, em uma das passagens do grupo pela 98 FM. A emissora conseguiu a entrevista antes de todas as rádios, e Mara não conseguiu ouvir ou ver o disco antes de encontrá-los. E, lógico, eles notaram!

— Já que você não sabia, Mara, o LP se chama Luz — anunciou o tecladista, no microfone.

— Obrigada, Cleberson! Não era pra tornar pública a coisa, mas tudo bem. Eu assumo no ar! Eu não tenho esses problemas. Confessei no início que o LP era uma novidade — respondeu ela, para depois morrer de rir de uma das piadas do grupo e ainda ser delatada, de novo, pelo tecladista.

— A Mara acaba de pôr o casaco na boca pra não rir. Eu falo mesmo!

Esse era o terceiro problema ao entrevistar a banda: se controlar para não dar gargalhadas. Seja do Nando imitando Maguila, Paulinho fingindo ser gay ou quando os músicos se sacaneavam, fazendo paródias dos seus sucessos, como em "Volta pra mim": "Amanheci sozinho, na cama um vasinho…" e "Se te fiz algo errado. Pedrão, volta pra mim." Ou em "A viagem": "Pra você caber assim no meu abraço, Tião." E até "Dona": "Maradona, desses animais."

— —

E os filhos continuavam a crescer nos anos 1990. Entretanto, neste momento, mais espertos, mais antenados com as informações do mundo e também com a música. Afinal, como eles poderiam não se inspirar nas atitudes dos pais? Como não se encantar ao ver seu ídolo reproduzindo, ao vivo, aquele som tão bonito, que o fazia dançar, sorrir e dormir, desde criança? E quantas vezes esses meninos e meninas não ficariam quietos só para assistir a seu pai afinando um instrumento, achando aquilo a coisa mais maravilhosa que já viram. Canções que permaneceriam em suas vidas como traços genéticos, de tão fortes.

Assim, a menina Twigg, apesar de nunca ter sido influenciada pela família para seguir a carreira musical, começaria a cantar pela casa, experimentando seus graves e agudos, nos anos 1990, e até se apresentando em bares — quando já não morava mais com o pai, Paulinho. Os três filhos de Cleberson também demonstrariam interesse pela música desde cedo, inclusive cantando músicas religiosas com o pai, no piano. E com o tempo ficaria mais evidente a paixão de Marcio pela bateria, Marcelo pela guitarra e Mauricio pelo baixo.

Já Carol, sete anos mais nova que Twigg, terminaria a década de 1990 gravando voz guia para as produções de Ricardo, enquanto Thiago investiria na bateria. Guilherme, filho de Nando, se encontraria com a guitarra, e Kikinho ficaria maluco ao ver o presente que Kiko trouxera de Nova York no final dos anos 1980: uma bateria juvenil! Seu primeiro contato com aquele instrumento grandioso, embora o seu fosse pequeno. Sem nunca sonhar que o melhor ainda estava por vir: a majestosa Ludwig, bateria dos Famks.

Kiko deu o instrumento de presente para o menino, em 1989, com quatro tons enormes e um bumbo de 24 polegadas! Um "monstro" que engolia Kikinho, da mesma forma que fazia com Serginho no início de sua trajetória. E que ele montou orgulhoso em seu quarto, para acompanhar as viradas e as batidas dos discos do Kiss e do Roupa Nova. Embora sua mãe Suely reclamasse bastante daquele negócio enorme ocupando o quarto inteiro do garoto. Coisas de mãe…

E foi a partir da Ludwig que ele realmente começou a aprender a tocar bateria. Criando, com os amiguinhos, uma banda cover do grupo americano New Kids On The Block, sucesso da garotada em 1991! E Kiko, babando a cria, anunciava para todo mundo que o filho fazia apresentações no playground do prédio, em Bonsucesso.

— —

O ano de 1991 foi o da segunda edição do Rock in Rio, novamente promovido pela Artplan e realizado por Roberto Medina. E o estádio do Maracanã foi o local escolhido para receber "a Cidade do Rock", com atrações internacionais como

Faith No More, George Michael, Guns N' Roses, INXS, Santana, Jimmy Cliff, Joe Cocker, e Prince, além das nacionais, como Lobão, Sepultura, Leo Jaime, Paulo Ricardo (após o fim do RPM) e Titãs. Quarenta e quatro nomes que se apresentariam do dia 18 a 27 de janeiro.

O Roupa Nova ficou com o dia 22, uma terça-feira ensolarada e bonita na cidade — mesmo dia do grupo sensação composto por dançarinos e cantores: New Kids On The Block. Duas bandas que agradavam muito os mais jovens e adolescentes. Ou seja, o que não faltou foi pai chorando e lamentando por aí, por ter que se despencar ao Maracanã, com uma estrutura arranjada, para levar os filhos. Tirando aqueles animados, que curtiram muito a ideia de "ter que levar os filhos" para, de lambuja, assistir aos shows.

Os seis músicos brasileiros entraram no palco depois dos Inimigos do Rei, por volta de 7 horas da noite, diante de um público comportado: crianças brincando com o squeeze da Coca-Cola, pessoas lendo o caderninho de brinde do CCAA — com a programação do dia e as letras das músicas internacionais —, além de muita gente em um clima tranquilo, sem qualquer briga ou confusão. E a recepção da plateia para a entrada da banda foi a das mais calorosas.

Enquanto o sol ainda se despedia de todos, por causa do horário de verão, o grupo tocou "Sapato velho", "Canção de verão", "Volta pra mim" e outros hits. Antes de Feghali puxar:

— Vamos fazer ginástica?

Botando todo mundo para se movimentar e pular numa aeróbica improvisada ao som de "Clarear". O mineiro Beto Guedes abrilhantou a noite ao participar de "Lumiar" e "Todo azul do mar", emocionando a plateia. E, por fim, bailarinos dançaram ao redor do grupo com "Esse tal de repi en roll", reforçando a ideia do espetáculo que o Roupa Nova sempre buscou fazer.

— —

Muitos músicos reclamaram, no Rock in Rio II, dos privilégios que a organização dava para as atrações internacionais em detrimento das nacionais. Tanto em relação ao som quanto ao tratamento. E os integrantes do Roupa Nova acompanhavam de longe essas discussões, sem polemizar mais a história. Porém, não teve muito como escapar. E logo após sair do palco, com a adrenalina a mil, além do cansaço, eles tiveram que lidar com aquela diferença, ao vivo.

— *Stop!* — disse um homem de terno e gravata, de quase três metros de altura e dois de largura, colocando a mão sobre o peito de Serginho e impedindo a passagem pelo corredor que dava acesso aos camarins.

— Hein? Tira a mão de mim! Acabei de tocar, deixa eu passar! — pediu Serginho, em uma mistura de constrangimento e raiva, colocando o corpo para frente, forçando a passagem.

No entanto o homem, segurança dos New Kids On The Block, era o triplo do tamanho de Serginho. E facilmente jogaria ele para longe dali. Naquele corredor ninguém iria passar — fosse músico famoso, estrela de Hollywood ou o Papa!

Uma experiência horrível e decepcionante para a banda, como descreve Serginho: "Jamais pensei que iríamos ser tratados com total falta de respeito pela parte da direção do evento, que foi conivente com os gringos."

— —

O parque do Ibirapuera possui 1,6 milhão de metros quadrados de muito verde, museus, monumentos e pistas de ciclismo. Uma área de natureza e sossego no meio de São Paulo, e um dos pontos de atrações artísticas e culturais da cidade, com um ginásio de 95 mil metros quadrados de capacidade para 11 mil pessoas em suas dependências — local perfeito para comemorar os dez anos do Roupa Nova.

Bia e Fernanda embarcaram no sonho dos músicos e providenciaram tudo de primeira para aquela noite: som, equipamento, luz e um cenário gigantesco. Tudo branquinho no palco, e limpo! Com todos os fios embutidos e telas como caixas de retorno — a primeira vez, de que se tem notícia, que isso foi feito no Brasil. Um mega-show, com uma estrutura faraônica, de custos altíssimos — e que não seriam pagos com bilheteria. Um espetáculo com toda pompa que o grupo merece.

— —

Na véspera da festa dos dez anos estavam todos tensos devido à dimensão daquele show no Ibirapuera — músicos, empresárias e equipe técnica. O palco era tão grande que ocupava metade do ginásio, e tão alto que fã nenhuma conseguiria escalar aquela estrutura. E um sistema de Fly PA seria utilizado, com caixas de som enormes penduradas nas laterais do palco, algo que também não costumava ser feito no país.

— Desce a outra um pouquinho — pediu Flávio Senna ao reparar que a talha que segurava uma das caixas havia travado, enquanto os músicos passavam o som no palco.

— Não, não, tem que ficar na altura — disse Renatinho, um dos funcionários da Gabisom, empresa responsável pelo som.

— Bom, se você tá dizendo...

As caixas eram muito pesadas, algo em torno de trezentos quilos, que ficariam suspensos durante toda a apresentação. E a Gabisom sabia que o sistema de som deveria estar impecável para os dez anos do Roupa Nova. Por isso, ainda na fase da montagem, Renatinho resolveu subir em uma das caixas para ver como estava, com Flávio Senna e Luiz Pavão, que cuidava da manutenção dos equipamentos, embaixo da estrutura.

Quando, de repente, o acidente aconteceu. Algo de segundos. A talha soltou justamente no momento em que Renatinho estava em cima da caixa e despencou com tudo lá de cima. BUM! A caixa ao tocar o chão fez um barulho ensurdecedor, como se uma bomba tivesse estourado dentro do ginásio. E deixou todos os envolvidos, que já estavam tensos, em pânico!

Bia e Fernanda, achando que a caixa tinha acertado também Flavinho e Pavão, tiveram uma crise de choro. O que piorou ao ver Renatinho, desacordado, no meio da caixa, todo ensanguentado, com o fio dando curto-circuito sobre ele e o grid de luz, que havia quebrado. Uma cena horrorosa para um show que devia ser maravilhoso. E que só não teve mais estragos porque Flávio, por sorte, disse antes para o Pavão, ao olhar para cima:

— PA brasileiro, Pavão. Vamos sair daqui debaixo dessas coisas.

Saindo do lugar errado, na hora certa.

A ambulância levou Renatinho com urgência para o hospital, e Flávio Senna foi para cima dos diretores da Gabisom, como um leão, revoltado com o que acontecera:

— Isso é uma irresponsabilidade!

Transtornado por ter visto tudo de perto, e por ter quase sido acertado pela caixa, logo às vésperas da grande festa. "Sabe aquela coisa de ser jovem, de não compreender e de achar que você pode tudo? Aquele acidente foi muito ruim", conta ele.

No dia seguinte, cerca de 7 mil pessoas tomaram o ginásio do Ibirapuera, sem atinar para o PA empilhado do lado, sem saber que Renatinho estava no hospital com sessenta fraturas ou observar a mixagem "meia-bomba" de Flávio Senna, que depois do show iria embora sem falar com ninguém. Sumindo de tudo e de todos durante quatro dias em uma praia no Guarujá.

As pessoas só viram o Roupa Nova surgir de dentro do palco, ovacionados, com sorrisos largos, apesar de toda apreensão — como heróis, ídolos de suas canções.

— —

Em 1988, Alceu Valença veio com o LP Oropa, França e Bahia, ano em que Lulu Santos lançou o disco Amor à arte — Lulu Santos & Auxílio Luxuoso. Dois trabalhos gravados ao vivo e mixados por Flávio Senna, que ainda não havia ficado satisfeito com os resultados. Isso porque no primeiro álbum ele tinha feito de acordo com o desejo do produtor, e no segundo ele ainda não tinha conseguido aperfeiçoar a sua técnica. O que só aconteceria no disco do Roupa Nova, em 1991.

Gravar ao vivo ainda era um projeto caro nos anos 1990, mas o grupo já tinha amadurecido bastante a ideia para, enfim, tentar. E os shows então foram realizados no Alameda 555 em Niterói, nos dias 27, 28 e 29 de novembro — com tudo gravado por duas máquinas de 24 canais. Para se ter uma noção, naquela época, os LPs gravados ao vivo no Brasil ficavam com uma mudança brusca e grosseira de som entre as músicas. Exatamente o que Flavinho não queria!

Só que ele não contou para a banda que, para fazer essas passagens mais suaves, abaixando e aumentando o volume, ele teria que cortar os rolos das fitas na mão.

— Ih, Flávio, ficou muito longo esse trecho!

— É? Péra aí!

E lá ia ele no lixo pegar o pedaço que havia cortado para colocar de novo.

— E agora, melhorou?

Deixando Serginho desesperado ao ver Flávio cortando os únicos registros dos shows de Niterói, no Roupa Nova Studios.

— Cara, tira essa tesoura daí!

O que fazia o técnico morrer de rir, cortando a fita na frente do baterista, aflito por ver pedaços dos rolos espalhados pelo chão. Cortes que se tornariam, como "mágica", o LP Ao vivo da banda. Do jeitinho que Flávio queria.

— —

As entrevistas com Ana Flores, no programa Sala de Visitas da FM 105, eram regulares para o Roupa Nova na primeira metade dos anos 1990. E foi ali que o grupo divulgou o seu disco espanhol e contou sobre as turnês para o exterior, em entrevista que foi para o ar em agosto de 1992.

Nando: A gente tá levando muita fé nesse disco em espanhol. Ele é uma coletânea de dez anos de trabalho da gente. Foi feito com muito carinho! Foi mixado lá em Los Angeles [por Moogie Canazio] e deve estar saindo agora em setembro. E a gente tá jogando uma cartada muito alta com esse disco. Inclusive, eu queria aproveitar, sem fazer tipo nenhum, para agradecer ao pessoal dos Paralamas que tem dado a maior força pra gente lá fora. Eles começaram a fazer esse trabalho dois anos antes do Roupa Nova, e tem dado a maior força pra gente, não só encontrando e falando "Vai ser legal e tal", como falando do trabalho da gente lá e ajudando. Acho que a gente, em breve, vai encontrar com eles lá.

Ana: Que bom! A união faz a força, né?

Feghali: A gente já toca lá fora em português, né?

Serginho: E já é pirateado lá fora.

Ana: É, eu estive em uma rádio em Portugal e tocava muito Roupa Nova. Demais! O trabalho de vocês lá fora realmente tá muito bom. Sendo divulgado, e agora com o espanhol então... Abre mais ainda, né, Ricardo?

Kiko: E a gente tem notícia de músicas da gente sendo gravadas em espanhol já com outros grupos.

Nando: Muito rapidamente! A gente faz a música, lança, e eles gravam lá fora.

Kiko: A música "Felicidade", no caso, que foi gravada agora no disco mais recente da gente, já foi gravada lá também.

Enquanto isso, no Brasil, os outros segmentos musicais — axé, pagode, sertanejo e funk — ganhavam mais corpo nas FMs e gravadoras. Sobressaindo-se até mesmo sobre as canções que o Roupa Nova conseguiria emplacar nas novelas, como "Felicidade", citada por Kiko na entrevista de Ana Flores. Sucessos da televisão que sempre estiveram em sintonia com as ondas das rádios.

CAPÍTULO 35

NOVELA HITS

"O trabalho do Roupa Nova representa
popularidade. Os diretores e autores
da Globo gostam muito."

Guto Graça Mello

André Midani foi para o México, encarregado de instalar a gravadora Capitol/Ode-
on, fundada com 50% de capital mexicano do grupo Televisa, em 1964. Por conta
disso, se aproximou dos canais de TV do país, ganhando experiência em vários
aspectos ao retornar para o Brasil em 1967, quando assumiu a gerência geral da
Philips. O que culminou, principalmente, na proposta para a rede Globo da produção da trilha sonora de *Véu de noiva*, em 1969. A primeira telenovela brasileira
com músicas feitas especialmente para o seu enredo.

Antes disso, as trilhas das telenovelas eram músicas incidentais, com pequenos temas se repetindo, em uma época em que não existia hegemonia entre as
emissoras Tupi, Excelsior, Paulista, Record, Globo e Bandeirantes. Uma "simples"
parceria entre Philips e Globo, que viraria disco, com mais de 100 mil cópias vendidas, apontando claramente o potencial daquele negócio.

Daniel Filho forneceu as sinopses e Nelson Motta teve de convencer artistas
como Caetano Veloso, Chico Buarque e Marcos Valle a fornecerem músicas
inéditas. Já que, naquele tempo, existia um preconceito com as novelas. Entretanto, depois do sucesso da venda dos discos da trilha sonora — o 19º mais
vendido em 1970, segundo dados do Nopem —, e os altos índices que a novela obteve, sendo de acordo com o Ibope o programa mais assistido durante o
primeiro semestre de 1970, outro cenário na indústria fonográfica brasileira
passou a surgir. Tanto que a Globo, mais que rapidamente, colocou a sua própria gravadora, Som Livre, para fazer as trilhas, após um ano de contrato com
a Philips. O que se resumiria basicamente no seguinte esquema: com a sinopse
nas mãos, o produtor entraria em contato com todas as gravadoras para pesquisar o que estava sendo produzido no mercado, escolhendo músicas inéditas ou
não, e fazendo sua adequação.

Fortalecendo a marca de todos os envolvidos na interação entre trilhas sonoras
e telenovelas. O que o diretor Daniel Filho chamaria de uma grande jogada de

marketing, no qual um produto promove o outro.[28] Ou seja, uma popularização mútua de canção e novela, rede Globo e artistas musicais — nomes como Caetano Veloso, Gal Costa, Maria Bethânia, Simone, Rita Lee e Roupa Nova.

— —

Segundo Guto Graça Mello, que fora diretor musical da Globo, só a partir do respaldo de Milton Nascimento, medalhão da MPB, e das outras gravações feitas pelo Roupa Nova, é que os seis músicos passaram a ser respeitados pela classe musical artística. Na opinião dele, chegou um momento em que a banda estava acima dos preconceitos, e o Roupa tornou-se, então, figurinha fácil no gosto dos diretores e autores de telenovelas, como se o grupo tivesse as características fundamentais para "bombar" um personagem em uma produção. As pessoas se sentiam à vontade quando os músicos da banda chegavam para as reuniões, eles tinham empatia.

— Tem que resolver esse personagem... Tá complicado. A gente precisa de algo mais alegre, romântico e jovem. Tem que pegar!

— Bota o Roupa Nova que dá certo!

O que resultaria em mais de quarenta canções em trilhas sonoras de 31 telenovelas — de 1980 a 2012, entre composições próprias, participações com outros artistas e também como intérpretes — sendo a maioria delas executadas na rede Globo. Além de um disco de ouro pelo álbum Novela Hits, que seria lançado pela RCA em 1995. O que faria do Roupa Nova, com o decorrer dos anos, o recordista com o maior número de temas de novelas do Brasil, praticando na telinha o que eles aprenderam desde os bailes: o tom exato da comunicação direta com o público.

— —

Asa Branca... Ô cidade arretada! Local onde Luiz Roque Duarte foi dado como morto e santificado pelo povo. Para lá, e com vida, voltaria dezessete anos depois, para desfazer todo aquele mal-entendido. Causaria balbúrdia entre os moradores e frisson na sua viúva Porcina, que estava de romance com o todo-poderoso sinhozinho Malta — interpretado por Lima Duarte —, botando mais "pimenta" nas brigas intermináveis daquele casal apaixonado.

— Eu me caso é contigo, Porcina. Eu me caso contigo na igreja, me caso contigo no juiz, me caso contigo como tu sempre quis! Vestida de véu e grinalda, flor de laranjeira como tu sempre sonhou. O que tu me diz? O que tu me diz, minha santinha? — dizia em uma das cenas sinhozinho Malta para Porcina, que, sorrindo de um canto a outro da orelha, como se aquela fosse a coisa mais bonita que ouvira, responderia alto:

— Te digo não!

E vai embora da casa do ex, enquanto a música "Dona" entrava com tudo em cena, na voz de Serginho. "Não há pedra em teu caminho, não há ondas no teu mar..." Uma canção que levaria as vendas do disco da novela às alturas! Alcançando quase a marca de 1 milhão de unidades vendidas, sendo a segunda música mais executada nas rádios do Brasil, em 1985.

Por essas e outras que Mariozinho afirma que a trilha de *Roque Santeiro*, produzida por ele, foi a que mais o emocionou em toda sua história na rede Globo. "Cada telespectador, com certeza, elegerá a sua. E, é claro, terá na memória as músicas que marcaram cenas de sua própria história",[29] diz ele. Canções e personagens que invadiram a casa dos brasileiros e fizeram parte da vida de muita gente.

— —

O rei Petrus II está à beira da morte, e o reino de Avilan está prestes a ser governado pela sua mulher, a rainha histérica Valentine, em 1789, após a Revolução Francesa. E um dos conselheiros reais, Bergeron, temeroso sobre as artimanhas do feiticeiro do palácio, Ravengar, conversa com sua esposa Madeleine.

— Mas eu vou fazer! Um dia eu acabo com a miséria desse país! — diz ele, diante dos olhos apaixonados de Madeleine.

— Ai, eu te admiro tanto... De todos os conselheiros do rei você é o único que pensa nos pobres...

Então, Bergeron se vira para o espelho e calmamente coloca em palavras sua revolta:

— A miséria, minha querida Madeleine, é a pior das doenças.

Enquanto uma música ao fundo, com uma guitarra fazendo a introdução, vai aumentando. E ele continua seu discurso inflamado:

— É um tumor maligno que acaba com o país. É preciso extirpá-lo pra sempre!

Tirando o lenço que estava por cima de sua roupa, com raiva, deixando apenas a música terminar a cena, Paulinho cantando "Chama": "Vai! E avisa a todo mundo que encontrar..." Até entrar outra cena com uma carruagem de cavalos.

E isso foi exibido na rede Globo no dia 13 de fevereiro de 1989, no primeiro capítulo da novela *Que rei sou eu*, com Marieta Severo no papel de Madeleine, e o diretor/ator Daniel Filho como Bergeron. Uma produção bem-humorada, sem ser pastelão, que abrasileirou a Corte francesa, criticando a sociedade e o cenário político do país no final dos anos 1980. Um roteiro brilhante de Cassiano Gabus Mendes, com um elenco de primeira e músicas escolhidas a dedo — que, até hoje, deixam saudades em quem assistiu.

— —

O Roupa Nova colecionava dez canções em onze novelas da televisão brasileira[*], quando recebeu, em 1987, da TV Manchete a encomenda de fazer o tema de abertura da sua próxima produção: *Corpo Santo*. Uma novela que teria em seu elenco atores como Christiane Torloni, Reginaldo Faria, Maitê Proença e José Wilker.

---

[*] A música "Sensual" entrou nas novelas *Direito de nascer* (produção mexicana exibida no SBT) e *Voltei pra você* (exibida na rede Globo). Ambas de 1983.

A melodia de Feghali iria ganhar letra de Nando, e tudo deveria ser feito com rapidez. Porém, se não bastassem as brigas do grupo pelos direitos autorais neste período, a vida do baixista estava de ponta cabeça, com Regina passando por uma gravidez cheia de complicações. E ele acabou escrevendo o tema, em casa, para entregar no dia seguinte, enquanto Regina estava no hospital perdendo o filho. Uma letra que saiu de uma vez só, juntando todos os seus sentimentos de conflito e tristeza, sem ter nada a ver com a novela da Manchete.

Quanto vale a chance
Pra quem tem a pressa de viver?
Abre o seu caminho
Sem ter tempo de se arrepender
Quem vai roubar o seu lugar no mundo?
Se o poder de crescer
De lutar e vencer
Tá batendo em você
É o grito preso na garganta
É feito um medo sem motivo

Regina perderia três bebês durante seu casamento com Nando, ficando entre a vida e a morte na última vez. E mesmo nas situações delicadas de família, Nando não deixaria de entregar músicas ou fazer os shows pelo Roupa Nova. Chorando, muitas vezes, em cima do palco por problemas pessoais que estavam fora de seu controle. "Eu vi o Guilherme nascer por sorte! Mas, se eu tivesse que tocar no dia, eu iria. Não deixaria de ser pai por causa disso", relataria o baixista, que considera a música do *Corpo Santo* uma das coisas mais bacanas que escreveu.

— —

A revista *Amiga* registrou em seu número 901, edição de agosto de 1987, a nota: "Roupa Nova abre o corpo com as vinhetas da rede Manchete." O texto afirma: "Desde o ano passado, o grupo Roupa Nova vem se transformando num grupo quase oficial da TV Manchete. Além de seus integrantes serem autores das vinhetas que abrem os principais jornais da emissora, assinam os arranjos das principais faixas da trilha de *Corpo Santo* e do tema de abertura na novela, 'Um lugar no mundo', de Feghali e Nando. 'O trabalho de vinhetas foi feito por nós durante alguns anos com o apoio do maestro Eduardo Souto Neto, que nos convidou a trabalhar também para a Manchete', explica Serginho." Outra emissora de televisão na qual o Roupa Nova também imprimiria sua identidade musical.

— —

Guilherme, aos 4 anos de idade, em 1989, estava brincando, distraído, juntando pecinhas coloridas para que elas se transformassem em casas, carros e foguetes, enquanto Nando brincava com seu violão, Pete, no sofá, em um dos quartos da casa. O menino esticava os olhos de admiração sobre o pai, nos intervalos das histórias inventadas, e Nando, de rabo de olho, via o filho concentrado. "Pôxa, ele tá crescendo tão rápido..." E os dois ficariam ali durante horas, naquela tarde tranquila do Rio de Janeiro, curtindo a companhia um do outro, embora estivessem fazendo duas coisas completamente diferentes.

Quando de repente Nando começou a bater o pé, em um ritmo gostoso, que lembrava uma melodia que ele não conhecia. O músico ouvia muito, neste período, o pianista americano Bruce Hornsby, com a canção "The Show Goes On", que podia até ser uma influência da levada que ele estava tirando no violão. Mas a música não era bem essa que estava vindo em sua mente. "Hum... Legal isso!" E ele foi então desenvolvendo a ideia, tocando, repetindo harmonia, mudando viradas, para enfim ter, após quarenta minutos, uma nova canção. Sem letra, sem ter noção do que poderia falar. Uma melodia que por si só já lhe parecia muito boa.

— —

Mariozinho foi convidado pela rede Globo para atuar, em 1989, como diretor musical da emissora, depois do freelancer da produção da trilha sonora de *Roque Santeiro*. E passaria a ser responsável pelas trilhas de novelas, minisséries e aberturas dos programas. Mesmo ano em que recebeu do Roupa Nova uma música pronta, com arranjo, tudo certinho, mas com uma letra em inglês sem sentido. Apenas para fazer a voz guia da canção — o que alguns chamam de "monstro".

— Hum... Gostei disso. Vou mostrar pro Daniel.

Em seguida, ele apresentou aquela versão com o inglês doido para o diretor artístico Daniel Filho, na intenção de encaixar em *Rainha da Sucata* — próxima novela das oito.

— Pô, a música é boa pra caramba! Poderia até ser a abertura! — comentou o diretor, empolgado ao ouvir a canção.

O que só não aconteceu por causa da febre chamada "lambada" que tomava o Brasil no início dos anos 1990. Boni, vice-presidente de operações, de olho nessa tendência nacional, optou por Sidney Magal, com "Me chama que eu vou", para abrir a produção, e a música de Nando foi mandada por Mariozinho para compositores como Renato Ladeira. Porém, foi Aldir Blanc que entendeu a alma da protagonista da novela e a traduziu em versos. Uma canção que, após ter o refrão alterado, ganharia o nome de "Coração pirata", destinada para ser tema de Regina Duarte, na pele da "sucateira" Maria do Carmo — uma mulher teimosa, que lutou na vida e venceu. E que lembrava outra moça de personalidade "arretada", conhecida como Porcina.

— —

Como a música era para entrar na novela de 1990, Mariozinho se meteu na gravação de "Coração pirata", da mesma forma que fazia com o Roupa Nova quando estava na Polygram. Disse o que e como queria. E Miguel também acompanhou esse processo de perto, já que se tratava de uma canção para entrar na Globo.

— Eu quero o Nando cantando!

— Não, não... O Nando não canta legal. Vamos fazer com o Serginho — rebateu Miguel.

Só que a música não estava no tom do baterista. E ele logo se manifestou quando ouviu seu nome:

— Ré maior não dá pra mim!

— Gente, vamos fazer em dó então — disse Miguel, tentando ganhar essa do Mariozinho.

No entanto, o produtor não sossegou e, após ouvir Serginho, insistiu:

— Enfia no cu isso aí! Eu quero o Nando, e em ré maior!

— Mariozinho...

— Miguel, tem que fazer o uivo!* O Serginho não faz o uivo!

— Que uivo, caramba?

— Do refrão! Nando, vai lá!

Mas quem disse que o baixista estava animado pra cantar?

— Ai, cacete, por que ele não coloca o Serginho numa e o Paulinho na outra... — resmungou ele, entre os dentes e um pouco nervoso.

E lá foi, mais uma vez, o baixista contrariado para o microfone.

— Ele cantou, mas foi a fórceps! — Diverte-se hoje, Mariozinho ao lembrar o fato.

Como também brincaria Nando nas entrevistas, após o início da novela:

— Eu canto uma música a cada dez anos. A primeira foi em 1980,** agora em 1990 tem "Coração pirata" e eu já tô preparando uma nova para 2000.

Uma gravação que saiu na marra e se tornaria um sucesso também fora da novela. Com Nando na voz principal, uivo no refrão e em ré maior.

— —

Paulinho estava conversando com um amigo na rua, quando foi abordado por um desconhecido:

— Você é aquele cara que canta no Roupa Nova, né não?

— Lá todo mundo canta, mas...

— Tá, tá, tá, eu sei, mas você é o que canta mais, certo?

Pelo começo da conversa já dava para ver que seria meio torto o rumo da "prosa". Mesmo assim, Paulinho decidiu atender aquele "cidadão" com a maior boa vontade, enquanto o fã disparou a falar sobre o conjunto. Comentou canções, opinou sobre o trabalho e encheu de todo tipo de perguntas o vocalista, que respondia uma por uma, com toda a paciência do mundo. Só que a curiosidade do rapaz não acabava mais:

---

* De acordo com Nando, a inflexão que Mariozinho gosta, ele aprendeu ouvindo um cantor antigo chamado Harry Nilsson.

** Nando cantou "Bem Simples", contrariado, no disco que seria lançado em 1981.

— Vem cá, me conta uma coisa: você fez "Coração pirata" baseado na sua vida, né?

— Hein?

— É, a letra é inspirada em você, pode confessar.

— Em mim? Espera um pouco, acho que você entendeu mal...

— Hum... Não sei, não. Você é que não está querendo falar a verdade.

— Olha, para início de conversa, essa letra não é minha, é do Aldir Blanc. E, depois, quem canta nessa música é o Nando, nem sou eu!

Paulinho falou, explicou, mas nem o argumento usando o Nando como exemplo serviu para convencer o fã:

— Ah, é o Nando? Bom, mas ele fala sobre você?

— Por que você tá dizendo isso?

— Ah, principalmente por causa daquele trecho "Eu compro o que a infância sonhou..." — cantou o fã para Paulinho, que olhou assustado sem entender de onde ele tinha tirado aquela ideia maluca.

— Por que essa parte? Você acha que eu sou milionário?

— Aaaaah... Vai dizer que não? — respondeu o rapaz, com cara de quem duvida.

Parece piada, mas esse fato realmente aconteceu. Cleberson chegou a brincar com Paulinho, em uma entrevista, na tentativa de explicar o sucedido: "Vai ver que ele achou que você tinha cara de dono de sucata!" Vai entender... "Coração pirata", sucesso do disco Frente e versos, mexeu com o imaginário de muita gente em 1990, talvez pela grande identificação existente entre a música e Maria do Carmo, papel vivido por Regina Duarte, na novela da TV Globo Rainha da Sucata. A "espalhafatosa" mulher de negócios tornou-se uma das figuras antológicas da televisão e, hoje, é até difícil saber se foi a canção que aumentou a popularidade da personagem com o público ou vice-versa. Mais uma vez ela, Regina Duarte, "dando uma força" na carreira do Roupa com as novelas.

Só que ao contrário do que supunha o desconhecido que abordou Paulinho, "Coração pirata" mostrava a "estampa" que a personagem de Regina Duarte tentava manter para os outros: a imagem de alguém que não se doa, que não ama e que não se permite chorar. Pura fachada. Os telespectadores cansaram de ver cenas dela chegando em casa aos prantos, em frangalhos, por causa de Edu, personagem do Tony Ramos. A mulher bem-sucedida, famosa e cheia de dinheiro que, no fundo, sofria por um amor não correspondido.

E não, com toda certeza, não: o Paulinho não estava milionário.

As pessoas se convencem
De que a sorte me ajudou
Plantei cada semente
Que o meu coração desejou

Grandes músicas, nos Estados Unidos, foram feitas sob encomenda para espetáculos, com compositores como Cole Porter, George Gershwin e Richard Rogers.

No Brasil isso também aconteceu em alguns casos, como a letra de "Carinhoso" — feita por João de Barro em 1937, sobre a melodia de Pixinguinha, para Juju Balangandãs. Vinicius e Toquinho, por exemplo, fariam toda a trilha de *O Bem-Amado*, em 1973, e Marcus Viana se tornaria conhecido do grande público após "Sinfonia da natureza" na abertura de *Pantanal*, em 1990.

No caso do Roupa Nova, muitas músicas foram encomendadas para novelas — e eles às vezes atuaram como compositores, outras como arranjadores ou intérpretes. Porém, na opinião de Guto Graça Mello, as melhores foram as espontâneas. "Eu recebia uns cinquenta CDs por semana! Aí vinha o Nando: "Gutão, a gravadora vai te mandar um negócio. Dá uma ouvidinha aí!" E era muito simples. Se eu gostasse, levava para a reunião em que a gente montava o disco. A gente tocava e, invariavelmente, a do Roupa estava dentro."

— —

Porcina, Maria do Carmo, Helena e Álvaro, Bergeron, Lucas, Maria Luz, Gui, Uálber, Cristal e Tony, Mirna, Alexandre, Fred e Goreti, e muitas outras figuras da televisão brasileira choraram, viveram seus romances e desenvolveram suas tramas ao som do Roupa Nova — principalmente, nos anos 1980 e 1990. Tudo isso nas novelas — da Globo, do SBT, da Manchete, da Band e da Record — que fizeram (e fazem) parte do imaginário coletivo dos telespectadores.

Músicas que invadiram as casas e os sonhos das pessoas, como "Canção de verão", na produção *As três irmãs*, de 1981. Afinal, quem não se lembra do galã Kadu Moliterno interpretando Lucas, paixão das três amigas: Maria José (Glória Pires), Maria da Glória (Maitê Proença) e Maria Augusta (Nádia Lippi)? Ou da abertura de *A viagem*, de 1994, com música de mesmo nome, e o amor além da vida de Dinah (Christiane Torloni) e Otávio (Antônio Fagundes)?

"Whisky a Go Go", de *Um sonho a mais*, em 1985, fez os jovens dançarem, enquanto "Dona", em *Roque Santeiro*, no mesmo ano, despertou a força de mulheres e encantou os homens. "Coração pirata", 1990, na novela *Rainha da Sucata*, catou os cacos de corações em frangalhos, e "De volta ao começo" mostrou as belezas de nosso país pelas terras do coronel José Inocêncio (Antônio Fagundes), em *Renascer*, 1993. E até a releitura de "Esse tal de repi en roll" — do Roupa Nova com a banda americana The Commodores — fez muita gente se divertir com as investidas hilárias do pobretão Doca (Cássio Gabus Mendes), que se passava pelo riquinho Eduardo Costabrava para conquistar Vitória Venturini (Lizandra Souto), em *Meu Bem, Meu Mal*, de 1990. Canções que cumpriram o seu papel de refletir o sentimento ou o estado d'alma dos personagens, fossem eles mocinhos ou vilões. Trilhas sonoras de casamentos, namoros e outras histórias da vida real, e que seriam lembradas assim como as novelas.

CAPÍTULO 36

DE VOLTA AO COMEÇO

"Foi ruim estar fora da mídia.
Só tocava sertanejo e pagode! E o Juca foi
quem segurou essa época complicada!"

Cleberson Horsth

— E o Roupa Nova?

— Eles ficam. Pelo menos por enquanto.

Em 1987, a gravadora RCA Victor foi comprada pelo Grupo Bertelsmann, a BMG, e passou a ser chamada de BMG-Ariola. E, em 1993, o publicitário Luiz Oscar Niemeyer assumiu a presidência da companhia no lugar de Manolo Camero, levando como seu homem de confiança Mauro Scalabrin, com quem havia trabalhado na Mills e Niemeyer.* Juntos, eles fariam uma transformação na gravadora, com o objetivo de apagar a memória RCA e fazer tudo de novo com uma visão mais moderna. Em um momento em que a economia do país passava por uma relativa estabilidade com o Plano FHC e depois o Plano Real, o mercado da indústria fonográfica brasileira crescia novamente, após a queda de preços dos CDs.

Assim que assumiram a gravadora, Niemeyer e Scalabrin fizeram uma reunião para ver quem continuava na companhia. E o Roupa Nova, por ter um posicionamento artístico comercial interessante e números de venda favoráveis, sobreviveu à primeira análise. Um dos poucos artistas que restariam no cast da gravadora, que foi reduzido de 65 nomes em 1988 para 33 em 1994.

— • —

Além da chegada de Niemeyer na gravadora, o Roupa Nova teria de lidar com outra mudança em 1993: a saída de Bia e Fernanda.

As irmãs, cansadas da estrada, decidiram largar todos os artistas com quem trabalhavam para se dedicarem a grandes eventos, como o show da Madonna no

---

* Empresa responsável pela promoção de grandes eventos da época, como o show de Frank Sinatra, Paul McCartney, o Rock in Rio 1 e 2 e o Hollywood Rock 1, 2, e 3.

Brasil. E se despediram do grupo emocionadas pelo tempo que haviam passado com eles, deixando para trás a incógnita de quem poderia assumir a banda.

Por indicação de Miguel Plopschi, o grupo conheceu Juca Muller, que era empresário do Fagner, também da BMG-Ariola, e trabalhava com o irmão Bernardo.

— —

Os seis músicos já estavam sentados na sala do Roupa Nova Studios, quando Juca Muller chegou para conhecê-los. Todos ao redor de uma mesa enorme, a menos de dois metros do empresário, com expectativas distintas sobre o que esperar daquele encontro. "Caramba... Eu vou ter que falar com todos eles ao mesmo tempo?", pensou Juca logo que se deu conta da situação. Um susto para quem já havia atuado com bandas, como o Hanói-Hanói, e que estava acostumado a interagir com apenas um dos integrantes, e não tinha intimidade com o histórico do Roupa Nova, nem era fã. "Hum... Quem deve ser o líder?"

— Bom, Juca, a gente te chamou aqui porque... — começou a falar Feghali para o empresário, que já virou todas as atenções para o tecladista. "Então esse é o dono!"

— Mas você acompanha o nosso trabalho? — perguntou Kiko. "Então esse é o dono!"

— E com outros grupos, Juca? Porque nós funcionamos com votação e... — comentou Serginho, com sua voz rouca, e a jugular saltando do pescoço. Nem parecendo o mesmo vocalista que cantava as músicas suaves do Roupa Nova. "Então é esse, cacete!"

Milhões de perguntas para o empresário, que se sentia perdido no meio daquele tiroteio sem saber se estava agradando, apesar de perceber todas as expressões faciais dos músicos diante das suas respostas. Até porque cada um deles estava de um jeito! Paulinho, mudo, apenas o olhava falando. Nando fazia caras e bocas de quem estava preocupado. Kiko parecia mais animado, Cleberson, desconfiado. Serginho anotava palavras em um papel que ele não conseguia ler, e Ricardo parecia testá-lo com suas questões. "Putz, isso não vai dar certo..."

Uma entrevista que durou algumas horas, até Ricardo se despedir do empresário.

— Então tá, a gente te liga!

Com aquele tom típico de "Quem sabe um dia a gente se vê!", Juca saiu dali desanimado e esgotado, achando que não ia conseguir a vaga, principalmente porque existiam outros empresários interessados na banda. "Bom, eu fiz o meu melhor." Porém, seu telefone tocou naquele mesmo dia.

— Vamos tentar!

— —

Chitãozinho e Xororó conquistaram o sucesso nacional após a música "Fio de cabelo", na década de 1980, abrindo a "porteira" para que outras duplas sertanejas também se destacassem no mercado — como Leandro e Leonardo, Zezé di Camargo e Luciano, Chrystian e Ralf, João Paulo e Daniel, Chico Rey e Paraná e cantoras como Roberta Miranda. Artistas com tendência romântica, que passaram a vender milhões de discos nos anos 1990 — além de agradar o gosto das rádios do eixo Rio-São Paulo e, consequentemente, das novelas da rede Globo —, reforçando o segmento e o crescimento do mercado de discos, como fariam também o pagode, o axé e o funk.

Porém, na contramão da popularização das rádios, das canções e dos CDs, o Roupa Nova lançou um disco conceitual, em 1993, com onze releituras de compositores valorizados pelo grupo, como Milton Nascimento, Chico Buarque, Luiz Carlos Sá, Herbert Vianna, Zé Rodrix e Gonzaguinha.* Uma tentativa de resistir às modas que tomavam o mercado, se reinventando e começando de novo.

— Disco maravilhoso! — vibrou Mariozinho ao ouvir o novo trabalho, embora tenha achado uma escolha perigosa. — Mas vocês correm o sério risco de não atingir o público que vocês querem, e perder o que vocês já têm — afirmou Maneco, separando, em seguida, uma das faixas para entrar na novela *Renascer* e, por que não, ajudar o novo posicionamento da banda.**

Um LP que não poderia ter outro nome senão De volta ao começo, com músicas adultas e voltado para a MPB. Álbum que, na opinião de Juca Muller, venderia 1 milhão de cópias se fosse lançado hoje, mas que, na década de 1990, não foi compreendido pelo público da banda, tampouco por Miguel Plopschi:

— Por que esse ovo quebrado na capa?

— —

O primeiro show que Juca marcou para o Roupa Nova foi em uma faculdade de Caxias, no estado do Rio de Janeiro. E dali eles iriam direto para Fortaleza, onde tocariam no mesmo evento em que o Raça Negra.*** Só que caiu uma chuva pesada antes do horário marcado para Caxias, e os problemas começaram a aparecer:

— Pica-Pau, a gente vai ter que reconstruir o PA. Pifou uma caixa, tem que comprar! — pediu Juca, gastando o dinheiro que viria do lucro do show.

E isso antes de notar que seria impraticável ter qualquer apresentação naquele ginásio, embora todos os músicos já estivessem lá. Quer dizer, só se o público fosse de bote!

— Aí, fodeu! Perdemos o artista, velho! — disse Juca para seu irmão Bernardo, após se convencer de que teria de cancelar o show.

— Mas a chuva não é culpa nossa, Juca!

— Bicho, primeiro show e essa tragédia? Imagina a carreira desses caras?

---

* Com exceção da música "Hello Mona Lisa", de autoria de Paulo Imperial e Santos Dumont, que iria gerar horas de discussão entre os tecladistas, antes de entrar no álbum.

** A música escolhida foi "De volta ao começo", de Gonzaguinha. Os integrantes costumam brincar que a letra de "De volta ao começo", de Gonzaguinha, é: "E o menino que viu a menina que viu o menino..."

*** O segmento pagode também crescia muito nos anos 1990, com conjuntos como o Raça Negra, Negritude Jr., Exaltasamba, Molejo, Katinguelê e, o grande vendedor de discos, Só Pra Contrariar.

Certa vez, em entrevista para o número 31 da revista *Bizz* de 1988, Herbert Vianna, dos Paralamas, disse sobre ser músico: "Com o passar do tempo, você vai se tornando um escravo do que você já fez, tem que superar seus próprios recordes... E a coisa já não é mais fazer música, é superar ou pelo menos manter algo que você já fez, e os números e todas as pressões... Às vezes dá vontade de parar." E foi o que o Roupa Nova sentiu na pele, nos anos 1990, ao ser recusado pelas rádios adultas, que achavam a banda brega, e também pelas populares, que não gostaram da nova proposta. Aquele dilema transformou 1993 em um ano de poucas execuções nas FMs e de shows vazios com cachês baixos. Apresentações que Juca só conseguiria marcar graças ao passado do Roupa Nova.

— Quantos espetáculos temos nesse mês, Juca?

— Como é que é, Serginho?

— Quantos espetáculos temos nesse mês?

— Nenhum!

— Juca, quantos espetáculos temos nesse mês?

— Ah, tá, temos oito shows!

— Não, nós temos oito espetáculos...

Naquele dia, Juca desligou o telefone e se lembrou do primeiro show a que assistiu do grupo, ainda em 1989, quando ainda não trabalhava com eles. "É... lá no ginásio do Olaria foi um espetáculo mesmo!" Um cuidado com as apresentações ao vivo que não apenas impressionaria Juca, mas que seria também para ele um aprendizado. "O Roupa Nova compensa a rejeição dos falsos escritores de resenhas musicais através da modernidade. Um cara que falava mal do disco deles, ia ao show e dizia: "Caraca!" E eu levei isso para todos os meus artistas", pondera Juca.

Segundo o empresário, não foi à toa que ele, após conhecer a banda, ganhou oito prêmios de shows e quatro de produção de DVD. "Para recompensar seus fãs, o Roupa Nova bota toda a energia deles nas apresentações. E isso ninguém vai tirar deles. São os caras que mais fazem isso."

Espetáculos que traduzem o significado "Roupa Nova" para a plateia e que marcariam a carreira de Juca Muller.

— Tenho a grana para você trazer o Roupa Nova aqui! — disse o contratante Jota Rodrigues para Juca, que estava angustiado para marcar mais shows para o grupo, mas sem dinheiro para viajar para Juazeiro do Norte como os músicos tinham se habituado.

Por isso, para valer a pena ir para o Nordeste, ele e Nestor correram atrás das agendas até conseguirem marcar outro show em Fortaleza. Deixando por último a compra das passagens que, naquele ano, estavam com os preços nas alturas.

Juca estava ficando maluco por não fechar muitas datas para a banda, com Paulinho, Serginho e Cleberson — mais duros na época — na sua orelha cobrando: "Marca show, marca show!" Já Kiko, Nando e Ricardo, mais estáveis financeiramente, queriam escolher com calma o lugar onde eles iriam tocar. "Eles vão me xingar, mas não vai ter muito jeito", pensou ele, ao ver que para fazer os dois shows do Nordeste o Roupa Nova teria que viajar de...

— Fly?

— É Nando, Fly!

— Que porra é essa, Juca?

— Fly, bicho, é uma companhia maravilhosa! Nova no Brasil!

— Hum... Não é uma que tem uns aviões velhos? — questionou Nando, que morria de medo de voar e que, por isso mesmo, era o mais curioso sobre o assunto.

— Ih, não! Esses cacarecos estão lá no Nordeste! Os daqui são diferentes!

— Sei...

— Ô, Nando, tem que fazer! Vamos lá! — afirmou Serginho, como se não houvesse dúvida sobre ir para o Nordeste.

Ao contrário de Ricardo, que queria mais informações:

— E o ônibus, Juca? É leito?

— Leito, leito porra... Lógico! — confirmou o empresário, sem ter a menor ideia sobre o leito, tentando encerrar logo aquele interrogatório! "Amanhã eu ligo para saber de verdade."

— Não, senhor. É leito turístico, não deita tudo.

— Cacete, sério?

— Sim, só temos essa opção.

— Tá, tá... Deixa como tá.

"Essa eu vou ter que encarar."

No mês seguinte, todos se dirigiram como combinado para o aeroporto do Galeão, prestes a entrar em uma aventura típica de filme da Sessão da Tarde. Inclusive com o locutor anunciando: "Um empresário que vira a vida de todo mundo de cabeça para baixo. E uma banda do barulho, que se mete em grandes apuros! Não perca, hoje, às 4 horas da tarde."

O avião em que o Roupa Nova voaria já assustava só de olhar a "carcaça". Lembrava muito aqueles aviões antigos, marroquinos, com um branco muito sujo na sua lataria, com uma listra vermelha e outra verde passando pela marca Fly.

Isso fez Nando fechar a cara logo assim que eles chegaram à pista. "Tomara que ele sente bem longe de mim", torcia Juca, após ganhar olhares ameaçadores do baixista. Mas foi exatamente perto do empresário que o baixista fez questão de sentar, apenas com uma senhora entre eles.

— É, Juca... Estamos fodidos... Nossa carreira acabou mesmo! Estamos viajando de Fly! — E gritando para Feghali, a algumas fileiras na frente, ele continuou. — Feghali! A nossa carreira acabou, Feghali! Estamos fodidos! Vamos tocar em Madureira! Famks de novo!

E olhou de volta para Juca, sério, querendo matar o empresário! Até porque ele tinha pavor de Boeing 727, justamente o avião em que ele estava naquele instante.

— Ô, Juca!

— Fala, Nando...

— Esse avião tá com excesso de peso!

— Tá doido? De onde você tirou isso?

— Juca, nós estamos na fileira trinta e alguma coisa, né? Esse número costuma ser lá no final. E a gente tá no meio... Então tem o dobro! — concluiu o baixista, se mexendo todo na cadeira, tentando achar uma posição confortável, sem se preocupar com o espanto que causara na senhora do seu lado.

— Porra, Nando...

— Eu não tenho nada a ver com isso! Deve ter, pelo menos, 30% a mais de gente do que deveria! Pô, tá tudo apertado! Não consigo nem mexer a perna!

— E pode colocar mais cadeiras?

— Existe regra por uma razão, né? Olha ali! Aquilo, com certeza, é cadeira a mais.

— Ai, merda... — comentou Juca, entrando no desespero do baixista e passando um guardanapo na cara, o tempo inteiro, para enxugar o suor de nervoso.

— Ó, e digo mais! Esse cara vai comer a pista do Galeão pra decolar! Quando estiver acima da água! Ele tem que estar a 350 quilômetros por hora pra sair do chão. E com esse peso aqui...

— Nando, para de botar o terror, caramba!

— Isso é pra tu aprender que não se compra voo da Fly! Não adianta, cara. Melhor não ir!

— Agora já comprei, oras. Chega! Não vou te ouvir mais! — respondeu Juca, virando o rosto para o outro lado, tentando ignorar o baixista, que não calava a boca e falava alto para o avião todo ouvir:

— Vai ver... Ele vai correr, correr, correr... E lááááá embaixo, quando não tiver mais pista, é que ele vai voar.

Juca abria o jornal, na sua frente, cobrindo qualquer contato visual com o músico. "Ai, meu Deus, o equipamento do Roupa Nova parece que tá empurrando o avião pra baixo, de tão pesado!" Já a senhora, entre eles, agarrada no terço, começava a rezar. E Nestor, na outra ponta, fumava desenfreadamente.*

Até que o avião acelerou tudo ainda parado, para depois disparar a velocidade e correr pela pista. Vruuum! Correu, e nada de sair do chão! Nando narrava os fatos para todos os passageiros do Boeing, que sacudia como em uma estrada de chão, no estilo off-road.

— Tem que ter mais chão!

Já a senhora dizia baixinho:

— Ave Maria, cheia de graça...

E Juca, com os olhos fechados, falava entre os dentes:

---

* Apenas em 1998 foi proibido, por lei, fumar dentro dos aviões.

— Não, não, não…

— Mais chão!

— Bendita sois vós entre as mulheres…

— Ai, Deus, socorro, não…

— Ih, não vai dar… Mais chão!

— Agora e na hora de nossa morte. Amém.

— Porra, nós vamos pra água! — berrou Juca, ao chegar na cabeceira da pista, quando o avião levantou com dificuldade a dianteira, subindo lentamente e fazendo muita força, quase pegando fogo.

— Ufa! Quase, hein, Juca… Quase! — respirou aliviado, Nando, que estava tão ou mais agitado que o empresário, tentando se acalmar para conseguir viajar para Fortaleza naquele "troço".

— Ué… Não foi você que me vendeu a passagem? — perguntou a senhora, que estava ao lado do baixista, para a comissária que passava no corredor naquele momento.

— Sou eu mesma. Eu trabalho de segunda à quinta na loja e, no final de semana, viajo! — afirmou a moça, com um sorriso no rosto, como se isso fosse a coisa mais normal do mundo, acabando com qualquer possibilidade de sono de Nando!

— Juca! Que porra de companhia é essa? — e gritando de novo para Ricardo:
— Feghali, você tá ouvindo? Tá ouvindo, Feghali? A mulher vende passagem e varre chão!

Para depois de alguns minutos aquela situação virar um caos completo: "Atenção, senhores passageiros da Fly! Agora nós vamos fazer a demonstração da nossa venda de biquínis, camisetas e bonés", anunciou a companhia pelas caixinhas de som, antes de uma mulher sair da portinhola do avião empurrando um carrinho, que parecia de supermercado, com uma manequim em cima, sem braços, rindo, e de cabelos castanhos, vestida com um dos biquínis de bolinha, com a marca Fly, cheio de babadinhos nas laterais.

— Ah, não!

E dessa vez até o piloto ouviu os gritos de Nando.

— Que final triste, Juca Muller! Que final triste!

—-—

Ao chegar em Fortaleza, todos estavam com o corpo destruído e emocionalmente abalados.

— Eu não aguento mais… Acabou a carreira mesmo — lamentou Feghali com Juca ao entrar no ônibus que iria levá-los para o hotel.

Estava decepcionado com a realidade do Roupa Nova e sem vontade alguma de fazer o show à noite, que ainda por cima estaria vazio! Afinal, o contratante, que era professor e dono de um colégio, não havia divulgado o show do Roupa Nova. E em um lugar em que cabiam 3 mil pessoas, devia ter quinhentas. Espalhadas, em mesas, o que dava arrepio nos músicos!

— Cacete, Juca! As pessoas estão sentadas!

— Calma, Kiko…

Faz parte do Roupa Nova querer que o público fique em pé, na frente do palco, dançando e com espaço. E quando isso não acontece, por alguma exigência da casa, eles instigam as pessoas para que se levantem. Ou seja, se um salão repleto de mesas já seria razão contundente para estresse antes deles tocarem, o que diria então após uma viagem pela Fly!

Naquele dia, Juca Muller quase fugiu correndo para casa. Estava valendo voltar até com passagem da Fly. Principalmente após presenciar, depois do show, o professor contratante entrando no camarim, de porre, abraçando todos eles, feliz da vida.

— Perdi dinheiro, mas eu gosto de vocês!

Um dos poucos que, naquela noite, se divertiu.

— ▬ ▬ —

— Você não vai fazer um negócio grande pro Roupa Nova, não, cara? — cutucou Ricardo Feghali, sempre em busca de ideias geniais que motivariam o grupo, ainda mais naquela época de "vacas magras".

E, dessa vez, Juca Muller era quem estava na mira.

— Tá bom, vou — afirmou o empresário, no meio de uma das milhões de reuniões com o grupo, no Roupa Nova Studios, pensando de improviso o que poderia ser esse "negócio grande". — Vou fazer um show na Quinta da Boa Vista!

— Ah, fala sério, Juca! — falou Feghali, morrendo de rir, como se achasse aquela sugestão estapafúrdia.

— Vou, sim! Você vai ver.

Juca saiu do estúdio, determinado, e foi direto no Armazém das Fábricas falar com a gerente de marketing da empresa, que adorou a ideia e confirmou o patrocínio do evento. Depois acertou com a BMG o palco, além de fechar parceria com a FM 105 para a divulgação do show e conseguir a Polícia Militar na segurança. Afinal, a apresentação seria aberta para o público.

Tudo se desenrolou tão rapidamente que nem Juca acreditou quando chegou o dia 12 de junho, véspera do show na Quinta da Boa Vista, com quase tudo certo. Exceto por um detalhe: a chuva.

— ▬ ▬ —

— Putz, fodeu.

Quando o telefone da casa de Juca tocava com ligação a cobrar, com seu irmão Bernardo na estrada com o Roupa Nova, era sinal de que alguma coisa não estava legal.

— Tá chovendo pra caramba aqui em Volta Redonda! — gritou Bernardo para ser ouvido, dentro de um orelhão, com o mundo desabando em água ao seu redor.

— Aqui também tá chovendo pra cacete!

— E lá, amanhã?

— Vamos lá, meu!

Ao acordar naquela manhã de domingo, 13 de junho de 1993 — final de semana do Dia dos Namorados e data do espetáculo do Roupa Nova na Quinta da Boa Vista —, as previsões que Juca leu no jornal não foram das mais animadoras: "A frente fria que se encontra sobre o litoral sul do Rio continua influenciando hoje o tempo em todo o estado. Segundo o Instituto Nacional de Meteorologia, o tempo no Rio fica nublado, sujeito a chuvas ocasionais."

— Ocasionais? Fodeu mesmo.

— —

Dizem que o parque da Quinta da Boa Vista, de mais de 560 mil metros quadrados, localizado em São Cristóvão, Zona Norte do Rio de Janeiro, pertenceu a um comerciante muito rico da cidade, no final do século XIX. Um homem chamado Elias, que construiu, cercado pela natureza e no alto de uma colina, sua casa de campo. Só que, de olho nas vantagens reais, Elias presentearia com sua morada a família real, assim que ela se estabeleceu no Brasil, em 1808. Quando então o local, devido à "boa vista" que se tinha da baía de Guanabara, começaria a ser chamado por esse nome. Um terreno que, no domingo de 1993, estava alagado, com poças por todos os cantos.

"Ai, caramba... Será que vai encher?", pensou Juca ao parar o carro no estacionamento da Quinta, tenso por todos os comentários que ouvira de conhecidos nos últimos dias, como "Você é doido?! Só o Roberto Carlos enche a Quinta". Estava ansioso e temeroso pela realização do evento, embora não contasse para a banda. "Nego falava ainda sem considerar a chuva! Meu Deus!"

Assim, Juca desceu do carro e passou a contabilizar, mentalmente, cada pessoa que ele via entrando no parque. "Mais um!", e olhava para o céu nublado, em busca de algum fio dourado e ensolarado de esperança. "Chuvas ocasionais... Podia esperar o povo chegar, pelo menos." Povo que, contradizendo o medo de Juca, não parava de passar pelo grande portão do parque, formando um público de mais de 70 mil pessoas na hora do show!

Enfim, não se sabe se é uma sina, se a banda foi batizada por algum pajé, ou se São Pedro é um fã declarado, mas, repetindo a "sorte" da apresentação no Arpoador, foi só o Roupa Nova cantar "Clarear" que um solão abriu sobre o palco. E deu vida para aquele espetáculo, com todo mundo da plateia cantando, em um domingo que prometia ser morto desde o início. Reacendendo dentro da BMG uma motivação para um novo disco do grupo, que vinha com números baixos de venda, e reacendendo dentro dos músicos outra fagulha de sucesso.

Na Quinta da Boa Vista nasceu a futura rainha de Portugal, D. Maria II, e o futuro imperador do Brasil, dom Pedro II, que cresceu, foi educado e brincou naquele enorme jardim, em São Cristóvão. Mesmo local em que o Roupa Nova vislumbrou, em um período crítico de sua carreira, uma multidão cantando suas canções — a mais bela e inebriante paisagem.

— —

Cleberson não se sentia à vontade para colocar em inglês a voz guia de seus "monstros". Por isso, gravava com um "na na na" em cima e, depois, passava para Serginho ou Paulinho substituir o "na na na" por palavras em inglês, o que facilitava a audição para quem fosse compor a letra, posteriormente. E foi dessa forma que nasceu "Barbra Streisand"! Uma melodia de Cleberson, que Paulinho cantou em inglês na demo, e que lembrava muito a interpretação da atriz e cantora americana em "Deep In The Night".

Uma bonita canção que Mariozinho Rocha repassaria para Aldir Blanc, junto com o storyboard da próxima novela das sete da rede Globo. E que deixaria de ser "Barbra Streisand" para virar a abertura da produção global com o mesmo nome: "A viagem". Excelente notícia para o grupo, que estava mais afastado da mídia até então.

A música seria o carro-chefe do álbum Vida Vida, de 1994, e mais um dos grandes hits da banda que renderia outro disco de ouro. "Eles são muito persistentes, e aquilo me contagiou!", diz Juca, que acertou três semanas de show no Imperator, com casa lotada na época.

Uma apresentação que, da mesma forma que acontecera no Ibirapuera, não teria um fio no palco, com escadaria feita para o show, em um cenário vermelho. Lembrando até os tempos áureos dos anos 1980.

— ‒

Lá estava o Roupa Nova passando o som por horas, exageradamente catando os microerros musicais, antes de tocar em um dos dias do Imperator, quando Dom Pepe, diretor de palco da casa, abriu as portas para o público entrar.

— Que porra é essa, Pepe? — perguntou Nando, descendo do palco, correndo ao ver o que tinha acontecido, enquanto os outros integrantes colocavam seus instrumentos no lugar e saíam de fininho.

— O que foi Nando? — perguntou, com cara de paisagem, o argentino ao ver o baixista esbaforido.

— Essa merda aí! Você mandou abrir a porta!

— Eu mandei porque eu mando na casa. E você manda no seu conjunto!

Dom Pepe, lenda no Brasil como diretor de palco, tinha a fama de deixar tudo sempre do jeitinho que os artistas gostavam no camarim. Ele sabia como agradar as vontades e os desejos da maioria deles. Como também, por tabela, conhecia suas manias.

— ‒

— E se a gente ficar esquecido?

— Nando, também não é pra tanto, né?

— Juca, contrata um cara pra falar da gente?

— Não é isso que vai resolver, Ricardo. Eles não querem falar!

— Poxa, a gente bombou no Imperator e não saiu uma linha!

— Não adianta encher uma casa de show, Kiko... Não é isso que a mídia quer — dizia Juca, tentando tirar o peso da imprensa da cabeça dos músicos.

Os integrantes estavam novamente em crise de identidade. Ao serem relegados dos jornais, nos anos 1990, viviam tudo de novo, desde os perrengues ao medo de separação e readequação ao mercado.

— Gente, eu entendo a dor de vocês. Mas vocês não podem deixar esse sofrimento crescer! O marketing do crítico é malhar, e o de vocês é fazer benfeito!

Palavras de um empresário que tinha tudo a ver com a banda, na visão de Cleberson, e não media esforços para vender o grupo, na opinião de Nando. "Com certeza era o cara que vestia a camisa do Roupa Nova", relembra o baixista.

Juca, uma testemunha de conversas intermináveis entre seis parceiros que continuariam esperando por, pelo menos, um pouco de consideração.

— —

— Pô, tem que comprar um Pré Neve, que é uma fortuna! — insistiam Feghali e Nando sobre comprar equipamento para o Roupa Nova Studios.

Porém, a resposta "Mas de novo?" passou a ser constante no resto da banda sobre um estúdio que não podia parar no tempo. De modo que Nando e Feghali obteriam estes equipamentos para seus estúdios pessoais.

Até Flávio Senna embarcou em um negócio pessoal, arrematando o valor da Companhia dos Técnicos, realizando o sonho de ter o seu próprio estúdio. Uma separação com a banda, depois de tantos anos juntos, que iria ocorrer "tecnicamente" em julho de 1994, embora Flavinho continuasse sendo chamado para mixar discos do Roupa Nova. "Foi muito triste deixá-los. E dar essa notícia para eles foi uma das coisas mais difíceis da minha vida. Enrolei até o último minuto", conta Flávio, que se surpreendeu com a recepção calorosa dos músicos após dizer que ia sair. "Eu estava muito inseguro, achando que era uma coisa muito grande. Mas a forma como eles receberam, me desejando sucesso, foi gratificante! Foi um negócio que marcou."

E com tantas perdas, técnicas e humana, a empresa do Roupa Nova não iria se sustentar no mercado, diminuindo o ritmo das gravações. Até que, no final da década de 1990, deixaria de ser um estúdio para se tornar apenas o escritório da banda.*

— —

A sequência de shows não havia engrenado, a situação da banda ainda era instável no mercado e muitos dos músicos continuavam sem dinheiro, quando Serginho se converteu ao evangelismo. Um momento delicado para o resto do grupo que, após sentir o distanciamento do baterista, teve medo de perdê-lo.

Isso porque a primeira pergunta que Serginho fez para si em 1994, ao mudar de religião, foi: "Quando devo sair do Roupa Nova?", esperando receber de Deus

---

* No final dos anos 1990, o Roupa Nova também deixou de ter a casa em Higienópolis.

um sinal sobre o rumo de sua vida. Naquela época, um bispo de uma das igrejas o incentivava a seguir carreira no segmento gospel.

— Cara, fica! Eu te garanto que vai dar certo! — tentou Juca, como também fizeram os outros integrantes da banda, ao descobrir que o baterista estava por um triz para sair, com valor definido, que resolveria todos os seus problemas financeiros, e uma proposta já formalizada por parte do bispo! — Vai melhorar, você vai ver. Vai melhorar...

No entanto, não seria também dessa vez que a banda acabaria. "Percebi que ser crente não é só empolgação", diria anos depois Serginho, confiante de que a sua postura no dia a dia já mostraria sua conversão e a sua fé — sem ter que precisar também converter sua música ou abandonar a história do Roupa Nova.

— —

6/1 foi o nome do décimo segundo disco de carreira do grupo, lançado em 1996 pela BMG-Ariola, com canções como "Amar é...", "Nossa história", "Pode chamar" e "Perdoa". Porém, o resultado de vendas do álbum foi fraco, e o relacionamento, que já não estava bom entre o grupo e a gravadora, ruiu.

Beto Boaventura estava entrando na companhia para assumir a direção artística da BMG quando a banda passou pela sua porta, furiosa com o tratamento que estava recebendo da diretoria. Depois de 12 anos na gravadora e nove LPs de carreira, com grandes vendagens, os músicos esperavam mais foco e investimento no trabalho deles, independentemente dos outros segmentos dominando o país, com casos tipo o do Só Pra Contrariar — estourado na própria BMG.

Os seis estavam decididos a rescindir com a gravadora e ficaram algumas horas conversando com Beto, mostrando o porquê dessa atitude. E o futuro diretor tentava mantê-los na companhia, a todo custo e até o último segundo.

— Pô, me dá uma chance? Tô tomando posse amanhã!

Paulinho, já na porta com os outros músicos para ir embora, o convidou:

— Quer ir comigo lá no corredor?

— No corredor?

— É! Vou te mostrar porque estamos loucos pra sair dessa gravadora!

A BMG tinha um corredor enorme, com quadros de todos os LPs de destaque feitos pela empresa. E Paulinho fez questão de olhar um por um, na ida, a caminho da sala de Boaventura.

— Se você vir nesse montão de quadros uma capa do Roupa Nova, a gente volta e fica aqui!

Beto andou pelo corredor, procurando um disco que pudesse ser a sua salvação! Olhou, olhou, olhou... E nada! Para só depois de alguns minutos voltar caminhando, desolado.

— —

O Roupa Nova foi levado por uma fortuna para a Continental, que foi comprada pela Warner. E o presidente da companhia da América Latina, um dos papas da música,

André Midani — homem de grandes histórias e passagens pela indústria fonográfica brasileira, para não dizer mundial — convidou a banda para uma conversa, logo após ser contratado, em Nova York. Período em que o Roupa Nova estava nos Estados Unidos, após ganhar o prêmio de Grupo Mais Executado da rádio Suave, de Manhattan.

No entanto, nem todos os integrantes do Roupa Nova puderam estar presentes na reunião, naquele início de relacionamento com a nova gravadora, em 1997. E junto com o empresário Juca Muller, apenas Paulinho e Nando se encontrariam com Midani, para ouvir considerações sobre o mercado, a gravadora e, lógico, o trabalho do Roupa Nova. Uma palestra para os ouvidos do baixista, que levou, inclusive, um caderninho para anotar os conselhos, e que bebeu, maravilhado, cada uma daquelas palavras de experiência.

— É histórico... Depois de muitos anos, o povo não quer mais o novo. Você tem uma época de plantar e uma de colher! Pode gravar o que quiser. Até um hino, que não vai adiantar... — disse Midani.

Nesse dia, a banda, apesar de não estar completa, deu sinais claros de que queria fazer um disco autoral como primeiro trabalho pela Warner. Um desejo constante da maioria dos artistas, mas que, talvez, não se enquadrasse na carreira da banda, naquele final dos anos 1990. Para o presidente da gravadora, um "the best of" logo de entrada, com um formato arrojado, aliado ao respaldo da marca Roupa Nova, é que teria um impacto incrível no público e dentro da própria companhia. Aos olhos de Midani, "macaco velho" no mercado fonográfico, embora o grupo não estivesse vendendo discos como antes, continuava sendo uma mina de ouro! Era preciso apenas saber explorar essa capacidade musical para se fazer dinheiro.

— Esquece, Nando... Vocês não têm mais condições de lançar inéditas! Vocês têm cinquenta sucessos! Ninguém quer ouvir música nova! O público quer as músicas que já são de vocês!

— Mas e se fizermos algo diferente e...

— O meio vai rejeitar. Escuta o que eu tô te falando... Não cometam o erro de sair com um álbum inédito. Façam um projeto! Se não, vocês vão quebrar a cara.

André Midani não iria impor nada e no fundo sabia que, se o Roupa Nova insistisse no disco autoral, assim seria feito, infelizmente. Ele não brigaria com o artista, apesar de todo o dinheiro que a Warner estava disposta a gastar. Mas também seria um desperdício não fazer sucesso com aqueles "monstros" da música pop brasileira. Por isso, naquele encontro de três horas, Midani tentou, frisou, e deixou clara a sua opinião sobre qual caminho a tomar. E, por fim, após a reunião, ao acompanhar seus convidados até o elevador da Warner, puxou Juca pelo braço, discretamente, indagando de maneira incisiva:

— Você tem noção do que tem na mão?

— Lógico que eu tenho!

— Não, presta atenção — e falando um pouco mais devagar: — Você tem noção do que tem na mão?

E Juca, com a expressão séria e confiante, respondeu:

— Tenho.

— Tudo bem... Vamos ver então se você domina isso aí.

CAPÍTULO 37

ATRAVÉS DOS TEMPOS

"O Roupa Nova tocava de acordo com
um padrão das bandas dos anos 1970.
E a gente estava no final dos anos 1990!"

Gil Lopes

— Você quer alguma coisa pro disco de vocês? — perguntou André Midani, no final da reunião com Nando, Paulinho e Juca, em Nova York.

— Quero uma participação internacional.

— Hum... Depende de quem você quer, Nando.

— O Peter Cetera ou o David Gates.

— O Cetera você esquece! É antipático e vai levar um ano pra responder! Pro Gates eu vou ligar agora.

— Agora?

— É! Na próxima segunda-feira, às 20 horas do horário do Brasil, eu vou ligar para o escritório de vocês. Esteja lá para receber a ligação que eu vou dizer como estão as coisas.

Na segunda-feira, já no Brasil, o telefone tocou, pontualmente, no escritório do Roupa Nova, como André Midani prometera.

— Nandão! Tá tudo certo com o Gates! Ele só pediu pra vocês escolherem a música e mandarem a cópia da base. Ah, e ele quer escolher o estúdio pra voz. A gente paga aqui!

Assim, no primeiro semestre de 1997, Nando e Feghali foram para um estúdio em Nashville, para encontrar o norte-americano David Gates, e gravar "The Guitar Man". Gates, era um dos fundadores do Bread, banda de rock dos anos 1970, de canções melódicas, que eles tanto já haviam tocado pelos bailes da vida.

— ▬ ▬

— Vou comprar um violino!

— De onde você tirou essa agora, Ricardo?

— Ah, Nando, eu quero tocar violino no nosso show!

— Pô, mas é muito difícil.

— Vou comprar! Depois eu vejo isso.

Ricardo comprou o instrumento em um shopping de Nashville e aprendeu algumas canções para tocar um medley country nos shows do Roupa Nova. Coisas do neto de dona Jandira, irrequieto, que nunca acreditou no tal do impossível.

— — —

Através dos tempos foi o CD do Roupa Nova lançado em outubro de 1997, com uma estética que lembrava muito o estilo country, com fotos amareladas e envelhecidas dos músicos, em um galpão, com jaqueta de couro, blusa quadriculada e chapéu de cowboy na cabeça. E na capa vinha uma maria-fumaça que, assim como o Roupa Nova, se mantinha nos trilhos, sem desviar de seu caminho. Um veículo que, para eles, também poderia ser associado a Milton Nascimento, e puxava um trem-bala azul, como o da canção de Ronaldo Bastos, que deveria ser seguido. E que simbolizava junto à maria-fumaça uma fusão de tempos que estaria presente no disco, com composições inéditas e versões de canções antigas.

O grupo não faria um "the best of", como havia aconselhado André Midani, mas colocaria pitadas do "passado" no disco, como a versão para "The End of The World", famosa com os Carpenters, que virou "O sonho acabou",* ou a regravação de "Me faça um favor", de Sá & Guarabyra. Além da versão "De ninguém", para "The Guitar Man" de David Gates, também entrou "O último trem", conhecida através dos Monkees como "Last Train to Clarksville". E apenas a versão de "Happy Man", do Peter Cetera, não entrou no álbum, pois a autorização não chegou a tempo.

Desse modo, em uma época em que o sertanejo predominava no Brasil, os integrantes do Roupa Nova usaram suas influências countries para se posicionar no mercado. E fizeram um disco que, como o De volta ao começo, também não seria sucesso de público.

— — —

A equipe que havia contratado o Roupa Nova para a Warner-Continental foi mandada embora da companhia antes mesmo do CD Através dos tempos ficar pronto. E o pessoal que assumiu o lugar, no geral, via o Roupa Nova como uma banda ultrapassada e que deveria ser deixada na década de 1980. O que só fez esfriar o contato entre a gravadora, em São Paulo, e a banda, no Rio de Janeiro.

Não bastasse a falta de incentivo da Warner para a banda, uma briga entre os músicos e Bernardo Muller mandaria para o espaço a parceria entre eles e Juca, forçando a banda a buscar outros profissionais no mercado, como Luís Andrade,** que diria:

---

* "O sonho acabou" entrou na novela das seis, *Anjo Mau*, da Rede Globo, como tema de Fred e Goreti, em 1997.

** Luís Andrade atuou como empresário do grupo de pagode Molejo.

— A carreira de vocês não tem mais salvação! A música pop acabou!

Voltando para o inferno astral de todo conjunto musical, no final dos anos 1990: sem gravadora, e também sem empresário.

— —

O sonho do produtor Max Pierre sempre foi contratar o Roupa Nova para a gravadora em que estivesse trabalhando. E, atento ao mercado, após perceber o fracasso de vendas de Através dos tempos pela Warner, achou que aquele era um excelente momento de se fazer uma proposta. Na época vice-presidente artístico da Universal Music (antiga Polygram), Max acreditava que uma mexida no visual e na imagem do Roupa poderia ter efeitos surpreendentes de venda. "As capas do Roupa são muito feias. Parece que a companhia não dava importância pro visual deles. Acho que eu consigo deixar a banda com uma postura mais elegante!", arquitetava ele, entusiasmado com a ideia de tê-los na Universal.

Só que, antes de botar o plano em prática, ele teria que quebrar a resistência da gravadora com o nome Roupa Nova — seja com argumentos de mercado ou com aliados, como o gerente artístico Ricardo Moreira, velho conhecido do grupo, que havia feito sua divulgação em outras gravadoras.

— A gente faz um "the best of" ao vivo com os sucessos de toda a carreira deles! Traz pro nosso catálogo os hits da BMG e só depois faz um disco de carreira, com o Roupa Nova posicionado no mercado, já no top of mind do público.

Os discos "ao vivo", ou "acústico", estavam no auge no final dos anos 1990, reposicionando no mercado nomes como o da banda Titãs, com o Acústico MTV (um dos recordistas de venda do gênero), e fortalecendo artistas como Rita Lee, Ivete Sangalo e Zeca Pagodinho. Muitos destes trabalhos foram feitos sob a batuta de Max.

Sob esse aspecto, a proposta se tornou irrecusável para a Universal (antiga Polygram), que decidiu comprar, em 1998, o sonho de Max Pierre e o "passe" dos seis músicos. Bons filhos que a casa retornavam, depois de um tenebroso inverno.[*]

— —

Gil Lopes conheceu e gostou de Os Famks nos bailes da Tijuca, na sua pré-adolescência. Depois acompanhou o sucesso do Roupa Nova, além da sua participação em outros discos da música brasileira. No final dos anos 1990, Gil atuava como empresário de vários nomes estourados no mercado pela Universal, como Simone, Engenheiros do Hawaii e, sobretudo, Paulo Ricardo. O músico, que havia partido para uma carreira solo romântica e bem diferente das canções que tocava com o RPM — como no sucesso "Dois", parceria com o hitmaker Michael Sullivan —, se recolocou no mercado como um cantor popular, usando paletó, gravata, cabelo curto e até casaco de zebra! Uma mudança brusca de imagem — exatamente o que o Roupa Nova precisava.

---

[*] Foi na Polygram que a banda gravou seus três primeiros trabalhos como Roupa Nova. Companhia que seria fundida com a Universal nesse período.

— Gil, a gente quer repaginar o Roupa Nova! — explicou Max Pierre, ao lado de Edison Coelho, vice-presidente de marketing da Universal.

Tinham esperança de que Gil pudesse ser o empresário capaz de fazer uma transformação gigantesca no grupo. Uma missão que não seria para qualquer profissional, ainda mais considerando as seis cabeças teimosas dos músicos. Tinha de ter pulso! E Gil, que era fã da banda, se sentiu orgulhoso por trabalhar com o Roupa Nova, apesar daquela árdua tarefa: pegar um artista, com o mesmo jeito, pose e som dos anos 1980, e fazer uma revolução para torná-lo moderno. Só que, na verdade, aquela mudança seria muito mais que isso.

— —

O Roupa Nova confiava em Max Pierre e em suas ponderações. Por isso, foi mais fácil para Gil Lopes se aproximar dos músicos e ser aceito como o mais novo empresário da banda. Um profissional mais do que determinado a inaugurar uma nova fase na carreira deles. Disposto a jogar uma enxurrada de informações goela abaixo dos integrantes, se fosse preciso! Para só então chegar ao que ele chamaria de "Roupa Nova 2000".

— Estou diante dos maiores músicos do Brasil!

Foi o que Gil disse para começar o papo, na primeira reunião com o grupo, contando as novidades que vira em sua última viagem para a Inglaterra, enchendo a cabeça dos seis com as chamadas "tendências", e com diversos discos internacionais debaixo do braço, como Lighthouse Family, Seal e Robbie Williams. Britânicos que fizeram sucesso naquela década de 1990 e traziam formas mais modernas de se tocar. Como uma bateria mais leve, sem tantas viradas; um teclado quase pinkfloydiano — como instrumento melódico, para viajar, e que soasse mais, de pouco timbre e nota; uma guitarra não tão agressiva; e um som mais constante, sem grande exuberância, mas com técnica e precisão.

O que o empresário queria era mexer com a criatividade dos músicos, para que eles se redescobrissem. Sem aquele clima de "já fizemos tudo que tínhamos pra fazer" que Gil sentia nos integrantes. Um trabalho de reestruturação musical para o novo disco da banda, que seria visto, inicialmente, com muito receio por todos. Impressões negativas que Gil teria que aguentar se quisesse convencê-los do contrário.

— —

— Poxa, Gil! Você nem olhou pra mim!

Gil, acostumado a trabalhar com cantores solos e bandas com líderes, se embananava com a questão de ter que dar atenção para todos os integrantes na mesma ocasião. "Putz, tem uma luta de egos aqui… Todos são grandes músicos! Vou me estrepar para lidar com isso." E chegou a ouvir reclamações como a de Kiko, após uma das reuniões em que ficou no meio dos seis. Até porque, para ele, o Roupa Nova, em termos de imagem, também deveria ter um líder, chamado Serginho.

— Gente, banda tem que ter um cara que aparece mais!

— Peraí, bicho, não tem que ter um cara aparecendo mais que o outro. Mesmo porque não tem um cara que compõe mais que o outro. Não curto isso, não.

Título que o baterista recusava com veemência.

— —

Cuidar da saúde dos seis integrantes também estava no cronograma de Gil Lopes — como fazer uma dieta alimentar, além de exercícios para acabar com a "barriguinha" de cada um deles. Uma prática que seria acompanhada diariamente por um nutricionista e por um personal trainer, e que deixaria os seis músicos mais elegantes para as fotos, e em forma para aguentar o tranco dos shows. Sugestão do empresário, que não esperou nem um dia para dar início ao programa.

Os integrantes ainda estavam avaliando, com calma, a ideia sobre ter um personal trainer, quando André, um homem enorme e musculoso, entrou pela porta do escritório da banda:

— Amanhã vocês estão malhando comigo!

Intimando os seis músicos para uma nova rotina, de exercícios na academia e alimentos leves nas refeições, como frango, salada e queijo minas.

— —

— O fundamental é a qualidade musical, mas a gente precisa se comunicar melhor! Tá todo mundo gordo, ridículo com essas roupas! Vamos fazer uma faxina! Nos preparar para então sermos percebidos pelo público e mídia. — enfatizou Gil Lopes, antes de falar o que cada um dos integrantes deveria mudar. — Feghali, seu cabelo tá horrível! Corta tudo ou pinta! E o bigode também! Cleberson, cabelo curtinho! Paulinho, tira esse rabo de cavalo! Serginho…

E, antes que ele pudesse terminar, as discussões já haviam tomado o ambiente, com todos os músicos muito alterados.

Feghali levantou da cadeira, nervoso, Paulinho fechou a cara, Cleberson falava mais alto, Kiko tentava acalmar os ânimos, e de repente estavam todos brigando, simultaneamente, entre si e com Gil Lopes! O empresário não tinha o menor tato para lidar com o grupo e, da sua forma apaixonada de lidar com as coisas, atropelava os músicos com agressividade. Seis pessoas que estavam acostumadas com profissionais que respeitavam o tempo de cada um deles e que viam, naquela forma "torta" de se expressar de Gil, a maior das ofensas.

— —

— Isso é problema de comunicação! É lógico que se chegar malvestido, barrigudo, tocando a mesma coisa de quinze anos atrás, a imprensa vai falar! Vocês têm que municiar a mídia com motivos pra que ela perceba e abra espaço! Os críticos não são músicos e não vão perceber, sozinhos, a qualidade de vocês.

Era a abordagem de Gil Lopes com os músicos sobre os problemas com os críticos. Direto na jugular e sem receio de mostrar seu pensamento. Na opinião do empresário, não existia implicância da imprensa com a banda, mas apenas adequação de público dos jornais.

— Eu acho legítimo dizer: "Olha, eu vou tocar na novela, na rádio e um abraço!" Mas quem compra *O Globo*? É adequação de público! Imprensa é pro Chico Buarque! Agora... Se vocês quiserem circular ali, terão que falar a língua dela! — enfatizava, aos olhos receosos dos integrantes, Gil.

Um profissional da indústria fonográfica que via o Roupa Nova do mesmo modo que o Roberto Carlos: de qualidade musical inquestionável, mas que seguia um padrão que não era o da crítica.

— —

Kiko e Nando cortaram o cabelo bem curtinho e foram os primeiros a acatar os conselhos de Gil Lopes. Ricardo Feghali, depois de algumas semanas, se convenceu a também fazer a mesma coisa, exceto sobre um ponto: mexer no bigode. E até o fã-clube se manifestou a favor de mantê-lo intacto — o que lhe deu mais segurança sobre sua decisão.

— Ó, Gil, cortei o cabelo. Agora, deixa eu me acostumar com essa ideia, tá? Daqui a pouco eu tiro o bigode!

— Não, Ricardo, você tem que fazer o que tá programado!

— Não o cacete! Você entrou no Roupa Nova agora! Primeiro você faz o seu lance, e depois eu faço o meu!

Ah... O bigode! Pelos abaixo do nariz que se tornam estilo para alguns homens, títulos para outros e, no caso de Ricardo, um elemento indelével de sua imagem e personalidade. E, ao se olhar no espelho, ele passava os dedos pelo bigode. Pensaria no que seria de seu rosto sem aquele traço marcante? Afinal, depois de tantos anos com aquele "el bigodon" à la Frank Zappa, como ser, de novo, um homem comum de cara limpa? Tão exposto assim?

— —

"Como vou convencer o Feghali?", se questionava Gil enquanto dirigia seu carro, após uma das reuniões tensas com o Roupa Nova. "Pô, tudo é motivo de briga! Ninguém guarda pra depois. Isso cansa!", pensava, com as mãos no volante, tentando também se adaptar à dinâmica do grupo. "Mas é aquela coisa, né... Deve ser por isso que eles estão há tanto tempo juntos. Parece até marido e mulher!"

A banda havia comprado a ideia do empresário de fazer exercícios, ouvir novos sons e se reinventar de maneira geral. E todos estavam animados em fazer isso! Porém, na hora de mexer no visual, os desgastes foram inevitáveis! "O foda é que um influencia o outro... E eu não tenho saco para convencer todos! Cacete..." Gil sentia muita dificuldade de se entrosar com o grupo, devido à convivência de muitos anos dos seis músicos. E, às vezes, se via como um intruso invadindo um ambiente fechado, proibido, com leis já muito bem definidas — para o qual ele deveria se provar para ser aceito. "Hunf... Mas quem mandou, hein, Gil Lopes, mudar tudo ao mesmo tempo? Quem mandou?" Olhando para as ruas concentrado, embora a cabeça estivesse longe. "Só que eu vou conseguir... Ah vou!"

— —

O disco do Roupa Nova era para ser ao vivo, conforme queria a Universal Music e, principalmente, Max Pierre. No entanto, desde o início da contratação, do mesmo modo que acontecera com a Warner, o grupo se mostrou inclinado a fazer outro álbum de carreira, com músicas novas. Um impasse que se estenderia durante as intervenções de Gil Lopes, que também não era a favor de um ao vivo. "Pô, isso vai ser mais do mesmo. Seria subestimar a capacidade deles! Tem que ser algo novo!"

O empresário acreditava que o Roupa Nova poderia ser mais ousado em sua música, sem perder suas características. E que a banda merecia e deveria alçar um voo mais alto, que a posicionasse, inclusive, perante os críticos. "A qualidade é impressionante, mas não tem algo de novo, que estimule as colunas especializadas... Tem que ser um trabalho em que qualquer um consiga perceber a exuberância do que é o Roupa! Caramba, a cozinha* da banda é a melhor do Brasil e uma das melhores do mundo!", refletia ele sobre o conceito do novo CD, à medida que as experimentações de som propostas iam sendo colocadas em prática pelos integrantes, gerando novas expectativas na banda sobre o seu próprio trabalho.

— —

— Pô, bicho, isso é disco de estúdio! Não dá pra se fazer ao vivo, não! — comentou Ricardo Feghali, ao perceber que teria uma complexidade técnica para executar aquele novo som ao vivo.

Além disso, para a banda, não havia mais sentido gravar uma reprodução idêntica dos hits depois de tantas mudanças internas.

— E até mesmo pelo momento que a gente tá vivendo... Esse álbum merece um registro de estúdio! — complementou Nando.

— O Max é que não vai querer! — seguiu Kiko.

— Não, gente, deixa comigo! Vamos preparar três músicas pra ver!

— Novas? — indagou Serginho.

— Não. Uma releitura das antigas.

Gil estava confiante no seu poder de persuasão com a gravadora por conta de seu êxito com Paulo Ricardo. E entrou cheio de convicção na sala de Max para mostrar as releituras modernas que o grupo havia feito dos seus sucessos, pegando de surpresa o vice-presidente artístico da Universal.

— Tem certeza, Gil?

Max Pierre apostava que um ao vivo seria incrível para a banda. Entretanto, ele não iria passar por cima de Gil Lopes nesta resolução. Ainda mais considerando

---

* O termo "cozinha" se refere aos instrumentos que seguram o andamento da música, como a bateria, percussão e baixo. Na opinião de Gil Lopes, Serginho é o melhor baterista do país, e Nando, o melhor baixista. E os dois, juntos, para ele, são perfeitos em termos de sincronia e química musical.

as alterações que todos da companhia já comentavam e viam nos integrantes — mais magros, bonitos e elegantes. Se um trabalho de estúdio seria mais condizente com a nova fase da banda, então, tudo bem. Mesmo que o melhor, na opinião dele, fosse um ao vivo.

— Tudo bem, do que você precisa?

— Eu quero um grande técnico!

Marcando, posteriormente, a gravação das canções no estúdio do Roupa Nova, no Rio de Janeiro, e a mixagem em Los Angeles, por Moogie Canazio — com Nando e Feghali —, que já havia atuado com a banda nos tempos da RCA. Um disco que teria releituras de sucessos do grupo como "Anjo", "Seguindo no trem azul" e "Whisky a Go Go" e mais quatro canções inéditas. E que, por fim, não seria o que a Universal esperava, nem o que o Roupa Nova queria. Seria o projeto possível, entre tantas discórdias, e que ficava no meio do caminho.

— —

— Gil, escuta essa música! — disse Feghali, mostrando para o empresário sua mais nova parceria com Nando.

Uma canção com outra sonoridade e que sintetizava a concepção do disco.

> Agora sim, mudei
> Nascendo outra vez
> Meu coração é novo

A música, batizada de "Agora sim" daria o nome também ao CD, que apresentava um novo Roupa Nova. E mostrava o comprometimento integral da banda com a proposta de Gil Lopes, apesar das divergências. "Quando a gente entra é pra fazer direito!", explicaria Feghali sobre a validação dos seis músicos ao trabalho realizado com o empresário, que entenderia: "Provocados, eles respondem! E avançam na hora certa!" O que não quer dizer que eles não tenham sofrido.

— —

Zoo TV foi uma das turnês mais famosas do cenário pop mundial, tendo à frente Bono Vox, no início dos anos 1990, e inaugurou um novo conceito sobre a imagem do U2 naquela década, com mais de 150 apresentações por lugares como América do Norte, Japão e Europa. Performances teatrais e irônicas foram vistas nos palcos por mais de 5,3 milhões de espectadores em uma grandiosa estrutura. E a linguagem moderna da turnê se tornou referência do período, como o estilo dos integrantes, moda no meio musical.

Gil Lopes acompanhou com curiosidade os desenlaces daquela turnê pop. E não só assistiu a um dos shows em Nova York, como guardou em sua memória o cartaz do U2 com todos os integrantes, vestidos de preto, posicionados na escada de um avião. "Hum... O Roupa, no disco passado, estava no trem..."

— Gente, nós vamos estar agora em um avião! — anunciou o empresário, antes de contratar um fotógrafo e pedir uma foto do Roupa Nova igual a do U2, em um dos aviões no hangar da Varig.

Local onde o grupo também gravaria o clipe da música "Agora sim", com todos os músicos vestidos com roupas mais clássicas, de preto e óculos escuro, à la Bono e companhia. Uma produção em que Gil tentaria destacar a presença de Serginho, cantando na frente da banda, a contragosto do baterista.

— Desce na frente, Serginho! — pedia a equipe do empresário.

— Por que isso?

— Vai, vai! Tá gravando!

Um clipe de muitos closes no baterista, que faz a voz principal da canção, apesar de todos os protestos. E que conseguiria entrar na MTV, graças à sua estética moderna, embora passasse nos horários mais inóspitos da programação.[*]

— —

"A maior banda do Brasil" era como Gil se referia ao Roupa Nova em suas comunicações, após o lançamento do disco Agora sim!, em 1999. A capa bem colorida, com recortes que lembravam colagem, trazia todos os músicos alinhados, com novos cortes de cabelo e mais magros. Uma banda moderna, no estilo MTV que se pretendia, e com um novo som.

Na visão de Nando, o Roupa Nova realmente estava démodé, velho visual e sonoramente. E esse álbum foi uma tentativa de desconstruir o grupo. "A gente é que não estava preparado pra receber aquilo! Se alguém estava certo, naquela época, era o Gil!", afirma o baixista que desde então passou a cortar curtinho o cabelo, e garante: "A partir dali a sonoridade da banda mudou."

"As nossas bases sempre foram muito lotadas, muita guitarra, coisa pesada! E nesse disco ficamos soft, liberamos espaço", conta Ricardo Feghali, que considera este momento da carreira da banda como essencial para uma transição futura. "O Roupa Nova é aquilo? Não! Aquilo também é o Roupa Nova", diz o tecladista, que ainda manteria o bigode por algum tempo.

Porém, o trabalho não deu os resultados esperados, e as vendas da Universal, para um disco caro, ficaram em torno de 85 mil cópias. Posteriormente, só bateriam as 100 mil — conseguindo um disco de ouro — depois de um segundo lançamento com a inserção da música "Deixa o amor acontecer", da novela Uga Uga.[**] Resultado esperado por Gil, que estimava ainda a gravação de mais dois, três discos, para só então alcançar o objetivo do "Roupa Nova 2000". "Foi um momento de exercício para os músicos, que foram realmente chacoalhados! Nós conseguimos! E eu achei que estávamos inaugurando uma nova fase da banda", diria ele, que também chegaria ao fim das gravações exausto emocionalmente.

---

[*] Em 2012, ainda era o único clipe do grupo disponível no site da MTV.

[**] A primeira edição já trazia a canção "Bem Maior", a pedido de Mariozinho Rocha, parte da trilha sonora da novela Suave Veneno, da Globo

"Eu acho que o Gil mexeu na alma deles e colocou coisas ali que eles não gostavam. Mas a missão dele, como empresário, era convencer os caras a fazer. E eles fizeram!", relembra Ricardo Moreira que, junto de Max, independente das mudanças do Agora sim!, teria de se esforçar mais para segurar a banda no cast da gravadora.

— Toquem umas quatro músicas do cacete no começo! Depois não interessa!
— Como não, Gil?
— Feghali, não precisa falar com a plateia nem brincar como você faz...
— Ah, bicho, você tá maluco! Tá com a cabeça naqueles artistas frios da Inglaterra!
— Nada, cara, vocês são os primeiros do mundo! Tem que pensar assim!
— E você não sabe como é a gente! Vai ver um show nosso, porra!
Os desentendimentos entre os músicos e Gil Lopes continuaram durante os shows da turnê do Agora sim! — com ambas as partes esgotadas pela convivência anterior. E, se de um lado o empresário já estava cansado de tantos questionamentos, do outro, os músicos, ainda inseguros com tantas mudanças, pediam Gil mais próximo da banda.
— Pô, você não vai ao show? — cobrou algumas vezes Ricardo Feghali.
— É o último lugar pra eu ir! Quem tem que ir é o público!
— Gil, você é o nosso empresário, alguém te contou?
— Eu preparo a estrutura pra vocês! O importante é o que fazer até ter sucesso de novo!
"Briguinhas" que foram arruinando qualquer tentativa de relacionamento entre eles, deixando o trabalho enfadonho e maçante para todos, até ruir de vez.
— Ah, Serginho, quer saber? Tô fora! — disse Gil Lopes por telefone ao baterista, depois de mais cobranças.
— Tá pedindo as contas, é isso?
— Com certeza! Parei! Não me interessa mais!
Talvez se Gil Lopes tivesse respirado, contado até dez e desligado o telefone, a ruptura não teria acontecido e o trabalho com a banda poderia ser retomado normalmente. Mas, no nível em que estavam os diálogos, outra solução não seria mais condizente do que essa. "Eu estava diante dos maiores do Brasil e joguei no time em que eu gostaria de ter jogado! E foi um marco! O que me deu muita alegria e prazer. No entanto, demandou muito esforço e dedicação da minha parte. Me exigiu muito!", afirma ele. Um empresário que depois, mais calmo, veria a discussão com Serginho como uma grande bobagem, embora tivesse sido fundamental. Pois só ele poderia dizer a paz e o alívio que sentiu ao se afastar do Roupa Nova.

— E agora? O que a gente faz? — perguntou Serginho para o grupo, após contar sobre a saída de Gil Lopes.

Era o início da turnê do Agora sim!, com cerca de 50 mil cópias vendidas e quinze shows realizados! Período crítico para os seis músicos, que se viam em uma fase de adaptação na Universal e de readequação no mercado. Ou seja, eles não poderiam se dar ao luxo de errar na escolha do próximo empresário. Não naquele instante! E o ideal é que fosse alguém em que eles já confiassem, uma pessoa que tivesse a cara do Roupa Nova e trouxesse para a banda um sentimento de que "vai dar certo". Um profissional muito parecido com Juca Muller.

— —

Juca, nesta fase, assumiu a função de empresário do Roupa Nova sem seu irmão, Bernardo. E, de saída, enfrentou o medo dos integrantes de não conseguir encher lugares de respeito no cenário artístico, como o Olympia, em São Paulo, onde em outras épocas eles já haviam se apresentado com sucesso!

No fundo, o empresário acreditava que era preciso a banda retomar a fé no seu trabalho para voltar com tudo, como tantas vezes já vira acontecer com o Roupa Nova. Como se uma fagulha pudesse acender de novo o fogo do grupo, que podia ser lento nas decisões — por menores que fossem — com 1 milhão de votações, questionamentos e brigas, mas que, depois do pavio aceso e resoluções tomadas, ia para cima sem medir esforços. E ele não estava errado...

— —

Bastaram dois shows maravilhosos no Olympia, com o total apoio de Juca Muller, para que os músicos do Roupa Nova voltassem a ter pique para uma agenda cheia de espetáculos. Além de inspiração para se jogar em um novo disco pela Universal, com o nome Ouro de Minas.

A gravadora, anteriormente, havia sugerido para a banda fazer um CD chamado Brazilian Friends, com releituras de brasileiros que haviam se lançado no mercado com nomes estrangeiros, cantando em inglês, como o famoso e querido Richard Young. Entretanto, os músicos não viram potencial na ideia, ainda que se tratasse de regravações de sucessos, e convenceram Max Pierre de que homenagear os mineiros seria algo mais interessante. Pessoas como o padrinho Milton Nascimento, o amigo Ronaldo Bastos; e canções mais atuais, como "Tão seu", ou mais antigas, como "Nos bailes da vida", que receberia um texto pessoal de introdução na voz de Feghali, feito por ele e Nando — aprovado por Fernando Brant:

Só quem toma um sonho
Como sua forma de viver
Pode desvendar o segredo
de ser feliz

Um projeto de retorno às origens de sua história e de seu próprio nome, Roupa Nova.

Inicialmente o trabalho se chamaria Minas, sugestão de Gê Alves Pinto, responsável pela direção de arte do álbum. Não só pelo repertório dos mineiros, mas também um trocadilho com as "minas" — Elba Ramalho, Zélia Duncan, Ivete Sangalo, Sandra de Sá e Luciana Mello — que participariam do disco, um contraponto feminino e charmoso naquele disco conceitual.*

— Pô, o Milton tem um LP com esse nome... — lembrou Nando sobre o álbum de Bituca, de 1975.

O problema se resolveria com a inserção da palavra "Ouro".

Ivete Sangalo chegou cheia de energia para cantar "O sal da terra" e contente de estar ao lado de um dos grandes artistas da música brasileira: "Ah... Roupa Nova! Só faltava essa figurinha no meu álbum!" E, em poucos minutos, com aquele sorrisão farto e olhos vívidos, ela se tornou um deles.

"Feira moderna" ficou com Zélia Duncan, "baileira" como o Roupa Nova.** A canção receberia um arranjo incrível, com uma pitada de ousadia no final, no qual uma base vai para frente e a outra para trás, se encontrando em plena harmonia. Uma invenção que qualquer um diria: "Isso não vai prestar", e que deixou de queixo caído quem presenciou a gravação.

Elba Ramalho assumiu "Fé cega, faca amolada", música com o mesmo arranjo feito em 1983 pelo grupo para se apresentar em teatros, com algumas alterações e um trecho de forró, especialmente pensado para a cantora paraibana. E Sandra de Sá, apaixonada pelo trabalho da banda desde os tempos dos Famks, botou pressão em "Tudo que você podia ser". Já Luciana Mello teve uma bonita presença em "Nascente", fechando as participações de um dos discos mais caprichados do Roupa Nova, que passou cinco meses dentro do estúdio com outras músicas como "Frisson", "Nada será como antes" e "De frente pro crime". Um lindo projeto de carreira, que também não seria o ao vivo da Universal.***

"O Roupa Nova fez muita coisa popular, sim, e não estamos querendo virar outra coisa, nem cuspir no prato em que comemos. Temos a intenção de investir na qualidade vertical de nosso público, e levar versos fortes, como os de 'Amor de índio,'**** a pessoas que, teoricamente, não estariam nem aí para esse tipo de música.

---

* Sandy também havia sido convidada para participar do Ouro de Minas cantando "Princesa", mas não teve data viável para a gravação. Ana Carolina também seria convidada, mas estava em plena turnê.

** Zélia Duncan atuava como backing vocal da Banda B, acompanhando o "Rei do Samba-Rock", Bebeto, nos bailes.

*** O grupo também queria gravar canções como "Sol de Primavera", conhecida na voz de Beto Guedes, e "Vento", famosa com o Jota Quest. No entanto, não ficaram satisfeitos com os arranjos que fizeram e preferiram não mexer no repertório.

**** "Amor de Índio", com o Roupa Nova, entrou na novela *Estrela-Guia*, da Globo, em 2001, e em *Desejo Proibido*, em 2007.

Cantamos no Programa Raul Gil [na TV Record] semana passada e o público, jovem e bem popular — digo isso sem querer ser pejorativo —, cantou de ponta a ponta 'Amor de índio'. Hoje, há uma distância muito grande entre a máquina da indústria musical e os ouvidos das pessoas. É muito violenta a distância entre o que as pessoas querem ouvir e o que se oferece na mídia", disse Nando em entrevista para Marco Antonio Barbosa[30] e Mônica Loureiro, em 2001, quando Ouro de Minas, finalmente, foi lançado. Disco considerado pela banda como o mais conceitual de sua história.

O grupo abusou do expertise da gravadora em produzir medalhões da MPB para fazer um projeto conceitual e adulto. Contudo, o CD, assim como acontecera com De volta ao começo, não seria entendido pelo público do Roupa Nova, nem ganharia o disco de ouro com suas vendas — para a decepção dos músicos e da Universal! Um "discão" na opinião do gerente artístico Ricardo Moreira, mas que frustraria as expectativas da gravadora, interessada no sucesso popular daquela banda que escolheu fazer o disco amarelo, da RCA.

— —

Produtor que se preze não resiste em usar o Roupa para outros trabalhos, quando a banda é prata da casa. Desta maneira, os músicos participaram de outros discos da Universal — como compositores, músicos, arranjadores e produtores. Entre os exemplos, as participações de Feghali nos CDs de Alex Cohen, Angélica, Babi, e Sandy & Júnior.* Uma das canções de Feghali, com Nando e Kiko, seria um dos grandes sucessos na carreira dos filhos de Chitãozinho: "A lenda".

Primeiro, eles mandaram a melodia, com a letra em inglês para Max Pierre, que sugeriu:

— Vamos botar orquestra!

Depois o trio mandou a letra, que conquistou Sandy & Júnior, tornando-se a faixa bônus do CD Quatro Estações — O Show. A canção teve arranjo de Ricardo, Nando e Kiko, foi gravada por todos os integrantes do Roupa Nova, exceto Paulinho, e também contou com Moogie Canazio como produtor e engenheiro de áudio. Um trabalho do qual ele se orgulha de ter participado: "'A lenda' não seria o que foi se não fosse o Roupa Nova. E não estou falando da composição, tô falando da colaboração da obra. Quando uma música é boa, você toca ela no violão e ela continua boa. Mas existem colaborações que são inestimáveis, e essa é um grande exemplo."

"A lenda" ganhou clipe que estreou no Fantástico, versões em espanhol e inglês, foi uma das músicas mais tocadas nas rádios brasileiras no início de 2000 e se tornou obrigatória na carreira de Sandy & Júnior, que naquele momento também tornavam-se campeões de vendas na indústria fonográfica. Ah, e há quem diga que foi a canção mais importante da história da dupla.

---

* Ricardo e Nando compuseram "Aprender a amar", para o disco Quatro Estações, (1999). Além disso, o CD Identidade (2003) tem arranjos de Feghali em quase todas as faixas.

"Você entrega uma música pro Roupa Nova e eles conseguem tirar cada coisa...", refletia Juca Muller, em seu escritório, depois do lançamento de Ouro de Minas, não apenas olhando para a carreira do grupo, mas também para a influência dos músicos em outros discos. "'A lenda' tocou no mundo inteiro! E se tivesse sido tocada por qualquer músico de estúdio jamais sairia da forma que saiu. Sem contar o que eles fizeram na década de 1980! Estiveram em tantos discos importantes da música brasileira... Guerreiro menino, Profana, o Rita Lee de 1982! Como se eles tivessem entranhados na nossa história musical. Não é possível que a gente não consiga voltar ao topo! Dar uma virada nessa situação", conjecturava o empresário.

Depois das 70 mil cópias vendidas com o último CD, Juca sentia um distanciamento da gravadora quanto à carreira da banda, uma falta de interesse que, consequentemente, se reverteria em falta de investimento. Como se os seis integrantes importassem para a companhia apenas como músicos de estúdio. E, sentado em sua mesa, ele rabiscava palavras sem sentido em uma folha em branco, enquanto seus pensamentos vagavam por aquele problema. "O que teria acontecido se a gente tivesse seguido o conselho do Midani? Um 'the best of'?! Que é o que a Universal queria desde o início! E era o que mais vendia dos tempos de BMG...", dizia ele em voz alta, sozinho na sala, ao se lembrar de um levantamento da BMG que mostrava que de 100 mil discos vendidos do Roupa Nova, na década de 1990, dez eram de carreira e noventa de coletâneas. "Vamos ver então se você domina isso aí... É, o cara da Warner sabia do que estava falando... E eu deixei passar! Podíamos ter feito um ao vivo, ou melhor, um acústico!"

A conversa com André Midani, no final da reunião em Nova York, ia e voltava nas lembranças de Juca, que tentava entender se ele havia perdido o timing para a tal grande mudança. "Será?" Como empresário da banda, ele tinha que ser capaz de orientar os integrantes para a melhor decisão, insistir e brigar, se fosse o caso! E tinha de ter pulso firme para isso.

Por fim, ele reviveu o período complicado financeiramente que passou com o conjunto no passado, as dificuldades ainda presentes, analisou a realidade do mercado e dos meios de comunicação, que poucas vezes divulgavam o Roupa Nova. Ponderou a passagem da banda por quase todas as gravadoras do Brasil, considerou o talento e a trajetória dos músicos, e terminou com uma só pergunta feita por Midani, martelando em sua cabeça: "Você tem noção do que tem na mão?"

CAPÍTULO 38

SE APRONTA PRA RECOMEÇAR

"O Roupa Nova é ame-o ou deixe-o."

Juca Muller

Um disco acústico, como já indica a palavra, é um trabalho em que os instrumentos funcionam sem eletricidade, o que em inglês é chamado de unplugged (desplugado). Nesse formato, é comum encontrar os violões, contrabaixos acústicos, violinos, pianos, flautas e percussão, entre outros instrumentos. No Brasil, esse tipo de álbum começou a ser feito nos anos 1990, impulsionado pela marca MTV, com nomes como Barão Vermelho, Gilberto Gil, Titãs, Os Paralamas do Sucesso, Jorge Benjor, e até o rei Roberto Carlos. Um trabalho que valorizava o artista e, por que não, o ajudava a se (re)posicionar no mercado fonográfico e vender discos! A própria Universal já havia feito alguns projetos nesse formato de "the best of", com Rita Lee e Cássia Eller. Só que, naquele ano de 2001, foi Juca Muller que cismou com a ideia:

— Gente, vocês têm que fazer um Acústico!

— Ah, Juca, todo mundo já fez!

— Mas o Roupa Nova não, Cleberson! Nando, você não se lembra da conversa com o Midani? A parte do "the best of"?

— Eu me lembro, Juca... Mas a gente já fez algumas coisas e não deu certo.

— Não do jeito que ele falou. Vocês têm muitos sucessos... Feghali?

— Eu gosto disso, cara. Acho que devemos fazer! Mas a gente tem que conversar melhor.

Eram muitas dúvidas e a maioria delas seguindo uma tendência pessimista. O empresário encontrou forte resistência interna de início, e tudo indicava que o assunto se tornaria morno por um breve período entre as reuniões do Roupa Nova, como costumava acontecer quando nem todos os músicos estavam satisfeitos ou convencidos de uma determinada ideia. Juca os conhecia bem e sabia que teria de ter paciência se quisesse, de fato, o tal do Acústico.

— Eu quero fazer o Acústico, Nando. Vai ser legal!

Feghali e Nando moravam na Barra, um do lado do outro. E o tecladista estava sentado no banco de carona do carro de Nando, enquanto ele dirigia para casa, quando tocou no assunto.

— Ah, cara… Eu não sei, não. Me preocupa demais esse trabalho!

— Por que, Nando? Eu acho, de verdade, que pode ser foda! A gente tem muita música que as pessoas não conhecem!

— Pô, Feghali, a gente não é os Eagles! Beleza, no caso deles a banda sumiu e depois voltou! Agora, a gente tá aí, entendeu? Não acho que vai dar certo fazer porque não somos os Eagles! Somos o Roupa Nova.

— Não, bicho, vai dar certo sim! O momento é para o Acústico!

—•—

— Hein, gente? Vamos fazer um Acústico?

Resposta negativa pela milésima vez para Juca, e um carrilhão de questionamentos dos músicos. "Como seria isso?" "Vamos ter a marca da MTV?" "Não pode ser feito de qualquer jeito!" "E onde iríamos gravar?" "Não vamos parecer oportunistas por explorar esse formato consagrado pelo público?" Em termos de som, Serginho até se mostrava apto a tocar a bateria com mais delicadeza e Cleberson gostava da possibilidade de abusar dos pianos, mas Kiko não conseguia imaginar sua guitarra nesse contexto.

— Vai perder a principal característica do instrumento!

Uma situação que prosseguiu indefinida por meses, com alguns poucos avanços, na velocidade de um grande e gordo elefante branco. Até o dia em que um dos integrantes falou mais alto. E nem foi o empresário que explodiu com tanta demora e indecisão, muito menos Feghali, já convencido da ideia, mas um geminiano genioso, que bem poderia ser o baixista dos Eagles.

— Pô, ninguém vai pegar os instrumentos no Acústico, não? Hein? Vamos tentar, caramba!

Pronto. O grupo ligou na tomada ninguém sabe como, energia de 220 volts, e a coisa pegou no tranco. Todos estavam dentro. Coisas inexplicáveis e peculiares do Roupa Nova.

—•—

A conversa de Juca com a Universal também não foi das mais empolgantes para fazer o Acústico. Afinal, após os discos Agora sim! e Ouro de Minas, a animação e a disponibilidade já não eram mais as mesmas para se trabalhar com o Roupa Nova. A "conta" do grupo estava no vermelho depois de dois discos caros que não haviam dado retorno, e a gravadora não via motivo para colocar mais dinheiro em um artista da década de 1980, principalmente em um projeto caro como o Acústico! Uma companhia vive de números e as reuniões de A&R — Artists and Repertoire: seção responsável pelo desenvolvimento artístico dos músicos — eram muito práticas na hora de reavaliar o seu cast. E naquela circunstância o Roupa Nova estava mais para uma promessa do que uma realidade.

Por outro lado, Max Pierre acreditava muito no projeto e ainda se lamentava por não ter feito o "ao vivo" em 1999. "Eu tenho certeza de que teria sido um golaço." Por isso, apresentou a proposta para a Universal, que topou participar da empreitada se a MTV aceitasse realizar o show. No entanto, a diretora artística da emissora, Anna Butler, foi enfática:

— O Roupa Nova não é MTV!

Diferente do clipe de "Agora sim", o Acústico da banda teria sucessos de Michael Sullivan, Paulo Massadas, Ed Wilson... E não foi aprovado por Anna Butler para levar a chancela da emissora! O argumento da diretora era de que a banda não fazia o perfil da audiência, embora a mesma MTV já tivesse feito, naquele período, acústicos de nichos não tão comuns na sua programação, como o pagode — com o Art Popular. Além disso, outros artistas caracterizados pela década de 1980 teriam seu "MTV Acústico", como Lulu Santos, Kid Abelha ou Ira! Mas, enfim, não havia discussão e a palavra final era dela.

A recusa da MTV foi uma geleira sobre as expectativas de Max, dos músicos, de Juca, e da gravadora, que tentaria em seguida a Multishow como uma opção. Porém, essa emissora também não se interessou pelo disco, considerado caro pela Universal, transformando o projeto do Acústico em uma miragem para o Roupa Nova.

— Olha, agora não vai dar. Vamos deixar pro ano que vem!

— —

"Agora não", "Deixa pra depois", ouviu Juca Muller da diretoria da Universal também no ano seguinte, 2002, enquanto os integrantes do Roupa Nova tocavam nos discos de outros artistas, como Sandy & Júnior. "Puta que o pariu... Eles só querem o Roupa como músicos de estúdio!", pensou o empresário, que insistia com o Acústico dentro da gravadora, embora recebesse desculpas diferentes a cada instante.

— A BMG tá querendo um percentual. Acho que o Acústico vai encrencar de vez.

— Tá de sacanagem, Max... E a Universal?

— Ah, Juca, acho que a companhia não vai ceder, não...

A editora da BMG tinha direito sobre a gravação dos maiores sucessos da banda e, sem esses hits, revisitar a carreira do Roupa Nova perderia todo propósito. Péssimo sinal para o empresário, que começou a refletir sobre outras possibilidades, até porque ele sabia que, se as duas empresas não entrassem em acordo, o Acústico poderia virar a própria "Lenda".

— —

O impasse entre a BMG e a Universal continuou durante o segundo semestre de 2003. Entretanto, o grupo já estava planejando como seria o Acústico para março de 2004, considerando que até a data prevista este "grande detalhe" já estaria sanado. E, quanto mais o tempo passava com essa incerteza, mais desesperado ficava Juca Muller:

— Max, joga limpo! O que a gente precisa fazer para ter o Acústico?

— A Universal não tem dinheiro para o projeto, Juca! Para bancar as participações, por exemplo, precisamos de grana!

— Porra, o Milton Nascimento já tá confirmado, o Nando Reis tá quase! Não é possível que seja tão impossível para a gravadora completar o que falta.

— Olha, você é o empresário, não é? Acha um patrocínio que a gente coloca o Chitãozinho e Xororó no DVD!

Max, apesar de todo crédito que tinha com a banda, não peitaria a gravadora para aceitar o projeto. No entanto, se eles entrassem com o dinheiro, ficaria mais fácil a Universal produzir. Essa poderia ser uma saída para o projeto, e Juca não poderia deixar escapar. Desse modo, o empresário foi para a Secretaria de Cultura, a Prefeitura do Rio de Janeiro, e rodou por muitos outros lugares na cidade em busca de investimento.

— Max, não rolou.

— Juca, a Universal não tem dinheiro para esse projeto. Não sei como podemos resolver essa questão. Quem sabe, se...

Mais reunião, negociação, alternativas e desgaste com a Universal. Aquilo já estava cansando e parecia que o projeto não iria sair. Uma novela que não tinha fim e reunia com frequência Juca Muller e os músicos na sala de Max Pierre.

— Podemos fazer no Universal Up! Fica mais barato gravar no espaço da gravadora e...

No local sugerido por Max cabiam em média 350 pessoas — pequeno para as pretensões da banda e do empresário, que estourou:

— Você não tem noção do que é o Roupa Nova!

Uma frase dita em tom tão ríspido que até os integrantes da banda olharam torto para Juca. Era uma relação de muitos anos, na qual cada um conhecia os defeitos e as qualidades do outro! E para o empresário perder a compostura era porque ele acreditava muito no Acústico, se bobear, mais do que eles. Parecia até Anelisa e Valéria brigando com Manolo pela continuidade da turnê do disco azul, na RCA, em 1986.

— —

— Universal Up é foda, hein... — disse Nando, impaciente, para Feghali, ao sair da sala de Max, do lado de Juca.

— Cara, pra sair de uma crise tem que fazer um projeto grande! Pequeno não serve!

Juca ia mais à frente, macambúzio. "Você tem noção do que tem na mão? Vamos ver então se você domina isso aí... Ai, caramba, que merda..." Não notava que os dois músicos continuaram o papo em busca de outras soluções, listando todas as pessoas que poderiam ajudá-los de alguma forma. E assim ele seguiu, viajando em suas memórias, até ser acordado pela mão de Nando em seu ombro, como se pedisse para ele parar: "Juca?", fazendo a mais inesperada das perguntas:

— Você consegue produzir isso?

— Er, ah, o quê? Vocês estão falando do Acústico?

— É, Juca. Você consegue produzir? — confirmou Feghali, olhando ansioso para o empresário, esperando por um "sim" tanto quanto Nando.

— Não... Quer dizer, consigo, gente! Vamos nessa!

Sem ter a menor ideia se ele seria realmente capaz.

— Beleza. A gente vai arrumar um cara para bancar isso aí.

— —

Feghali ficou muito nervoso nas semanas posteriores, com medo de não conseguir o dinheiro para o Acústico. "Como a gente vai fazer se não rolar?", se perguntava em sua casa, entre um telefonema e outro tentando marcar reuniões com amigos e conhecidos que poderiam ser seus investidores. "Poxa, cada um construiu sua vida a seu modo. E somos seis pessoas completamente diferentes..." Estava tenso e com receio do futuro do Roupa Nova. "Já faz quase três anos do lançamento do nosso último disco... Ô merda..."

— Sr. Ricardo, pode entrar — chamou a secretária de um possível patrocinador, interrompendo os devaneios negativos de Feghali, que respirou fundo e focou em seu objetivo antes de entrar na sala principal do escritório. "O não eu já tenho. E eu vou conseguir!"

Uma reunião que, para o tecladista, pareceu ter durado a eternidade, apesar de o empresário, fã do Roupa Nova, ter dito logo no início.

— Vamos então!

— Hã?

— Vamos nessa, Ricardo! Qual é o próximo passo?

Acalmando o coração de um filho de libanês por, pelo menos, ter mais uma chance.

— —

O patrocinador comprou a ideia do Acústico tanto quanto Juca e, na primeira reunião com o empresário, pediu a planilha de custos para garantir que não faltaria nada! Demonstrava disposição visível para as centenas de discussões da banda — embora Juca gostasse de reforçar:

— Isso vai dar muito dinheiro, pode acreditar! A gente vende muito disco de coleção!

Porém, ainda restava discutir se valeria a pena sair da Universal. Afinal, a gravadora se mostrava claramente distante em relação ao trabalho do Roupa Nova, e o Acústico deveria ser perfeito em sua produção!

— Vamos fazer um selo!

Juca também trabalhava com os Detonautas e havia acompanhado a gravação do primeiro disco dos roqueiros chamado Silver Tape — um trabalho independente, que depois seria repaginado pela Warner e lançado novamente com o nome Detonautas Roque Clube, em 2002.

— É... Tem artistas tomando esse rumo... Já falei pra vocês!

Nando, antenado, era outro que falava sobre o assunto desde a criação do Phonomotor Records,* em 1999, selo fundado pela cantora Marisa Monte, com distribuição pela EMI.

— Pô, e a gente sempre quis um selo pra lançar novos talentos... Podíamos fazer as duas coisas! Nada melhor do que o seu produto para reforçar o seu selo, né? — disse Feghali, também inclinado a sair da Universal.

— E, sendo o nosso selo, dá pra aceitar o percentual da BMG, já que a música é nossa mesmo. O dinheiro vai voltar pra gente! — completou Kiko.

Os seis integrantes iriam "ruminar" essa decisão por algum tempo, mas a verdade é que, naquele ponto da carreira, não existiam muitas opções. Eles já haviam passado por quase todas as gravadoras — exceto a Sony Music (antiga CBS) —, e a Universal não cederia os direitos de gravação das músicas que tinha para outra empresa, a não ser a do Roupa Nova. O que eles então tinham a perder? "Não tinha muito que fazer. Era uma aposta grande nossa. Ou vai ou vai. Era o tudo ou nada", relembra Cleberson. Como também diz Nando: "Não foi questão de ter uma ideia. Não tinha outro jeito!"

Assim, o contrato com a Universal foi rescindido, mas a gravadora faria a distribuição do Acústico.

— —

Depois da rescisão do Roupa Nova com a Universal, Max Pierre se comprometeu a acompanhar Juca Muller até São Paulo, para procurar um lugar para o show do Acústico, que havia sido cogitado para uma casa de Bonsucesso, no Rio de Janeiro. O preço precisava caber no orçamento, e o palco ser no centro do espaço, como Feghali desenhara, para ter o efeito desejado na gravação, o que tornava a procura complicada. Os dois passaram em alguns estabelecimentos famosos da cidade, como o Via Funchal, e não encontraram nada dentro desse "perfil".

— É, Juca, não deu...

— Parece que não, Max... Bom, eu vou ficar aqui mais um dia. Quem sabe?

Juca estava empenhado em fazer aquilo dar certo! Só não sabia ao certo como. O que não dava era voltar para o Rio de Janeiro de mãos abanando.

— Hum... Tem o Rossi! — disse ele, falando sozinho pela Paulista, após se despedir de Max, como se tivesse achado um tesouro muito valioso. — Será que eu tenho o número dele aqui?

Ele parou na calçada para olhar suas anotações na mochila e os contatos do telefone. Todo atrapalhado no meio de pessoas apressadas saindo ou voltando do trabalho.

---

* O primeiro álbum a sair pelo selo foi da Velha Guarda da Portela, com produção de Marisa. Todos os projetos da cantora são lançados pelo Phonomotor. Alguns discos antigos da cantora também foram relançados por este selo.

E ali mesmo, exasperado, ligou para Rossi, diretor artístico do Olympia, região Oeste de São Paulo, para falar do seu problema, cheio de esperanças sobre a casa de shows.

— Oi, Juca, vem pra cá! Vamos conversar.

Ao chegar ao Olympia, o empresário cumprimentou Rossi com os detalhes do Acústico na ponta da língua: palco no meio, orçamento, importância do show etc. Enquanto ele falava acelerado e sem parar, Rossi acompanhava os trejeitos de Juca com um semblante tranquilo, rindo às vezes de toda aquela agitação.

—... e o palco é para estar no meio. Como se eles estivessem em uma arena, com o público por todos os lados! Eu sei que isso é difícil, mas...

— Respira, Juca! Vamos fazer o Acústico. Vai ter show do Rappa no final de semana anterior ao que você quer, em abril. Acabando a apresentação deles no sábado, os funcionários entram, desmontam tudo e a gente monta o palco que você precisa.

O empresário perdeu a fala, engasgou e quase caiu da cadeira.

— É isso que você ouviu! Vamos fazer esse show aqui, no Olympia. E dá para fazer com esse orçamento!

Mais que depressa, Juca pegou a planta do local e passou por fax para os integrantes do Roupa Nova aprovarem. Só que o documento era bem tosco, com garranchos de dados rabiscados ao redor da estrutura.

— Huumm... Sei não, Juca. A gente deu uma olhada, mas, sei lá... Não sei se é o que queremos — disse Feghali, por telefone.

— Cara, é aqui! Tô te falando. "Bora" fazer esse projeto! O lugar é perfeito e...

Mais telefonemas, mais conversas e, por fim, um santo e milagroso OK — que parecia até cantado por um coro de anjos ao pé do ouvido de Juca. Haja lábia para convencer os seis músicos, ainda mais à distância! "Ufa..." Mas naquele dia nada pararia o empresário.

Assim, quem passou pela porta do Olympia não entendeu muito bem. Saindo da casa de shows, por volta das 21 horas, um homem de altura mediana, cabelos grisalhos, com seus 50 e poucos anos, parecia dar pulinhos enquanto se dirigia para o ponto de táxi. De punho cerrado e sorriso constante no rosto, parecia até um garoto...

— —

No final de 2003, Juca Muller era o responsável pelos compromissos dos Detonautas, estourado nas rádios brasileiras, e atuava também como empresário da Blitz, que tentava voltar ao cenário musical. Tudo isso junto com o Roupa Nova saindo da Universal, legalização do novo selo, acertos sobre a distribuição do DVD, novo contrato com a gravadora, estrutura do Olympia, concepção e contratação de profissionais para o Acústico. Algo grandioso e que poderia significar a derrocada da banda e também do empresário, no caso de um fracasso. "Não adianta fazer coisas boas, as pessoas só se lembram das ruins. Não posso falhar!" Acima de tudo, era preciso manter os músicos ativos e estáveis emocionalmente para a criação artística do DVD (estúdio, convidados, arranjos, gravação etc.). "Pelo menos, eles deram uma trégua nas brigas feias…" Em suma, apostas feitas, hora de girar a roleta.

"Vai dar certo! Vai dar certo!", era o que o empresário repetia toda vez que se encontrava com um dos integrantes, tenso! Isso quando ele não ligava para um deles.

E, para ser mais contundente, a partir do dia 26 de dezembro, ele passou a fazer uma contagem regressiva coletiva. Toda manhã, ele chegava em seu escritório, pregava um papel na parede para todo mundo ver e passava outro, por fax, com as mesmas palavras, para a casa de cada um dos músicos do Roupa Nova. Mudando sempre o número da frase, em uma escala decrescente:

"Faltam 120 dias para a gravação do DVD. O que você está fazendo para o projeto?"

— —

Dali para frente, as pessoas foram sendo escolhidas por Juca, de acordo com o orçamento, para trabalhar na produção do DVD. O maestro foi o primeiro profissional a ser definido — no mesmo dia do acordo entre Roupa Nova e Olympia, no qual estava acontecendo um evento fechado do Fábio Jr. O cantor, em 2003, lançou seu CD e DVD ao vivo, e o maestro da produção era Adriano Machado, que, embora não tivesse experiência com trabalhos grandes como o Acústico, adorou a proposta e acertou a participação.

Rodrigo Carelli assumiu a direção do projeto, e Santiago Ferraz convenceu Juca durante a entrevista para a função de produtor executivo, apesar de não ter feito até então nenhum DVD de relevância no mercado. E foi ele quem ajudou Juca na escolha dos câmeras para a gravação.

— Só um detalhe, Juca: eles nunca gravaram um show! Até hoje, só trabalharam com transmissão de jogo de futebol!

— Puta que o pariu, Santiago…

Um segredo que Juca compartilhou apenas com seu "fiel escudeiro" Nestor, que trabalhava havia anos com a banda. Os dois atuaram no escritório do empresário, no Leblon, durante 120 dias ininterruptos — de dezembro a abril —, indo até as 22 horas ou virando a noite, se fosse preciso. E, se o grupo entrava com a parte artística do DVD, Nestor foi o responsável por fornecer, na parte técnica, tudo o que era necessário para o projeto. "A minha relação com o Santiago era de vida ou morte. Ou nós dois íamos sair muito bem, ou esquece", comenta hoje o empresário. Um produtor que esteve para ser demitido pelos integrantes do Roupa Nova inúmeras vezes, durante o processo!

— Vamos chamar a Joana para fazer esse DVD! Demite ele!

— Não, não, não…

Sendo readmitido, quase sempre no mesmo dia, por seis músicos que estavam "cabreiros" quanto ao sucesso do projeto, sobretudo porque tinha muita gente nova envolvida! Eles estavam sem o amparo daqueles profissionais que se acostumaram a ter por perto. Nem o técnico Flávio Senna pôde fazer o show por causa de data, dando lugar a Renato Luis (O Bolonha), em quem eles não tinham essa confiança cega e absoluta.

— Não vai ter mais DVD, Juca Muller. Acabou tudo!

Frase que o empresário ouviria de alguns integrantes, em situações de crise, até dias antes da gravação, tendo a tiracolo o seu revide favorito para aquela afirmação: "Vai dar certo."

— — —

Juca e Nestor foram para São Paulo inúmeras vezes durante o período da produção do DVD e, quando iam de carro, na passagem por Aparecida, paravam um pouquinho.

O empresário, "religiosamente", pedia proteção e energia positiva para o Acústico do Roupa Nova. "Atirando para todos os lados" para garantir o sucesso do DVD, sem desprezar também a ajuda dos céus.

— — —

O adiamento da gravação do Acústico, de março para abril de 2004, acarretou na desistência das participações de Milton Nascimento e Nando Reis, devido às datas incompatíveis. No entanto, a produção conseguiu assegurar o maestro Eduardo Souto Neto na execução do "Tema da vitória" — do Ayrton Senna —, Chitãozinho e Xororó para cantar a inédita "Já nem sei mais", e Ed Motta, que, aliás, iria sugerir a canção.

— Pô, Feghali, acabei de comprar o primeiro vinil de vocês num sebo!

— Caracoles! Sério? — perguntou, surpreso, o tecladista para Ed Motta, colecionador de bolachões, tendo cerca de 30 mil títulos em sua coleção.

— É, o meu estava todo arranhado... Tô ouvindo muito "Bem simples". Pode ser essa?

Uma mistura interessante entre artistas de escolas musicais distintas para estrear pelo selo Roupa Nova Music. O equilíbrio entre o sofisticado e o popular — o que os músicos tentaram fazer durante toda a carreira.

— — —

Os shows do Rappa aconteceram nos dias 16 e 17 de abril, no Olympia, continuando a turnê do seu mais recente trabalho O silêncio que precede o esporro (2003) — primeiro disco após o desligamento definitivo do baterista Marcelo Yuka. A banda havia retornado dos Estados Unidos e o público compareceu em peso para ouvir músicas do último álbum e dos antigos como "Hey Joe", "O homem bomba" e "Minha alma".

No começo, houve uma resistência dos funcionários do Olympia em fazer o show do Roupa Nova após a turma do vocalista Marcelo Falcão. Isso porque eles teriam de desmontar a estrutura atual e construir uma nova dentro da casa de show, com o palco no centro e caixas novas chegando sem testes prévios.

— Vai ter hora extra pra cacete! — reclamaram Fátima e Alejandro, que trabalhavam com Rossi.

Só que não teve conversa com o diretor do Olympia:

— Eu quero fazer isso, e será feito! Acabou a apresentação do Rappa? Eu quero que arranquem tudo!

Assim, logo que acabou o show na madrugada de sábado, de prontidão já estavam Juca e Nestor, esperando os funcionários do Olympia para desmontar aquele esqueleto musical. Porém, as horas foram passando e ninguém chegava para tirar o cenário e o equipamento do Rappa, sendo que a previsão era a de que às 6 horas da manhã já não tivesse vestígio do show anterior.

E, de repente, BAM! A porta abriu e vários homens apareceram para retirar os pertences do Rappa, e a função terminou ao meio-dia, com seis horas de atraso. Com o espaço liberado, às 14 horas os operários da casa puderam dar início ao projeto do Acústico, com o acompanhamento de Juca e Nestor — que mudaram a rotina do escritório do Leblon para passar cinco dias e cinco noites no Olympia, em São Paulo.

— —

Segunda-feira, faltando quatro dias para a primeira apresentação.

— Fátima, quantos ingressos vendidos?

— Cerca de trezentos pra sexta e trezentos pro sábado, Juca.

— Trezentos?? E isso é bom ou ruim?

— Fala com o Rossi.

— Já vi tudo... — disse Juca, balançando a cabeça em sinal de reprovação.

— Imagine isso tudo vazio?? São 1600 pessoas para encher! Se o pessoal do Roupa souber desses números, nem embarca para São Paulo! — completou Nestor, com risos de nervoso.

— Nestor, se um deles ligar perguntando sobre bilheteria, você mente! Diz que tá bombando! Tá bombando! Caramba...

— —

Uma das mudanças feitas no Olympia para o Acústico foi em relação ao som. Os funcionários tiveram de tirar todo o equipamento existente para botar as caixas novas, que ainda iriam chegar, em posições estratégicas para atingir a plateia por todos os lados. Caixas de última geração saindo direto da embalagem para serem ligadas pela primeira vez, com a missão de agradar músicos perfeccionistas com a qualidade do som. E que, aliás, chegaram com apenas três dias de antecedência da gravação.

— Você conhece isso, né, Santiago? — perguntou Juca, temeroso do que poderia escutar.

— É... — disse o produtor olhando com curiosidade, segurando o queixo, como se estivesse analisando a cena. — São colmeias... Caixas colmeias...

— Já pilotou uma dessas, né?

— Humm... — e contorcendo a boca, como se tentasse se lembrar de algo. — Eu vi em um festival não sei onde e...

— Meu Deus! Não acredito... — interrompeu Juca, com os olhos de quem tinha acabado de ver uma assombração, se afastando de Santiago às pressas, para não se arrepender do que ainda poderia ouvir.

— Tá bom, vamos lá, vamos em frente. Deus tem que olhar por mim! Socorro...

Quinta-feira, dia anterior à primeira apresentação do Roupa Nova no Olympia, e Marcelo Sabóia ainda não havia conseguido acertar a recepção do som para realizar a gravação. E, se não escalasse aquele transtorno para a organização geral do DVD, a sua função seria prejudicada e, por consequência, o show.

— Olha, eu não sou diretor, não sou nada! Sou apenas engenheiro. Mas se em duas horas o áudio não chegar lá dentro, o DVD tá cancelado!

Não que ele pudesse realmente fazer isso. No entanto, todos estavam com a corda no pescoço, muito empenhados para que aquela produção fosse impecável. E nada melhor do que mais pressão sobre a cabeça da equipe, para tornar o som uma questão de prioridade.

Até que chegou o grande dia: 23 de abril, data da primeira gravação do DVD do Roupa Nova. Coincidentemente, Dia de São Jorge, santo guerreiro, protetor daqueles que precisam de coragem para os momentos difíceis. Segundo a tradição, ele defende e favorece seus fiéis com vitórias em batalhas, injustiças e demandas complexas. Exemplo do que fez em vida.

A crença diz que, nesta data (303 d.C.), o soldado Jorge da Capadócia (Turquia) foi torturado e decapitado em Nicomédia (Palestina), pelos homens do imperador Diocleciano. Ele teria sido morto por se manter cristão e por converter com sua fé os próprios romanos. O mesmo Jorge que teria lutado contra um dragão e libertado uma princesa, prestes a ser devorada pelo animal — lenda que possui várias versões.

Assim, devotos do mundo inteiro comemoram no dia 23 de abril o dia do "Grande Mártir", que teve, inclusive, sua oração gravada por nomes da música brasileira como Jorge Benjor, Fernanda Abreu e Zeca Pagodinho. E que também ganhou canções inspiradas em sua luta, como "Lua de São Jorge" e "Cavaleiro de Jorge", de Caetano Veloso. Além disso, inúmeras igrejas foram erguidas em sua homenagem, como a capela construída no Centro de Treinamento do Corinthians, que tem o soldado como padroeiro.

Juca Muller não era devoto do santo. Porém na igreja do "Timão", naquela sexta-feira, podia-se notar um ingresso deixado no pé da imagem de São Jorge, com a impressão: "Show no Olympia do grupo Roupa Nova — gravação do DVD ROUPAcústico."

Eram 22 horas de sexta-feira! Faltavam minutos para o show começar e o Roupa Nova ainda passava o som. "Olha esse trecho aqui" "Passa esse pedaço de novo?" "Vamos acertar essa entrada mais uma vez?" Detalhes, detalhes que não iriam acabar nunca se dependessem deles. Essa foi a cena que Juca encontrou às vésperas de as pessoas entrarem para um espetáculo marcado para às 22h30, no Olympia.

E logo se lembrou de Dom Pepe, no Imperator, no Rio de Janeiro, abrindo a porta para o público com eles ainda no palco. "Eu não posso perder o controle da situação, não agora!" Dava para perceber que os músicos estavam agitados tocando, procurando problemas. Juca conhecia aquele ciclo perfeitamente: um fica aflito e passa para o outro, que passa para o outro e uma "poeira" de nervosismo se levanta, a ponto de deixá-los cegos para enxergar a solução. "Eu preciso fazer alguma coisa." E em pé na área da plateia, no estilo Felipão com seus jogadores, Juca arrumou uma gritaria em um combinado de desespero e motivação:

— PORRA! Nós chegamos aqui pra isso? Estamos na véspera desse DVD! Pelo amor de Deus, parem com esse ensaio! Não tem mais tempo!

— Mas, Juca...

— Mas nada! Vocês já cansaram de passar as músicas! Será que não dá pra confiar no trabalho de vocês, cacete? Chega! Vai dar certo!

E, por incrível que pareça, a coisa melhorou. Eles se acalmaram e foram para o camarim aguardar a entrada definitiva no palco. Sem mais atrasos.

— ● —

Com o palco no meio, não deu para fazer a entrada dos seis músicos pelo camarim. Portanto, todos os integrantes tiveram que esperar pela "deixa" da produção em um corredor pequeno, apertado, em fila e sem a visão da casa. O coração de todos batia acelerado, como se eles fossem jogadores de futebol prestes a entrar em campo em uma grande final.

— E aí, "véi"! É agora! — gritou Ricardo Feghali para os outros cinco, no meio da fila, com a respiração ofegante, satisfeito por estar vivendo aquela experiência.

— Uhu! Vamos nessa, gente! — vibrou Kiko, na frente da fila, apertando os dedos, prontos para deslizar pelas cordas do violão.

Já Serginho, atrás, alongava o pescoço, enrijecido com tanta tensão. Cleberson, entre Feghali e Nando, sorria de nervoso, limpando os óculos e colocando no rosto algumas vezes, e Paulinho, no final da fila, podia sentir seu pulso disparado, com as palmas do público, que gritava e assoviava. "Roupa Nova, Roupa Nova", era a única coisa que dava para se ouvir lá de dentro. E Nando encostou a mão no ombro de Cleberson, dizendo mais baixo, após receber um tapinha de apoio de Paulinho.

— Sorte.

Os mesmos seis que se encontraram em 1978, ainda como Os Famks, e que sob o nome Roupa Nova emocionaram pessoas, tocaram com ídolos, lotaram shows, brigaram com críticos e entre si, choraram, se divertiram e festejaram prêmios.

Tudo bem... Seis músicos mais velhos, mais cansados, sem estrelas nos olhos e não tão velozes como os heróis. Mas com o mesmo anseio de serem amados.

— Podem entrar! — avisou a produção, antes de a porta se abrir e a luz tomar, enfim, aquele corredor.

— —

Estrelas de seis pontas no teto, como se estivessem em um móbile gigante, giravam enquanto as luzes dançavam entre elas, com músicos de apoio, orquestra e maestro já posicionados no palco. E a banda entrou em cena para fazer o "the best of" de Midani, o ao vivo de Max Pierre, o acústico de Juca e o projeto dos sonhos do Roupa Nova, que abriu o show com "Whisky a Go Go", com a sonoridade descoberta no Agora sim!

Todos os integrantes estavam muito bonitos, vestidos com cores mais clássicas, como preto, branco e listras mais suaves; mais magros, de cabelos curtos e sem barba. E Ricardo Feghali, inclusive, sem o bigode, como tanto pedira Gil Lopes. "Ele tinha razão! Eu tinha que tirar mesmo!", comentaria depois o tecladista.

Entre sucessos, a inédita "À flor da pele" ganhou um tímido coro do público, que aprendia a nova canção com os músicos. Nando mostrou a faceta de composição do grupo ao falar sobre Sandy & Júnior, duas crianças que costumavam assistir aos shows do Roupa Nova em Campinas, às vezes na beira do palco.

— E hoje a gente tem a honra de ver uma canção que saiu desse palco, uma música do Kiko, letra do Ricardo Feghali e do Nando, virar um sucesso nacional na voz dessas crianças.

Arrancando gritos de fãs, surpresas, ao ouvir "A lenda"! Fazendo uma versão diferente, após Feghali abrir nos teclados.

"Bem simples", que Mariozinho Rocha praticamente obrigara Nando a gravar, ganhou a participação de Ed Motta, fã da banda desde moleque. E o baixista, sorridente, apesar de toda tensão, afirmou:

— As coisas mais simples e sofisticadas se confundem. E a música é a linguagem mais direta que não precisa de nada pra se explicar.

O público comemorou ao ouvir "Meu universo é você" e nem reparou que Feghali saiu do piano e Cleberson do órgão, simultaneamente, trocando de lado e de instrumentos no meio da música. Batendo as mãos no breve instante em que se encontraram no palco. Vibrantes ainda que inquietos.

Kiko admirou Chitãozinho e Xororó cantando junto com a banda a música "Já nem sei mais". E, embora estivesse longe das guitarras possantes, muitas vezes olhava para cima, tomando ar, sentindo a grandiosidade que era aquele evento para a carreira deles.

Como fazia desde o início do Roupa Nova, Paulinho se sentou no chão, cheio de charme, para cantar "Corações psicodélicos". Sem fazer tantas poses dessa vez e sem vestir aquele blusão branco estrelado que as fãs adoravam, mas feliz por estar ali. E Eduardo Souto Neto, que acreditou na banda ainda em 1979, ao chamá-la para gravar a mensagem de Ano-Novo da rádio Cidade, se emocionou ao executar o tema de Ayrton Senna como havia feito nos anos 1980 na rede Globo, acompanhado de senhores músicos que ele tanto admirava.

Já Serginho puxou a última música daquela apresentação. Uma canção que terminaria com todos os seis integrantes, sem seus instrumentos, na frente do palco, levando o ritmo nas palmas e ao som do surdo da percussão. Uma composição dos eternos parceiros Nando e Feghali, "Razão de viver":

Me dê a mão
Cante a canção
Faz a sublime roda do amor girar
Segue a voz do coração
E ensina o mundo a se amar
Lá no final
Há um lugar
Ondas de puro amor vão nos envolver
Segue a voz do coração
E ensina o mundo a se amar
Outra vez

Outra vez... Marcando naquela ocasião o começo do selo Roupa Nova Music e de uma nova fase, na qual o público poderia levar para casa, pela primeira vez, o que de melhor o Roupa Nova sempre soube fazer: seus espetáculos! Com Cleberson, Nando, Serginho, Paulinho, Kiko e Ricardo terminando a canção de mãos dadas. Um do lado do outro.

— —

O segundo dia no Olympia foi melhor do que eles esperavam, com uma recepção esfuziante do público e um material maravilhoso para a segunda etapa do projeto: a mixagem, com o amigo Flávio Senna, no Blue Studio, do produtor Guto Graça Mello. Ali, o nervosismo dos integrantes do Roupa Nova continuou, como se eles ainda carregassem o peso de uma crise sem perspectiva de melhora, apesar da gravação do show ter sido bem-sucedida. Todos se cobravam demais e, muitas vezes, se perdendo em questões de ego e insegurança.

— Esse instrumento está muito alto!

— Não tá!

— Claro que está.

— Ah, então vai todo mundo pra...

— Reunião!!

Reunião. Equipamento desligado, Flávio Senna esperando, até eles se resolverem após horas de discussões. Ninguém se metia na conversa, nem Juca nem Flávio. Era só trancar a porta e deixar o pau quebrar que em algum momento eles se entenderiam. E, quando dava, Paulinho era um dos que fugia para tomar um café e ficar um pouco longe da confusão. "Ah, o que eles resolverem por mim tá legal."

As disputas, na verdade, iam muito além de uma definição de volume: "Você não pode se meter no meu instrumento", "Eu posso, sim!", "Quem te deu esse direito?", e por aí afora. Parecia mais uma tentativa desastrada e atrapalhada de entender o conceito de "conjunto" e o que cada um representava naquele grupo. O que mostrava que, por mais que eles não tivessem uma liderança — na tentativa de preservar a liberdade individual dos componentes —, a banda também tinha suas dificuldades por conta da mesma democracia. Afinal, todos ali eram líderes.

Guto, que morava no terreno do estúdio, cansou de passar na mixagem e encontrar uma situação estranha:

— E aí, gente? Como estamos?

— Estamos nada! Acabou o DVD!

Com outra situação mais estranha ainda após dois dias:

— Tá tudo certo, Guto! Vamos de novo!

Um conjunto perfeccionista ao extremo que, na visão do produtor, faz música entre as reuniões: "Nunca vi igual! Todos têm que concordar com tudo! O que é impossível!" E que, ainda assim, conseguiria terminar a mixagem, depois de meses, com a mesma formação e lançamento do trabalho previsto para setembro.

E o Roupa Nova, outra vez, não acabou.

— —

A divulgação do DVD teve força máxima de todos os envolvidos: cases para lojistas, radialistas, participação da banda em eventos etc. — graças à parceria entre o Roupa Nova Music e a Universal. Juca lidava diretamente com os lucros do selo, e as mudanças se faziam a passos largos. Só faltava uma coisa: a televisão. E sobrou para ele pegar o carro e ir para a rede Globo conversar com Wagner Farias, um dos diretores do programa Domingão do Faustão.

Era sexta-feira, final do dia, quando o empresário sentou ao lado de Wagner com o DVD:

— Do caralho, do caralho! — repetia o diretor ao ver as imagens.

E ele passou horas assistindo, enquanto Juca falava sobre como o trabalho tinha sido feito, a qualidade da produção e a reação instantânea das vendas. Foi quando, de repente, alguém que passava pelo Projac cumprimentou o diretor, interrompendo o papo: "E aí, Wagner!" Este então acenou com a mão, sorriu, virou para Juca e mandou sem rodeios:

— 7 de novembro! Pode marcar na sua agenda.

Nunca fora tão longo o caminho da sala de Wagner Farias até a saída da emissora. Isso porque Juca sabia a importância para um intérprete de aparecer em um Domingão do Faustão, no lançamento de um trabalho, e como aquilo poderia reverter em vendas. Era como se ele já estivesse vislumbrando tudo o que ocorreria depois com o ROUPAcústico.

Durante todo o trajeto, repleto de satisfação com o seu papel cumprido como empresário, ele revisitava tudo o que tinha acontecido anteriormente — desde os tempos de crise na década de 1990 aos conflitos com as gravadoras. "Não acredito que vou ver o grupo de novo estável financeiramente! Com outros fãs, independente, no topo do mercado, e sem se submeter aos mandos e desmandos de uma multinacional", refletia Juca, orgulhoso de toda jornada, que ainda poderia servir de exemplo para outros grupos no Brasil, onde a autogestão até então era pouco praticada. Era uma sensação definitivamente muito boa.

Assim, em um final de tarde ensolarado de 2004, Juca saiu do Projac com o Faustão debaixo do braço e o sentimento de que a sua maior participação na carreira do Roupa Nova, nesses onze anos juntos, havia sido a insistência no Acústico até o último segundo. Como diria Cleberson, anos depois: "O Juca falava do Acústico sem parar! Nesse ponto, o mérito é dele!"

Ou Nando: "Ele é querido pra mim. Estávamos nervosos e tivemos que peitar pra fazer! Foram três anos esperando, e a Universal dizendo que não. E o Juca teve do nosso lado o tempo inteiro. Ele foi muito importante!"

Uma relação de anos de cumplicidade. "Era quase um sétimo Roupa Nova!", como definiria Ricardo Feghali.

E foi por isso que as pessoas que passavam pelos portões da rede Globo juraram que tinham visto um homem de altura mediana, cabelos grisalhos, com seus 50 e poucos anos, dando saltos enquanto se dirigia para o carro. De punho cerrado e sorriso constante no rosto, parecendo até um garoto...

CAPÍTULO 39

OS CORAÇÕES NÃO SÃO IGUAIS

"Antes tudo fluía mais fácil.
Mas a pressão aumentou conforme
cresceu a responsabilidade."

Paulinho

O trabalho ROUPAcústico foi uma virada na carreira da banda, que voltou a vender muitos discos no mercado fonográfico brasileiro, a aparecer na mídia, além de estourar as lotações das casas de shows do país. Na verdade, seu público se tornou muito maior do que se percebia na década de 1980, com pessoas de todas as classes sociais, cores e gerações comparecendo aos espetáculos. Talvez porque os jovens que viveram o início da banda com sucessos como "Canção de verão", "Sapato velho" e "Whisky a Go Go" tivessem envelhecido — assim como os integrantes do grupo, agora na faixa dos 50 anos — e tido seus filhos, noras, genros e netos. Outros jovens, como no passado.

Já nas primeiras semanas do ROUPAcústico, constatou-se a venda de 25 mil cópias de CDs e 10 mil de DVDs, e a Universal, que fabricou de início apenas 5 mil discos, precisou correr para dar conta. Segundo dados da Universal, o trabalho chegou à incrível vendagem de 320 mil CDs e 220 mil DVDs — o equivalente aos certificados de platina duplo e platina triplo pela ABPD, respectivamente.[*] Assim, segundo a ABPD, o ROUPAcústico entraria na lista dos 20 CDs e 20 DVDs mais vendidos do Brasil, em 2005, na estreia do seu selo Roupa Nova Music. E ainda receberia o disco de ouro pelo DVD em Portugal!

Nesse mesmo ano, o Roupa Nova seria um dos destaques no Prêmio Tim de Música Brasileira ao receber os títulos de "Melhor Grupo" e "Melhor Disco de 2005", categoria Canção Popular. E na internet, no Google, a busca do nome "Roupa No-

---

[*] De 2004 a 2005, com a queda nas vendas dos discos no Brasil, a Associação Brasileira dos Produtores de Discos (ABPD) baixou o certificado de ouro para 50 mil cópias e o de platina duplo para 250 mil, no caso do CD. Para DVD, o ouro equivalia a 25 mil cópias. Depois de 2006, o platina triplo representaria 150 mil DVDs vendidos.

va" seria cerca de três vezes maior que a média antiga, a partir de novembro de 2004, após a exibição do Faustão. Sem esquecer que no Orkut seriam criadas as principais comunidades de fãs do grupo, reunindo no decorrer dos anos, na maior delas, mais de 170 mil pessoas — com troca de informações, fotos e vídeos. Ricardo Feghali seria um dos moderadores, dialogando diretamente com os fãs, contato antes feito basicamente nos shows. O que se estenderia, no futuro, para Twitter, Facebook, blogs e, inclusive, para o próprio site do grupo, com bate-papos realizados ao vivo no chat — com 75% dos internautas entre 16 a 25 anos, conforme pesquisa realizada pelo site oficial da banda, tendo à frente Ricardo. Pessoas que, aliás, se identificariam carinhosamente como Família Roupa Nova.

Os fã-clubes, aliás, se multiplicariam por vários lugares do Brasil, como São Paulo, Distrito Federal, Goiânia, Aracaju, Fortaleza, Recife, Londrina e até fora do país, como Argentina. Admiradores do Roupa Nova que, em menos de um ano, abarrotariam as mais de duzentas casas de shows dessa turnê, tornando o retorno do sexteto para o Rio de Janeiro, no Canecão, no dia 8 de julho de 2005, uma verdadeira festa.

— • —

— Ai, cacete, isso tá uma bagunça! — falou Juca, perdido no meio de papeladas sobre a sua mesa, ao perceber quantas coisas estavam em sua mão ao mesmo tempo, em 2005.

A mudança de vida após o Acústico tinha sido muito rápida para todos os envolvidos. E, naquele momento, o seu escritório era responsável por três artistas, uma gravadora e uma produtora que eram dele, uma outra empresa que ele resolvera abrir de energia solar, e mais o Roupa Nova bombando em todo país.

— Venda de CD, DVD, promoção, falar com os divulgadores, turnê... Aaah! Eu preciso delegar algumas tarefas... Vou ficar maluco!

Além do mais, o Roupa Nova era o tipo de artista que exigia muita atenção, em todos os sentidos. E também cobrava de perto o andamento das coisas. Nando acompanhava a questão financeira dos shows, Kiko via o dinheiro da gravadora, e Feghali? Tudo e ainda mais um pouco: do banquinho que estava errado na apresentação aos grandes planos da banda! E, por isso mesmo, os músicos perceberiam, facilmente, os deslizes do empresário.

— E o Nando ainda me chamou pra eu ser sócio da empresa! Putz... Mais uma sociedade com o Roupa seria meu fim. Não ia aguentar, não ia... Tô fodido...

— • —

— Os fãs estão pedindo o Acústico 2 na internet! — comunicou Ricardo Feghali para o grupo, em uma das reuniões.

— Outro, gente? — reagiu Juca, achando aquela ideia precipitada demais.

— É, eles têm escrito na comunidade que sentiram falta dos outros sucessos.

E Cleberson complementou, rindo:

— Também... Só de cara, pro 1, a gente separou 53 músicas!

— Tudo bem, tudo bem. Mas vamos devagar... O Acústico dá pra durar mais tempo!

— Será, Juca?

— Ricardo, nós temos que pensar em algo tão grande quanto o último projeto. Não é apenas repetir o formato.

— Acho besteira...

— Bom, eu não concordo!

— —

Mariozinho Rocha se afastou do Roupa Nova com os anos, embora continuasse sendo requisitado pela banda para dar suas opiniões, principalmente nas decisões cruciais:

— A gente tá pensando em um Acústico 2. O que acha?

E ele, categoricamente, afirmou para Nando:

— Acústico é o 1, né... Não tem um segundo.

Não era de praxe, no mercado, fazer um projeto como esse. Talvez porque fosse complicado para a maioria dos artistas ter material relevante para dois trabalhos seguidos de hits.

— Mas tem muita música de fora, Mariozinho!

— Não existe isso de Acústico 2, Nando. Inventa outra coisa!

Posteriormente, outros artistas lançariam o Acústico 2, como Lulu Santos, Zeca Pagodinho, as bandas Nenhum de Nós, Engenheiros do Hawaii, e duplas sertanejas como Bruno & Marrone e Fernando & Sorocaba. No entanto, em 2005, todas as cabeças-chave que os músicos procuraram em busca de conselho foram unânimes em dizer:

— Não faz.

E ainda assim eles iriam insistir.

— —

— Você é um caso raro na medicina, Serginho! Você usa falsas cordas pra cantar — explicou o otorrino para o baterista, após analisar a garganta do músico e fazer alguns exames.

Os testes mostraram que ele tinha um calo antigo nas cordas vocais, que impediriam que, normalmente, Serginho cantasse.

— Mas como é que eu...

— Você força exageradamente! Mais do que a sua musculatura pode aguentar. São quase ondas fantasmagóricas que te ajudam a cantar. E é por causa desse desgaste constante que você tá sentindo muita irritação.

— Hum... Parece que eu tô gritando o tempo inteiro... Quando tô no telefone então...

— O tímpano também já não é a mesma coisa, né?

— E tem como resolver? — perguntou Serginho, já tenso com a possibilidade de parar de cantar.

— A gente pode amenizar com uma cirurgia e tratamento fonoaudiólogo.

— Mas eu vou precisar largar...

— Ei! Você vai precisar de um repouso de quarenta dias. O Roupa Nova te espera.

Em novembro de 2003, Serginho fez a cirurgia. Em 2005 ele continuaria fazendo exercícios para reeducar o modo de falar e de cantar. Além disso, ele sentia incômodo da coluna, após os shows, devido a um problema crítico de hérnia de disco que desenvolvera mais velho. Resultado de anos intensos de estrada e bateria.

Se a guitarra quebra, pode ser trocada. Se o teclado se torna obsoleto, é apenas deixado de lado. Se uma das cordas do baixo arrebenta, compra-se outra. Se a umidade desafina a bateria, se ajusta de novo o tom. Porém, a voz de um vocalista é insubstituível. E, se ela fica debilitada por causa de algum exagero ou cansaço, dificilmente dá para recuperar. A voz apenas muda, diminui, ou some para sempre.

Paulinho nunca foi o tipo de cantor que enrola lenços no pescoço ou deixa de beber gelado, até porque, segundo ele, seu médico já explicou que "O gelo não faz nada! Até se você estiver gripado". No entanto, quando mais novo, apesar das contraindicações, ele bebeu muito uísque durante os shows do Roupa Nova. Ia embora quase meio litro do destilado, com Paulinho cantando a noite inteira! E ele levava, muitas vezes, sua própria garrafa para as apresentações, para evitar uma bebida qualquer.

Mas em 2005 o ritmo era outro! E, se ele bebesse essa quantidade, com seus 53 anos, provavelmente cairia do palco. Entretanto, a voz parecia reclamar dos abusos anteriores, com uma leve rouquidão, tosse, e dificuldade de alcançar algumas notas. Sem o brilho que tinha antigamente — deixando o vocalista e a banda preocupados.

— Cara, você precisa ver isso! Ninguém mandou pisar na jaca!

Ao trocar de otorrino, Paulinho descobriria que estava com problemas de refluxo, que queima as cordas vocais e causa prejuízos sérios à voz. Começaria o tratamento, além de fazer aula de canto e exercícios fonoaudiológicos. Porém, antes de tudo, faria uma série de exames pedida pelo profissional, que havia desconfiado, inclusive, de algo mais grave no esôfago. Um check-up completo e, embora o vocalista não soubesse, mais do que necessário.

O Roupa Nova foi um dos convidados para participar do programa Um barzinho, um violão — em homenagem aos quarenta anos da Jovem Guarda —, dirigido por Guto Graça Mello, para ser exibido pela Multishow no dia 29 de abril de 2005. Uma gravação que posteriormente viraria CD e DVD, com outros nomes da música brasileira, como Caetano Veloso, Daniela Mercury, Ney Matogrosso, Sandra de Sá, Fernanda Takai e Rodrigo Amarante.

Entre canções como "A namoradinha de um amigo meu", "Lobo Mau" e "Só vou gostar de quem gosta de mim", o sexteto ficou com a versão de Rossini Pinto para "Bus Stop", de Graham Gouldman, mais conhecida como "Pensando nela".

Tarde fria, chuva fina, e ela a esperar
Condução pra ir embora, mas sem encontrar

Entretanto, um pequeno contratempo atrapalhou na hora da execução:
— Tarde chuva... Desculpe. De novo! — pediu Paulinho, após errar a letra algumas vezes, interrompendo a música cantada em coro pelo público presente.
Ao que Nando, rindo, brincou no microfone:
— Tarde chuva, fina fria...
E todos, concentrados — principalmente o vocalista —, repetiriam a primeira parte. Só que dessa vez com as palavras certas:
— Tarde fria, chuva fina...
Arrancando aplausos da plateia e o sinal empolgado de "OK" de Guto, perto das câmeras. O erro passaria no programa da Multishow, e Paulinho comentaria nos bastidores:
— Tarde chuva, fria fina, tarde fina, tarde fria, chuva fina... Fica essa confusão! De resto tá tudo certo.
Um deslize que seria perdoado pelo público, que curtiria a leitura de "Pensando nela" feita pelo Roupa Nova, mas que deixaria cabreiro o vocalista, que vinha esquecendo, com frequência, muitas outras coisas em sua rotina. Alguns dos integrantes do grupo também ficariam apreensivos, pois notavam suas distrações acima do normal.
— Ih, o que foi mesmo que eu falei?
Sem imaginar que as falhas da memória eram decorrentes de algo muito mais sério.

— —

Do mesmo modo que a Multishow teve o Roupa Nova em sua programação, assim fez a MTV, em novembro de 2005. No entanto, não da maneira que a banda gostaria. O sexteto apareceu no primeiro lugar de uma das listas do Top Top, programa que apresentava os "10 mais" de temas variados, como "As 10 músicas que mudaram o mundo", ou "Os 10 piores vocalistas", ou até "Os 10 músicos mais comedores", sempre com uma pitada de humor, sem se preocupar necessariamente com a veracidade dos fatos. E, no caso, a lista em que o grupo apareceu na emissora foi a desastrosa "Cachorro Morto", na qual também estava Elton John.
A tal categoria se referia a artistas que já deveriam ter se aposentado, que já estariam mortos no cenário musical, apelando para aparecer na mídia, e a quem só faltava enterrar. E o programa justificava o primeiro lugar para o conjunto da seguinte maneira:

O Roupa Nova é um cachorro que já nasceu morto na música. Primeiro, porque todo mundo na banda canta, e os vocalistas principais são o baterista, o baixista e o percussionista! Depois, porque nos shows do grupo, cabe até cover de Linkin Park e Avril Lavigne.

O que os funcionários da emissora talvez não estivessem esperando é que os seus telespectadores, mais jovens, fossem se importar com a tal "brincadeira". Afinal, aquela era uma banda da década de 1980, e o seu público — como afirmou o Top Top — também já havia envelhecido! Bom, pelo menos era o que eles achavam após o sucesso do ROUPAcústico, que eles haviam recusado em fazer.

A emissora, após a exibição do tema "Cachorro Morto", recebeu uma enxurrada de reclamações através de e-mails, redes sociais e telefones. Fãs, muitos deles adolescentes, que assistiram ao programa e viram no tratamento da MTV uma falta de respeito em relação ao passado e ao presente do Roupa Nova. E foram tantas as manifestações que a MTV não só pediu desculpas à banda em um dos programas em dezembro, como também apresentou uma lista no Top Top com "Os 10 artistas que mais receberam reclamações dos fãs". E, vejam só, em segundo lugar estavam os admiradores do Roupa Nova. Atrás apenas dos fãs do Ringo Starr.

— ▬ —

Na semana em que o "Cachorro Morto" foi ao ar, o Roupa Nova foi um dos convidados para tocar no programa Todo Seu, de Ronnie Von, na TV Gazeta. E Ricardo Feghali, aborrecido com mais aquela rejeição da MTV, não aguentou ficar calado:

— A gente fica muito chateado em ver algumas pessoas retardadas como, por exemplo, os VJs da MTV — e, olhando para a câmera, ele continuou com o discurso inflamado: — MTV! A gente não precisa de vocês pra NADA! Não queremos! Não precisamos de vocês pra nada!

E Kiko berrou do seu lugar:

— Cachorro morto é a mãe!

O cantor e apresentador Ronnie Von, que também teve seu grande sucesso com o Roupa Nova na década de 1980,[*] ainda corroborou:

— Mas é isso mesmo! Tem que botar pra fora! Quer que eu fale? Eu falo também!

E se despediu do grupo, já se dirigindo para o outro canto do estúdio a fim de prosseguir com o programa. Porém, Feghali não percebeu que eles ainda estavam no ar e voltou para contar para Ronnie Von os detalhes:

— A gente cheio de prêmio, show cheio pra caramba e os caras botam: "Cachorro Morto", primeiro lugar, Roupa Nova.

---

[*] Em 1984, Ronnie Von gravou um disco inteiro com o Roupa Nova, tendo "Cachoeira" como grande hit no Brasil. Em seu programa Todo Seu, ele chegou a brincar com o grupo: "Nessa música eu entrei de bobeira. Porque, na verdade, o sucesso é de vocês! Fizeram tudo! Arranjo, cantaram, pintaram o diabo!"

— Nós estamos no ar! Um beijo! — avisou o apresentador para o tecladista, que recuou ao notar as câmeras. Morrendo de rir, Ronnie Von explana em voz alta: — Mas que é isso, gente?... Esse é o maior grupo vocal que existe no nosso país!

Já Feghali entrou no camarim, com o pulso acelerado, cansado de ter que aturar desaforo ainda com seus 52 anos de idade.

— ● —

Kiko tirou um de seus dias de folga para passar as fitas da família de VHS para DVD. E começou a tarefa pelos aniversários dos dois filhos.

Na primeira fita, viu sua mulher, Suely, falando com Nyvia, apontando para a câmera:

— Manda um beijo pro papai!

E a criança, com a mãozinha pequena, mandou beijos estalados para Kiko, que só veria a filmagem posteriormente.

— Beijo, papai!

Na segunda fita, foi a vez de assistir a um tio falando com Kikinho:

— Manda beijo pro papai!

— Beijos, papai!

O que foi deixando o guitarrista injuriado.

— Cacete! Eu não estive em nenhum aniversário das crianças? Nenhum?

E pegou todas as fitas VHS das festas das crianças, desesperado para encontrar pelo menos algum registro dele ao lado dos filhos. Passou por uma, duas, três fitas... E sempre a mesma coisa. "Caramba... Mas eu fui um pai presente! Não acredito nisso..." Quanto mais ele procurava, mais chateado ficava. Pensava em quantas vezes se ausentou da vida de sua família em momentos importantes como um aniversário, em função dos shows do Roupa Nova. Até desistir e sentar no sofá, desanimado:

— Porra... Em quinze anos, eu só fui a um aniversário... Que merda...

— ● —

Sem ter formação musical acadêmica e sem tocar qualquer instrumento, a filha de Paulinho, Twigg, começou a compor letra e música. E suas apresentações como cantora passaram a ser mais frequentes nos bares e nas casas de shows do Rio de Janeiro, apesar da formação em turismo e hotelaria. Uma garota com seus 20 e poucos anos, de personalidade forte, sorriso largo e olhos grandes que surpreenderia Paulinho no palco.

"Pô... Tá aí, rapaz... Não sabia que ela estava tão bem!", refletia ele, calado, na primeira vez que a vira ao vivo, enquanto a filha destrinchava um repertório com influências do jazz, blues e R&B. "Nossa... O posicionamento dela, a afinação... Tá tão legal! E o carisma dela é grande... Não é que ela leva jeito?", emocionado, assistindo ao show.

Paulinho nunca foi de dar opinião no trabalho da filha e não gostava de se meter em suas decisões. Não incentivou e nem desencorajou a garota pela carreira da música. Embora afirmasse para os amigos, orgulhoso, que se a filha pedisse para ele compor, ele faria!

Por outro lado, Twigg também nunca pediu conselho ou direcionamento para o vocalista. E, se dependesse dela, ninguém saberia que Paulinho era seu pai — para que o seu trabalho pudesse ficar em evidência por si só. Ela estava determinada em se tornar Twigg, no mercado fonográfico, e não "a filha de um dos maiores cantores do Brasil".

Desse modo, em 2011, ela lançaria seu primeiro CD, chamado Twigg, e continuaria sem misturar as carreiras, com a postura de não procurar o pai, que também não se intrometeria em seus passos. Ainda assim, ela escolheria para o seu disco a regravação de "Não deixe terminar", a mesma música cantada por Paulinho no disco de 1978, de Os Famks.

— —

As falhas de memória de Paulinho foram piorando no decorrer de 2005. O vocalista, com receio de se expor nos shows e também nas reuniões da banda, foi ficando mais calado, concordando com tudo que fosse decidido pelos outros cinco, se isso significasse menos discussão e embate entre eles. Naquela época, o desgaste do grupo com Juca Muller só aumentava.

O empresário continuava contra o projeto de Acústico 2, apesar de ter aceito fazer no primeiro semestre de 2006. Além disso, parecia ainda mais enrolado com tantos compromissos simultâneos, sem energia e disponibilidade para "azeitar" a relação entre ele e o Roupa Nova.

"Não tá legal, isso...", pensava o empresário, orgulhoso, sem ter coragem de admitir para os músicos que as demandas estavam pesadas. Acreditava ser possível manter a qualidade do seu trabalho, por mais que tivesse contratado duas produtoras naquele instante e sentisse estar perdendo o controle. Já pressentindo o que estava para acontecer.

A fatídica reunião entre os músicos e ele aconteceu no dia 1º de janeiro de 2006, no escritório da banda, na Barra. E o assunto ficaria em pauta por mais dois dias, no mesmo local, até Serginho confirmar para Juca: "Não vai ter jeito mesmo..."

Chateado pelo fim daquela parceria de anos, passando um pouco mal e chorando muito, Juca saiu do escritório do Roupa Nova, pegou um táxi e partiu.

"Nesse ponto, eu não tenho mágoa. Eles sempre foram corretos comigo. Porém, naquele dia, eu fiquei triste, claro! Os momentos que convivi com eles foram inesquecíveis. E eu respeito a banda, hoje, como instituição, como empresa, mas muito mais pelos caras! Eles são autênticos!", diria depois o empresário sobre este capítulo de sua vida. Ciente de que ele se tornou muito mais respeitado no mercado fonográfico depois do que fizera com o Roupa Nova.

— —

Com a saída de Juca e o projeto Acústico 2 prestes a ser realizado, a banda deu início à busca urgente de um novo empresário. Os integrantes conversaram com vários profissionais interessados em assumir o Roupa Nova, entre eles, Sérgio Pitta — conhecido no meio artístico e responsável pela produção do Jota Quest. A proposta dele era que seu irmão, Marcelo Pitta, que tinha de três a quatro anos de experiência no ramo,* ficasse à frente de todo o processo. Um homem baixinho, de cabelos grisalhos e aparência tranquila.

— Bom, gente, nós pensamos em...

Marcelo recebeu os seis músicos no escritório dele com seu irmão e falou sobre como via a carreira deles e o que poderiam fazer juntos — embora estivesse controlando a emoção de estar perto de ídolos de sua adolescência. "Pô, são os caras que explodiram 'Canção de verão' no Brasil inteiro!", lembrava-se ele nos poucos minutos de silêncio em que ficou quieto.

— Então é isso! A gente aguarda a resposta de vocês.

Sabendo que os músicos ainda conversariam com outros possíveis empresários. Entre eles, a "velha raposa do showbiz", Manoel Poladian — aquele mesmo que havia levado o RPM às alturas em sua passagem relâmpago pelo cenário musical dos anos 1980.

— —

"Eu sou mais um promotor de shows do que empresário. Como empresário, eu me sinto um pouco cansado porque tenho que lidar com o ego dos artistas." É o que Manoel Poladian diz sobre sua atuação no Brasil, há mais de quarenta anos lidando com grandes nomes da música, como Titãs, Rita Lee, Erasmo Carlos, Jorge Benjor, Roberto Carlos e Ray Conniff. Um currículo extenso em que a produção de shows é a sua principal matéria-prima. E foi precisamente quem o Roupa Nova considerou para esta sua nova fase de carreira. "O maior manager desse país", como diriam Nando e Ricardo Feghali.

— Você é a minha aposentadoria, Poladian! Vai pegar a carreira dessa banda e levar aos píncaros do dinheiro pra eu me aposentar em seis anos! — brincava Nando, e o empresário morria de rir. — Eu tô falando sério! A sua função aqui é ampliar o que nós já temos!

— Vamos lá então, Nando! Vou montar uma estrutura profissional do meu jeito, OK?

Poladian considerava a parte artística do Roupa Nova a melhor do Brasil. Entretanto, não gostava da parte empresarial e de logística de carreira do grupo. Achava que tinha muito palpite em um lugar só, ou "muito pajé e pouco índio", como diz a expressão popular — seis músicos que opinavam e ouviam a opinião das esposas e até dos amigos, para depois então votar! E, por causa disso, o empresário tentaria imprimir sua visão e a sua voz sobre a famosa democracia do grupo. Afinal, ninguém ali teria mais experiência do que ele para direcioná-los para um objetivo profissional adequado. Não era para isso que ele havia sido chamado?

---

* Marcelo Pitta já havia atuado com nomes como Emmerson Nogueira, Wilson Sideral, Danni Carlos e Cidade Negra.

O maior transtorno, porém, seria conciliar a postura de um empresário acostumado com artistas que entregam a vida em suas mãos com a de seis músicos que não gostam de abrir mão de suas vidas. Donos do seu próprio selo.

— —

Araxá na linguagem tupi significa "lugar onde primeiro se avista o sol", e era o destino do Roupa Nova no dia 22 de abril de 2006, de acordo com a agenda de shows do Poladian. Para chegar até lá, o grupo deveria pegar um voo para São Paulo, fazer uma conexão para Uberlândia, onde entraria em um ônibus. Dentro dele, o grupo ainda rodaria cerca de 180 quilômetros para só então se apresentar na cidade do Alto Paranaíba, fazendo, após o espetáculo, todo esse caminho de volta — com o agravante do cansaço.

— O que você tem, Cleberson? — perguntou Kiko, no café da manhã do aeroporto de Uberlândia, antes deles retornarem para São Paulo.

— Nada não, Kiko.

— Pô, cara, tu não tá legal, não. Café e pão de queijo e você não tá comendo?

— Não tô com vontade... Tô meio enjoado...

— Ixi, enjoado? Talvez se tomasse um remédio e...

— Já olhei... Não tem farmácia aqui, não...

O estômago de Cleberson estava dando voltas, após o caminho percorrido de ônibus, e ele achava que aquilo era apenas um incômodo passageiro por causa da viagem. "Ai, meu Deus... Eu só não posso vomitar aqui!", pedia ele em silêncio, com horror de se expor em público. Cleberson detesta vômito. Imagina vomitar na rua? Só que o enjoo não parava. "Putz, tô com uma dor de cabeça... Agora mais essa? Enxaqueca?", lamentou ele antes de pegar um comprimido na mochila, que tomava por conta própria para essas dores.

E foi só o avião decolar para aquele mal-estar aumentar bastante. O estômago parecia vir na garganta, e um aguaceiro na boca fez Cleberson entrar em pânico, suando frio, com tremedeira nas mãos. "Não vou vomitar! Não posso fazer isso no meio de todo mundo! Como vou fazer?", e quanto mais ele pensava nisso mais nervoso ficava. "Não vai ter jeito! Vou ter que ir ao banheiro... Vou ter que vomitar." E olhava para o lado, na tentativa de pedir ajuda para o saxofonista Daniel Musy, mas ele estava dormindo. "Ai, cadê o Feghali! Vou pedir pra ele ir ao banheiro comigo!" Todavia, ao virar para trás, ficou mais zonzo e viu o outro tecladista também dormindo. "Ai, caramba, tá todo mundo dormindo! Não vai ter jeito, não vai ter jeito... Eu vou ter que ir sozinho. Não tô conseguindo aguentar", pensava, já se apoiando na cadeira para segurar e levantar. No entanto, ao fazer o mínimo de força para cima, caiu, de novo, sentado na cadeira. E tudo girava! "Meu Deus! O que tá acontecendo?!"

— O senhor tá se sentindo bem? — indagou a aeromoça ao passar pela fileira de Cleberson, percebendo o tecladista molhado de suor, enxugando o rosto com um guardanapo, embora o ar-condicionado do avião estivesse mais do que gelado!

— Acho que não... Me faz um favor? Me arruma mais uns saquinhos desse? Porque eu acho que isso aqui vai ser pouco — disse ele, apontando para os plásticos da cadeira da frente.

Aguentou apenas mais alguns minutos, até a aeromoça retornar com mais saquinhos, para enfim vomitar. Só que não melhorou em seguida. Muito pelo contrário! Cleberson não conseguia parar de vomitar, e tossia muito, fazendo muito barulho, acordando Daniel Musy, que estava ao lado, e o senhor que estava na fileira de trás, perto de Ricardo.

— Oi, oi... Desculpe te acordar, mas seu amigo tá passando muito mal! Acho que é alguma coisa séria, porque ele não para de vomitar!

Isso porque Cleberson não tinha comido nada de manhã!

— Ai, Ricardo, eu quero sair daqui...

— Calma, cara, calma... O avião já vai descer. Estamos chegando... — dizia Feghali, tentando acalmá-lo, por mais aflito que estivesse. "Só espero que não seja nada sério."

Assim que o avião pousou, Cleberson foi tirado em uma cadeira de rodas direto para uma ambulância, onde foi medicado até chegar ao pronto-socorro do aeroporto em Congonhas, de São Paulo, acompanhado por Feghali.

— Enfermeira, pelo amor de Deus! Eu não aguento mais vomitar! Me dá, por favor, um remédio! — implorava o tecladista.

Ele não perdeu a consciência e estava com o corpo moído, com muita dor no estômago, na costela e na garganta. Além de estar com os dois olhos virados, cada um para um lado.

Sem exames específicos, ninguém ali podia dizer se era algo grave. Por isso, os próprios funcionários da unidade de saúde indicaram: "Nós fizemos todos os procedimentos pertinentes e não adiantou. É melhor levá-lo para um hospital." Também disponibilizaram uma ambulância para que Ricardo fosse com Cleberson para o hospital Paulistano, onde o tecladista faria uma bateria de exames antes de o médico diagnosticar:

— Eu não vou te esconder nada. O senhor teve um AVC.

— Caramba, bicho... E eu vou ter sequela?

— Ainda é cedo pra dizer. Por enquanto, ainda vamos te manter na UTI.

Quando o médico saiu, Cleberson ainda meio desconcertado ouviu a enfermeira ligar a televisão, na Band, onde estava começando o Programa Raul Gil. Justamente o programa gravado com o Roupa Nova, de Homenagem ao Compositor, com muitos depoimentos de amigos, familiares e músicos. E, no qual, todos eles haviam se emocionado muito.

— O senhor quer assistir?

— Não, não... Não quero, não.

— —

Cleberson entrou na UTI no dia 23 de abril, às 14 horas, e só saiu às 21 horas, quando sua pressão regularizou. Feghali ficou por perto até a hora em que a família do tecladista chegou, para só depois voltar para o Rio de Janeiro. Todos muito assustados com o estado de saúde do tecladista.

Manoel Poladian, ao saber do ocorrido, voou para São Paulo para acompanhar o caso do músico, internado, que parecia que não seria liberado tão cedo. Aquilo colocava em risco a agenda de shows do Roupa Nova, com mais de 140 espetáculos marcados, além da gravação do Acústico 2, em maio. Inclusive com uma apresentação no final de semana seguinte, em Manaus.

— Só falta vocês terem a ideia de chamar uma pessoa pra tocar no meu lugar!

— Er... Ah... Hum... — engasgou o empresário.

— O que foi Poladian? Desembucha!

— Então, pois é... Sabe, na verdade... Já chamaram.

Cleberson, que estava com óculos especiais no rosto por conta da visão torta, deu um pulo da cama! A pressão disparou no ato e ele, muito nervoso, agarrou o telefone do lado da cama para ligar para o Ricardo.

— Cleberson, não precisa ficar as...

— Poladian, o papo já não é mais com você.

Discando os números, que sabia de cor, reclamando muito enquanto a ligação não completava:

— Vê se pode? Eu nunca fiquei de fora de um show do Roupa Nova!

Cleberson chiou bastante no ouvido dos outros integrantes, pelo telefone, com as enfermeiras correndo atrás dele, malucas, para amansá-lo. E ele só sossegou quando foi vencido pela exaustão e dormiu.

— —

O arranjador e tecladista Rodrigo Tavares conhecia tudo de Roupa Nova e foi quem segurou as pontas na ausência de Cleberson, fazendo até as notas iguais as do mineiro. No entanto, Poladian conseguiu adiar a gravação do Acústico 2, que seria em maio de 2006, para junho, nos dias 14 e 15, com um show extra no dia 16, no Tom Brasil, em São Paulo. E Cleberson, que havia acabado de deixar o hospital, pôde comparecer — apesar de não estar ainda nos seus melhores dias.

Branco, com uma feição bem pálida e óculos especiais sobre os olhos, o tecladista tocou todos os dias, meio grogue, apático, vigiado por Sandra, uma amiga e neurocirurgiã, que o empresário colocara para seguir os passos do músico.

Ele terminou todas as apresentações como se estivesse com duzentos quilos sobre suas costas. Tendo em mente o que o médico dissera ao lhe dar alta: "Foi milagre você não ter tido sequela! E outra: imagine se tivesse sido no meio da estrada? Em uma cidadezinha pequena, sem recurso algum? Você podia ter morrido!"

— —

Apesar do susto com o AVC, Cleberson continuou ignorando qualquer outra dor do seu corpo que parecesse estranha — sem procurar médico ou fazer exames. "Ah, depois passa". E falava sobre seus problemas de saúde como se eles fossem coisas normais e corriqueiras.

Como no dia em que, na porta de um hotel em São Paulo, após o show do Roupa Nova, comentou com algumas fãs que sentia um pouco de dor na próstata. Logo depois de falar do AVC, e listar seus hábitos nada saudáveis de dormir tarde e tomar muito café. O que chamou a atenção de uma das garotas que estava na roda.

— Mas como é essa dor? É sempre que você vai ao banheiro? — Questionou Rafinha, enfermeira do Hospital São Luiz, que, embora estivesse presente apenas para acompanhar a amiga, fã do Roupa Nova, não resistiu em perguntar mais sobre o que estava acontecendo com o tecladista. Sem imaginar que o quadro, na verdade, era grave.

— Olha, você precisa ver um médico! Eu sei, não sou urologista, mas você não tá bem.

— Nada... — respondia Cleberson sorrindo, estendendo o papo de exame, resultados, sintomas, sem perceber as fãs partindo ou a madrugada chegando.

— Foi o Dr. Glauco que ficou com você, após a operação do AVC? Eu conheço ele! — falou Rafinha.

E Cleberson ficou ali até o sol amanhecer, para então se despedir dela e voltar para o Rio de Janeiro.

— Bom, você tem meu telefone, né? Qualquer coisa me liga! — disse ele para Rafinha, que posteriormente iria pesquisar mais sobre doenças de próstata, conversar com médicos da área e insistir de todas as formas para ele se cuidar, ao saber que as dores estavam piorando — seja falando ao telefone ou por mensagens como "Não quero te assustar, mas hoje um homem se internou aqui, com um problema igual ao seu e era câncer. Beijos, Rafa". Para enfim convencê-lo a se tratar meses depois.

Cleberson iria operar de novo, só que por causa da próstata. E já separado da ex-mulher, iria ouvir ao lado de Rafinha, o médico dizer:

— Ainda bem que operamos. Você não tinha mais que 6 meses.

Uma relação que lhe traria uma nova casa, saúde, uma pequena filha/enteada chamada Gabi, cuidados, carinho — e pela qual ele decidiria viver.

— —

Mais sério, sem fazer piadas ou brincadeiras como era de costume. Foi assim que Paulinho entrou para a gravação do primeiro dia de show, no Acústico 2. Inseguro com os lapsos de memória, que o colocavam em situações descabidas, o vocalista queria apenas cumprir o seu papel com exatidão. E tremia só de pensar na possibilidade de fazer algo errado naquele projeto tão importante do Roupa Nova. Ainda sem procurar um neurologista para avaliar sua saúde mental, Paulinho preferia pensar que era coisa da idade. E que poderia, de repente, passar.

Porém, tinha uma música nova no meio do caminho, no meio do caminho tinha uma música nova: "Retratos rasgados". Canção, aliás, que já havia sido disponibilizada com antecedência para os fãs — que treinaram com afinco durante a semana para fazer bonito perante seus ídolos e não entenderam nada quando

Paulinho soltou frases trocadas no primeiro refrão: "Retratos rasgados/ Deixam marcas no meu coração/ Mentiras jogadas/ São pedaços soltos pelo chão."

Nando riu contido na hora, Serginho disparou a rir lá de trás da bateria, e Feghali fez aquela cara que o vocalista já conhecia de "Pô, Paulinho". O que contribuiu mais ainda para transformar aquele errinho bobo em um caos. Ao entrar na segunda parte, Paulinho, já nervoso, mandou um: "Eu te falei/ na na na na na na/ Pena que foi mal/ Eu te ensinei/ na na na na na na ... coisa e tal." E seguiu por toda canção, sem coragem de olhar para o rosto dos músicos, com vontade de gritar como se estivesse em um ensaio: "Para tudo!" O que foi mais ou menos o que Feghali fez ao terminar a música.

— Gente, vamos gravar de novo! — avisou o tecladista para o público, virando em seguida, de forma ríspida, para uma pessoa da produção, que estava na beira do palco: — Por favor, me dá a letra da música?

E a colocou no chão, na frente de Paulinho, como se dissesse: "Agora você não tem mais desculpa!" Uma pressão, sob os olhares da plateia e das câmeras, que tornou a segunda gravação muito pior do que a primeira, com o vocalista errando a letra inteira, do começo ao fim! Quer dizer, sem chance de chegar ao fim.

— Péra, não dá — disse Paulinho, ao notar a baderna que havia feito com a letra de "Retratos rasgados".

O vocalista olhou para Feghali como se pedisse ajuda, tenso, querendo sumir dali! No mínimo, ser teletransportado para outro lugar ou, quem sabe, outro tempo no qual sua mente não falhasse tanto. "Meu Deus... O que tá acontecendo comigo?", pensava ele, antes de ouvir o tecladista:

— Vai de novo!

E lá foi para uma terceira tentativa, já sentindo a mistura de nervosismo e gargalhadas que vinha dos fãs.

Ver o Roupa Nova errando, ao vivo, era algo extraordinário para a plateia. Uma falha humana que era bonita e apenas comprovava: "Eles também podem errar como os seres mortais e normais." Entretanto, muitos passaram a compartilhar com o vocalista seu sentimento de aflição, formando uma torcida fiel de Paulinho, rezando baixinho, e prendendo a respiração ao vê-lo tentar mais uma vez.

Com os joelhos um pouco dobrados para conseguir enxergar a letra da música no chão, Paulinho foi cantando, cantando. Doido para aquilo acabar logo! Passando, às vezes, a mão na nuca, como se quisesse espantar todos os olhares que estavam pesando em seu pescoço. Contando os minutos para ir embora e já imaginando a dura que tomaria nos bastidores. Desanimado, mas cantando. Até conseguir alcançar o final, quando seu inconsciente bobeou ao cantar: "Às vezes acho que tudo acabou" em vez de "Às vezes acho que me deu valor".

No segundo dia de gravação, para o desespero da banda, mais erros na letra de "Retratos rasgados"*, com Paulinho ainda mais abalado do que no dia anterior. E

---

* A música "Retratos rasgados", de Feghali, Nando, Kiko e Serginho, foi regravada pela dupla sertaneja Victor & Leo no CD Boa Sorte pra Você, de 2010.

apenas no terceiro dia de show, quando as câmeras já não estavam mais ligadas, o vocalista acertou a música. Fato inaceitável para aquele virginiano.

Claudia Leitte, que fez uma participação especial no show, também teria que cantar de novo a música "Um sonho a dois" por conta de palavrinhas no lugar errado. No entanto, Paulinho seria o único que, após este DVD, iria enfim procurar um médico.

— —

Além de Claudia Leitte e Toni Garrido, o ROUPAcústico 2 também contou com a presença de Marjorie Estiano, em "Flagra", e Pedro Mariano, na canção "É cedo". Este ainda comentaria no material extra do DVD: "Depois de um tempo de estrada, os seus grandes ídolos, suas referências, passam a ser parceiros de música! (…) E a administração disso na cabeça é muito maluca!"

Uma mensagem de Rita Lee foi exibida durante a apresentação do sexteto, no Tom Brasil, na qual a cantora relembrou a participação do grupo no seu disco de 1982 — "O que mais vendeu!", destacaria Roberto de Carvalho. E com a estrela, símbolo do Roupa Nova Music, desenhada no palco sob seus pés, os músicos registrariam sucessos como "Felicidade", "Vício", "Tímida", "Voo livre", "Cartas" e "Chama". O que se tornaria outro produto campeão de vendas na indústria fonográfica e daria, mais uma vez, em 2007, o Prêmio Tim da Música Brasileira de "Melhor Grupo" para o Roupa Nova na categoria Canção Popular.

Lançado em novembro de 2006, em menos de um mês o DVD ROUPAcústico 2 já tinha vendido mais de 60 mil cópias, ganhando, posteriormente, o certificado de platina duplo, com mais de 100 mil DVDs vendidos, segundo dados da Universal. O CD também receberia o disco de ouro ao ultrapassar as 70 mil cópias, conforme a ABPD. E o melhor: tanto o DVD do ROUPAcústico 2 quanto o ROUPAcústico estariam na lista dos DVDs mais vendidos no Brasil naquele ano. Ou seja, perspectivas de mais shows lotados por onde quer que a banda passasse.

— —

O doutor Paulo Niemeyer Filho, considerado um dos melhores neurocirurgiões do país, foi quem atendeu Paulinho.

— Eu quero que você faça todos esses exames.

Para só depois de ver os resultados conseguir chegar a uma conclusão:

— Olha, eu tô bobo de estar conversando com você aqui!

— Mas por quê?

— Paulinho… O que eu tô vendo aqui é uma cicatriz de um vazamento sanguíneo, causado por um pico hipertensivo! Uma marca de sangue que seu organismo ainda não absorveu.

— E isso quer dizer que…

— Você teve um AVC e não soube! E eu sou capaz de afirmar que foi em cima do palco! Cheio de adrenalina no sangue, fazendo o que você gosta.

— Tá de sacanagem...

E o médico sorrindo, aliviado, disse:

— É... As pessoas não acreditam, mas a felicidade supera muitas coisas...

— ...

— E a sua pressão? Continua alta? Paulinho, a gente precisa acompanhar isso. Vou te encaminhar para um cardiologista, tá?

Paulinho entrou em parafuso com as informações do médico e, em segundos, reviveu o dia em que seu pai chegou em casa, tombado no banco de carona do carro. Um homem que morreu depois, de Alzheimer, com a memória muito ruim. "E olha que ele não fez nem metade das coisas que eu fiz nessa vida... Meu pai nem bebia!" Lembrou-se da notícia do infarto fulminante de sua mãe, que também tinha uma rotina regrada. "Ela se cuidava, ia ao médico direitinho... O que adiantou?" E do falecimento de seu avô, que também sofreu um infarto. E não, não, não mesmo! Ele não queria morrer.

— —

Pressão alta: um mal com o qual que todos os seis músicos passariam a conviver no decorrer dos anos — já não tão jovens para aguentar estresses desnecessários, nem trancos mais fortes no coração. Por isso, ao sentir uma pressão na cabeça, em uma das reuniões do Roupa Nova no escritório, Kiko pediu para a produção chamar o rapaz da farmácia que havia ali perto.

No entanto, quando o farmacêutico chegou à sala, todos os músicos se empolgaram para saber como estava sua pressão. Pareciam crianças que enfrentam fila, ansiosas, para ganhar doce: "Mede a minha!" "A minha também!" "Depois a minha!", embora nenhum deles estivesse sentindo absolutamente nada! Cleberson estava bem, assim como Kiko, Serginho, Nando e Feghali. Com exceção de Paulinho que, apesar de estar tranquilo sentado na cadeira, apontou problema, sua pressão estava 18 por 10.

O vocalista, que já havia começado a se tratar com um cardiologista, foi direto ao seu consultório. E as explicações não foram das melhores:

— Essa pressão alta é a mais perigosa! É aquela que você só vai sentir quando estiver no 21! Vou trocar seu remédio — disse ele para Paulinho, que se olhava no espelho e via uma bomba-relógio.

— —

A postura incisiva de Poladian de tomar conta de tudo do Roupa Nova continuou causando atritos entre eles. Os integrantes sentiam que estavam perdendo o controle dos shows, do agenciamento, para ficar à mercê das decisões do empresário. Um paraíso para muitos artistas brasileiros que veem neste formato a oportunidade perfeita de se preocupar apenas com a criação. Além disso, Poladian não comparecia aos shows da banda e fazia a mesma coisa que Gil Lopes: criava a estratégia, a logística e trazia o dinheiro. Mas não ficava do lado dos seis integrantes — o que gerava uma série de desentendimentos.

Desta forma, depois de dez meses de trabalho, em janeiro de 2007, o grupo decidiu mais uma vez mudar de manager, pedindo que Poladian comparecesse a uma reunião no escritório do grupo. Nando foi de carro até o aeroporto para buscar o empresário, que estava chegando de uma viagem do exterior, sem saber do que se tratava a conversa.

— Infelizmente, não tá rolando Poladian. Nós queremos terminar nossa parceria com você — comunicou Feghali, causando espanto no empresário, que não esperava a notícia.

— Mas vocês receberam alguma proposta?

— Não, não... São formas diferentes de lidar com as coisas. Não tá funcionando...

— Tá, mas e a agenda? Vocês têm que honrar! Têm muitos shows marcados!

— A gente faz só os que estão completamente certos, tudo bem?

— Não vou dizer que eu concordo com isso, mas...

Manoel Poladian, incrédulo com o que escutara, saiu sem rumo da sala deles e desceu do prédio para pegar um táxi. "Poxa, pra me pegar no aeroporto eles vão! Agora, na hora de ir embora, eu que me vire!", fazendo sinal para um dos carros parado no ponto em frente.

— Oi, boa tarde! O senhor poderia me levar à Copacabana?

Sentou-se no banco de trás, inconformado com a atitude da banda, doido para desabafar com alguém. E por que não com o motorista?

— Amigo, vou lhe contar... Hoje eu vi uma das coisas mais estranhas da minha vida! Não vou ficar chocado porque eu não dependo deles! E nem vou enfartar porque a minha saúde é boa. Mas eu era empresário do Roupa Nova até uma hora atrás... Agora, eles cancelaram e não querem cumprir nem metade dos shows! Nunca vi uma produtividade e uma desfeita tão grande! Será que é porque eu não sou capacho? Eu não entendo!

— Cara, vou te dizer... Maior coincidência... O antigo empresário deles veio no meu táxi, saindo do mesmo estúdio, há um ano, chorando por ter sido mandado embora.

— Mentira!

— É... Acontece...

Assim, no carro, Poladian seguiu para a praia de Copacabana, para o show da Rita Lee, da qual era empresário havia mais de trinta anos. Já no escritório, os músicos do Roupa Nova, mais confiantes, ligavam para um profissional do qual todos haviam gostado desde o início:

— Pitta? Vocês ainda têm interesse?

— —

A tradicional Festa Nacional da Cerveja, a Fenacer, de Divinópolis (MG), foi marcada para os dias 27 a 30 de abril de 2007, às vésperas do feriado do dia 1º de maio. E com o tema "Nós podemos mudar o mundo", a organização montou uma enorme estrutura no palco, com uma passarela comprida que os artistas deveriam percorrer se quisessem ficar próximos do público — estimado para 25 mil pessoas. Entre os nomes que se apresentariam estavam Marcelo D2, Pitty, Capital Inicial, Engenheiros do Hawaii, Lulu Santos, Camisa de Vênus e Roupa Nova — um dos primeiros shows da banda com Marcelo Pitta como empresário, pela MP Produções.

— Oi, vem cá, não tem como tirar essa passarela? — perguntou Pitta sem sucesso, para um dos idealizadores do evento, ao se deparar com aquele "monstro" separando a parte principal do palco dos espectadores.

O palco principal era muito alto e distante do público. A passarela era comprida e levava para outro platô mais baixo — este sim perto das pessoas. E o grupo, na hora do show, acabou ficando dividido, com Cleberson e Serginho muito distantes de todos — imperceptíveis para a multidão —, enquanto Paulinho, Kiko, Nando e Feghali transitavam, nem sempre juntos, por aqueles espaços vazios. Enfim, a banda ficou completamente segmentada e com dificuldade de se aproximar do público. Razão para... brigas.

— Caralho! Você quer acabar com a minha carreira?! — gritou um deles ao bater os olhos em Pitta, no camarim.

Seguido pelos outros, que começaram a discutir entre si, transformando os bastidores em um inferno, deixando o empresário arrasado por aquela estreia confusa e agressiva.

"Caramba... A banda com quase 30 anos, e vai acabar na minha mão? Logo comigo? Que é isso... Tô ferrado! O que eu vou falar pro mercado? Que o Roupa Nova acabou na minha gestão, cara? Puta que o pariu!", pensava Pitta, ao caminhar para o seu quarto de hotel. "Eles não podem esquentar tanto a cabeça com essas coisas... Não é possível!" Levando mais alguns meses para perceber que ele presenciaria 486 brigas iguais ou piores que aquela. E que, mesmo assim, o Roupa Nova não iria acabar.

— E aí? Você vai fazer o Sul com o Roupa Nova? — perguntou Manoel Poladian em um de seus telefonemas para Marcelo Pitta.

— Claro! Por que não?

— Então você tá me devendo uma comissão!

— Mas por que eu tô te devendo?

— Porque eu ia fazer!

— Ahã, tá bom...

Para trabalhar com o Roupa Nova é preciso ter paciência com a dinâmica já existente entre eles e saber observar, chegar de mansinho, sem perturbar o ambiente já construído. É preciso ter o cuidado de não se perder no meio de tantas opiniões, sabendo ainda se impor, sem arrogância, sendo muito direto e transparente com todos os integrantes, além de prático.

Pitta foi se adequando ao ritmo dos seis e, acima de tudo, tentou perceber as diferenças entre eles, como cada um reagia ou respondia às ações para saber exatamente onde pisar. Porém, isto não o impediria de ser pego de surpresa, às vezes, pelos temperamentos distintos dos músicos — como aconteceria em uma de suas viagens com a banda, em turnê pelos Estados Unidos.

O itinerário era ir, no domingo, de Nova York para Boston, e três vans de sete lugares transportariam os músicos, alguns parentes e a equipe de produção. O que seria algo em torno de quatro horas de viagem, com cada motorista seguindo as instruções do GPS — já que ninguém sabia o caminho.

Assim, o condutor da van de Pitta digitou no aparelho "Boston". E, ao ser perguntado "Trajeto mais rápido ou caminho mais curto?", considerando o trânsito daquele dia ele apertou "Curto". No entanto, o motorista do carro em que estava Serginho escolheu "Rápido", e cada um foi para um lado, sem notar que haviam optado por rotas diferentes.

Era um domingo movimentado em uma das maiores cidades do mundo. Os táxis amarelos dominavam as ruas, com famílias, namorados, amigos e turistas — dos negros aos hispânicos. Uma mistura característica e caótica da Big Apple que atrasaria, pelo menos, um dos veículos.

— Pitta, onde vocês estão? — perguntou Serginho, pelo rádio.

— Cara, tô parado no engarrafamento!

— Engarrafamento? Putz, ferrou! Nós estamos perdidos. Para o carro aí!

— Já estou parado, Serginho. Não dá pra fazer mais nada.

— Como não, Pitta? Para esse carro! — gritava o baterista, angustiado, fora de controle, sem ter a menor ideia de onde estava — Para o carro, Pitta! Assume a direção!

— Não faz o menor sentido isso que você tá dizendo… Eu não vou assumir a direção. Não conheço porra nenhuma aqui! Tem motorista profissional!

— Caramba, Pitta! Faz agora o que eu tô falando!

— Serginho… — disse Pitta, respirando e contando até dez para não perder a calma como o baterista, que estava enlouquecido.

— Porra, tá querendo me foder, né?

— Ahã… Quer saber?

O empresário, muito irritado, desligou o rádio — o que não costuma fazer, independente da ocasião — e jogou longe o aparelho, bufando de ódio, buscando dentro de si a serenidade que tinha ido para o espaço. Aquilo deixou um climão na van entre as outras pessoas que estavam presentes, mudas e constrangidas. Especialmente por notarem o baixo astral do empresário depois do ocorrido. Até que o gelo se quebrou:

— Então… Vocês já ouviram aquela do português? — perguntou Kiko que, inesperadamente, disparou a contar piadas, das mais batidas às mais elaboradas.

E arrancava alguns risos de quem estava na van, embora Pitta continuasse emburrado e de braços cruzados. Rindo enquanto contava, fazendo vozes malucas, poses e imitando os personagens, até ganhar de Pitta risos tímidos, que foram escapando com as palhaçadas do guitarrista, que fazia na van praticamente um show particular.

Um repertório vasto que duraria as quatro horas de viagem para Boston e deixaria a alma do empresário mais leve. Naquele dia, Pitta entendeu uma das razões para os seis músicos ainda estarem juntos, após tantos anos.

— —

Paulinho encontrava seu cardiologista de três em três meses, para tentar normalizar a pressão. E, se sentisse qualquer dor estranha, tinha a liberdade para ligar para o médico, independente da hora, mesmo que estivesse em outra cidade e fosse interurbano:

— Minha perna tá inchada, com umas marcas vermelhas esquisitas… E, se eu aperto de leve a pele, dói!

— Onde você tá Paulinho?

— Campina Grande. Daqui a pouco a gente vai tocar. Fala com a Elaine aqui.

Disse o vocalista, passando o telefone para sua namorada, mulher com quem ele moraria junto, depois de mais velho, e com quem viveria no maior clima família. Muito longe daquele solteirão da juventude.

— Eu tenho quase certeza que ele tá fazendo uma tromboflebite.

— Ele já tá entrando no palco! O que eu faço?

— Leva ele para um hospital no instante que acabar!

Elaine não falou nada sobre as suspeitas do médico para Paulinho, antes do show. Mas não perdeu tempo em arrancá-lo do camarim quando tudo terminou, levando o vocalista direto para uma clínica, às 3 horas da manhã. A sorte era que o médico de plantão era cardiologista e fez questão de fazer pessoalmente o exame na perna.

— É tromboflebite!

— Mas tá muito ruim?

— Olha, se eu fosse você, eu não viajaria. Operava hoje mesmo!

O vocalista ficou apavorado com essa frase, achando que poderia morrer no dia seguinte, e ligou no mesmo instante para o seu cardiologista, que corroborou a análise.

Paulinho passou por uma cirurgia e retirou uma safena da virilha para baixo, evitando que o trombo atingisse seu coração. No entanto, o choque da notícia ficou, e fez com que o músico, que já estava com a memória avariada e tinha fama de ser desligadão, se tornasse ainda mais na dele, evitando ao máximo se envolver com qualquer briga por bobagem do Roupa Nova. "Vou diminuir as picuinhas, as besteiras… Isso não vai me levar a nada!"

— Você tem que se cuidar, Paulinho. Seu histórico familiar não é bom, e o seu corpo tá reclamando de tudo que já fez. Você não pode se estressar! Você quer morrer?

— Parei, parei, bicho. Não discuto mais. — Prometeu ele para o seu cardiologista e para si mesmo.

— —

No mundo, Frank Sinatra, Nat King Cole e Bob Dylan já haviam gravado discos com canções natalinas. No Brasil, não existe ser vivo que não conheça o CD de Natal da Simone, que vendeu mais de 1 milhão de cópias em todo o país. Mas em 2007 foi a vez de o Roupa Nova lançar, pelo seu selo com distribuição pela Universal, o trabalho Natal Todo Dia. Com doze canções inspiradas no dia 25 de dezembro, entre elas a versão de "Heal The World", de Michael Jackson, feita por Nando sob o título "A paz", eleita pelo grupo como faixa a ser trabalhada.

"A gente precisa dar um jeito de chegar ao Rei!" Aquele se tornou o objetivo da banda depois que o CD ficou pronto, no intuito de conseguir uma participação no Especial de Final de Ano da rede Globo. Cada um pegou uns dois CDs para mandar, por conhecidos, a um único destinatário: Roberto Carlos. E todos torceram os dedos. "Se ele recebeu todos os CDs que a gente mandou, deve ter uma coleção! Dá até pra montar uma banquinha e vender." Brincou depois Marcelo Pitta.

Até que um dia o telefone do empresário tocou:

— O Roberto quer conversar com vocês! — disse do outro lado da linha, Luciana, secretária do "homem", fazendo bambear as pernas de Pitta, fã declarado do Rei.

— —

Pitta acordou ansioso naquele dia de outubro de 2007 — data marcada para ir com o Roupa Nova no estúdio de Roberto Carlos, na Urca, no Rio de Janeiro. "Pô, eu vou conhecer o Rei!", comemorava ele, escolhendo sua melhor roupa para a ocasião tão especial, antes de sair de casa. "Ai, ele podia gostar de 'A paz'...", torcia o empresário, que mais parecia uma criança prestes a encontrar o Papai Noel, e precisou se conter muito ao vê-lo de pertinho.

Roberto Carlos recebeu a banda e Pitta com muito prazer em seu estúdio. E, logo que eles chegaram, colocou o CD Natal Todo Dia para escutar com calma, ao lado deles. Passou pela "A paz", "Então é Natal", "Natal Branco", "Volte nesse natal", com a participação de David Gates, e ouviu o disco inteirinho, sem dizer uma palavra. Matando todos os neurônios dos músicos e do empresário com a tensão. Depois, voltou para ouvir "A paz" e tocou a canção mais umas cinco vezes seguidas. Com todo mundo ao seu redor, olhando de soslaio uns para os outros. Até que se fez o aguardado pronunciamento:

— Vou gravar essa música!

Pitta não resistiu e caiu em prantos. O empresário, emocionado por estar pela primeira vez na frente de Roberto Carlos, que escolheu a música que ele precisava, chorava copiosamente. Já os integrantes da banda riam, sem entender nada. Serginho dava gargalhadas! E ele, apesar das sacanagens dos músicos, não conseguia parar de chorar.

— Vamos pegar um vinho aqui pra brindar! — sugeriu Roberto, mantendo aquele clima de festa ao brindar com todos. E principalmente com Pitta, que o tocara com aquela reação mais do que espontânea.

— —

A gravação do Especial do Roberto Carlos aconteceria no HSBC Arena, no dia 1º de dezembro. Justamente a data em que o Roupa Nova tinha show no Vivo Rio, no Rio de Janeiro.

— Pitta, vocês têm que estar lá no máximo às 22h30, tá? — pediu Roberto Carlos, após dizer a data do evento.

— Roberto, não dá! Pode ser às 23 horas? — respondeu de imediato Pitta, já vendo de rabo de olho a cara fechada de alguns dos músicos, pensando ao mesmo tempo: "Meu Deus! Eu tô dizendo não pro Rei!"

— Pitta, no máximo às 23 horas, lá!

O Roupa Nova tinha show às 21 horas no Vivo Rio, no Aterro do Flamengo, na Zona Sul da cidade. E o HSBC ficava na Zona Oeste, na Barra da Tijuca, a cerca de 40 quilômetros de distância.

— Gente, vamos antecipar o show?

— Pitta, tá maluco? Cancela!

— Nando, como eu vou cancelar o show agora?

— Cara, a gente não pode se atrasar pra essa gravação. Você sabe disso!

Deixando o empresário sem ter para onde correr. "Caraca, cancelar o show? Agora?"

— ◆ —

— Paulo, preciso de um favor — falou Pitta, no telefone, para Paulo Amorim, responsável pela administração do Vivo Rio. — Preciso cancelar o show do dia 1º do Roupa Nova — disse, receando que poderia encontrar entraves no seu pedido devido a um desentendimento antigo entre os dois no meio musical.

— Se você cancelar, eu vou te multar!

— Caralho, mas o Rei chamou a gente pro Especial de Final de Ano. O Roupa Nova nunca participou do especial do Rei.

— Pode cancelar. Mas eu vou te ferrar!

A banda estava com três datas no Vivo Rio: 30 de novembro, 1 e 2 de dezembro — sexta, sábado e domingo. A ideia de Pitta era cancelar apenas o espetáculo do dia 1. Na verdade, havia sido um exagero marcar os três dias no mesmo final de semana em uma casa que estreava.

— Vamos transferir? A gente explica pro público!

— Não. Vou te foder!

— Então vamos antecipar o show? Pelo menos para as 20h30!

— Não, também não dá!

Pitta desligou furioso o telefone e avisou pro grupo, apesar dos protestos.

— Nós não vamos cancelar. Vamos fazer!

— Porra, Pitta! — bradou Nando, como também fizeram os outros integrantes, como se tivesse faltado "colhão" para o empresário cancelar a apresentação.

— Não vai ter como, Nando. A multa vai ser astronômica! Nós vamos fazer sim! Nem que eu tenha que montar uma operação de guerra! — avisou Pitta, irredutível.

— ◆ —

A primeira medida de Pitta foi pagar comercial e bombardear os ouvintes das rádios: "O show de sábado acontecerá às 21 horas. Rigorosamente no horário. Chegue mais cedo." A segunda foi pedir para a banda terminar o show às 22h20: "Por favor, prestem atenção no horário!" E a terceira, e mais arriscada medida, foi alugar duas vans para levar os músicos para o aeroporto Santos Dumont, e dois helicópteros para voar dali até a Barra da Tijuca.

Mas onde aterrissar? Existia um heliporto dentro do HSBC, que seria maravilhoso para o esquema, porém os bombeiros não liberaram sua utilização e a equipe da MP Produções precisou quebrar a cabeça para arrumar uma solução, vasculhando na internet e ligando para todos os seus contatos em busca de alguém que tivesse um heliporto naquela redondeza. Até achar um judeu, dono de uma concessionária da Peugeot Ago, fã do Roupa Nova, que autorizou a descida.

O problema é que eles perderiam mais tempo, no percurso na Barra, do heliporto até o HSBC. E para não ter erro tudo deveria ser cronometrado.

A notícia correu que o Roupa Nova faria o Especial do Roberto Carlos em dezembro. E o jornalista Joaquim Ferreira dos Santos, interessado no assunto, ligou para o empresário em busca de uma nota para a coluna Gente Boa, do jornal *O Globo*.

— Pitta, o que vai acontecer? Vocês vão fazer o show no Vivo Rio ou o Roberto Carlos?

— Vamos fazer os dois.

— E como vai ser essa logística? — perguntou Joaquim, no telefone, antes de obter como resposta toda a história das rádios, vans e helicópteros, e publicar no dia seguinte:

O Roupa Nova montou um megaesquema com direito a dois helicópteros e vários carros — para cumprir sua agenda amanhã. A banda está programada para fechar a gravação do programa do Roberto Carlos, marcado para começar às 21 horas em Jacarepaguá, e vai voando para o MAM, onde, reza a lenda, irá se apresentar "pontualmente" uma hora depois.

— Cacete, não acredito nisso! — berrou Marcelo Pitta, inconformado ao ler no jornal as informações trocadas e o sarcasmo no comentário sobre a pontualidade da banda.

Ligou em seguida para Joaquim, pedindo pelo menos uma errata. Só que, dessa vez, o jornalista não atendeu.

— —

O primeiro especial do Roberto Carlos produzido pela TV Globo foi exibido em 1974, tornando-se uma tradição da emissora, com a participação dos artistas da casa e de conceituados músicos brasileiros. Todavia, naquele ano de 2007, o evento teria também público pagante, pessoas que esperavam avidamente para ouvir, ao vivo, clássicos como "Emoções" e "Como vai você", além de sucessos da Jovem Guarda como "Negro Gato" e "Splish Splash". E o Roupa Nova, em função do show no Vivo Rio, seria o último convidado.

— Porra, Pitta! Caralho! Cadê o Roupa Nova? — perguntou o diretor da emissora, Roberto Talma, sério, com sua voz forte, quase matando o empresário de susto.

Marcelo Pitta ficou andando de um lado para o outro no estacionamento do HSBC, esperando os músicos, para controlar a ansiedade de todos, enquanto a banda se apresentava no Vivo Rio, sem pecar na qualidade.

— Pitta, cadê eles?

— Tão chegando, Luciana, tão chegando! — avisou o empresário, às 22h15, para a secretária de Roberto, que ia de tempos em tempos ao estacionamento ver se os músicos haviam aparecido. Afinal, o show já estava rolando!

— E aí, Pitta?

— Estão vindo, Talma! Calma!

Olhando para o relógio, aflito, por ver os ponteiros marcando 22h30, sem nenhum sinal dos seis. "Já era pra produção ter me acionado!" Entrando em total desespero ao receber a informação, pelo rádio, de que o Roupa Nova só conseguira terminar o show às 22h40.

— Eles só estão saindo daí agora? Ai, cacete! Vai dar merda...

No instante em que Gilberto Gil passava pelo estacionamento.

— Boa noite.

Fazendo cara de "Deve ser o coitado do empresário do Roupa Nova".

— Boa noite! — respondeu Pitta, suando por todos os poros do corpo, tentando sair da mira da porta do estacionamento, como tentasse se esconder entre os carros.

"Todo mundo só deve estar falando sobre a gente lá dentro... Fodeu..." 22h50... 22h55... E nada do Roupa Nova! O Roberto Carlos já estava até cantando outras músicas que não estavam no set list para segurar o público. Sorrindo, tranquilamente, com se estivesse tudo nos conformes. Quando, de repente, Pitta avistou as vans em uma velocidade alucinante atravessando a cancela, com os seis músicos saindo dos carros como loucos.

Passou pelo corredor dos camarins, correndo junto com a banda, ainda suando frio. Alcione vendo isso, em pé, de uma das portas, gritava, batendo a mão, para motivar o grupo: "Vai, corre, corre, corre! Vambora! Vambora!" Com os seis integrantes trocando de roupa, colocando os microfones sem fio atrás, pegando os instrumentos, esbaforidos, para correr para o palco. Com Roberto Carlos anunciando: "Vou chamar agora uma banda fantástica! Uma banda de sucesso desde que começou. Roupa Nova!" Com alguns integrantes ainda atrapalhados, se arrumando.

— Nando! O baixo! — berrou Pitta, quando o baixista já estava com um dos pés no palco, voando em seguida para pegar o instrumento e entregar na mão dele. — Toma aqui. Vai, vai!

Enquanto Ricardo Feghali dizia no microfone:

— Roberto, sou seu fã!

— Eu também sou fã de vocês, viu, bicho? O Roupa Nova faz parte da vida de todo brasileiro que gosta de qualidade e de boa música.

Para só depois Serginho dar a deixa.

— Vamos lá então?

Eles tocaram o hit da Jovem Guarda, "Se você pensa", colocando depois cerca de 9 mil pessoas para dançar com o "Whisky a Go Go". "A paz" foi a última canção que a banda cantou ao lado do Rei, também com a participação dos meninos do coral Canarinhos de Petrópolis, em meio a uma chuva de papel picado. Encerrando a maratona, só no dia seguinte, ao realizar o último dia de apresentação, no domingo, no Vivo Rio.

━ ━

Não dá dúvidas de que o selo Roupa Nova Music deu liberdade para a banda que, de 2006 para 2007, não só apostou em um ROUPAcústico 2, como também inventou um trabalho com canções natalinas do dia para noite. E isso apesar de todos os percalços enfrentados pelos integrantes e do confronto com as multinacionais que continuaria de outro modo, como colocaria Serginho: "As gravadoras pegam nossa foto, invertem no Photoshop e põem na loja sem nenhum critério. Nós não sabemos nem quantos discos o Roupa Nova tem, tantas são as coletâneas!"[31]

Além disso, pelo selo, eles também poderiam lançar trabalhos de outros artistas, como fariam no futuro com o CD Roupa Nova convida Daniel Musy, no qual o instrumentista interpreta sucessos da banda, e com o CD Amanhã, do trio Sá, Rodrix & Guarabyra, que marcaria o último registro em estúdio de Zé Rodrix, antes de sua morte, em maio de 2009. Como definiria Sá: "Esse disco, infelizmente, representa a despedida de um amigo de quarenta anos."

Enfim, as possibilidades haviam ampliado e já dava para sentir no final de 2007 que a música do Roupa Nova poderia respeitar apenas a sua criatividade e vontade. Segundo Serginho, a prioridade do selo deles seria a arte, e não o comércio. Dando a chance para que os seis pudessem sonhar com projetos mais ousados, caros, ou distantes. Quem sabe até uma gravação em Londres.

CAPÍTULO 40

NOW I LONG FOR YESTERDAY

"O não a gente já tem.
Vamos tentar o talvez."

Ricardo Feghali

"Que merda... Esse cara não sabe rufar..."

— De novo Ringo! — pediu George Martin para o baterista, no dia 11 de setembro de 1962, no estúdio da EMI que ficava em Londres.

O produtor estava lá para a gravação do primeiro disco de uma banda de Liverpool, que conhecera através do empresário Brian Epstein. E, de início, nem tinha achado nada de extraordinário nas músicas ou nos cantores que Brian apresentara. Mas o som era interessante e, por isso, fez um teste de gravação com o quarteto em junho. Só que aquele baterista não era o que ele havia conhecido!* Mas Andy White, baterista experiente de estúdio, estava no local para o caso de alguma eventualidade, embora Ringo não soubesse.

George escolheu para o seu primeiro single as canções "PS I Love You" e "Love Me Do" — justamente a música que Ringo não acertava de jeito nenhum! E, de fato, aquela era sua primeira gravação em um estúdio. Ele transparecia nervosismos em suas batidas e ficava cada vez mais tenso quando George pedia que ele repetisse. E só deixou o produtor aparentemente satisfeito depois de tocar dezessete vezes! Alívio passageiro para Ringo, que não entenderia nada ao ver, depois, Andy White sentado na bateria para gravar "PS I Love You".

Saindo rapidamente do estúdio, furioso e decepcionado, sentando nas escadas da portaria, para tomar um ar.

Ninguém falou nada. Nem Ringo, que se sujeitou a tocar maracas na gravação dessa faixa, com a pior das caras e o pensamento fumegando. "Que merda... Como é falso esse negócio... Bem que me avisaram: eles colocam outros músicos para fazer seus discos! Ah... Eu não consigo. Se eu não sirvo para as gravações é melhor eu sair do conjunto!"

---

* Ringo Starr tocou com os Beatles em Hamburgo, na época ainda como baterista do Rory Storm and the Hurricanes. Ele tinha acabado de entrar no lugar de Pete Best.

Ringo não saiu da banda, e o compacto simples Love Me Do foi lançado no dia 4 de outubro de 1962 — com ele na faixa principal, "Love Me Do", e Andy White no lado B, com "PS I Love You". E os amigos, parentes e admiradores dos quatro rapazes de Liverpool puderam, pela primeira vez, enviar milhões de pedidos às estações de rádio para tocar o disco.

Os músicos John Lennon, Paul McCartney, George Harrison e Ringo Starr não iriam surpreender o mundo com este LP — como ambiciosamente eles esperavam. Mas aquele era apenas o começo e, por mais que eles sonhassem, não conseguiriam prever o que aconteceria no futuro! Muitas outras canções ainda seriam gravadas, e tantas outras bandas nasceriam inspiradas em suas letras e melodias. E, por fim, eles deixariam mais do que marcas naquele estúdio da EMI, número 3 — imortalizado pelo nome de sua rua, Abbey Road.

— —

Olá,
Tudo bem?
Sou de uma banda no Brasil chamada Roupa Nova.
Irei para Londres, daqui a alguns meses, e gostaria de conhecer o estúdio.
Adoraria fazer uma masterização no Abbey Road.
Como a gente pode fazer? É possível?
Atenciosamente,

Ricardo Feghali

Oi,
Sim, é possível agendar essa visita.
Avise-nos quando vier, que a gente mostra o estúdio pra você.

Abbey Road Studios

Diversos avisos no site do estúdio tentam espantar os fãs enlouquecidos dos Beatles, que encaram aquele espaço, ainda utilizado para gravações, como um encantado santuário, um lugar sagrado, com os últimos vestígios dos deuses da música que passaram pela Terra. E o beatlemaníaco Feghali, que estava para tirar férias com a família, em 2007, sabia destes impedimentos quando mandou o e-mail para lá. Por isso, colocou o Roupa Nova no texto. Uma pequena mentirinha que poderia lhe abrir portas. Afinal, se o comunicado do site dizia "O Abbey Road é um estúdio de trabalho e negócio, e como tal não abre para o público em geral, para visitas ou tours", ele então inventaria um negócio.

— —

Os meses voaram e Feghali se esqueceu de mandar um e-mail para o Abbey Road Studios, avisando as datas corretas em que estaria em Londres, só se lembrando da "balela" que havia inventado sobre a masterização quando estava na Inglaterra.

— Ah, vamos lá ver o que é que dá! — disse ele para os filhos, que também tinham curiosidade de conhecer o estúdio, com a mesma vivacidade de um menino de 12 anos chamando o coleguinha para fazer arte. — Se a gente entrar por esta avenida, fica mais fácil... — comentou, já olhando no mapa e fazendo conjecturas sobre como chegar à rua certa.

Desse modo, colocou o mapa no bolso e seguiu para o seu destino, acompanhado dos filhos Carol e Thiago, além dos sobrinhos. Andava pelas ruas de Londres animado para pisar no mesmo estúdio dos seus ídolos e tirava fotos no meio do caminho, sem comprometimento com o relógio. Passeou bastante, até avistar uma casa georgiana, branquinha, no bairro St. John's Wood, com uma plaquinha: "Abbey Road Studios."

E entrou com a maior cara de pau de que se tem notícia no Líbano.

— Oi, tudo bem? Eu mandei e-mail pra cá tem um tempinho... Eu sou de uma banda do Brasil e falei com uma pessoa do booking. Ela me disse que eu poderia conhecer o estúdio.

— Certo. E qual é o nome dessa pessoa? — perguntou o funcionário, de maneira fria, com aquele sotaque britânico forte, olhando para os jovens que estavam ao redor do músico.

Todos traziam sorrisões no rosto, estavam alegres, sem a menor pinta de compromisso profissional. Já Feghali comprimia os olhos como se tentasse puxar um nome da memória — encenando um típico esquecimento.

— Paula?

— Não tem ninguém com esse nome, aqui, não.

— Hum...

E o funcionário continuou naquele de tom de "vamos falar sério agora".

— O que é que você queria?

Como se ainda existisse alguma esperança.

— Eu queria conhecer o estúdio!

— Ah, sim... Sinto muito, mas infelizmente não dá.

— Nem rapidinho? A gente não demora!

— Eu sei, eu sei... O problema é que se deixarmos entrar todos que quiserem só conhecer o estúdio "rapidinho" vai virar uma bagunça. Faz o seguinte: toma aqui um cartão! Você entra na internet e faz um tour virtual pelo estúdio! Tenha uma boa tarde — disse, deixando um cartãozinho nas mãos do tecladista, que dava um sorriso amarelo enquanto pensava: "Mas esse eu já fiz!"

— ● —

— Um disco de inéditas gravado em Abbey Road... Podia ser verdade! Pô, mas nego vai encrencar se eu falar isso... — resmungava Ricardo Feghali, enquanto mexia na mesa do seu estúdio, antes de meter a mão na massa para produzir o trabalho de outro artista. — A gente precisa fazer uma coisa doida! O que adianta ter um selo com medo de arriscar? Não dá pra viver de passado... — continuava, compenetrado, olhando para a tela do computador, que atualizava alguns programas antes de ligar. — Quer saber? Foda-se.

Na reunião seguinte, ele esperou todos os músicos chegarem.

— Vem cá, por que a gente não faz um trabalho de músicas inéditas? Mas...

— Lá vem você com esse papo de...

— ... gravar no Abbey Road?

Nando não esperava aquela proposta do tecladista, muito menos os outros músicos, que reagiam todos ao mesmo tempo.

— Abbey Road, Feghali?

— Tu tá de brincadeira...

— Cara, você é doido...

E o tecladista, teimoso, se mantinha irredutível.

— Por que não? A gente só vai saber tentando!

— O público não quer mais ouvir música nova... O Midani tem razão.

— Nando, a gente faz um DVD! Eu tenho certeza de que os fãs vão curtir! Pode rolar uma identificação maior com as músicas.

E Pitta completou:

— Cara, isso também não é uma verdade absoluta. Você vê o Santana? O cara, com trinta anos de carreira, lançou Supernatural em 1999 e vendeu milhões de cópias!

— Eu sei, gente... Mas tem até estudo internacional sobre isso! Quanto mais hits você tem, mais difícil fica emplacar outro. O seu trabalho passa a competir com o seu acervo!

— Por isso vale a pena fazer um negócio especial! Vamos aproveitar que o selo é nosso, o dinheiro também, e vamos abusar! Vamos pra Londres! A gente tem esse direito.

— Ah, cara, isso não é muita viagem, não?

— Kiko, a gente tem que renovar!

— Sei lá... É muita novidade pra um produto só, não? Inéditas em Londres? E, na boa, deve ser difícil pra caralho conseguir gravar lá! Você é maluco, cara...

— Se você não é maluco, você não chega a lugar nenhum! Vamos arriscar! Já imaginou, você tocando no Abbey Road? A gente no estúdio DOS CARAS?

Ir tão longe para gravar músicas inéditas, que poderiam não cair no gosto dos fãs, era um projeto ousado. Típico de Ricardo Feghali. Porém, a ideia de tocar em Abbey Road, local sagrado para o Roupa Nova, era uma proposta tentadora para todos — a realização de um sonho, após mais de trinta anos na estrada. Estar no lugar onde tudo começou. Onde canções incríveis foram gravadas, para depois chegarem às lojas de discos, às rádios e invadirem as suas vidas — provocando profundas e irremediáveis mudanças para todos os seis. Enfim, gravar em Abbey Road seria revisitar o passado, enfrentar o sentido de sua existência e dar voz a um velho desejo.

— Já tô vendo tudo! Um técnico inglês provavelmente não vai conhecer o Roupa Nova e vai colocar um estagiário no lugar. A gente vai querer mexer, o cara não vai deixar. Porra, se sai uma briga com um técnico desses no estúdio acabou o disco! Bom, o que eu quero dizer com isso: eu acho que nós temos que ter um técnico brasileiro. E esse técnico é o Moogie.

Nas reuniões da banda, cogitou-se contratar um profissional de Londres, que poderia trazer uma sonoridade local, o que seria uma contribuição diferente e enriquecedora para o DVD. No entanto, a maioria foi contra. Principalmente depois da sugestão de Nando.

Moogie Canazio tem no seu currículo grandes nomes da música, como Maria Bethânia, João Gilberto, Tom Jobim, Eric Clapton, Diana Ross, Barbra Streisand e Ray Charles. E, como diria Ricardo Feghali, tem o ouvido que a banda gosta. Moogie já havia atuado em outros trabalhos com o Roupa Nova desde o início dos anos 1980, não só nos discos da banda, como também nos de outros artistas como Rita Lee e Sandy & Júnior. E, se não bastasse isso, tinha ampla experiência internacional, prêmios na bagagem como o Grammy e gravações em estúdios importantes como o próprio Abbey Road.

— Moogie, quer ser o nosso coprodutor?

Ah, sim, além de ser apaixonado pela banda e também beatlemaníaco — o que tornaria a viagem ainda mais interessante.

— —

Moogie Canazio é o tipo de profissional que se envolve e se dedica integralmente ao que acredita. E se for preciso vira a noite para fazer o melhor trabalho! Aficionado por música, sobretudo a brasileira, e amante dos pequenos prazeres da vida, trata-se de um engenheiro de áudio com mais de trinta anos de experiência — sendo, no mínimo, vinte morando em Los Angeles. Um bon-vivant que se esconde atrás do bigode e da barba branca, do estilo rock'n'roll do tênis e da calça jeans, e do entusiasmo contagiante por DVDs como o do Roupa Nova em Londres.

E foi ele quem falou, pela primeira vez, sobre os seis músicos para a gerente do Abbey Road, Colette Barber, abusando da boa impressão que havia deixado no estúdio nos trabalhos anteriores e abrindo as portas para que a negociação tivesse andamento. "Banda do Brasil? Deixe-me dar uma olhada."* Além de sugerir para o grupo a gravação de uma canção a capela no AIR Lyndhurst, também chamado de AIR Studios.

— Vocês precisam conhecer esse estúdio! Acreditem em mim!

O AIR Studios foi fundado por George Martin, o mesmo produtor que impulsionou a carreira dos Beatles em 1962, e funciona em um local que fora uma igreja no passado. Uma construção lindíssima de 1880, de traços vitorianos, que daria uma beleza visual forte ao DVD. E que faria parte do cronograma de gravação dos clipes do Roupa Nova com um octeto de cordas, ao lado de tomadas ao ar livre na cidade, no Hyde Park e no rio Tâmisa de barco.

---

* Primeiro, a banda tentou fazer um projeto realizado pelo Abbey Road, mas como a proposta era muito cara, o grupo decidiu alugar o estúdio e apenas dizer que foi gravado lá.

Seriam 15 dias contados em Londres, e nenhum minuto deveria ser desperdiçado. Por isso, todo o projeto já foi amarrado do começo ao fim no Brasil, assim como foram feitas as marcações nos dois estúdios, por Nando. O baixista, apesar de ter receios sobre um trabalho de inéditas, adora viajar e se rendeu a Londres. Portanto ele, além de definir com o grupo as músicas e os arranjos que entrariam, passou horas no telefone conduzindo os contatos internacionais, junto de Moogie e Pitta na organização. Tenso e preocupado em passar a melhor imagem dos brasileiros para os gringos. O clássico "para inglês ver".

— —

"Let Me Out", da banda inglesa Ben's Brother, era a canção que estava tocando na FM quando Nando ligou o rádio. "Hum... Parece com o estilo do Roupa." A música fazia parte do primeiro álbum dos ingleses Beta Male Fairytales e se tornou sucesso no Brasil após entrar na trilha da novela de 2008, *Duas Caras*, da rede Globo.

O baixista ficou com aquilo na cabeça. Dias depois, retomou a referência no Midivirto Studio, na casa de Nando, quando chegou a vez de trabalhar a harmonia de "Reacender".

— Engraçado, isso tá me soando como Ben's Brother...

Só que ninguém reconheceu a banda! Bom, pelo menos até o baixista colocar o CD com a tal da música da novela.

"So let me out or let me in..." A canção tinha a levada que eles estavam procurando para "Reacender", e era impressionante como os trabalhos dos dois grupos se pareciam. Semelhanças que não paravam por aí. Em entrevista para a Jovem Pan Online, por exemplo, na passagem da banda pelo Brasil, em julho de 2008, ao serem indagados sobre o porquê da grande aceitação dessa canção por parte dos brasileiros, o guitarrista Kiris Houston disse: "No Brasil as pessoas gostam de letras, mas também de sentimento. Acho que a nossa música faz sucesso porque as pessoas aqui gostam de ouvir canções que tocam a alma e o coração."

Um discurso bem parecido com o do Roupa Nova.

— —

— Sabe aquele motorista que dirigiu a van pra gente, nesse último show de São Paulo? — perguntou Serginho, no telefone, para Nando, com a voz um pouco animada.

— Sei... Por quê?

— Então, no carro a gente falou sobre aquela música do Ben's Brother que parece com "Reacender", lembra?

— Tá... Mas e daí?

— Olha que coisa maluca: coincidentemente foi esse motorista que dirigiu para a banda aqui no Brasil. E parece que eles conhecem o nosso trabalho!

— Tá de sacanagem...

— Não! Ele até me passou o contato deles.

— Hum... Quer tentar?

— Ah, vamos chamar os caras!

Jamie Hartman e Kiris Houston não só moravam em Londres, como pertinho do Abbey Road. Kiris, ainda por cima, era um britânico louco pelo Brasil e chegou a morar, inclusive, em Salvador. Embora nem todos os integrantes da banda pudessem comparecer, os dois aceitariam gravar uma versão bilíngue de "Reacender" ("Shine") — com Jaime cantando com Paulinho, e Kiris fazendo o violão de doze cordas. Uma participação especial, cheia de coincidências, que validaria uma antiga frase dos seis músicos, de que "tudo acontece na hora certa com o Roupa Nova".

— ● —

Em tempos de internet, é possível fazer a pré-produção de um disco inteiro com cada um dos músicos em sua casa. No entanto, o Abbey Road resgatou a criação coletiva e presencial dos seis músicos, com encontros diários durante dois meses. Uma dedicação que resultaria em dez músicas inéditas, entre elas: "Toma conta de mim", "Cantar faz feliz o coração", "Chamado de amor" e "Quero você", que seriam lançadas ainda em outubro de 2008, em um EP* como uma prévia do que estava por vir. Além disso, o projeto de Londres teria quatro regravações, uma faixa bônus para entrar no DVD e, claro, uma releitura dos Beatles. Neste caso, como "Yesterday" e "Hey Jude" já haviam entrado no ROUPAcústico, a decisão ficou entre "Because", "Eleanor Rigby" e "She's Leaving Home", que foi a que ganhou a votação — com arranjo de Cleberson.

Para registrar as imagens da gravação de todas as canções, os quatro clipes do DVD e os bastidores da empreitada, Joana Mazzucchelli, da Polar Filmes, foi a diretora convidada — fechando a equipe de 23 pessoas para viajar para Londres com os músicos. Uma grande estrutura na qual o selo Roupa Nova Music não poupou — como faria durante toda sua estadia na Inglaterra. Um investimento grande que facilmente seria vetado pelas multinacionais por onde o grupo passara.

Assim, no dia 12 de outubro de 2008, o Roupa Nova embarcou, disposto a gastar o que fosse preciso para fazer um trabalho perfeito e audacioso. Levando nas malas: equipamentos, instrumentos, músicas e sonhos, que não haviam envelhecido.

— ● —

Era um dia cinzento e frio em Londres quando os seis músicos desembarcaram, deixando os ônibus vermelhos de dois andares, que circulavam pelas ruas, ainda mais vermelhos. E do vidro fumê do carro, a caminho do hotel, pubs tradicionais, museus, táxis pretos e as charmosas cabines retrô de telefone pareciam transportar a banda para um tempo muito distante. As folhas de outono cobrindo os parques, que antes eram verdes, davam o tom marrom da estação, e o cansaço de todos pela viagem de avião ia cada vez mais ficando para trás.

---

* EP é a abreviação de Extended Play. No geral, estes discos contêm em torno de quatro faixas.

A primeira parada foi para deixar as malas, em um dos melhores hotéis da cidade — uma mordomia de rei que o Roupa Nova se permitiu. E enquanto todos faziam o check-in no saguão do prédio, de arquitetura neoclássica tradicional com tons contemporâneos, outros hóspedes entravam, de todas as partes do mundo. Muitos deles ricos e milionários, como um sheik que, simplesmente, parou um caminhão de mudança em frente ao hotel e ordenou:

— Pode descarregar!

Assinando um cheque de estadia permanente para um dos quartos e pagando uma quantia adicional pelo direito do cofre, onde ele poderia guardar todo seu tesouro.

Do hotel, o grupo, com todos os integrantes muito bem-vestidos, seguiram para o estúdio, que fica perto do centro da cidade. Passando pela rua Grove End Road, no bairro St. John's Wood, com seus prédios baixos, de muitas árvores e plantas nos muros das construções, até chegar à faixa de pedestres mais famosa da música, na qual John, Paul, George e Ringo registraram a capa de um dos discos mais importantes da história do rock'n'roll e que também se chama Abbey Road. Próximo a um muro branco cheio de rabiscos, no qual os fãs deixam recados e desenhos perdidos para os Beatles, apesar de ele ser repintando com frequência. Só depois entraram com uma comitiva na mesma casa georgiana, branca, com uma extensa e larga escada, em que Feghali havia sido barrado durante as suas férias.

"Vem cá, esses caras são magnatas no Brasil?", cochichou um dos estagiários do estúdio para o seu chefe, ao ver o filho de libanês entrando, cheio de pose, sorrindo para todos os funcionários, olhando para todos os cantos do prédio para não perder nenhum detalhe e andando devagar como se pisasse em nuvens.

— —

A gravação do Roupa Nova aconteceria no Estúdio 2 do complexo Abbey Road — a única sala que jamais foi reformada e conserva, inclusive, alguns equipamentos usados na época dos Beatles. "Meu Deus, quem diria... Eu aqui!", refletia Feghali enquanto passava levemente os dedos sobre as paredes e os aparelhos. Virou o rosto para cima para ver o teto, reparou no chão, admirou os quadros com os olhos brilhando. "E pensar que tudo começou com uma pianola desajeitada que minha vó arrumou... Moleque pra caramba. E eu achando que estava abafando!", ria ele, sozinho, sem notar o que os outros músicos estavam fazendo.

"O melhor foi a cara da mãe quando eu coloquei aquela nota de Cr$ 100 na cômoda! Hunf... E ela achando que eu não iria levar essa vida pra frente...", pensava ele, se afastando de todos, caminhando pelo estúdio sem perceber o trajeto que fazia. "Ainda inventei Los Panchos e toquei com a minha irmã! Putz... A Jandira tinha que estar aqui pra ver isso... Depois de todos os perrengues dos bailes, de não ter dinheiro pra comer, das brigas dos nossos pais e das nossas tantas mudanças, eu estou, aqui, em Abbey Road! Eu consegui." Andando até alcançar de novo os degraus da entrada, de frente para o estacionamento, sentou um pouco, enquanto contemplava tudo que estava a seu redor — aquele mesmo menino que se surpreendeu ao ouvir "All My Loving" em português e que registrou a canção no seu gravadorzinho. "E essa escada! Quantas vezes John Lennon não passou por aqui? Ou Paul, George, Ringo... Quantas vezes eles não sentaram aqui, como eu?"

"Ai... Respira...", suspirou o tecladista, segurando para não chorar, embora lágrimas teimassem em escorrer pelo seu rosto. "E meu pai me chamando de veado! Tão duro com algumas coisas... Se ele falou, estava falado! Vê... Não precisava daquele tapa! Imagina se eu faço um negócio desse com o Thiago, hoje? Ou com a Carol? Mas também... Ele veio de outra época, de outro país... Coitado, querendo que eu fosse médico-militar. Nada a ver com música! Olha onde eu tô! Nada a ver comigo..." No instante em que Kiko, ao descer pelas escadas, encostou-se a seu ombro.

— Hã? Desculpe, Kiko... Falou alguma coisa? — disse ele com a voz embargada para o guitarrista que, com todo o carinho, perguntou:

— Vâmbora?

— —

Em agosto de 1969 ainda faltava a imagem da capa do 12º disco dos Beatles, que se chamaria Everest.* No entanto, escalar o pico mais alto do mundo, na cordilheira do Himalaia, só para tirar uma foto não era uma das tarefas mais fáceis. E os quatro músicos não conseguiram chegar a um acordo sobre isso! Cogitaram fretar um jato particular para lá, falaram sobre contratar alpinistas e outras ideias estapafúrdias que não vingaram. Até que Paul resolveu ser prático e tirar a foto ali mesmo e chamar o álbum de Abbey Road.

Uma sugestão que se tornaria real com alguns policiais de trânsito, em uma rápida sessão de seis fotos, em quinze minutos, na manhã do dia 8 de agosto de 1969, com os músicos atravessando a faixa de pedestres perto do estúdio, onde foram registradas mais de 90% de suas canções. Foto que, no futuro, seria ícone da cultura pop, com paródias tão famosas quanto à original. Além de representar, na opinião de muitos beatlemaníacos, o melhor LP da banda.

O sucesso do disco rebatizou o estúdio da EMI, que passou a adotar, oficialmente, o nome da rua, em 1970. E uma câmera foi instalada no alto da via, para filmar a faixa de pedestres 24 horas por dia, mostrando os turistas fazendo todos os tipos de pose enquanto atravessam. Imagens que podem ser vistas, a qualquer minuto, no site do Abbey Road Studios.

— —

Apesar de estar longe do Brasil, Ricardo Feghali continuou dando notícias para os fãs sobre o Roupa Nova pelo Orkut, na internet. Ele mandava, de tempos em tempos, mensagens sobre o que eles estavam fazendo na Terra da Rainha.

---

* O nome surgiu por causa do pacote do cigarro favorito do engenheiro de som do estúdio da EMI, Geoff Emerick: Everest — o mesmo nome da montanha, que daria um visual incrível para o álbum do grupo.

514

Ricardo Feghali

Chegamos galera! Daqui a 10 min vamos passar na frente da câmera! Acessem http://www.abbeyroad.com/Crossing pra gente matar a saudade!

Além de aparecer na câmera do Abbey Road, de vez em quando, mandando beijos, dando tchauzinho e fazendo careta para quem estivesse na internet. Aumentando, e muito, os acessos do site do estúdio, que nunca fora tão popular.

— —

Moogie sabia perfeitamente onde Ringo posicionava a sua bateria nas gravações, em Abbey Road. E não passou essa informação adiante, nem comentou o que faria. Apenas pegou o instrumento do Serginho e o montou exatamente no mesmo lugar, de modo que os outros aparelhos fossem dispostos em torno. "Sei lá... Pode rolar uma 'linha cruzada' se ele souber. Vai que se emociona e se atrapalha?", ponderava o engenheiro de áudio em seus pensamentos, também comovido por compartilhar aquela viagem com a banda.

"Impressionante como eles mantêm aquele frescor, a coisa adolescente de fazer o melhor sempre e o tempo inteiro. Os mesmos músicos que eu conheci em 1982, na Som Livre, fazendo o vocal de 'Os males do Brasil são' do Ruy Maurity! Nossa... Quanto tempo...E agora revivendo um momento dos caras que nos inspiraram a ser o que somos." E com um sorriso no canto da boca os fitava discutindo os detalhes de uma das canções, antes de tocar. Seis músicos nervosos, mas felizes, e que se sentiam como os garotos de ontem.

— —

— Eu tô preocupado com o horário...

— Calma, Nando. Tá andando bem. Estamos no quarto dia de estúdio, com quase todas as bases gravadas! Amanhã mesmo a gente deve acabar essa parte.

— Pô, Moogie, ainda tem o AIR Studios, e as externas, né...

— Deixa as externas por último. Vamos focar aqui primeiro — disse o engenheiro de áudio para o baixista, que não parava quieto em um lugar.

Nando se debatia em mil considerações sobre o trabalho que estavam realizando em Londres. "Não pode dar nada de errado... Cacete! Esse deve ser o DVD mais caro que estamos fazendo!", enquanto mirava a estrutura de primeira mão em que a banda estava. "E ainda por cima fazendo um DVD de inéditas... Bom, já que vamos fazer, que seja o melhor!" Juntando algumas notas da viagem, para guardar na mochila. "E mesmo assim eu não duvido nada de nego meter o pau... A crítica dá porrada no Roupa Nova desde 1981! Um inferno... "

"Agora vão falar que a gente veio pra Londres pra profanar o templo da música...", lamentava-se o baixista, rabiscando alguns números nos papéis das contas da banda. "Vão ter que engolir a gente, isso sim. Pô, conseguimos montar um selo e vender muitos discos com quase 30 anos de carreira! Quem poderia prever...

que teríamos dinheiro, depois de velhos, para bancar do próprio bolso um DVD gravado em Londres?! E precisa ser perfeito. Precisa ser...", torcia ele, enquanto fechava as coisas para conversar com a administração do Abbey Road.

"E imaginar que eu tô aqui hoje por causa da bandinha do Aplicação. Eu mal sabia o que era um baixo!", sorriu de leve o Mínimo, ao se lembrar das inúmeras canções que havia tocado e escrito em sua trajetória, e das bandas pelas quais havia passado como o The Kilroys, Os Beatos, Excitation e Os Famks, até se tornar Roupa Nova. "Eu nunca fui músico por essência, como os outros. Eu gosto até mais de escrever do que de tocar! Putz, e ainda falta eu acabar a letra de uma música pra esse DVD..."

"Mas eu não vou desistir" disse para si, baixinho, antes de entrar na sala de Colette Barber. Cansado, mas sem perder a pose de neto de seu Bernardino — um verdadeiro mandi.

— —

Enquanto isso, com os dedos frenéticos, no Orkut:

Ricardo Feghali
Oi, gente! Vamos gravar agora uma surpresa especialmente para vocês! Acho que vocês vão gostar.

Feghali descobriu na internet que os fãs adotaram "Lembranças" como um hino, para cantar durante as viagens dos shows da banda, de um estado para o outro. Principalmente por causa do seu refrão: "Coração, que ama tão longe / Mal pode esperar, o certo momento de voltar." Uma música gravada pelo Roupa Nova, pela primeira vez, no disco 6/1 de 1996 e que no DVD de Londres ganhou um tratamento visual especial com mensagens de alguns dos integrantes — deixando os fãs alvoroçados com a notícia. Em um clima aconchegante, intimista, no estúdio, como se todos os músicos estivessem em volta de uma fogueira tocando violão.

— —

Vai amanhecer
A luz
Já vem
E a sombra da tristeza se desfaz

Cantava Paulinho em uma das cabines do estúdio, antes de Jamie Hartman colocar a voz em "Reacender" ("Shine"), até ser interrompido por Moogie.

— Péra aí, Paulinho. Dois minutos e já te chamo de novo.

"Ai, que merda... Tenho que me concentrar", desejava o vocalista durante o breve intervalo que o engenheiro de áudio pediu. "Garganta, AVC, pressão, tromboflebite... Pô, tudo de uma vez só! Eu tô cansado...", refletia, pegando a letra da canção

516

que estava à sua frente em um suporte. "A gente já fez tanta coisa... Show com a rádio Cidade, Milton Nascimento, David Coverdale e agora estamos em Londres! Cacete, nunca imaginei pisar aqui... Só o Ricardo mesmo... E eu preciso relaxar, esquecer dos problemas... Pô, eu ouvi Beatlemania com 12 anos, eu me vestia como eles! E eu não vou aproveitar agora? Só a minha mãe sabe o quanto eu enchi o saco dela pra ganhar aquela bota, com salto e fecho éclair do lado", pensou ele, esticando um pouco os lábios no que poderia ser um sorriso. "E até meu pai, que era contra essa história de banda, chegou a curtir... Emprestou grana pra gente! E gostou de me ver cantando, eu sei que gostou... Meu pai...", suspirou, com os olhos mareados e o rosto na diagonal, na direção do chão, parado, longe. "Não, eu não quero errar mais... Eu só quero melhorar... Eu tenho que melhorar."

— Paulinho, tá OK agora. Podemos?

——

— O que essa mesa já escutou, hein? — comentou Moogie com Cleberson, que estava ao lado, passando os dedos sobre a mesa da EMI, que havia tirado do armário do Abbey Road.

— Mas ela é velha assim?

— É do tempo dos caras! E os ajustes dela são fixos. A sonoridade da sala com os microfones Neumann M50, passando pelos pré-amplificadores mais o compressor dessa mesa? É mágico! — contou o técnico, empolgando Cleberson com o papo.

— Você sabe que eu comecei tocando guitarra, né?

— Foi?

— Bicho, o Paulo, um amigo meu, deixou a guitarra dele comigo e aí ficou. Era muito legal... Eu ficava a tarde inteira tirando as músicas, enquanto ele trabalhava... Eu não tocava nada! — disse morrendo de rir o tecladista, enquanto os olhos passeavam pela mesa de som.

— E ficava contigo?

— Ah, ele tinha o trabalho dele, um monte de coisas pra fazer, e eu não tinha grana pra comprar uma guitarra. Era uma Supersonic!

— Mas era guitarr...

— Pô, fiquei maluco com "Day Tripper"!

E ele cantarolava baixinho a canção, batendo os pés, lembrando-se das vezes em que tocou aquela música, em seu quarto, com a guitarra de Paulo. Com seu pai reclamando de que ele não fazia mais nada da vida. "Depois não queria que eu fosse músico..."

— Ah, sim... Todo mundo queria ser guitarrista nessa época! — e sorrindo, animado, Moogie continuou. — Eu cheguei a virar a noite na porta das Lojas Americanas pra comprar o Help! Bicho, aquele LP deu um nó na minha cabeça! Que som era aquele? Não tinha nada igual na época!

— Não mesmo... E meu pai querendo que eu tocasse acordeom! Não tinha condição! — disse com um sotaque mineiro forte, como se estivesse na frente de Boanerges.

517

— Kiko, vi uma guitarra que é a cara da Nyvia! — disse Regina, mulher de Nando, que também havia viajado com a banda para Londres.

Tratava-se de uma guitarra rosa, que tinha, embaixo das cordas, um desenho enorme da Hello Kitty — personagem preferido da filha de Kiko. E este, lógico, não resistiria em comprar o instrumento para a garota, embora ela não tocasse guitarra. Afinal, Nyvia tinha loucura por aquela gata branca fofinha, que usa um laço ou uma flor na orelha!

Porém, a guitarra meiga de Nyvia, após o roadie se esquecer do instrumento certo, pararia na mão de Feghali em um dos clipes externos do Roupa Nova,* e também nos shows da turnê. O que geraria rebuliço nas fãs, que dariam de presente para o músico guitarras de cartolina, cordão, ventilador e outros objetos fofos da Hello Kitty. E isso apesar dele avisar, brincando: "Ó, eu não sou isso que você estão pensando, não, hein?" Ficando ainda por um bom tempo nas estradas com ela! Até tomar vergonha na cara... e mandar fazer uma guitarra rosa só para ele.

— —

Depois de horas de gravação no Abbey Road, mais um intervalo do Roupa Nova. Ou seja, mais uma mensagem de Feghali no Orkut.

Ricardo Feghali
Vcs não sabem como fico feliz bem pertinho de vcs! Hora do almoço!
Vamos lá para as câmeras de novo, daqui a 10 minutos!

— —

A gerente do Abbey Road entrou esbaforida no Estúdio 2 para falar com Moogie:

— O que tá acontecendo? Nosso servidor caiu três vezes hoje!

— Como assim caiu?

— A gente tá com uma média de quatro, cinco mil acessos simultâneos no site por dia, e o servidor não tá aguentando! E vem tudo de lá do Brasil! Como o Roupa Nova é a única banda brasileira que tá aqui, eu pensei...

E o técnico caiu em gargalhadas:

— Ah... Com certeza... São os fãs querendo ver o que tá rolando aqui. E os músicos também incentivam indo para a frente das câmeras! Coisa de fã, normal... E não vai parar não!

— Você acha? — perguntou ela, desnorteada, já respondendo antes de Moogie dizer qualquer coisa: — Tá, tá... Bom, eu precisava confirmar isso com você. Nós

---

* O videoclipe é da música "Cantar faz feliz o coração", com todos os integrantes em um barco, passando pelo rio Tâmisa. E foi Feghali quem escolheu tocar com a Hello Kitty.

já estávamos ficando preocupados. Mas tudo bem… Pelo menos é por um bom motivo. O que só mostra o quanto eles são queridos no Brasil, né? Que loucura…

Moogie, sorrindo, colocou a mão nos ombros dela:

— Eu te avisei que o Roupa Nova não era qualquer banda…

— —

"Eu cresci ouvindo esse cara e agora tô gravando no mesmo lugar que ele! Meu Deus… Isso é inacreditável!", vibrava Serginho, que parecia estar vivendo de fantasia desde o instante em que entrara em Abbey Road. A mesma emoção que sentira ao ir à Ordem dos Músicos com seu pai, aos 10 anos de idade, para conseguir uma liberação prévia de músico. "Quando meu pai poderia dizer que aquelas latas de leite em pó me trariam aqui?… E os LPs que ele comprava? Seriam cruciais para a minha vida. Ah, meu pai…" E em um dos poucos intervalos da gravação, sentado na bateria, ele fazia os movimentos que treinava quando garoto ao ouvir Ringo Starr na vitrola. Antes de se levantar para fazer uma pergunta importante para um dos assistentes de estúdio do Abbey Road:

— Pete, onde o Ringo botava a bateria?

E tranquilamente, como se estivesse respondendo a uma pergunta qualquer do tipo "Que horas são?", ele diz apontando:

— Ali, onde tá a sua.

A expressão de susto do Serginho foi imediata.

— He-Hein? Ali?

Onde ele já tinha tocado várias canções. No seu devido lugar durante as gravações em Londres — como a realização de um sonho deveria ser.

— —

Kiko se manteve mais quieto desde a chegada do Roupa Nova ao Abbey Road, apesar daquele sorrisão que mais parecia um dia ensolarado de Bonsucesso. Sem se apegar aos casos do lugar, o guitarrista preferiu trabalhar, concentrado, o tempo inteiro, para suportar a emoção que sentia ao estar naquele estúdio, segurando qualquer choro que pudesse vir fora de hora. Porém, no último dia de gravação, antes de ir embora, ele se isolou. Parou, suspirou e deixou virem todas as lembranças das quais ele se esquivou durante as duas semanas que estivera lá.

A briga com sua mãe para que ela comprasse um violão, seu pai tocando ukulele, o show que seu Barros arrumou na rádio… Tudo isso passava pela memória de Kiko na velocidade da luz, invadindo sua alma de histórias. "Seu Barros… Fazia cada loucura pela gente! E ainda viu o Roupa Nova tocar… Tão bom…" Sentado, em uma cadeira, sozinho, no estúdio, com os olhos congelados no nada.

E, nesta posição, ele se lembrou do violão emprestado de Gilberto, que ele não mais devolveria, das aulas com Valtinho. "Vento que balança as palhas do coqueiro… Minha primeira música." Das outras bandas que formara com os amigos: The Mads, Os EREDAS, Kiko Micas by Music, Los Panchos! Da tentativa frustrada de morar sozinho aos 13 anos de idade, e da volta vergonhosa para casa, do roubo do carretel e da educação que recebera de seus pais. Da separação de seu amigo Elias, e dos perigos da rua, das furadas em que havia se metido quando moleque, e das pessoas o chamando de marginal. "Pô, até a minha sogra achava que eu era um delinquente... E a música me trouxe aqui! Meu sonho de ouro..."

E, claro, também se lembrou de Suely e seus incontáveis e incondicionais apoios, de sua filha Nyvia e seu filho Kikinho — com os mesmos nomes que seu pai pedira. "Eu só consegui por causa deles...". De sua mãe lutando contra o câncer, e de seu pai — aquele que o entendera, pela primeira vez, quando Cléa o proibira de continuar tocando... Recordou-se daquela briga perto do banheiro que teria sido sua alforria, sua possibilidade real de escolha e da aceitação de seus pais que ele tanto queria. "Ah, meu velho, se você estivesse aqui pra me ver... Eu não me conformo..." Caindo em lágrimas, se debruçando sobre os braços, apoiados na perna, em um choro compulsivo e longo, pesado e sofrido. Sob os olhares dos cinco integrantes do Roupa Nova, também no estúdio, que respiraram fundo e preferiram continuar à distância.

— ◄ —

— Cara, eu não posso acreditar na minha ignorância musical... — disse Olga FitzRoy, assistente de Moggie quando assistiu ao Roupa Nova cantando, depois de quase 15 dias intensos de trabalho em Londres.

Estava pasma ao ver como aquela banda era incrível em termos de qualidade — algo que ela, profissional da área, ignorava. Tanto ela quanto os funcionários do Abbey Road ficaram com a mesma boa impressão do grupo, naquele término de gravação. Para eles, uma banda que de desconhecida passou a ser respeitada. Tanto que o sexteto foi convidado por Colette Barber para posar para uma foto oficial do site do estúdio, como um dos destaques.

"Foi um dos projetos que mais mexeram comigo, na minha vida. Não era só um espaço. Significou chegar ao Abbey Road, vitoriosos e vencedores naquilo que a gente elegeu fazer nas nossas vidas! Influenciados pelos caras! Era um looping interminável", conta Moogie sobre aquelas duas semanas em Londres. E que coincidentemente, contaria com a visita relâmpago de Sean Lennon, filho de John Lennon, conhecendo o estúdio pela primeira vez.

A rotina, sem dúvida nenhuma, foi puxada, com todos chegando ao meio-dia e saindo, às vezes, à meia-noite — praticamente sem abandonar o estúdio para cumprir à risca o cronograma. Porém, todos estavam satisfeitos e se divertindo muito com o DVD. Músicos entregues em sua trajetória, com o mesmo objetivo. "Era uma troca constante e nada deu errado. Todos nós éramos um único átomo, era uma simbiose. Uma coisa que lembrava a outra, a outra, a outra e que voltava à primeira. E a nossa unidade foi o que mais me chamou a atenção. Nós éramos um corpo e alma", relembra Moogie que, assim como os seis músicos, deixaria o Abbey Road já cheio de saudade.

— ◄ —

Antes de se despedir do Abbey Road, os músicos decidiram fazer um agrado a Colette Barber pelo ótimo atendimento que receberam. E, para carimbar a sua estadia na memória da gerente do estúdio, também não economizaram.

— Pitta, vai lá na Tiffany e compra uma joia pra ela?

Principalmente depois de terem conseguido realizar tudo o que havia sido planejado.

Presenteando a britânica com uma joia, tão brilhante quanto as expectativas de todos para aquele projeto. Sabe como é, os magnatas mais felizes do Brasil...

— —

Após assinar o nome "Roupa Nova" no concorrido muro branco, perto do complexo de estúdios, os seis músicos seguiram para o hotel. E dos carros ainda puderam ver o estúdio Abbey Road se distanciando, até sumir de vista. Com umas gotinhas de chuva marcando o vidro da janela, tornando a visão um pouco molhada e embaçada, passaram por palácios londrinos que não se destacavam na paisagem, repassando na memória, em silêncio, os momentos que tiveram no santuário do rock'n'roll. Sensações que não estariam nas fotos.

Já no dia 28 de outubro de 2008, a banda retornaria ao Brasil para continuar a mixagem e masterização. E o DVD Roupa Nova em Londres só seria lançado em março de 2009, após o acerto do grupo com a Microservice, que a partir de então se encarregaria da fabricação da mídia e de todos os serviços relacionados à comercialização de CDs e DVDs do selo Roupa Nova Music. Um produto que venderia 25 mil cópias em menos de vinte dias — considerado DVD de ouro pela ABPD, em 2009 —, ultrapassando posteriormente a casa dos 50 mil, que representaria o platina. Juntos, CDs e DVDs de Roupa Nova em Londres passariam a marca de 100 mil unidades vendidas. Um trabalho que, apesar de não ter uma divulgação na mídia conforme as expectativas de todos os envolvidos, significaria uma das maiores conquistas do Roupa Nova, mais maduro e independente.

— —

Em 1997, foi fundada a Academia Latina de Gravação — composta por renomados profissionais de diversas nacionalidades da indústria fonográfica falantes de português ou espanhol. Estabeleceu-se, a partir disso, a premiação do Grammy Latino: uma homenagem às conquistas técnicas e artísticas, sem qualquer relação com vendagem ou posições em paradas de sucesso. Algo como o Oscar da música, o prêmio mais alto que um artista latino poderia receber — no qual só a indicação já se torna um feito —, com os vencedores das categorias escolhidos pela votação de seus membros.

— Ó! O Grammy É NOSSO! — gritou no telefone para Marcelo Pitta o assessor de imprensa do Roupa Nova, Carlos Xavier, comemorando ao ver o resultado do evento que acontecia em Las Vegas, nos Estados Unidos, naquele dia 5 de novembro de 2009.

— Tá de sacanagem... Mentira!

— É nosso! É nosso!

— NÃO ACREDITO!

Pitta não botava a menor fé que o Roupa Nova pudesse levar esse prêmio, tanto que incentivou a banda a não viajar naquele período, ainda mais considerando a agenda cheia de shows. Os seis músicos apenas gravaram uma mensagem com Serginho falando sobre a importância de um Grammy, um prêmio que abre muitas portas, e Paulinho brincando: "E tem gente que acha que o Grammy não compensa." Crentes de que a participação da banda ficaria só nisso.

— Nando? O Grammy é nosso! — berrou Pitta, assim que o baixista atendeu ao telefone.

— Para de brincadeira...

Quase matando do coração o baixista, que mal conseguiu segurar o telefone, deixando o aparelho cair das suas mãos com a notícia. Doido para sair pulando pela vizinhança, avisando o mundo inteiro de que o Grammy era do Roupa Nova.

— O GRAMMY É NOSSO! O GRAMMY É NOSSO!

Gritando em casa que nem maluco, enquanto ligava para os outros músicos, espalhando as boas-novas. Fazendo a festa pela estatueta dourada em formato de gramofone: o Grammy Latino de Melhor Álbum de Pop Contemporâneo Brasileiro de 2009.

Para abocanhar o prêmio, o Roupa concorreu com grandes nomes da música brasileira como Jota Quest, Rita Lee, Ivete Sangalo e Skank. Com um sotaque americano, o locutor anunciou os indicados, e a apresentadora, falando em espanhol, deu o veredicto "Em Londres, Roupa Nova" — seguido de alguns gritos isolados na plateia. A melhor e mais inesperada homenagem que os seis músicos poderiam receber pelo trabalho feito com tanto zelo. Uma das poucas bandas brasileiras a gravar um DVD em Abbey Road e a única a ganhar um Grammy por esse tipo de projeto. Com seus quase 30 anos, o Roupa Nova era enfim aclamado pelo público e por profissionais da indústria fonográfica internacional, deixando o seu nome marcado em um lugar mais que especial. E que iria muito além de um muro branco.

CAPÍTULO 41

O SOM DE UMA GERAÇÃO

*"O Roupa Nova é uma banda muito
amada, e tá mais do que consagrada.
Tá aí há mais de 30 anos, e
não vai sair daí nunca mais.*

Marcelo Pitta

A música faz parte da sua vida desde o dia em que você nasce — ou mesmo antes de você vir ao mundo, quando ainda é um feto, de acordo com diversos cientistas. Primeiro, são as palavras dos adultos que variam de acordo com o sotaque, volume, entonação, amplitude do som e outras características que transformam aqueles barulhos em melodias. Algumas delas agitadas, outras animadas e há ainda aquelas tão calmas que te dão vontade de dormir. Como as "canções de ninar" — que na voz suave de uma mãe, no violão tocado de um pai, tio, ou no colo de avós viram soníferos poderosos. E aí você descobre que a música também pode te fazer muito bem.

Depois você começa a ouvir canções que tocam nos aparelhos de sua casa, e que tomam o espaço do lar por causa de sua família ou vizinhos. Independente de quando você nasceu, estava lá uma vitrola, um rádio, tocador de CD, DVD, MP3, Blu-Ray ou qualquer outra tecnologia que, como se fosse encantada, permitiu que você ouvisse vozes de pessoas que não estavam ali. Músicas que pareciam ter viajado léguas para chegar até você.

Você grita, chora, ri, imita e, com o tempo, também se enxerga como um desses emissores de som. E alguns sortudos ainda têm a chance de descobrir, desde pequeno, como fabricar outras notas musicais, com instrumentos que viram na mão de um adulto ou, às vezes, reproduzidos em formato de brinquedo.

Os desenhos, as propagandas, as novelas e os filmes que você assiste na televisão também lhe apresentam canções, e até quando você faz aniversário cismam em cantar para você. Aliás, em todos os rituais da sua vida existirão canções, e vai ser praticamente impossível não se lembrar desses instantes ao ouvi-las de novo.

Seus amigos fazem um churrasco, uma festa à noite, de dia, na praia ou em um sítio e a música é que dá o clima deste encontro. Você se apaixona, e as melodias românticas te fazem flutuar; toma um fora, e as canções de amor não correspondido parecem ler seu coração! Se você namora no carro, alguns ritmos calientes esquentam a relação, e até quando você casa uma música toca na igreja. Experiências que, na sua interpretação, dão um novo significado para essas canções, e vice-versa. E a música, então, se torna um pouco de você.

De modo que, sem pedir permissão, a música te inspira, emociona, acessa recordações e sentimentos escondidos e, às vezes, os liberta. E, por causa dela, você chora, se diverte, vibra, se irrita, comemora, se desespera, ama e sonha. Ela apenas entra na sua vida e fica.

— —

No lançamento de um dos CDs do Roupa Nova, após o Acústico, a produção organizou uma noite de autógrafos e também um espaço aberto de perguntas e respostas para o público. Porém, depois de duas ou três questões feitas diretamente para os integrantes, os fãs começaram apenas a contar seus casos.

— Eu hoje tô casado por causa de vocês! "Meu universo é você" estava tocando na rádio quando beijei pela, primeira vez, minha mulher. E acho que ajudou. Obrigado, viu?

— Ouvi muito "Canção de verão" no rádio. Bons tempos aqueles... Aliás, só dava ela nas festas com os amigos! Eu tenho recordações maravilhosas por causa dessa música.

— E eu passei por alguns momentos difíceis no início dos anos 1980. Mas a música "Assim como eu" me deixava melhor e me dava força pra superar. Bom... Era isso.

— Oi, meu nome é Maria e descobri que estava grávida quando ouvi "Dona" na novela. Hoje eu não posso ouvir essa música que eu choro. Meu filho já é um rapaz de quase 30 anos e é fã do grupo tanto quanto eu.

— Bom, eu decidi que ia ser músico depois de assistir ao show de vocês. E agora tô realizando um sonho ao disputar um concurso internacional de bandas. Legal, né?

— Já eu me apaixonei por um moço de olhos verdes que adorava assoviar "Volta pra mim". Pena que a gente terminou...

— Meu pai cantava pra mim "Seguindo no trem azul", no violão. E agora eu morro de saudades dele ao escutar essa canção.

— —

— Outros artistas dizem ter fãs. Nós costumamos dizer que temos amigos — disse Kiko em um dos shows, arrancando aplausos esfuziantes da plateia. Um carinho que os músicos também demonstrariam para o público de outras maneiras. Como o que aconteceu com Joyce, em São João de Meriti, ao jogar no palco uma camisa do Fluminense para o Feghali e ouvir:

— Obrigado, Joyce!

Ou o que ocorreu com Ana, de São Luís, do Maranhão, que acompanha o grupo desde os 15 anos de idade, e quase caiu para trás ao se deparar com o tecladista, quatro anos depois, em um dos hotéis da cidade a chamando pelo nome: "Aninha!"

Algo que Feghali, principalmente, faria com frequência por todo o Brasil, durante os espetáculos. Ainda mais depois do surgimento das redes sociais onde ele passou a ver as fotos das pessoas que estão na comunidade do Roupa Nova — decorando, aos poucos, os nomes e a fisionomia de cada um. Para poder apontar, reconhecê-los no meio da plateia e, assim, retribuir toda consideração daqueles amigos.

— —

— Quanto tempo falta? — perguntou a noiva, nervosa, para o recente marido, dentro de um fusquinha, todo incrementado e bonito para o casamento.

Ela estava com um buquê vermelho nas mãos e usando um vestido lindo, branco, longo e bordado, que sua tia fizera. E o noivo estava com smoking escuro, com um pouco de gel no cabelo, gravata-borboleta preta no pescoço, uma flor na lapela e o principal: um relógio no pulso.

— Acho que está marcado para as 22 horas.

— E que horas são?

— 21h30. Calma, vai dar tempo!

— Eles são pontuais!

— Já estamos perto, acelera aí, motorista! — disse ele, batendo de leve na poltrona da frente.

Estava tão ansioso quanto ela, mas com um sorrisão no rosto por aquele dia tão especial em sua vida. O fusquinha corria pelas ruas de Presidente Prudente, no interior de São Paulo, em uma noite em que todas as ruas pareciam estar mais iluminadas. O motorista, também trajado a rigor, sabia que só dependia dele para aquele evento se tornar um sucesso e, por isso, pisou no acelerador. Conseguindo chegar, em quinze minutos, na porta do Tênis Clube, na Washington Luís.

Ela, então, deu a mão direita pra ele e segurou com a outra o buquê, para entrar no clube — com os passos acelerados, mas sem perder a pose. E ele decidiu dobrar o paletó e colocá-lo sobre o seu braço que ainda estava livre, junto com as entradas.

— Tá todo mundo olhando — disse ela baixinho, entre os dentes, sem graça, enquanto se aproximava do salão.

— Tudo bem — respondeu ele, retribuindo os sorrisos que ganhavam pelo caminho até alcançar o local do show.

A casa estava lotada, com pessoas ansiosas pela entrada do Roupa Nova, mas que não deixariam de notar os noivos, vestidos com toda classe, descendo as escadarias do salão em direção à área VIP. E foi só um puxar as palmas para o público vir abaixo, com gritos de alegria e outras retribuições de carinho. Isso aconteceu em um sábado de 2009, e poucos dos fãs presentes conheciam o casal apaixonado. No entanto, melhor do que ninguém, eles entendiam.

— —

Sandra resolveu fazer uma faxina em sua casa, em um dia qualquer de 2009. Fundadora do primeiro fã-clube oficial do Roupa Nova, na década de 1980, ela não era mais uma menina de 20 anos nessa época, mas ainda guardava as várias fichas dos sócios, fotos com a banda e muitas histórias entre as cartas e os recortes de jornais.

Após a divulgação do fã-clube no disco Herança, Sandra recebeu cartas do Brasil inteiro, com vários pedidos de inscrição. E ela respondia uma por uma, não só satisfazendo as dúvidas dos fãs sobre o Roupa Nova como também pegando seus dados básicos, como nome completo, endereço e data de nascimento para fazer uma fichinha, antes de guardá-la em uma caixa de sapatos — que funcionava como seu arquivo. Pedia também uma foto 3x4 de cada um dos sócios e, com o tempo, ia decorando todos os nomes e rostos. Pessoas que perguntavam coisas do tipo: "Quando o Roupa Nova vem à minha cidade?" "O Kiko gosta de macarrão?" "Quando o Paulinho nasceu?" "O Serginho é fã dos Beatles?" "Qual é a marca dos teclados do Cleberson e do Ricardo?" "Tem como passar a agenda da banda?" Questões que hoje poderiam ser respondidas com uma simples busca na internet.

— Gente, os questionários...

Curtia ela, ao encontrar todos os questionários que mandou para os seis músicos, por Valéria. Sandra digitava na máquina os dados pessoais que gostaria de saber, como formação escolar, ator predileto, filme, disco ou o que cada um deles achava sobre amor, política e imprensa. A partir dessas informações escritas pelos integrantes, ela digitava um release para mandar para os sócios. Um fã-clube que duraria até a saída das empresárias Valéria e Anelisa — período em que ela também começou a trabalhar.

"Meu Deus, eu não me lembrava disso...", comentou ao se deparar com um jornal de 1996, guardado com carinho por causa de uma das fotos da notícia. Sandra conhecia todos os fãs e o que cada um deles gostava de saber sobre o grupo. E por isso não titubeou em reconhecer, na matéria, o rosto de Samuel, um baixista sócio do fã-clube que adorava o Roupa Nova e tinha, em Guarulhos, uma banda de garagem chamada Utopia, formada com seu irmão Sérgio e o amigo Bento. "Vi o Roupa Nova no Chacrinha, e o Nando estava com um baixo bege... Qual é a marca?", perguntou, em uma das cartas, o baixista, que fazia covers de rock, sem sonhar o que ainda lhe aconteceria.

Era 4 de março de 1996 quando Sandra comprou aquele jornal e percebeu a foto do mesmo Samuel que lhe escrevia. Baixista de uma banda irreverente conhecida em todo país como Mamonas Assassinas e que, infelizmente, havia falecido em um trágico acidente aéreo. "Tão novo...", pensou ela, lembrando-se de todas as cartas que havia trocado com o músico contando sobre o Roupa Nova e os baixos de Nando.

Naquele distante dia de março, Sandra pegou sua caixa de sapatos, tirou a ficha de Samuel e escreveu à caneta, embaixo da data de nascimento, a data de sua morte com uma cruz do lado. Dobrou a notícia que havia saído no jornal e também guardou, antes de sentar no sofá e ligar a televisão, para assistir à transmissão do enterro do baixista, seguido por cerca de 65 mil fãs.

Uma ficha de inscrição, de número 276, e um jornal que ela também não conseguiria jogar fora em 2009.

— —

"Vou colocar no show os melhores clipes com vídeos e fotos para a música 'Coração da Terra': Mandem o material!", anunciou Ricardo Feghali na rede social provocando uma enxurrada de cerca de 1.500 vídeos para a canção. A partir desse montante, ele selecionou os que mais gostou, editou, fez um único vídeo e passou em uma das apresentações da banda, com o crédito de todos os autores. Fãs como Zezé, Neto, Aty, Juliana e Ingrid, uma menina de 15 anos, de Campina Grande, que desatou a chorar ao ver seu nome na tela do Roupa Nova. Feliz por fazer parte, de alguma forma, do show dos seus ídolos.

— —

Amanheci sozinho
Na cama um vazio

Cantava a banda de rock Fresno, em uma de suas várias passagens de som antes do show — todos os integrantes nascidos nos anos 1980 e fãs do Roupa Nova. Como diria o guitarrista Lucas Silveira: "quem é músico percebe como as canções da banda são bonitas e benfeitas. Sabe de onde aquilo veio e se emociona até mais." Assim, eles adotariam "Volta pra mim" como uma daquelas músicas que não poderiam ficar de fora do repertório da banda. Desde uma roda de viola a uma vinheta gravada para a MTV, em 2008 com todos eles elegantes, com ternos brilhosos dos conjuntos antigos.

O grupo, que surgiu em Porto Alegre em 1999, quando está à vontade, entre amigos, faz vocal para cantar "Volta pra mim" e ainda imita com a boca os sons dos instrumentos da gravação original. Além disso, eles brincam com frases clássicas dos shows do Roupa Nova, como o "Então grita!", que Paulinho diz no meio da canção.[*]

Músicos que respeitam e se inspiram em grandes músicos. E que aceitariam no ato o convite do Roupa Nova para uma participação especial no DVD 30 Anos — ao vivo, embora não fosse para tocar "Volta pra mim", mas pra fazer um verdadeiro "Show de Rock'n Roll".

— —

---

[*] Muitos fãs passaram a cantar as músicas do Roupa Nova com as frases que os integrantes costumam dizer nos shows — registradas na discografia desde o Ao Vivo.

O DVD de comemoração dos 30 anos da banda foi gravado em São Paulo, no Credicard Hall, nos dias 2 e 3 de julho de 2010. Além do Fresno, também foram convidados o Padre Fábio de Melo para cantar "A paz", e Sandy para fazer um dueto com Serginho em "Chuva de prata" — canção que ela já havia gravado em 2001 com Júnior. Porém, nada seria mais emocionante para os seis músicos do que reencontrar, no palco, Milton Nascimento.

Durante a carreira do Roupa Nova, não faltaram oportunidades de eles estarem juntos, após a primeira gravação de "Nos bailes da vida", em 1981. Seja ao vivo, como em 1988, quando Milton aproveitou a passagem por Portugal para prestigiar a turnê do show Herança, no Coliseu, na Cidade do Porto — quatro dias de apresentações com casa lotada, reunindo 12 mil pessoas em um dos pontos musicais sagrados do país. Seja por meio de canções, como em 1993, quando a banda regravou "Maria Maria", no disco De volta ao começo, e também como em 2001, no álbum Ouro de Minas, com obras como "Fé cega, faca amolada", "Nada será como antes", "Raça" e "Nos bailes da vida". Um trabalho de que Bituca gostou muito. "O que me toca é que eles têm um carinho muito grande por mim e eu por eles. Então, de tudo que a gente conversa sai uma coisa bonita", diz. Por isso, estar do lado daqueles seis baileiros cantando "Nos bailes da vida", naquele final de semana, seria reviver essa história.

Milton esteve nos dois shows em Sampa e também no Rio de Janeiro, e fez questão de destacar isso com orgulho, como um amigo fiel que não poderia faltar ao aniversário do outro: "Estive nos dois lugares! Nem todo mundo pôde ir tantas vezes." Daqueles que ainda reclamam pelo que não aconteceu. "Se eles não tivessem me chamado iam ter comigo!" Um mineiro que, a partir da música, fez amigos.

— —

Só quem toma um sonho
Como sua forma de viver
Pode desvendar o segredo
de ser feliz

Tocou Ricardo Feghali, sozinho no violão, na abertura do primeiro dia de gravação do DVD de 30 anos — com os seis músicos já no palco. Versos compostos por ele e Nando para o começo de "Nos bailes da vida", anunciando a importância dos versos que ainda estavam por vir. Uma canção que se tornou, no decorrer dos anos, um hino para o grupo, uma guia para seus passos, a concretização de um sonho. A deixa perfeita para que a Orquestra Sinfônica Villa-Lobos entrasse, e no telão do palco o ano de "1978" se tornasse "1979", para enfim surgir a frase "E o sonho começa...", no instante em que Milton Nascimento aparece sob as palmas do público.

Bituca entrou devagarinho, sem chapéu, e com óculos da cor marrom, com um casaco sobre uma blusa também marrom, naquela noite fria de São Paulo. Sob o palco, o telão passava um clipe que ele conhecia muito bem: os seis músicos novinhos, em uma gravação em preto e branco, feita em 1984, em sua homenagem, para o programa Bar Academia, da TV Manchete. Muitas emoções para um mineiro, ansioso, por se apresentar, pela primeira vez ao vivo, com a banda.

A cantora Elis Regina disse em uma ocasião que, "se Deus cantasse, cantaria com a voz de Milton". E era exatamente esse vozeirão que todos estavam esperando para cantarolar "Foi nos bailes da vida...", enquanto o grupo tocava. Porém, pelo menos naquele início, ele não conseguiu. Sua voz mal saiu e por pouco ele não chorou. "Me deu um aperto no peito! Apesar de ter gravado com eles, de ter tocado essa música várias vezes, ali no palco foi diferente. Eu fiquei doido! Existe uma unidade ali. E, pra mim, foi um presente que eles me deram, uma dádiva", contaria ele depois. E isso também seria registrado em uma mensagem para o DVD do grupo: "Vocês me procuram muito pouco, tocam muito pouco comigo, e quando eu chego aqui acontece isso? Isso não se faz! A gente tem coração. É ser humano apesar de não parecer."

Talvez porque ali fechasse mais um ciclo em sua vida, como acontecera ao assistir a *Contatos imediatos do terceiro grau* quando mais novo. Como se todos os elementos de sua trajetória estivessem alinhados e justificados naquele momento. Era como se ele se sentisse mais vivo. Cantando uma canção que era sua e do amigo Fernando Brant, e que significava a existência dele e do Roupa Nova. Com as lembranças do que eles eram e do que haviam se tornado. Todos mais velhos, no palco, e vitoriosos. Tendo como pano de fundo um clipe que o levava até 1984, em um programa cheio de homenagens para a sua carreira. Com os seus seis afilhados, de novo, ao redor, o envolvendo com acordes e vozes, da melhor maneira que eles poderiam fazer. Os mesmos baileiros com quem ele gravara aquela canção em defesa dos que amam a música. Não importando se quem pagou quis ouvir, foi assim.

— —

"Mais um! Mais um! Mais um!", pediu a plateia no final do show no primeiro dia da gravação do DVD de 30 anos. Normal para uma banda tão querida como o Roupa Nova. Porém, ao ver Feghali entrar com o violão, no palco, os fãs começaram a cantar, sozinhos, uma música que nem estava no roteiro. Algo totalmente inesperado.

Coração, que ama tão longe
Mal pode esperar, o certo momento de voltar

A mesma música dedicada por eles para os fãs, no DVD de Londres, sendo naquele instante dedicada de volta. E isso sem ter feito sucesso em rádio ou em qualquer outra mídia. Feghali, com o olhar incrédulo, decidiu acompanhar as pessoas enquanto elas cantavam. Ao passo que os outros integrantes foram surgindo aos poucos no palco e retomando seus instrumentos. Exceto Nando, que não resistiu e desatou a chorar. "Não acredito... A gente não puxou isso! A minha música!", pensava ele enquanto escondia o rosto com as mãos.

Feghali, letrista dessa canção, ao perceber o baixista emocionado, depois de puxar mais uma vez o refrão da música com a plateia, o chamou:

— Vem cá, Nando!

Que se aproximou do meio do palco, cujo chão trazia estampado o número "30" — que se tornaria símbolo deste trabalho. E, limpando as lágrimas, ele abraçou o tecladista e beijou o seu rosto, também agradecido por aquela resposta espontânea das pessoas. Feliz por fazer parte, de alguma forma, daquela multidão.

— —

O trabalho Roupa Nova 30 Anos — ao vivo* chegou às lojas no dia 29 de outubro de 2010 e, em menos de um mês, vendeu 100 mil cópias, sendo 50 mil CDs e 50 mil DVDs — ganhando disco de platina para os dois produtos.** A turnê do Ao Vivo duraria dois anos e seria assistida por um público formado por muitas famílias, às vezes representadas por três gerações distintas. Mais de 1 milhão de espectadores, no Brasil inteiro! O Roupa voltava a ser pauta para as TVs, jornais e para as rádios como há muito tempo não se via, apesar das tímidas resenhas dos críticos, agora em blogs, sobre o DVD. Como a de Mauro Ferreira, em seu site Notas musicais:

No fim das 36 músicas distribuídas em 23 faixas (o CD contabiliza 16 faixas), o saldo é positivo. Primeiro, pelo fato de que os músicos do Roupa Nova são compositores hábeis na criação de boas canções românticas de acento (pop)ular. É inegável o apelo de suas músicas. Segundo, porque eles sabem animar um baile com seus vocais harmoniosos e com sua competência técnica como músicos.

Deixando para trás severas restrições ao seu trabalho, embora também não tenha caído nas graças da imprensa, o Roupa Nova completava 30 anos de uma carreira madura, com seu próprio selo, e de muito sucesso. Referência para figuras da música brasileira, como Fagner, fã do grupo desde o "Guerreiro menino": "Além de entender como manter uma banda unida, eles têm uma vida, uma identidade própria. Eles se confundem em uma coisa chamada Roupa Nova. Uma convivência produtiva, criativa e bonita, pela qual eu tenho o maior respeito e amor."

Sobre as censuras, Zizi Possi diria: "Como é difícil você manter um grupo de talento! E esses meninos sempre foram bombardeados. Um bando de gente dizendo o que acha que a gente devia estar fazendo, em vez de olhar o que a gente está fazendo." E na opinião do produtor Ricardo Moreira: "Eles estão mais calejados, aprenderam o que é o Roupa Nova. Não dá pra negar o que eles fizeram."

---

* A estrutura do palco do show desse DVD foi desenhada por Feghali.

** A partir de janeiro de 2010, a Associação Brasileira de Produtores de Discos definiu 20 mil CDs para disco de ouro, e 40 mil para platina.

Marcelo Sussekind, produtor e ex-integrante de A Bolha e também do Herva Doce, falaria sobre o preconceito em relação ao Roupa Nova, até mesmo no meio artístico: "É o melhor time de músicos que se pode encontrar. Esse tipo de sentimento só pode vir de quem não conhece a banda. Tem muita bandinha no mercado que não sabe de nada. Quando falam mal sempre me manifesto contra." O baterista dos Paralamas do Sucesso, João Barone, seria categórico: "Eles são uma grande instituição, um grupo acima do bem e do mal em relação à crítica."

Depoimentos habituais de profissionais da indústria fonográfica que compartilham com os seis integrantes a mesma paixão.

— —

— Nana, vamos ao show do Roupa Nova?
   — Ah, Ronaldo... Um programinha melhor, que tal?
   — Vamos!
   — Roupa Nova, Ronaldo? Tenha dó!
   — Nana, você vai gostar.
E a cantora, já sentindo que o compositor insistiria...
   — Vou te dizer, hein? Você me arruma cada uma...
Naquele dia, Nana Caymmi, intérprete de renome da MPB, foi contrariada para a apresentação do Roupa Nova, no Rio de Janeiro. E só aceitou o convite por causa de seu amigo, Ronaldo Bastos. Porém, no final do show, a situação era outra. Lá estava Nana, por conta própria, em pé, ao lado da mesa, dançando muito e cantando, animada, todas as músicas daquela banda completamente popular. Algo que costuma acontecer com quem vai ao show do grupo apenas para acompanhar a mãe, o amigo ou a namorada. Como se todo mundo, independente de seu gosto musical ou preconceito, guardasse dentro do seu imaginário, pelo menos, uma canção do Roupa Nova.

— —

"Caramba... Eu vi esse grupo nascer", pensava Maurício Alves, enquanto se arrumava para o show dos 30 anos, no Rio de Janeiro. Com um ar de nostalgia em suas lembranças sobre os amigos e muita saudade. "Eu participei de tantos coros nas gravações... Até meus cunhados entraram uma vez! Pô, levei vinho no 'Clarear'!" Rindo muito em seu quarto, ao calçar o sapato e recordar de vários casos do seu tempo de comissário, em que era solteiro, e viajava com a banda para todos os cantos do Brasil. "Fui técnico deles, vi Serginho se transformando em um dos melhores bateristas do país, eles tocando com Milton. Eu vi tudo de perto!"

Ele pegou a chave do carro em cima da cômoda, e foi em direção à cozinha para beber um copo d'água. "Eu comecei a sair com a minha mulher na época do disco amarelo. Nossa, quanto tempo... Fui ao show do Arpoador com ela... E agora eu vou levar meu filho! É... O Roupa Nova fez parte da minha vida." Ficando com uma cara de paisagem na porta de casa, enquanto esperava seu filho para sair.

— —

531

Samuel R. de Alvarenga nasceu em uma família musical. Seu pai era psicólogo, mas também um letrista, apreciador de belas canções e comprador voraz de discos. Seu tio, por parte de mãe, era músico antes de ser médico e chegou a ganhar festivais em Minas Gerais, além de compor algumas obras com seu pai. E na casa de sua vó, onde Samuel passaria boa parte de sua vida, se respiravam lindas harmonias e composições.

— Eu juntei aqui um dinheirinho da mesada. Me leva para loja de discos? Eu quero comprar um dos Beatles — pedia ele para seu pai, Wolber.

Samuel reunia em sua coleção LPs internacionais como os dos Rolling Stones, Led Zeppelin, e nacionais como os do pessoal do Clube da Esquina ou dos artistas de rock da época, como 14 Bis, A Cor do Som e Roupa Nova.

— Opa! Vai ter show do Roupa Nova? — comemorava o menino ao ver o cartaz da banda, no ginásio que ficava do lado de sua casa — um lugar em que o grupo se apresentava com frequência.

Não que ele pudesse entrar, afinal, ainda tinha apenas 15 anos. Mas da varanda de sua casa dava para escutar o show inteiro! E ele não perderia esse espetáculo por nada no mundo.

"Clarear, baby clarear/ Pelo menos um pouco de sol / Eu só quero clarear...", cantava ele, dançando "amarradão" e curtindo uma das canções que fariam parte da trilha sonora de sua juventude. Antes de ele também realizar seu sonho, ao formar sua primeira banda, compor suas primeiras canções até se tornar conhecido no país inteiro como Samuel Rosa, guitarrista e compositor do Skank — uma das principais bandas do Brasil na década de 1990. E que não deixaria de contar, nas rodas de amigos, que o primeiro grande show de rock'n'roll que ouviu em sua vida foi o do Roupa Nova. Tão marcante como se ele tivesse visto.

— ● —

De longe, na plateia, sentada no colo da mãe enquanto o Roupa Nova tocava, a criança balançava as mãos no ar, como se estivesse tocando uma bateria. Imitava cada movimento que seu pai fazia no palco. Era Heitor que, desde os primeiros anos de idade, nos anos 1990, quando ainda mal sabia que teria que escolher uma profissão quando crescesse, admirava Serginho como músico, e a banda da qual ele fazia parte.

O que naturalmente aconteceria com todos os filhos do conjunto, criados em um ambiente musical, de agenda lotada de shows, vocais armados em rodas de violão, ensaios constantes e instrumentos em todos os lugares, discos de ouro e de platina na parede, clipes na TV e canções no rádio. Crianças que chamariam os outros integrantes da banda de "tios" e que também se acostumariam a sempre tê-los por perto.

— Tio Nando não toca baixo, ele arranja o baixo — diria Kikinho.

O mesmo garoto que esperneava para estar no palco, com sua guitarra de plástico idêntica a do pai, e que se definiria como baterista, mais velho — assim como o próprio Heitor se tornaria baterista; além de Thiago, filho de Feghali; Pedro Paulo, filho de Paulinho; e Marcio, filho de Cleberson.

No caso do tecladista, ele tomaria um susto ao notar que seus três filhos haviam se tornado músicos profissionais.*

"Eles têm o dom, mas estão fazendo contra a minha vontade!", diz Cleberson, preocupado com as dificuldades do mercado fonográfico brasileiro. "Até hoje, se a gente não matar um leão por dia, a gente sai do cenário! Mesmo depois de tudo que passamos com Os Famks e o Roupa Nova." Parecendo até seu pai, Boanerges, apreensivo pela possibilidade do filho passar aperto, apesar de apoiar as iniciativas dos três. "O cara tem que ser feliz no que faz. E, infelizmente, o dinheiro é necessário, mas não pode vir na frente." Como também diria Feghali sobre Carol e Thiago: "É uma carreira muito difícil. Agora, se eles optarem por ela, vou apoiar."

Mas como ignorar a música, tendo em casa uma das grandes bandas do Brasil? Como não experimentar os palcos, não tocar um instrumento, ou segurar a voz para não cantar as canções, se foi isso que eles aprenderam durante tantos anos? E como considerar outras profissões depois de crescer com o Roupa Nova? Como não fazer da música também seu sonho? Cada um dos filhos lidaria com essas questões do seu jeito, e alguns considerariam outros rumos para a sua vida. Mas nem sempre seria fácil abdicar desse caminho — seja para ser médico, consultor de imóveis, engenheiro civil ou piloto de avião. Embora eles tivessem a certeza de que a música continuaria sempre ali.

— Eu só queria uma pequena participação deles no meu casamento — pediu um fã, no telefone com Pitta.

— Mas como?

— Que eles entrassem junto com a gente tocando violão.

— Junto com vocês tocando violão? Putz... Não dá... A gente faz o show completo. E é uma estrutura muito grande...

— Só que é coisa rápida!

E, com muito respeito pelo sentimento do noivo, o empresário explicou, do outro lado da linha, o trabalho que daria para a banda abrir aquela exceção para ele, entre tantos outros pedidos que recebiam dos fãs — em um período de agenda cheia, com apresentações de quarta a domingo. Algo que ficaria muito caro.

— Tudo bem. Eu entendo. Mas diz que eu liguei, tá?

Despedindo-se do fã, impressionado com o número de pessoas que o procura sonhando em ter o Roupa Nova tocando no seu próprio casamento ou aniversário! "Nunca vi isso com outra banda!", pensou ele ao desligar o telefone. Enquanto, naturalmente, se lembrava dos momentos felizes que viveu, nos anos 1980, com a canção "Anjo".

---

* Marcelo é guitarrista, Mauricio é baixista, e todos os três cantam.

Em março de 2012, o Roupa Nova embarcou em um novo projeto para sua carreira: a gravação de um DVD durante três dias em um cruzeiro, em alto-mar, com a participação dos fãs. A viagem havia sido sugerida por Pitta desde 2007, quando esse tipo de evento ainda não era comum no Brasil, com o cruzeiro com Roberto Carlos ainda na sua terceira edição. Porém, Kiko foi contra a ideia naquela época, com um argumento incontestável: ele sentia enjoo.

E o projeto morreu. Só retornando para os planos da banda quatro anos depois, quando o guitarrista resolveu ignorar suas condições físicas.

— Pitta, vamos fazer um cruzeiro!

O que ganharia outra repercussão com a sugestão de Feghali* de se fazer um DVD da viagem. O que representaria uma logística precisa para o sucesso do projeto, com produtoras envolvidas, convidados embarcando, shows da banda, acomodação de todos, além das burocracias relacionadas ao navio com as quais Pitta não estava acostumado. Por isso, o empresário não respirou até chegar as vésperas da data do cruzeiro, com tudo encaminhado. Para só depois disso avisar para a banda:

— Gente, eu não vou! Eu passo mal! E, se eu passar mal, fodeu! — Comunicado que foi ignorado em peso.

Na semana seguinte, dito e feito: todos estavam no porto de Santos para entrar no navio MSC Armonia, acompanhados de família, amigos, fãs e muitos remédios contra enjoo na bolsa.

— ● —

Para o desespero de Pitta, tinha tudo para dar errado o cruzeiro do Roupa Nova, marcado para o dia 24 de março de 2012. Primeiro, o dólar teve alta de 20% logo na semana em que eles lançaram o projeto. Depois, um cruzeiro na costa da Itália naufragou em janeiro, assustando possíveis passageiros. E, para fechar o quadro "favorável", em fevereiro morreu um tripulante do MSC Armonia, com tosse e febre. O que fez com que a Anvisa retivesse o navio ainda no cais para investigar a existência de um possível surto.

Entretanto, o evento seria a oportunidade perfeita para os fãs ficarem mais próximos. O que garantiu que, apesar dos imprevistos, mais de 90% das cabines da embarcação fossem ocupadas — com cerca de 1.800 pessoas. Além disso, o transatlântico pôde sair do porto de Santos no dia 24, com sucesso, tendo em seu roteiro Búzios e Ilhabela antes de retornar para o estado de São Paulo no dia 27 de março — com três dias de shows do Roupa Nova, para seiscentas pessoas por vez.

Os músicos, nesse período, circularam no convés nos intervalos das gravações, deram autógrafos, conversaram com os fãs e só não curtiram mais o sol por conta da produção do DVD. Mas gostaram tanto da experiência que já estão pensando em uma segunda edição, com pocket shows, bate-papos e outros eventos intimistas para que os fãs possam se aproximar mais dos integrantes. E vice-versa.

---

* Essa seria a primeira vez que um integrante do Roupa iria dirigir e roteirizar o DVD da banda.

Nando alugou um estúdio grande, no Rio de Janeiro, e convocou o Roupa Nova para demonstrar um projeto que há tempos carregava na cabeça. Um musical dos anos 1960 todo enredado, que contava uma história com personagens através das canções e poderia ser lançado no futuro — também pela Roupa Nova Music. E que mais uma vez, como de costume, só dependeria deles para se tornar realidade.

Além disso, neste período, outros profissionais começaram a procurar Marcelo Pitta, com a proposta de projetos paralelos sobre a banda, como filmes e peças — algo que até então nunca havia acontecido. Em mais de trinta anos de carreira, o grupo nunca tivera um produto ou um especial baseado em sua trajetória, apesar de estar entranhado na história da Música Popular Brasileira. Seria o prestígio artístico que eles tanto lamentaram não ter, o reconhecimento como um dos fenômenos do Brasil, depois de tanta dedicação e comprometimento.

"Eu acho que as pessoas decidiram fazer esses trabalhos porque são meio que fãs", comenta Pitta sobre os projetos que recebeu, idealizados por grandes produtores nacionais de teatro e cinema. Assim como surgiria uma jovem escritora interessada em registrar, pela primeira vez, a biografia do Roupa Nova. Uma banda que ela conheceu ainda na infância, pelo disco azul, por causa da família. O primeiro show a que ela assistira em sua vida, aos 7 anos de idade, em uma das matinês do Canecão, no Rio de Janeiro, na década de 1980.

— Sabia que é o Roupa Nova que tá tocando nessa música com o Milton? — dizia ela para os colegas da escola, na faixa de 5 a 8 anos, como se estivesse passando para frente um grande segredo, embora as outras crianças não estivessem a fim de saber.

———

A gente nunca sabe como vai ser o nosso futuro e mesmo assim a gente inventa histórias, faz planos e alimenta expectativas sobre o que acontecerá em nossas vidas. Seja daqui a minutos, um ano, cinco, dez ou quem sabe até trinta! É natural do ser humano se antecipar em seus pensamentos em busca de como será o final de uma viagem ou de um livro, daquele romance que mal começara ou daquela carreira que você iniciou aos 20 e poucos anos. Você se pergunta, inclusive, como será o rosto daquele filho que ainda não nascera, e o que vai ser dele quando crescer!

Afinal, a gente tem pressa de viver, pressa de confirmar se vai ser feliz — como se essa sensação também só pudesse existir no final. "Vai valer a pena investir?" "Eu vou gostar, ou eu vou sofrer?" "Não seria melhor desistir?" Uma ansiedade perturbadora que pode, facilmente, deixar muitos sonhos adormecidos, como se eles nunca sequer tivessem existido e como se todas as nossas escolhas fossem parte de uma grande conta matemática, de prós e contras de possíveis frustrações, e não de desejos.

Dos pequenos aos estratosféricos; dos caros aos baratos; daqueles mais possíveis de serem realizados e outros que parecem coisa de filme; experiências solitárias ou coletivas; dos usuais aos mais malucos; para quando estivermos velhos ou para quando ainda formos novos — a verdade é que sonhos todos nós temos. Seja você, João, Maurício, Sandra, Samuel, Milton... Ou talvez Cleberson, Kiko, Nando, Paulinho, Ricardo e Serginho. Só que a diferença, entre cada um de nós, está no que vamos fazer com eles.

Em 1988, no programa Um Domingo com o Roupa Nova, o radialista Luís Augusto de Biase, da FM 105, perguntou para o Roupa Nova: "O que você quer que aconteça, no futuro, na vida do grupo e particularmente?" E ainda no início de carreira, com oito anos de banda, sem garantia de nada, os seis falaram sobre seus anseios e vontades para os ouvintes.

Nando disse que, basicamente, gostaria que o grupo continuasse unido, até não poder mais tocar. E que o Roupa Nova continuasse passando mensagens positivas para as pessoas, deixando essa "coisa boa" na vida de cada uma delas. Além disso, contou sobre um projeto que tinha na cabeça: um disco todo enredado, contando uma história com personagens através das canções. E afirmou, determinado: "Eu tenho esse sonho e ainda vou fazer esse disco!"

Cleberson também falou sobre a banda continuar unida, mas sendo, no futuro, dona de seu próprio trabalho. E desejou que o progresso musical de todos fosse contínuo. Já Ricardo disse que seria muito triste chegar uma hora em que tivesse que se despedir de um deles. E, por isso, frisou que o mais importante seria eles continuarem juntos.

Kiko pediu pelo estúdio Roupa Nova, e Serginho concordou com a ideia, assegurando que seria maravilhoso administrar uma coisa gerada por eles. "E que tivesse, talvez, roupinhas novinhas." Já Paulinho, após todos falarem, apenas destacou o que seria essencial para ele. "A gente continuar juntos e o trabalho rolar até o pessoal estar de bengala. Um dando no outro de bengala. Firme e forte..."

Sonhos que não seriam jamais esquecidos... como música.

EPÍLOGO

SEIS POR UM

23 de agosto de 2013
Rio de Janeiro

Oi,
Tudo bem?

Às vezes eu acho que você tá de sacanagem comigo, sabia? Poxa, tinha que pegar pesado daquele jeito na reunião? Parece até que não me conhece mais... Tá, você vai dizer que é besteira, mas, na boa?, não fiquei bem com aquilo, não. São essas coisinhas que irritam! Acumulam durante nossos mais de trinta anos. É, rapaz... Lá se foram, no mínimo, 33 anos só de Roupa Nova. "Um belo marco", diriam os jornais. O pior é que eu ainda tenho as minhas dúvidas sobre essa nossa história e, em dias como esse, me vejo pensando nas escolhas que fizemos. Se tudo isso tem valido a pena.

Você tá cansado? Eu também! E nem assim eu posso parar. Eu tenho gente que depende de mim, contas pra pagar, mulher, casa e filhos pra sustentar. Se eu fosse sozinho, mais novo, seria mais fácil. Poderia até começar tudo de novo, por que não? Fazer uma carreira solo, despontar em um grupo internacional, viver trocando de bandas ou, sei lá, talvez ser arquiteto, desenhista, veterinário, escritor, médico, advogado... Só que depois dos 50, 60 anos, com a sua história carimbada, se reinventar parece papo de maluco. E coragem pra fazer isso? Onde eu acho?

Sabe, de vez em quando eu penso seriamente se eu não devia ter te deixado. E eu sei que as pessoas ao meu redor também se questionam sobre isso. Uma vez, cheguei até a ouvir de um conhecido: "Você poderia ter tido mais sucesso na vida." E ele falou cheio de razão, com uma voz tão profética que me deu arrepio. Só que, pra te dizer a verdade, até hoje não entendi o que ele quis dizer. Mais sucesso seria o quê? Melhor do que temos hoje? Poderia, teria, iria, ah, que inferno!

Ah, vai, desculpa... Hoje eu tô um pouco de saco cheio. Talvez seja a idade que me faça ficar sem paciência — fora o fato de te conhecer muito! Suas qualidades e, principalmente, seus defeitos... Não mudou nada. É preciso calma para tolerar erros repetidos, ou você acha que eu brigo com você à toa? Tá, tudo bem, às vezes sou eu quem pisa na bola. Pô, mas é difícil manter essa relação, né? Precisava ser tão diferente? Aliás, como é que a gente conseguiu?

Nem eu sei...

E, se não bastasse a gente, ainda vinha a imprensa pra completar! Românticos demais, bregas demais, famosos demais, alienados demais, baileiros demais. Demais... "Roupa Nova: excelentes músicos, mas..." Mas?

Sem contar as inúmeras vezes em que a gente, apesar de brigados, teve que responder aquela fatídica pergunta: "Qual é o segredo dessa união?" E com uma cara ótima falávamos sobre nossa democracia e igualdade, como se nada estivesse acontecendo. Uma decisão que até hoje eles não entendem o que nos custou. "Qual é o segredo dessa união?" Quantas vezes você já ouviu isso, tem noção?

Agora vê! Depois de tudo que a gente passou, nossos filhos vão pelo mesmo caminho. Vai entender... Marcio passa horas no *pro tools*, Marcelo tá com banda e Maurício só quer saber de rock'n'roll! Twigg lançou seu primeiro disco solo como cantora, você viu? E, imagine, gravou uma música dos Famks! Tão bonitinha... Thiago, Pedro Paulo e Heitor escolheram a bateria, e até a Carol chegou a tocar com Kikinho. Sem contar o Guilherme, que resolveu seguir outra carreira, embora continue arrebentando na guitarra. E vou te dizer que eu tenho o maior orgulho dele, sabia?

Eles cresceram, né... E Nyvia, que casou? Ela estava tão linda naquele dia... Você reparou? Sem esquecer dos mais novos, Rebecca e Victor. Pô, esse garoto mal chegou e já me dá vontade de ficar em casa o dia inteiro. Na boa? Eu tô velho para ficar distante, de novo, de um filho. Nascimento, aniversário, doença, primeiros passos... Por que eu não posso apenas viver?

Ai... Tanta coisa... Não sei se isso acontece com você mas, em alguns momentos, quando fecho os olhos, eu vejo tudo voltar. Você me avisando sobre a doença da minha mãe, a falta de dinheiro para comer, as críticas ferrenhas dos jornais, e meu pai morrendo de forma brutal. Exagerei na bebida, no café, tive dois AVC, tromboflebite, pressão alta, e só eu sei como foi ruim ouvir do médico: "Sinto muito, não vai dar." E eu tive medo de morrer. Desloquei o braço, quebrei a clavícula, ferrei minha coluna, cai do palco, e apareci só de cueca! Tá, eu confesso... Isso foi engraçado...

E quando eu dormi na gravação dos Motokas? O que foi aquilo? Pô, bicho, não entendi nada... Aliás, quanta coisa a gente já fez, né? Tocamos com o Marcos Valle, Carlos Daffé, Cláudia Telles, Jane Duboc, fomos produzidos pelo Big Boy e paramos na rádio Cidade! Estivemos no MPB 80, nas rádios e em boa parte das novelas. Lógico, depois de ter mandado nossos discos para Deus e o mundo! Madrugando para estar nas emissoras. Até trabalhamos na Globo, com baile no dia seguinte! Maestro Cipó, Geraldo Vespar, Eduardo Lages, Júlio Medaglia.. Caramba... Aquilo sim é que foi uma escola.

É... A gente fez coisas que eu nunca imaginava. Tocamos com David Coverdale, Steve Hackett, David Gates... Os caras que a gente imitava nos bailes! Inventei, inclusive, de gravar em Abbey Road, no santuário dos Beatles, e você me dizendo que isso era maluquice! Eu te falo, a gente sempre tem que arriscar...

Ganhamos disco de ouro, de platina, e tivemos pessoas essenciais do nosso lado... Se lembra de Anelisa e Valéria brigando com o Manolo, gritando: "E você não entende de Roupa Nova!"? Ou do Juca com o Max Pierre, ou do Milton Nascimento vestindo a nossa camisa para imprensa. Dos conselhos da Rita, da amizade de Ronaldo Bastos, do carinho do Fagner, do nosso guru Mariozinho... Tanta gente...

Eu sei, às vezes eu exagero. E me importo com besteiras que eu não deveria mais me importar. Mas, sei lá... Sempre foi assim, não? A gente brigando o tempo inteiro para ser o melhor! Discutindo por causa de detalhes, por horas, para passar coisas boas para as pessoas e ser uma referência musical no país! O ponto, que eu fico pensando, é que talvez nós já tenhamos nos tornado esses caras... E por que é que não dá só pra relaxar?

Eu tô falando isso agora, mas eu também só me dou conta disso quando estamos no palco. Quando eu vejo, hoje, depois de trinta anos de carreira, todo mundo cantando todas as nossas canções. Músicas que tomaram vida própria e se tornaram parte de outras histórias. Palavras e melodias que construímos, sozinhos, e que não nos pertencem mais.

Na verdade, a gente tá há tanto tempo juntos que eu me esqueço do que você se tornou pra mim. Meu parceiro, sócio, amigo, cunhado, irmão. Um grande músico que me dá segurança de estar nos palcos e que eu não tenho mais medo de perder. É... Talvez seja por isso que eu não meça palavras pra falar com você... Você é a minha família, cacete!

Ah, vai, me desculpa... Eu não tenho esse direito. Não com você, não depois de tanto tempo... Eu sei, a gente erra e vai continuar errando... Mas eu não posso deixar de acreditar que a gente não pode ser melhor!

O que eu sei é que fico muito feliz ao olhar pro meu lado e encontrar aquele mesmo cara, cheio de sonhos, que eu conheci nos bailes do subúrbio do Rio de Janeiro, de guitarra em punho, baixo pesado, teclado velho, bateria gasta e uma voz forte no microfone.

É, meu velho, se cuida...
E obrigado.

Ass: Roupa Nova

NOTAS BIBLIOGRÁFICAS

1- Matéria publicada no Caderno C do *Jornal do Commercio*, no dia 29 de março de 2007, por José Teles. (pág. 177)

2 – A composição dessa carta foi feita a partir dos depoimentos dos entrevistados. (pág. 239)

3 – Os dados são do site A Vitrine do Rádio, que também considera as músicas internacionais nos rankings. Em 15º estaria "Chuva de Prata", registrada por Gal Costa & Roupa Nova. (pág. 333)

4 – ALEXANDRE, Ricardo. *Dias de luta*. O Rock e o Brasil dos anos 80. São Paulo: DBA, 2002. (pág. 335)

5 – DAPIEVE, Arthur. *BRock: o rock brasileiro dos anos 80*. Rio de Janeiro: Ed. 34, 1995. (pág. 335)

6 – ALEXANDRE, Ricardo. *Dias de luta*. O rock e o Brasil dos anos 80. São Paulo: DBA, 2002. (pág. 335)

7. RODRIGUES, Rodrigo. *As aventuras da Blitz*. São Paulo: Ediouro, 2008. (pág. 335)

8 – ALEXANDRE, Ricardo. *Dias de luta*. O Rock e o Brasil dos anos 80. São Paulo: DBA, 2002. (pág. 337)

9 – Pesquisa publicada em 2 de dezembro de 1989, na página 2 do Caderno 2 do *Estado de São Paulo*. (pág. 341)

10 – "O 'rock' faz o som nas danceterias", matéria da página 9 do Caderno B, do *Jornal do Brasil*, publicada em 8 de março de 1985. (pág. 356)

11 – "Roupa Nova em apelo banal", matéria da página 5 do Caderno B, do *Jornal do Brasil*, publicada em 1º de novembro de 1984. (pág. 356)

12 – Citação encontrada no release do Roupa Nova de 1985. (pág. 363)

13 – Esse caso foi contado pelo próprio Ronaldo Bastos. Embora, alguns afirmem que isso aconteceu por causa da canção "Trem azul", do Lô e do mesmo Ronaldo Bastos. (pág. 365)

14 – Citação encontrada no release do Roupa Nova de 1985. (pág. 365)

15 – "Legião, RPM, Titãs, Paralamas, Ira!, Capital, Plebe, Engenheiros & Mercenários debatem o futuro do rock no Brasil". *Revista Bizz*, número 31. (pág. 375)

16 – "Grupos para mastigar em conjunto", matéria de 20 de novembro de 1983 publicada na *Folha de São Paulo*, Ilustrada. (pág. 390)

17 – ALEXANDRE, Ricardo. *Dias de luta*. O Rock e o Brasil dos anos 80. São Paulo: DBA, 2002. (pág. 390)

18 – ALEXANDRE, Ricardo. *Dias de luta*. O Rock e o Brasil dos anos 80. São Paulo: DBA, 2002. (pág. 391)

19 – ALEXANDRE, Ricardo. *Dias de luta*. O Rock e o Brasil dos anos 80. São Paulo: DBA, 2002. (pág. 401)

20 – ALEXANDRE, Ricardo. *Dias de luta*. O Rock e o Brasil dos anos 80. São Paulo: DBA, 2002. (pág. 401)

21 – "Sobre a MPB e a Música Pop Brasileira", matéria disponível no portal da *Gazeta do Povo*, no Caderno G. Acessado em 17/05/2012. (pág. 405)

22 – "Os 'pirosos' do sucesso", matéria publicada no Caderno B, do *Jornal do Brasil*, em 23 de junho de 1988. (pág. 408)

23 – ALEXANDRE, Ricardo. *Dias de luta*. O Rock e o Brasil dos anos 80. São Paulo: DBA, 2002. (pág. 409)

24 – "'Brega' nos anos 1980, Guilherme Arantes é celebrado por nova geração", matéria de Marcus Preto publicada em 17 de maio de 2012, na Ilustrada online da *Folha de São Paulo*. (pág. 410)

25 – "Bombardeado pela crítica, o 'brega' Michael Sullivan agora é reverenciado pela MPB", matéria de Leonardo Lichote publicada em 11 de maio de 2010, na seção TV e Lazer do *Extra* online. (pág. 410)

26 – Dados citados no livro *Os donos da voz*, de Márcia Tosta Dias, pela Boitempo Editorial, de 2000. (pág. 419)

27 – "Frequência romântica", matéria publicada na *Veja* em 25 de novembro de 1987. Páginas 147 e 148. (pág. 420)

28 – FILHO, Daniel. *O circo eletrônico* - fazendo TV no Brasil. Rio de Janeiro: Jorge Zahar Editor, 2001. (pág. 431)

29 – "Artesãos que vestem cenas com sons", matéria do site do Diário de Pernambuco de 18 de agosto de 2002. Acessado em 24/05/2012. (pág. 432)

30 – Matéria publicada no dia 14 de agosto de 2001 no site CliqueMusic da Uol. O mesmo jornalista Marco Antônio Barbosa escreveria a crítica do disco e chamaria o trabalho de redundante e manjado. (pág. 463)

31 – Entrevista publicada por Marcos Paulo Bin, no dia 3 de novembro de 2004, no site Universo Musical. (pág. 505)

REFERÊNCIAS BIBLIOGRÁFICAS

Mas ainda sirvo se você quiser...

(Sapato Velho)

Discografia:

Para conferir a discografia completa do Roupa Nova, acesse: www.livroroupanova.com.br.

Livros:

ALBIN, Ricardo Cravo. *Dicionário Houaiss Ilustrado Música Popular Brasileira.* Rio de Janeiro: Paracatu, 2006.

ALEXANDRE, Ricardo. *Dias de Luta / O Rock e o Brasil dos anos 80.* São Paulo: DBA, 2002.

ALZER, Luiz Andre. MARMO, Hérica. *A vida até parece uma festa: toda a história dos Titãs.* 4ª ed. Rio de Janeiro: Record, 2005.

ALZER, Luiz André Brandão França. CLAUDINO, Mariana Costa. Almanaque Anos 80. Rio de Janeiro: Ediouro, 2004.

ARAÚJO, Paulo Cesar. *Eu não sou cachorro, não.* Rio de Janeiro, Record: 2002.

ARAÚJO, Paulo Cesar. *Roberto Carlos em detalhes.* São Paulo: Editora Planeta do Brasil, 2006.

BARREIROS, Edmundo. SÓ, Pedro. *1985: O ano em que o Brasil recomeçou.* Rio de Janeiro: Ediouro, 2005.

BASUALDO, Carlos (org.) Vários autores. *Tropicália: uma revolução na cultura brasileira (1967-1972).* São Paulo: Cosac Naify, 2007.

BORGES, Márcio. *Os sonhos não envelhecem – histórias do Clube da Esquina.* 4ª ed. São Paulo: Geração Editorial, 2002.

CALADO, Carlos. *A divina comédia dos mutantes.* São Paulo: Ed. 34, 2005.

CARLOS, Erasmo. Minha fama de mau. Rio de Janeiro: Objetiva, 2009.

CARMO, Paulo Sérgio. *Culturas da rebeldia: a juventude em questão.* São Paulo: Editora Senac, 2000.

CARNEIRO, Luiz Felipe. *Rock in Rio: a história do maior festival de música do mundo*. Rio de Janeiro: Editora Globo, 2011.

COSTA, Vanessa Oliveira Antunes da. *Toca aí! – a relação do rádio com a música*. Monografia, Faculdade de Comunicação, Universidade Federal de Juiz de Fora, Juiz de Fora, 2003.

COSTA, Vanessa Oliveira Antunes da. *O poeta não morreu: a poesia em forma de canção*. Monografia (Especialização em Jornalismo Cultural) Universidade do Estado do Rio de Janeiro, RJ, 2006.

DAVIES, Hunter. *A vida dos Beatles (a única biografia autorizada)*. Rio de Janeiro: Editora Expressão e Cultura, 1968.

DAPIEVE, Arthur. *BRock: o rock brasileiro dos anos 80*. Rio de Janeiro: Ed. 34, 1995.

DENISOFF, Serge. SCHURK, William L. *Tarnished Gold: The Record Industry Revisited*. New Brunswick, NJ: Transaction. Books, 1986.

DIAS, Marcia Tosta. *Os donos da voz: indústria fonográfica brasileira e mundialização da cultura*. 2ª ed. São Paulo: Boitempo, 2008.

DOLABELA, Marcelo. *ABZ do rock brasileiro*. São Paulo: Estrela do Sul, 1987.

DOLORES, Maria. *Travessia: a vida de Milton Nascimento*. 3ª ed. Rio de Janeiro, Record, 2009.

ESTRELLA, Maria. *Rádio Fluminense FM: A porta de entrada do rock brasileiro nos anos 80*. Rio de Janeiro: Outras Letras, 2006.

FAOUR, Rodrigo. *História Sexual da MPB: A evolução do amor e do sexo na canção brasileira*. 3ª ed. Rio de Janeiro: Record, 2008.

FILHO, Daniel. *O Circo Eletrônico: Fazendo TV no Brasil*. Rio de Janeiro: Jorge Zahar Editor, 2001.

FRANÇA, Jamari. *Os Paralamas do Sucesso: vamo batê lata*. São Paulo: Ed. 34, 2003.

FRITH, Simon. STRAW, Will. STREET, John. *The Cambridge Companion to Pop and Rock*. New York: Cambridge University Press, 2001.

FRÓES, Marcelo. *Jovem Guarda: em ritmo de aventura*. São Paulo, Editora 34, 2000.

GERSON, Brasil. *História das Ruas do Rio*. 5ª ed. Rio de Janeiro: Lacerda Editores, 2000.

HATCH, David. MILWARD, Stephen. *From Blues to Rock: an Analytical History of Pop Music*. Manchester: Manchester University Press, 1987

HENNING, Edu. *A voz da cidade*. Vitória: Editora Ler, 1987.

JÚNIOR, Janotti. *Aumenta que isso aí é rock and roll: mídia, gênero musical e identidade*. Rio de Janeiro: E-papers, 2003.

MELLO, Luiz Antonio. *A onda maldita: como nasceu a Fluminense FM*. Niterói, RJ: Arte & Cultura, 1992.

MELLO, Zuza Homem de. *A era dos festivais*. São Paulo, Editora 34, 2003.

MIDANI, André. *Música, Ídolos e Poder: do vinil ao download*. Rio de Janeiro: Nova Fronteira, 2008.

MORAES, Marcelo Leite de. *RPM: revelações por minuto*. São Paulo: Companhia Editora Nacional, 2007.

MOTTA, Nelson. *Vale Tudo: o som e a fúria de Tim Maia*. Rio de Janeiro: Objetiva, 2007.

MOURA, Roberto Murcia. *Sobre cultura e mídia*. São Paulo: Irmãos Vitale, 2001.

PEREIRA, Carlos Alberto M. *Cacique de Ramos: uma história que deu samba*. Rio de Janeiro: E-papers, 2003.

PICCOLI, Edgard. [organização Ana Tereza Clemente] *Que rock é esse?: A história do rock brasileiro contada por alguns de seus ícones*. São Paulo: Globo, 2008.

PIZZA, Daniel. *Jornalismo cultural*. São Paulo: Editora Contexto, 2003.

PRESTES FILHO, Luiz Carlos e CAVALCANTI, Marcos de Couto (orgs.) *Economia da cultura. A força da indústria cultural no Rio de Janeiro*. Rio de Janeiro, Faperj, 2002.

RODRIGUES, Rodrigo. *As Aventuras da Blitz*. São Paulo: Ediouro, 2008.

SOUTHALL, Brian. *Abbey Road: the story of the world's most famous recording studios*. England, Patrick Stephens Limited, 1982.

TURNER, Steve. *The Beatles: A História por Trás de Todas as Canções (em português)*. São Paulo: Cosac Naify, 2009.

Periódicos:

Amiga, Backstage, Batera, Bem Paraná, Bizz/Showbizz, Bravo, Carícia, Correio do Povo, Cover Guitarra, Cult, Diário de Pernambuco, Época, Estado do Paraná, Estado de São Paulo, Extra, Folha de São Paulo, Gazeta do Povo, Isto É, Jornal da Tarde, Jornal do Brasil, Jornal do Commercio, Jornal do Ouvinte, Jornal Hoy, Jornal Vicentino, Keyboard, Manchete, Modern Drummer, O Dia, O Globo, Pipoca Moderna, Pop, Revista Brasileira de História, Rock Verde e Amarelo, Senhor, Shopping Music, Somtrês, Teclado & Áudio, Tribuna da Imprensa, Última Hora e Veja.

Websites:

Abbey Road, Blogs, flogs e sites oficiais de todos os fã-clubes reconhecidos pelo Roupa Nova, Billboard, Canecão, Cinemateca.gov, Clique Music, Dicionário MPB, Discos do Brasil, Encyclopedia Britannica, Google Maps/Street Views, Grammy, IBGE, Instituto Memória Musical, site oficial da Jovem Guarda, Locutor.info (Rádio Cidade), Rádio Cidade Fazendo Escola FM, Rede Manchete, Redes Sociais (Facebook, Youtube, Orkut e Twitter), sites oficiais de todos os artistas citados na obra, Site oficial da casa de show Whisky A Go Go, Sites das prefeituras de todas as cidades citadas na obra, Museu da Pessoa, Memória Globo, Prêmio da Música Brasileira, Roupa Nova, Universo Musical, Western Music Association.

Rádio:

Rádio Nacional:
Sintonia Fina (Darci Marcelo): 1982/Maio, 1983/Março, 1984/Fevereiro
60 Minutos Especiais (Darci Marcelo): 1983/Julho

Globo AM
Especial com o Roupa Nova (Haroldo Jr.): 1994/Abril

Globo FM:
Especial Roupa Nova (Francisco Barbosa e Mara Torres): 1987/Junho

FM105
Salada Mista (Fernando Mansur): 1987/Julho, 1988/Maio, 1988/Novembro
Salada Mista (Carlos Alberto): 1990
Sala de Visitas (Ana Flores): 1991/Dezembro, 1992/Agosto, 1993/Junho, 1994/Maio
Um domingo com o Roupa Nova (Luís Augusto de Biase): 1988/Junho

98 FM:
98 FM Especial (Mara Torres): 1987/Agosto, 1988/Outubro, 1990/Junho
Entrevista (Mara Torres): 1992/Janeiro
Emoções (Mara Torres): 1989
Especial com o Roupa Nova (Ana Flores): 1996/Maio
Programa da Galera (Carlos Alberto): 1994/Junho

CBN:
CBN: Revista CBN com o Paulinho (Tânia Morales): 2009/Maio
CBN: Sala de Música com Ricardo Feghali (João Carlos Santana): 2009/Julho

Televisão:

Programas, do período de 1980-2013, da Band, Globo, Record, SBT, TV Corcovado, TV Manchete e TVE. Além de todas as novelas destas emissoras que contaram com músicas do Roupa Nova.

Música:

Coleção de LPs "As 30 Mais" (Os Motokas), DVD "Bailão do Ruivão" (Nando Reis), LP "Bons Tempos" (Rádio Cidade), LP do Congregation, LPs dos Famks de 1972, 1973, 1975 e 1978, LP "Tudo aconteceu no Bobs", todas as canções citadas na obra, e todos os LPs, CDs e DVDs do Roupa Nova.

Fontes:

Anelisa Cesário Alvim, Aramis Barros, Bia Aydar, Carlos Dafé, Carlos Lincoln, Cássio Tucunduva, Cláudia Telles, Cleberson Horsth, Clever Pereira, Everson Dias, Ivan Romero, Eduardo Souto Neto, Erasmo Carlos, Fagner, Fernanda Nigro, Fernando Brant, Fernando Mansur, Flavio Senna, Gil Lopes, Guto Graça Melo, Hugo Degenhardt, Jairo Pires, Jandira Feghali, Jane Duboc, Juca Muller, Kiko, Lafayette, Luís Carlos Bimbão, Luiz Carlos Sá, Manoel Poladian, Marco Antônio, Marcelo Pitta, Marcio Antonucci, Mariozinho Rocha, Maurício Alves, Mauro Scalabrin, Max Pierre, Michael Sullivan, Miguel Plopschi, Milton Nascimento, Moogie Canazio, Nando, Nestor, Paulinho, Paulo Sérgio Valle, Renato Ladeira, Ricardo Feghali, Ricardo Moreira, Ronaldo Bastos, Sandra Vieira, Sergio Luiz, Tavito, Valéria Machado Colela e Zizi Possi.

ÍNDICE ONOMÁSTICO

Foram considerados nomes de personalidades brasileiras e internacionais, além de profissionais da música.

A

ABBA 403
Abreu, Fernanda 296, 473
Abreu, Silvio de 298
Adour, Fernando 137, 279
Adriana 287, 406
Adriani, Jerry 184
Água Brava 342
Albert, Morris (Maurício Alberto) 187
Alcione 307
Aldo Vaz 191, 192, 237
Alvarenga, Samuel R. de 530
Alves, Maurício 63, 72, 529
Alves, Rosani 406
Alvim, Anelisa Cesário 15, 350-353, 355, 357-359, 367, 368, 371, 372, 373, 375, 376, 378, 379, 380, 381, 383, 390, 395, 403, 412, 413, 420, 466, 524, 536
Aly na Skyna 342
Amado, Jorge 228
Amarante, Rodrigo 482
Amelinha 226, 229, 288, 289
Analfabitles 54, 130, 136
Ângela Maria 26, 93, 94
Angélica 299, 461
Antônio Carlos & Jocafi 185
Antônio, Marco (vocalista de Os Dallans) 46, 55
Antônio, Marco 226, 227, 250, 276
Antonucci, Marcio 15, 129, 159, 160, 165, 170, 171, 173-181, 195, 196, 210, 215, 260, 261-263, 287
Antunes, Arnaldo 307, 408

Anysio, Chico 161, 211, 233, 234, 266
Aragão, Diana 353
Arantes, Guilherme 280, 282, 407, 420
Araújo, Beth 298
Araújo, Guilherme 316, 320
Ariza 217, 275, 276
Asdrúbal Trouxe o Trombone 292, 310
Asimov, Isaac 42
Augusto, João 290
Augusto, José 174, 307, 422
Avancini, Walter 268
Aydar, Bia 420, 421, 425, 436
Azevedo, Leno (ver Leno e Lilian) 173
Azymuth 353

B

Babenco, Hector 111
Babi 461
Baca 342
Bag, Mario 355
Bahiana, Ana Maria 240, 337, 412
Baker, Ginger 51
Banks, Tony 342
Baptista, Cláudio César Dias 163
Barão Vermelho 319, 342, 389, 399, 407, 463
Barber, Colette 508, 514, 518, 519
Barbosa, Haroldo 42
Barbosa, Marco Antonio 461
Bardot, Brigitte 195
Barone, João 529
Barra, Rubinho 201
Barrichello, Rubinho 265

Barro, João de 435
Barros, Aramis 178, 179, 262
Barros, Paulo César 353
Barros, Renato 184, 187, 188, 318
Barroso, Júlio 364
Bastos, Ronaldo 11, 15, 276, 307, 314, 315, 318, 319, 322, 362-364, 392, 399, 408, 413, 450, 459, 529, 537, 540
Batista, Amado 307, 412
Beatles, The 28-31, 36, 47, 50, 55, 63, 64, 68, 78, 81, 83, 84, 87, 88, 97-99, 105, 114, 129, 130, 132, 140, 153, 156, 160, 287, 289, 314, 316, 336, 355, 363, 388, 393, 398, 403, 407, 411, 418, 504, 505, 508, 510-512, 524, 530, 536
Beatos, Os 54, 55, 514
Bee Gees 194, 289, 341, 403
Belém, Fafá de 422
Bellard, Hugo 206
Benjor, Jorge 463, 473, 487
Benson, George 159, 341
Bethânia, Maria 194, 282, 429, 508
Beauvoir, Simone de 364
Biafra 280
Biase, Luís Augusto de 408, 534
Big Boy 119, 129, 136, 137, 138, 139, 164, 169, 211, 355, 536
Bin, Marcos Paulo 503
Birkin, Jane 195
Bittencourt, Lincoln 201
Black Power, Paulão 297
Black Rio 169
Blanc, Aldir 432, 434, 445
Blitz 278, 292, 296, 332, 333, 342, 355, 389, 399, 405, 469
Bloch, Adolpho 294
Boca Livre 218, 238, 239, 281, 303, 399
Bolha, A (The Bubbles) 200-206, 212, 276, 332, 528
Bonaparte, Napoleão 42, 63
Bonfá, Tavynho 240, 274
Borges, Fernando 418
Borges, Lô 216, 288
Borges, Márcio 252, 255, 288, 318
Botezelli, J.C. 223
Braga, Paulinho 210
Branco, Marcelo Castelo 297
Brewer, Don 202

Brizola, Alberto 302
Brown, James 140
Bruce, Jack 51, 52
Buarque, Chico 63, 69, 223, 235, 286, 288, 292, 307, 381, 428, 438, 454
Bulcão, Márcia 296, 333
Burgh, Christie (Jessé) 187
Burke, Charles 50
Buschmann, Friedrich 24
Butler, Anna 465

C
Cadaxo, Oswaldo 178
Calmon, Waldir 65
Camero, Manolo 195, 302, 378, 379, 381, 436, 466, 536
Camisa de Vênus 301, 389, 496
Campello, Celly 315
Canazio, Moogie 11, 15, 427, 456, 461, 508, 509, 513-518
Candia, Jurema de 169
Canibais, Os 54, 134, 178, 237
Cantuária, Vinicius 286
Capital Inicial 390, 496
Cardia, Gringo 405
Cardoso, Elizeth 97
Carelli, Rodrigo 470
Carequinha 299
Carlos, Danni 487
Carone, Helena 406
Carpenter, Karen 202
Carqueja, José Sérgio da Cruz (Sérgio Bruxa, Sérgio Nariz) 35
Carvalho, Guti 212, 335
Carvalho, Roberto de 283, 493
Casanovas 130
Casé, Regina 292
Cash, Johnny 42
Castro, Robson 418
Cataldo, Alceu (pai) 130, 131, 134, 140, 144, 145, 150-156
Cataldo, Alceu Roberto 50, 56, 59, 60, 130, 152, 131, 132, 134-140, 143-146, 148, 150, 164, 218
Cataldo, Francisco Roberto (Kiko) 50, 56, 59, 130-135, 138, 143, 145, 146
14 Bis 238, 239, 281, 302, 303, 332-335, 342, 343, 399, 530

Cattany & Rimadi 186
Caveiras, Os 83-85
Caymmi, Nana 282, 529
Cazuza 337, 399, 407
Celso Blues Boys 342
César, Augusto 197, 223, 307
Ceschi Júnior, Otávio 407
Chacrinha 141, 142, 235, 263, 267, 293, 297, 298, 320, 321, 524
Chagas, Walmor 270
Chandler, Chas 52
Charles, Ray 341, 508
Cher 341
Chicago 68, 84, 341
Chico Rey e Paraná 437
Chitãozinho 461
Chitãozinho e Xororó 437, 466, 471, 475
Chopin, Frédéric 26
Chrystian & Ralf 187, 437
Cidade Negra 487
Ciribelli, Mylena 343
Clapton, Eric 51, 140, 341, 508
Clarke, Arthur C. 42
Clevers, The 173
Cliff, Jimmy 424
Close, Roberta 278
Cocker, Joe 424
Coelho, Edison 378, 452
Cohen, Alex 461
Cole, Nat King 97, 499
Colela, Valéria Machado 11, 15, 350-353, 355, 357, 358, 359, 367, 368, 370-373, 375-379, 381, 382, 389, 390, 404, 405, 412, 413, 420, 466, 524, 536
Colla, Carlos 307
Collins, Phil 165, 202, 342, 406
Collor, Fernando 417
Combo, Gerson King 169
Companhia Mágica 342
Conniff, Ray 487
Conrad, Gerson 177
Conrado 422
Consuelo, Baby (Baby do Brasil) 228, 346
Cor do Som, A 212, 217, 218, 238, 239, 280, 293, 303, 333-335, 368-370, 389, 399, 530
Cord, Ronnie 315
Corrêa, Renato 196, 284, 293

Costa e Silva 50
Coverdale, David 341, 346, 347-349, 515, 536
Crimson, King 171, 205
Crosby, Bing 42
Crosby, David 50-52, 60
Cunha, Cláudio 206
Curiel, Gonzalo 312

D

Dadi 212
Daffé, Carlos 169, 536
Dalto 280
Daltrey, Roger 143
Dapieve, Arthur 333
Davidson, Jorge 296
Davis, Mark (Fábio Jr.) 187
Davis, Miles 341
Dazinho 214
Dé 399
Deep Purple 67, 140, 155, 341, 346, 349
Deodato, Eumir 65
Detonautas 467, 468, 469
Diamante, Ronaldo 342
Dias, Everson 11, 15, 69, 72, 202
Dias, João 93, 94
Dias, Marcia Tosta 407
Dickinson, Bruce 346
Djavan 223, 284, 285, 332
Dodô 212
Dominguinhos 168, 251
Donato e seu Conjunto 65
Doors, The 323
Duarte, Lima 429
Duarte, Mauro 238
Duarte, Regina 365, 432, 434
Duboc, Jane 15, 194, 227, 229, 536
Duncan, Zélia 460
Duprat, Rogério 209
Duran, Dolores 319
Dusek, Eduardo 226, 229
Dylan, Bob 226, 403, 499

E

Earth, Wind & Fire 247, 341
Ed Wilson (Edson Vieira de Barros) 307, 314, 315, 318-320, 322, 465
Ed Lincoln e seu Conjunto 65

Edson Frederico 186
Eduardo, Gil 204
Edwards, Bernard 214
Eliana 397
Elis Regina 186, 223, 282, 527
Elisabeth, Tônia 391
Eller, Cássia 463
Elliot, Don (Ralf)187
Emerson, Lake & Palmer 171
Engenheiros do Hawaii 307, 451, 481, 496
Epstein, Brian 504
Erasmo Carlos 11, 15, 78, 129, 165, 169, 177, 184, 201-206, 277-279, 282, 287, 318, 346, 358, 408, 487
Escobar, Pepe 407
Eumir Deodato e Os Catedráticos 65
Excitation 57, 59, 360, 514

F
Fábio 131, 280
Fábio Jr. 187, 307, 406, 470
Fagner 11, 15, 232, 237, 286, 287, 291, 307, 309, 393, 437, 528, 537
Fagundes, Antônio 268, 270, 435
Faith No More 424
Falcão, Marcelo 471
Falcão, Waldemar 342
Farah, Pedro 399
Faria, Beth 398
Faria, Reginaldo 430
Farias, Wagner 477
Fefê 55, 56, 59, 130, 132-135, 138, 143, 145, 146, 152, 157, 164, 180, 182, 191, 193, 194, 197, 199, 200, 206
Feghali, Carol 199, 385, 423, 506, 512, 531, 536
Feghali, Jeanette Gergi 87
Feghali, Thiago 199, 384, 385, 423, 506, 512, 530, 531, 536
Feital, Diana 229
Feital, Paulo C. 229
Fernando Brant 11, 15, 129, 215, 240, 241, 252, 258, 276, 285, 318, 323, 459, 527
Ferraz, Santiago 470
Ferreira, Mauro 321, 528
Fevers, The 130, 131, 140, 152, 153, 155, 158, 160, 164, 173, 175, 196, 197, 302, 332, 334, 351, 364

Fiel Filho, Manoel 225
Figueiredo, João 225, 310, 337
Filho, Daniel 365, 428, 430, 432
Filippi, Bruno De 315
Fitzgerald, Ella 362
Flores, Ana 254, 419, 427
Floriano 170
Fortuna, Perfeito 292
Fortunato, Bruno 399
Frampton, Peter 206
França, Jamari 336-338, 354, 356, 357, 408, 412
Frejat, Roberto 319
Fresno 525, 526
Fromer, Marcelo 330

G
Gabriel, Ana 312
Gabriel, Peter 342
Gainsbourg, Serge 195
Gal Costa 201, 232, 237, 282, 285, 289, 307, 309, 316-322, 353, 403, 412, 429
Galhardo, Carlos 21
Gardenberg, Monique 420
Gardenberg, Sylvinha 420
Garrido, Franklin 163, 219, 367
Garrido, Toni 493
Gates, David 449, 450, 499, 536
Geisel, Ernesto 225
Genesis 67, 72, 140, 155, 171, 341, 342, 343
Geremias, "Gerê" 374
Gershwin, George 434
Gian e Giovani 307
Gil, Gilberto 50, 84, 201, 282, 288, 292, 319, 333, 338, 346, 463, 502
Gilberto, João 97, 364, 508
Golden Boys 31, 169, 173, 196
Gomes, Dias 365
Gomes, Mario 298, 312
Gomes, Pepeu 228, 346, 419, 422
Gonçalves, Nelson 26, 92
Gonzaga, Carlos 42, 254, 315
Gonzaga, Luiz (Gonzagão)168, 251, 302, 420
Gonzaguinha 281, 287, 438
Gordon, Dennis (Fernando José) 189
Gouldman, Graham 483

Grand Funk Railroad 140, 201, 202
Grupo Raça 307
Guedes, Beto 216, 232, 276, 282, 314, 318, 412, 418, 424, 460
Guedes, Lulu 236
Guimarães, Luiz Fernando 292
Guimarães, Ulysses 337
Guns N' Roses 323, 424
Gypsy 130, 143

H

Hackett, Steve 341-344, 348, 536
Harrison, George 129, 505
Hartman, Jamie 510, 514
Hendrix, Jimi 50, 52, 82, 124, 201, 323
Henley, Don 202
Herva Doce 332, 342, 389, 399, 528
Herzog, Vladimir 225
Hinds, Sérgio 209
Hoorelbeke, Peter 202
Hornsby, Bruce 432
Horsth, Marcelo 215, 385, 423, 531, 536
Horsth, Marcio 215, 385, 423, 530
Horsth, Mauricio 215, 385, 423, 531, 536
Houston, Kiris 509, 510
Hungate, David 341

I

INXS 424
Ira! 465, 540
Iron Maiden 346
Ives, Burl 42

J

Jabor, Arnaldo 338
Jaburu 342
Jackson, Michael 341, 403, 406, 499
Jaime, Leo 335, 424
Javan, Aécio 58, 130
Jessé 187, 229
Jethro Tull 171
Joanes, Jamil 210, 219, 224, 232, 353
Joanna 309, 355, 356
João Paulo e Daniel 437
João Penca & Seus Miquinhos Amestrados 342
Jobim, Tom 235, 288, 322, 508

John, Elton 68, 341, 403, 483
Joias, Os 54
Jonson, Ben 329
Joplin, Janis 323
Jordans, The 173
Jorge Cláudio 46
Jota Quest 460, 487, 520
Joyce 227, 229
Júnior (Sandy e Júnior) 526
Júnior 280, 342

K

Kid Abelha 292, 333, 389, 399, 403, 407, 465
Kikinho 269, 384, 385, 387, 485, 518, 530, 536
Kilroys, The 47-49, 54, 514
Kimball, Bobby 341
Knapp, Lilian 171, 174, 175, 177, 186
Kubitschek, Juscelino 24, 29, 235
Kubrusly, Mauricio 371

L

Lacerda, Carlos 44, 96
Lacet, Walter 175, 223, 357, 358
Ladeira, Renato 201, 202, 205, 276, 432
Lafayette 69, 153, 163, 167, 169, 170, 184, 189, 190, 210, 213, 217, 224, 287
Lafayette e seu Conjunto 65, 69, 71, 130, 152, 170, 188, 189, 190
Lages, Eduardo 261, 262, 267, 536
Lany, Roberto 71
Latorraca, Ney 329
Lázaro, Marcos 192
Leandro e Leonardo 437
Leão, Nara 282, 347
Led Zeppelin 50, 67, 70, 140, 155, 201, 323, 530
Lee, Rita 282, 283, 289, 353, 403, 429, 451, 462, 463, 487, 493, 495, 508, 520
Legey, Aloysio 175, 262
Legião Urbana 339, 389, 412
Leitte, Claudia 356, 493
Lemos, Ademir 169
Lemos, Carlos 280
Leno e Lilian 184, 186
Lennon, John 93, 129, 363, 398, 419, 505, 512, 518
Lennon, Sean 518

Leoni 399, 407
Lima, Heitor 385, 530, 536
Lima, Marina 346, 350
Lima, Pedrinho 201, 205
Lincoln, Carlos 11, 15, 67, 151-161, 163, 164, 165, 179, 182, 183, 193, 196, 217, 237
Lincoln, Ed 65, 212
Lincoln Olivetti e seu Conjunto 65-70
Lincoln Olivetti e Los Rebeldes 69
Lins, Ivan 284, 297, 346
Lippi, Nádia 435
Liszt, Franz 26
Livi, Roberto 78, 217
Lobão 333, 339, 342, 364, 407, 424
Lobato, Monteiro 42
Lopes, Gil 449, 451-456, 458, 475, 494
Los Panchos Villa 37, 72, 82-88, 106, 119-122, 124, 130, 140-142, 144, 146-149, 166-170, 517
Loureiro, Mônica 461
Louzeiro, José 111
Lozinha (Heloisa Carvalho), 238
Luiz, Romilson 211, 212, 244, 248, 249, 279
Lukather, Steve 341
Luna 214

M
Macalé, Jards 50
Machado, Adriano 470
Machado, Expedito (Tom & Dito) 185
Maciel, Edmundo 72, 160, 162, 168, 169, 187
Maclean, Dave 171
Maclean, Steve (Hélio Manso) 187
Maestro Cipó 261, 262, 536
Magal, Sidney 217, 432
Magalhães, João Luiz 224, 225, 227, 229
Magrão, Sérgio 209
Magro 284, 285
Maia, Arthur 353
Maia, Luizão 210
Maia, Tim 174, 320
Malheiros, Alexandre 353
Mancini, Henry 179
Manso, Hélio 187
Mansur, Fernando 211, 248, 249, 274-276, 417, 422

Maranhão, Chico 229
Maranhão, Jota 229
Marçal, Mestre 214
Marcelo D2, 496
Marcelo, Darci 240, 284
Marcos, Antônio 71, 177
Mariana 229
Mariano, Cesar Camargo 408
Marinho, Roberto 235
Martin, George 504, 508
Más, Daniel 329
Massadas, Paulo 70, 73, 307, 309, 312, 321, 323, 324, 330, 356, 359, 364, 403, 465
Matogrosso, Ney 161, 251-252, 282, 312, 346, 389, 412, 482
Maxwell, Guilherme 108
May, Brian 363
Mazzucchelli, Joana 510, 470
McCartney, Paul 52, 129, 316, 341, 418, 436 505
McGovern, Maureen 165
Medaglia, Júlio 261, 268, 270, 271, 272, 536
Medina, Roberto 344, 346, 423
Melo, Padre Fábio de 526
Mello, Guto Graça 15, 223, 260, 327, 407, 422, 428, 429, 435, 476, 482
Mello, Luciana 460
Mello, Luiz Antonio 247, 334
Melo, Maurício 191
Melodia, Luiz 223
Mendes, Cassiano Gabus 430
Mendes, Cassio Gabus 435
Mendonça, Paulinho 177
Mercury, Daniela 482
Mercury, Freddie 346
Mesquita, Evandro 292, 293, 296, 405
Michael, George 424
Midani, André 335, 407, 428, 448-450, 462, 463, 475, 507
Miele 235
Migliacci, Franco 315
Miguel, Antônio Carlos 412
Miltinho 284, 285
Miranda, Aurora 319
Miranda, Roberta 438
Mitchell, Mitch 52
Molica, Fernando 319

Moliterno, Kadu 435
Monica, Aldo Della 335, 337
Monte, Marisa 468
Moon, Scarlet 237
Moore, Gil 202
Moraes, Marcelo Leite de 391
Moraes, Vinicius de 186, 235, 395, 435
Moreira, Moraes 212, 350
Moreira, Ricardo 11, 15, 297, 298, 334, 340, 451, 458, 461, 528
Moreira, Sidinho 342
Moreno, Luis 209
Motta, Ed 471, 475
Motta, Nelson 131, 318, 321, 428
Motta, Rui 342
Motta, Zezé 229
Moura, Fernando 342
Moura, Marquinhos 406
Moura, Roberto M. 357
MPB4, 282, 284, 403
Mú 226, 238
Muller, Juca 11, 15, 436-450, 459, 462-478, 481, 482, 537
Muniz, Lauro César 329
Murilo, Sergio 315
Murray, Gordon 264
Mutantes 140, 163, 227, 310, 342

N

Nanini, Marco 329
Nascimento, Milton (Bituca) 15, 215, 216, 223, 226, 232, 241, 251-259, 276, 285, 299, 318, 321-323, 356, 381, 403, 429, 438, 450, 459, 460, 466, 471, 515, 526, 527, 529, 533, 534, 537
Nash, Graham 50, 51
Neto, Ramalho 165
Neves, Ezequiel 354
Neves, Tancredo 337, 346
New Kids On The Block 423, 424
Niemeyer Filho, Paulo 493
Niemeyer, Luiz Oscar 436
Nigro, Fernanda 420, 421, 425, 436,
Nilsson, Harry 433
Nobre, Dudu 251
Nogueira, Emmerson 487
Nova, Marcelo 389
Nucci, Claudio 238, 399

O

O Terço 50, 132, 209, 210
Oasis 323
Oiticica, Hélio 201
Oliveira, Angelino de 21
Oliveira, Dalva de 93
Oliveira, José Bonifácio de (Boni) 327, 432
Oliveira, Willie de 396
Olivetti, Lincoln 65, 67-71, 73, 176, 188, 197, 198, 210, 309
Os Famks 38, 50, 54-56, 58-60, 69, 124, 125, 130-132, 134-140, 143-148, 150-165, 167, 170-183, 189-200, 206-210, 213, 241, 217-219, 224, 226, 237-240, 242, 243, 247, 302, 311, 338, 352, 355, 423, 440, 451, 460, 474, 486, 514, 531, 536.
Os Motokas 11, 172-182, 194-196, 215, 217, 311, 327, 536
Os Novos Baianos 50, 147, 212, 335, 350
Os Super Quentes 173
Osmar 212

P

Paich, David 341
Painel de Controle 67, 130, 140, 151-153, 155, 157, 164, 242
Palumbo, Patrícia 403
Paralamas do Sucesso, Os 292, 330, 332, 333, 339, 342, 389, 412, 422, 463
Paula, Benito di 192, 412
Paul McCartney & Wings 174
Paulinho Ovelha 152, 170
Paulo Ricardo 389-392, 424, 451
Pavão, Luiz 425
Pedro Paulo (Pepê) 385, 530, 536
Peixoto, Cauby 26, 93
Pelé 235
Peninha 217, 342
Pequeno, Diana 229
Pereira, Clever 11, 14, 212-214, 235-237, 239-241, 244, 245, 249, 250, 273-276, 279-281, 296
Pestana, Cícero 82, 167
Pierre, Max 11, 15, 72, 174, 282 283, 354, 407, 451, 452, 455, 459, 461, 465, 466, 468, 475
"Pilão", Fernando 130
Pinheiro, Paulo César 238

Pink Floyd 140, 155, 171, 192
Pinto, Gê Alves 460
Pinto, Rossini 171, 184, 483
Piquet, Nelson 264, 265
Pires, Glória 435
Pires, Jairo 136, 164
Piska 310
Pitta, Marcelo 11, 13, 487, 495-502, 507, 509, 519-521, 531-533
Pitta, Sérgio 487
Pitty 496
Pixinguinha 435
Piza, Daniel 339
Plopschi, Miguel 15, 196, 197, 207, 208, 231, 301, 302, 307-309, 311, 313-317, 321, 324-327, 329-331, 334, 335, 351, 355, 356, 360-362, 364, 367, 378, 379, 381, 393, 396, 402, 433, 437, 438
Poladian, Manoel 389-391, 487, 488, 490, 494-496
Pop's, The 34, 54, 112, 114, 178
Porcaro, Jeff 341
Porcaro, Steve 341
Portela, Vavá da (Norival Reis) 135, 181
Porter, Cole 434
Português, Fernando 30
Possi, Zizi 11, 15, 282, 290, 291, 528
Premeditando o Breque 420
Presley, Elvis 97, 171, 204
Prince 424
Proença, Maitê 298, 430, 435
Prost, Alain 264

Q

Queen 155, 202, 240, 334, 346, 363
Quincy Jones 341

R

Rabello, Claudio 293, 307, 310
Raça Negra 438
Rádio Táxi 333, 335, 389, 396, 397, 399
Ramalho, Elba 168, 460
Ramalho, Zé 227, 229, 288
Ramos, Tony 434
Rappa, O 469, 471, 472
Red Hot Chili Peppers 323
Red Snakes, The 54, 130, 147

Redding, Noel 52
Reis, Dilermando 29
Reis, Nando 323, 330, 388, 402, 466, 471
Renato e seus Blue Caps 78, 130, 131, 152, 153, 169, 173, 184, 186, 187, 318
Renato, José 229
Ribeiro, Evandro 184
Richards, Keith 374
Richie, Lionel 341
Rimsky-Korsakov 179
Rivers, Johnny 323, 324 326, 336
Roberto Carlos 77, 81, 115, 129, 155, 169, 177, 184, 189, 204, 210, 235, 262, 282, 316, 318, 389, 407, 444, 454, 463, 487, 499-502, 532
Roberto, Luiz 235
Rocha, Mariozinho 07, 11, 13, 134, 196, 209, 213-219, 223, 224, 226, 228, 229, 231-236, 238, 239, 244, 245, 249, 250, 273-278, 280, 281, 284, 285, 288, 290, 293-296, 299, 301, 302, 308, 310, 313, 316-320, 331, 334, 359, 365-367, 381, 402, 405, 407, 432, 433, 438, 445, 457, 475, 481, 537
Rodgers, Nile 214
Rodrigues, Arnaud 227, 228, 265, 266
Rodrigues, Jota 439
Rodrigues, Rodrigo 292, 296
Rodrix, Zé 135, 338, 438, 503
Rogers, Richard 434
Rolling Stones, The 30, 31, 36, 64, 66, 130, 140, 201, 289, 374, 530
Romero, Ivan 212, 241, 248-250, 276, 280
Rondeau, José Emilio 240, 337, 338, 412
Roque, Chico 307
Rosana 196, 406
Rosberg, Keke 264
Ross, Diana 341, 508
Rotay, Heleno 339, 392, 393
Roth, Thomas 226, 236, 237
RPM 339, 389-392, 399, 405, 424, 451, 487
Ruban 310
Rush 171
Russo, Renato 337
Rutherford, Michael 342

S

Sá & Guarabyra (Sá-Rodrix &Guarabyra) 50, 134, 140, 186, 209, 364, 365, 419, 450

Sá, Luiz Carlos 438
Sá, Roberta 251
Sá, Sandra de 227, 282, 406, 460, 482
Sabóia, Marcelo 473
Salgado, Mauro 54-56, 59, 130
Salomão, Waly 319
Sandoval, Eládio 211, 212, 214, 232, 244, 248, 249, 279
Sandy 460, 526
Sandy & Júnior 461, 465, 475 508
Sangalo, Ivete 175, 451, 460, 520
Sangue da Cidade 293
Santana, Carlos 37, 67, 82, 140, 141, 240, 341, 424, 507
Santiago, Emílio 196
Santos, Lucélia 312
Santos, Lulu 237, 282, 289, 307, 333, 346, 403, 420, 426, 465, 481, 496
Santos, Mister Funk 169
Santos, Osmar 69, 176, 177, 182, 194
Santos, Paulo dos 229
Satriani, Joe 341
Savaget, Edna 297, 302
Scalabrin, Mauro 436
Schiavon, Luiz 389
Secos & Molhados 140, 161, 177
Seixas, Raul 184
Senna, Ayrton 265, 471, 476
Senna, Flavio 15, 135, 311, 313, 316, 317, 326, 327, 407, 422, 425, 426, 446, 470, 476
Sepultura 258, 424
Sérgio Luiz 212, 276
Serguei 342
Severo, Marieta 430
Sfat, Dina 271
Sideral, Wilson 487
Sigelmann, Carlos 295
Silva, Aguinaldo 365
Silva, Antenógenes 22
Silva, Bezerra da 196, 307
Silva, José Antônio 338
Simões, Marco Antônio 407
Simonal, Wilson 63
Simone 288, 289, 347, 412, 429, 451, 499
Sinatra, Frank 345, 403, 436, 499
Sion, Carlos Alberto 201
Sirena, Dody 350

Skank 258, 520, 530
Só Pra Contrariar 438, 447
Sodré, Raimundo 227
Solução 70 - 68 e 69
Som Imaginário 50, 132, 284
Sorvetão, Andréia 422
Sousa, Maurício de 63
Souto Neto, Eduardo 15, 210, 213, 214, 261-264, 265, 279, 286, 284, 344-347, 431, 471, 475
Souto, Lizandra 435
Souza, Okky de 258, 289, 319
Souza, Paulo 229
Souza, Paulo Sérgio de 418
Spielberg, Steven 255
Starr, Ringo 63, 129, 484, 504, 505, 517
Stein, Luiz 405
Stevens, Tony (Jessé) 187
Stewart, Rod 403
Stills, Stephen 50, 51
Streisand, Barbra 445, 508
Sullivan, Michael (Ivanilton de Souza) 15, 187, 307, 309-313, 320, 323-326, 330, 356, 359, 364, 396, 403, 407, 408, 422, 451, 465, 541
Sunshines, The 54
Super Bacana 54, 69, 71, 72, 84, 130, 190, 242
Supertramp 171, 226, 247, 334
Sussekind, Marcelo 201, 205, 528
Sweepers, The 171
Sykes, John 346, 347

T

Takai, Fernanda 482
Talma, Roberto 502
Tambay, Patrick 264
Tapajós, Dorinha 238
Tapajós, Maurício 238
Tapajós, Paulinho 232, 238, 239, 293
Tavares, Rodrigo 490
Tavito 226, 282, 284, 288, 291
Taylor, James 341
Taylor, Roger 202
Telles, Cláudia 11, 15, 177, 178, 536
Three Dog Night 140
Timóteo, Glauco 131

Titãs 339, 388, 390, 412, 424, 451, 463, 487
Tom & Dito 185, 186
Toquinho 435
Torloni, Christiane 430, 435
Tornado, Toni 169
Torres, Jonas 312
Torres, Mara 339, 392, 418, 422
Toto 289, 341, 342, 357
Townsend, Carlos 280
Townshend, Pete 374
Travassos, Patrycia 310
Travolta, John 198
Trio Esperança 169, 173
Truffaut, François 255
Tucunduva, Cássio 170, 224-229
Tucunduva, Cristina 189
Turner, Keith 374
Turner, Tina 341
Tutuca Borba 170
Twigg 385, 387, 423, 485, 486, 536

U
Ultraje a Rigor 335-337, 389, 391
Uncle Jack (Fábio Jr.) 187

V
Valença, Alceu 223, 350, 375, 419, 422, 426
Valle, Marcos 131, 132, 134, 428, 536
Valle, Paulo Sérgio 131, 284, 307
Vannucci, Augusto César 223
Vantuil 71, 163, 167, 169, 170
Veloso, Caetano 30, 50, 155, 201, 212, 285, 286, 288, 292, 318, 319, 381, 428, 429, 473, 482
Venturini, Flávio 209, 232, 343, 399
Vespar, Geraldo 261, 267, 536
Viana, Malu 342
Viana, Marcus 435

Vianna, Herbert 330, 332, 337, 373 438, 439
Vieira, Luiz 43, 60
Vilhena, Bernardo 364
Villa Lobos, Heitor 29, 279
Villar, Lúcio Flávio 111
Viola, Paulinho da 307
Von, Ronnie 188, 484, 485

W
Wakeman, Rick 343
Wanderléa 115, 129, 155, 169, 184
Wanderley, Walter 65
Wanderley e seu Conjunto 65
Waldir Calmon e seu Conjunto 65
Wando 412
Watts, The 32, 33, 35-38, 101, 102, 104
Wellington, Nelson 344
White, Andy 504, 505
Whitesnake 346, 348, 349
Who, The 37, 50, 140, 143, 374
Wilker, José 430
Wonder, Stevie 176, 341
Wrigg, Ivan 240

X
Xexéo, Artur 320, 404
Xuxa 299

Y
Yes 171, 374
Young, Richard (Ricardo Feghali) 184, 188, 189, 198, 210, 284, 459
Yusim, Liliane 343

Z
Zeca Pagodinho 251, 451, 473, 481
Zezé di Camargo e Luciano 437
Zizinho 342

Este livro foi composto na tipologia Minion Pro,
em corpo 11/13, e impresso em papel offwhite no Sistema
Cameron da Divisão Gráfica da Distribuidora Record.